公法名著译丛

行 政 法

（第 三 卷）

〔德〕汉斯·J. 沃尔夫
奥托·巴霍夫 著
罗尔夫·施托贝尔
高家伟 译

商务印书馆
2007年·北京

Hans J. Wolff
Otto Bachof
Rolf Stober

VERWALTUNGSRECHT
Band 3

Ein Studienbuch

fünfte, neubearbeitete Auflage

C. H. Beck'sche Verlagsbuchhandlung

München 2004

根据德国贝克出版社 2004 年第五版译出

《公法名著译丛》编委会

主　编　罗豪才
编　委　(按姓氏笔画为序)
　　　王振民　包万超　卢建平　朱苏力　米　健
　　　张千帆　陈弘毅　陈新民　季卫东　信春鹰
　　　姜明安　贺卫方　夏　勇　韩大元

中文版前言

2004年3月18日我到北京参加国务院法制局主持的《紧急状态法》研讨会，得以与高家伟博士见面。他一再请求我简要介绍德国行政法的特点和热点。

我认为，德国行政法具有如下两大特点：

1. 系统性(Systematik)。受罗马法法典化传统和德国哲学系统思维的影响，在学界和实务界的推动下，德国行政法形成了以一般行政法、特别行政法为经，以基本概念、行政组织、行政公产、行政活动和行政监督为纬的体系。这个体系不仅是学界的共识，也被立法实务界广泛采用。18世纪后期的《普鲁士一般邦法典》、一些州的《一般行政法法》和《联邦行政程序法》是行政法系统化的例证。

2. 方法论(Methodik)。法理学上提出的法律方法广泛应用于行政法的制定和实施。行政法学特别重视的方法论是：(1)类型化(Ausdiffrenzierung, Typsierung)。即按照一定的标准和框架，对行政法现象进行系统的归类整理，形成法律概念，制定法律规范，发现法律原则，为法律制度建立、完善与发展奠定规范实证基础。(2)制度化(Institutionalisierung)。即将具有普遍意义的概念、原理和原则转换为具有普遍法律效力的法律制度。这方面的典型是裁量和不确定的法律概念、行政行为和行政法的一般法律原则。

德国行政法近年来发展的热点有：

1. 私有化。公共行政私有化主要有三种途径：一是行政组织的私有化，即按照企业组织的原理和原则改造公共行政组织，例如在政府部门中引入所谓的经理制。二是行政方式的私有化，即以承包合同、招投标、补贴给付等方式与民间力量合作。三是行政任务的私有化，即政府将通讯、医疗、公路等基础设施转让给民间组织，使其脱离政府，以市场化方式为公民提供服务。20世纪80年代中期到90年代中期，德国铁路和通讯分别实行私有化，近年来进一步向垃圾处理、供水、卫生、福利等给付行政领域推进。基础设施和给付行政是公共行政私有化的重点。

2. 自治行政。与国家行政日益私有化的趋势相反，随着公民社会的发展和成熟，行会、社团、大学、设施等各种民间自治组织却越来越公共化，承担越来越多的公共行政任务，越来越受公法规则的约束，并且逐步形成了相对独立的行政法领域，即"公务自治"。

3. 欧洲化（Europäisierung）。受欧盟法的影响，德国行政法的欧洲化趋势越来越明显，主要表现在欧盟法（条例、指令和纲领）成为德国行政法的法律渊源。德国公共行政越来越成为整个欧洲行政的组成部分，公共行政一体化的原则使欧盟行政和成员国行政成为一个整体。

4. 数据保护与信息行政。随着信息社会的发展，公民数据保护问题越来越突出，由公民数据的所有权、使用权、保密权、知情权、修改权等构成的信息权成为公民基本权利。国家机关在获取、存储、传输、使用公民数据中等如何保护公民的信息权,成为学界和实务界日益关注的问题。鉴于保护公民信息权成为国家日益紧迫的任务,信息行政(法)具有发展成为相对独立的部门行政法的趋势。

5.风险行政(Risikoverwaltung)。从公共行政任务的重心来看,德国公共行政经历了如下转变:(1)从秩序行政到给付行政。这个转变在一战后已经崭露头角,到二战后发展到了顶峰,福斯特霍夫提出所谓的"生存照顾"(Daseinvorsorge)是这个转变的系统理论总结。(2)从直接给付行政到间接给付行政。20世纪70年代之后,给付行政已经完全成为公共行政的核心,但是国家却越来越不堪重负。人们认识到,给付行政是国家义不容辞的责任,但这并不意味着国家只能向公民直接提供给付。除了补贴等直接给付之外,应当更多地采用间接给付的形式,即国家通过授权、委托、经济刺激、私有化等各种形式,保证公民能够从特定的途径,以特定的形式得到相应的给付服务,此即所谓的"担保给付"(Leistungsgewährung)。(3)从间接给付行政到风险行政。人们在信息社会享受的福利是以高风险为代价的。如何防范政治、经济、社会等方面的潜在危险,有效应对危机,为公民提供安全的生活条件,成为国家在当代的核心任务。一句话,就是从福利行政向风险行政转变。

本教材立足于现实,着眼于未来。中国行政法发展迅速,在许多方面已经与德国并驾齐驱。对德国行政法学来说,民营行政、信息行政、风险行政等也是前无古人的崭新课题。希望本书的出版能够对中国行政法和行政法学的发展起到积极的作用。

　　高家伟博士一再要求用尽可能短的一句话总结本三卷本教材的要旨,我的回答是:未来最现实。

罗尔夫·施托贝尔
2004 年 3 月 18 日口述于北京昌平纹心阁

目 录

第五版前言 ·· 1
缩略语表 ··· 4

第九编　行政组织法概论

第一章　行政组织法的基本理论和基本概念·············· 1
　第八十节　行政组织法的对象和概念 ················· 1
　第八十一节　有关行政组织的宪法规定 ················ 53
　第八十二节　组织权及其分配 ························ 107
　第八十三节　行政组织的功能主体 ···················· 129
　第八十四节　管辖权制度和领导权制度 ················ 159

第二章　公共行政的组织形式 ···························· 204
　第八十五节　部委行政 ······························ 204
　第八十六节　间接国家行政 ·························· 211
　第八十七节　公法团体 ······························ 215
　第八十八节　公共设施 ······························ 234
　第八十八Ａ节　学校法 ······························ 294
　第八十九节　公法基金会 ···························· 349

第三章　私人的合作与私有化 ···························· 367
　第八十九Ａ节　合作与私有化的方式 ·················· 367

2 目录

第九十节　授权 ·· 376

第九十A节　行政协助与行政优益义务 ···································· 390

第九十一节　私法形式的行政组织 ·· 409

第九十二节　公私伙伴关系 ··· 451

第九十三节　实质的私有化 ··· 461

第四章　地方自治法概论 ·· 472

第九十四节　地方自治及其宪法保障 ·· 472

第九十五节　地方组织法 ··· 509

第九十六节　地方合作法 ··· 557

第五章　公务自治法概论 ·· 597

第九十七节　公务自治的概念、表现形式和法律依据 ············· 597

第九十八节　公务自治主体的内部结构特征 ··························· 701

第六章　欧盟行政组织概论 ·· 710

第九十九节　成员国机关在执行共同体法方面的地位 ············ 710

第一百节　欧盟直属行政概述 ··· 727

第十编　行政监督概论

第一章　一般行政监督法 ·· 734

第一百零一节　行政监督的概念和手段 ··································· 734

第二章　自我监督和数据保护监督 ·· 739

第一百零二节　行政自我监督的手段 ······································· 739

第一百零三节　数据保护与隐私保护 ······································· 749

译者后记 ··· 755

第 五 版 前 言

将公共行政作为一个连贯的整体,全面系统地考察行政法的基本原理和原则是本三卷本教材一如既往的目标。本书立足于教学研究,着眼于行政、司法和律师的实践。本书由高家伟博士译成中文,由安东尼奥·弗朗西斯科·德·苏萨(Antonio Francisco de Sousa)译成葡萄牙文。高家伟博士翻译完成的前两卷已经由中国商务印书馆于 2002 年 8 月出版。

本教材第一卷研究公共行政、行政法和行政学的基础,第二卷研究行政活动、行政程序、公法赔偿和公产。本卷研究行政组织法和行政监督法,根据截止到 2003 年的资料做了全新修订。其中,做了许多调整的行政组织法部分尽可能遵循汉斯·尤里乌斯·沃尔夫奠定的系统思路。在完善内容的同时,编码也做了调整。作为结束卷,本书是沃尔夫、巴霍夫、施托贝尔三人合作新观念之后的首版,结构和部分内容都与奥托·巴霍夫主持的版本不同。读者有可能混淆前版第二卷和第三卷的个别章节,例如人事法(Personalrecht)或者秩序行政和给付行政部分,已经冲破了行政法一般研究的框架,为此,该部分做了特殊处理。另外,对近年来的发展也予以特别重视,如行政合作法和行政私有化法。对材料的重新组织也与作者的变化有关,这一点在第二卷已经有所体现。

我的同事温弗里德·克鲁特(Winfried Kluth)博士(马丁路德大

学教授)负责本书的大部分修订工作,马丁·米勒(Martin Müller)博士(Braunschweig/Wolfenbüttel学院教授)负责设施法部分的当代化修订工作。多人分担修订工作的必要性在于保障学术研究的连续性和著作的学术水平,推动行政法的精密化。两位作者热心合作,承担了繁重的编写任务。这里要表示衷心的感谢。

作者要诚挚地感谢学术助手们。没有他们不遗余力、不畏劳苦的付出,本书不可能如期出版。这里要首先感谢我在汉堡大学的教席秘书安格里卡·奥姆(Anglika Ohm)女士,她将修订手稿打印成出版稿本。通过第二次国家考试的候补文职人员比尔特·斯泰勒(Birte Stelle)女士在汉堡承担了繁重耗时的文稿编辑工作,完成了只有她才能够胜任的整体协调任务。前学术合作者格里特·布劳泽·永(Gerrit Brauser-Jung)女士和迈里克·郎格(Merik Lange)博士撰写了第九十节"授权"(Bleihung)和第九十A节"行政协助与行政优益义务"的初稿,这里要表示特别的谢意。前学术助手丹尼尔·弗兰克(Daniel Frank)博士对第九十一节"私法形式的行政组织",学术助手斯文·艾森门格(Sven Eisenmenger)对本书的当代化修订工作都做出了同样重要的贡献。

我在哈勒(Halle)马丁路德大学的学术助手兼编外讲师托斯腾·弗兰茨(Thosten Franz)博士参与了第九十六节,奥拉弗·耶什(Olaf Jensch)参与了第九十九节和第一百节的初稿草拟。学术合作者、通过第二次国家考试候补文职人员弗丁那德·格尔茨(Ferdinand Goltz)和亚娜·鲁克尔特(Jana Nuckelt)硕士资助了初稿的撰写。学术合作者弗丁那德·格尔茨、卡斯腾·库亚特(Karsten Kujath)、马库斯·莱茵哈德(Markus Reinhard)和弗兰克·里格(Frank

Rieger)参加了索引的编写和校对。卡塔里丽娜·伯恩(Katharina Born)和苏珊娜·木赫(Susanna Much)协助整理文献。他们与秘书海尔卡·苏斯(Helga Süss)一起编写和校对目录。这里要对他们一并表示衷心的感谢。

罗尔夫·施托贝尔

2003年11月于汉堡

缩略语表

Abl.EG	欧洲共同体公报
AGBGB	民法典实施法
AIG	档案和信息法
AO	税法(典)
AöR	公法档案
ASchO	学校印刷品条例
BAG	联邦劳动法院
BankG	银行法
BauGB	建筑法典
BauR	建筑法杂志
Bay	拜仁州(另译为巴伐利亚州)
BayEUG	拜仁州教育法(培养教学法)
BayVBl.	拜仁州行政报
Bbg	布兰登堡州
BDizG	联邦纪律法院
BDSG	联邦数据保护法
BFH	联邦财政法院
BFHE	联邦财政法院判决汇编
BGB	民法典

BGBl.	联邦法律公报
BGH	联邦最高法院
BGHSt	联邦最高法院刑事判决汇编
BGHZ	联邦最高法院民事判决汇编
BHO	联邦预算法
Bln	柏林州
BNotO	联邦公证师法
BRAO	联邦律师法
BR-Drs	联邦参议院印刷材料汇编
Brem	布莱梅州
BRRG	公务员法框架法
BSG	联邦社会法院
BSGE	联邦社会法院判决汇编
BStBl.	联邦税报
BT-Ds	联邦众议院印刷材料
BVerfG	联邦宪法法院
BVerfGE	联邦宪法法院判决汇编
BVerfGG	联邦宪法法院法
BVerwG	联邦行政法院
BVerwGE	联邦行政法院判决汇编
BvR	联邦宪法申诉
Bw	巴登—符腾堡州(简称为巴符州)
BwVBl.	巴登—符腾堡州行政报
BwVwPr	巴符州行政实践(杂志)

6 缩略语表

DAR	德国汽车法杂志
DÖV	公共行政(杂志)
DVBl.	德国行政报
EAGV	欧洲原子能共同体条约
EG	欧洲共同体条约
EGKS	欧洲煤钢共同体
Eildienst	北威州县议会快递
ESVGH	黑森州和巴符州行政法院判例汇编
EuGH	欧洲法院
EuGHE	欧洲法院判决汇编
Euratom	欧洲原子能共同体
EUV	欧洲联盟条约
EuZW	欧洲经济法(杂志)
EWG	欧洲经济共同体
EWGV	欧洲共同体条约
f./ff.	以下
GemHVO	乡镇预算条例
GewArch	工商业档案
GewO	工商业条例(职业法)
GG	联邦德国《基本法》
GKG	地方共同体法
GO	乡镇条例(组织法)
GS	法律汇编
GVBl.	法律和条例公报

GVNW	北威州法律与命令公报
He	黑森州
Hmb	汉堡州
HRG	高校框架法
IFG	信息自由法
Jura	法学(杂志)
JuS	法学教育(杂志)
JZ	法律者杂志
KGst	地方行政简化联合办公室
KO	县条例(组织法)
KStZ	地方税杂志
KSVG	地方自治法
KV	地方政府组织法
KwahlG	地方选举法
L	立法
LG	地方(基层)法院
LHO	州预算法
LKV	州和地方行政(杂志)
LOG	州组织法
LVwG	州行政法典
Mv	麦克伦堡—福尔伯曼州(简称为麦福州)
Nds	下萨克森州
NJW	新法学周刊
NJW—RR	新法学周刊——司法报告

NordÖR	北德公法杂志
NVwZ	新行政法杂志
NVwZ—RR	新行政法杂志——司法报告
Nw	北莱茵—威斯特法伦州(简称为北威州)
NwVBl.	北莱茵—威斯特法伦州行政报
ObLG	州最高法院
OG	高级法院
OVG	高级行政法院
OVGE	高级行政法院判例汇编
PAO	联邦专利师法
PSchAbk	私立学校协定
PSchG	私立学校法
RdjB	青少年法与教育法(杂志)
RGBl.	帝国法律公报
Rp	莱茵兰德—普法茨州(简称为莱普州)
Sa	萨尔兰德州(简称为萨兰州)
Sächs	萨克森州
San	萨克森—安哈特州(简称为萨安州)
SchFG	学校财政法
SchG/SchVG	学校法(条例)
SchOG	学校组织法
SchPG	学校考试法
SGB	社会法典
Sh	史莱斯维希—荷尔斯坦茵州(简称为史荷州)

Slg.	汇编
SOG	公共安全与秩序法
SpkG	储蓄信用社法
SpkVO/SpkO	储蓄信用社条例
StBerG	税务咨询师法
StGB	刑法典
StGH	国家法院
StiG	基金会法
Thür	图林根州
u.	和,与
u.a.	此外,以及
UPR	环境与规划杂志
VBl.	行政公报
Verf.	宪法
VerwRspr.	德国法院行政判决汇编
VG	(基层)行政法院
VGH	宪法法院
VGHE	宪法法院判决汇编
VR	行政环视(杂志)
VVDStRL	德国国家法教师协会丛书
VwGO	行政法院法
VwVfG	联邦行政程序法
WM	有价证券通讯(经济和银行法杂志)

第九编

行政组织法概论

第一章 行政组织法的基本理论和基本概念

第八十节 行政组织法的对象和概念

一、行政组织法的调整对象与法律依据

(一) 作为组织的行政

1.组织的含义和范围。组织是指为了有效完成特定任务而对(自然)人的职能及其相互关系所作的一种制度性安排,是人们进行合作的制度性框架,尤其是有关共同体运作过程中活动权能的分配及其特殊运作方式的决定。采取特定的组织形式即意味着选择了特定的权能分配方式,而这又与权能的合法性保障问题密切相关,国家机构和行政组织尤其如此。另外,执行任务的效率性、财政条件(税费来源、资金支持)、经济性、与私人合作的机会等也影响组织的形式。

通过职位、机构、部门等交错重叠的要素,按照性质、地域等标准有计划地分配共同体事务,以安排多种多样的社会关系,即构成组织。借助组织,特定岗位的负责人可以发挥灵活多样的作用,效率得以提高,整体性得到保障,但为此而付出的高昂代价是:政治家、首长和经理等组织控制者借此扩张其个人影响、减损个人作用的直接性以及社会关系的形式化等(官僚主义)。

组织一词具有多种含义。它可能指协会、设施和基金会等社会组织体,也可能指组织体的内部秩序(结构)或组织行为的(动态)过程。不同学科从不同的角度研究组织,赋予组织这一共同术语的含义及其内容也各不相同。

社会组织学从社会建构(制度)的角度研究组织,以经验描述的方法探寻组织的现实目的和共同属性,认为组织是不同角色的社会主体按照特定目的设计出来的,借此促成行为预期的稳定化、类型化和形式化,从而得以进行合作的不同制度形式。

企业经济上的组织和管理理论着眼于经营管理目的最大化以及相应计划的制定及其执行,其研究成果近年来受到公共行政现代化实践的日益关注,比较适合公共行政的特殊需要。

社会学和企业经济学研究成果使行政科学近年来再次崛起[①]。行政科学吸收了新公共管理思想,着重研究地方行政中实行的所谓新控制模式(neue Steuerungsmodelle),导致了对行政组织法的跨学科重构。其核心指导思想是将组织视为调控资源的一种

---

① 有关行政理论的起源和传统,参见本书第1卷第14节。

制度安排。对这一发展的前因后果以及与具体行政任务相适应的组织形式的考察,只能从相互作用过程的角度进行。

组织法理论的研究对象主要是社会组织体的内部结构及其法律调整,借此明确行为在法律技术意义上的归类和责任归属。这个问题的核心意义在于,明确行为的归属主体是法治国家行政的必要条件。但是,法学上的组织理论长久以来没有在宪法的框架内建构行政组织法。我们主张加强与宪法的联系,尤其是从民主原则的角度改进学理研究,因为加强宪法对组织法的约束力能够有效地解决许多问题,尤其是在采取私法组织形式的领域。为此,应当将行政组织法的基本概念和分类尽可能地纳入宪法概念和制度框架中,在更高的层面上展开研究。①

在宪法层面上,人们对组织也有不同的理解。由于组织效能和组织内部过程受到特别的重视,一种学理观点按照组织的不同功能作了如下区分:(1)作为信息处理制度的组织;(2)作为合作制度的组织;(3)正式组织和非正式组织;(4)组织关系;(5)组织和环境。②

鲁曼以类似的视角研究正式组织的功能,但没有局限于国家组织和行政组织。他认为,正式组织的原始制度功能有:(1)行为预期的普遍化;(2)预期结构的正式化;(3)成员动机;(4)对非成员的说明制度;(5)影响的正式化,如权力、权威和领导等;(6)预期结构的灵活性和调整,即适应和改革的能力。组织的派生功能有:

---

① 参见下文第 81 节的详细介绍。
② 施密特－阿斯曼(Schmidt-Assmann):《作为制度观念的一般行政法》,1998 年版,第 212 页以下。

(1)组织内部的排序;(2)责任和责任性;(3)交流网络的正式化;(4)领导和上级;(5)界限确定,即外部关系和外部沟通;(6)失望、瑕疵和制裁。①

2.组织的概念。广义的组织是处于不同社会关系中的人们,为了处理共同事务,在职能分工的基础上聚合成的活动单位的总称。在规范意义上,是指由调整这种社会关系的法律规范所确立的一种社会制度。就此而言,国家、县、乡镇属于团体性组织。

狭义的组织是机构及其所属主体之间相互关系的总称。在规范意义上,是指与机构有关的制度,包括调整管辖权的法律规范和法律行为。就此而言,组织是国家借以进行活动的机构。

动态意义上的组织是指设置、建立机构的活动,即组织行为。在规范意义上,组织的设置受法律规范的调整。就此而言,组织是指组建国家和国家机构的行为。

3.组织的类型。

(1)结构和地位。以此为标准,可以作如下区分:

A.综合性组织(Gesamtorganisation)。是指下设具有法律能力的成员单位的组织,其重要意义在于政治上和法律上的最终责任归属和综合性的权能安排。

例:根据大多数州宪法,各州自己的政府(包括部委和中级州政府)和自治行政团体(地方自治行政和公务自治行政)属于(广义的)州政府。

B.分支性组织(Gliedorganisation)。是指在综合组织的框架范

---

① 鲁曼(Luhmann):《自始至终的功能和效果》,1999年第5版,第54页以下。

围内,自负其责地执行被赋予的任务的组织。这方面的典型是地方政府。

C.下属性组织(Unterorganisation)。是指在组织之下负责执行某方面任务因而被赋予一定的独立性,具有部分法律能力的组织。这方面的典型是具有法律能力的公法设施。

施密特-阿斯曼着眼于特定组织形式的内部结构,作了如下六种区分:A.等级制组织;B.合议制组织;C.知识专家型组织;D.自治组织;E.经济企业型组织;F.居间性组织。①

上述分类的主要目的是通过行政组织的系统化,进一步认识现代国家和行政的高度复杂的组织结构。要作出简单划一、界限分明的分类是非常困难的,因为立法机关立足于实践,并不受这种制度性归类的限制,而且不同类别的组织之间界限经常是模糊的,例如县政府在自主权限范围内属于部门性组织,在授权范围内则属于州政府的下属性组织。

(2)组织的法律形式。以调整组织主体性的法律规范为标准,可以分为自主进行内部控制的成员型组织和由外部进行控制的统治型组织。前者的典型是由其成员进行内部控制的团体,后者的典型是由主管部门实施外部控制的设施。

实践表明,这种分类实际上只是法律组织类型化刻度表的两个极端,其中存在大量的中间形态。因此,团体成员可以是自己利益的主体,不受团体指令的约束,例如职业协会;团体也可以针对成员以独立行政主体的身份活动,其主要机关通过任命受指令约

---

① 施密特-阿斯曼:《作为制度观念的一般行政法》,1998年版,第216页以下。

束的代理人对团体实施控制,例如地方目的联合体。

(3)法律能力。以此为标准可以作如下区分:

A.具有法律能力的组织。是法律技术意义上的法人,指被法律授予一般能力,在其权限内作为主体承受权利义务的组织。

例:地域性团体(联邦、州、县、乡镇)和公务自治性团体(工商协会、手工业协会等)。

B.具有部分法律能力的组织。是指仅根据特定或者若干法律规范能够作为权利义务主体的组织。《联邦行政程序法》第13条第1项和《行政法院法》第61条第3项对此作了细致规定。

例:地方代表团体(县长和县议会)、党团、国有企业和州企业。

C.没有法律能力的组织。是指不能作为主体,针对他人承受权利义务,而只能成为组织法规范对象的组织。

例:按照没有法律能力的设施形式组建起来的中小学和其他类似的公法设施。

(4)法律依据。按照此标准可以区分私法组织和公法组织。

(5)组织模式。公共行政的传统组织模式是马克斯·韦伯率先作了精确描述的官僚制(Bürokratie)。

法国国民经济和商务部长芬森特·德·郭耐(Vincent de Gournay)(1712—1759)首先提出的官僚制(Bürokratismus)一词原意指"办公桌的统治"。这种管理方式日益扩张的趋势被称为官僚主义。实际上,官僚型组织并非指办公桌统治,而是指任何以行政层级、立法等级、司法审级和警察权为基础的统治方式。除了国家之外,大量私人企业的服务和管理也采取官僚型的组织形态。官僚型组织的规模越大,其优点和缺点就越明显。

官僚制模式受到众多批评,主要是缺乏提高服务质量的动力,不能充分实行顾客本位,决定程序漫长烦琐,封闭性强等,加之法律框架的稳定性,官僚制模式本质上具有保守性。

为了革除官僚制和公务组织法的弊端,行政实践首先在给付行政、地方行政、公共设施和经济活动等领域选择私法组织的法律形式①。这种改革使法律和政治上由所属行政主体领导的私法组织大量涌现,也随之产生了许多弊端。州立法机关通过增订法律,主要在地方经济活动领域实行私有化改革,同时要求地方领导机关加强调控措施。

在执行高权任务这一国家行政的核心领域,由于情况有所不同,应当寻找其他可选择的组织模式。在英美法系国家推行的新公共管理模式到德国变成了新控制模式,它吸收了许多有关官僚制的批评意见。以顾客为本位(Kundenorietierung)、决定过程的灵活性、目标导向等原则,通过分散的决策结构得以实行。

在改革公务员法和行政组织法的过程中,联邦和各州近年来努力吸取批评意见,率先在工资福利制度中引入了效能激励机制。

已经实行的高校组织形式改革措施有:向基金会模式转型,新控制手段(尤其是目标导向),高校财政法(预算,总决算,高校财政的灵活性),教师的职务地位和权利(副教授、任期教授、降低基础工资的同时增加绩效因素等)。

新控制模式的主要内容是改革行政内部的控制结构。一种并

---

① 具体内容参见艾勒斯(Ehlers):《私法方式的行政》,1984年版;下文第91节。

行的改革模式是将公共行政置于国家和私人都作为参赛员而组成的统一网络工程(Netzwerk)中,通过所谓的治理模式(Governance-Modell)保障有效控制。

网络过程的思想源自这样一种政治观点:以参赛的运动员为本位,塑造一个统一的、竞争性的政治平台。其出发点是:这种网络工程客观上存在,学理研究不能忽视它的实际有效性。当然,公共行政在这个政治网络工程中的角色有待准确分析,为了有效执行公共行政任务而如何利用和控制这个网络工程也需要进一步研究。除了国家和社会的合作之外[①],该网络工程在国际层面的意义也越来越重要,例如环境保护。

从公共行政的角度来看,参加这个网络工程尤其有助于提供信息服务,有效利用私方参赛员的(现有)行政力量,国家和私人在已经放松管制的领域推行合作管理,提高(重要)行政决定的可接受性(Akzeptanz)。

从构筑网络工程和参赛员本位的观点来看,明确界分国家领域和私人领域不再具有多么大的意义。即使从宪法和法律的角度来看,也是如此。当然,这并不意味着取消法律约束,放弃法治国家和民主合法性的要求,这正是治理模式的一个努力方向。公共行政要实现其内部的合法性,就必须借助其外部的合法性,即参赛员的合作必须按照法定规则进行,并且由此被证明、补充甚至取代。治理的理论基础是平等的合法性思想,而该思想的基础则是

[①] 关于国家和社会之间的共生关系,参见下文第91节有关公私伙伴关系的介绍。

不可放弃的基本价值和法律规则。宪法从来就没有一概禁止在公共行政领域引入治理模式,具体因参赛员的地位、决策对象和法律约束等方面的因素而异。

(二) 作为国家组织化之组成部分的行政

按照《基本法》和州宪法,公共行政是宪政职能分工下的一种国家权力,因而处于宪法的调整范围之内。宪法从诸多层面和角度对行政组织作了原则性规定。

就权能划分而言,民主原则是有关行政组织的具有法律约束力的规定,是行政组织民主合法性证明制度的基础。

宪法有关分权、权限、机构保障和其他有关规定是行政职能的宪政制度基础。

从法治国家原则和基本权利中可以推导出有关行政组织的外部有效性、行政活动的合法性证明和责任归属的规定。我们可以将其视为行政组织法有效性的制度基础。

细致的研究表明,宪法对行政组织法的影响还表现在许多具有重要意义的方面。我们主张将行政组织法纳入民主宪政国家的总体框架之内,因为这有助于准确分析特定组织形式的特点和特殊调控潜力,明确采取特定组织形式的目标和策略,明确实体法和组织法之间的相互作用关系(通过组织的基本权利保护)。

作为国家之合法性证明的制度原则和组织原则,民主原则的意义主要表现在如下方面:民主机制对特定组织及其结构的影响,公务人员的任命和任用,私人的参与,职能和组织的私有化,行政主体的有限自主性(不受部长监督的行政),公务自治等。

明确的后果归属和责任追究标准是行政组织法及其基本概念和结构得以发展的理论基础。

宪法的原则性规定为立法机关和行政机关预留了组织法上的机构设置裁量空间。议会和政府之间的裁量权划分取决于组织法上的法律保留,但是,保留的范围在许多情况下还不明确。[1] 联邦宪法法院为此强调,宪法为议会和政府预留了"行政组织形式设计方面的广阔空间","目的是为了使——形态多样并且经常变化的——行政组织能够应对需要,以充分保障行政组织的效能"。[2]

组织法位于外部法和内部法的边界地带。人们很久以来就认为,行政内部领域不是法外空间,应当将行政组织的内部关系作为法律关系对待,这实际上是宪法向行政组织法渗透的结果。尽管如此,内部法和外部法的区分并没有失去意义,在许多案件中仍然适用。例如诉讼法有关内部法律争议的规定,公民要求正确的组织实施管理的主观权利,以及行政组织瑕疵的法律后果认定等。

(三) 行政组织法的概念和法律依据

1.行政组织法的概念。广义的组织法是有关组织的设置、内部结构、法律地位、相互关系、程序、履行组织职能的人员任用及其地位以及必要物质手段筹备的法律规范的总称。

广义的组织法有时被称为"公共行政组织构建法",是设立行政主体和行政单位、行政单位的内部机构以及独立行政单位之间

---

[1] 具体内容参见下文第82节。
[2] BVerfGE,第63卷,第1页,第34页。

外部关系的法律规范的总称。①

狭义的组织法限于有关行政主体及其机关的设置、结构、变更、取消和法律地位的规范。

2.行政组织法的法律渊源和法律依据。除了《基本法》和州宪法有关行政组织的原则性规定之外,行政组织法的渊源还有法律、法规命令(条例)、规章、规程(Geschäftsordnung)和行政规则,以及各种形式的内部法渊源,其中主要是有关独立工作机构的组织地位的规章、条令(Grundordnung)等。对此,可以从效力等级和效力范围两个角度归类。

以效力等级为标准,可以分为宪法性规范、法律(例如州的组织法)、法规命令(例如有关管辖权和行政主体设置的法规命令)、规章(例如乡镇章程)、规程和行政规则。

以效力范围为标准,可以分为一般规范(主要是宪法的原则性规定),仅适用于某个和特定类型的行政主体的规范(主要是州组织法和地方法中的组织法部分),仅适用于特定行政主体的规范(专门的法律、法规命令、规章和规程)。

行政组织法理论应当梳理不同法律渊源之间的关系,但实际情况并非如此。

(四) 行政组织法的任务*

至少有:

---

① 罗泽(Löser):《行政法律制度》,第2卷,1994年版,第31页以下。
* 本部分下设的子标题为译者添加。——译者注

1.落实宪法有关行政组织的原则性规定。民主宪政国家的宪法不仅要从外部规定行政组织的界限和法律约束性，而且应当从内部规定行政组织的结构和目标。作为国家结构的基本原则，民主原则必须有效影响行政组织形式的设计。这里需要注意，不能仅以国家学和宪法学研究的民主原则理论为根据，而且应当以《基本法》和州宪法的具有法律效力的具体规定为依据。

2.为行政系统内部提供明确有效的法律后果归属及其认定的标准，确立行为的责任性。这是行政组织法的首要任务，但这个一贯重要的任务有时却受到冷落。我们认为，这是法治国家原则和民主原则所包含的宪法要求的核心，在组织形式和控制手段的创新方面必须充分注意这一点。

3.为行政活动提供依据，满足行政活动的创新需要。宪法有关行政组织的基本规定是行政活动目的合理性和任务正当性的根据。组织法确立的体制确定了特定国家活动的基本范围。行政活动的欧洲化和国际化、与私人合作的实践都为组织法提出了新的要求。

4.保障行政单位的活力。这与上述一般性任务有关，主要通过在行政组织内部建立有效的信息和交流机制、意见形成制度、冲突解决机制等途径落实。为此，应当注意建立组织法与程序法之间的通畅桥梁。

一句话，行政组织法及其理论的任务是满足不断增长的行政多样性、公开性和动态性的要求。行政活动越来越依赖合作，必须不断适应新的环境条件。无论在社会方面，还是在国家、超国家和国际层面的其他公共参赛者方面都是如此。特定的组织形式和调控手段必须作相应的调整,诸如信息流、控制和效因之类的"软"因素同样如此。

(五) 行政组织法的调整对象

在最一般的意义上,行政组织法的调整对象是议会(层面)之下的组织领导权(Institutionalisierte Leitungsmacht)的确立和分配。①

具体调整对象有:

(1)宪法确立的有关组织行为的领导原则(第八十一节);

(2)组织和组织行为的法律基础和基本概念(第八十三节);

(3)管辖权分配规则以及对行政组织的内部和外部控制(第八十四节);

(4)满足职能需要的组织形式,包括其内部状态(第八十四节以下);

(5)欧洲法层面的组织法事项(第九十九节以下);

(6)(行政内部)监督的规则和手段(第一百零一节以下)。

二、行政组织法在法律制度中的地位

(一) 行政组织法和国家组织法

《基本法》之下的行政组织法受国家组织法原则性规定的支配。行政(组织)的独立性受宪法的严格限制,而严格意义上的国家组织法受到的宪法限制更多,例如基本权利。

---

① 关于界限,参见下文第82节。

通过民主原则这一核心规定,国家组织法成为行政组织体制及其控制的基准,行政单位的内部和外部结构莫不如此。当然,就特定行政单位的组织模型和规则模式而言,还需要在国家组织法的框架内具体情况具体分析。

在概念体系构建和术语使用方面,应当注意区分这两个层面的规定:国家组织法规范的适用范围比较广泛,概念也比较模糊和宽泛,与此不同,行政组织法的概念则相对明确。例如,公共团体在国家组织法上通常是独立公法组织方式的上位(集合)概念,至于其内部结构是采取设施制还是其他组织方式,则不予考虑,但在行政组织法上,则是与公共设施、基金会等组织形式并列的一个概念。

(二) 行政组织法和行政程序法

两者相互作用,联系密切。行政程序法中包含具有组织法内容的若干规范,其中尤其是管辖权规则[①]。行政组织的结构在许多方面影响行政程序的进行。有关组织和程序的一般规定,两者都需要遵守。

(三) 行政组织法和公务人员法

为数众多的关联点使两者的联系极为密切。行政组织借助公务人员才能发挥效用,公务人员法(Dienstrecht)从许多方面设定了行政组织的内部关系。例如行政组织的稳定性通过有关终身公务

[①] 关于管辖权规则的具体内容,参见下文第 84 节。

员的规定得到保障。传统官僚制的等级结构也是公务人员法的基础。公务人员法通过设定明确的职务义务来支持从领导权和组织权的运作中产生出来的客观规则的执行。

通过新控制模式进行的行政现代化努力使公务人员法和组织法之间的相互作用关系得到全新的认识和关注。实践的发展使公务人员法的重要性超过了行政组织法,公务人员多样化制度(公务员法、公共雇员法和公务工人法)因此得以实行。

(四) 行政组织法和公共预算法

两者关系同样密切,在很多方面相互影响。不言而喻,行政组织的结构需要按照预算法的有关规定在编制计划中确认。根据资源责任分散原则(Prinzip der dezentralen Resourcenantwortung),新控制模式将财政责任和组织结构捆绑起来。这一实践使组织法和预算法这两个法律领域出现了迄今尚未得到充分重视的密切联系,因而有必要将预算法的原则纳入行政组织法。预算(法)控制在组织法中是与其他控制手段并驾齐驱的方法,预算权也成为领导权运作的必要方法和方面。

(五) 行政组织法和实体法

如同行政程序法[1],行政组织法通过提供制度性的框架和手段服务于实体法的实施。这里需要注意,领导权在行政组织内部的运作界限由组织法而不是实体法确定,这是两者的根本区别所

---

[1] 为此参见本书第2卷第58节。

在。

两者之间的界限并不分明。例如,在特定情况下,针对公务人员发布的命令可能产生侵害公务人员个人权益的后果,因而具有实体法的属性。(组织法上的)命令权只能针对组织法规定的下属行使,对外行使命令权需要实体法的明确授权。

（六）行政组织法和欧洲法

两者之间的关系与前述的情形不是一个层面。欧洲法主要针对国家,借此为行政组织法设定了新的总体框架。如同与实体法的关系那样,欧洲法也影响组织法的内容。在特定情况下两个层面相互联结,例如欧盟补贴法影响成员国与其所属公有企业之间的关系。

在欧洲法影响德国行政组织法的同时,我们期待独立的欧洲行政组织法逐步生成。鉴于它与德国行政法和行政组织法之间如影随形,本书在第九十九节以下专门介绍。

三、行政组织的近现代历史发展脉络

（一）15世纪至18世纪国家行政组织的建立

现代国家行政组织的产生是在中世纪统治制度基础上建立现代国家这一历史进程的组成部分,是宪政历史发展的结果和推动手段。与法国不同,出于政治、社会、法律和道德等方面的原因,德国国家行政组织的主体不是政治上占统领地位的帝国政府(regnum),而是联合起来的邦国。

国家行政组织在13世纪至14世纪的最初发展是邦国领主统治体制。邦国是独立于帝国的统治势力范围，没有制度化的纽带和组织，仅隶属于特定的领主。领主的身份可能是公爵(Herzog)、独立行政官(Graf)、主教(Bischof)、修道院院长(Abt)等，法律头衔各异，领地的内部结构也各不相同。一直到19世纪初叶，统一集中而又按照地理、等级和权限划分的，现代国家意义上的，制度化的行政组织才得以像网络那样在整个国家领土上建立。国家借此推行理性化、官僚化(案牍、报告、草案等)以及受指令约束的运作方式，通过有效的计划、执行和监督等手段，塑造社会形态以完成生存照顾的任务。与此同时，公务员制度和官署体制逐步建立和扩大，在组织上与领主分离，在职能上逐步分解、分支的同时又统一集中于上级国家行政机关。原本由封建领主联结起来的邦国地区逐步融入统一的、由中央控制的国家之中。在这个历史进程中，那些以地主联合方式自发形成的公爵王侯统治集团逐步瓦解，并且被纳入直接的"国家"组织中；与此同时，一支摆脱了地方裙带关系，只为雇主和国家服务的训练有素的职业公务员集团开始形成。

发展的范围和程度因地而异。其中，目标坚定、蓝图明确的首推布兰登堡—普鲁士、奥地利邦国和拜仁，为数众多的小领地直到哈布斯堡(Hl.)帝国末期(1806年)在组织体制上还没有摆脱领主统治体制，其中尤其是符腾堡、汉诺威、迈克伦堡和许多宗教领地。

总体而言，德国国家行政组织的建立和发展，首先是在相互之间没有制度隶属关系的邦国内展开，随后在统一的领主统治区域(邦国)内进行。在典型意义上，有必要区分如下阶段：

起初，由市民和外乡人考虑不同因素组成的谘政会(Rat)负责咨询和办理邦国事务。大约在15世纪，由领主领导、但相对独立的合议制国家参事院（Hofrat）在此基础上建立，负责办理日益增多的行政和司法事务，如维护秩序（"警察"）、准备邦国法律草案、联系王爵公侯、裁决争端（司法）等。为了处理领主赋税事务，马克斯米兰一世（Maximilian I）首先在奥地利邦国建立了财政部（Rentei）。国家参事院在哈布斯堡帝国辖区称为总理府（Regiment），在布兰登堡—普鲁士称为谘政内阁（Ratstube），在其他地区通常称为政府（Regierung）。国家参事院的建立通常需要得到邦国贵族的同意，但有时也直接出于邦行政的需要而直接建立。国家参事院按照权限制度执行公务，越来越独立于设立它的领主。作为独立最高财政机关的王室财政大臣在监督财政部的王室政府委员会的基础上产生。

在借助国家参事院进行统治的同时，对国防和财政等方面的重要事务，领主通常自己作出决定，由内阁（办公室）直接执行。随着这类统治行为的增多，有必要成立一个新的秘密参事院，这是一种合议制的内阁（Kammerrat），由国王直接领导，但领主保留重要事务的决定权。奥地利于1527年，萨克森于1574年，拜仁于1582年，布兰登堡于1582年成立了这种内阁。在较大的领地，秘密参事院是在领主统治区域内享有管辖权的国家中央行政机关。这一地位不断强化，以前存在的邦国地方最高行政机关都纳入它的领导之下，有的管辖权还被限制。

随着领导和统一这一中心任务日益突出，秘密参事院越来越专业化和官僚化。随着警察国家行政任务的日益膨胀和常备军财政需要的增加,作为国家最高中央机关的秘密参事院需要按照权限进行分解[1],分设或者增设独立最高部门行政机关。由此又产生了新的矛盾和权限冲突,这需要通过各式各样的中间组织形式来实现新的统一。19世纪初叶,最终形成了一套统一的、按照权限分设的部委组织体系。它们互不隶属,都处于国王的领导之下。

在17世纪至18世纪,随着统一国家的中央行政机关不断强化,一些大的领地在原先的地区最高机关的基础上建立了省级和中级机关,并且通过制度改革使它们统一起来。

重要的一点是,地方诸侯凭借"自由"和"传统特权"(gutes Recht)维护他们对土地和人民的传统城邦或者庄园统治权,抵制君主的统一和集权,国家行政因此在地方和县级层面日渐萎缩。这些专制诸侯的传统法律地位虽然被逐步瓦解,并且被置于国家监督之下,甚至在有些方面受国家行政的约束,但并没有被彻底清除。这种诸侯警察在普鲁士一直存续到1872年。

直接国家地方行政仅存在于君主与地主、庄主、市长或者地方长官等共管的地区。在这种"国家直属领地"(王室财产)上产生了类似国家法院和行政机关的机构,公务人员与君主之间的关系类似公务员。17世纪,普鲁士通过作为国家征收税赋专员的税务参事员,有效地在城市确立了国家的监督权和统治权,到了18世纪,甚至取代了在行会观念的基础上自然形成的城市行政,后者主要管理乡镇财产和消防、道路和供水等地方公共事务。在18世纪的奥地利,贵族骑士控制的跨地方县级行政被君主从贵族的手中争

---

[1] 普鲁士1651年《秘密参事院条例》。

夺过来,并且改造为监督控制城市和诸侯统治的国家组织制度。

(二) 19世纪的国家行政和自治行政

行政组织在19世纪的发展基本上沿着两个方向进行:一方面是现代国家及其官僚组织的建立和扩张,贵族专制被逐步瓦解;另一方面是人们又努力将已经建立起来的国家松动化,通过建立和扩大地方自治和宗教自治、公民参与国家行政等方式限制和约束国家。从法国专制国家革命中萌发的"公民社会"(Bügerlicher Gesellschaft)思想融入德国的宪政国家制度中。行政组织的双轨制在君主官僚制的国家行政以及公民自治行政的基础上产生。

1.国家行政组织的建立和发展。现代性的国家官僚组织定型于19世纪的拿破仑统治时期和之后在德国进行的宪政和行政改革。通过借鉴、改造法国当时的体制范本,作为有理性和计划性的行政组织基础的整齐划一的官署制度在整个国家稳固建立起来。

通过废除内阁制度和合议制原则,独任制(monokratisch)的专业部长制度作为最高行政机关建立起来,并统一到合议制的部长委员会(Staatsminiterium)之下。部长是其所属官僚组织部门(部)的独立一把手,直接与君主联系(直属地位)。

部的数量通常是5个,外交、内政、司法、财政和国防是传统的。普鲁士有7至9个部,1817年之后设立文化部,1819年之后设立王室事务部。符腾堡设立了教会和教育部,有6个部。部长委员会的合议制性质在整个19世纪得到保留,1848年之后设立总理大臣,享有内阁首相(primus inter pares)的地位。威廉二世加强部长的直属地位(报告权)是1890年俾斯麦辞职的原因。

一些邦国建立了为君主的重要国家活动提供咨询的国家参事院(Staatsrat)，例如普鲁士和拜仁于1817年，黑森于1821年，萨克森于1831年。国家参事院的成员有内阁官房(Regierendes Haus)、部长和其他由君主直接任命的国家官员。普鲁士的国家参事院成员还有高级将领。鉴于它——尤其是在立法准备方面的——引人注目的工作效能，在部长委员会、人民代表大会之外，国家参事院扮演了越来越重要的角色。

一些大的邦国根据历史传统或者地理等因素，在部下设立受指令约束的地区中级机关。普鲁士于1808和1815年设立地区政府(Regierung)，巴登于1809年至1863年、拜仁于1817年设立县政府(Kreiregierung)，萨克森于1835年至1873年设立县督导(Kreisdirektion)，另外还有称县总督(Kreishauptmannschaft)的。与实行专业权限划分的部不同，它们负责管理区域内的所有民政事务。它的实质管辖权受到越来越多的专门行政机关的剥蚀，例如普鲁士的教育和药政委员会、教会监理会、高级矿山管理局等，巴登的高级药政局、林业和土地局、水和道路建设局等。

普鲁士于1815年在省设置的总督(Oberpräsident)既不是中级行政机关，也不是位于地区政府和部长之间的中层机关。它的行政管辖权很小，是省的一些专门合议制机关的主席，例如教育和药政委员会，1815年之后被赋予对地区政府的一般上级监督权。它实质上是国王的政治代表，是在省设置的"部长委员会专员"。

普鲁士的新地区政府是在一些原先的地区战争和土地委员会的基础上建立起来的，原来的地区政府后来大多变成了州高等法院。自1815年起，新的地区政府逐步划分为三四个合议制的分支部门:内务、教会和教育、土地和林业、直接税。它们独立执行很多任务,无需向部长报告请示。1880年随着地区委员会(Bezirkausschuss)的建立,第一分支部门的合议制性质被取消,由大区政府主席独任领导。

拜仁的县政府也设立合议制的分支部门(局),除了内务和财政部门外,后来作为第三分支部门设立的是林业局。

县作为国家的基层行政机关,在整个邦国区域内整齐划一而又严密地建立起来,负责办理县层面的一般行政事物,其中尤其是警察。巴登的县政府在1857年之前还处理司法事务。独任制的县政府首长是由君主作为国家直属公务员任命的县长。

在一些较大的城市(在拜仁是直辖市,在普鲁士是县级市),市长作为国家的基层行政机关,办理国家指令委托的事务。

1880年某县长所作的行政报告描述了当时的行政机构状态:"国王的县政府是在以前国王的县长和秘书的基础上组建起来的,应当为国王效'鞍马之劳'"。

当时没有县之下的国家行政机关,"普鲁士国止于县政府"。只有警察行政才延伸到县级以下的地方,在普鲁士称为地方警察局。

2.地方自治行政组织的发展。这首先归功于斗士卡尔·冯·斯坦因(Karl von Stein)男爵倡导的"共同体意识"。他主张公民独立地自负其责地办理自己的公共事务,应当以从以前受监护的臣民地位解放出来的方式参与公共事务,建立一种崭新的国体。革新的起点是由斯坦因男爵首先在普鲁士发起的城市自治行政体制。

1808年11月19日作为庞大的斯坦因改革方案组成部分予以

发布的普鲁士城市条例①废除了国家税务专员,将城市事务转授给只受微小监督权限制的自由市民自治组织。它的主要机关是按照选区而不是行会、团体选举产生的市代表大会,对所有的重要市政事务作出决议,选任合议制的市政府,国家只保留确认权。市政府负责执行代表大会作出的决议,处理日常事务。

新建立的自治行政并非中世纪城市(行会)自治的复辟。司法、警察和民防仍然属于国家事务。斯坦因条例下的城市并非完全自治的共同体,而是现代国家中的自治行政团体。

这种自治团体与20世纪的同类情况差异不少。它是一种市民共同体,与市民权利有关的不是出身和身份,而是不动产、(后来)财产和收入。特殊保护身份(家属、仆役、学术职业等)在公民和政治的权利义务方面失去了意义。但是,城市实质上是属人法性质的具有特殊地位的团体,而不是国家行政之下的区域性组织。

1815年后在普鲁士恢复或者重新建立的一些西部地区经过长期酝酿,于1831年发布了修订的城市条例。与1808年城市条例相比,一方面加强了市政府的地位,市政府成为与市代表大会并驾齐驱的"第二部门",确立了国家的参与权和干预权(所谓的国家监护),另一方面确立了市民与特定受保护人的平等地位(居民共同体),确立了三级选举权。

鉴于市政府和市代表大会的地位日趋平等,"真市政府组织体制"作为一种组织体制产生了。1808年城市条例确立的市政府体制被称为"假市政府组织体制",以示区分。东部省份自1853年

---

① 1807年《那勒尔(Nassauer)备忘录》。

起、西部省份自1856年起修订通过的城市条例吸收了普鲁士1831年条例的原则,其效力一直到1933年。

与上述省份不同,莱茵省在19世纪保留从拿破仑时代继受的(真)市长组织体制。乡镇长是乡镇行政的独任领导,同时是市代表大会的主席。①

跨地方的自治行政首先在县层面发展,有的是借助以前的等级行政机构,普鲁士尤其如此;有的通过重新建立与国家基层行政区并行的地区机关,在拜仁、黑森和萨克森称为"专区"(Bezirk)。它的管辖权向来受到严格限制,在与国家行政和乡镇自治行政的关系上都是如此。后来,县从承担消极给付义务的地方团体和目的联合体逐步演变成为承担积极自治行政任务的地方联合体。

1812年的(乡村)纠察队敕令规定:二级市和乡镇组成的县作为乡镇联合体"应当发挥与一级市同样的作用,对那些存在超过乡镇管理能力的紧迫公共社会需要,或者有可能侵害国家的更高利益的事务,乡镇联合体都应当干预"。在普鲁士,国家的县长同时也是地方县自治行政的领导。自1872年县改革以后,县长也是由县议会选举的六名成员组成的县委员会的主席。县议会对县委员会主席的推选享有建议权。

3. 国家行政与地方自治行政之间的关系。19世纪初叶的立法不仅赋予市镇处理自己事务的权利,而且授权市镇执行特定的国家任务,由市镇长或者市镇政府的某个成员负责。随着授权市镇执行的国家事务越来越多,人们开始区分"授权范围"和裁量性

---

① 1856年《莱茵省城市条例》和1845年/1856年《莱茵省乡镇条例》。

或者义务性团体自治的"自主范围"。在授权范围内,市镇作为国家授权机关是国家行政组织的组成部分,受国家的直接全面监督和指令的约束。国家借此利用地方行政机关的专业知识、地方亲合性和创造性来达到自己的目的。

符腾堡是例外。乡村警察机关将乡镇自主事务作为国家委托乡镇的任务执行,在较大的城市则设立警察局。

受鲁道夫·冯·格耐斯特(Rudolf v. Gneist)的理论和实践建议的影响,1863 年至 1865 年在巴登开始、1872 年至 1883 年主要在普鲁士实施的改革走向另一个方向。其目标是由受过教育的公民作为名誉制公务员参加国家行政,借此将市民阶层整合入君主专制国家之中,从而将他们的行政直接置于国家的约束之下。

这场改革的一个重要背景是格耐斯特的自治(Selbst-Government)思想。他不赞成建立与国家行政对立的自治行政,而是主张社会按照国家法律,借助国家机关进行自负其责的自我治理。出于这种立场,他认为英国式的议会体制对德国具有借鉴意义。在公法领域,他始终主张义务先于权利(die Pflicht vor das Recht)、职务先于职权(选举)。

与地方自治不同,外行参与国家行政的作法,使"政治性"、"消极性"自治等诸如此类的误导性术语泥沙俱下。①

1872 年普鲁士的县条例取消了地主警察(gutsherrliche Polizei)和县政府的司法权,委托由国家任命和监督的区长作为新组建的行政区领导。在县(1872 年)、大区和省分别设立了县委员会、区

---

① 参见下文第 84 节第 4 部分。

政府(1883年之后是区委会)和省参事院作为合议制机关,由县长、区长和省长任命的名誉制公务员组成,作为国家机关负责办理国家行政事务(决议事务)。县委会和区委会还作为行政法院进行活动。

由县议会选举的县委会同时是县的地方自治行政机关。首先在东部省份进行的改革得到1883年的州行政法典和管辖权法的最终确认。西部省份于1884年至1888年也纷纷采取相同的作法。

吸收公民作为名誉制公务员参与国家行政在格耐斯特之前就开始了。黑森1949年6月31日的法律(帝国法律公报第217号)在由职业公务员组成的区行政机关(区委会)的基础上建立了由12至24名公民组成的区参事会(Brzirksrat),除了履行咨询和行政法院的职能之外,还掌握主要的行政权限。

斯坦因男爵所首创的国家行政和自治行政之间的组织关系还不稳定。自由的市民阶层将地方自治行政视为反对专制国家官僚行政自由战斗堡垒,试图在地方自治行政中寻找自我实现的领地。在整个19世纪,国家行政与自治行政之间的关系都处于外围性和防御性的状态。尽管市民阶层试图通过自治,将自己作为一个主要社会阶层组织起来,但这些努力并没有改变官僚制国家行政的结构和扩张。市民阶层的政治意义远远超过了为反对专制国家而赢得的自主和自由。

(三)德意志帝国的行政组织(1871年至1932年)

在邦国行政组织之外和之上,帝国也建立了自己的行政组织。

帝国没有像邦国部长委员会那样的合议制政府。最高帝国行政机关是帝国首相及其作为承担首要责任的帝国部长领导的首相府。首相下设——部分是在首相府分设的——帝国司局,执行与部相应的职能,但没有实质的独立性,例如国防司、帝国内务司、外交司、帝国资源局、帝国铁路局、帝国邮政局。除此之外,在特定行政领域中还有帝国直属中央机关,集行政机关和行政法院的职能于一身,如帝国保险局、帝国民籍事务局、帝国专利局、帝国海洋局。

首相下属司局的领导大多是作为国务秘书的职业公务员。1878年的代表人法①以后,司局长可以代表首相在其专业领域内接受质询。一些事务由前普鲁士部长负责处理,如前战争部长负责国防,以及前审计署作为帝国审计署等。

仅在国防、邮政、海洋和殖民等领域以及帝国属地阿尔萨斯-洛特林(Elsass-Lothringen)设置帝国直属基层行政机关。

第一次世界大战之后,尤其是在魏玛帝国宪法之后,帝国行政的范围向州扩张,组织上不断扩大。

《魏玛帝国宪法》*建立了向议会负责的合议制帝国政府,由帝国首相和部长组成。在国防、铁路、水路、邮政、关税和消费税等方面,该宪法对包括基层在内的帝国直属行政体制作了一些新规定。除此之外,通过1919年9月10日法律规定的财政改革,所有

---

① RGBl.,第7页。

* 1919年11月8日《魏玛帝国宪法》第1条明确规定"德国为共和国"。该宪法的德文名称与其确立的共和政体之间存在不一致,因此出现了"魏玛共和国"与"魏玛帝国"混用的情况。——译者注

的帝国税务和关税事务统一归属帝国财政部。

帝国部局的数量不确定。常设的有外交、内务、财政、司法、国防、经济、劳动、救助和邮政等部局。在经济危机时期,帝国总统颁布的《紧急状态条例》还规定设立国家专员执行特殊任务,如公共秩序、地方救助、银行经营、小型企业、自愿劳务、价格监管等,另外还有帝国储蓄专员。

帝国直属中层行政机关有县国防局、帝国铁路分局、帝国高级邮政分局、帝国社会保障总局、州财政局等。劳动部门(州劳动局、劳动局)不直属于劳动部,而是属于1927年设立的具有法律能力的独立公法设施——劳动中介和失业保障中心。

帝国的基层行政机关设置没有定数,有国防局、社会保障局、财政局、关税总局和分局、针对关税和消费税而设置的专门行政机关——税务监督专员。

(四)德国联邦行政组织概述*

1.联邦行政组织的结构和体系。这里可以区分为两个层面:第一个层面是联邦直接行政组织,按照具体形式可以分为:

(1)作为联邦行政顶端的最高联邦行政机关;

(2)联邦中级行政机关和基层行政机关;

(3)没有法律能力的联邦公法机构;

(4)联邦专属财产;

---

* 出于篇幅、学术价值等方面的考虑,删除联邦州和前民主德国的行政组织部分。——译者注

(5)联邦企业;

(6)咨询委员会(Beiräte);

(7)专员(Beauftrage);

(8)项目组;

(9)中立裁决委员会。

第二个层面是所谓的联邦间接行政组织,它们具有法律独立性和自主性,但执行联邦的任务。

上述两个层面的划分也适合于联邦下设和管理的私法组织。按照所属联邦行政组织的直接性或者间接性,它们也可以相应地分为直接的联邦私法行政组织和间接的联邦私法行政组织。

2.联邦部委及其下属机关和专门行政单位。总体上对联邦行政组织进行归类分析的标准很多,其中常用的是联邦行政的直接性和间接性、不同层级以及法律形式。上述分类将在后面有关宪法规定的分析中深入介绍,这里采取行业的视角。需要注意,联邦审计署是在权限体制之外单独设立的联邦行政机关。关于联邦法院的行政,这里不予介绍,因为它本质上不属于行政组织的范畴。

3.联邦总理府。作为联邦总理的行政机关,联邦总理府(Bundeskanzleramt)的主管领域比较广泛:

(1)联邦政府新闻和信息局。主管媒体报道的协调,与国内外的新闻媒体主体保持必要的联系,掌握最先进的技术手段;向公众报道联邦政府的工作,发现和反映社情民意;与外交机构合作,向外国介绍联邦政府的活动情况。

(2)联邦新闻社(Bundesnachrichtendienst)。是联邦德国的驻外新闻机构,负责收集评价具有外交和安全意义的外国信息。

(3) 联邦文化和媒体专员(BKM)。受联邦总理的直接领导,其主要任务是保护德国的文化和历史。

联邦档案馆属于联邦文化媒体专员的职责范围。根据 1950 年 3 月 24 日的决议于 1952 年设立,法律依据是《关于保护和利用联邦档案的法律》。联邦档案馆负责历史和当代的特定书面文件和胶片文档的长期保存,以便为研究各州的历史提供原始资料。根据 1992 年 3 月 13 日的法律规定,联邦档案馆负责管理前民主德国的政党和群体组织文件。

另外,还有联邦东德文化和历史研究所以及大量的——其中主要是文化、历史方面的——公法基金会,例如:普鲁士文化遗产基金会,地址在柏林;弗里德里希·阿登那总统基金会,地址在巴德洪内福(Badhonnef);特奥多·何意斯·豪斯总统基金会,地址在斯图加特;弗里德里希·艾伯特纪念馆基金会,地址在海德堡;威里·布兰特联邦总理基金会,地址在柏林;奥托·冯·俾斯麦基金会,地址在奥木勒—弗里德里希斯鲁(Aumühle-Friedrichsruh);德意志联邦共和国历史馆,地址在波恩;德国之声(Deutsche Welle),地址在科隆;欧洲死难犹太人基金会,地址在柏林。

4. 外交部。负责执行《基本法》第 73 条第 1 项作为排他性立法所规定的事项。外交部所属机构和德国驻外使节共同构成统一的联邦最高行政机关。外交部下设中央司,第二政治司,欧洲司,联合国、人权和人道援助司,联邦政府裁军和军备控制司,经济司,法规司,文化司,档案司。

联邦德国的驻外代表包括 141 个大使馆、56 个公使馆、12 个驻国际组织代表和 14 个特别代表。它们都隶属于外交部。

德意志考古研究所(DAI)享有相同的地位,其前身是 1829 年在罗马建立的外派人员考古研究所,任务主要是促进古文化研究,从科学的角度促进大众学习。该研究所在德国设立 5 个分部,在国外设立 9 个分部、委员会和外务机构。

5. 内政部。任务包括如下方面:内政政策方面的原则性问题;宪法、国家法和行政法事务;内务安全;警察;公职人员事务;驱逐出境、难民、战争受害者、移民和参加负担均衡立法;民防事务和不属于其他行政机关权限的国民防卫事务,以及民防的协调和总体规划;行政组织、信息技术、数据保护和统计事务,以及地方事务;突发性事件;政党和群体组织事务以及前民主德国的国家安全事务。

(1)联邦数据保护专员。受联邦政府的法律监督和内政部业务监督,其任务是监督数据保护法和其他有关规定在联邦层面的遵守情况,每两年向联邦众议院作一个活动情况报告。该专员的国家法依据是 1977 年 7 月 1 日生效的《有关防止在数据处理过程中滥用个人数据的法律》即《联邦数据保护法》。专员由联邦政府建议,经联邦众议院多数表决,由联邦总统任命,任期 5 年。

(2)前民主德国国家安全人员资料联邦专员。其依据是《有关前民主德国国家安全人员资料的法律》第 35 条,其任务是收集、管理国家安全人员的资料,确定其公开等级。另外,它必须保障关系人的查阅权,给予有关答复。专员的中心机构设在柏林,在 9 个新联邦州设立外派机构。

(3)联邦宪法保护局。根据 1950 年 9 月 27 日有关联邦和州宪法保护事务合作的法律以及 1990 年 12 月 29 日的修改法律,作为联邦高级行政机关设立。它是《基本法》第87条第1款第2句意义上的中央机构，核心任务是收集和分析破坏民主自由制度、危害安全、为外国势力从事秘密活动以及动用暴力或者其他以此为目的从而危害联邦德国利益的活动等方面的情况。该局不得下设警察机构，没有警察权。

(4) 联邦刑事局。作为公安新闻报道事务和刑警的中央机构，支持联邦和州警察预防、侦查跨州、国际或者重大的犯罪案件。利用自己的信息系统收集和评价所有的必要信息，随时动用州警察在打击犯罪方面提供协助。

(5) 联邦行政局。根据《基本法》第87条第3款和1960年1月14日的法律，在科隆作为独立联邦机关设立。作为联邦高级机关和联邦政府公务员的中央领导机关，是执行临时任务和联邦各部试验项目的灵活手段。由于将各种不同的任务集中起来，它的效率性和经济性高于许多小的独立机关。

(6) 联邦边境保护局。主要执行如下任务：联邦领土的边境政治保护；监控越境交通；铁路警察任务；航空安全任务；保卫联邦机关；北海和东海保护和环境保护；协助联邦刑事局执行人身保护任务；协助州管理可能产生治安危险的设施；在发生灾难事件时提供救助。

(7) 联邦政策培训中心。是内务部职责范围内的没有法律能力的公法设施，1952年作为国内服役联邦中心设立，1963年后改名。借助所拥有的大量文字、声音和图像文件，该中心负责政治培训、国民政治意识、学校和继续教育领域中的跨地区措施。

(8) 联邦技术协助中心。根据调整联邦技术协助中心协助人法律关系的法律,作为联邦直属的具有法律能力的公法团体设立,任务是:民防中的技术协助;根据联邦政府的指派提供境外技术协助,经费由委托指派方提供;根据危险排除机关的请求,在出现大范围的灾害、非常事件和灾难时提供协助,尤其是营救和维修方面的服务。该中心分为 665 个地方协会(约有 44500 名现职人员和 17000 名后备人员),8 个州协会办公机构和 66 个业务机构。

(9)其他所属机关。这里只能提及它们的名称:联邦行政法院的联邦代表人和纪律代表人,联邦统计局,联邦公共行政研究院,联邦公共行政学院,联邦地图和测绘局,国外难民确认局,联邦地方学和国际学研究所,联邦负担均衡局,联邦民防局,前民主德国党派和群体组织财产审查独立委员会。

(10)机构。归国基金会是联邦直属的公法基金会,前政治受迫害者基金会是具有法律能力的公法基金会,德国负担均衡银行是公法设施。

6.司法部。除了如同内务部主管宪法领域的部分事务之外,司法部还主管一些传统的法律领域和公务人员法、职业法方面的事务,负责审查各部委起草的法律和条例草案以及国际协议的合宪性和合法性,准备联邦宪法法院和联邦最高法院的法官人选。

司法部的活动领域包括:卡尔斯鲁厄的联邦最高法院,联邦在最高法院的首席代表人,位于柏林的联邦宪法法院,位于慕尼黑的联邦财政法院、联邦专利法院、德国商标专利局,位于法兰克福的联邦纪律法院。另外,联邦律师协会,联邦最高法院的律师协会,联邦公证师协会,专利师协会等公法社团,德国国际法合作基金会等,都受司法部的法律监督。

7.财政部。其任务和活动领域可以分为两类,即联邦最高的预算和财政部门,宪法依据是《基本法》第110条至115条和第108条。

联邦财政部长主管联邦预算计划的起草和收支、财产和债务的会计监管,采取补偿和二战财政债务清偿的必要措施,落实负担均衡,活动领域广泛。

1971年9月3日联邦经济和财政部撤销后,联邦财政局作为联邦高级机关在波恩设立,根据《联邦财政行政法》第4条和第5条,其任务是:参与州财政机关的税务同一性的外部监督,收集和评价有关国际税务关系的材料,家庭给付均衡的行业监督,公务员工资福利的计算和支付,联邦财政行政机关和其他大部分联邦机关的雇员和工人的工资福利。

联邦财政行政分为:关税行政,联邦财产行政,高级财政局,联邦储蓄。这些领域都受《联邦财政行政法》的调整。

高级财政局(Oberfinanzdirektion)领导联邦和州的财政行政,监督法律适用的公平性,监督所有的下述工作机构。德国有12个高级财政局。

财政部的其他下属机构(活动领域)有:联邦保险监督局,证券交易监督局,信用监督局,烈酒垄断管理局,联邦转换储蓄支付管理专员,联邦债务行政,关税刑事局。

联邦公共财产管理局是联邦高级行政机关,于1991年7月1日设立,主要任务是通过补偿基金、不动产销售、不动产销售中的赎买等,协调原联邦州和新联邦州之间的财政和补偿问题。

下述公法团体和设施受财政部的法律监督:联邦邮政通讯中

心,邮政通讯博物馆基金会,邮政通讯事故储蓄所,德国铁路和城铁退休金储蓄所,联邦和州养老金管理中心,德国通讯银行,德国储蓄银行和转帐银行协会,联邦税务顾问师协会,德国公务员保险中心,联邦特别负担统一中心,前民主德国解散保险中心等。

8. 经济和劳动部。负责执行联邦经济领域内的所有任务,始终奉行路德维希·爱哈德(Ludwig Erhard)的传统,即社会市场经济原则(Prinzip der sozialen Marktwirtschaft)。该部的任务范围广泛,包括:(1)劳动市场政策、劳动促进、失业保险、社会救助、劳动保护、劳动法和企业组织法、外国人政策等。(2)劳动法院和社会法院的组织和程序。劳动部长在其中参与的方式是提供或组成顾问、委员会和专家组等。

该部的下属机构(活动领域)有:事故保险联邦执行局;劳动保护和劳动医疗联邦局;联邦保险局,负责监督联邦直属主体和其他社会保险机构、租金保险财政资助、抚养保险的财政均衡等;母亲补贴中心。

受该部法律监督的公法团体有:联邦劳动中心是州劳动局和专门中介机构之上的公法团体,联邦雇员保险中心,位于奥尔登堡—布莱梅的州保险中心,铁路保险中心,海洋职业同志社和海洋储蓄所,位于柏林的农业协会,联邦矿工协会中心(矿工医疗、看护和租金保险的联邦直属公法团体),位于柏林的农业老年储蓄所,农业和林业劳工补助储蓄所,德国文化乐团保护中心,德国剧院保护中心。

9. 消费者保护、食品和农业部。消费者的预防性保护、质量保证和适宜于环境和动物的产品是该部的三大主要任务。为富有竞争力、讲求质量和企业化经营的农业发展创造经济条件,保障生活用品的安全和食品卫生,保护动物和环境,是该部的主导思想和政策。

该部的具体任务是:消费者的预防性保护,保障产品的质量和环境动物适宜性,土地开发,林业和渔业(总体)政策的研究、制定和促进,承担国际责任。

该部的下属机构(活动领域)有:联邦消费者卫生保护研究所,联邦分类局,10个联邦研究机构,农业档案和信息中心,联邦农业和食品中心(公法设施),德国农业和食品经济补贴促进基金,德国林业和木材经济基金,德国移民和租金银行(公法设施),农业租金银行(公法设施)。

10.交通、建设和住房部。是《基本法》规定范围内的交通事务最高领导机关。根据《基本法》第73条第1项、第74条第21项和第22项、第74条第23项、第87条第1款、第89条和第90条,铁路、道路、水路、内河船运、海运、航空、道路建设和气象服务都属于该部的任务。

该部的下属机构(活动领域)有:联邦水运和船运管理局,下级是州的水运和船运局,联邦高级海洋局,联邦水利建设局,联邦水质局,联邦海运和水文地理局,联邦公路局,位于福伦斯堡(Flensburg)的机动车交通局,高技术行政公务员监督局,位于奥芬巴赫的气象局,联邦航空局,联邦航空事故调查中心,联邦货运局,联邦铁路局,联邦铁路财团,联邦建设和规划局,联邦领航员协会(公法团体)。

11.国防部。按照国防权限分为两大分支部门:一是领导机构,由部长、两名议会国务秘书和两名国务秘书组成,下设新闻、信息、计划、组织、总监和军团领导;二是作为命令权和指挥权主体的部长,可以直接对联邦陆海空三军总监及其领导的现役武装力量和联邦国防卫生护理总监及其领导的联邦国防卫生护理力量发布命令。

国防部下设如下机构:联邦国防中央军事办公室,陆海空三军,联邦国防卫生护理中心,军事法院,派驻联邦行政法院的联邦国防纪律代表人,联邦国防行政局(县兵源局),联邦语言局,联邦国防行政和国防技术研究院,联邦国防行政学院,联邦国防行政学校。

12.家庭、老人、妇女和青少年部。在联邦层面负责草拟、创设和执行有关政策,以及有关立法任务,主管志愿照看服务和民役。下设机构及其活动领域有:危害青少年印刷品审查局,联邦民役局,残疾儿童救助基金会,妇女、儿童和胎儿保护基金会。

13.卫生和社会保障部。该部在现代国家中具有核心的地位,负责法定的医疗和护理保险,90%以上的国民享受社会保险。生态药品、人类基因、遥感医疗等面向未来的问题都属于该部的职责范围。该部与所属研究机构一道进行情况分析、卫生促进和危险预防。该部的下属机构及其活动领域有:联邦药品和医疗产品研究所,罗伯特·科贺(Robert Koch)研究所即联邦传染病和非传染病研究所,德国医疗档案和信息研究所,鲍尔·艾里希(Paul Ehrlich)研究所即联邦血清和接种材料局。

14.环境、自然保护和核安全部。1969年从内务部的一个分支部门的基础上建立,任务范围广泛,主要是:环境政策和跨行业环境法方面的原则性和经济性问题;水经济,垃圾经济,土地保护,废旧物品;环境卫生,公害防治,设施安全,化学物品安全;核技术设施的安全,原子能的提供和消除等。下设机构为:联邦环境局(主要提供科学支持)、联邦自然保护局和联邦辐射防治局。

15.联邦经济合作和发展部。是一个非常年轻的部门,组织规模小,没有下设其他部委那样的机关和办公机构。该部的任务是联邦层面的发展政策。

16.教育和科学研究部。任务范围定位于欧洲,随着欧盟的发展而不断扩展,因此不限于国内的教育和研究,而是包括欧洲和国际层面的教育、研究合作,在合作或者参与的欧洲、国际研究项目、活动或者组织中代表和维护德国的利益。该部的下属机构及其活动领域有:位于罗马、巴黎的德国历史研究所,位于弗罗伦茨的艺术史研究所。

17.联邦审计署。这里要特别指出,它的特殊地位在于,它是只受法律约束的联邦最高行政机关,独立履行国家财政监督职能,依据是《基本法》第114条第2款、联邦审计署法和联邦预算法。联邦审计署的主要任务是监督联邦的预算和经济行为以及年公共收支总额达5000亿欧元的联邦财产和企业。

联邦审计署对审计活动的最主要的结果写入审计报告,呈交联邦众议院、参议院和联邦政府,作为联邦议会明确联邦政府责任的依据。联邦审计署的署长同时是行政经济性的联邦专员,由联邦众议院和参议院根据联邦政府的建议选任。

四、行政的现代化和新控制模式

(一) 改革讨论的发展

近20年来,行政现代化的努力受到大多数工业国家的广泛关注,这在很大程度上是一个世界性的现象。主要原因是大多数国家面临类似甚至相同的问题:(1)作为国际经济危机后果的税收下降导致公共预算紧缩;(2)对政治和官僚体制的不满招致了对国家的广泛批评,因为国家承担法定的任务,具有干预公民的各种措施;(3)对传统官僚制条块分割的行政组织模式的否定性评价;(4)集中僵化的财政计划和预算执行(预算财政)。国际性还表现在改革进程方面,无论是奉行新理念的理论模式还是实践经验都在世界范围内迅速而又深入地交流,与过去不可同日而语。国际层面和跨学科的政治、法律和行政科学的研讨活动催生出了具有重要价值的成果。

1.改革讨论的中心议题。因着重点是行政层级、结构和地方而异,可以分为六个分课题。

国家层面的重点课题是国家任务的缩减(集中于核心任务)和相应的非管制化及(实质的)私有化。

有关国家行政的认识从直接给付责任转向担保给付责任,主要途径是管制方式的转变。

作为附带的政治制度手段,除了一般的规范性控制之外,在公共部门引入加强竞争和市场开放的作法,不仅在国家和私人的关系方面,而且在不同行政主体之间的关系(例如不同地方的竞争)

和行政主体内部的关系方面。

与非管制化紧密联系的是加强公法和私法组织形式的行政单位的独立性(Agencification),寻求与私人合作的新方式。

在行政系统内部引入经吸收改造的私经济经验而形成的经理观念和组织结构,如分散责任、合同管理、扁平体制、改善交流、公民本位等。

借鉴私营企业和私经济理论的一个类似措施是确立人事财政体制,引入效能刺激,如从预算财政制(Kameristik)转向复式簿记制(Doppik),加强预算的灵活性和整体性,实行过程控制等。

改革讨论在国际层面以新公共管理为标题,在德国则以新控制模式为标题,但讨论的内容并非都是新的。许多州的改革在某些方面是倒退回从前。改革的不彻底性表现在,真正的改革实际上限于个别方面,在其他方面仍然维持传统的结构。通过新公共管理和新控制模式采取的主要努力是将组织、人事和预算(财政)进行更好的整体性考察,尝试竞争、从官僚本位转向外部本位等新的改革观念。

2. 传统行政体制的弊端。表现为如下缺陷:

(1)损害行政工作效率的结构缺陷。批评的主要对象是资源责任和部门责任的分离,主管部门只会尽可能扩大预算,因为提高经济性不是部门的工作目标,而力求节约的财政部门又不能充分认识主管部门的特殊需要。另一个缺陷是,大多数主管部门不充分了解具体管理过程的实际费用,因而不可能作出合理的估算。

(2)部门分割。这不仅对行政系统本身而且对公民都有消极的作用。由于部门各自执行保密制度,行政系统内部存在严重的信息流失和内耗,而公民因部门各自为政又不得不付出巨大的成本,甚至成为权限争议和冲突的牺牲品。

(3) 系统条件造成的动因缺陷(Systembedingte Motivationsschwäche)。大多数公共行政部门没有处于竞争环境中,缺乏直接的比较标准,因此也就缺乏提高效能和创新的动力。地方自治政府垄断了"公权力产品",实际上只受下届选举的间接政治控制。

这就产生了所谓的"动因缺陷"(Motivationsblockaden),即行政部门害怕因改革而失去权力。只要行政领导的地位通过预算和人员数量增长而扩大,就缺乏经济性的控制动力。公务员法上的动因制度也受这种错误因素的制约。

3.企业经营经验和管理理论的借鉴。应当将行政改革视为法律、特别是行政法的任务,而行政改革的深入又会导致法律的变革。许多州在乡镇条例和预算法中增补试验条款[1],以便行政部门试验不同的改革模式。过去70年里几乎没有重要的改革试验,法律几乎也没有变更。上述试验条款意味着,法律的任务并非仅是改革实践的简单体现。这里的关键不是行政任务的转变、行政活动的合法性和有关约束力和民主合法性证明要求的调整,而是如何进一步改善代表机关对行政机关的调控模式。需要研究的是内部决定过程和工作流程的革新,改善资源利用水平和动因状态,转向公民本位。所有这些都需要专业知识,这些专业知识最终成

---

[1] BayGO 第 117a 条, NwGO 第 126 条, BwGemHVO 第 49 条, SaGemHVO 第 47 条, ShGemHVO 第 45a 条。

为法律标准。

　　行政学秉承这样的专业知识,研究公共行政的任务、种类、资源、组织形式、内部结构和运作过程①。行政学主要借鉴社会学和企业经济学方面的知识、方法和模型。从近年来有关认识的方法论来看,行政现代化实际上是将企业经营管理的模式移植到公共行政。这在性质上不同于采用私法的组织方式和活动方式,后者在过去10年里是行政现代化改革的主要内容。人们认为,借此将个别给付行政领域分离出去,可能使传统公权力行政的缺陷变得更加明显,因为两种对立的管理观念可以相互比较。

　　将企业家的模范精神引入公共行政的前提是企业管理与公共行政具有可比性。这个前提遭到了众多的怀疑。尼克拉斯·鲁曼(Niklas Luhmann)于1961年就在其至今仍值得一读的著作中怀疑:公共行政怎么可以遵行经营的原则?② 这些怀疑至今具有意义,因为将企业家模范精神引入公共行政领域的同时,必须将其置于法律正义的强制性要求之下。两者的可比性不限于规模和任务的多样性,而且包括运作领域和活动条件。这里的首要问题是地方政府参与经营的"市场"是否可以与一般经济生活中的市场相比较,换句话说,其目标、规则和合法性保障是否大同小异。

　　我们原则上反对移植企业的经营模式,这是因为,所谓的"市场在公共部门中的胜利"的说法根本就不成立,发放建设许可证、建立公共设施、维护公共安全和秩序不可能遵行邀约和承诺的基

---

① 平特纳(Püntter):《行政学》,1989年第2版,第19页以下。
② 鲁曼:《公共行政可以经营方式运行吗?》,VerwArch.,1961年第52卷,第303页以下。

本原则。公共行政(所追寻的)不是销售和盈利,而是以法律和共同福祉为本位的(公益性)活动。在公共行政的许多领域中不存在为竞争所需要的、通过市场参加人的行为来控制的竞卖市场。与康采恩不同,在销路低落时,公共行政也不能退出低效领域或者改销其它"产品"。

上文指出的公共行政与企业活动基本条件的差异只是不允许盲目或者不加区别地移植企业家的模式和精神,它们作为改革模式的一种根据还是可以的。就此而言,改革的任务是为公共部门提出像市场竞争那样有效的手段,在没有自然竞争的领域里创造革新和提高效能的动力。公共行政绩效标准的确立,除了要考虑经济因素之外,更要考虑共同福祉的约束力。

4.新控制模式的目标和手段。新控制模式的出发点是实现如下总体目标:

首先是发展行政活动的新模式,即"从机关到服务企业"的转变。为此首先要进行投入方面的改革。地方政府的领导不仅要确定地方居民的需要,而且应当以居民的实际需要为着眼点,即使有关法律没有明确规定有关的任务执行。

新模式导致地方行政像康采恩那样分解为若干个独立的专业部门,享有为处理公民申请所需要的所有权限。与公民打交道的地方行政机构大大减少。

其次,公民本位要求调整专业部门之间的任务划分。通过专业事务责任和资源责任的整合,具体部门同时负责其活动的预算法和经济性要求,最终导致个人结果责任(persönliche Ergibnisverantwortung)的转移。

再次，引入新的绩效标准。不是任务执行的效率和合法性证明，而是效益，即经济地、保质保量地执行任务将成为有效行政活动的特征。为此，必须在公共行政内部建立新的组织协调制度，其核心是产品导向。所谓产品，是指行政服务。

应当将上述目标与转型的手段区别开来：

(1)部门和权限的划分。实行产品导向意味着行政权限划分制度的调整，特定部门将被法律赋予生产——公民本位的——产品所需要的所有权限，公民处理典型的生活事务无须再到为数众多的不同部门，为此需要扩大管辖权和责任范围。除了专业之外，具体执行机构还要对其产品承担预算法上的经济性责任。这就产生了特定产品领域的专业部门的分散化的总体责任。

为此，需要新的核心监督手段。按照民主原则的要求，地方政府的代表机关保留核心干预权，将监督规则按照变化了的行政任务分配制度进行调整。

(2)合同式管理(Kontraktmanagement)。合同是政治领导(县长)之间、政治领导与行政部门之间、行政部门之间、政府与独立行政单位之间，就特定时间内的特定产品系列或者目标达成及参与控制的协议，内容多种多样。政治领导与行政部门之间的合同通常是特定产品或者参与控制。柏林改革模式还区分"政治协议"、"行政协议"、"服务协议"(Servicekontrakt)等①。

协议式管理引起了一系列的法律问题。存在争议的首先是(目标)协议的法律性质。从协议倡导人锡里堡(Tilburger)、改革者

---

① 瓦勒拉特(Wallerath):DÖV,1997年,第57页(第61页)。

史里耶弗(Schrijver)的哲学观来看,协议实际上是一种政治协商意义上的政治协调手段。德国改革者不认为这种协议属于法律上的协议或者合同。第二个争议是这种协议的归类,即这种协议是否具有约束力以及如何分类。这里需要特别注意,这种协议影响预算,其合意性着眼于预算法上的超支禁止(Bepackungsverbot)。还有一个问题是,这种协议在行政监督方面对国家监督具有什么样的影响。在地方实践中经常出现的解决办法表明,人们不必与协议内容保持一致。

产品导向、分散化的综合责任、协议式管理影响预算计划的结构。预算计划的编制按照产品系列划分,考虑协议约定的目标,用明确的标准取代申报程序。

伯恩德·贝克尔(Bernd Becker)提出的理论对新控制模式引起的行政组织变化作了如下描述:

(1)加强公民本位导致行政投入(Verwaltungsinput)变化;

(2)引入分散化的综合责任、产品导向和协议式管理改变了工作流程,产生了崭新的组织体制;

(3)产品质量导向改变了产出层面的变化;

(4)核心层面控制和部门控制使回应过程得到改善。

新控制模式引起了任务分配制度的如下变化:

(1)政治领导集中于战略性的调控任务,主要通过以协议中的产出导向的目标约定实现;

(2)部门按照分散化的综合责任原则(Prinzip der dezentralen Gesamtverantwortung)被赋予更大的活动和塑造空间,相应加强了报告义务。

(3)核心层和部门层之间的信息关系通过核心控制和部门控制得到改善,前者的任务主要是确定发展目标。

总体而言,改革进一步明确了政治与行政之间以及行政内部机构之间的责任范围。在行政系统内部主要是引入资源责任,强化个人的结果责任。

5.新控制模式在部委行政和高校领域中的应用。鉴于结构性的差异,首先在地方行政中发展起来的新控制模式只有经过部分重大修正后才能在其他行政领域中推广。部委行政没有像地方行政那样的政治领导与执行机关的划分。另外,有些行政领域很庞大,下属机构划分很细致。因此,只有新控制模式中的个别因素,其中主要是人事管理和目标协议,才可以应用于部委行政和高校领域。

被特别热烈讨论的是新控制模式在高校领域中的应用。有些州进行了大刀阔斧的立法改革,其中首推汉堡州2001年6月18日的《高校改革法》,秉承新控制模式的观念。该法第2条规定州和高校之间可以签订目标协议,第90条赋予高校具体设计组织结构的巨大裁量空间,第100条规定效能导向和任务导向的预算资金分配。

新控制模式在高校中的应用与地方行政和部委行政的根本区别表现在两个层面:一是新手段在州和高校之间的关系中的应用,这种关系是宪法规定的外部法律关系;二是新控制手段在高校内部的核心层与部门层(学院、研究所)之间关系中的应用。协议的法律性质在这两个层面的区分主要表现在人事经济控制与财政控制的原则方面。其中涉及大量的法律问题,这里不可能展开介绍。

(二) 新控制模式在德国的发展

如同其他大多数国家,新控制模式在德国的移植主要在地方行政层面展开。这一方面是因为地方行政面临日益加大的财政赤字压力,另一方面是地方政府作为较小的行政单位,改革的难度相对小一些。

1.新控制模式在地方行政中的发展。其过程可以分为四个阶段:

(1)1988年至1991年的观念发展阶段。该观念率先由城市联合会自1949年起设立的地方行政简化办公室提出。在其首份方向指引性的报告中,该办公室提出了分散化的资源责任模式,"新控制模式"的名称由此而来。该报告主要参考国外经验,特别是荷兰替尔堡市(Tilburg)的经验[1]。

(2)1991年至1992年的试验阶段。地方行政简化办公室与几个大城市成员发起试验项目,如汉诺威、科隆和纽伦堡。

(3)1992年至1995年的推广阶段。试验向其他方面深入,并且在一些中型城市和县推广。

(4)1995年至今的上升阶段。一些改革观念在联邦层面推广。在此期间,90%以上的地方行政已经或者准备实行新控制模式意义上的改革。地方行政简化办公室提出了一个中间总结报

---

[1] KGst(Kommunale Gemeinschaftsstelle für Verwaltungsveeinfachung)报告,1991年第12号(地方行政的服务企业之路:替尔堡案例研究)。

告①和一个乡镇市县最终报告(Produktbuch)②。这些报告的官僚主义式的完善性招致了批评。

2.州的行政现代化改革。州行政层面的改革进程明显晚于地方行政。直到20世纪90年代初叶,大多数联邦州才开始进行行政现代化的努力,其目标和措施是:

(1)职能审查。大多数联邦州展开了一场职能审查(Aufgabenkritik),借此对现有任务及其执行方法进行了系统的调查和评价。这里的一个重要区别是:一些州对所有行政领域的任务都进行了重新审视,而一些州只选择若干领域。另一个重要区别是大多数州都从系统外部聘请了职能顾问,而一些州则由所属人员进行审查。

作为对职能审查结果的反应,大多数州都致力于规则和程序的简化。围绕非管制化和程序加速等总体目标,一系列立法动议得以提出,革新主要在建设法和行政程序法领域实行。另一个重点是减少核准保留和许可保留。另外是行政内部规则的修订。

(2)体制改革。在大多数州实行。这个宽泛的概念涵盖了大量的各不相同的措施。首先是合并原先由不同机构行使的关联权限,其次是裁减机构。一些合并权限的改革措施相应地导致机构、人员的部分甚至整个行政单位的裁撤,例如巴登—符腾堡州裁减了100多个部门机关和外设机构。许多联邦州近年来讨论减少中层机关(大区政府)或者按照拜仁州行政区模式进行地区合并(黑

---

① KGst报告,1995年第10号。
② KGst报告,1997年第5号。

森州)。这些改革计划迄今还没有付诸实施。一些州将国立游泳馆、国营葡萄酒厂、州医院等服务职能委托给州行政设施,转制为商业运营的州企业,适用特殊的预算制度。① 一些州将不动产管理集中起来,按照商业规则进行改制(新的不动产和建筑物管理)。进一步的改革措施是形式和职能的私有化,因多种动因而得到了广泛的实施②。一些州进行范围相对较小的实质私有化,将任务完全下放给私人③。

一些联邦州建立一些可比性指标,按照地方政府之间的竞争范本引入了所谓的机关竞争,作为效能刺激。

行政组织改革的另一个重要动力是改善交流结构的目标,在行政系统内部和与公民的关系方面采用新信息技术,以"电子政府"为名的大量试验项目得以实施。行政程序法方面的相应改革主要是应用电子通讯技术④。

几乎所有州的现代化改革都在人事管理和合作人参与领域进行。

3.联邦的行政现代化改革。联邦行政层面的现代化改革更晚一些,其进行情况也因部门而异。1995年建立了"苗条国家"专家委员会,主要任务是进行职能审查。它提出的现代改革措施的最终报告因时间短暂只得到了部分实施,其他改革因欧洲法和宪法引起的铁路和邮政私有化而中断。需要注意的是近年来日益重要

---

① 参见 BHO 第26条、第74条和第87条。
② 参见下文第91节。
③ 参见下文第93节。
④ 参见《关于修改行政程序法的第三次法》,BR-Drs 2002年第343号。

的服务外包和私有化,其中特别值得一提的是联邦内务部的"国家现代化"项目①。

高校领域的行政现代化改革如火如荼。除了将新控制模式的原则移植到国家与高校以及高校内部机构之间的关系之外,还采取了其他改革措施。它们的适法性和合目的性存在激烈争议,其中首推影响最为深远的选择新法律形式的改革措施。一些联邦州在高校法中设立宽泛的开放条款,允许高校选择公法团体之外的其他法律组织形式。联邦立法机关删除了《高校框架法》第57条有关高校组织的规定,借此认可州的作法。可选的法律组织形式主要是公法基金会——这是一种介于设施和团体之间的公法组织形式,以及私法基金会和(公益性的)有限公司。经过一番改革讨论,各州创造了多种使高校领导体制得以改善的职业化模式。

全面的改革讨论近年来在社会和租金保险以及联邦劳动中心领域展开。议题集中在实体卫生法和社会法中的财政分配和风险分配方面,只在特定方面涉及组织问题。

(三) 行政现代化中的结构性问题

近15年来的行政现代化改革在诸多方面推动了公共行政的进步。大多数行政部门在进行全面的职能审查过程中发现并且革除了传统的任务执行方式和方法的缺陷。公民本位、绩效导向和预算责任取得了重要的进展。另一方面,行政现代化也出现了大量的问题和缺失,应当在继续推进改革时予以注意。问题在不同

---

① www.staat-modern.de.

层面都存在,这里只简要介绍其中的重要方面。

人们在吸收私营经济和国外经验发展改革模式时没有充分考虑到公共行政的其他基本条件,一些改革措施失之于天真。在德国进行的一些讨论不过是国外模式的翻版,而这些模式在国外已经被抛弃或者修正。人们也没有充分认识到,长期深入的改革造成了更多的成本。例如,从预算模式转向商业簿记模式的前提是巨大的人员培训和物质手段投入,只能在多年中逐步实施。

公共行政的经济化和经营化(Manageralisierung)对公共行政的法律和共同福祉的约束性所造成的不良影响在改革伊始就受到了批评。这些批评在公共行政的知识和人事转型方面也存在。这在法学上的反映是法学家们使用的企业价值和行政价值等术语,在制度上的标志则是取代韦伯官僚制模式的新控制模式的服务哲学。改革的进程在全球化层面的标志是对(公)法的控制能力的怀疑以及对网络工程结构和治理模式的青睐。因行政科学接受来自私营经济的本位模式,两种模式之间的裂痕虽然没有缝合,但被缩小了。这对预算法的发展以及行政法创造着眼于特殊性的非正式合作管理方式具有重要意义。改革的进程实际上只是开始,许多原则性的问题还没有澄清。

效能刺激的实施也存在缺陷。除了作为新控制模式出发点的短期刺激之外,还缺乏公务人员法和工资福利法上的基本条件来保障提高效能的充分活动空间。如果工作人员认为这并非合理的财政奖励,就不可能期望工作人员提高效能的积极性能够真正持久。由于公共预算在改革过程中不断恶化,而公务人员法和工资福利法的现代化也徘徊不前,许多改革努力因缺乏基本条件而在短暂的革新亢奋之后夭折。尽管改革的总体目标相同,而且改革措施的许多细节也明显相同,各州的立法措施却大相径庭,在总预算和目标协议方面尤其如此。由于同一概念之下的规则内容完全不同,目前只可能总结出非常有限的普遍有效的法律标准。另外,行政实践部门在有些情况下明显偏离有关新控制手段的法律规定。这些现象在目标协议的执行方面尤其值得注意。总之,目前还不能指望协调,更不能指望立法机关保障和维护改革的进程。

法学和行政学上有关改革进程的讨论总体上是(自我)批评性的,长期以来人们只关注原则性的问题,例如行政法的控制能力和私有化,而行政组织法的具体内容几乎没有发展。与行政现代化观念相应的组织法、预算法和公务人员法的整合还没有得到认可。学理研究和大学教育对改革进程置若罔闻。在现有行政法研究中,新的组织模式及其相关具体法律问题还混沌不清。有关不同改革模式的介绍还不协调,至于其法律要件和后果更是没有得到审视。

另一个问题是政治领导机关还没有足够的适应积极性。无论在地方层面还是在国家层面都表明这一点的重要性:将公务员人法上的无关政治层级调动起来,使其承担新控制模式倡导的战略控制角色。他们在许多情况下都缺少通过预算法加强实践细节控制的积极性。紧缩的公共预算致使行政现代化的进程变成了纯粹琐碎的节约过程,以至于很少再有积极的动因空间。

第八十一节 有关行政组织的宪法规定

一、决定性的宪法规定

(一)《基本法》和州宪法

有关国家体制和国家组织的基本决定由制宪者作出。除了明确的组织决定①和有关立法和行政的一般组织法规定之外②，还应当注意从一般宪法原则、尤其是民主原则中推导出来的其他组织法规定③。阿尔诺德·克特根(Arnold Köttgen)于1965年认为行政组织法并不是宪法的特有课题，这种观点在今天看来是错误的，应当抛弃。学界有人认为，行政组织法并非宪法中立性的。这一观点得到了国家组织近年来的发展及其科学研究深入这两个方面的支持：一是实体行政活动与组织问题的联系越来越密切，关键在于将组织和组织法的控制功能统一起来；二是组织法和民主原则之间相互影响的加强，这有利于从更为广泛的视角来考察不同的法律组织形式。

宪法对行政组织法影响的增强集中在基本制度方面。这里要注意区分两个层面：一是分权、法治、民主等原则所蕴涵的最低标

---

① 例如GG第87条以下有关联邦直属行政活动领域的具体规定。
② 例如GG第28条第2款和州宪法中的组织法保留，为此参见第82节第1部分。
③ 参见下文第4部分。

准及相应的硬性规定,二是管辖权和组织机构的最优化要求。正如联邦宪法法院强调的那样,《基本法》赋予行政部门在机构设置方面以广阔的裁量空间。

关于在法律调整密度日益加大的情况下如何保障与议会保留相对应的行政保留,近年来得到了热烈的讨论,还没有形成定论。[1] 这里缺乏明确任务范围的可供操作的标准。不同观点的一致之处在于应当为行政部门保留核心的权限领域。例如,地方自治的范围就得到了宪法的明确保障。

最小任务保留(Mindestaufgabengehalt)的思想是有关行政部门内部分工的一种有意义的观点,认为应当赋予合议制的领导机关相对宽泛的裁量空间,如政府和按照合议制原则组织起来的地方行政顶端(市长、市议会)。在其下的行政层面的任务分配应当根据公务人员法上的与职位或者职务相应的任务书予以确定。

有关"行政的统一性"这一常见课题的研究成果不少,但没有形成在宪法上有价值的结论,没有提供有关行政组织分类的具有普遍约束力的明确标准,因此对行政的统一性也就没有建设性意义。

组织法研讨中的一个重要课题是行政组织的合理性要求和最优化要求,这对近年来的新发展具有重要意义。按照联邦宪法法院的观点[2],行政的经济性是行政机构设置中的一个重要考虑因素,行政机关选择非典型的组织形式必须具有正当的理由。这种

---

[1] 毛雷尔:《国家法》,贝克出版社2001年第2版,第17章,编码15以下。
[2] BVeFGE,第63卷,第1页(第34页)。

观点的重要价值在于有利于新控制模式的发展。为此需要重新审视民主原则的约束力及其与新组织模式相应的规范内容,因为民主原则的具体化着眼于传统的官僚制部门行政模式。

实践中出现的亚分化(Subdivision)趋势值得注意,这是近年来有关行政部门之间竞争的理论提出的一个要求。从宪法的角度来看,这个要求有待商榷,行政内部分权尤其如此。这里需要注意,宪法的分权要求不能适用于行政内部,但这并不妨碍将作为这种要求根据的不同职能之间的相互制约思想适用于行政内部。通过分散化的行政体制建立起来的决策中心多元性是以相应的责任关系的强化为前提的。为此,需要认真考虑经过深入讨论的有关分散化的支持或者反对理由,其中主要是从德国实践中总结出来的认识:行政部门不但没有因为分散化而软弱,相反,分散化却提高了行政系统解决冲突的能力,增加了关系人参与的机会,作为组织设计原则的自治观念得以贯彻。州宪法中包含了这种方向的大量规定,而国家学和宪法学迄今为止还没有给予足够的重视。

我们赞成瓦尔特·克莱伯斯(Walter Krebs)的观点:"宪法规定的规范性和导向性之间的灰色地带是不可避免的缺陷,这正是宪法的一个特殊性所在,人们不可能消除而只能减少其中的难题"。为此,有必要按照其组织法上的意义对宪法规定进行重新归类。

以《基本法》为例,按照有关行政组织规定的具体性程度,可以将宪法规范作如下区分:

(1)有关特定行政主体的具体组织法规定,例如《基本法》第87条以下。

(2)针对某类组织的规定,例如《基本法》第86条、第28条第1

款和第 2 款。

(3)从一般的宪法原则中推导出来的指导性规定,例如关于立法和行政之间关系方面的组织权授予[1]以及(内部和外部)领导权的行使[2]等。

行政组织不可能依据有关国家结构的具体规定而确定,因为它以实现宪法的总体目标为己任。宪法有关行政组织规定的主要功能是宪政功能、合法性保障功能和控制功能。这些功能同样重要,但对行政法上的分类而言,主要是控制功能,因为只有以此功能为出发点才能确保行政组织的合理性与合法性。

(二) 欧洲法规定

欧洲法上的规定大多不直接针对行政组织,而是针对其任务和目标。这些规定对组织法方面的立法或者具体问题具有效力。欧洲法对德国行政组织的间接影响是两种法律制度的结构和范围差异的结果。下面介绍近年来发生的例子有助于说明欧共体法对行政组织的作用:

(1)欧盟纲领确立的国家垄断私有化要求引起了《基本法》在诸如铁路、邮政、通讯等领域的修改或者补充[3]。地方政府经营活动基本条件的变化是电气市场自由化造成的组织法后果。

(2)欧盟执委会在补贴监督范围内进行的州银行和公共储蓄银行的设施负担和担保主体责任的审查改变了这些设施主体之间

---

[1] 下文第 82 节。
[2] 下文第 84 节。
[3] GG 第 87e 条、第 87f 条、第 143a 条和第 143b 条。

的关系。德国方面依据《欧洲共同体条约》第290条提出的异议涉及组织法和财产法上的问题,但未被接受。

(3)欧盟的透明纲领和采购法在很多情况下影响组织决定的做出,甚至直接导致有关公共设施的设立。

(4)有关公法广播电视台费用的财政资助是否符合补贴法的争论喋喋不休。

(5)《欧洲共同体条约》第19条规定的欧盟公民地方选举权以及以此为根据发布的纲领扩大了《基本法》和州宪法规定的地方自治行政的合法性证明主体。为了转换该纲领,有必要修改《基本法》和州宪法。

(6)欧洲政府白皮书提出的合作管制和三方行政协定模式直接适用于行政组织。

二、组织形式选择自由的宪法标准和原则界限

(一) 概念和制度依据

1.组织形式和行政类型的区别。组织法律形式的核心内容是按照特定法律结构形式组织起来的行政单位的地位和作用,这是一套特殊组织法规范体系,具有约束力。区分和界定具体组织形式的标准(特征)是:

(1)法律地位。首先是具有完全和部分法律能力的组织的区分。现代观点认为没有法律能力的组织没有法律意义,因为法律上的组织必须至少具有部分法律能力。特定的组织形式有时具有完全法律能力,而有时只具有部分法律能力,这并不少见;因此,完

全可能存在既有法律能力也没有法律能力(部分法律能力)的公法团体和设施。法律地位对组织的独立性及其实施法律行为的方式和方法具有决定性的意义。只具有部分能力的组织并非在任何情况下都是其实施行为的责任归属主体,相反,其行为往往归属于所属的、通常具有完全法律能力的法律主体。在特定情况下,完全法律能力和部分法律能力之间可以相互转换。例如,直属企业在领导、预算和代理等领域享有广泛的独立性,实际上可以完全自主活动;另一方面,法律可能赋予具有法律能力的设施广泛参与设施主体的权利,设施的独立性在这里限于直属企业的层面。

例:具有法律能力的团体有:区域性团体(州、县、乡镇),协会团体(目的协会),经济和职业行会和其他公务自治主体。没有法律能力的团体有:议会,乡镇议会,部分具有自己活动范围的咨询委员会和合议制的委员会。具有法律能力的设施有:联邦劳动服务中心,地方储蓄银行,广播电视台。以没有法律能力的设施形式设置的设施通常是(国立)学校、图书馆和许多其他公共设施。

(2)合法性证明*和监督的结构。具有基础意义的区分是由其成员自下而上监督的组织(团体模式)和由一个或者多个主体自

---

* 合法性证明(Legitimation)是德国行政组织法(学)上最有特色的概念与理论,要旨是任何行政机关及其工作人员必须以特定的方式证明并且保障任务、职权、职责、地位的正当性,尤其是来源的正当性(原始的合法形性)。合法性证明的理论基础是人民主权原则,保障机制主要是民主原则和法治原则。如果认为领导权是行政组织法(学)在行政法层面上的核心概念和制度,那么,可以认为,合法性的证明与保障则是行政组织法(学)在宪法层面的核心课题。根据上下文,本书将 Legitimation 译为合法性证明、合法性保障、合法性的证明和保障等。——译者注

上而下控制的组织(设施模式)。公法基金会的情况比较特殊,它的日常行政活动仅具有次要意义,任务是资助具有特定的目的项目,很像受"外部"领导的设施。

团体模式(Körperschaftstypus)的关键在于成员章程的决定性影响。它与民法典规定的社团对应,其领导权首先属于地位高于其领导机关的成员。因成员数量的多少而异,团体的核心任务由其成员合议制的代表机关执行。团体是贯彻自下而上的民主合法性证明要求的理想组织类型(尤其是直接原始的合法性证明步骤),因此在国家、地方和公务自治方面都得到了应用。团体从建立时起取得针对其成员的独立地位和法律能力,能够代表和执行自己的任务。另外,在意志形成和任务执行方面,团体通常被赋予很大的自主性。在团体内部,成员的(参加人性质的)权利和义务决定内部的结构。团体同时是分散任务执行的一种组织手段。

与团体相反,设施模式(Anstaltstypus)的关键是所谓的设施主体或者设施主人。它通常将任务委托给设施,在设施领导机关的管理和控制之上对任务的执行施加决定性的影响。设施的使用人对设施行政活动的影响微小,甚至没有影响因而其权利不能与团体成员的权利相提并论。设施从其所属主体那里自上而下获得自己的民主合法性证明(保障),实际上没有自己的专有活动领域。设施也是由独立组织分散执行行政任务的一种组织手段,主要适用于给付行政领域。

有限责任公司和股份公司不能简单地归入团体模式或者设施模式。

(3)内部结构。即内部机构的数量和种类,机构的设施及其任务分配的原则。这里也可以对团体和设施的典型结构进行区分。团体中的首脑机关是成员大会(全体大会)和由成员选举产生的合议制机关(议会、乡镇议会等),(合法性的证明和保障)来自内部,负责对重要的财物和人员事项,其中尤其是其他领导机关的选举作出决定。与此不同,设施的领导机关通常由所属的一个或者多个行政主体控制,(合法性的证明和保障)来自外部。所属主体通常享有针对设施领导机关的指令权。

(4)法律性质。机构属于公法还是私法的主要意义在于法律救济。只有在私人加入具有正当理由的情况下,公共行政部门才能选择私法组织形式。

应当将组织模式与行政类型(Verwaltungstypen)区分开来。后者指任务执行的特殊方式,区分标准主要是授予任务和领导权的方式以及主体的类型。界定行政类型的标准往往是组织形式,但两者并非一码事。

宪法对组织形式只是一带而过,没有作细致规定。但有关行政类型的规定却多种多样,有的很明确,有的可以从宪法原则中推导出来。主要有部委行政、地方自治行政、公务自治行政和不受指令约束的行政。另外还有一些派生的和中间的形式,例如间接的联邦行政、州行政和地方共同体行政。

2.不同组织形式和行政类型的功能区别。不同组织形式和行政类型发挥行政组织法一般功能[1]的侧重点不同。决定采取哪种组织形式的首要考虑是保障功能。组织形式是为了保障宪法规定

---

[1] 参见上文第80节第2部分。

在国家权力的行使过程中得到遵守,尤其是在明确措施及其责任的法律归属方面。随之而来的是准备功能(Bereitstellungsfunktion)。组织形式理论为立法机关提供了既合理又符合宪法要求的组织手段,立法机关可以将现成的组织模式提供给行政机关。

与此不同,选择特定行政类型的主要考虑因素是如何有效行使国家权力、特定组织形式的民主合法性保障、公民参与以及目的的合理性等。这些因素在行政类型中是宪法有关国家体制的基本决定和执行功能受人民意志约束的反映。

3.公法组织形式与私法组织形式之间的区别。现行法律制度设立的公法组织形式和私法组织形式在形式上各不相同。在大多数情况下,公法组织形式由立法机关针对具体情况预先设定,只在例外情况下才允许行政机关选择,地方合作共同体就是如此。与此不同,私法组织形式通常供人们出于适当的目的而自由使用①。这是因为,私法组织形式本来就是供私人自由选择采用的。德国法律制度之所以作这种的规定,是为了尽可能方便公民采用这些组织形式,为此放弃了宪政国家方面的说明理由要求,只规定了申请和登记程序,以便国家进行有限的必要的控制。

公法组织形式原则上只能由国家机关采用②,这是行使国家权力、追求特定公共福祉的特殊要求。因此,其本质属性是明确限定有关团体的权限、法律约束性及其全面的法律、政治和财政责

---

① GG第9条第2款确立了一个限制。
② 出于历史原因,以公法团体形式建立起来的宗教团体、公法广播电视台以及拜仁红十字协会等享有特殊地位,为此参见下文第87节第1部分。

任。设立具有特定法律能力的公法组织属于组织法上的法律保留范围,只有通过或者根据法律才是允许的。

与此不同,私法组织形式的首要目的是保障基本权利性质的自由①。同一法律组织形式可以用于实现完全不同的利益,其中首先是使公民得以共同行使基本权利。另外,是为了保护个体成员即社员(Gesellschafter)针对领导机关和多数社员的利益,保护其他行为参加人和合同伙伴的利益,保障国家在维护法律秩序方面的监督条件。

私法组织形式可以为任何私法上的个人所采用,国家及其下属机关——其中特别是行政主体——也不例外。针对后者的限制来自公法的特殊规定。有的法律可能明确规定国家采取私法组织形式,以便消除现有的紧张关系和不确定状态。

4.选择特定组织形式的主要理由。实际上有很多。近十年来,学理对不同组织形式的优缺点从法律和企业经营方面作了深入的分析。私法组织形式更加灵活和经济,尽管情况并非总是如此。私法组织形式的缺点,例如控制方面的缺点,还没有得到同样清晰的认识。问题的关键是如何发挥私法组织形式的优点,与私人展开合作,借此利用私人资金和技术执行公共任务。另外,实质的私有化只有在采取私法组织形式时才有可能。

(二) 宪法有关组织形式选择自由的原则性规定

1.《基本法》和州宪法有关组织形式的规定。关于行政领域中

---

① 私法组织形式属于公民行使基本权利——其中尤其是经济基本权利——的手段和方式,也可以用于追求其他目的,在此范围内受 GG 第 9 条第 1 款的保护。

的组织形式选择,宪法只是蜻蜓点水地规定了特定领域中的组织形式,《基本法》和州宪法中都没有一般的命令性或者禁止性规定。因此,只有借助法律解释,才能明确立法机关和行政机关在何种范围内享有选择组织形式的自由。

如果宪法针对特定的行政任务或者领域明确规定采取或者不采取某种组织形式,如私法组织形式,这就构成了对立法机关和行政机关的限定。

2.从宪法作为框架法和私法作为普通法的特征中推导出来的选择自由。宪法没有作积极明确的规定并不意味着真空。此时,应当在遵循一般宪法原则的前提下,应用从国家组织法中推导出来并且受其约束的裁量空间。对联邦和州的立法机关而言,这种自由只受一般宪法原则的限制。对行政机关而言,还要特别注意组织法上的法律保留这一重要标准。在没有法律明确授权的情况下,行政机关可以选择私法组织形式,因为(联邦)立法机关并不阻止行政机关采用任何可供选用的法定组织形式,除非存在明确的限制。正如上文所说的那样,明确规定公法特别规定绝对适用效力的法律规范在德国宪法中并不存在。

(三) 立法机关的塑造自由及其界限

要进一步明确立法机关在行政组织方式方面的归类和选择自由,必须区分联邦立法机关和州立法机关。联邦立法机关享有更大的裁量空间,可以通过特殊规定借用私法组织法方面的规则,尽管这种作法还不多见。另一方面,《基本法》有关联邦行政任务的执行机构的规定比州宪法更加全面细致。

在设定不同的组织形式及其选择权时,包括民主、法治等在内的一般宪法原则为立法机关确立了什么样的界限,几乎没有得到细致的研究。

法治国家方面的问题是组织法上的法律保留的范围,主要是采用(具有法律能力的)私法组织方式的适法性以及总体权限的遵守。

除非根据法定委托,私法组织形式不得行使公权力,不得被赋予任务管辖权。

民主原则方面的首要问题是社员权之保障,也就是民主合法性证明的实现方式。必须确保"所属成员"能够有效影响共同体的任务及其执行,这一民主合法性要求通过学理上提出的参与义务(Einwirkungspflicht)得以具体化,这不仅适用于私法组织,也适用于公法组织。有关参与义务的典型规定是有关利用私法组织形式的地方经济法规范。现代的乡镇条例都确立有关签订公司合同(Gesellschaftsvertrag)、在公司机构中派驻代理人和定期报告义务的规范。

(四)行政机关的选择自由及其界限

在行政主体[①]层面,关于为执行特定任务而进行的组织形式选择,宪法和其他法律都有规定。除了行业法律——如地方经济法——之外,还应当注意联邦和州的预算法。

法律保留是对行政主体选择具有法律能力的公法组织形式的

[①] 关于行政主体的概念,参加下文第83节第1部分。

一个严格限制。另外,在法律预定的组织形式范围内,行政主体很少有塑造的空间。

采用私法组织形式的一个现实问题是地方经济法设定的要求是否以及在何种范围内可以被视为一般宪法原则的表达,进而在有关领域中作相应的合理适用。

采用公法组织形式的优先条款不是宪法的硬性要求。这里需要注意,因控制的难度很大,不宜选择股份公司的组织形式,但宪法并没有作出禁止性规定。

有关活动目的的正式说明以及私法组织形式是否合乎法律监督的要求具有宪法上的意义,因为这有助于从方式和程序的角度保障总体权限的遵守。

参与机会(Einwirkungsmöglichkeit)的充分保障是民主原则和法治国家原则的严格要求,也是在其他类似参与情形中应当遵循的原则。

有关采用私法组织形式的组织法保留范围还存在争议。我们认为,在私法组织形式不行使公权力和没有被赋予管辖权的情况下,没有必要提出像公法组织形式那样的严格要求。

三、宪法有关行政类型的具体规定

(一)统治与行政之间的关系

一般认为,《基本法》第3条第1款和第20条第2款规定的执行权包括统治和行政,而《基本法》分别规定联邦统治(Regierung)

和联邦行政的作法①则意味着这两个领域的相对独立性。尽管从《基本法》和民主原则的角度来看,有必要对统治和行政作整体考察,但是从组织法的角度来看,分别考察两者更合理一些,因为两者的合法性证明结构不同。当然,组织法应当看到两者之间的联系,对此给予足够的重视。有鉴于此,下文只介绍统治部分,它是国家组织法而不是行政组织法的调整对象。

宪法将统治机关规定为合议制组织形式的宪法机关,与其他宪法机关一起履行领导国家的职能。对行政的领导限于重要的职能领域,其中需要特别指出的是《基本法》第76条第1款规定的联邦统治机关的立法动议权在实践中明显优于联邦众议院和参议院的动议权,大约80%的立法动议由联邦统治机关提出。

联邦统治机关属于执行权的范畴,这里应当注意,鉴于统治机关及其专业部委在立法程序中的特殊地位,统治活动远比执行权的概念所能描述的丰富。立法和执行之间的职能分工在理论上比较明确,但实际上却相对模糊,这是一个客观现象。由议会多数党派组成的统治机关通常可以将其立法动议通过联邦参议院有保留的附和予以贯彻。除此之外,执行权机关也可以以这种方式自行为其活动创设法律依据,议会的独立性并不因此而受到损害,法律对统治机关及其领导的行政机关的约束力也是如此。我们反对这种纯粹的理论研究方式,即将行政限于单纯的法律执行,而不重视执行部门对议会的影响。

统治机关的地位高于其他执行权部门,因此应当适用原则上

---

① 关于联邦统治,参见 GG 第62条以下;关于联邦行政,参见 GG 第86条以下。

不同于其他执行权部门的特殊组织法规则。这种划分对行政组织法具有重要的实践意义,这是因为,部长不仅在统治机关内部是特定部门领域的代表,也是该部门所属行政机关的领导,也就是说,具有双重职能:一方面是统治机关的成员,另一方面是行政组织法原则意义上的机关领导。国务卿(Staatssekretäre)也具有这种双重身份。根据《议会国务卿法》第1条第2款,如同部长,国务卿一方面是统治机关的成员,另一方面作为公务员是机关的领导。

统治与行政之间的相互作用还表现在,联邦总理根据《基本法》第64条第1款和第65条规定的设置联邦统治机关的组织权和人员权,可以事后决定调整职能部门的布局,从而影响所属行政机关的机构设置和归属。

从行政的角度来看,统治机关对行政与议会、国民之间的联系程度具有决定性作用。主导观点认为,这种作用对《基本法》第20条第2款确立的行政机关及其工作人员民主合法性证明的要求具有基础意义,对与此密切相关的政治责任和执行监督也是如此。

议会、统治机关、行政机关之间的合法、责任和监督关系在传统官僚制主导的部门行政中借助通行的指令权体制得以落实,从部长层面一直到基层行政层面。部长的指令权是领导关系和责任关系的基石,部长借此向议会承担责任。

以分散责任及其相应的决策权限制度为特征的新控制模式基本上没有采用这种指令权体制。针对未来的较长期限签订的目标协议以及相应的过程控制和定期最终结果审查等措施取代了传统指令权体制。在这种模式中,部长对具体措施的指令权受到合目的性方面的严格限制。新控制模式与传统体制的根本区别在于领导和责任的范围在专业和时间方面大幅度扩展,部长与分散的执行机构的关系以及议会对行政的监督和部长的责任都是如此。只有领导体制和监督机制在所有相关领域——包括预算法和人事制度——都作相应的调整,新控制模式造成的合法性证明和有关领导责任的转移才可能具有宪法上的可接受性。

(二)有关联邦直接行政的规定

1.规范和制度。《基本法》第86条至第91条对联邦直属行政(Bundseigene Verwaltung)作了专门规定。这里需要注意区分,第86条和第87条第3款是一般规定,其他条款是有关行政部门和行政主体的特殊规定。1994年增加的第87e条、第87f条、第143a条和第143b条是有关联邦铁路和邮政私有化的专门规定,具有特殊意义。其他有关联邦行政的规定是第108条、第120a条和第130条以及统一条约第13条。

从《基本法》的系统性来看,联邦只享有《基本法》明确赋予的权限。其中的背景是第83条以下有关联邦法律主要由州行政机关执行的基本决定,对联邦的行政权限提出更为严格的要求。因此,《基本法》有关规定的调整密度和复杂性高于州宪法。

《基本法》第86条至第91条是多层面的,许多具体细节充满争议,而且不同条款之间的差别很大。一般而言,其内容可以分为组织法、联邦制和实体法等层面,其中一些具体规范及其内容被视为授权规范(Zuordnungsnormen),即行政权限的授予。第87条以下主要作为权限规范,其他规范则相应地被视为补充性或者派生性的规范。它们都着眼于公法的组织形式,因此,私法组织形式的适法性需要根据具体情况,综合考虑可能存在的禁止性规定和宪法有关采用私法组织形式的一般规定。

可以将联邦直属行政的执行方式分为如下五种领域:

(1)联邦负有直接行政任务,而且必须通过自己的下属行政组织履行。这称为通过必要的多层级行政组织执行必要任务的联邦直属行政。

例:《基本法》第87条第1款第1句,第87b条第1款第1句,第89条第2款第1句。

(2)联邦负有直接行政任务,但不必建立自己的行政组织系统。这称为通过可选性的行政组织执行必要行政任务的联邦直属行政。

例:《基本法》第87d条第1款第1句,第87f条第1款第1句,第87e条第2款第2句。

(3)联邦不必承担直接行政任务,在执行这种任务时也不必建立自己的行政组织系统。这称为通过可选性的行政组织执行可选性的直属行政任务。

例:《基本法》第87d条第2款,第87e条第1款第2句,第89条第2款第2句至第4句,第90条第3款,第120a条第1款第1句。

(4)联邦没有直接行政任务,但必须建立自己的下属行政组织。这称为通过必要的下属行政组织执行的可选性联邦直属行政。

例:《基本法》第87条第1款第2句,第87条第3款第2句,第87b条第1款第3句,第87条第2款第1句,第108条第 4 款第 1 句第 2 分句,第 108 条第 4 款第 1 句第 1 分句。

(5)联邦没有直接行政任务,而且其行政的创新权限于中央层级。这称为通过必要组织的可选性联邦直属行政。

例:《基本法》第 87 条第 1 款第 2 句(中央机构),第 87 条第 3 款第 1 句(联邦高级行政机关)。

《基本法》有关联邦行政的规定只是在国家实践中发展起来的行政类型客观多样性的一种补充性反映。除了部分或者完全采用私法组织形式所造成的多样性之外,公法允许在没有法律依据的情况下设置没有法律能力的机构,这都加剧了总结概括的难度。

2.具体规定。《基本法》第 86 条一般性地确立了联邦直接行政作为一种独立行政类型的地位,在此基础上通过一系列的术语进行具体界定,如"联邦法律的执行"、"由联邦"、"由联邦直接行政或者联邦直属的公法团体和公法设施"等。这些术语的确切含义及其外延需要通过解释才能明确,其中尤其是欧共体法的执行和采用没有明确规定的组织形式。

《基本法》第 86 条对联邦直接行政作了四个层面的规定:(1)确立联邦统治机关作为这种行政类型组织权主体的地位,(2)列举了具体的组织形式和(3)组织手段,(4)规定了可以实施的组织行为。作为联邦组织权的基本依据,该规范的规则内容并没有得到明确的限定。为此应当首先明确,该条不是一种授权性规范,联邦直接行政的具体对象是在后续条文中规定的。就此而言,第 86 条也没有赋予联邦行政合法性的效力。

联邦直属行政机关与联邦直属团体和设施之间的区分具有重要意义。一般认为,联邦直属行政在广义上分为两种类型:一是通过法律上没有独立地位的下属行政机关进行的联邦部门行政,二是通过具有法律能力的联邦直属团体和设施进行的联邦直接行政。人们是否将第二个领域称为间接的国家行政或者联邦行政,在理论上并不重要,因为间接行政的概念本身就不明确,往往在多种含义上使用。这里的关键在于这两个领域的区分主要是根据法律能力的独立性,没有法律能力的独立设施应属于严格意义上的联邦直接行政。

联邦直属机关进行的直接行政由联邦作为区域性团体所属的组织单位按照自负其责执行任务的原则进行,全面的领导权原则上属于联邦政府。联邦各部和其他机关都是联邦下属的没有完全法律能力的组织单位,无论它们是否设置了下属机关以及在等级制中是联邦最高机关还是高级机关。

《基本法》第86条提供的第二个保障是规定了联邦直属公法团体和设施的行政,而且限于具有法律能力。它们归属联邦行政的首要标准是由联邦设立,因此它们必须处于联邦法律监督之下。除此之外,联邦——各部和其他联邦所属机关——的核准权范围,《基本法》第86条及其以下条文以及适用于这些条文的一般宪法原则——例如第20条第2款——都没有规定。因此,第86条本身不能成为不受部长指令约束的空间是否适法的依据。

《基本法》第86条没有规定设立具有法律能力的私法组织形式,但这并不意味着联邦不能采用这种组织形式执行联邦任务。采用私法组织形式的依据主要是适用于有关联邦行政事项的一般宪法规定。

授权联邦统治机关在联邦行政领域中发布行政规则和负责行

政机关的设置即意味着赋予其组织权意义上的领导权,但受议会干预权的制约。对"机构设置"一词应作广义的理解,其范围只受《基本法》第 86 条规定的组织框架的限制。行政的现代化措施同样属于"机构设置"的范畴。

联邦政府的行政规则既可能涉及组织,也可能涉及活动方式,但限于《基本法》第 86 条规定的组织单位。不能从该条中推导出发布行政规则的义务。行政规则的制定及发布由谁负责,学界有不同观点。第一种观点认为,应当由作为联邦行政机关整体代表的联邦政府完全负责[1]。第二种观点依据《基本法》第 65 条,认为应当由主管部长负责,但受联邦总理纲领权的限制[2]。第三种观点着眼于联邦统治机关作为联邦行政机关整体代表的权限,主张联邦总理和主管部长共同行使发布权[3]。

有关联邦行政的另一条核心规定是《基本法》第 87 条第 1 款,该款属于授权性规范,它将第 86 条规定的一般法律后果与有关行政领域联系起来。第 1 句——即使不是最终性地——规定了哪些领域必须纳入联邦直接行政。第 2 句规定可选性的联邦直接行政。第 1 句提到的许多领域在其他专门条文中进一步规定,因此,第 87 条第 1 款不是最终性规定。《基本法》第 108 条有关财政行政、第 89 条有关联邦水路和航运、第 87e 条有关联邦铁路和第 87f 条有关联邦邮政的规定都是如此。

---

[1] 斯泰恩(Stern):《国家法》,第 2 卷,第 820 页。
[2] 伯肯福尔德(Böckenförde):《组织权》,第 139 页以下;奥森布尔(Ossenbühl):《行政规则和基本法》,1968 年,第 457 页。
[3] 毛雷尔:《国家法》第 18 章,编码 20;另请参见 BVerwG, NVwZ, 1985 年第 497 页(第 498 页)。

外交事务具有特殊意义,有必要单独作具体规定,其中主要是通过外交机构执行的外交任务,性质上属于统治的范畴。

从组织法的角度来看,《基本法》第 87 条第 1 款第 1 句对直属下级行政体制的建立具有重要意义。一种观点认为应当这样理解该句规定:在联邦各部和高级行政机关之下必须设立中级或者基层行政机关。[①] 有代表性的反对意见认为,与该条第 3 款不同,该句规定并没有明确提到中级或者基层机关,因此,只要下设一级机关就足够了。我们认为,《基本法》并没有禁止四级体制。

在具有正当的专业理由并且不影响其他有关领域的类似任务的执行时,行政任务由中央执行只具有例外的适法性。

在类似严格的条件下,可以在这些领域中采用私法组织形式,其中主要是在文化和救助领域通过所谓的中介组织(Mittlerorganisation),例如歌德学院。因此,第 87 条第 1 款实际上容许的组织法上的塑造空间远比其直观的字面含义宽泛得多。

第 87 条第 2 款包含了有关跨州保险主体的特殊规定。这一看起来非常具体的规定具有重大实践意义,因为该条规定的这类行政主体中的大部分都由联邦设立。例如,负责失业保险的联邦劳动中心是最重要的行政机关,负责联邦雇员租金的联邦雇员租金保险中心是比较重要的行政机关,另外还包括部分工人租金保险中心、医疗保险中心和事故保险中心。

第 87 条第 3 款是有关可选性联邦直接或者间接行政的规定,非常开放,为联邦提供了从事直接行政活动的广阔空间。第 1 句

[①] 斯泰恩:《国家法》,第 2 卷,第 822 页。

的授权规定只针对独立联邦高级行政机关和联邦直属公法团体和设施,我们主张制定专门的联邦法律落实该句规定,该法律应当着眼于重要规则,细致规定条例或者规章的授权。通说认为,该句规定并不排斥组织的私有化,但该句确立的界限和标准必须遵守,也就是说,必须有联邦法律的依据,并且不设立下属行政体制。第2句规定,在出现紧急需要的情况下,可以设立联邦直属中级和基层机关。从该句的措辞来看,这需要联邦参议院和联邦众议院多数的核准。主导观点认为这是组织法律保留。存在争议的是,在可能威胁州利益的情况下,对该条规定是否要作特别严格的解释。

《基本法》第87a条至第90条是有关其他行政领域的特殊规定。第87a条和第87b条针对武装力量和联邦国防行政,第87g条针对联邦航空行政,第89条针对联邦水路行政,第90条针对联邦道路行政。

(三) 财政行政的特殊性

《基本法》第108条是有关财政行政的最终性特殊规定。根据第1款,关税、财政垄断、联邦法律规定的消费税和进口流转税及欧共体框架内的有关任务由联邦财政机关负责,为此至少要建立三级行政体制,并且由联邦法律规定。这种有关联邦直接行政的特殊立法任务由《联邦财政法》完成了[①]。在联邦财政行政体制中,财政部是最高行政机关;联邦债务管理局、关税刑事局、公产管

---

① 1950年9月6日的法律,BGBl.,第1卷,第448页。

理局、信用监督局、保险监督局、有价证券交易局、联邦雇员保险中心是高级机关；高级财政局(Direcktion)是中级机关；关税总局及其工作机构、关税侦缉局、联邦财产局和联邦森林局是基层行政机关。

根据《基本法》第108条第2款第2句和第4款第1句，《财政行政法》也对州财政行政机关的体制作了规定，主要是为了高级财政局可以同时作为州财政行政的中级机关活动。机关领导的地位和任命因此确定。根据《财政行政法》第9条第2款，高级财政局局长在执行州任务时是州行政机关，在执行联邦任务时是联邦行政机关。从《基本法》第108条第1款第3句和第2款第2句来看，高级财政局局长的任命需要联邦政府和州政府主管机关一致同意。关于《基本法》第108条是否涉及机关首长的联合任命而导致的联邦行政机关和州行政机关的混合，学界有不同的认识。从该条第4款来看，联邦和州的合作需要经核准的联邦法律规定，这种少见的情况属于《基本法》规定的混合行政(Mischverwaltung)。

（四）联邦银行的特殊地位

《基本法》第88条规定了联邦银行的特殊地位和任务。随着欧洲货币联盟和欧洲中央银行的建立，该规定应当适应超国家的要求，进行实质性的修改。联邦银行是不受指令约束的部门行政的典型。

（五）联邦审计署的地位

宪法依据是《基本法》第114条第2款，组织法依据是《联邦审计署法》①。根据《基本法》第114条第2款和《预算原则法》②第42条以下，其任务由《联邦预算法》③规定。

联邦审计署既是联邦统治机关进行内部行政监督的机关，也是议会的工作机构。根据《基本法》第114条第2款第1句，其成员具有类似法官的独立性，因此，将审计署归入执行权系统并且将其定性为行政机关存在严重的缺失。通说认为，联邦审计署具有宪法上的特殊地位，具体表现在：它是三种国家权力要素的综合，不能简单将它归入其中的任何一种。审计署的职能主要是独立进行工作，以支持联邦统治机关执行财政任务，支持议会进行财政监督。鉴于职能的特殊性和成员享有类似法官的独立性，不能将它视为统治机关或者议会的辅助机关。

尽管其地位得到了宪法的确认并且以宪法机关的方式活动，联邦审计署本身不是宪法机关，也不是联邦的行政机关，而是一种最高联邦机关。从组织法的角度来看，尽管联邦审计署享有针对统治机关和行政机关的独立性，不能简单归入其他任何领域，但是，在财政监督没有被确认为独立国家职能的情况下，可以将其归入广义上的行政机关，因为这个归类最接近其活动的本质。

（六）《基本法》有关州行政的规定

整体而言，《基本法》有关联邦行政、地方行政和公务自治行政的规定可以分为第28条作为一致性条款(Homogenitätsklausel)的一

---

① 1985年7月11日的法律，BGBl.，第1卷，第1445页。
② 1969年8月19日的法律，BGBl.，第1卷，第1273页。
③ 1969年8月19日的法律，BGBl.，第1卷，第1484页。

般规定和其他具体规定。

《基本法》第28条第1款和第2款有关地方自治行政的规定最宽泛。从国家法的角度来看,地方自治行政属于州行政的组成部分,其组织法上的形式设计(即地方组织法的立法权限)属于州立法机关的任务。第28条第2款规定了各州必须提供的地方自治制度保障,其中包括执行任务的独立性和充分的财政支持。根据第28条第1款第2句,在乡镇和县必须设立人民代表机关,由经普遍、直接、自由、平等、秘密选举的成员组成。究其实质,该句是有关地方居民、欧盟公民民主参与权的规定;在组织法意义上,则是有关代议制机关的规定。

根据第28条第1款第1句,无论地方自治行政还是州其他行政的组织制度都必须遵循《基本法》规定的共和原则、民主原则和社会法治国家原则。对行政组织而言,民主原则和法治国家原则具有头等重要的意义。这方面的一个有力证据是,联邦宪法法院依据该句规定审查了州立法机关制定的大量组织法规范[1],州宪法法院也对该句规定的遵守情况进行监督[2]。

《基本法》第28条第1款只是实施宪法的原则性规定,因此州并非在机构设置的任何细节上都受《基本法》原则的约束,而是享有一定的裁量空间[3]。从民主原则中推导出来的充分合法性证明

---

[1] BVerfGE,第63卷,第60页以下;第93卷,第37页(第66页)。

[2] Nw VerfGH,DVBl.,1986年,第1196页以下;RpVerfGH,DVBl.,1994年,第1059页以下。

[3] BVerfGE,第4卷,第178页(第179页);第64卷,第301页(第317页);第96卷,第345页(第368页以下)。

要求①以及选举原则的实质性要求②应当在有关机构人员和事务内容的合法性证明方面得到严格的贯彻。

《基本法》第84条规定州将联邦法律作为自己的任务执行,第85条规定了联邦委托行政。除了实质的指令权之外,第84条第1款和第95条第1款、第85条第2款第3句赋予联邦在机构设置方面的干预权和机关领导任命方面的核准权,第108条赋予联邦在州财政行政领域中享有类似的权限。

(七) 其他规定

具有特殊意义的是,《基本法》将高校的组织权赋予了州。这里要提及《基本法》第75条第1项赋予联邦的框架立法权,联邦借此发布了《高校框架法》。该法根据既定的高校政策针对州立法机关作了调整密度不同的组织法规定。联邦的组织法立法权受到限制,以便为州在高校中推行新控制模式和新的组织形式留下裁量空间。除了遵守民主原则的义务之外,需要特别注意《基本法》第5条第3款规定的学术自由这一基本权利所包含的要求,联邦宪法法院在一些判例中表示了这个立场。③ 学术自由是对州立法机关塑造自由的有效限制,在这里,应当扩大民主参与以保障基本权利性质的参与权和自由权。

联邦宪法法院从《基本法》第5条第1款第2句有关新闻广播自由基本权利的规定中推导出了大量有关公法广播电视设施设置

---

① BVerfGE,第93卷,第37页(第66页以下)。
② BVerfGE,第47卷,第253页(第276页);第51卷,第222页(第235页)。
③ BVerfGE,第35卷,第79页以下。

的组织法规则①。广播电视台的活动性质上不属于国家行政的范畴,而是基本权利的一种行使方式②,尽管如此,它仍然是主要起否定性作用的组织法依据。它发生作用的主要方式是,国家应当按照国家分离原则和节目自由原则为公法广播电视台确立组织和财政的框架。从新闻广播自由中可以推导出这种组织法规定,以确保国家干预不违反民主原则的实质性要求。

四、民主合法性证明制度

(一)民主原则的组织法内容

1.概述。由《基本法》第20条第1款和第28条第1款确立并且经其他规定具体化的民主原则也是国家合法性证明(Legitimation)的原则和国家组织的原则,州的宪法同样如此。从第20条第1款第1句奉行的人民主权这一核心立场出发,《基本法》本身以及联邦宪法法院③和学界提出的理论确立了在所有国家权力领域中贯彻落实国民主权的组织法基本条件,其核心是国家权力的行使必须受人民领导权的约束。该权利是人民作为宪政制度的主权者在各个领域中享有的权利,在公共行政领域也不例外。《基本法》不仅将人民主权——更准确地说是作为民主合法性证明原始

---

① 其中主要是 BVerfGE,第 12 卷,第 205 页以下;第 31 卷,第 314 页以下;第 57 卷,第 295 页以下;第 73 卷,第 118 页以下;第 83 卷,第 238 页以下;第 87 卷,第 181 页以下;第 90 卷,第 60 页以下。

② BVerfGE,第 31 卷,第 314 页以下;第 31 卷,第 337 页以下。

③ BVerfGE,第 83 卷,第 60 页(第 71 页以下);第 89 卷,第 155 页(第 182 页);第 93 卷,第 37 页(67)。

主体的国民主权——赋予了联邦国民和联邦州的公民,而且通过第 28 条第 1 款第 2 句,在乡镇和乡镇联合体层面,将民主合法性证明的原始主体资格赋予了地方居民。

立法机关不可能扩大原始民主合法性证明主体的范围,因为这涉及立宪保留问题。就此而言,将欧盟公民纳入地方选举必须通过修宪,例如添加的《基本法》第 28 条第 1 款第 3 句。

对《基本法》确立的合法性证明主体可以从多个角度区分。首先是联邦国民和州公民的主权等级区别,例如州在外交权领域只享有受严格限制的个别权限,加入欧盟和其他国际组织意味着联邦主权的限制。地方层面没有完全的主权,地方居民只享有自治法保障的自主权。

2. 合法性证明制度及其构成要素。司法界和学界通说提出了一个积木式的合法性证明系统,其基本要求和立场是根据任务的重要性和法律、政治、事实等方面效果的侧重点,分别确定受人民意志约束的不同程度[1]。行政领域的标准是:

(1) 机构的合法性证明。机构的民主合法性证明因行政类型——如《基本法》第 28 条第 2 款规定的地方自治和行政主体类型及其总体权限(Verbandskompetenz)——如《基本法》第 88 条规定的中央银行——而异,其推导依据主要是宪法,其次是组织法。

在宪法层面推导机构合法性证明的出发点是宪法本身具有最高层次的民主合法性证明,因此,在可以从宪法中推导的范围内,

---

[1] BVerfGE,第 93 卷,第 37 页(第 66 页以下);伯肯福尔德(Böckenförde):《活页国家法》,第 22 章,编码 14。

宪法设定的行政类型和行政主体因得到宪法的确认而相应地获得有关其存在、结构和任务的民主合法性证明①。

议会实施组织行为和制定组织法的民主合法性证明的根据是议会作为人民选举产生的代表性团体的特殊地位。宪法规定的行政主体类型通常由法律设立,宪法和有关法律在机构合法性证明方面通常相互补充。

直接从宪法中推导出来的机构合法性证明本身就具有民主性的特征,但受到如下方面的限制或者补充:如同其他形式的民主合法性证明,它们涉及不同的合法性证明主体。

(2)人员的合法性证明。这针对行政主体中的机关成员和公务人员,在执行权领域中尤其多样,具体细节存在许多难题和争议。这里只介绍人员合法性证明的最重要的表现形式和问题。

在合法性证明主体方面可以区分原始的人员合法性证明行为和间接的人员合法性证明行为。前者指人民的直接选任行为,后者指通过人民选举或者间接任命的机关(如统治机关)实施的任命行为。

根据《基本法》和州宪法,因经人民直接选举而获得原始合法性证明的行政机关只存在于地方代表机关,即乡镇议会和县议会。大多数州的法律规定直接选举乡镇长和县长。有关选举行为的宪法规定是《基本法》第 28 条第 1 款第 2 句和第 3 句及州宪法中的相应规定。通说认为,《基本法》第 33 条第 2 款和州宪法的相应规定没有可适用性,公务自治主体不存在原始的合法性证明行为。

---

① BVerfGE,第 49 卷,第 89 页(第 125 页);第 68 卷,第 1 页(第 89 页)。

在绝大多数情况下,机关成员和公务人员的合法性通过个别的任用行为(Bestellungsakt)得到证明,其法律形式可能是选举行为,如乡镇长由乡镇议会选举;可能是任命行为,如公务员;也可能是签订合同,如公共机构中的雇员和工人。在后两种情形中,特定权限的赋予和分配属于第二个层面的行为。人员的民主合法性证明涉及这两个方面。

公务自治主体的集体任用行为(kollektive Bestellungsakt)是一个特例。在这里,具有法定特征的职业群体、涉及特定任务的人群被赋予法定任务的自治权,立法机关确认的不是个人而是集体的特殊资格和能力,其民主合法性证明是集体任用行为。

部委行政的人员合法性证明尤其复杂,通常包括五个或者更多的实施层面:议会选举统治机关,部长任命机关领导,机关领导任命下属机关的成员,以此类推。在这种方式中,人民对选任机关成员的影响被逐步剥离。人们有时怀疑,在这种情形中谈论民主合法性证明是否有意义。在赋予公务人员巨大裁量空间的情况下,这种怀疑是必要的。在法律严格规定的领域中,微弱的人员民主合法性得到事务内容方面的民主合法性证明的补充。

就部委行政内部的合法性证明而言,下属机关的指令从属性(Wesungsunterworfenheit)具有重要意义。合法性证明程度更高的行政主体领导可以借此对整个行政主体行使领导权。独立行政主体的民主合法性证明因国家的预防性监督措施得到强化或者补充。

在许多公共行政领域,法律规定了人事代表机构在职位分配(新设、调整)方面的附和权(Mitwirkungsrecht)。人事代表机构由公务人员而不是人民选举产生,它的参与权也缺乏明确的宪法界限。

特定的人员群体可能借助不符合民主原则的特权影响国家权力的行使。联邦宪法法院在其有关史荷州人事代表机构法的导向性判决中提出了具体的标准[1]。

由特定人群整体组成的公务自治主体有时适用不同于一般选举原则的特殊规定,例如工商业协会和手工业协会。

(3)事务内容的民主合法性证明。这是人员合法性证明的补充,针对行政主体的法定任务,与行政活动的民主合法性证明相互作用。

地方行政层面的决议权(公民请愿和公民决议)是事务内容民主合法性证明的一个特例,它在某些方面突破了民主制度的代议性质。

在实体决定方面,人事代表机构附和权的宪法界限应当比在人员民主合法性证明方面的界限更加严格[2]。

(4)必要的合法性证明程度。民主原则并不强求民主合法性证明必须采取某种特定的方式,而是要求行政组织及其工作人员必须达到与任务相适应的合法性证明标准。证明程度的高低需要结合特定的合法性证明形式认定。在具体案件中,应当首先明确与执行的任务相应的一般证明标准,然后审查现有的合法性证明根据是否达到了一般的证明标准。

存在争议的是完全没有合法性证明形式的适法性。一种观点认为,人员和事务内容方面的合法性证明必不可少[3],缺少其中之

---

[1] BVerfGE,第93卷,第37页以下。
[2] BVerfGE,第93卷,第37页(第72页以下)。
[3] 伯肯福尔德(Böckenförde):《活页国家法》,第22章,编码23。

一的,必须有宪法上的特殊理由。反对意见认为,只要有一种合法性证明方式就可以产生足够的反射约束力[1]。

我们认为,设定合法性证明之必要程度的标准与立法领域中确定议会保留范围的标准相通。

(二) 批判与替代方案

联邦宪法法院和主流理论发展的民主原则解释受到很多质疑和批评,近年来甚至遭到了颠覆性的反对。批评者主要认为,现行民主观念明显着眼于传统的官僚制,有些是纯粹虚幻的,有些则简单地以经验为出发点。我们认为,从理论批判的角度来看,通说错误认识了民主原则的原则性,过于严格束缚了立法机关的解释自由和塑造自由。

除了批判传统观点的经验主义和教条主义之外,学界还提出了替代性的设想,其重点是发展新的或者附带性的合法性证明形式,其目标更像是对主流理论的补充而不是批评。其中,最有意义的是在各个领域中扩大关系人参与的模式。

1. 对经验根据的批判。如同其他有关现实组织的理论观点,通说提出的合法性证明模式以经验为前提,尤其是以马克斯·韦伯意义上的官僚制方式组建和运行起来的执行权机构的内部领导权的行使为前提和范本。如同上文指出的那样,这种体制的核心立场是,下级公务员和机关的决定也受国民及其意志的约束,其保障机制是由向议会负责的部长作为行政的顶端而享有的针对下级公

---

[1] 克鲁特(Kluth):《公务自治》,第360页以下。

务员和机关的指令权。这种合法性证明机制的有效性和意义受到两个方面的怀疑。

第一个方面的怀疑针对借助指令权进行等级制控制的有效性。事实表明,行政顶端不可能全面了解下级过程,其控制能力因此受到限制。在上下级只能通过指令权进行控制的情况下,信息的缺失和普遍存在的不行使指令权现象使这种指令等级体制的合法性证明大打折扣。

第二个方面的怀疑针对主流理论描绘的有关公务人员中立性的理想模型图,公务员在一定程度上被视为行政机器的部件,没有个人的情感和利益偏好。社会学的调查结论已经否定了这一点,表明公务人员即使受法律和大众福祉的约束,在很多方面还是受自己利益偏好的影响。

有意思并且对深化研究也有意义的是,部委行政作为合法性证明的官僚制度框架不能被视为不可放弃的唯一基本条件,而只应作为事实上长期占据了主导地位的一种模式来对待。从合法性证明机制本质上的开放性来看,还应当存在其他的组织体制和责任关系模式。

2.对学理研究的批判。主要是:

(1)对民主原则本质属性的错误认识。这方面的批判更加激烈、广泛,批评意见将民主原则视为开放的宪法规范,指责联邦宪法法院和主流理论对民主原则进行纯粹规范的循环解释,不合理地限制了立法机关的塑造自由,矛头直指联邦宪法法院有关史荷州人事代表机构法的判决及其在解释人事代表在公务员管理行为的附和权中推导出的具体结论①。

批评意见的理由分为两个层面。方法论层面针对联邦宪法法院的立法审查密度和解释权这一普遍问题,焦点是从民主原则的宪法解释中能够推导出什么样的实体规定,以及进行这种具体化解释的出发点在哪里。这两个层面难以区分,实际上是一个层面。第二个层面的问题是什么样的合法性证明形式真正符合民主原则。这虽然是方法论问题,但更多地涉及民主原则的内容解释。

关于民主原则实体范围的明确界定及作为开放宪法原则的严格解释,史那普认为,从民主原则中推导出有关合法性证明机制细节的具体要求是不可能的,在方法论上也是不适法的。宪法规定的只是一般框架,只要求执行权和其他国家权力受人民意志的有效约束,并没有提供最终唯一的方法模式。在实质合理的前提下,立法机关完全可以针对具体情况选择方法,例如法定的和平选举(Friedenswahlen)具有宪法上的适法性。

我们认为,批评意见区分规范和原则的作法本身在方法论上不能令人信服。首先,原则和规范本来就混合在一起,难以分离。批评意见本身也没有指出界限在哪里,主要的解释标准应当是或者不是什么。一般性地主张赋予立法机关更大的塑造自由过于大方,这本身就是应予以坚决反对的理由。批评意见误解或者忽视了学理的任务正在于将宽泛的宪法原则具体化,以便理解和适用。对批评意见提出的有关贯彻落实民主原则和合法性证明方式的替代性建议应当结合具体情况分析。

---

① BVerfGE,第93卷,第37页以下。

姑且不论上述学理争议,首要的问题是界定宪法监督密度的范围。从联邦宪法法院的人事代表判决①来看,我们赞成立法机关和宪法法院之间在法律具体化方面的任务分工,认为应当将宪法法院的权力限于监督和必要时的否决。联邦宪法法院在人事代表判决中提出了替代法律的具体规定,这种作法可能不符合上述分工要求。

我们认为,主流理论所明确列举的合法性证明方式应当相对化,需要进一步商榷。从对联邦宪法法院判决的总体考察中可以发现其观念的开放性,例如有关公务自治的判决②和有关在欧盟中的附和权的判决。除此之外,还应当注意,其中的结论着眼于传统官僚科层制的部委行政,我们不能就此认定它在其他组织和法律框架内是否以及在多大程度上适用,或者是否可以采用其他新的合法性证明方法,以确保行政活动充分体现人民意志。应当认为,联邦宪法法院和通说提出的合法性证明方式理论以部委行政模式为着眼点,并没有对其他组织形式作出什么结论。

从上述方面来看,批评意见没有说服力。

(2)纯粹杜撰的人员合法性证明。这是另一个主要批判目标。批评意见将其视为学理上的"纯粹杜撰"和实际上不存在的合法性证明制度。主要理由是,议会和特定公务人员之间的责任关系是一种纯粹的理论构想,不切合实际存在的责任关系。其次,下级既然没有任期,也就没有像部长那样的离职制度,他们在任用行为的

---

① BVerfGE,第93卷,第37页(第70页以下)。
② BVerfGE,第33卷,第125页(第157页,第159页)和NVwZ,2002年,第335页。

性质和个人责任方面存在着根本的不同。

批评意见的论据不限于学理文献,还包括司法实践,其中应当特别提及的是北威州高级行政法院提出的历史性观点:"不可动摇的合法性证明思想妨害了任何民主要求的表现力,因为公务人员或者机构成员对人民的合法性证明绳索变得越来越长,越来越多的合法性证明行为导致时间上的倒退。很难想象,公务人员执行职务的行为为什么需要民主合法性的证明,因为职务长久以来来自上级的委托,上级由州政府任用,而州政府又需要从人民代表大会那里得到合法性证明。在这类案件中,与人民的具体人事关系陷入纯粹的杜撰之中,不能真实地反映职务行为的民主性。"[1]

实际上,批评意见也主张公务人员的民主合法性证明应当根据任用行为的类型作明确的区分,人民选举的任期制代表、议会政府选任的任期制政府首脑、部长任用的下级机关工作人员等应当区别对待。通说虽然不否认这个区分,但将这个区分混入了同样的合法性证明要求之中。另一种观点因此认为,鉴于漫长的合法性证明绳索,事务内容方面的合法性证明应当占据主导地位。

我们认为,批评意见在批评通说纯属杜撰时,自己也没有瞄准现实,不仅错过了法律现实,也错过了客观实际。有无任期的任职并没有什么不同,因为不实行任期制的公务员也可能被解职,实际情况也是如此。另外,批评意见也没有充分认识到职务意识及其相应的职务义务和处分权。这些制度着眼于公务员的责任性和现实的监督机制,这也是《基本法》第33条第2款的一个基础。

---

[1] Nw OVG, NwVBl., 1996年,第254页(第259页)。

(3)引入其他合法性证明方法。与批评意见不同,旨在扩大合法性证明方法的建议可以分为可接受性导向和顾客-产出本位两类,他们奉行不同的扩大参与观念。

(4)新控制模式的变革透视。新控制模式放弃了迄今实行的整齐划一的领导权结构,通过协商约定的灵活目标协议和阶段性监督机制推行强有力的分散责任制。从这一标志性特征来看,新控制模式是主流理论的民主观及其对新民主观的开放性的一种试验,长久以来实施的传统权责制度被废弃。

一种观点认为,新控制模式不能充分满足贯彻落实主流理论提出的民主原则合法性证明要求的需要[1]。该结论的基本立场是,联邦宪法法院判决中的观点完全着眼于传统的部委行政体制,不能直接嫁接到其他新的结构模式中。另外,不能忘记,宪法对其他领域的具体要求也因立法机关的制度选择而不断发展。因此,有关部委行政的结论不能不折不扣地适用于新控制模式。

我们认为,上述结论缺乏说服力。宪法没有要求将传统官僚制作为行政组织的典范模式,更没有将其确立为典型的合法性证明机制。对其他组织形式和相应的合法性证明方式方法而言,宪法是开放的。

因此,新控制模式通过其建设性的革新措施在内部行政领域中贯彻落实了被认为是民主原则核心的主权思想和责任思想,这些措施表面上已经符合主流理论所说的合宪性推定。前提是,这

---

[1] 梅德(Mehde):《新控制模式和民主原则》,2000年版,第292页以下,附带其他评注。

些措施必须得到连贯一致的制度化实施,并且包含了为确立有效责任关系所必须的建设性要素。

新控制模式保持了人员民主合法性证明的传统结构。变革的重点在于任务的分配、监督及其手段,以及事务内容的监督及合法性证明方面,只涉及法律监督和宪法门槛之下的具体问题。

实施新控制模式的关键在于区分由领导机构确定的战略性目标和分散化的执行责任。这两个层面通过通常经过较长时间才能签订的目标协议得以协调起来。目标协议的法律形式、内容和期限非常灵活,通过核心层和执行层之间信息交流的改善得以补充。新控制模式的另一个重要基石是预算和其他灵活的财政措施,以及通过行政内部的比较和竞争确立的经济性制度动因。作为主导观念的顾客本位可以作不同形式的理解和实施。至于编制产品分类(Produktionskatalog)不是新控制模式的必要组成部分。

新控制模式可以用于改革联邦和州的国家内部行政领域中机关首长和下级执行人员的关系,主要涉及人事管理方面的行政结构变化,而不一定导致整个组织结构的变更。通过机关内部委托关系和机关首长行使指令权时的自我约束性的适度调整,新控制模式在组织法上得以落实。由于法律没有对上述两个领域作出严格限制,这种改制原则上不需要组织权方面的特别授权。问题的关键在于,要通过有效的责任制度充分确保人民意志的约束力。

新控制模式在地方自治行政领域的实施与国家行政的主要不同之处在于议会(县议会)与市长(县长)之间组织权限和"行政"的变更。这里应当注意,地方行政的任务和责任分配由地方组织法规定,宪法和一般法律都是判断标准。

在地方行政领域,代表团体(议会)与行政(乡镇长、县长及其下属工作人员)之间的传统任务分配标准有三个:一是代表团体的原则性完全管辖权,分为保留的事项和可以委托的事项;二是乡镇长和县长的法定权限;三是市长和县长执行代表团体的决议。

地方议会和政府之间的目标协议有关行政活动的限制不得涉足保留领域,因为这在宪法上不适法。可以约定的是地方议会监督执行的形式和委托的内容。

新控制模式在高校中的实施遇到了宪法判断上的特殊困难,主要在于涉及两个行政主体之间的关系。与地方行政类似,这里也必须区分不同领域中的不同目标协议。新控制模式在高校和其他自治主体中的应用不仅涉及内部关系,而且涉及外部关系,这里也要区分与统治机关(主管部长)和议会之间的关系。其中,后者主要涉及由议会主管的预算领域中的目标协议。

(三) 行政组织法的反应

民主原则对行政组织的一系列要求不仅影响行政组织法的外在形式,而且影响其内在的概念和制度基础。民主原则首先限定了国家内部领导权的授予和行使,因此,应当将领导权作为组织法制度发展的核心概念。在下文详细阐述领导权的概念和表现形式之前,有必要在这里简要说明。

行政组织法的系统发展需要将领导权发展成为一个涵盖不同活动形式的广泛而多样的概念。只有在领导权同时成为组织、人员和实体合法性证明媒介的情况下,才能与民主原则联系起来。它应当涵盖民主合法性证明的得到保障与认可的各种方式。另一方面,应当在不破坏领导权整体性的前提下对其进行界分,以确保行政组织的具体层面和要素能够在领导权中得到体现。

从宏观层面来看,组织、组织法和领导权之间的联系应当作这样的理解:组织和组织法是领导权的通道和保障。选择特定的组织形式意味着预先决定了内外部关系、组织结构和程序类型,甚至决定了领导权的分配和行使,进一步影响到实体处理决定。

上述联系可以通过如下例子说明:决定采取团体这一法律形式意味着将领导权分配给成员,实行内部自下而上的监督机制;决定采取设施的形式,则意味着实行来自外部的自上而下的监督机制。在组织内部,可以通过合议制和独任制的选择影响领导权的分配。组织的法律独立性范围(完全、部分法律能力,法律监督和行业监督)也决定了领导权的内外部关系。

将领导权确立为组织法的核心概念的优点是,组织法理论与特定组织模式(如科层制的部委行政)的关系不失之于僵化。这对传统的行政组织法定位造成的冲击是,《基本法》本身所蕴涵的和实践中出现的公共行政多元化趋势只有借助原则加例外的思想才能解释。这不仅会导致概念内容的重大调整[1],而且反映出宪法有关规定将组织形式的一元化确定为标准范本的不适宜性。

将领导权确立为组织法的核心概念便于组织法应对行政组织和行政活动国际化的趋势,将从民主原则中派生出来的要求和原则移植到超国家组织或者国际组织的层面[2]。

---

[1] 例如沃尔夫在组织概念之下提出了一系列分支概念。为此参见伯肯福德:《纪念沃尔夫文集》,1973年版,第269页。

[2] 克鲁特:《欧盟的民主合法性证明》,1995年版,第78页以下。

五、领导权制度

(一) 领导权的概念

组织法动态控制功能的核心是保障宪法及其监督规范的实施。有关的组织法理论应当着眼于领导权及其基本条件和形式,为此应当首先作出明晰的概念界定。开放而全面的定义应当以领导权的功能为出发点进行考察。

领导权是在国家组织和行政组织内部运作的国家权力。它的依据是《基本法》第 20 条第 2 款有关主体、客体和手段的界定。领导权是宽泛而又相对模糊的国家权力在组织及其控制方面的表达。国家权力与领导权之间是上下位的概念和种属关系。

领导权的本质特征是其行使的命令性。如同上文所述,新控制模式也是如此,差别微乎其微。领导权的主要功能是控制,本身也需要合法性证明。

领导权是一个涵盖各种对象和法律形式的中立集合概念,我们可以作其他形式的界定,以便区分国家权力在组织内部或者通过组织行使的不同方面。有人将领导权理解为广义的组织权,这种重叠关系容易使人误解领导权的本义,我们不赞成这种概念界定方法。

(二) 领导权的主体和表现形式

《基本法》第 20 条第 2 款对领导权的约束力蕴涵着一个基本的结构性的区分,即领导权层面的选举和决议(Abstimmung)的区别,人员和事务内容合法性证明的区分,以及在地方自治中具有重要意义的乡镇长直接行使领导权和在执行权领域中普遍实行的通过代表人(Repräsitanten)或者其他公务人员行使领导权的区分。对领导权的主体和表现形式可以作如下具体区别:

1.主体。领导权的主体、承担者和掌握者是:

(1)市长。在行政机关直接决定或者公民参与实体处理决定(公民请愿和公民决议)的情况下都是如此。公民参与在组织法上得到研讨关注的问题是,在公民请愿(Bürgerbegehren)和公民决议(Bürgerentscheidung)中,公民是否应被视为行政机关。

(2)行政主体的合议制机关或者独任制机关。领导权在多数情况下通过这种机构行使。经选举产生的机关包括县长、市长、县议会和州议会。另外包括公务自治主体的代表机关。在部委行政机关内部,领导权由任命的人员行使。

2.客体。领导权的客体或者对象是:

(1)人员的挑选和管理;

(2)实体决定;

(3)组织决定;

(4)预算和财政决定。

根据不同的对象,可以对领导权作进一步的界定。

人事权(Personalgewalt)主要包括公务人员和机关成员的挑选和任命权。在公务员领域,该权力与《联邦公务员框架法》第121条规定的雇主权(Dienstherrengewalt)联系密切。该权力还包括人事管理、考核和福利等方面。人事代表的附和权是对领导人事权的限制。

实体决定权（Sachentscheidungsgewalt）的对象是实体问题的决定。除了自己的决定之外，还包括通过概括或者具体的指令监督下级机构作出实体决定的权力。在新控制模式中，通过目标协议和合作性的手段进行控制。

狭义组织权（Organisationsgewalt）的对象是行政单位的结构及其工作程序，具体包括议事规程、内部秩序权；对合议制机关来说，还包括内部的领导和工作程序。

除了预决算权之外，财政权还包括法定范围内的任务分配权。广义上的财政权还包括财政监督和审计监督权。

这里需要注意，在新控制模式中上述权力的界限模糊了，因此也变得更加通畅了。

(三) 领导权的行使方式

对此可以通过如下分类进行描述：

1. 内部和外部。领导权的行使既可能针对行政主体内部的内部相对人，也可能针对其他行政主体或者执行委托行政任务的法律主体。行使内、外部领导权的形式区别在于组织的结构和法律能力不同。执行任务的实体决定权限分配与此无关。

行使内部领导权的形式是行政主体内部的一般指令或者具体指令，用以分配任务，发布业务规程或者程序规则，任免公务人员，制定预算计划。

行使外部领导权的形式有针对有完全或者部分法律能力的行政单位或者私法组织（商业合同、经营权或者其他合同性质的协议之外的权利）发布指令，进行审批、监督和人事任免（例如储蓄银行的理事会)等。

2.明示和暗示。以方法为标准可以区分明示(aktive)和暗示(diskrete)的领导权行使。前者是一般情况,后者限于行政主体内部行使授权或者委托权限的情况。在这种情况下,领导权的基础是监督和纠正功能。

3.独占和分割。对领导权的行使而言,无条件(独占)和附条件(分割)的区分具有特殊意义。这种区分蕴涵着权力分配或者分割的形式,以及合法性证明和功能上的基本条件,它们对领导权的行使都具有特殊的意义,可用于对许多具体情形作进一步的归类。

首先是由组织体制确定的基本条件,为此要区分领导权的独占行使和合作行使。独任制机关可以在没有第三方参与(并且遵守形式和程序义务规定)的情况下随时作出决定,具有较高的反应能力。与此不同,合议制机关通常通过代表会议行使领导权,具有较高民主合法性证明潜力,比较适合复杂的原则性决定。

领导权可以在外部和内部进行分割。其他机构享有附和权或者共同决定权,或者某个决定涉及其他公共行政机构的,都属于领导权的分割行使的情形,其范围可以进一步划分为许多等级。最小分割的典型是纯粹程序法意义上的附和权,例如听证、表明立场等;中等分割的典型是在取得其他机关同意的情况下作出决定。最大分割的方式是共同决定义务、同意或者审批等。

领导权内部分割的一种特殊形式是人事代表的附和权和共同决定权,它受宪法有关民主原则规定的严格限制。

其他行政主体的参加是领导权外部分割的主要情形,尤其是程序集中的情形。《基本法》第24条第1a款规定的边界设施是领导权外部分割的一种特殊情况,为此需要建立超国家的裁决委员会,在特定情况下可能有私人参与,为此需要明确界分表面上类似的参与过程。法律赋予公民以民主参与权,例如地方自治领域中的公民决议或者公务自治主体的参与权不构成领导权的外部分割,相反,公民被赋予了直接的领导权。与出于基本权利的正当理由而赋予公民的参与权不同,这种形式的同意权或者附和权是其私人自主权的表达,性质上构成了领导权的分割。

行政机关与私人借助私法合同展开合作不属于领导权的分割,而是领导权的合作行使,例如各种形式的公私伙伴关系。

六、行政组织的特殊法治国家要求

行政组织结构的设计和领导权行使应当符合民主原则的要求,除此之外,还应当注意法治国家方面的要求,其中不仅包括主要由实体法规定的事务管辖权的行使标准,还包括专门的组织法标准。

(一) 行政组织的法律约束性

主要是有关主体(Verband)、机关及其下属机构的权限分配的规则[1]。

国家组织存在的必要性表现为执行特定公共任务的需要,因此,组织与权限之间的相互关系表现为法律上的必要关联性,没有实质性任务的组织必须撤销。这在宪法上表现为"无任务便无组

---

[1] 具体内容参见下文第83节第1部分。

织"(Keine Organisation ohne Aufgabe)的原则,在组织法领域则进一步表现为"不存在没有明确分配的任务"(Keine Aufgabe ohne genaue Zuordnung)原则。民主原则要求权限分配与责任分配相对应,此即所谓的责任明确性原则。只有特定的国家机构才能作出决定,避免任意和权力的过分集中,这是法治国家原则的另一个要求。

德国国家法和行政法还没有确认公民享有请求主管行政机关实施活动的主观公权利。

(二) 分权与行政组织

制约平衡(checks and balance)的主要目标是不同国家职能之间的关系,但基本思想也适用于组织内部,尤其是大型的行政主体。可以认为,广义上的分权包括行政组织内部的分权。

从整体执行权领域来看,分权首先表现为分散的组织体制,尤其是设立地方自治和公务自治的行政主体。其次表现为设立独立的行政职能单位,例如所谓的非部委行政(ministerialfreie Verwaltung)和具有相对独立性的邮政通讯管制机构。

行政组织法在行政主体内部实行分权的形式是将管辖权分配给不同的机关或者设立不同结构形式的机构,确立领导权行使的相互制约监督机制。前者是将主体的总体权限(Verandskompetanz)分割成不同的机关权限,形成机关之间的分权制约监督,其中尤其是一个机关受另一个机关的法律监督,例如地方自治层面市长与议会之间的相互关系。除了机关之间的任务分配之外,在履行代议制职能的合议制机关内部,通过保障少数派的权利来形成分权制约的机制。上述监督制约机制还通过程序法上的冲突处理规则得以强化。

特定组织内部结构的设计应当符合法治国家的标准,这又取决于对这些标准的解释。这意味着,如果有关组织的设置及其职能上的独立性具有宪法依据,例如地方自治团体的设立以宪法第28条第2款以及州宪法的相应规定为依据。但是,如果宪法没有提供相应的明确依据,有关民主参与权、机构和职能独立性的一般法律规定,即使不充分具体,也可以成为依据。

以最大有效性为宗旨的宪法解释标准对行政组织具有约束力。为了确保通过直接选举产生的具有代议职能的合议制机关领导人能够为有效执行法定任务而行使成员权利(身份权),必须赋予他在发生争议时为有效行使自己的职权而诉诸(行政)法院的权利。确认机关领导人的防御权利以及内部法律争议的救济机制是在执行权系统内部建立分权性、参与性组织模型的必要后果和要求。

即使在那些不直接涉及民主参与的行政组织内部,也应当认为,机关权限具有防御性的法律地位(wehrfähige Rechtsposition),从而可以诉诸行政法院保护。制衡机关(Kontrastorgan)这一概念是分权制衡原则的具体化。其前提是一个机关或者机关领导人针对特定独立的任务执行享有特定的参与权,尤其是独立参与决定意志形成过程的权利。

这种防御性法律地位的典型例子是市长和县议会成员的附和权(Mitwirkungsrecht)、乡镇议会和县议会党团的附和权、乡镇长和县长作为行政一把手的个人职权、专门委员会在独立执行法定任务范围内享有的预算权、质询权、附和权和知情权等。

(三) 禁止任意和制度正义

国家组织法上的内部决定必须遵守"禁止任意"的要求,这意味着组织法上的决定必须具有客观正当的理由。这个要求虽然不高,但对行政法院和宪法法院纠正不相关的考虑具有重要作用。

有学者认为"禁止任意"是制度正义(Systemgerechtigkeit)或者制度忠诚的内在要求之一。[1]

(四) 比例原则

联邦宪法法院在处理联邦与州以及侵犯地方自主权的案件中认为,从历史渊源和适用范围来看,比例原则只适用于国家与公民之间的关系,不适用于国家组织法领域[2]。但是,在涉及地方法和国家组织法的许多判决中,联邦宪法法院却明示或者暗示地将比例原则作为依据[3]。

就联邦宪法法院的判决而言,有必要区分地方自治行政、联邦和州之间的关系以及其他国家组织法领域(如预算权、选举权和组织权等)。联邦宪法法院首次在拉斯特德判决中使用"限于乡镇的任务分配原则"[4] 一词作为严格限制的请求权保护原则,有人认为这个限定意味着比例原则不是减轻侵害正当性要求的根据。但是,在此前后的判决中,联邦宪法法院都在审理侵害地方自治权的

---

[1] 德根哈特(Degenhart):《制度正义与作为宪法要求的立法机关的自我约束性》,1976年版,第49页以下。

[2] BVerfGE,第79卷,第311页,第342页;第81卷,第310页,第338页。

[3] 例如 BVerfGE,第95卷,第1页,第27页;第103卷,第332页,第366页。

[4] BVerfGE,第79卷,第127页,第149页以下(Rastede-Entscheidung)。

案件中，针对权限的非法定转移问题，应用比例原则①。因此，在地方自治案件中，在审查法律侵害地方权限的问题上应用严格限定的乡镇任务分配原则，而在其他地方自治保障的问题上则应用比例原则。

在国家组织法的其他领域，联邦宪法法院明确反对适用比例原则②。但是，不仅学界没有普遍附和，而且联邦宪法法院自己在几个涉及宪法保护机制的案件中也有不同立场，其中尤其是涉及《基本法》第 72 条第 2 款的案件。

几个新州的宪法明确将比例原则作为基本权利限制的限制。③ 除了法治国家原则的普遍要求和正义观之外，比例原则适用于基本权利保护的根据主要是基本权利本身的原则性以及《基本法》第 19 条第 2 款。比例原则作为"指引性宪法"条款被认为具有宪法位阶，它的有效适用能够形成对侵害的特别限制，从而建立特别严实的宪法保护。《基本法》第 3 条第 1 款是对比例原则进行这种解释的规范依据。有关比例原则具体内容的解释则受制于法治国家的分权原则和宪法规范有效解释的原则。

上述观点的理由和方法论具有说服力，为比例原则在国家公民关系即基本权利之外的其他领域的适用提供了论据，但须具备如下两个条件：(1)在宪法层面必须限于特定的效力范围或者适用范围；(2)该范围的确定应当通过法律行为并且得到授权，即使该

---

① 例如 BVerfGE, 第 50 卷, 第 50 页, 第 51 页; 第 50 卷, 第 197 页, 第 203 页; 第 59 卷, 第 216 页, 第 299 页; 第 103 卷, 第 332 页, 第 366 页以下。
② BVerfGE, 第 79 卷, 第 311 页, 第 342 页; 第 81 卷, 第 310 页, 第 338 页。
③ SaVG 第 20 条第 2 款。

法律行为不属于宪法层面。

在行政组织法领域,比例原则没有普遍的约束力。只有在特定的机关(负责人)享有相对独立的组织法权利时,尤其是管辖权和附和权,比例原则才可能有适用的空间。在地方领域,主要是地方的自治权和议会成员的身份权。其他情况是否能够适用比例原则,需要根据案件的具体情况认定是否存在宪法承认的法律地位。大多数情况涉及的是一般法律确认的法律地位,对这种法律地位的限制无需遵守比例原则。

七、基本权利对行政组织的约束力

(一)作为基本权利行使保障的国家组织

在许多情况下公民只能通过国家机构及其给付活动行使个人基本权利,其中具有重要意义的是交通(道路、机场、铁路和短程交通)和教育,尽管在这两大领域中首当其冲的不是国家组织,而是国家的给付准备活动及其相应的实体法依据。例如在教育领域,对教育给付的准备而言,国家组织方面的基本条件仅具有次要的地位。就设立诸如大学那样的社团组织或者中小学那样的设施组织来提供教育给付而言,国家组织法仅具有间接的意义,其中尤其是组织法律地位设定方面的基本权利要求。

就机构设置而言,国家设立公法广播电台的活动则与上述情况相反。这是因为,可以从《基本法》中推导出有关国家在广播领域的活动的原则性要求(例外是德国之声和德意志广播电台,国家借此对外执行特殊的信息传播任务),宪法将国家活动限于为私人管理广播电台提供法律、组织和财政方面的框架,广播设施本身并不涉及行政主体。

(二) 相对于公法团体或者组织成员身份的基本权利保护

这是指特定法律为特定行政组织即公务自治行政主体设立的成员身份强制制度。司法界和学界通说认为这是一种特殊的基本权利侵害行为,但所涉及的基本权利是《基本法》第2条第1款规定的一般活动自由[①]还是第9条第1款规定的(消极的)结社自由,存在争议。

一个日趋淡化的问题是担任名誉职的义务及其履行对基本权利的限制。

(三) 基本权利对行政主体内部机构的约束力

这表现在如下方面:

首先,从基本权利中可以引申出参与权以及与此相应的作为机关成员参与机构组成的请求权,尤其是高校领域中的基本权利,如《基本法》第5条第3款规定的学术自由。在尊重其他学术机构的法定任务和保障参与人基本权利的范围内,国家通过特定的组织措施最大限度地保障学术自由。

其次,从基本权利中可以引申出类似共同决定权的合议权

---

① 这是司法界和学界通说,参见 BVerfG, NVwZ, 2002 年, 第335页和 BVerfGE, 第107卷, 第169页。具体争议参见下文第98节。

(Mitspracherrecht)。保障这种权利的组织法例子是教育领域中的学生代表和家长谘议员。合议权在宪法上的必要性或者在宪法和其他专业上的考虑(例如利用外部的专业知识)上的意义,大多受到严格的限制。这里需要注意的是,局外人的参与仅在民主原则强制要求的范围内才具有适法性。

再次,特定基本权利可能构成在国家组织内部提供行使该权利空间的请求权,例如在国家组织内部行使宗教自由,这方面的典型是教育义务范围内或者刑罚执行中的到场强制制度。

八、行政组织的类型

(一)《基本法》规定的行政组织类型

《基本法》规定的行政组织类型有如下三种:

1. 部委行政。作为政府所属特定职能部门的部委行政(Ministerialverwaltung)虽然是议会政府体制中的传统行政组织类型,但与这种国家形式或者宪政体制之间并没有必然的关联性,它的发展历史悠久。在向民主宪政国家转型的过程中,议会取代了君主,部委行政的合法性基础和责任关系也随之转变。

传统部委行政的最大特征是多层级的官僚体制单位,下级没有法律上的独立地位,以及从顶级(如部长)到最低级的办事机构之间的指令服从性和相应的中心控制机制。尽管内部机构林立,对外则是一个统一的法律单位和意志主体,借此体现行政一体化的观念。

按照新控制模式组织起来的部委行政与传统部委行政的主要

区别在于在一定范围内放弃严格的指令体制,引入分散化的职责资源配置机制,同时采取目标协议和其他特殊的控制手段。采取新控制模式通常会影响官僚科层制,但并非一定如此。采取新控制模式的具体形式多种多样,因为新控制模式的依据不是具体的法律规范,而是行政学勾勒的轮廓模糊的蓝图。

部委行政通常被纳入直接国家行政的范畴,在联邦和州行政层面都是如此。

《基本法》和州宪法没有对部委行政作具体规定。但是,从《基本法》第87条以下可以引申出有关特定部委行政的具体规定。

2. 地方自治行政。主要由乡镇和乡镇联合体组成,是《基本法》和州宪法规定的第二种行政组织类型,其核心特征由《基本法》第28条第1款第2句至第4句和第2款在联邦层面作了统一规定,包括独立的法律地位、领导机关的直接民主合法性证明、独立的任务和职权、独立的财政保障、相对立法机关和其他国家机关干预的特殊保护。

3. 公务自治行政。与上述两种类型不同,这种类型的独立性存在争议,需要特别说明。如果将公务自治行政作为独立的行政类型,而不是通过"其他团体"之类的术语将其笼统地纳入所谓的间接国家行政,就会认为,这种行政组织类型是宪法规定的例外而不是常态类型。

作为关系人(成员)自治的公务自治行政在国家法上的主要特征是独立的法律地位,领导机关通过其成员获得直接的民主合法性证明,不受指令约束,独立执行由关系人赋予的任务。

（二）其他行政组织类型

主要有：

1.独立行政单位。即不隶属于特定的部委、不受外部指令约束的行政组织类型,通常具有相对独立的法律地位,完全或者部分不受部委行政指令的约束。由于这种行政单位享有的独立地位既不来自自治行政观念,也没有民主合法性证明方面的基础,就民主原则而言,它需要特殊的正当性根据[1]。尽管《基本法》中包含了有关非部委行政的规定,但应当将这些规定视为例外的正当性依据,而不能理解为设立这种行政组织类型的依据。因此,既不能将民主原则也不能将法治国家的自治观念作为这种类型的论据。实际上,它的真正根据是在某些非政治领域中优先保障执行任务的专业性,这是纯粹职能上的正当需要。这方面的典型例子是德国银行、联邦和州的审计署以及联邦教育行政。

2.私法形式的行政组织。就此而言,包括宪法在内的公法规范的主要作用是限制采用特定的私法组织形式或者为采用特定的私法组织形式而提出特殊的要求。这方面的典型是地方经济法有关以私法形式建立或者参与企业的规定。就允许采用私法组织形式而言,《基本法》第 87e 条第 3 款和第 87f 条第 2 款是一个亮点,与第 143a 条和第 143b 条有关私有化的规定相关联,因而具有例外的性质。

3.公私伙伴关系。这不是一种行政组织类型,而是一种特殊

---

[1] 参见第 86 节第 1 部分。

的行政方式。通过联合企业、外包和行政协助人等合作形式，国家私人的传统合作得以拓宽。下文第 92 节阐述其他涉及的法律问题。

第八十二节 组织权及其分配

一、组织权的概念、依据和范围

（一）概念

作为专门法学概念的组织权（Organisationsgewalt）起源于罗美欧·毛恩布莱希 1837 年的基础性研究成果《当代德国国家法的基本原则》。在该著作中，组织权被视为君主设置国家行政机关和其他必要机构，规定其职责范围，制定业务规程的权力的总称[1]。

组织权的范围随着 19 世纪执行职能的膨胀而不断扩展，以至于被视为"执行部门的家主权"（Hausgut der Exekutive），原则上无需法律授权，并且范围无所不及，除非宪法对其他国家机关——尤其是议会——的职权作了例外分散的规定。组织权曾经一度被视为"反宪政的国王特权的核心"，被视为国家（行政）职能的描述性概念，甚至被视为（行政）权能的标志。阿尔伯特·海涅于 1892 年反对这种观点，认为组织权"既是立法部门也是执行部门的权力"[2]，

---

[1] 罗美欧·毛恩布莱希（Romeo Maurenbrecher）：《当代德国国家法的基本原则》，第 185 章，第 324 页。
[2] 阿尔伯特·海涅（Albert Hänel）：《德国国家法》，1892 年版，第 335 页以下。

但他的观点很不彻底,实际上还在将组织权归入执行权,只在若干细节上有所突破。这种观念一直持续了50年。

组织权的客体最初(19世纪末)是人事任命行为,后来被逐步排挤,并且与行政机关的设置、调整、撤销和管辖权确认等行为区分。随之而来的进一步区分是按照活动方式(通过法律规范还是具体的组织行为)区分立法行为和执行行为。人事权最终从组织权中排挤出去,成为一种与管辖权的分配交叉的独立职能。

现在,人们从广义的角度认为组织权是在法律或者事实上组建国家机构的权力,不是行政权能的标志,而只是"描述性的专门概念",因此,组织权的性质界定与概念无关。

组织权的主要内容和表现形式是:

(1)行政单位的机构设置;

(2)事务权限和地域权限的确定[①];

(3)权限的内部机构分配;

(4)行政单位的内部规章制度;

(5)业务规程和程序;

(6)行政单位办公地址的确认。

存在争议的是,场所、物质和人员等方面的筹备活动是否属于组织权的范畴。我们认为,两者互为条件。决定成立一个新的组织单位,暗含了场所、物质和人员方面的筹备,但在这里,组织权对预算权和人事权的行使仅具有指导作用,而没有约束力。

组织权的多种表现形式总体上可以归纳为机构设置(Auf-

---

① 关于事务管辖权和地域管辖权,参见下文第84节。

bauorganisation)、组织流程(Ablauforganisation)和协调机制。后者的意义主要表现在管辖权分配方面。

(二) 组织权的法律依据

组织权的明确依据首先在宪法层面,《基本法》中的不少规范明确规定了组织权限的归属,大多数州的宪法有关州政府的规定也是如此,个别州的宪法明确规定制定州组织法。乡镇条例和县条例通常会明确规定组织权由类似君主的行政领导机关(市长或者县长)行使。其他方面还没有形成统一的规则体系。

不成文法,尤其是习惯法和法官法——特别是有关学理——是否能成为组织权的依据,难以一言概之,只能视具体情况确定。它们原则上不是依据,除非出现了成文法缺位、有关的措施没有外部效果并且不影响基本权利的例外情况。

需要注意,地方自治团体的组织权是其自治权的组成部分,受到宪法的特别保护。至于公务自治行政和其他部分自治的行政主体的组织权,只在该自治权或者自主权具有基本权利的性质——例如大学内部机构设置——的情况下,才予以宪法上的确认和保障。

(三) 与其他领导权组成部分的区别

组织权既是外部领导权[1]的组成部分,也是内部领导权的组成部分,因此在概念界定和具体行使方面与领导权的其他组成部

---

[1] 参见下文第 84 节第 2 部分和第 3 部分。

分联系密切,因而需要明确它们之间的关系。下文的阐述着眼于内部领导权,仅在具有主要意义时提及外部领导权。

将特定职位与特定公务人员联结起来的人事权本质上与组织权一致,但设置由多个机构组成的复杂组织单位,则涉及事务和权限的分离。在人事行政中,本机关工作人员勤务规则的制定和特殊权限分配制度与组织法上的管辖权分配制度未必一致,这一点显而易见。

以财政手段的分配和发放为内容的预算权与组织权在形式上容易区分。从大多数组织措施的财政后果来看,组织权和预算权是两个平行的权能。应当认为,两者互为条件,因此实际上总是共同行使或者协调行使。行政机关的预算权(Haushaltsgewalt)来自议会的预算主权(Haushaltshoheit),这就在很大程度上奠定了立法机关影响或干预组织权的前提条件。预算权包括预算制定权(义务)、预算批准权、决算权(Kreditermächtigung)以及监督权和注销权。在执行权系统内部,预算权通常被赋予专门机构,以便它履行监督职能。

业务权(Sachgewalt)的客体是实体法规定的需要执行的任务,与组织权明显不同。从指令权的角度来看,业务权与人事权联系密切,后者将遵守与业务有关的法令确定为勤务义务,并且为此设置制裁措施。在这里,不同形式的领导权之间存在错综复杂的关系。

二、组织权分配的原则

（一）制度区分

只有明确了立法机关和执行机关之间的组织权划分标准，特定行政主体享有组织权的内容才能得以明确。作为国家权力结构性转型后果之一的执行权民主化使组织权不再是"执行部门的家主权"。但是，这一权力的再分配没有解决如下问题：议会干预组织权的范围和标准是什么？议会的活动依据是专门的宪法规定（明示的组织法法律保留），还是一般的宪法理由（一般的法律保留）？由于《基本法》和州宪法在这个问题上使用了不同的调整技术，而且有关组织权一般法律保留的范围和效力存在争议，使得有关的争论和观点显得复杂。为此，必须从两个层面研究组织权的分配：一是执行权内部，二是不同的国家权力或者职能之间。

现在普遍接受的观点将组织权作为专门概念，以避免简单地将组织权归入执行权或者立法权，为此采用了比较中立的分配标准。但是，组织权分配问题远没有解决。《基本法》和州宪法提供的解决办法是明确授权特定国家机关实施组织行为，不过，这里需要注意区分真正的法律保留和纯粹的立法委任。从细节来看，组织权主要属于执行权领域。结合多数州宪法使用的立法技术，应当认为，立法机关在该领域的塑造权本质上属于议会的干预权（Zugriffsrecht）。

(二) 议会的干预权和一般法律保留

在议会保留干预权的前提下将组织权原则上纳入执行权,《基本法》和州宪法借此造成了一种紧张的关系,为此需要从两个层面勾勒轮廓,划分其中的界限。第一个问题是:执行机关在哪些领域和事项上需要以议会法律为依据,不得独立从事组织行为。尽管议会法律保留理论的视角和目标与议会的干预权理论不同,但两者还是混淆了。第二个问题是所谓的行政保留,其目的是保障执行部门的独立性和塑造自由。在行使干预权时,议会必须注意这两个方面的规定,在这两个极端之间寻找一个适当的结合点。

关于一般的议会法律保留是否适用于组织权领域,存在激烈争议。反对者从历史的角度认为一般的议会法律保留只适用于基本权利领域,这种观点得到的支持越来越多,联邦宪法法院的大多数判例就是如此。少数判例没有明确排除一般法律保留在其他领域中的适用,但没有重要意义[1]。支持者着眼于民主原则推导出议会保留的必要性[2],认为有关合法性证明和责任制度的重大改变必须由议会法律保留[3]。这种观点的一个优点是,有关合法性证明制度的任何重大变化总是具有宪政的性质,因此,议会必须予以保留。《基本法》第20条第2款第2句可以作为提高合法性证明的依据。

---

[1] 毛雷尔:《纪念福格尔(Vogel)文集》,第342页以下。
[2] 持这种观点的是奥森布尔(Ossenbühl),参见伊森雷/科尔希霍夫(Isensee/Kirchhof)主编:《国家法手册》,第62章,编码35以下。
[3] 史密特-阿斯曼(Schmidt-Assmann):《纪念伊普森(Lpsen)文集》,第347页以下。

我们认为,法律保留原则适用于组织权领域,但不能将其过于具体化,否则,就陷入法律保留制度的历史泥潭中,很难得出具有实质意义的结论,顶多不过去再粘贴一次议会保留和重要性标准等方面的理论标签罢了。在这种情况下,除了借助特定的标准针对具体情况进行分门别类,为议会提供相对确定的方向性指导之外,别无选择。

为此,一种有效的作法是将政府及其组成部门从行政组织中挑出来,以抓大放小。内阁和部委是《基本法》第64条第1款和第65条的重点规范对象,其中尤其是联邦总理,由议会独自决定。

至于政府以下的层面的事项,史密特-阿斯曼的观点值得思考:组织事务"在所有的活动领域中是唯一真正缺乏抵抗力的领域,因为这里已经很少有立法机关能够作出明确决定,因而'不再属于执行权自己'的事项"[①]。考虑到这类事项的特殊敏感性,可以认为:

无论从宪法传统还是从着眼于影响公民的外部效果的法治国家原则的角度来看,成立新的具有法律能力的单位应当是确定法律保留范围的底线。对其中的具体标准,可以从民主原则的角度,借助决定事项和领导权的独立性标准予以界定。这一方面与合法性证明和决策制度本身的变化所产生的议会保留必要性有关,另一方面与行政主体法律独立性的形式标准的相对化有关,例如具有法律能力的公法设施还受主管行政主体的监督。与此不同,即使法律没有明确规定,部委设置和不受指令约束的独立行政单位

[①] 史密特-阿斯曼:《纪念伊普森文集》,第347页以下。

的设定也属于法律保留的范畴。

一个热点问题是所谓的咨询委员会事务,其组织和职权在许多领域——尤其在地方层面——已经由法律作了规定。如果情况不是如此,法律调整的必要性则取决于委员会事实上享有什么样的决定权。

另一个有争议的问题是在哪些情况下管辖权变更需要有法律依据。有人认为,只有在涉及侵害授权的情况下,才需要有法律依据。管辖权在这里的意义在于任务分配的外部效果。

(三)议会在行政组织方面的具体权限

《基本法》的规定明显限于联邦行政及其组织的原则性事项。尤其是对组织权而言,有关行使条件的规定多,有关权能内容的规定少。因此,不能将《基本法》第86条视为联邦组织权的一般法律依据,实际上该条没有实体的内容。但是,这并非意味着《基本法》的规范空泛。《基本法》第86条第1句规定了机构设置,第2句规定了业务规程,从而将组织权笼统地授予了联邦政府领导的联邦行政系统,除非法律"另有规定"。上述规定构筑了组织权归属执行权系统而议会享有干预权的总体格局。《基本法》的谨慎态度产生了广泛的塑造空间,从构筑现代行政组织的动态需要来看,值得肯定。

《基本法》第86条被随后的有关联邦行政的特殊形式和法律保留的规定所补充或者限制,它们共同构成有关联邦行政组织宪法保留的依据。

《基本法》第86条规定的组织权范围针对所有的公法组织形

式,包括联邦直接行政的下属层级的划分和设置,联邦所属的公法团体、公法设施和基金会,以及联邦专员、咨询委员会、项目小组和其他类似的专门委员会。但是,有关私法组织形式的规定既不能直接适用,也不能类推适用。

关于联邦议会和联邦政府通过附和法令(Zustimmungsverordnung)的合作关系,从组织法的角度作具体规定的不是《基本法》,而是法律。具体的管理事项通常委托给政府办理。

三、一般行政组织法和特别行政组织法

(一)一般行政组织法的历史和功能

对行政组织的结构和过程进行一般法律调整的传统悠久,可以追溯到中世纪后期。对当代法律调整模式的形成而言,19世纪普鲁士制定的组织敕令和法律具有重要意义,萨克森、库尔黑森和图宾根纷纷效仿。其中值得指出的重要之处是:

1808年11月24日发布的组织敕令(Oragnisationsedikt)是普鲁士组织立法的发展标志。该敕令主要由帝国伯爵斯坦茵起草,被视为以法律形式表现出来的普鲁士国家行政组织图,对普鲁士的国家组织体制具有重要意义,它具体规定了普鲁士的部委及其内部机构(司局)和下设行政机关,原则上将部委的下属行政机关分为高级、中级和基层三级,将职权划分的标准从地域原则转变为事务原则,即原则上从专业的角度进行部门划分。1810年和1815年的条例修正了上述行政组织体制。1883年6月30日的《州一般行政法》(被简称为《州行政法》)对中级和地方行政机关进行了调整。

上述行政体制被后来制定的法律确认。这些法令保障了行政组织的统一性和透明度,使内部的行政变更措施难上加难。

其他德意志邦国采取了类似的作法。这里需要提及的是库尔黑森州于1821年7月29日发布的条例,主要内容是改革当时的国家行政体制;萨克森州于1873年4月21日制定了法律,主要内容是行政机关的内部体制;图宾根州于1926年6月10日发布了州行政条例。

1877年至1933年间,德意志帝国法律的法典化步伐缓慢。主要立法是帝国议会和帝国政府针对特定行政领域分别制定的组织规范,例如有关联邦教育部、联邦家乡事务局、北德意志联邦审计署的联邦法律,有关外交部的内阁令,有关联邦总理的总统令(Präsidialerlass),有关标准度量衡委员会的总理令。有关帝国行政体制系统化的努力从未形成草案。

纳粹时期内政部长弗里克于1936年提出了制定《帝国行政法》的建议[①]。该建议与领袖原则冲突,因为后者的目标是将法律压缩为一种秩序因素,为领导人在组织领域根据具体情况作出灵活的决定提供尽可能大的活动空间,大量的、分散的特别行政机关得以滋生。

总之,德国一般组织法的发展主要表现在各州的立法上,帝国层面没有系统深入的立法,即没有一般行政组织法。国家行政组织被学界称为"缺乏系统性的制度",它最大的特点是议会和政府

---

① 关于该弗里克(Frick)提议的法律拟定内容,参见《帝国行政》1936年第13期,第329页以下。

针对特定国家行政领域制定的法令往往是修正性或者临时性的。

(二) 一般行政组织法的立法权

从《基本法》确立的制度来看，联邦和州分别对其所属行政系统制定一般行政组织法，但联邦还享有有关行政权限的附属立法权。对一般行政法的制定而言，现实的法律保留制度不足以成为立法权限分配的根据。

只有在与欧共体法不冲突的范围内，联邦和州的立法机关才能制定一般行政组织法。在第6条确立的一般同质性要求的范围内，欧盟条约将国家组织和行政组织的设置权授予了成员国。实际上，这里还存在其他大量具有同样重要性的规定，例如有关自治行政主体的设立、赋予欧盟成员国国民参与权的规定。在为行政主体提供有效的财政保障方面，例如设施负担，应当遵守《欧盟条约》第86条和第87条以下的规定。因此，相对于成员国立法而言，本国一般行政组织法不再具有排他性的效力。

在联邦议会根据《基本法》授权——例如第84条第1款——针对州行政和地方自治行政的组织制定法律的范围内，州再制定一般行政组织法就没有意义了。这是因为，毋庸置疑，这本身就是现实的一般组织法。那些需要实体立法权限根据并且为实现实体法目标而设定组织手段的组织法规范也是如此，例如有关平等专员的组织法。

私法组织形式的行政单位是一个难题。联邦和州在各自的领域内有权为所属行政主体采用由私法或者公司法推而广之的组织形式设定限制条件，具体规定影响这些组织的措施。这里的例子是地方法有关地方自治团体从事经济活动或者参与企业的规定。存在争议的是,联邦和州的议会在多大范围内可以行使组织权,制定有关的规范,吸收并且修正公司法的规定,制定专门的行政公司法(Verwaltungsgesellschaftsrecht)。

通说认为,州立法机关不得制定与联邦法律不一致的有关行政主体利用私法组织形式的规范,例如超过公司法的范围设定报告义务、服从指令的义务。公司法的规定之所以优先,首先是因为《基本法》第31条的规定,其次是因为公司法规范的绝对性不允许州制定不同的规则。因此,州不得在一般行政组织法中针对私法组织形式的组织单位制定偏离公司法的规则。立法机关只能在公司法规定的裁量空间内,限定采用特定组织形式的条件,或者制定具体的实施细则,例如设定公司合同的公共目的和报告义务。

反对意见认为对公司法进行合宪性解释既有可能也有必要,有关公共企业和行政单位的公司法是宪法规范实施的一种形式,类似行政私法。超过公司法规定范围的报告义务和类似的要求可以不违反《基本法》第31条的方式履行。我们认为,反对意见忽视了这一点:只有在除此之外没有其他符合宪法规范的可能性时,所谓的合宪性解释才具有适法性。由于行政机关选择组织形式的权利受法律和法治的限制,通说认为解决两者之间冲突的办法在于,行政机关只能选择符合宪法的组织形式。另外,行政公司法理论动摇了《基本法》第20条第3款确立的立法机关相对于执行机关的优先地位,因此走向了自己的反面。

被排除的只是通过解释来修正公司法或者由州立法机关立法的这两种方案。州立法机关只能在一般或者特殊行政组织法中限制私法组织形式的选择,而不能改变私法组织形式本身。一个有待明确的问题是联邦行政机关和其他联邦行政主体选择私法组织形式的联邦立法权范围。就特别法优先和新法优先原则而言,限制联邦立法机关的依据既不是《基本法》第31条,也不是具有排他性的公司法规定。针对行政主体采用私法组织形式的特殊情况,联邦一般组织法可以修正公司法的有关规定,例如《股份公司法》第394条和第395条。联邦原则上可以制定专门的行政公司法,但需要注意,公司法在很多方面已经上升到欧共体法的层面,联邦的塑造自由受此限制。

总之,在遵守欧共体法有关规定的情况下,联邦立法机关有权在一般组织法中对联邦行政体制作出一般规定,尤其是可以授权行政主体采用私法组织形式,并且为此修正私法和公司法的一般规定。但是,州立法机关制定的一般组织法限于公法组织形式,对私法组织形式的利用而言,州立法机关只能限制州所属行政主体和地方自治团体的选择权,而不能修正公司法。

(三) 一般组织法的内容

上文有关联邦和州立法权限的讨论间接涉及到了一般组织法的调整内容。在各自立法权范围内,联邦和州在确定一般组织法的调整密度和效力范围方面享有很大的选择空间。下文从最小模式和最大模式两个对立角度进行介绍。

最小模式的一般组织法限于行政组织的一般结构和地域分支,前者如国家行政机关的一般层级和任务分配的一般原则。一些州宪法要求制定这类组织法,并且规定由议会法律保留。这种法律的系统化功能和控制功能微乎其微,实际上只是单纯地完成宪法规定的立法任务。

除了一般的结构性规定之外,最大模式的一般组织法还作如下方面的具体规定:行政机关的内部结构(提供多种模式),行政机关内部基本程序规则,公法组织形式的结构、采用及其监督(间接国家行政),在法定立法权限内规定私法组织形式的采用,委托与行政协助,专员和咨询委员会的设立,试验条款。实践中还包括行政程序规则,在一个法律中包含组织和程序两方面的内容,如史荷州。

尽可能扩大一般组织法的调整范围有利有弊。弊端是:随着法律调整密度的提高,行政机关的自主性(权力)和适应性降低;事先规定的结构要适应变化的环境,只能通过立法机关,昂贵耗时;行政机关难以作出符合专业需要的具体处理。优点是:组织结构的公开性、透明度和系统性提高,民主合法性的保障程度加强,组织形式简化,标准化程度高,监督难度低。

(四) 联邦法律规定

联邦层面1949年以来的一般组织法律状况与帝国当时的情况基本相同。形成这种状况的主要原因是,组织体制改革的工作几乎没有进行,私法组织形式的行政单位过多,法律与内部行政规则并立。在此期间出现了多个组织法建议稿,其中有三个涉及联邦部分行政领域,两个是一般组织法建议稿——1980年《联邦行政组织法草案》(未发表,附立法理由)和罗舍(Loser)建议稿。但是,它们都没有获得政治上必要的多数支持。

联邦层面的多数组织法是针对特定联邦行政部门作特殊调整的部门组织法(Fachorganisationsgesetz)。除了邮政和铁路私有化有专门的法律之外,现在最值得提出的是《财政行政法》和《联邦边界保护法》。有关行政主体设置和组织的具体法律规定不胜枚举。

不属于联邦直接行政但受到联邦法律部分调整的是公务自治。需要指出的是为数众多的社会自治行政主体,其中主要是法定的疾病保险和医疗保险协会(《社会法典》第5部分对此作了规定)、工商业协会、手工业协会、律师协会、经济审查师协会、税务咨询师协会和其他类似的组织。

(五) 组织法试验条款的适法性

一些一般组织法和特别组织法设立了所谓的试验条款(Experimentierklausel),尤其是地方法、中小学法和高校法以及《社会法典》第5部分第63条以下。它为行政主体提供了在法定范围内选择并且在一定时期内采取不同组织形式——一般需要监督机关的批准——的机会。如果取得成效,法定期限可以延长,甚至会被批准不定期实行新规则。这种试验条款在预算管理领域经常采用。

试验条款为行政主体试行不同的组织形式和程序方式提供了一定的选择空间。它有利于立法机关积累有关特定组织形式利弊的经验,为在不同的组织形式中作出选择决定奠定知识基础。

试验条款必须符合一系列的适法性条件。它应当限定可供选择的组织模型及其试验期,并且与上位法和宪法一致。这里有特殊意义的是评价义务条款和报告义务条款。

四、行政主体组织权的内容

(一)行政组织权的主体

1. 主体权限与机关权限。在对组织权进行分配时需要区分主体权限(Verbanskompetenz)与机关权限(Organskompetenz)。行政主体原则上依法享有自我组织权,但具体细节存在诸多差别。监督机关对重要的组织行为享有附和参与权。由一个或者多个行政主体建立的组织在执行其任务时,例如储蓄信用社联合体,通常需经其所属的设置或者建立主体予以批准或者核准。

行政主体内部组织权的赋予及有关机构的权限分配首先要依据现行法的明确规定,这方面的典型是地方法,通常会作细致的规定[1]。一般组织法也同样会具体规定州的行政组织。但是,只有少数行政组织领域会有细致规定,其他行政组织领域通常需要援引不成文的一般权限分配原则,除非单行法有具体规定。

2. 具有法律能力的行政单位的组织权分配原则。基本原则是首脑机关(Hauptorgan)享有组织权,但可以部分委托给其他机关。什么样的机关可以作首脑机关,应当根据领导权的分配和民主合法性证明制度进行确定。团体性行政主体的章程通常规定代表成员的合议制机关是首脑机关,设施性行政主体的章程通常规定能够对该主体的机构设置施加决定性影响并且据此赋予其民主合法性的机关是首脑机关,例如储蓄信用社的行政议事会(Verwal-

---

[1] 参见下文第95节。

tungsrat)——不同于董事会。

如果一个行政主体有多个领导机关,例如团体性行政单位和具有法律能力的设施通常如此,则会产生如何在它们之间分配组织权的问题。无论它们实行的是官僚等级制还是平行体制,在它们之间分配组织权的一般标准是"各负其责",除非法律另有明确规定。以地方法和公务自治法为例,具有更高的民主合法性保障的机关通常会被赋予对重大组织问题的决定权,例如议事会(Rat),而第二个领导机关即实行独任制或者合议制的行政首长通常对所属工作机构享有法定范围内的决定权。

如果有关法律规定不明确,就需要根据一般法律原则分配组织权。根据民主原则,组织权是领导权的组成部分,在行政主体内部具有最高民主合法性保障的首脑机关对该行政主体的一般组织体制问题享有决定权;对其他具体的组织问题,尤其是业务领导机关的设置,也享有决定权,除非法律另有排他性规定。例如,《联邦律师法》没有规定律师协会和联邦律师协会的业务领导机构,其他有关自由职业的法律也是如此。除非有特别规定,首脑机关可以决定咨询委员会的设置,但它们不享有决定权。

合议制机关行使组织权具有很多特点,主要取决于有关行政主体的成员结构。机关会议的组成人员原则上必须符合其成员附和权的分配结构。在这个方面,属人性团体(Personalkörperchaft)和联合性团体(Verbandskörperschaft)之间存在重要区别。具有直接民主合法性证明的合议制机关的组成必须遵循那些体现民主原则的选举原则,下设的专门委员会的组成也必须遵循相同的结构原则,此即所谓的反映性原则(Spiegelbildlichkeitsprinzip)。该原则也是其他下设机构的组成原则,除非法律另有规定。合议制机关有权制定业务规程,规定内部程序,但必须遵守一般的程序法原则。

下设具有部分法律能力的分支单位的行政主体在行使组织权方面的特点也值得注意,其中最重要的是高校。高校本身具有(部分)法律能力,下设的专业部门或者学院也享有部分法律能力,它们的组成都以高校教师的源自其基本权利的成员权利为基础。

3. 没有法律能力的行政单位的组织权分配原则。对没有法律能力或者只具有部分法律能力的行政单位(例如中小学,公有企业)而言,它们的组织权原则上由所属行政主体行使。如果具体行使组织权的是合议制机关,则遵循与具有法律能力的行政单位相同的原则。

4. 私法组织形式的行政单位的组织权分配原则。完全或者部分是国家行政主体的私法组织也存在组织权行使的问题。采取私法组织形式并不妨碍采取像公法组织形式那样有效的组织措施。最重要的区别在于公司法对领导权和组织权的行使规定得远比有关公法组织形式的规定细致,因此,援引一般法律原则的必要性微乎其微。

(二) 行使组织权的方法和形式要求

因客体和对象而异,行政法为组织权的行使提供了不同的方法、措施和形式要求。如下区别需要注意:

组织权行使的措施可能采取一般的形式,也可能采取因案而异的具体形式。换言之,既可以采取正式法律规范的形式,也可以采取口头命令的形式。

有关的组织法针对行政内部的措施规定了法律规范尤其是规章保留。据此,地方自治体必须在章程中作出最重要的组织规定,这是强制性的要求。有关部委行政的组织法中没有类似规定,有关公务自治的组织法也是如此。

实践中主要的组织权行使措施是行政法上的意思表示声明,它可能是具体的措施,也可能是一般性的命令。后者被称为行政规则或者其他类似的术语,例如通告(Erlass)、命令等。合议制机关制定的业务章程也属于此类。

组织权可以以独任或者合议的方式行使,也可以以协议的方式行使,例如以机关之间的协议确定机关之间的合作组织形式。

组织措施的形式或者程序要求很难作出一般概括,只能根据具体的客体和对象确定。原则上不存在听证权,但在例外情况下可能赋予有关的公务人员或者机构,说明理由的义务同样如此。对收件人的通知是组织措施在内部生效的条件。

这里需要注意的是人事代表权(Personalvertetungsrecht)的外部效果。它虽然不直接针对组织权,但在组织措施对有关人员产生效果的范围内具有意义。

(三) 组织裁量权

在法律没有规定或者法律赋予行政主体裁量空间的范围内,有关行政主体或者机关可以行使组织裁量权。为了对此予以明确的定性归类,可以也应当称其为组织裁量权(Oraganisationsermessen)。

在塑造自由及其法律后果方面,组织裁量权的法律结构与一般实体法领域中的裁量权相同。但是，以《联邦行政程序法》第40条为依据但范围更为广泛的裁量权理论应用于组织裁量权时，需要作许多重要的限制，并且需要细致地考察和论证，其中尤其是裁量瑕疵理论和无瑕疵裁量决定的请求权。

如同其他裁量权，组织裁量权也必须正当行使，即必须切合有关组织措施的目的和意义。除了遵守有关组织措施的一般法律原则之外，还有与法治国家关联的所谓功能正当的组织结构原则（Prinzip der funktionsgerechten Organstruktur）。该原则要求组织结构必须符合执行任务的需要，并且因此而具有必要性。这意味着，组织措施只能选择那些符合执行任务需要的决策结构，符合决策及其执行过程中的信息处理和时限等方面的要求，尤其是符合民主合法性证明方面的结构性要求。

"禁止任意"作为法治国家的内在要求和裁量行使的一般界限之一，也适用于组织权的行使①。一个非常宽泛的用于认定组织措施"独断专横"的标准是不存在客观的正当性，具有明显外行的权衡失误②。从法治国家原则中引申出来并且作为其具体要求之一的制度正义要求在行政内部的效果不得抵消其他一般法律原则的直接约束力。但是，对那些涉及外部关系的具有法律能力的行政单位——例如地方自治体和高校——的组织措施而言，则需要另当别论。

裁量权理论在实体法领域扩展其影响的一个重要方面是确立

---

① BVerfGE, 第35卷, 第263页, 第372页; 第89卷, 第132页, 第141页以下; BVerwGE, 第106卷, 第280页, 第287页。

② BVerfGE, 第83卷, 第1页, 第23页; 第98卷, 第17页, 第47页。

所谓的无瑕疵裁量行使或者无瑕疵裁量决定的请求权。裁量权理论以主观公权利为支持论据，将该权利转换为裁量权行使过程中的具体义务和向法院的可诉性。这对行政内部监督上的裁量瑕疵而言，具有同样重要的意义。在组织法领域，有关组织措施涉及的下属单位原则上也可以享有无瑕疵裁量决定的请求权，但前提是有关组织措施涉及"具有可诉性的机构权利或者人员权利"，这种组织法权利具有类似主观公权利的性质。由于这种情况是例外，无瑕疵裁量请求权的实际意义微乎其微。关系人可以在裁决内部法律争议的行政诉讼中主张该权利。

对于外部法律关系中的组织措施而言，无瑕疵裁量权行使请求权的前提是该措施侵害了具有主观公权利性质的权利保障或者功能保障。其中主要是宪法确认的自治权，例如地方自治体和高校，而保障自治权的出发点往往是被国家行政措施侵害的法律地位。对立法机关采取的其他方面的组织措施，只能根据禁止任意和制度忠诚的要求予以纠正。

与承认机构权和机构人员权利密切相关的问题是比例原则在组织法领域的适用。如同在实体法裁量领域中的适用那样，比例原则是裁量权行使的另一个重要标准。这里具有重要意义的是有关比例原则的原理性解释。由于人们(都)将该原则限于国家公民关系中的基本权利保护问题[1]，在行政内部领域和针对其他行政主体的外部领域中所采取的措施被排除在该原则的适用范围之外，除非有关措施涉及基本权利，例如高校领域中的一些情况。如

---

[1] BVerfGE，第83卷，第310页，第338页。

果人们从其他一般法律原则——如宪法优位或者其他更高法律适用优先——的角度考察比例原则,就不会一概排除它在国家组织和行政组织领域中的适用。这里的关键在于是否侵害了有关法律规范设定的法律地位。

裁量权行使瑕疵具有什么样的后果,不能一概而论,只能根据所涉及的法律地位认定。在组织法领域,裁量权行使的瑕疵原则上会导致有关措施违法。

(四) 组织权与实体权力

组织权的行使并不限于行政主体内部,许多组织法措施与外部法相关。这里需要区别的一个问题是:是否以及在哪些情况下可以从组织权中引申出实体权力? 在实践中,该问题的意义表现在家主权、秩序权的行使以及设施权的存续等方面。

除了法律的明确规定——例如大多数地方法有关主持乡镇议会和县议会的规定——之外,公共行政机构的家主权(Hausrecht)还有其他根据。一是民法上的所有权和占有权[1],二是公产的法律地位[2],三是行政任务的附属权限[3]。从这三个方面的理由来看,从组织权中引申出家主权既没有必要,也没有可能,关于这是否需要法律授权,还是以习惯法为依据,存在争议。

与家主权不同,秩序权限于行政的内部领域和组织领域。除非法律另有规定——主要是地方法,秩序权在很大程度上源自组

---

[1] BGHZ,第33卷,第230页。
[2] 帕比尔(Papier):《公产法》,1998年第3版,第34页以下。
[3] BVerwG,DÖV,1971年,第137页。

织权。在没有规章作为补充依据的情况下，只能在不涉及有关公务人员私人领域的情况下才能行使。秩序罚款之类的处罚只能在具有法律授权的情况下才具有适法性。组织权不是这类实体权力的来源。

以前的判例和学理将设施权作为设施利用关系成立的出发点。不成文法或者习惯法是采取具有制裁性质的措施的依据。如果行使设施权的有关措施具有外部效果尤其是涉及基本权利时，这种设施权就缺乏符合当代宪法要求的授权根据。

第八十三节 行政组织的功能主体

一、理解行政组织的概念和功能标准

对公共行政及其功能主体可以从概念系统的视角结合不同的关联点进行理解和分类。这里既有规范的标准，也有事实描述性的标准，它们不仅来自法学，而且来自组织学、管理学和社会学。法学吸收并且将一部分非法学标准作为系统化整理的标准，尽管没有规范意义。

当今的学理和实践引入功能主体这一术语作为行政组织分类的基本概念，但存在相当程度的随意性和模糊性，甚至存在一定的混乱。部分或者完全法律能力概念的使用、行政主体和行政单位的标准同样如此，例如财团（Eigengesellschaft）有时被视为行政主体，有时则被视为其他行政单位，但是归类的标准和效果却不明确。概念术语的模糊性不仅导致误解，甚至使组织法丧失了应有

的控制功能。因此,需要进行概念的系统明确化整理,尽可能恢复组织法的控制和导向功能。

(一) 组织法基本概念的功能与概念确立、制度构建的要求

基本概念的界定及其系统化着眼于整体制度,而从功能主体和组织单位的角度阐释行政组织法的分类标准则着眼于局部制度。这里将进行功能本位的(内部化的)概念界定。

组织法基本概念的第一个功能是描述功能。借此明确现行的组织结构及其法律归类标准。

在内外部法律关系中提供明确的法律技术上的归责标准是组织法基本概念的第二个也是向来最重要的功能。这里的关键在于领导权的行使、重要法律行为的形式、在特定条件下建立的法律关系以及由此而产生的法律责任必须明确地归属特定的行政主体。明显的问题是:谁在实施行为?准确地说,是谁在为谁实施行为?这两个方面本质上属于组织法问题,鉴于行政组织的多样性和复杂性,这个问题尤其突出。

所谓的"法律技术"归责主要是形式层面,它没有回答:谁在实体法即勤务法或者赔偿法上以及在政治上是特定行为的最终归属主体,从而(最终)对该行为承担责任?应当认为,法律技术标准与实体法标准原则上一致,但在许多情况下,主要出于公民权益保护以及法治国家的考虑,又应当将上述两个方面的标准区分开来。

姑且不论现在盛行的以外部为本位的法学讨论,归责的特征和标准应当首先着眼于行政的内部以及相应的领导权。以领导权

为着眼点的意义在于从法律地位的角度明确行为的归责——这涉及国家领域和私人领域的区分以及相应的主体权限,相关法律条件的界定因此才有可能。

行为外部效果归属的关键在于特定行为具有外部效果,因此存在法律关系的"当事人",对此需要从责任的角度认定。近年来法律发展的首要意义在于法治国家约束力在行政内部的强化,这导致人们从多个角度借助实体法的归责标准来解释或者完善法律技术上的归责标准。内外部法律关系中的归责标准因此得以分离。

根据内外部分别归责的要求,将基本的组织单位作为行为、领导、经济性和责任性的机构单元,便可以对多种多样的行政主体进行行为归责,这是组织法的任务之一。

下文主要从现代组织具有多个分支机构的背景以及法律关系多面性和相对性的角度,阐释对责任归属具有重要意义的基本概念,构筑组织法上的基本单位。为了避免概念的多义性和术语的混淆,这里将功能主体作为纯粹描述性的上位集合概念,而不论学理对执行部门众多组织单位的特殊功能阐释。

(二) 功能主体的法律能力

1.法律能力的概念和功能。将特定行为的主体在法律上解释和认定为自然人或者以某种组织形式存在的主体(功能主体),关键在于法律能力或者法律主体性这一问题。法律能力一般是指成为权利义务的承受对象(Adressat)或者主体的资格,换言之,就是成为法律规范归责主体的资格。除了对自然人的特定限制之外,法律能力是适用于特定功能主体的法律规范的后果,该功能主体据此可以进入特定的法律关系、法律制度和法律共同体。

组织总是通过自然人(共同)活动,要将其界定为独立的功能主体和独立的法律主体,必须以调整具体法律关系的法律规范为依据。这里的主要法律问题是,特定行为的责任归属主体是有关的功能主体还是自然人,而其最终区分标准是法律能力。由汉斯·尤里乌斯·沃尔夫提出并且反复强调的法律能力或者法律主体的功能仍然具有基础性的意义。

将法律能力与行为归责对应起来的作法原则上符合将功能主体界定为独立法律主体的需要。这里首先要注意这一现代观点:法律关系在组织内部也存在,有关的权利应当得到承认,例如机构权利和机关人员权利,因此,在组织内部领域也存在法律能力问题。但是,不可能将法律能力的概念作为构筑基本组织单位的出发点使用。实际上,法律能力的概念针对的是在内外部法律关系中具有广泛应用范围的独立性(Eigenschaft),它只是认定最终归责主体(Zurechnungsendsubjekt)的必要根据之一,而不能用来描述更大的组织属性。

2.法人、完全法律能力和部分法律能力。只有在其法律能力不限于若干方面或者领域,而是针对有关某个专业领域或者问题领域的整体性事务时,功能主体才具备(完全的)法律主体资格。界定组织法律能力的另一个标准是,具有概括的法律能力,能够独立实施民事行为。对公法功能主体资格的界定而言需要强调的一点是,功能主体只需要对特定的任务领域享有完全的管辖权。这是因为,根据宪法规定的分权要求,任何行政主体只能被赋予与特定事务性质相应的有限任务。上述视角提出的公法功能主体资格界定标准是消极性的,它所说的法律能力实际上是指特定任务或者事务领域内的具体管辖权。

上述量化标准很难甚至没有有效消除界分和判断方面的困难,没有起到学理基本概念所应具备的明确定位作用。我们因此提出以成立行为(Gründungsakt)为形式着眼点的积极办法,具体而言,就是有关功能主体的成立行为是否明确规定赋予其法律能力。这个标准也符合当今的立法实践。功能主体限于由成立行为或者通过成立行为落实的法律规定赋予法律能力的组织。从法律后果来看,其实质主要在于参与民事行为的能力。下文将进一步阐述功能界分角度的特殊公法特殊要求。

多年来有关区分部分和完全法律能力以及公法组织形式的功能主体行为相应后果的讨论矛盾丛生。如果认为公法组织只享有特定主题范围的主体权限,那么,只能认为它们都只具有部分法律能力。就自然人以及由自然人组成的组织都不享有所有的权利、承受所有的义务而言,它们都只具有部分法律能力。部分和完全法律保留的区分因此失去了意义,有关完全法律能力是指参与私法行为的资格的观点同样如此。

相反,如果在公法功能领域将有关主体权限作为界定(部分)法律能力的出发点,那么,功能主体的管辖权和功能限制不仅可以体现宪法有关权限分配规定的分权民主宪政国家意义,而且可以有效发挥保护公民权益的功能。这一实体保护功能还可以借助相应诉讼途径得到进一步的发挥。根据《基本法》第19条第4款,任何超越总体权限并且侵害公民权益的措施都可以诉诸法院。

机关、机构和工作人员在内部法上的(部分)法律能力得到了非常谨慎的承认。主要动机不是有关保护必要性的思想，而是其他实体法上的考虑。一方面，只有通过工作人员才能有效达到保障合议制机关内部的民主代表性和合法性的功能，为此，工作人员和机构的附和权作为他们"自己的权利"以及相应的法律能力得到了承认，并且由此打开了司法审查的门户。另一方面，在不涉及民主代表性功能的领域，出于提高任务执行的效率和组织行动能力的考虑，在行政组织内部进行功能划分的思想，成为承认机构和工作人员(部分)法律能力的论据。

上述阐述表明，法律能力及其范围以及有关部分和完全之间的区分原本并非出于形式的或者法律技术的标准，而是完全依赖于传统法律观点的实体考虑。完全法律能力的概念所表达的内容具有误导性，与该术语的字面含义相反，他实际上并非指某方面的完全法律能力，而仅仅是指功能主体可以独立参与民事行为的资格。任何功能主体都只享有限于特定主题的法律能力，而这正是有关宪法规定在功能主体方面的落实。就此而言，所谓法律能力相对化的说法也没有什么意义。总之，法律能力界定的关键在于出于不同的功能视角和保护必要性考虑，以不同的方式体现组织法理论所称的实体法服务功能。

这不会抬高法人的概念。因为法人概念在现代法律的有效性方面不再是法律能力的同义词，它在这方面的构建意义已经丧失。实际上存在的是组织形式不同的各种功能主体，其中，有的被认为没有法律能力。仅在独立参与民事行为的资格的层面上，法律能力与法人才具有部分的对应性。因此，法人概念对组织内部明确责任归属的法律过程只具有有限的说明作用。这里需要注意,近10多年来,公私法都存在归责标准多样化因而打破法人作为归责主体资格的趋势。传统观念形成的法人垄断地位已经被责任追究形式的多样化以及赋予没有法人地位的组织以独立参与法律行为的实践打破。公法人尤其如此,因为外部领导权和外部的财政责任得到了更多的考虑,例如担保责任和设施负担。就当代的法律发展状况而言,法人不再是行为责任认定的可靠标准。法人作为功能主体地位成立的只是有关行为责任最终归属主体的可反驳的推定,私法领域也是如此。这种推定规则对明确的责任认定是不充分的,因此对传统法理提出如下关键结论:法人概念不再也不可能发挥其迄今为止被赋予的制度构建方面的基本指导功能。

总之,现在还没有出现能够为各种情形提供明确的归责标准的基本学理标准。法人的作用微乎其微,法律能力及其完全和部分的区分也是如此。许多学者在公司法领域为替代法人而使用的具有法律能力的团体变换了术语,但仍然着眼于如下问题:何时具备法律能力,其范围如何?只有在如下情况才存在明确的结论:法律赋予公法功能主体的能力与其独立参与民事行为的资格对应,除了若干例外,工作人员的行为原则上归属于所属法人。这进一步涉及行为的归责标准,以及越权行为后果的认定。

(三) 功能视角的责任归属认定标准

这方面的理论基础有组织性归责理论(组织理论)和被代理人理论。两者的共同之处在于主张以客观法为依据,将一个法律主体(代理人)的行为归属于另一个法律主体(被代理人),被代理人

承担代理人行为所产生的权利义务。关于责任归属认定的具体标准,可以从如下方面认识:

1.责任归属认定的客体。要明确责任归属的认定标准,有必要首先明确其客体和种类。第一类是法律行为,包括采取法律规范形式的意思表示,例如条例、规章、内部行政规则等;行政行为或者合同签署声明,以及其他单方面的行政法或者私法上的意思表示,例如结账、表决等。

不以法律形式发生作用的行为是事实行为,包括意思的单纯表示、告诫或者其他非正式的行为等,他们导致有关事实状态的变更,产生相应的法律后果,例如后果清除请求权、不作为请求权和赔偿请求权等。

最后是功能主体内部的有关认识和认知的责任认定原则,即在何种条件下,特定职位即合作者、工作人员等个人认识(Wissen)或者认知(Kenntnisse)可以或者必须归属于所属的功能主体或者其他职位,例如领导机关。

2.责任归属认定的种类。首先提出复杂组织责任归属认定分类必要性的是汉斯·尤里乌斯·沃尔夫。他主张区分传递性(Transitorisch)和最终性(Endgültig)的责任认定。前者指某个人(或者功能主体)的行为并非最终归属于自己,而是传递性地即中介性地由自己承担,因为该人为其他功能主体实施活动。这涉及多种多样的代理形式,它们在复杂的组织或者组织群体中具有重要意义。这种归类着眼于实体法的责任归属认定,尤其是任务执行权限在不同国家层面委托的,及其后果的认定,例如联邦法律通过州执行、国家任务由地方或者公务自治主体执行等。就组织法标准而言,这种分类没有最终的性质,只有初步的指导作用。

另一个分类是着眼于一般情况的一般(einheitlich)责任认定和着眼于特殊情况的特殊(gespaltenen)责任认定。功能主体的行为通常出于相同的法律理由作统一的归属认定,但在实体法规定的特殊情况下,出于不同的法律理由,却可能作不同的归属认定。具有实践意义的情况主要是,地方行政机关根据外部法律关系中的具体指令实施活动,但发出指令的机关却违反职责。在这种情况下,指令机关承担最终责任,因此在赔偿法领域,该行为产生的赔偿责任也归属于指令机关。但是,实施活动的机关应当参加撤销程序。在一般责任归属认定的情形中,赔偿法上的责任归属行为的责任归属原则上一致。与此不同的特殊责任认定的一种情形是,医师协会依据州医疗职业法成立了一个不受指令约束的专家委员会,由其主持医生和患者之间的对话程序。委员会的决定在内容上不归属于医师协会。专家委员会虽然没有法律能力,却是责任归属的最终主体。但是,专家委员会没有财产,作为成立者的医师协会应当承担赔偿法上的责任。

特殊责任归属认定的另一个例子是决定程序集中时其他行政机关的附和权。在实体法和组织法上,附和行为分别归属各自的实施机关,而不是最后决定的作出机关。这给公民带来的问题是,公民通常只与在外部关系中活动的行政机关打交道,立法机关提供的解决办法是程序法上的预防补救措施,例如《建筑法典》第36条第2款。

立法机关通过程序法规定减轻了公民追究执行部门责任的负担。最典型的例子是《行政法院法》第78条第1款,据此,公民只需要起诉名义上的活动实施机关,至于该机关活动责任归属的法律主体,由法官来查明。

第三个分类着眼于内外部法律领域的区分。两者区分的主要标准是参加人、相对人及其权利。内部领域主要涉及行政机关内部或者行政机关之间的意思形成过程,主要内容是信息收集、法律评价和不同利益(如政治、经济)的考虑。这个角度的行为责任归属认定主要是为了保障特定机构和工作人员的附和权,因此归责的关键在于哪些机构和工作人员享有附和权,他们通常属于最终的责任归属主体。外部领域中的责任归属认定的主要因素是信息收集、程序参加人参与的方式,以及决定的执行。行政内部任务分配的意义无足轻重,一般的责任归属是常态。

3.外部法律关系中的责任归属认定原则。基准情况是功能主体执行自己所属主体权限内的任务,例如联邦行政机关执行联邦法律、州行政机关执行州法律、乡镇执行地方共同体事务。在这种情况下,无需其他标准,即可认定行为的最终归属主体。

如果是执行他人委任的任务,责任归属认定取决于委任的具体形式和案件的具体情况,尤其是指令。如果委任的任务完全以自己负责的方式执行,实施机关是最终负责的主体。如果根据一般或者具体的指令执行,则存在责任的划分问题。在外部关系中采取的这种措施由实施机关负责,但因指令违法引起的赔偿责任例外,联邦最高法院认为应当由指令机关承担[1]。

另一种情形涉及其他行政机关的附和权,主要是法定程序集

---

[1] BGH,NVwZ-RR,1991年,第171页。

中和其他形式的附和权。每个行政机关对自己的参与行为负责，而不能归责于作出最后决定的机关。因此，在赔偿案件中，参与机关对自己附和行为产生的职务责任负责。

在可界分领域中与其他机关承担共同责任的情况也是如此[1]。但是，如果其他机关的意见和信息对决定机关没有约束力，即使存在错误，也由作出决定的主管机关承担责任。

在职务协助情形中，请求机关对为执行其请求而实施的所有措施承担最后责任。

在机关委托情形中，委托机关对被委托机关执行任务的行为承担责任。

在授权(Beliehen)的情形中，原则上由活动机关自己负责，而不是由授权方负责，但联邦最高法院认为赔偿责任例外。理由是被授权人不可能在任何情况下都有平衡赔偿请求权的足够能力。这符合《基本法》第34条的精神和目的，该条将赔偿责任赋予原则上具有支付能力的国家。

在采取直接影响被监督机关执行任务活动的监督措施情形中，需要注意区分独立介入权、替代措施和任命专员等三种情形。行使独立介入权(Selbsteintittsrecht)的情况由法律具体规定，并非出于监督职能，而是监督机关执行自己的任务，因此要对自己的行为负责。在采取替代措施的情形中，监督机关自己或者由委托的第三方(甚至可能是私人)替代被监督机关实施活动，也就替代被监督机关执行任务。在大多数情况下，被监督机关承担费用，而对

---

[1] BGHZ，第139卷，第200页。

替代措施通常也由被监督机关而不是监督机关负责①。委托私人执行的情况也是如此,也就是说,为此签订的合同不归属于监督机关②。任命专员的情况也是如此,甚至由法律直接规定任命的情形也是如此③。

联邦体制中的外部关系责任认定规则比较特殊。联邦与州、州与州之间的关系属于国家法性质———一个例外是跨州的行政协定,行政机关的行为相应地归属于相应的联邦、州或者州之间的层面,而不直接归属于行政机关层面。因此,针对执行联邦法律的地方自治政府发布的指令,不直接针对地方政府发出,而是直接向州政府发出。因此,与联邦关系中的权利侵害或者义务违反行为由州负责,而不由地方政府负责。

根据同样的原则,在欧共体法和国际法层面,责任归属主体是联邦而不是州。如果执行机构是州所属团体,则由该团体越过州和联邦,直接在欧盟或者其他国际法主体层面承担责任。

4.内部法律领域的责任归属认定原则。内部法领域中的主体地位不同,责任认定的制度框架不同,因此责任认定的原则也不同。

我们的出发点是在具有法律能力的功能主体内部也存在"真正的"法律关系,下属组织单位享有防御性的主观权利。与此相应,责任认定的关键在于在具体案件中,机构、工作人员或者功能主体是否行使了自主权(eigenes Recht)。在否定的情况下,行为由

---

① 明斯特 OVG:NVwZ,1990年,第187页;BVerwG,DVBl.,1993年,第886页。
② 明斯特 OVG:NVwZ,1989年,第987页。
③ 例如 NWGO 第121条第2句(专员具有乡镇机关的地位)。

所属上级组织单位负责。

如果是由成员进行内部控制的具有代议职能的功能主体,例如地方自治团体和公务自治行政主体,责任认定的出发点是:确保个别代表(委派主体或公务人员)在代议制机关有效履行代议职责而赋予他的附和权(参加权、知情权、言论权和表决权)属于他的自主权利。议员的共同行为(如决议)归属于机关和功能主体。

如果涉及由上级进行外部中心控制的功能主体,主要是设施只具有一个"成员"的团体和财团,责任认定的出发点是:责任认定"仅"着眼于主体利益的执行。

下属机构在与领导机关的关系中实施的行为归属于自己,在与其他机构关系中实施的行为由领导机关负责,但下属机关受指令约束的情况例外。在这里,正式的委托是必要而非充分的条件。

不受指令约束的功能主体对自己的行为负责,即使它是其他功能主体的组成部分,并且执行所属主体的任务。

5.认识方面的责任认定原则。在组织法方面具有重要意义的问题是,功能主体所属工作人员的哪些认识归属于该功能主体?为此必须以有关法人认识的理论为基础。这里有机关理论和被代理人理论。机关理论是民法和公司法上的一种具有悠久历史的学说,认为工作人员的认识自然是组织的认识。这种绝对的归属方法被现代研究成果否定。这里具有基础意义的是机关和代理人之间的区分[①]。现代的民事司法判例和学理越来越倾向于实体法的

---

① 参见 BGB 第 31 条和第 166 条。

标准和组织义务①。一种类似的观点着眼于企业为其内部的信息传递和存储提供适当的组织和体制关系的义务,将这方面的无知与法律后果联系起来认定工作人员与所属机关在主观过错方面的界限。

6.超越机关权限的后果。这与超越功能主体的总体权限不同,前者针对内部法律关系,后者针对的是功能主体在外部法律关系中的权限,应当严格区分。机关超越法定权限,例如市长对乡镇议会绝对保留的事项作出决定,被越权机关有权提出无效主张,但外部法律关系的当事人只能主张"相应"的违法性,至于是否无效,需要根据争议措施的种类进行最终认定。

(四)赋予公法功能主体完全法律能力的要求

传统观点认为,赋予公法功能主体法律能力的标志是在成立行为中明确表示其具有独立参与民事行为的资格。这种资格的特殊意义在于使功能主体的值得保护的利益,尤其是个人和私法行为的利益,通过成立行为能够得以稳定化。要强化成立行为的这一特殊意义,尤其应当将与所赋予的任务及其执行相应的财产的移交和提供作为实质性的条件。公法功能主体落实该条件的方式多种多样,例如赋予税费征收权、国家依法给予财政拨款等,以及移交财产(资金、不动产)或者承担补充性(ergänzende)的赔偿责任(例如设施负担或者担保人责任)等。如果成立的功能主体以经营方式活动,则应当遵守《欧洲共同体条约》第86条以下(补贴法)有

---

① BGHZ,第132卷,第30页;NJW,2001年,第359页以下。

关赔偿责任和补贴担保的规定。

二、公共行政功能主体的概念和分类

(一) 概述

对学界和实务界应用的概念和分类,可以从如下方面整理:

1.公共行政的主体。这是把握公共行政组织的一个最宽泛的法学概念,源自国家法,是指执行权部门所属的所有法律主体,不论其体制和特点如何。在非组织法意义上,毛雷尔提出了"国民作为行政主体"的概念①。这种概念交错只会引起更多的误解,无益于概念的明确性,应当避免。应当尽可能采用具有宪法依据的行政组织法概念。就此而言,"公共行政的主体"(Träger öffentlicher Verwaltung)这一术语没有行政组织法方面的学理意义和规范意义(在国家法上并非如此)。

2.行政单位和行政机构。行政单位(Verwaltungseinheit)是近年来最频繁使用的一个有关公法功能主体的概念,有时与行政部门(Verwaltungsstelle)同义使用。有人将它们作为描述和区分功能主体的上位概念。

行政单位"在法律上是指组织法规定执行特定行政任务的任何部门"。其范围可以从两个方向界定。最小的行政单位是"赋予个人的任务",传统术语是职位(Amt),被授权人也是行政单位。最大的行政单位下设众多具有法律能力的行政单位,例如部委、县

---

① 毛雷尔:《行政法学总论》,第21章,编码18(Staatsvolk als Verwaltungsträger)。

和较大城市的政府以及在联邦范围内活动的行政单位,例如联邦劳动服务中心、联邦公法保险中心等。一些学者认为,执行行政任务的私法组织也属于行政单位的范畴。

这个概念的优点是比较切合现实的组织体制。"单位"一词具有多种含义,为了明确其具体含义,可以采取形式的法律标准即法律能力,也可以采取实体的法律标准即有关特定任务的管辖权。但是,开放性也是这个概念的弱点,其归类难以明确。因此,它只能用于表达行政系统不同于其他领域的独立性。

3.行政主体(Verwaltungsträger)。在法律上通常指具有法人资格的行政单位。学界和实务界在这一点上存在广泛的一致性。但在有关其他细节的理解上,还存在分歧。有人认为行政主体必须是法人,并且必须具备完全法律能力;有人则概括地着眼于法律能力;有人则将法人和部分法律能力并列。其中,不着眼于法人和完全法律能力的定义面临着与行政单位的概念区分难题,因此难以自圆其说。

一种有意义的学理成果是将依法执行行政任务的私法组织纳入行政主体的范畴,例如财团、公有混合公司等。

与行政单位的一个相同缺陷是,行政主体概念的学理功能还不明确。因此,从有关事实要件(是具有部分或者完全法律能力的组织)的认识分歧和私法组织的加入来看,行政主体在行政组织法中的法律意义限于描述功能。

4.行政官署。在许多场合中使用。"官署"(Behärde)一词源自中世纪的德语"属于"(Behären,隶属、归属)一词,自18世纪以来其意义锁定在"主管部门"("所属部门")上。这正表明了现在人们将官署理解为机关(Organ)的本意,但将其着眼点转换到外部活动。因此,狭义的官署是指在外部行政法律关系中实施特定法律活动的国家机关和其他公共行政的主体。

除了官署概念向外部机关意义上的转变之外,在程序法和诉讼法上,其作为法律术语和学理概念的本意却是行政单位,即任何具备特定任务的职权范围的主管组织单位。

总之,官署的具体含义取决于上下文,其中主要是程序法规定,据此才能确定官署一词到底是指外部意义上的机关,还是行政单位。

(二) 确立规范性的行政主体概念

从行政组织法理论的宪法依据来看,行政主体概念的重塑应当将体现民主合法性保障的领导权制度和体现公共行政职能受法治限制的法律约束性作为两个核心的支撑点,同时将(功能主体的)主体权限作为特殊的关联点考虑。为此需要注意:

1.民主合法性保障的视角。行政主体的概念要反映民主原则的要求,就必须限于那些能够通过人员和事务方面的相互作用充分体现民主合法性保障的组织单位。在行政主体内部,必须具备人员合法性尽可能直接、任务范围尽可能明确的领导权。这需要从内容、形式和责任等三个落实合法性的过程入手,而没有必要严格考虑形式上的法律要求(法律能力)。行政主体应当是民主合法性保障和任务执行的基本单位,在当今行政组织多分支和多层级的结构中能够保持基本控制和责任关系的明确性。这种意义上的行政主体概念与功能主体没有多大的关系。

以领导权为本位意味着,行政主体不是一个随意性的功能单位,而应当是一个被赋予决定权并且对其承担最终责任的独立组织单位。行政主体是独立的内部自我控制的功能主体,必须被直接或者间接地赋予限于特定任务的自主决定权。

在归类方面比较明确的情形首先是地域性团体,即联邦和州的间接行政系统和地方自治团体,其次是大量的公务自治主体。这些功能主体都是规范意义上的行政主体。

联邦和州层面的直接国家行政机关是法律上独立的功能主体,但不是行政主体。它们执行联邦或者州的行政任务,受部委的监督,原则上归属于作为行政主体的联邦或者州。需要声明,地方和公务自治的行政主体在这里不属于间接国家行政的范畴。

同样,作为间接地方行政的各种功能主体,例如公法企业(包括储蓄银行)等私法组织形式的功能主体、地方联合体的工作机构等,都不属于独立的行政主体。地方联合体的工作归属于多个行政主体。

除了大多数能够明确归类的一般行政组织之外,在德国行政系统中还存在大量的特殊形式的功能主体,难以明确归类。例如,不受指令约束的功能主体不是实行内部自我控制的自治行政主体。又如,不同层级的行政主体之间以及行政主体与私人之间的多种形式的合作组织。

只有在体现其限于特定任务范围的独立性时,才能将不受指令约束的功能主体视为行政主体,例如联邦和州的银行,联邦和州的审计署。个别方面不受指令约束不足以成为这种功能主体。

联合的公共功能主体不是独立的行政主体,例如地方目的联合体,它实际上是多个行政主体协作的一种组织形式。

国家与私人之间的合作也不能视为行政主体,而只能视为共同执行任务的一种形式。

2. 总体权限的视角。规范性的行政主体概念为法律后果的具体化提供了基础。首先,所有属于特定行政主体的功能主体,无论是否具有法律上的独立性,都受所属行政主体的总体权限的约束。

其次,行政主体的中央领导机关对所控制和监督的功能主体的活动承担最后的责任。为了切实履行这个责任,它必须采取组织和信息方面的措施。

这里需要注意,法律约束性及最终责任不是特定功能主体行为之实体责任归属的标准。责任归属的具体认定标准是上文所说的原则以及具体案件的实体法特点。

三、行政主体和其他功能主体的设立

(一) 功能主体的设立、设置和撤销

这里有必要区分(抽象的)设立(Bildung)和(具体的)设置(Errichtung)。前者是指根据有关特定类型的一般特征和具体细节的组织原则而成立组织单位,通常指行政单位(即功能主体)的成立。并非所有的功能主体都有抽象的组织原则,只有那些反复出现的组织形式才是如此,其中主要是地方政府层面。

后者是指通过特定的组织法规范或者具体的法律行为建立特定的功能主体,例如法律能力的赋予及其范围的确定,机构的级别、组成、职位等设置事项,执行任务的分配,财政和监督(除非法

律已经作了具体规定)。现有功能主体的合并(Fusion)通常被视为功能主体的设置,因为场所和人员的重新调整对新功能主体的特征具有决定性影响。

设置的反面是撤销(Abwicklung),这里需要分为组织法和公务人员法两个层面。撤销的特殊意义主要表现在重组以及措施和组织形式多种多样的私有化方面,而其中的主要问题是有关功能主体的实体法和宪法地位。

(二) 成立的方式

关于谁有权设立新的功能主体,以及什么样的活动方式(议会法律、条例、行政行为和内部法律行为等)可以选择,都不能一概而论,而应当根据要成立的功能主体的类型、领导体制以及分配的任务等具体情况确定。这里的关键在于有关组织措施的组织权的分配,为此应当考虑相关的宪法规定。

(三) 组织的法律形式

民法、商法和公司法通常以排他性的方式列举规定若干种典型的组织形式供私人选择采用,同时赋予私人一定的设计自主权。与此不同,公法领域里没有类似的具体列举组织法律形式的列举条款。立法机关在宪法的框架内享有广泛的选择空间,而实际上它也经常利用这个空间。公法的组织形式比私法组织形式更受制于行为的目的和监督体制。因此,具体类型或者组织形式的区分就非常困难,实际存在的是大致归类,而不是严格的分类。

上文第八十一节从领导权分配的角度将公法组织法律形式的

基本类型分为团体、设施和基金会。团体是进行自下而上的内部自我控制的理想组织形式。设施的核心特征是由设施主体实行自上而下的外部控制。第三种组织形式的基金会发展还不甚成熟。领导权和监督体制不是它的主要特征,而基金会的目的特征意义也不大,因为基金会的应用范围很广泛。例如,下萨克森州试行将大学转制为公法基金会,但在研究和教学领域仍然保留了团体式的内部结构。

四、公法功能主体的机关

(一) 定义

"机关"(Organ)一词的原意是机械意义上的"工具",其他所有衍生含义的基点都是"实现某种功能的工具"。

生物学意义上的机关是指某个活体或者组织体中与其他(相同或者不同)部分相互关联、相互作用的任何功能完整的单元。社会学、国家学和法学有时采用这个定义。

社会学意义上的机关是指为所属的组织实施(私法或者高权性)行为,并且因此被赋予物质手段的人或者人群,通常与其他个人或者人群分工协作。这种机关是指组织所属的相对独立的功能单位。

法学意义上的机关是指由具有(部分)法律能力的组织为执行自己的任务而依法设立的独立机构体,其活动最终归属于所属的具有法律能力的组织。机关和组织之间存在如下归责关系:组织通过机关活动。

借助法学上的机关概念,我们可以在法律技术层面对组织活动作如下认识:个人(即机关成员)的活动归属于机关,通过机关归属于作为整体功能单位的组织,机关成员行为的法律后果也归属于所在机关,借此归属于组织,就像代理人与被代理人之间的关系那样,因此,机关成员的行为就是机关的行为和组织的行为,行为应当如此归责和定性。通过机关成员的意思表示、法律行为和事实行为,组织的任务得以执行。

作为特定任务执行权限的机构体(institutionelles Subjekt),机关的存在及其标志均独立于个人和机关成员的更换。就特定任务执行的权限而言,机关是法律主体,但通常(在外部法律领域)没有法律能力。

这意味着,州长、乡镇长、建设局局长、文物保护局局长作为机关,并不因为新选任的职位执掌人或者机关成员而变更,新的职位执掌人(Stelleninhaber)必须承受前任行为的后果,即使该行为有瑕疵,他决定予以撤销。当然,这与公务员法上的责任机制不同,后者针对实施活动的职位执掌人本人。

这里所说的机关,不仅包括能够在外部法律关系中实施活动的机关,而且包括执行决策、决定准备、咨询或者监督(例如预算控制和数据保护监督)等任务的纯内部机关。法律条文将内部机关表述为"机关"并不改变其性质,更不影响对它的法律定性,因为它的职能定位很明确。仅在例外情况下这种规定才能成为禁止成立没有决定权的机关的依据。

外部机关通常是程序法和诉讼法所称的官署。

在重叠性的组织体制中,机关的职能难以明确界分和归责。

例如行政主体的首脑机关是具有代议职能的合议制机关,如乡镇议会,这种机关是行政主体的所属机关之一。由于合议制机关通常委任一个成员作内部领导,因此产生如下问题:乡镇议会主席或者联邦议会议长是否是所在合议制机关中的一个机关?我们认为这种情形属于机关的机关,他们的活动首先归属于所在合议制机关,而后再归属所在行政主体。最后,法律可能给合议制机关的领导设定自己独立执行的任务,例如政党法赋予联邦议长的特殊职能。这种情形不可能仅借助"机关"之类的术语明确责任归属,相反,只有查明行为的法律关联性,才能作出正确的归责认定。

(二) 种类

1. 以机关的结构为标准。可以作如下分类:

(1) 独任制机关。具体分为一人(monistische)和多人(monokratische)的独任制机关。

前者指机关权限只由一个机关成员自己行使,他的意志就是机关意志。例如联邦总统、联邦总理、首相等。他们所属的机关成员只能从事准备工作,而不能行使其权限。

后者指机关权限由一个机关作领导(老板)或者在多个机关成员的集体领导下,由受其指令约束和协调的机关成员分别行使。领导的意志起主导作用,下属机关成员的任命由法律或者章程规定,他们的分工、权限和空间可能因此确定,领导只能在特定条件下干预,例如内务部长、大区政府主席、县长和市长。

多人独任制相对于一人独任制的主要优点在于较高水平的专业化和质量以及稳定平行的行动待命状态。相对于合议制而言,独任制的优点是简化的控制、责任归属明确、个人发挥主观能动性的空间较大等。

(2)合议制机关。这是指权限由多个平等权利的机关成员共同行使的机关,多数决议构成机关意志,因此,最少要有三名成员。例如联邦众议院、联邦参议院、联邦政府、州众议院、州政府、县议会、乡镇议会、委员会、大学评议会、行会全体会议。

合议制机关尤其适合履行代议职能,充分体现民主合法性(如议院、议会、代表大会),表达不同社会群体(例如由多群体代表组成的委员会,例如广播电视台的议事会)和专业(如高校的议事会、外国人辅助委员会)方面的需要。

按照其组成的结构,合议制机关分为多元制、专业制、协调制等不同种类。

多元制的委员会进一步分为参加制与合作制两类。前者指被赋予民主表决权的委员会,例如乡镇议会、县议会、行会和大学的自治委员会等。后者指代表特定社会群体的委员会,例如广播电视台的议事会、青少年救助委员会、联邦考试中心等。

专业制的委员会可以分为专家委员会(例如储蓄信用社的行政理事会,伦理学委员会),准司法的委员会(考试委员会、拒服兵役委员会),以及领导委员会(如国有银行的理事会和董事会,大学的校务会和校长办公会议)。

协调制的委员会主要是为了协调同样重要的多种利益,例如目的协会中的全体会议、各种形式的计划委员会等。

合议制机关需要遵循特殊的程序规则,基本事项由法律规定,具体细节则由合议制机关在自己的组织权范围内以业务规程的形式规定,例如议会和地方代表大会的议事规则。具有特别意义的是保障个别机关成员或者代表的附和权,尤其是获得为执行职务所必要的信息的知情权。另外是有关咨询权和言论权的规则,这里需要在成员的附和权和机关效率之间进行理性适当的平衡,例如限制发言时间、延长委员会的任期等。

2. 以在组织中的地位为标准。可以分为直接机关和间接机关。前者可以进一步分为自设的机关和委托的机关。后者主要是指行政主体下设的执行委托任务的机关。既执行自己任务又执行委托的任务的是多职能机关。

3. 以职能权限为标准。可以分为主体性机关、代议性机关和执行性机关。主体性机关(Trägerorgan)通常是由团体性组织下设的具有独立法律能力并且据此控制组织活动的机关。人们有时也称之为代表机关或者成员机关,在这种机关中的主体代表通常受指令的约束,例如目的联合体的全体会议。代议性机关通常设置于团体,其代表成员通常不受指令约束,例如乡镇议会、县议会、工商业协会的代表大会等。执行性机关是由主体性机关或者代议性机关设置的业务执行控制机关,例如乡镇长、县长、工商业协会的主席和理事长等。

近年来在公务自治中出现的新机构是独立的监督机关和独立的咨询机关。

4. 以实体决定权限为标准。根据作出实体决定的自主性,可以分为不受指令约束的独立机关和受指令约束的不独立机关。这是行政组织结构的反映。后者是传统官僚科层制的典型,而前者体现在新控制模式中的下属机关被赋予越来越大的独立性。

在部委行政体制中,完全的指令服从性是一般情况,不受指令约束的空间需要特殊的法律依据,为此参见下文第九十六节。

在地方自治和公务自治领域,自治机关在执行自己的任务即自治任务的范围内不受部委指令约束。

5.其他分类。以代表权为标准,可以分为外部代表机关和内部业务执行机关。

以地域管辖权为标准,可以分为中央、地区和地方机关。

以时间效力为标准,可以分为常设机关和临时机关,后者如选举委员会和调查委员会。

以机关权限的代理性程度为标准,可以分为高度个人性方式执行任务的机关,例如联邦总统、各级议会中的议员;和以一般代理方式执行任务的机关,几乎所有的行政机关都是如此。

(三)机关的组成部分和下设机构

对合议制机关而言,区分机关与成员的意义不仅仅在于成员作为机关组成部分享有独立的权利,这方面的典型例子是党团。机关成员的权利通常由规程而不是法律规定。

应当将机关组成部分与下设机构区分开来,后者大多称为委员会。下设机构通常由首脑机关的成员组成(例外主要是由具有专业知识的居民组成的咨询性下设机关),具有自己的领导体制,主要任务是为(合议制)机关的决定作准备,有时也会被赋予独立的决定权限。这里是否存在真正的委任,需要根据具体情况认定。

在实群体制结构的情况下,代议制机关的下设机关的设立应当遵守所谓的反映性原则,例如地方组织团体和大学代议制机关的下设机关。

(四)机关的设立

1.机关的设立和设置。成立机关的过程可能是一个行为或者两个行为。根据普遍规定某类行政机关设置的组织规范所提供的抽象模式化规则成立机关的,称之为机关的设立。例如乡镇条例和县条例等地方法。特定行政主体采取具体的措施成立机关的,称之为机关的设置。

2.机关的成立。机关设立后只是一个规范单位,还不处于执行任务的状态。为此,需要配备人员才能真正执行任务,这称为机关的成立(Einrichtung),其反面是机关的撤销(Abwicklung)。

(五)机关权限和机关权利

1.机关权限。这是机关所有管辖权的统称,通常是所属行政主体总体权限的组成部分,但实际上机关可能行使其他国家机关的职权,因而机关的权限可能不限于、甚至超过所属行政主体的总体权限。这种机关的行为是归属于所属行政主体还是委托方,需要依法具体认定。

在机关委托的情况下,受委托机关的行为归属于委托的任务主体,而不是所属的行政主体。

这里需要注意区分有关机关权限的特别法律规定,机关据此执行的不是所属行政主体的任务,而是根据法律执行特定的任务,例如县长和乡镇长在法律授权范围内的活动。

2.机关及其组成部分的权利。机关可以是自有权利的主体,因而在内部法律关系中具有部分法律能力。机关成员也是如此，尤其是合议制机关（如乡镇议会或者行会全体会议）的成员。前提是机关或者机关成员行使特定权利是处于自己的法定权益，而不（仅仅）是机关的利益。这方面的典型是作为成员享有的附和权、知情权和监督权。至于这种权利是否被称为主观权利或者具有可诉性，只是术语问题。

是否承认国家组织及其内部的公法主观权利之争议的主要背景是如下过时的观点：在内部法律领域没有法律关系。这种观点被抛弃之后产生的问题是，从历史和学理的角度看，是否还有必要将主观权利限于国家与公民之间的关系。一种观点认为，公民的多数主观权利源自基本权利，而在国家组织和行政组织内部没有这样的基本权利来源。我们认为从功能的角度来看，公民的权利与机关及其成员的权利差别并不大，因此在行政法层面将机关及其成员的权利视为主观权利是合理的。

五、机关成员身份和私人身份

（一）界限

"职位是实现人民意志的手段，而不是执掌人借以行使其自由和基本权利媒介"（伊森雷）。这个形象的比喻表明，将某个自然人的行为认定为组织行为还是他在个人领域中实施的个人行为，以避免角色错位，在组织法上具有基础性的意义。在履行公共职能的过程中，公务人员或者职位执掌人必须将个人的观点和偏好放在一边，将所执行职务或者任务作为自己的利益和标准。在这里，基本权利保护的私人身份退后,公务人员因此只是国家组织的内部组成部分,是基本权利的约束对象而不是主体。

职务指令针对的不是公务员的个人基本权利,而是针对他以信托人方式为公共福祉行使的国家权力。因此,公务员在职务上的个人立场不受《基本法》第5条第1款有关意见自由规定的保护①,办公室不受《基本法》第13条规定的基本权利保护,公务电话的使用也不受《基本法》第11条的保护②。

可能产生外部法律关系效果的情形是:乡镇长在新闻发布会上随意发表有关某个公民的言论,必须首先明确他是以公务人员的身份活动和履行其职责,还是以个人身份活动,因为这两种情形的法律基础和当事人防御权的法律理由不同。

公务员的职务(Dienstverhältniss)是个人的法律地位,产生公务员的个人主观权利。通说认为,《基本法》第33条第5款规定的保障产生了公务员的基本权利,一般公民的基本权利保护范围被该条以照顾特殊专业的方式拓宽了。

除非上位法有规定并且属于立法机关的选择裁量空间,职务上的权利(dienstrecht)适用一般基本权利的保护规则。只有在适合、必要并且相称的情况下,才能为实现合法的行政目标而限制这些权利。这里需要注意,行政效率(的优化)是一个正当的限制理由。

在职务范围之外,公务员作为私人和国民原则上享有与他人

---

① BVerwG,NVwZ,1998年,第837页。
② Brem OVG:NJW,1981年,第268页。

相同的基本权利,尽管在外部关系中并不完全自由,例如兼职活动限制、办公室义务、政治中立义务、举止谨慎的义务等。

为此,学界提出了基础关系和管理关系的区分。前者指自然人与雇主即组织之间的关系,也称为身份关系,后者针对职务和命令的执行。

(二) 工作人员的身份权

席位或者其他职位的设立与相应的身份权关联,职位的执掌人享有相应的身份权。学理将公务员法上的身份权概称为"身份权意义上的职务"或者"公务员法上的职务"。身份权根据公务员所属职系和职类的基本内容和公务标志确定。联邦和州的公务员工资法是有关这种身份权的一部法律。

身份权意义上的职务是指公务员合法占有职位的状态。除非公务员本人同意,只有在法定解职或者处分的情况下,才能剥夺公务员对其职位的占有权。

身份权意义上的职务所确立的权利主要有三个:(1)与地位相应的工资;(2)与职务相应的公务标志;(3)与职务相应的活动范围。

其他种类公务员的身份以类似的方式确定,其中尤其是名誉制公务员。地方法中有涉及有关权利(补偿权、自由表达意见权)和义务(如沉默、回避)的一般性规定。

第八十四节 管辖权制度和领导权制度

一、管辖权制度

(一) 管辖权的意义

将任务分配、机关结构与人力物力的配备结合起来,是行政组织科学化的实践要求。联邦宪法法院注意到,由功能适当的机关来执行任务具有重要的宪法意义。《基本法》第20条第2款从司法的角度规定了分权:"国家决定应当由在组织、组成、职能和程序等方面具备最好条件的机关正确地作出。"[1] 对立法机关和最高行政机关而言,该条意味着职能适当的管辖权制度。管辖权制度与民主原则的关联点在于,国家机关在其权限内活动才符合民主合法性保障的要求,因为人员和事务方面的合法性证明集中体现在管辖权上。

国家任务多种多样,行政机关为数众多,对国家(行政的领导)和公民来说,统一透明的管辖权规则必不可少,唯由此,才能减少摩擦,降低时间成本。对行政机关来说,执行法定任务属于自己的权利和利益。对公民来说,新控制模式强调的公民权益保障在管辖权配置方面的意义在于尽可能避免将公民的一件事情分配给多个行政机关处理。

---

[1] BVerfGE,第68卷,第1页,第86页。

（二）管辖权的概念

一般意义上的管辖权是指特定主体依法享有的针对特定事务（任务）的排他性主管权。这里研究的主题是执行管辖权，即为了执行特定任务而赋予特定行政单位的权限，尤其是干涉相对人权益的职权。

（执行）管辖权与任务、权限和职权等术语在学界和司法界的理解和应用不统一。尤其是管辖权和权限，通常作为同义词使用，这里有混淆实体法和组织法的危险。虽然两者联系密切，没有必要处处严格区分，但将两者在不同的层面即实体法和组织法上明确区分开来还是有意义的。

组织法上的执行管辖权是指特定行政机关"对外"即针对公民或者其他国家机关而依法享有的执行特定法律或者任务的权限。这种意义上的管辖权（性质上属于外部法意义上的权限分配）既不直接构成事务领导权，也不构成行政机关的主观性或可诉性权利。后者仅在个别情况下，出于组织保障（如地方自治权）或者组织权的确认等原因才可会予以承认。

实体法上的执行管辖权即实体权限，是指有关执行特定法律或者任务的内容决定权[①]。这里包含合目的性判断的内容，领导权因此得以确立。

在上述两种意义的管辖权分离的情况下，具体实施外部管理活动的机构与执掌实体领导权（即实体权限）之间也是分离的，指

[①] BVerfGE，第81卷，第310页，第331页以下。

令权尤其如此。在行政主体的内部(如州行政)和不同行政主体之间都可能存在这种情况,例如地方执行国家任务或者《基本法》第87条规定的联邦委托行政。

因组织法和实体法上的执行管辖权分离而产生的问题是赔偿责任的归属和被申请人的确认。以哪一个管辖权为确认标准,取决于有关请求权规范的目的和精神。公民通常不了解行政机关内部的管辖权分配,更不可能查明侵害行为是否出于指令(权的行使),因此从公民所需要的透明性和明确性来看,应当以组织法上的管辖权作为赔偿责任被申请人的确认标准。

管辖权规则通常由法律规定和调整。一些州的宪法规定,行政组织的地域管辖权由专门的组织法规定。《联邦行政程序法》第3条确立了一般的地域管辖规则。

(三) 管辖权的种类

1.事务管辖权。将特定的行政任务分配给特定的行政主体及其机关即意味着赋予其相应的事务管辖权。

为了统一流畅地作出决定而由一个机关行使多个机关管辖权的,属于程序的集中。

2.地域管辖权。针对行政机关的空间活动范围。分配给区域性团体的任务通常针对其全部辖区。

活动空间的划定并不能完全解决行政机关的地域管辖权问题,这就需要其他补充性的标准。例如,不动产所有人居住在另一个乡镇的,针对不动产采取行政措施的管辖权确认就涉及不动产所在地和所有人住址两个因素。对乘车上下班的人来说,主管机关的确认也存在类似问题。《联邦行政程序法》第3条第1款对这种情况作了规定,但没有予以普遍化类推适用的效力。该条规定按照如下顺序确定地域管辖权:一是事务发生地(第1项),二是职业和经营活动地(第2项),三是法人或者自然人的经常居住地(第3项)。这是确定主管机关的三个主要标准。作为兜底条款,第4项规定特殊事件的发生地机关为主管机关。

《社会法典》第十部分第2条以下(包括职务协助)和《税法典》第17条和第25条以下是有关地域管辖权的规定。

3.级别管辖权。针对第一次决定权,上级行政机关的后续决定权由此确定。

4.职能管辖权。这是指法律直接将特定的任务和决定权分配给行政主体下设的某个机关。内部管辖权原则上由行政主体自主分配,除非法律另有规定。

5.总体管辖权和机关管辖权。前者指特定行政主体依法享有的全部事务权限,后者针对的是总体管辖权在组织内部的分配。

(四) 管辖权瑕疵的后果

1.无管辖权作出行政行为。《联邦行政程序法》第46条只针对地域管辖权规定,行政机关违反地域管辖权规则作出行政行为的,不构成第44条规定的无效,如果该违法本身对实体决定明显没有影响。根据第44条第2款第3项,行政机关违反第3条第1款第1项有关地域管辖权的规定作出的行政行为无效。从第44条第1款第1项来看,其他管辖权缺陷不导致行政行为无效。

违反事务和级别管辖权的情形不适用第46条,因为该条限于地域管辖权。如同没有职能管辖权、超越主体权限和机关权限(有条件限制)那样,两者通常构成行政行为的违法性和可诉请撤销性,通常应根据第 44 条第 1 款判断。这意味着,这两种管辖权瑕疵并不当然导致行政行为无效,不是绝对的无效理由。这与第 44 条第 2 款的排他性规定相反。根据新的司法意见,"绝对没有事务管辖权"导致行政行为构成第 44 条第 1 款上的无效。所谓绝对没有管辖权,是指从任何角度来看,作出行政行为的机关都不可能享有管辖权[1]。

2.无管辖权签订行政合同。这在任何情况下都构成违法,但是否无效,应当根据《联邦行政程序法》第 59 条认定,为此需要区分垂直合同和平等合同以及不同的管辖权。

根据第 59 条第 1 款,平等合同在相应适用《民法典》无效规定的情形下无效。在《民法典》中,没有管辖权不是无效理由。

根据第 59 条第 2 款,除了《民法典》有关无效的规定之外,主从合同还在本条规定的四种情形下无效,这里只涉及第一、二种情形。第一种情形是,相同内容的行政行为无效的,行政合同也无效,这适用上文有关行政行为无效的分析。第二种情形是串通的行政合同无效,即"具有相同内容的行政行为不得仅因为第 46 条规定意义上的程序和形式瑕疵被认定为违法,而该瑕疵在签订合同时已经知晓"。

3.无管辖权实施的事实行为。只构成违法,上文所述的无效标准不适用于事实行为。

---

[1] BVerwG, NJW, 1974 年,第 1961 页,第 1963 页。

（五）共同管辖

1.种类。共同(mehrfache)管辖权的情形主要有：

(1)紧急权限和迫在眉睫的危险。在危险排除领域尤其需要迅速及时的活动,这样才能有意义地执行任务。《联邦行政程序法》第3条第4款针对迫在眉睫的危险情形作了专门规定,即在其管辖地域内可以采取适当措施的任何机关都有管辖权。该款规定排除了第1款具体规定的效力。该法没有规定的事务管辖权在这里是不言而喻的条件。这里不得以准用第3条第4款的方式确立事务管辖权。

(2)直接介入权。这与紧急管辖权类似,但在许多方面不同。它是指具有指令权的行业监督主管机关,对外——针对公民或者其他国家机关——执行被监督机关——在事务、级别和地域上都享有管辖权的行政机关——的任务。直接介入权在学理上很难作出明确的定性,它既是一种扩大管辖权的手段,也是直接执行指令的制裁手段,因而具有强制执行性。

应当区分直接介入权的不同情形,这对其法律定性有意义。第一个分类是成文法即正式法律明确规定的直接介入权和源自不成文法即一般法律原则或者上级对下级的直接介入权。第二个分类着眼于外部法律框架,分为针对具有法律能力的独立功能主体的直接介入权和针对没有法律独立主体资格的下属单位的直接介入权。有人将领导干预机关内部分工视为直接介入权的一种情形。第三个分类着眼于直接介入权是否与管辖权规定一致,分为通过外部法律规范的介入和通过内部命令的介入。

问题最少的是法律明确规定的直接介入权,主要存在于危险排除领域,目的是确保行政机关在法定情形下能够采取统一迅速的应对措施。对这种直接介入权的宪法界限可以从两个角度认识。一是针对独立的行政主体,尤其是那些由宪法保障其任务范围的地方自治体,行使直接介入权可能侵害宪法保障的自主权,因此在决定是否采取干预措施时必须遵守比例原则。二是因行使直接介入权造成的管辖权变更必须符合平等原则,避免有关措施给公民权益造成不应有的(歧视性)影响。

不成文的直接介入权受到了广泛的否定。学界讨论的例外限于法定情形(如回避)或者主管机关事实上不可能执行其任务的情形。

违法直接介入的法律后果因原先享有管辖权的(主管)机关和公民而异。这里准用无级别管辖权的瑕疵认定规则。

(3)关联点的多重性。主要是案件事实复杂的情形,多种多样。例如,多个机关都有权征收公民的金钱、处理公民的申请和要求,信息的判断事项或者危险排除有多个主管机关。

2.冲突解决规则。

(1)优先规则。《联邦行政程序法》第3条第2款第1句将优先规则(Priorotätsregel)作为解决共同管辖权问题的首选办法,即"案件的首次受理机关"为主管机关。这不限于行政机关已经采取处理措施或者以其他类似方式对外实施活动的情形,实际上,只要存在对外实施程序行为的客观证据就足够了。首次受理机关享有独占管辖权,只须保护其他主管机关的利益[1],而无须将案件移送

---

[1] 明斯特 OVG,BauR,1990年,第336页。

其他主管机关。这一规定的目的是法律安定性和程序加速,具有一定的程序集中效果。

除非特别法另有规定,第3条第2款第1句也可以作为解决权限冲突的一般规则,即使对不在《联邦行政程序法》适用范围的案件也是如此。

所有享有管辖权的机关的共同行业监督机关根据第3条第2款第2句可以不受第1句的限制,因此首次受理机关之外其他享有管辖权的机关可能被赋予管辖权,但前提是首次受理机关尚未作出决定,因为在这种情况下,其他机关通常没有再次作出决定的必要性和适法性了。

(2)监督机关的指定权。除了第1句规定的干预权之外,在同样的事务涉及多个企业或者经营机构但由不同行政机关管辖的情况下,共同监督机关根据第2句享有指定权(Bestimmungsrecht)。为了使当事人得到统一的处理,监督机关可以指定一个机关作为共同的主管机关。这涉及第3条第1款第2句的特殊规则。所谓"同样的事务"是指案件的事实或者法律性质完全或者基本相同从而需要作出一个决定的情形。当事人的同意不是必要的,只要他们的权益得到保障就可以了。

(3)监督机关的裁决。对其他管辖权争议,尤其是多个机关认为自己享有或者没有管辖权或者因其他原因产生管辖权异议的情形,第3条第2款第3句规定由共同的行业监督机关裁决。如果没有共同行业监督机关,由第4句规定的机关作为共同的行业监督机关,这在实践中大多是行业监督机关分别属于不同的行政主体。

根据《行政法院法》第44a条,监督机关的裁决属于行政机关之间的内部决定,不属于行政行为,公民不能单独而只能与实体处理决定一并诉请撤销①。

(六) 管辖权的扩大

1.监督及其意义。管辖权可以不同的方式和理由扩大。可以在同一行政主体的不同机关之间(内部的管辖权扩大),也可以在不同的行政主体之间(外部的管辖权扩大);可能是法律规定的强制性扩大,也可能是有关主管机关裁量的扩大;可能是临时的,也可能是最终的。

管辖权扩大的原因可能是组织的变更,例如行政组织结构的改制或者区划的调整;也可能是行业部门的调整,例如大区工作部门的调整或者不同部门的合并。

管辖权扩大是否属于法律保留的范围取决于内部和外部的区分,如果具有外部法律关系的效果,还要看是否具有规定的规范位阶。根据现行法律规定,管辖权的扩大需要通过法律,尤其是涉及行政主体享有的受法律特别保护的权限,例如地方政府的自治权限。

2.程序进行中的管辖权扩大。《联邦行政程序法》第3条第3款对程序进行过程中的管辖权变更作了专门规定。为了程序的简化和加速,法律规定原则上由受理机关继续进行程序,但如下情况例外:为了保护当事人权益,程序的简单和合乎目地进行。一些

---

① BVerfGE,第21卷,第352页。

单行法律对此作了不同规定,例如《联邦人才教育促进法》第45条①、《联邦社会救助法》第97条②、《兵役法》第24条③。其他优先适用的规定是《联邦行政程序法》第48条第5款、第49条第5款和第51条第4款。

从依法行政原则来看,由新的行政机关享有管辖权(即管辖权变更)的事实或者法律理由,例如住址或者申请人的变更,需要有明确的法律规定④。

《联邦行政程序法》第3条第3款只针对正在进行的程序。如果对行政程序作大于第9条的理解,可以将第71条有关复议程序的规定吸纳进来。为此,主管机关应当审查,维持原始管辖权是否有助于程序的简化和合目的性地进行。首先,必须查明由享有管辖权的机关处理案件是否会导致程序极为费时费资,而由现处理机关管辖有助于简化手续、节约时间和成本。如果结论是肯定的,接下来应进一步查明对公民权益的影响。这里不仅要考虑申请人,而且要考虑第13条规定意义上的所有参加人的利益。没有给参加人实现其权益造成实质性的困难的,则视为其权益得到了保障。法律没有规定听证,这也没有一般的法律必要性。

受理机关认为由其继续进行程序合理的,应当告知因法律状态的变更而享有管辖权的新机关,征求后者的意见。后者同意的,受理机关才可以继续管辖。根据第3条第3款,后来享有管辖权

---

① BVerwGE,第90卷,第25页。
② BVerwGE,第85卷,第60页。
③ BVerwGE,第71卷,第63页。
④ 明斯特 OVG,DÖV,1980年,第803页;Hmb OVG,NVwZ-RR,1999年,第481页。

的新机关所属的行政主体不属于有关行政程序法的适用范围并且有转移管辖权的相应规定的,尤其应当由原受理机关进行管辖。出于程序透明性的考虑,受理机关应当将这种情况告知当事人。新机关在复议决定作出之前表示的同意具有溯及既往和瑕疵治愈(补正)的效果[1]。监督机关在特定条件下可以介入。

如果新机关不同意,应当由新机关接着进行原先的程序。这意味着,新机关必须承受原机关已经进行的所有程序行为和决定的后果,尤其是得知有关事实的时间和程序进行的期限。但在外部法律关系中,新主管机关仅在其约束力得到特别证明并且信赖要件成就的情况下,才受原机关法律意见的约束。

是否继续进行程序由(新)机关裁量决定,包括行政行为和程序进行中的活动。

管辖权在程序结束——即行政行为已经不可诉请撤销或者行政合同生效后——变更的,不影响原先的程序和行为。从其独立性来看,后续程序——如执行程序、复议程序或者诉讼程序——的管辖权应当由新机关决定。

在行政诉讼过程中,行政地域管辖权变更的效果因诉讼类型和诉讼请求而异。原告通常应当放弃或者变更诉讼请求(《行政法院法》第91条和第113条),其关键在于原来期望的判决是否可以针对新的主管机关作出。职责之诉和给付之诉通常不是如此。在撤销之诉中,则需要根据行政行为是否具有持续效力而定。

3. 委任(Delegation)。这是最具有实践意义的管辖权扩大方

---

[1] BVerwG,NVwZ,1987年,第224页以下。

式。其典型方式是通过法律行为移交自己的管辖权或者权限。根据委任而享有管辖权的机关（被委任人）以自己的名义执行委任的任务。明示的委任授权可以针对其他机关，也可以针对上级机关。

委任是国家行政分散化和非集中化的一种有效手段，无论对《基本法》第 80 条规定行政法律执行还是其他行政活动，都是如此。除了减轻中央机关的负担之外，委任也有助于提高公共行政的效率、专业化和亲民化。

如果没有明确的法律规定，管辖权的委任则需要从执行的任务、委任的主体、方式和效力等方面综合认定。如果有关权限属于法律保留的范围，委任就需要相应的法律授权。在法律保留之外，尤其是行政主体内部之间的委任，原则上无需法律的明确授权。成立下属机关的法律授权通常包含委任权，但特定执行只能采取特定的执行方式和方法的，可能不允许委任。这方面的一个例子是乡镇条例规定的所谓议会保留任务。即使法律没有明确禁止委任，从宪法或者民主原则中也可能推导出禁止性的要求。法律有关任务分配的明确规定通常也排除对其他行政机关或者行政主体的委任，这是因为《基本法》第 20 条第 3 款的法律优先位阶以及与任务分配相应的民主合法性保障要求，都不直接针对其他行政部门或者公务人员。在法律没有明确规定的给付行政领域，可以以行政命令的形式委任[1]。

通过委任扩大管辖权以及由此产生的委任机关和被委任机关之间的关系形态多种多样，委任机关的作用和决定方式尤其如此。

---

[1] 科布伦茨 OVG, NVwZ, 1986 年，第 843 页。

按照委任规则完全放弃决定权的,称之为真正的委任、无保留的委任或者分割式委任。委任机关随时保留实体决定权(所谓的收回权)的,称之为假委任或者有保留的委任。后者实际上属于共同管辖的一种情形。从《基本法》第3条第1款规定的任意禁止来看,决定权限的随时收回保留在宪法上值得怀疑。

在没有明确的委任行为时,需要借助解释明确委任的类型。一般的出发点是,对下级的委任通常属于假委任,但在下级机关拥有特殊的专业知识、另有程序或者保密规定的情况下,则需另当别论。与此不同,对其他行政主体的委任原则上属于真委任。

根据是否限于具体案件或者有其他类似限制,委任分为个别委任和一般委任。后者属于一般情况。根据《基本法》第3条第1款,外部权限的个别委任仅具有例外的适法性,并且不因一般委任的授权而变得合法。部分权限的委任称之为特别委任。

受委任的机关向其他机关再次委任的,称为再委任,例如《基本法》第80条第1款第4句和联邦法律中的大量特殊管辖权规则均授权州确定主管机关。

委任不当然包含指令权。除非其他法律有明确规定或者委任行为明确授予其指令权,委任机关只能通过收回权(在假委任的情况下)或者撤销委任的方式干预任务的执行。只有在委任是针对另一个行政主体的情况下,委任才影响国家赔偿责任主体的认定。

4.委派(Mandat)。应当将委任与组织法上的委派区分开来,后者指权限的执掌人(委派人)请求另一个行政法主体(代表)以委派人的名义办理一个或者若干个事务。委派是否影响管辖权,受托人的行为是否与民法上的代理可比,存在争议。联邦行政法院认为这只导致事实判断权的转移,但不构成管辖权的扩大①。

以范围和法律要求为标准可以区分机关内部的委派——实践中通常表现为签名权,机关之间的委派和外部委派。后者针对另一个法律主体或者机关。与委任类似的一个分类是一般委派、具体个别的委派和再委派。

机关内部的委派是指由工作人员作为机关领导的代理人按照内部业务规程行使签名权,其适法性要求很少。除非领导人对特定的行为提出了明确的要求,对受委派人的默许原则上意味着权限的委派。

机关之间的委派需要遵循一定的合法性要求。这里的关键在于管辖权扩大的外部效果的准确界定。签名权构成管辖权变更的,应当遵守与委任同样的要求。虽然不影响管辖权,但事实上导致决定权扩大从而与委任类似的,同样如此。反对意见认为受委派人的行为只能归属于委派人,这种观点缺乏说服力,因为它不承认或者忽视受委派人在事实和法律上的独立性。因此,机关之间的一般委派应当纳入法律保留的范围,换句话说,凡是具有外部效果的行为权限的转移都需要法律授权②。法律保留之外的一般委派也需要有与原始权限依据相同位阶的法律依据。对个别委派应当作相同的分类和要求,尤其应当注意禁止任意的要求。机关之间的委派行为性质上属于行政行为。

在社会保险给付主体之间的合作领域有专门的法律规定,例

---

① BVerwG,DVBl.,1962年,第372页;BVerwGE,第63卷,第258页;BDizG,NVwZ,1986年,第866页。

② BDizG,DÖV,1985年,第450页。

如《社会法典》第十部分第88条以下(以申请为上位概念)。

委派人与被委派人之间通常存在指令关系,但这既不是委派概念的必要要素,也不是委派的必然后果。受委派人完全可能享有独立的决定权限,这需要根据具体案件的法律状态认定。

根据联邦最高法院提出的委托理论(Anvertrauinstheorie)原则,在机关之间的个别或者一般委派关系中,受委派人违反职务义务引起的职务赔偿请求权应当针对所属团体提出,例如《社会法典》第十部分第89条规定的情况。

二、职务协助

职务协助属于管辖权扩大的一种特殊情形。

(一) 概念和功能

《基本法》第35条第1款规定,联邦和州的所有行政机关应当相互提供法律和职务上的协助。从这一能够并且需要具体化的规定中产生了联邦、州、地方行政机关及其所属行政主体之间的直接宪法权利义务关系。对宪法上的职务协助要求一方面要从联邦制中联邦和州的国家权力分配的角度考察,另一方面需要从保障不同部门、级别和地方的行政机关、法院得到最低限度支持的权利以及相应义务的角度考察。

《基本法》第35条第1款只是原则性地确立了行政机关之间的相互协助义务,该义务的要件、内容和界限还不明确,其具体化由正式法律保留。行政机关之间的协助义务依据是《联邦行政程序法》第4条以下。州法律作了内容基本相同的规定。这方面的专门法律有《法院组织法》第 156 条以下和《行政法院法》第 14 条。另外,《税法典》第 111 条以下、《社会法典》第十部分第 3 条和第 68 条以下也有内容相同的规定,因此,《联邦行政程序法》第 4 条以下的规定具有行政程序法一般规则的性质。

上述法律规定的职务协助概念并不一致。《联邦行政程序法》第 4 条以下规定的是行政机关之间的职务协助,而《税法典》第 111 条第 1 款第 1 句规定法院也可以提供职务协助。这个明显的概念缺陷可以这样纠正:如果法院实施非司法性的活动,它就可以像行政机关那样提供职务协助。提供协助范围内的活动由法官保留的,则属于《法院组织法》第 156 条和《行政法院法》第 14 条意义上的法律协助。下文的介绍限于《联邦行政程序法》规定意义上的职务协助。

行政机关原则上应当在自己的权限范围内使用自己的人力和物力执行法定任务,但在自己的技术和法律能力不可能克服困难的情况下,可以付诸职务协助。因此,在《联邦行政程序法》第 4 条以下规定的范围内,行政机关可以请求其他机关实施相应的行为。职务协助活动由被请求机关根据请求来实施。

这种意义上的职务协助是补充性的,是一个行政机关应请求给另一个行政机关提供的帮助,"提供帮助"不仅是职务协助的概念要素,也是它的适法性要件。职务协助不可能产生于行政机关与私人之间,也不可能发生在行政机关内部的工作机构之间。根据《联邦行政程序法》第 4 条第 2 款第 1 项,行政机关基于指令关系提供的帮助也不属于职务协助,尤其是上级机关要求下级机关提供协助的情形。这是因为,上级机关动用指令权就可以了,无需采用补充性的职务协助制度。值得探讨的是相反的情况,下级机关是否可以请求上级机关给予职务上的协助?从第4条第2款第1项的措辞来看,答案是否定的。这是因为上级机关的指令权与下级机关的职务协助请求权很难协调。第4条第2款第1项排除的另一种情形是被请求机关应当作为自己的任务而实施有关行为。据此,只有在被请求机关动用自己职权执行其他机关请求的任务(而不是自己的法定任务)时,才构成职务协助。协助机关提供职务协助的活动针对的是自己任务范围外的事项,但必须在自己的地域和事务管辖权的范围内实施。这意味着,职务协助并不改变现有的权限分配制度。被请求机关不得因职务协助而超越自己的权限。行政机关在审查所实施的活动是为了执行自己的任务还是为了执行其他行政机关的任务时,通常难以把握其中的界限,为此需首先明确:在其他行政机关没有申请的情况下,是必须依职权主动实施相应的活动,还是只能应其他行政机关的申请才能实施相应的活动。

另一个需要注意的问题是:如果本案程序主管机关委托其他机关采取本案程序措施,就超越了职务协助作为补充性协助的界限,这种权限的变化性质上不再属于职务协助,而是属于委托、委任或者委派。对职务协助的补充性——为他人利益而采取部分措施——不能作过于严格的理解。行政机关在组织权的范围内通过共同机构执行任务的情形也可能构成职务协助,但排除机关之间协助的情形除外,这可能属于《联邦行政程序法》第4条第2款第2句规定的通过与其他机关共同设立机构执行自己任务的情况。行政机关在其他机关没有提出请求的情况下提供的临时协助(Spontanhilfe)也不属于职务协助,因为申请是职务协助的概念要件。未经请求实施其他行政机关任务范围内的活动违反国家的权限分配制度,原则上没有适法性,除非有法律的专门授权。一种特殊的例外情况是所谓的紧急权限,根据《联邦行政程序法》第3条第4款,没有管辖权的行政机关在紧急情况下有权采取不可迟延的措施。由于职务协助原则上限于个别事务,行政机关为执行特定任务而进行的长期合作超越了职务协助的"协助性",不属于《联邦行政程序法》第4条以下的调整范围。针对一个、多个或者所有行政机关提出的在特定情况发生时即采取特定措施的"一般请求",也不属于行政程序法意义上的职务协助,因为这不符合职务协助的个案性特征。

总之,行政程序法上的职务协助是指没有上下级关系的行政机关之间在具体案件中根据一方请求而提供的补充性帮助,它不属于协助机关为执行自己的任务而实施的行为。

职务协助的一种典型情况是出于阅卷目的而交付案卷、由被请求机关进行通知或者事实调查、提供必要的人力和物力帮助、提供专家等。联邦行政法院以"信息协助"为关键词描述的通过职务协助提供事实的情形具有特殊意义[①]。

根据《联邦行政程序法》第1条规定的辅助性原则,第4条至第8条仅在联邦或者州的法律没有内容相同或者相反的规定时才适用。如果单行法对职务协助作了部分规定,第4条至第8条则仅具有补充性的效力。由单行法规定的职务协助的范围受制于联

---

① BVerwGE,第65卷,第1页。

邦和州的行政程序法的不同适用范围以及他们与特殊职务协助规定(如《税法典》和《社会法典》第十部分)之间的关系。适用不同程序法的行政机关之间可能因此发生分歧。从请求机关和被请求机关适用统一的职务协助法来看,不存在所谓的因法律而异或者因行政机关而异的协助问题。换句话说,在这种情况下请求机关和被请求机关的权利义务应当根据相同的规则确定①。

被请求的协助行为是否可以采取私法行为的形式？从职务协助的总体规则来看,答案是否定的。《联邦行政程序法》第1条限于行政机关的公法活动。该法其他有关规定也构成对第4条以下有关职务协助规定的限制,例如第5条第1款第1项至第2项、第5项和第8条第2款。

(二) 职务协助的条件和范围

《联邦行政程序法》第5条规定了被请求机关应当提供职务协助(第1款)、可以拒绝(第3款)或者必须拒绝协助(第2款)的条件。第4款规定了拒绝权的界限,第5款规定了被请求机关认为自己没有义务提供协助的程序。

对第5条中"可以请求"这一误导性的措辞可以作多种解释。一方面可以视为请求机关的裁量权:行政机关可以而不是必须请求提供职务协助。我们认为,该条规定的不是在什么条件下行政机关可以提出职务协助请求,而是在第3款和第3款保留的那些情况下,请求机关享有针对被请求机关的职务协助请求权。因此,

---

① BVerwGE,第78卷,第363页。

在请求机关是否打算(愿意)行使请求权方面,该条规定并没有赋予请求机关裁量的余地,因为没有职务协助义务就没有职务协助(请求权)。第5条不能废除已经从其他法律规定中产生的职务协助义务。本案主管机关是应当还是可以裁量决定寻求职务协助,并不取决于有关职务协助的规定本身,而是请求机关适用的其他法律规定。

根据《联邦行政程序法》第5条第1款第1项,本案行政机关在出于法定事由(如没有职权)或者在具体案件中(无管辖权)而不可能实施特定职务行为时,可以请求被请求机关提供职务协助。在这里,"可以"(Können)应当理解为"得"(Dürfen)。

根据第5条第1款第2项,请求机关因客观原因而没有相应的公务人员或者机构,从而不可能自己实施必要的行为时,可以请求提供职务协助。

根据第5条第1款第3项,行政机关不了解为执行任务所必要的事实而自己又不可能实施调查时,可以请求职务协助。从其明确的措辞来看,该项限于事实调查,行政机关不能通过职务协助寻求法律答复。因此,该项规定不能作为行政机关之间提供法律意见的依据。有学者认为,第5条第1款第2项可以作为请求提供法律意见的依据[①]。

根据第5条第1款第4项,行政机关为执行其任务而需要书证或者其他证据材料时,可以向掌握该证据材料的行政机关请求提供职务协助。该项适用的最重要的情形是移交有关的案卷。这

---

① 乌勒、劳宾格(Ule/Laubinger):《行政程序法》,第11章,编码19,注62。

里需要注意,属于第3项而不是第4项的一种职务协助情形是,被请求机关没有掌握有关的书证或者其他证据材料,但只有它才能调取。

根据第5条第1款第5项,本案主管机关虽然可以自己实施需要协助的职务行为,但其支出远远大于由被请求机关实施的成本的,也可以请求职务协助。这种情形与上文提到的因事实或法律原因而不可能实施职务行为的情形之不同之处在于,请求机关原本可以自己实施职务行为,但出于经济性和效率性的考虑,才有权请求其他行政机关提供职务协助。

从第5条第1款的措辞来看,该款并没有对可以请求提供职务协助的所有情形作穷尽性的列举规定。因此,其他情形也可能构成请求职务协助的理由,只是限制更为严格,因为职务协助属于一般管辖权规则的例外情况,不构成对法定管辖权制度的调整。我们可以想像,保护参加人或者关系人的权益(第13条和第73条)也可能构成请求职务协助的正当理由。有学者认为,这里的关键在于,在第5条第1款规定的其他情形中,本案主管机关为了合理地进行本案程序是否有必要请求职务协助。

根据第5条第2款第1句,被请求机关认为自己因法律事由而不可能提供职务协助(第1项)或者提供职务协助可能对联邦或者州造成重大损害的(第2项),可以拒绝请求。第5条第2款第1句第1项规定的拒绝理由被第2项具体化,在上位法规定或者事务的性质决定必须保密时,被请求机关没有义务提供案卷、证书或者答复。

第5条第2款所列举的禁止职务协助的情形是排他性的。这意味着，只要出现了该款规定的情形，被请求机关必须拒绝；根据依法行政原则，被请求机关不享有是否提供协助的裁量权。违反该款规定提供职务协助的，本案措施可能因此违法，但其撤销却限于《联邦行政程序法》第46条规定的条件。仅仅以职务协助违法为由提出法律救济请求通常应根据《行政法院法》第44a条的规定予以驳回。

被请求机关不得实施请求协助的行为的，属于第5条第2款第1项规定的"因法律事由不处于提供协助的状态"的一种情形。具体而言，被请求机关无权实施请求协助的行为，或者虽然原则上可以实施这种行为，但没有具体案件的管辖权，或者请求协助行为的实施与其他法律冲突。就此而言，认定职务协助行为合法性的依据是被请求机关适用的法律。在提供协助的行为违法的情况下，被请求机关是否能够提供职务协助无关紧要，因为它不可能将自己的职权违法转让给提出请求的机关使用。如果被请求机关应当将请求的职务行为作为自己的任务实施，则不属于第4条第2款第2项规定意义上的职务协助。

被请求机关的保密义务可能构成拒绝协助的法律理由。从第5条第2款第1项、尤其是第2项的具体规定来看，在法律规定必须优先考虑保密义务的情况下，不得提供证书或者案卷。就此而言，数据保护的有关规定构成了职务协助的一种限制。联邦宪法法院将公开禁止作为职务协助适法性的一个要件，从而使其成为与职务协助规则对立的一个效力同等的规定[①]。

---

① BVerfGE,第65卷,第1页;BVerfGG,第31条。

《联邦行政程序法》第5条第2款规定的另一个职务协助的禁止条件"事务的性质决定必须保密"是否成立,需要根据案件具体情况认定。在法律没有明确规定时,应当参照近年来出台的新法律在准确界定保密要求时应用的法律保留原则,谨慎权衡相互冲突的公共利益和私人权益。在法治国家的行政程序中,个人享有的数据保密请求权原则上应当得到优先考虑,凡是是否公开难以确定的情形,都应当保密。目前得到普遍肯定的情形包括个人隐私[1]、安全数据[2]、咨询秘密和商业秘密等。存在争议情形的是考试数据[3]。

　　根据《联邦行政程序法》第5条第2款第1句第2项的国家利益条款[4],在请求协助的行为可能给联邦或者州的利益造成重大不利时,被请求机关不得提供协助。除了本身作为禁止协助的一种理由之外,该项规定还包含了职务协助程序中的公开禁止和评价禁止要求,其目的是在职务协助程序中的特定范围内保护联邦或者州在职务保密方面的利益[5]。被请求机关在审查协助请求时,不仅要考虑所属法律主体的利益,而且要考虑其他相关法律主体的利益,并且在不同的利益之间进行权衡。职务协助行为可能危害或者损害联邦或者州的内外安全,(严重)妨害公共秩序,损害

---

[1] BVerwGE,第19卷,第179页,第185页以下。
[2] BVerwGE,第55卷,第186页。
[3] BVerwGE,第19卷,第128页,第130页(持肯定态度);慕尼黑VHG,BayVBl.,1986年,第151页(持否定态度)。
[4] 类似条款是《行政法院法》第99条第1款第2句,《联邦公务员法》第62条第1款,《联邦公务员法框架法》第39条第3款第1句。这些规定都将"重大"作为标准。
[5] BVerfGE,第67卷,第100页,第129页以下。

与其他国家或者国际组织的关系,妨害或者损害重要国家机构的效率的,才构成损害联邦或者州的利益。纯粹事实上的不利原则上不构成充分理由,这里的一种例外是国家效能可能受到严重的妨害。可能产生的不利还必须具有"一定的客观性",这是第5条第2款第1句第2项规定的"重大"要件的一个标准。

在第5条第2款规定的情形下,被请求机关必须拒绝提供协助(职务协助禁止),但在第5条第3款规定的情形下,被请求机关可以拒绝。第3款规定的拒绝理由是选择性的,被请求机关可以裁量决定。如果其他机关提供协助更加简便、费用更少(第1项),被请求机关可以拒绝。被请求机关非经不合乎比例的支出不可能实施协助行为的,也可以拒绝(第2项)。另外,提供协助可能严重妨害执行自己的任务时,被请求机关也没有必要提供协助。妨害自己任务执行严重性的判断标准应当严格把握:提供协助必然给自己任务的执行造成严重的困难或者拖延。在根据第3款规定审查拒绝请求的要件时,应当权衡请求机关执行的任务以及本案措施的意义和紧迫性。

第3条列举的选择性拒绝理由是封闭性的,从该款和第4款的措辞中可以看出这一点。根据这两款规定,被请求机关不得出于第3款规定之外的理由或者以认为职务协助针对的本案主要措施不合乎目的为由,拒绝请求(实施职务协助行为)。本案主要措施是否合乎目的由主管机关(请求机关)判断,因为它才是程序的指挥者。

被请求机关认为没有义务提供职务协助的,应当根据第5款规定将有关意见告知提出请求的机关。

被请求机关不得以认为本案主要措施可能违法为由拒绝提供职务协助。这里需要将《联邦行政程序法》第5条第2款第1句第1项、第4款与第7条第1款、第2款第1句等结合起来考察。根据第7条第2款第1项,在与被请求机关的内部关系中,提出请求的机关对本案主要措施的合法性承担责任。从责任的划分来看,也只有请求的机关才能认定本案措施是否合法。因此,即使在被请求机关确信本案主要措施违法,而请求机关对此表示异议时,被请求机关仍然应当提供职务协助。公务员法上的一个类似的例子是:公务员或者下级机关对上级命令提出的异议无效,或者上级机关原则上有权采取自己对其合法性尚有疑义的措施。根据与异议相应的原则,被请求机关认为本案主要措施的实施可能构成犯罪时,不仅有权利而且有义务拒绝提供职务协助。学理上提出的一种超出第4款措辞的拒绝权的情形是,职务协助请求"明显滥用权利",尤其是出于"不合法的应予禁止的目的":职务协助不是用来造成违法状态和后果的手段。凡是本案主要措施的法律缺陷"一眼就能够看出来的",都属于明显违法的情形。

这里需要附带说明所谓的自愿性职务协助,是指被请求机关在没有义务——因为不具备第5条第1款规定的条件——时提供的协助。这种职务协助具有适法性,因为《联邦行政程序法》第5条第2款和第3款只规定了必须或者可以拒绝协助的情形。我们可以据此推导,在既没有第1款规定的义务,也不是必须拒绝的情况下,行政机关可以提供职务协助。

（三）职务协助的程序

这是指被请求机关决定是否接受请求、实施相应职务协助行为的程序。它从请求机关提出请求时开始，其客体是公法上的一种意思表示，而不是一种行政行为。无论是提出请求的机关还是第三人都不得单独针对职务协助请求向法院起诉，而只能按照《行政法院法》第44a条的规定寻求相应的法律救济，因为职务协助请求性质上属于该条规定意义上的程序行为。

请求机关可以随时撤回请求，不受《行政程序法》第48条以下规定的约束，除非请求机关必须提出职务协助的请求：就此而言，第5条第1款没有设定裁量权；为了寻求职务协助，被请求机关是否要中止本案程序，取决于该机关适用的实体法和其他程序法。

根据《联邦行政程序法》第13条，本案程序的参加人无权提出特定的职务协助请求。由于职务协助请求不是行政行为，行政机关没有按照第28条规定举行听证程序的义务。当事人认为作为本案程序根据的事实（第24条和第26条）只有借助职务协助才能查明的，只能在诉诸法律救济时依据《行政法院法》第44a条，将行政机关没有遵守《联邦行政程序法》第46条规定作为诉讼理由予以主张。

是否应当向多个有关的行政机关提出请求，由请求机关根据合乎职责的裁量作出决定。从《联邦行政程序法》第5条第3款第1项的反面推论来看，这种裁量权事实上是有限的：根据行政活动的经济性和效率性原则，请求机关应当选择程序最简便低廉的机关提供协助。从第6条规定来看，在有多个协助机关可供选择时，请求机关应当选择同一部门中级别最低的机关。在有多个机关可以提供职务协助时,第6条的"应当式规定"表明它是请求机关应当遵循的首要原则。因此,对第6条应当这样理解,即出于专业、程序经济的考虑,在多个机关对职务协助请求都享有地域和事务管辖权时,协助请求应当向级别最低而不是其上级或者级别最高的机关提出。第6条中的"尽可能"一词赋予了请求机关广泛的裁量空间,为此应当全面考虑案件的具体情况。但是,不遵守第6条的规定并不产生法律上的后果,因此,级别最低机关的上级机关也可以接受职务协助请求,但这不是第6条要求的义务。在第6条规定的选择标准与第5条第3款第1项的规定冲突时,请求机关可以根据第6条的原则性质,优先适用第5条第3款第1项作为裁量的标准。

接到请求之后,被请求机关要审查是必须还是可以提供职务协助,但无须作出正式决定。关于接受、尤其是拒绝职务协助请求的决定性质上是否属于行政行为,存在争议。但是,至少在请求机关和被请求机关属于同一个行政主体的情况下,可以以没有第35条规定的外部效果为由而直接作出否定性的回答。通说还认为,即使请求机关和被请求机关分别属于不同的行政主体,拒绝或者接受的决定也不是行政行为,因为在这种情况下,决定既缺乏公权力性质,对请求机关也没有处理性的效果。第5条第5款第1句规定被请求机关应当将认为自己没有协助义务的理由告知请求机关,通说对此认为,如果拒绝决定真的是行政行为,那么,第5条第5款第2句规定的告知义务就没有任何特殊的作用,纯属多余。在这种情况下,根据第39条第1款、第40条第1款第1句有关行政行为通知和说明理由的规定,被请求机关已经承担了告知请求机关的义务。

根据《联邦行政程序法》第5条第2款第2句,请求机关认为被请求机关不应拒绝其请求的,应当报送共同的上级行业监督主管机关裁决。没有共同上级行业监督机关的,则应当报送被请求机关的行业监督机关。这里有待商榷并且存在争议的问题是,监督机关的决定是否是行政行为。通说认为,如果请求机关和被请求机关分别属于不同的法律主体,答案是肯定的。我们认为,应当区分不同情况而论。请求机关和被请求机关属于同一行政主体的,监督决定没有外部效果,就不属于行政行为。更难回答的问题是它们属于不同行政主体的情况。如果监督机关命令被请求机关提供协助,而该命令干涉了法定自治权,那么,监督机关的决定无疑是行政行为。例如,被请求机关是乡镇所属的行政机关。对其他情况应当作如下认定:监督机关认为拒绝决定合法的,只表明没有干预的理由。这属于纯粹监督性的不干预措施,通常没有处理的效果,顶多是作出行政行为的一个条件。监督机关命令被请求机关接受职务协助请求的,同样如此,因为该指令只具有内部职务法上的效力,没有《联邦行政程序法》第35条规定意义上的外部效果。

请求机关和被请求机关属于同一行政主体的,职务协助程序到监督机关作出决定时结束。否则,请求机关可以提起一般的给付之诉。请求的职务协助行为属于行政行为的,请求机关可以提起职责之诉。具体的法律救济途径取决于对被请求机关有效的有关法律。

在涉及本案程序参加人的情况下,《联邦行政程序法》第 5 条第 2 款第 2 句规定的程序途径关闭。针对被请求机关拒绝提供职务协助的行为,本案当事人在诉讼程序中只能提出有限的主张,因为参加人没有要求被请求机关提供职务协助的请求权。但是,如果本案行政机关提出的职务协助请求因不合法而被拒绝,本案参加人可以要求本案行政机关诉诸行业监督机关或者向法院起诉。根据《行政法院法》第 44a 条,当事人不能单独因该要求而起诉,因为本案机关的职务协助请求属于该条规定意义上的程序行为。

(四) 职务协助的实施

职务协助行为原则上限制在行政内部领域。如果影响到公民权益,被请求机关的行为还需要法律的明确授权,这不再是职务协助请求本身的问题。如果被请求机关无权实施协助行为,必须根据《联邦行政程序法》第 5 条第 2 款第 1 句第 1 项予以拒绝。

职务协助行为本身的合法性根据协助机关适用的法律确定,《联邦行政程序法》第 7 条第 1 款第 2 句后半句对此作了规定,但其措词却容易误解。从其措辞的本意来看,所谓被请求机关适用的法律是指作为职务协助行为实施依据的法律。从系统解释的角度来看,所谓被请求机关适用的法律不仅包括有关实施职务协助行为的方式和方法的法律规定,而且包括被请求机关是否有权实施协助行为的法律规定。因此,第 7 条第 1 款第 2 句后半句是第 5 条第 2 款第 1 句第 1 项所规定原则的解释和重复:职务协助不产生被请求机关的附带权限或者职权。

与此不同,根据《联邦行政程序法》第 7 条第 1 款第 1 句后半句,本案程序的合法性应当根据请求机关适用的法律认定。本案程序适用的法律由本案机关确定,程序的设计及其进行由本案主管机关自己负责。根据第5条第1款第1项,请求的机关也应当明确,有关职务协助的规定没有改变其权限或者职权的效果。本案程序的进行是必须还是可以寻求职务协助,应当根据本案机关所适用的法律决定。第5条第1款的措辞具有误解性,对此没有明确规定,该款只规定了在什么样的条件下请求机关有权寻求职务协助以及被请求机关必须提供职务协助。

从请求机关和被请求机关所适用法律之间的一致性来看,本案措施与职务协助行为的合法性并非互不关联。相反,如果请求机关无权采取本案措施,被请求机关实施的职务协助行为就会相应地违法。但是,本案措施的违法性原则上不是被请求机关拒绝实施职务协助行为的强制性理由。另一方面,因违反《联邦行政程序法》第5条第2款的禁止性规定而违法实施的职务协助行为构成程序瑕疵,最终导致本案措施违法。是否能够以这种程序瑕疵为由诉请撤销本案措施,需要依据《联邦行政程序法》第46条认定。

《联邦行政程序法》第7条第2款从内部关系的角度规定了请求机关和被请求机关之间的责任划分。请求机关对本案措施的合法性负责,被请求机关对职务协助行为的合法性负责。第7条第1款与第2款之间的一致之处在于,根据第1款,本案措施的合法性依据是请求机关适用的法律,因此,请求机关当然应当依据第2款第1句对本案措施的合法性负责。与此同理,职务协助行为的合法性依据是被请求机关适用的法律,因此,被请求机关自然也应当对职务协助行为的合法性负责。上述结论的一个论据是:在具备第5条规定的条件时,请求机关有权要求被请求机关提供职务协助。

外部关系的一般原则是行政机关应当对其所采取的所有措施负责,而不论该有关措施是出于自己的利益,还是由其他机关在为了请求机关的利益而独立(以自己的名义)提供职务协助时实施的。如果行政机关应当对其依上级指令采取的措施对外承担责任,那么,在它"仅"通过职务协助请求而实施活动时,也应当适用该原则。因此,在职务协助程序中遭受侵害的公民应当向直接针对其实施不利行为的行政机关起诉。这里需要注意,根据《行政法院法》第44a条,只有职务协助行为本身对其直接产生了外部效果时,公民才能针对职务协助行为起诉。换句话说,仅在这种情况下,才由被请求机关对违法的职务协助行为负责。

在内部法律关系中,违法职务协助行为所造成的损害应当由被请求机关所属的行政主体负责。如果违法由请求机关(共同)造成,并且有关机关属于不同行政主体,被请求机关可以诉诸内部关系中的追偿。这种追偿请求权源自《联邦行政程序法》第7条第2款第1句所暗含的法律价值。但是,关于该款是否能够单独成为追偿请求权的依据,还存在争议。除了肯定和否定两种意见外,有学者认为,这属于根据《基本法》第104条第5款的一般原则确认的内部赔偿责任(Innenhaftung);也有学者主张类推适用《民法典》第662条、第276条和第278条。如果不利影响主要产生于(被请求机关共同参与的)本案措施,法律救济应当针对请求机关提出。这是因为,请求机关作为程序的指挥者本来应当就本案措施的违法性单独对外承担责任，即使本案程序被撤销的唯一理由是职务协助行为的违法性，也是如此。如果违法的职务协助行为是造成损害的(共同)原因，请求机关在承担了外部赔偿责任(《民法典》第839条/《基本法》第34条)之后，可以向被请求机关及其所属的行政主体追偿。在本案措施的合法性取决于职务协助行为合法性的情况下，法院应当通知被请求机关参加诉讼。

（五）职务协助的费用

关于被请求机关实施职务协助行为产生的费用是否由请求机关承担以及承担多少，以前曾经存在争议。《联邦行政程序法》第8条和《基本法》第35条第1款对此作了规定，即使宪法也没有规定完全免费的职务协助。第8条的立法目的是行政的简化，尽可能减少行政机关之间在职务协助费用方面的结算手续。在《联邦行政程序法》第4条规定的职务协助条件不具备时，第8条的限制效果难以发挥。在这种情况下，请求机关应当考虑根据所适用的法律提高收费。

根据《联邦行政程序法》第8条第1款第1句，被请求机关不得向请求机关收取费用，即使被请求机关适用的法律对有关职务协助行为的实施规定了收费(第1款第1句的反向推论)。收费请求权需要专门的法律依据。根据第8条第1款第3句，在请求机关和被请求机关同属于一个行政主体时，被请求机关不得要求补偿为实施职务协助行为而支出的费用。根据第8条第1款第2句，请求机关和被请求机关属于不同行政主体，并且职务协助费用超过50欧元的，被请求机关才可以要求补偿。

即使请求机关补偿费用的义务成立,被请求机关也应当将有关的费用支出压缩到最低限度。应当补偿的只是必要的费用。因违法实施职务协助行为产生的费用就是不必要的,被请求机关无权要求补偿。

《联邦行政程序法》第8条第1款并不限制被请求机关的一般行政费用的支出,根据《基本法》第104a条,这种费用由行政机关及其所属的行政主体承担。因此,第8条从另一个角度表明,职务协助程序不影响行政机关的行政权限和财政权限。

根据《联邦行政程序法》第8条第2款,被请求机关为了提供职务协助而实施应当收费的职务行为的,自己可以向第三人收取有关费用(行政费用、使用费和垫款)。换言之,被请求机关为实施职务协助行为而需要向第三人收费的,该项费用只能由被请求机关收费,而不能由请求机关收取。第8条仅调整行政机关之间的内部关系,因此,该条不构成行政机关向公民收费的依据,而只是其中的一个条件。这意味着,公民是否以及在多大程度上承担职务行为的费用,只能由有关的行政收费法专门规定[①]。

三、内部领导制度

(一)结构

1.领导制度与领导权。内部领导制度与行政主体内部的任务

[①] 科布伦茨 OVG, KStZ, 1985 年,第58页;曼海姆 VGH, NVwZ-RR, 1992 年,第527页。

分配和权限配置联系密切,后者是前者的前提。

内部领导制度的调整对象是行政主体内部决策和任务执行的组织和程序,而内部领导权正是其核心之所在,它在宪法和法律确立的内部领导制度内按照法定程序运作。

我们认为,应当借助在学理上迄今为止尚未确定的领导权概念将法律分别调整并且在学理上分别研究的组织、人事、实体等决定权和财政权整合为统一的职能。唯有如此,才能明确这些控制手段之间的相互作用和互为条件关系,因为任务的执行及其控制实际上需要这些要素共同发挥作用。这些近年来遭受冷落的认识被新控制模式奉为至宝,成为设计崭新的任务分配模式的一个基础。为此需要系统的学理研究。

将内部领导权构建成综合性的职能并不意味着将它集中赋予一个机关或者公务人员。相反,领导权应当在多个机关之间分配,由它们共同行使。领导权的整合恰恰表明了领导权协调行使的必要性,映证了许多行政主体实行的任务分配和责任划分体制。

2.内部领导权的宪法框架。内部领导权与人员的民主合法性证明制度密切相关,并且是后者的实现形式,具体表现在公务员的选举和任命、职务的分配和委托以及相应的权限配置等方面。在民主宪政国家,领导权的内容与执掌人只能通过民主法治的方式联系起来,具体作法多种多样。这里存在采取不同组织模式和领导模式的选择空间,其中的一个重要方面是上文所述的不同组织类型和结构。

理论和实践上长期以来奉行的有关行政民主合法性证明的主导范式是中央本位的(zentral)的领导制度和监督制度,它的基础是民主合法性原则和责任分配方面的中央领导权和控制权。《基本法》和州宪法有关地方自治和公务自治的规定表明,其他组织模式也具有合宪性。无论外部的分散化和内部的新控制模式都是如此。

鉴于上文所述的中央本位体制,有关内部领导权的具体阐述也着眼于官僚科层制模式。

3.内部领导权的构成要素和法律依据。具体包括：

(1)内部组织权。其客体是上位法没有明确规定的行政单位内部体制,具体包括组织结构的设计(工作机构和人员的数量、设置)、工作机构的任务分配等,最终形成本单位的组织机构图。采取公法或者私法形式的具有或者没有法律能力的行政单位也属于这里所说的组织。

只有在已经设立的单位配备了必要的人员和物质手段时,组织措施才算(能够)最终落实。因此,内部组织权与人事权和预算权密切关联。就此而言,必要的人员、物质和资金准备属于组织权的组成部分,只是其具体落实需要通过人事权和预算权的行使罢了。

(2)人事权。包括职位的设立和调整、对求职人员的选择和对职务执掌人的职务领导和监督。职位的设置需要相应的财政条件,这是对人事权的一种限制和监督。

(3)预算权。主要是任务执行所需要的财政手段的准备和分配,以及财政手段使用的经济性和合法性监督,即预算监督和审计监督。

如同组织权那样,国家层面的预算权在议会和政府之间分配。联邦和州议会的预算权客体是包含特定行政部门职位规划的具体预算计划以及特定行政部门为此制定的财政资金明细表,它们对政府具有直接的约束力,监督效果比较明显。鉴于总预算和资金使用所需要的灵活性,议会监督的强度近年来减弱。这方面的典型是1997年12月22日的《预算权和可持续发展法》①。州对地方政府发出的财政指令也具有类似的监督效果,因为它通常会明确限定执行特定任务的财政手段,地方政府的裁量空间很小。预算计划的准备和确定通常由中央领导机关或者其下属机关负责。机构和人事计划只有在纳入预算计划时才能有实际效果。

(4)实体决定权(Sachentscheidungsgewalt)。原则上属于实体法问题,而不是组织法问题,但其具体行使却受内部领导权制度的调整,因为就外部行政活动的实施而言,对行政决定实体内容的内部控制实际上更为重要。因此,实体决定权与人事权、预算权是内部领导制度之最为重要的三大要素。

从组织法的角度来看,实体决定权的核心是机关内部的决策程序,它是实体决定得以形成的基础。因此,从程序法的角度保障申请人、关系人或者其他附和权主体(行政机关、第三人)的有效参与,作为与行政机关内部过程相互制衡的对立面,是必不可少的。在内部决策程序中,信息处理和按照法定标准——裁量行为还包括合目的性标准——认定案件事实,具有首要意义。

机关内部决策程序的具体进行方式取决于机关本身的组织形

---

① BGBl.,第1卷,第3251页。

式,例如是独任制还是合议制、单一层级还是多层级以及其他行政单位的附和权(内部附和权和外部附和权)。

(5)业务领导(Geschäftsleitung)。业务领导权是指以机关内部过程的程序形式为客体的内部领导权,具体包括决定的程序和形式、案卷管理、电子信息处理、内部信息管理以及其他形式的规定。

采取官僚科层制的行政主体的内部业务领导权通常属于独任制的领导机关,例如部长、县长和乡镇长等。县条例和乡镇条例通常规定业务领导由县长和乡镇长负责,并且在内容上与其他领导事项分别归类。例如《萨兰州乡镇条例》第63条第1款规定:"乡镇长负责任务执行的适当方式以及行政过程的秩序,决定乡镇行政的组织设置。"

业务领导措施与组织措施(功能主体内部体制的设计、工作人员职责权限的分配等)联系密切,前者通常需要借助组织权和人事权的行使,并且在程序和形式方面相互拾遗补缺。除了传统的案卷管理原则之外,有关内部信息处理过程的信息管理制度在较大规模的组织单位中具有越来越重要的意义。从数据保护法和安全法来看,无论是机构之间的分散化信息传递,还是信息获取和传递的限制,都是如此。电子化的通讯方式和存储媒介也在很大程度上影响到行政机关与公民之间的关系,公民不仅以在线方式获知法律,也可以了解对行政活动具有重要意义的文件。越来越多的行政单位甚至完全通过电子通讯方式进行申请处理程序。《联邦行政程序法》第3a条对此作了专门规定,其他规定从不同方面予以补充。至于文件的安全性,这里只能一带而过。

对合议制机关而言,内部工作的有序进行尤其需要制定业务规程,明确议事日程、工作人员信息、咨询和表决的程序以及成员的权利义务等方面的事项。合议制机关的业务规程通常由自己制定,下属机构如委员会的业务规程通常由首脑机关制定。制定业务规程是行使业务领导权的一种有效方式。

制定业务规程和案卷管理规则的必要性取决于行政单位本身的规模大小及其组织形式。地方法通常规定由代议机构制定业务规程。在法律没有规定的地方,合议制机关尤其应当制定业务规程,明确规定业务的办理程序和组织成员的参与权。具有代议职能的合议制机关尤其如此。

(6)内部监督。与上述各个方面密切关联的是内部监督权,主要针对领导权行使是否遵守有关的法律规定。

(二)界限

内部领导权的具体行使因有关的法律范围和法律关系(通常是行政法律关系)而异。无论是有关领导措施的法律依据和标准,还是相对人的法律地位认定,都是如此。

就人事领导权的行使而言,通常要区分作为基础关系的勤务(Dienst)关系或者任用(Anstellung)关系与作为管理关系的职务(Amt)关系或者公务人员(Organwalter)关系。前者属于外部法律关系,后者属于内部法律关系。

基础关系的关键在于私人针对雇主(Dienstherr)的权利和义务,而管理关系的关键在于职责范围的划分及具体任务的执行。在后者中,公务人员原则上不行使自己的权利,而是执行所属行政机关及其行政主体的任务。身份义务和业务责任(Sachverantwortung)之间的连接点在于执行职务的义务,它通过纪律法规定的制裁得到保障。在行使人事领导权时需要注意的是有关人事代表的规定,尤其是要保障他们为保护公务人员权益而享有的参与权。

预算权的行使由专门的预算法和财政法规定,其中重要的是审计署和内部审计机构的监督。这里具有重要意义的问题是如何计算和确定公务人员为执行职务所需要的最少物质和财政条件。对财政日益紧张的高校而言,这个问题尤其突出。

任务执行的分工协作形式与复杂的责任分配体制既相互分离,又交错盘结。这里特别重要的一个要求是责任的归属应当在责任分配的框架内进行,关键在于遵循如下原则:在具备法定条件时,任何工作人员对其在权限范围内实施的活动都应当承担公务员法和赔偿法上的责任,例如,主管任务分配和信息管理的工作人员应当对其造成违法的任务执行体制缺陷负责。在指令违法的情况下,异议权是责任从执行人转移到指令人的一个重要途径。

(三) 行使内部领导权的方式和控制手段

1.委任和委派。这是控制组织内部过程的最重要的手段,借此才能够建立分工协作、有条不紊的权限制度和责任制度。

2.指令。在实行官僚科层制的组织中,上级可以在其权限和分工的范围内借助指令控制下级。指令是一种行政法上的意思表示,具有处理的性质,产生具有法律约束力的后果,但限于行政机关内部的决策过程。

以客体和内容为标准,指令可以分为人事、职务和专业等不同种类。以相对人的范围或者有关事项的数量,可以分为个别指令和一般指令。一般指令在行政实践中通常表现为纲领、公告、通告、条令等,在法律渊源上属于行政规则。

指令对其相对人仅具有内部行政的约束力。相对人的具体范围需要借助解释才能准确认定。在外部关系中,指令仅具有间接的约束力,主要是《基本法》第 3 条第 1 款的平等对待要求①。指令机关原则上有权随时变更指令,即使指令已经产生外部关系的自我约束效果,但必须说明变更并非出于任意的理由②。

指令具有多方面的实用性,是行使内部领导权的一种理想手段。从尤其重视公务人员之独立责任性的现代宪政观念来看,异议权(Remonstration)是接受指令的公务人员在认为指令违法时"该如何做"这一重要问题的有效解决办法。它为公务人员提供了向上级表达个人法律意见的机会,并且借此将最终责任转移到上级。

四、外部领导制度

(一)外部领导权概述

在现代体制的层级和部门划分越来越多的情况下,内外部领导权之间的界分越来越复杂。作为形式标准的法律能力已经在很大程度上失去界分的功能,因为无论私法还是公法的组织形式都可以被用来执行行政任务。将规范化的行政主体概念作为区分标

---

① 参见本书第 1 卷第 24 节。
② BVerwGE,第 70 卷,第 127 页,第 136 页;第 104 卷,第 220 页,第 223 页以下。

准也许更有意义。所谓外部领导权,是指为了影响另一个行政主体的行为而采取有关措施的权力。

外部领导权的客体和表现形式在很多方面与内部领导权类似,但它属于行政主体之间关系的这一性质(主体间性)决定了它在有关措施的效力范围、法律要件、学理归类和术语等方面,与内部领导权不同。这里的主要问题是个别指令和一般指令、监督和控制措施、共管以及近年来出现的目标协议。

(二) 外部指令

与内部领导权类似,行使外部领导权的主要方式是指令,只是条件更加严格。在一个级别的任务由另一级别(通常是下级)执行时,尤其如此,例如联邦法律由州执行,州任务由地方政府或者公务自治主体执行。

行政主体以及具有独立任务范围和相应法律能力的功能主体之间的外部指令,在法理上应当与属于同一行政主体的上下级机关之间的内部指令区别开来。它是外部法律关系中的一种行政法上的意思表示。其中,个别指令属于一种特殊形式的行政行为。随之而来的问题是,这种定性在多大程度上适用于地方政府在执行授权任务、接受有关行业监督和特别监督时所遇到的指令?

发布一般指令也是行使外部领导权的一种方式,例如《基本法》第85条第2款第1句。实践中通常一般指令作为行政规则发布,并且进而将其限定为没有外部法律效果的措施。我们认为,这种定性与该措施本身的主体间性(Zwischensubjektivität)冲突,为此需要进行必要的理论修正和术语区分。外部效果是主体间行政规则的一个本质特征,行政规则并非必然没有外部法律效果。问题的关键在于,不能将外部效果限于国家与公民之间的关系,在国家内部也可能产生外部效果。因此,从公民的角度将行政规则界定为没有(直接)法律效力的规范的传统观点已经不合时宜。

指令是否可以作为对采取私法组织形式的功能主体行使外部领导权的方式,还是对此应另作归类,主要是术语问题。这里的关键在于,指令的依据及其界限应当由私法或者公司法确定,而是否行使领导权以及内容如何,则应当依据公法规范确定。

(三) 决定权和制衡权

作为立法实践和制度基础的实在法上的监督概念在学理上很模糊,尤其是行业监督和法律监督的区分;就监督权而言,尤其是制衡权(Kontrollerecht)与领导权之间的区分,都不明确。为了明确自治行政监督的含义及其设立和行使方面的宪法要求,这里需要作一些解释。

将监督纳入制衡职能的范畴意味着,监督是指对基于外部原始实体职责而实施的国家活动的审查。制衡权只能存在于外部法律关系,在这里,监督机关和被监督机关都承担全面而又独立的实体责任,否则,就不是严格意义上的制衡,而是一种保留干预权并且包含实体责任分配的委任,也就是说,是一种并不免除委任人最终责任的假委任。细致的考察表明,这种背景下的监督权行使不是一种制衡过程,而是一种履行实体责任的领导活动,即承担原始实体责任的行政单位针对其下级或者所属的其他机构实施的领导活动。

上述区分的理由是:制衡职能的主要目的是实现权力之间的平衡,使他们在法治国家原则的范围内运作。但是,制衡没有体现(民主)合法性证明的作用,因为它通过制约行为本身就可以实现,制约行为仅是监督机关的活动方式,并不分割被监督机关的行为。与此不同,领导权的行使通常涉及原始实体责任的划分,民主合法性证明借此得以传递。在需要办理审批和报告手续的情形中,监督机关的民主合法性通过具体的审批行为得以传递。指令权的情况同样如此。执行指令的机关作出决定的裁量空间越小,民主合法性证明传递过程中的漏洞就越少。但是,通过监督机关领导权传递的民主合法性证明不产生全面或者充分的民主合法性保障请求权。

上述区分的意义在于,从国家组织法和民主的角度并且着眼于有关组织法监督制度的宪法规定来界分正式法律所规定的各种监督方式。有些监督方式属于制衡的范畴,有些则属于领导权行使的方式,前者的宪法基点是法治国家原则,后者的宪法基点是民主原则。

具体应作如下归类:(1)补救性(repressive)的法律监督属于纯粹的制衡职能;(2)通过预防性(präsentive)的方式(报告和批准)而扩大的法律监督——作为有关法律规范出发点的民主合法性证明并没有扩大,只是传递——同样属于制衡职能;(3)各种形式的指令权和行业监督都属于实体责任的(分割)履行,因而属于领导权的行使。

（四）共同决定权

正如行政主体内部领导权的行使或者决定的最终作出可能需要——属于不同行政主体、同一行政主体或者不同部门的——多个机关合作那样，在外部领导权的行使过程中也存在共同决定权的情况，其形式多种多样，主要表现在合作和参与的方式上。具体形式从单纯的信息性参与、各式各样的共管到审批。其客体范围也很广泛，从与执行任务有关的组织和人事措施、预算决定到各式各样的实体决定。

共同决定中其他部门的附和权和参与权集中表现为听证权或者其他形式的立场表达权利。其中的一种特殊情形是所谓的"协同"（Benehmen），即其他部门必须参加决定的过程，无论其立场是否必然影响实体决定的内容。这实际上是一种变相的外部领导权分割。不同形式的附和权和参与权一方面具有程序集中的效果，另一方面是管辖权扩大的一种补偿形式。

附和权包括了多种平等共同决定的形式，其中在术语上明显不同的是所谓的协管（Einvernehmen）与共管（Kondominium）。它们的共同之处在于，实体决定的作出必须出于两个以上部门的一致意见。否则，决定就会被阻塞。这种情况可以通过扩大管辖权的方式解决，例如《建筑法典》第36条以下。

难以认定的一种情形是行政主体的措施需要上级或者超国家的部门批准。我们认为，这取决于得到批准的请求权是否成立，以及批准机关是否享有自主的裁量空间。

（五）目标协议

这是新控制模式引入行政内部领域的一种措施，有学者认为它也是行政主体行使外部领导权的一种方式，高校领域尤其如此。这产生了许多法律问题，但只有部分得到了澄清，其中主要是目标协议作为一种活动方式的规则（程序、参加人和约束力）及其内容的适法性标准。按照许多州的高校法规定，必须签订目标协议，否则将产生预算法和其他方面的制裁后果，例如萨兰州《高校法》第6条第4款。这种规定扭曲了目标协议的合作性质，使其倾向于成为外部领导权的主要行使方式。

第二章 公共行政的组织形式

第八十五节 部委行政

一、部委行政的概念和特征

部委行政是官僚科层制的国家行政体制发展的成就之一，它的两大基石是官僚制原则和经民主原则承认的指令约束力。行政官僚体制是《基本法》和州宪法确认的议会政府制得以落实的理想条件，而民主合法性证明制度和领导权制度使政府与公民之间的关系得到保障。民主合法性证明制度是官僚制与议会制的紧密结合点，它使行政主体的民主化得以稳步发展。

《基本法》只对个别领域的部委行政作了细致规定，例如第86条和第87条，而许多州的宪法只作了一般性的规定，例如《萨兰州宪法》第85条第1款规定，公共行政职能由州政府及其下设的行政机关和自治行政主体履行。

正如本书第一章第八十一节指出的那样，部委行政并非贯彻民主原则的唯一行政体制类型。不同形式的自治行政组织也从不同的角度体现着《基本法》对行政活动提出的民主合法性要求。为此，学理上有必要深入研究部委行政的特征、范围，尤其是中央本位的任务控制模式、有关领导权行使观念以及行政组织内部的责任划分等方面。具体而言：

采取官僚制模式之组织形式和领导体制的部委行政使联邦或者州政府得以推行中央控制，统一行使事务、人事、机构和财政方面的领导权，从而尽可能保障法律适用的平等性和生活关系的统一性。这对行政活动所针对的特定地方的公民或者投资人都有好处，他们不会因不同地方法律制度的差异性而遭受不平等的对待。

官僚科层制的部委行政是将众多的分支部门和工作人员组织成为大型行政机器的有效形式。尽管当今受到青睐的苗条国家观念将"规模"视为组织的缺陷，但不容忽视的一点是，最小限度的规模是任务分工的必要条件，对工作人员及其权限的专业化来说，是现代高度复杂的法律制度对良好执行任务的必然要求。另外，科层制的分工和规模增加了工作人员攀升的机会，因而具有不可忽视的激励作用，有利于在吸引人才方面与私经济部门开展竞争。

大规模的组织会面临涉及所有法律领域的大量案件，这为经验的积累提供良好的条件，反过来有助于法律适用和法律本身的优化。

除了上述优点外，多层级的部委行政体制也具有很多缺点，组织法和程序法上的预防措施只在一定程度上消除了其中的一部分。例如决定程序中的摩擦可以通过有关行政机关的参与得以缓解。实践中经常出现不同部门的决定或者计划冲突的问题，一个部门掌握的有关信息不能或者不完全能供其他部门作出决定时利用。大量缺陷的症结在于大型官僚组织的权力体制本身阻碍合作和信息流通。

尽管科层制部委行政的上述特点并非都具有直接的组织法意

义，但却有助于认识这种行政组织体制，有助于分析是否采用这种组织形式的理由，有助于把握部委行政现代化改革的理论背景。

二、部委行政的典型模式

（一）多层级

这是部委行政体制的一个主要特征，具体表现为政府、部委及其下设机关。部委是行政的最高层级，是内阁的必要成员，是议会监督和行政责任的保障。联邦和州的多层级行政体制的具体形式表现为若干种模式。

1.联邦。在联邦层面，总理和部委是行政组织的最高层级，被称为最高联邦行政机关。其他宪法机关的自我行政管理也可以作相应的归类，例如联邦众议院和参议院的行政管理、联邦宪法法院的自我管理等。

部委分别负责不同的任务领域，由联邦总理在政府工作分工的框架内分配给相应的部长。联邦政府设立新的职能部门即意味着确立了新的部委行政领域。作为部委的领导，部长履行三种职能，即作为政府的成员、部委的领导和联邦众议院的代表。正如其他实行议会政体的国家那样，联邦层面没有禁止议员兼任部长的分离规则（Inkompatibilitätsregel），因为这并不违反分权原则。

联邦总理负责联邦总理府，其历史的前身是帝国首相，内部结构与部委明显不同。究竟是它本身还是其下属机关是一种最高联邦行政机关，存在争议。我们认为，这仅仅是术语问题。联邦总理的特殊地位源自其任务，这决定了总理在执行纲领方面的权限。

总理的任务范围并不限于特定的部门领域,其直属机构只有新闻和信息局以及新闻中心。

部委下设联邦高级行政机关。在《基本法》第 86 条以下规定的范围内,它们是独立的行政单位,享有联邦层面的特定管辖权,受联邦最高行政机关的行业监督和勤务监督(Dienstaufsicht)。它们可能是一般性或者专业性的行政机关,分担部委的任务,仅在例外情况下才进一步分设下属机关。实践中,它们的主要任务是执行法律。

联邦中级行政机关通常分管特定的地区(行政区),受最高联邦行政机关的行业监督和勤务监督,例如水和船运分局、国防分局、高级财政分局等。

联邦基层行政机关是限于若干领域和地域的独立行政单位,通常受联邦中级行政机关的行业监督和勤务监督,直接执行任务。

组织法上难以定性的是所谓的派出机构(Aussenstellen),它在人事方面是独立的行政单位,但(在业务方面)却不是独立的下属机关。

同样没有独立地位的分支机构是由联邦各层级管理的设施(Einrichtung),其机构设置可以采取多种组织形式,其中主要是没有法律能力的设施,《联邦预算条例》第 26 条第 1 款规定的经济企业、第 2 款规定的特殊财产以及私法组织形式的组织,其中主要是有限公司。这种设施通过命名向公民开放的,则属于公共设施。

另一种特殊的组织是咨议会(Beirat),通常由行政机关出于咨询目的设立。它们性质上属于咨询性机构,没有独立作出公权性决定的权限,但其意见对后来的实体决定却具有重要影响。因此,其设立和程序有时需要专门的法律依据。

2.州。这里首先区分平原国家和城市国家,大多数平原国家实行三级行政体制,一些小的州有裁减中层机关的趋势。

(1)基层行政机关。从组织法的角度来看,州的基层行政机关存在归类方面的问题。只有若干行政领域才有独立的行政单位,作为州的地方机关;与此不同,大多数联邦州都将其任务委托给地方政府执行。总体上可以区分为如下三种模式:

第一种模式遵从地方(自己的)任务和国家(委托的)任务的传统二元划分,将其应用到内部组织法层面,以分配机关权限(委托的任务由首脑机关自负其责地执行),区分监督的种类(授权性任务的行业监督),在机构设置方面则以机关委托为出发点。地方机关在执行州委托的国家任务时属于州的机关,后果最终归属于州,其中包括赔偿责任。在委托任务和机关委托的范围内,地方政府属于州的基层行政机关。

第二种模式同样以上文所述的任务双轨制为出发点,但将其效果限制在内部组织管辖权及其监督标准方面。任务执行由地方政府最终负责,因此性质上不属于机关委托。在组织法上,地方政府不是州的基层行政机关。大多数州采取这种模式,但其规定也有许多模糊甚至矛盾之处。

第三种模式主要在北威州的地方法中采用,参照所谓的外茵海姆模式(Weinheimer Modell),着眼于一元化的任务观念。所有在地方层面发生的任务都由地方政府自负其责地执行,但受到不同形式的监督。对这种模式而言,机关委托没有必要,地方政府完全不是组织法意义上的州基层行政机关。不过,需要注意,在北威州,县长和县委员会有时也被赋予州的任务,县政府在此范围内属于州的基层行政机关,例如该州的《县条例》第58条第1款。

在基层作为独立的州行政单位的有卫生局、教育局、财政局和林业局等。

(2)特殊最高州行政机关。在部委行政体制之外存在一些不受指令约束的特殊最高行政机关,例如州议会主席、州审计署、州数据保护专员和州律师。另外还有一些不隶属于特定部委的中央组织单位。

(3)其他方面的州法特殊性。除了上文所述之外,一些州还有其他方面的特点。例如北威州有莱茵兰德和威斯特法伦—利伯等两个农林协会(Landschaftsverband)作为乡镇联合体的上级,执行国家任务。各州的媒体设施组织形式也千差万别,有些还享有自治权。

(二) 行政内部的组织模式

对此,可以考虑如下三个因素进行设计,一是中央控制,二是信息处理和作出决定,三是尽可能方便公民获得行政服务。第一种模式有助于保障公共行政的民主合法性和责任性,第二种模式着眼于组织学上有关优化决策过程的认识,第三种模式参考新控制模式提倡的产出导向观念,将"公民"视为顾客和上帝。

由于在联邦和州的行政体制中,与公民之间的直接关系不是首要考虑因素,其他两个因素在行政机关内部结构的设计方面起着决定性的作用。应当指出的一个趋势是在(不改变)官僚科层制的框架内引入新控制模式的一些措施,优化决策过程。

三、部委行政中的领导权

（一）传统部委行政模式

机关内部的组织结构是领导权行使的框架和蓝本，官僚科层制正是这种从民主原则中产生出来的领导权等级体制的真实写照。一般或者具体的指令，以及人事权、组织权和预算权的不同行使形式构成了传统的控制手段，可供部委行政中的领导机关使用。领导权在行政等级内部逐级向下传递。这是一种权力的等级，但经常在因许多共同决定层级（签署权）而不断受阻的决定过程中旁落。

（二）新控制模式

在部委行政中引入新控制模式或者该模式的若干措施，会引起内部结构和领导权的变化，具体的范围和方式则取决于所引入手段的种类，这里只能作简要的例举和评价。

实践意义最大的是在行政领导与下属部门之间签订的目标协议。问题是，这种协议是否以及在多大程度上限制着指令权？换言之，目标协议的内容可以具体到何种程度？从实践情况来看，这种协议通常赋予下级一定的裁量空间，下级只需要在约定的时间内完成特定的指标。我们认为，这只有在下级能够自主控制决定过程和工作流程的情况下才有可能，因此，目标协议通常具有限制指令干预的性质。

是否可在引入新控制模式的同时而不改变部委行政的现行法

律框架？维持领导权行使规则现状的关键在于，对领导机关及其下属机关来说，指令权还需要继续存在。因此，目标协议只可能以上级自我约束形式履行。下级是否以及在多大程度上能够作为"伙伴"请求上级遵守协议，尤其是向行政法院起诉，需要进一步研究。这里值得注意的是，这种协议可能使行政机关内部关系更加主观化和个性化。

第八十六节　间接国家行政

一、间接国家行政及其与部委行政之间的关系

（一）间接国家行政的概念

无论《基本法》还是州宪法都没有规定，组织法也回避这个问题。这个概念在不同含义上使用，一般是指与部委行政相对的，在法律和组织上独立的行政单位。这种区分涉及的理论问题在于，间接行政是否只存在于联邦和州层面，是否属于联邦或者州执行"其"任务的组成部分，是否包括具有自主任务的地方行政主体和公务自治行政主体。

无论概念上还是学理上都没有对间接行政作严格或者宽泛理解的绝对理由，因为两种理解的根据都有其合理性。因此，只能根据具体的情形来明确"间接国家行政"一词的含义。

《基本法》第86条以下使用"联邦直属团体"这一术语的本意是必须通过联邦建立的行政单位实施活动。这种理解比较准确，

但也存在界分的困难。与依据联邦法律建立的自治行政主体——如联邦律师协会和联邦税务咨询师协会——相应,州层面使用的概念也不够明确。

间接国家行政有时作为在下述领域中采用的各种组织形式的集合概念:公法团体、设施和基金会。这种作法具有一定的合理性,从尽可能明确的系统化努力来看,是可以理解的。但是,仍然出现了不同分类的违法混淆,因为联邦和州本身也是(区域性)团体。也许回避这种归类会好一些。

我们认为,对间接行政作如下理解更合理:它是指由联邦或者州设立并且监督的公法行政单位,(只)执行国家任务,就其任务而言,仍然属于联邦或者州的直接国家行政。它不包括地方行政主体、公务自治主体以及其他具有自主任务的独立行政单位。下文的研究以这种认识为出发点,因此不针对地方行政主体、公务自治主体和其他具有特殊法律地位的功能主体。

(二) 间接国家行政的范围和形式

无论对间接行政作严格还是宽泛的理解,都需要明确它与直接国家行政的区别。多数观点都着眼于(完全)法律能力。尽管法律能力因其标准的模糊性而逐步相对化了,出于形式稳定性和术语上的正确性(完全法律能力意味着高度自主性,尤其是预算法和财产法上的自主性),我们仍然将它作为这里的区分标准。

从现有的学理研究成果来看,法律形式方面的一个具体问题是私法组织形式是否包括在其中？反对意见认为,私法组织在任何情况下都不能行使公权力,没有像行政主体那样的自有主体权限。我们认为,反对意见没有看到,在间接行政占据主导地位的给付行政领域,公权力的行使并非主要方面。另外,即使采取公法形式的间接国家行政组织也并非严格地将联邦或者州的任务作为自己的任务执行。这是它与自治行政得以区分开来的关键所在。因此,不存在将执行联邦或者州的任务的私法组织排除在外的绝对理由。

(三) 部委监督间接国家行政的标准和手段

间接国家行政相对部委行政的独立性使这类行政单位摆脱了政府的领导权,但其民主合法性保障问题也由此产生,因此对这种独立的行政单位进行控制的手段和标准具有重要意义。为此,需要结合领导权的不同形式,区分机构、人事和预算法等方面,以建立完善的控制手段。

法律、条例等对间接行政的规范性控制与直接行政没有原则性区别。但法律或者条例制定机关可以适当调整间接国家行政的活动空间,事务方面的民主合法性要求也是如此。规范控制的强度选择取决于赋予这种行政单位独立性的目的。如果主要是为了执行特定的项目——多数给付行政单位都是如此,那么,应当选择比较细致的规范控制。如果是为了利用组织的专业知识,规范控制的细致程度应当低一些。这里需要与其他控制手段综合平衡,除非是不受部委指令约束的情形。

位于规范控制和组织控制之间的多种多样的干预措施是发布行政规则和具体指令。由于间接国家行政的功能主体原则上没有相对于部委的值得保护的权利,为了进行外部的组织控制,部委在实体法之外可以保留发布行政规则的权力。

对间接行政主体进行外部组织控制的主要手段是监督，其中不仅包括法律监督，通常也包括行业监督。

对间接行政主体进行的人事控制应当着眼于人员民主合法性的保障。公法设施和基金会的领导机关从外部任命，团体的领导机关由其成员从内部选任，都可以使它们的民主合法性得到保障。除此之外，通过调任、派驻或者其他"出借"方式，对间接行政主体下设机构的成员也可以从外部任命。

与其他监督方式相比，预算控制显得薄弱。具体形式取决于间接行政主体的经费是来自自己的预算还是联邦或者州的拨款。根据《联邦预算条例》第105条至第112条和州预算法的相应规定，联邦和州审计署的监督受到一定的限制。

二、不受指令约束的行政组织

间接行政组织总体上都属于部委对其不享有指令权的功能主体，都是不受指令约束的（weisungsfrei）行政组织类型，享有不受指令约束的活动空间，但通常受部委的法律监督。

因此，在将所谓的不受指令约束的行政组织（独立行政单位）纳入间接国家行政范畴时需要注意，应当充分考虑其特殊性，这方面的最典型和最重要的例子是联邦银行、联邦审计署和州审计署。除此之外，不受指令约束的领域还有联邦国债行政、国家考试局、危害青少年印刷品审查联邦中心、联邦和州的人事委员会、国家伦理学委员会，以及大量享有（共同）决定权的咨询委员会。

从上述例子中可以发现，不受指令约束的自由分为不同的等级。最宽泛的是组织机构方面的无指令约束,针对整个行政单位或者其主要权限,例如联邦银行和审计署。位于中间的机构,如国家伦理学委员会,负责特定的专业问题,仅在此范围内不受指令约束。最小的是不受个别指令约束的情形,仅限于特定的决定事项,例如联邦财政部在预算制定和预算执行方面享有个别的不受指令约束的自主权。

在不受指令约束的范围内,部委对所属行政主体的控制原则上限于合法性监督。有时甚至连法律监督也没有,例如审计署(《基本法》第114条第2款)。

形式上与不受指令约束的空间联系密切,但在结构和运作方面不同的是共管行政(Kondominialverwaltung),性质上属于私人参与国家决定的一种情形,具体表现主要是领导委员会和评价委员会。应当注意区别评价委员会的两种类型:一种类型是多元群体代表组成的委员会,代表性是它的主要考虑因素;另一种类型是准司法的审查委员会或者监督委员会,例如决议委员会、复议委员会和监控委员会等,专业知识是它们的首要考虑因素。

第八十七节 公法团体

一、历史、概念、形式与设立

(一) 历史

公法团体的概念可以追溯到13世纪,当时的城市被视为独立于其成员变动、具有法律能力和行为能力的团体。在向中世纪的领土国家过渡过程中,尤其是在专制主义时代,团体的相对独立性受到侵蚀。在后期专制主义的法律制度中,法人处于国家的广泛控制和压制之下。这方面的一个典型例子是《普鲁士一般邦法》第25条至第202条第2款第6项。

19世纪初期,随着地方改革和大学改革的进行以及商人的合作,公法团体的建立出现了转机。新的制度规范通过1870年以后的两次立法改革浪潮——商业和职业协会改革,财产性团体(Realkorporation)和社会保险改革——拓宽,公法团体由此成为国家政治的组成部分,它一方面推动公民更有效地影响政策的形成(主要在地方法领域)过程,另一方面也推动社会的现代化转型。二元宪政主义借助公法团体这一制度来保障公民的自由及其在严格限定范围内的参与,一种崭新的公共行政力量在国家行政体制中产生。当时流行的同志思想(genossenschatliches Gedanken)是一针强心剂,它被奥托·冯·吉尔克(Otto von Girrke)和胡果·普洛伊斯(Hugo Preuss)移植到自治观念中,用来扩大成员在团体中的参与权。①

在宪政主义的宪法制度中,公法团体开辟了一条保障公民参与,从而在一元化的国家制度内植入一种崭新的民主合法性证明模式的道路。乡镇作为民主国家体制的基础,在历史上当之无愧。但是,在集权制国家向民主宪政国家过渡的过程中,团体却失去了原先的特殊地位。为此,它不得不强调它相对于占据统治地位的全体国民的独立性和代表性。迪奥多·郝伊斯(Teodor Heuss)提出

---

① 比贝克(Bieback):《公法团体》,第430页以下。

的警告表明了当时日益紧张的状态,他认为,民主和(团体)自治是两个鱼水情深、同生共死的存在形式。实际上,这意味着整体国民的利益与个别国民的利益之间的分离和冲突已经不可避免。

一方面是着眼于整体国民意志的民主集中制(demokratiches Zentralismus),另一方面是以尽可能广泛和直接的公民参与为目标的分散化、多元化的民主思想,面对这两者之间的紧张关系,1848年《德意志帝国宪法》、《魏玛帝国宪法》、《联邦德国基本法》和州宪法都作出了有利于第二种观念的选择。地方自治和公务自治不仅得到了法律的承认,甚至被视为国家组织的必不可少的基本组成部分。与此同时,国家层面的团体组织形式也在不断调整,这对学理总结不同的组织模型具有特别重要的意义。上述历史还表明,公法团体这一组织形式在民主宪政国家仍然具有重要意义。

(二) 概念

宪法和行政法都在使用公法团体或者公共团体的(现代)概念,但都没有给予法律定义,专门的组织法规定也是如此,尽管它们都以有关团体含义的认识为基础。这里需要注意,团体的概念在德国法律传统上本来就不统一。

《基本法》和州宪法使用的团体有时是各种独立行政组织形式的集合概念,而不论它们各自具体的组织体制是什么样的,例如《联邦德国基本法》第 34 条和第 87 条第 2 款。《公务员法框架法》第 133 条规定团体是具有雇主身份的所有公法人。《基本法》第 59 条第 2 款提到的"属于联邦立法权限的团体"实际上是指具有部分法律能力的机关。

组织法上的团体是指享有不特定多数人的意思能力和行为能力,不受个别成员变动影响的组织集合体和法律单位。团体受其成员自下而上的"控制"(自下而上的体制),是以特有方式实现民主宪政的自治组织形式。成员通常有权参加团体的领导机关,有权也有义务参与实现团体的活动目标。

公共团体区别于其他组织的基本特征在于不是由私人自发成立,而是通过公权力行为,尤其是法律或者根据法律授权作出的公权性法律行为(条例、规章或者行政行为)成立。

成员是对团体实行人事、事务以及(通常借助交费)财政等方面控制的主体,与工作人员不同,后者不是团体的成员,而是团体进行管理活动的工作人员。大多数团体还以外属(设)机关(Fremdorganschaft)的身份执行(他人的)任务。因此,大多数州的地方法规定团体可以选派——与市长不同——代表(Beigeordneten),他在有关的地方通常不享有消极的选举权。经济协会和职业行会的业务领导职位通常由外来人执掌。这主要是为了保障管理的足够专业性。

除了组成和控制团体的一般成员之外,可能有特别或者特邀成员参加团体,但具体名称千差万别。例如,地方自治团体委员会中的专业人士就属于特别成员,他不享有或者只享有有限的附和权和表决权,通常履行咨询性或者特邀的职能。如果有关法律规定特邀成员享有一般成员的全部权利义务,通常也被视为普通成员。

服务享受人(Nutzniesser)是指有权享受团体服务的自然人或者法人,例如高校的旁听生或者地方公共设施的外籍使用人。这种法律关系通常由设施法设定。

在作为行政主体或者某个行政组织的组成部分活动时,公法团体通常服务于公益目的。但是,团体也可能同时服务于私人目的,例如作为所属群体利益的代表就是经济或者职业协会的任务之一。公法团体客观上代表或者反映私人利益并不改变有关团体的公法地位及其执行任务的公法性质。

具有特殊地位的是所谓的形式团体(Formalkorporation),它有着公法团体的法律形式,却不执行国家任务或者不服务于公益目的。最为典型的例子是享有公法团体地位的宗教团体,这种情况是19世纪的历史残余,在《魏玛帝国宪法》和《基本法》的咨询意见中没有具体的说法而保留下来,以至于成为当代法律制度中的一个异族。因此,公法团体的法律地位并非当然无保留地属于国家领域,相反,应当根据具体情况审查是否属于例外。

公法团体通常享有公权力,任何公法团体都有权作出执行其任务所必要的内部行为,无需法律专门授权。但是,团体要对其成员实施影响其基本权利的法律行为,则必须有充分明确的法律依据。针对外部实施的法律行为通常需要相应的法律授权。除此之外,公法团体实施行政行为的,还需要遵循有关实体法规定。仅在《公务员法框架法》第121条第2项规定的条件下,公法团体才享有雇主的地位。

(三) 形式和种类

对公法团体多种多样的表现形式可以从如下角度归类:

1. 以法律能力的范围为标准。可以分为具有完全法律能力、具有部分法律能力和没有法律能力三类。

公法团体通常具有法律能力,有学者甚至将法律能力作为团体的概念要素①。鉴于具有法律能力的公法团体在事实上的主导地位,可以将法律能力作为严格意义上的公法团体的概念要素。除非特别说明,本书也在这个意义上使用公法团体的概念。

具有法律能力的团体首推联邦、州和地方,其次包括公务自治主体,另外还有属于联邦或者州间接行政的大量公共团体,以及地方目的联合体。

(完全)法律能力的概念传统上是指参加民事法律行为的资格。因此,具有法律能力并不意味着可以成为任何权利义务的主体,公法人尤其如此,它只能在特定的总体权限内活动。因此,巴霍夫和法布里乌斯(Fabricius)在其基础性的研究成果中指出,实际上只存在部分法律能力②。就此而言,法律能力只能用于区分那些仅在个别事项上享有法律能力而通常不能独立参与民事行为的团体。

公法团体的法律能力到解散时终止,其财产归属于成立公法团体的公权力主体,除非法律另有规定。

从许多公法团体财政日益紧张的状况来看,破产作为公法团体终止的一种情形可能更具有现实意义。《破产法》第 12 条第 1 款第 1 项绝对排除了联邦和州破产的可能性。根据该法第 12 条

---

① 福斯特霍夫:《行政法》,第 1 卷,第 491 页;毛雷尔:《行政法学总论》,第 23 章,编码 37 和 39。

② 参见本书第 1 卷第 32 节。

第1款第2项,州法律可以将其他受州监督的公法人排除在破产之外。就此而言,《破产法》第12条第2款实际上是出于保护雇员利益的目的而设定了州的担保责任。

《工商业条例》第24条第2款规定的技术委员会和高校的学院是具有部分法律能力的公法团体。没有法律能力的团体通常指行政主体的合议制机关和下属机构。例如联邦众议院和参议院、州议会、地方代表机关和乡镇下设的分区和村。

2. 以独立性程度为标准。可以作如下区分:

从因其国家性质而享有(相对的)主权和自治权来看,联邦和州享有最大程度的独立性。国家层面的公法团体通常由行政组织法规定,有关公法团体因享有自治权而具有相当大的独立性。从其法律渊源来看,自治权分为由宪法确认并由一般法律保障的自治权和产生于基本权利或者民主原则的自治权。高校教师享有的自主权属于产生于基本权利的自治权。大多数情况下的自治权源自民主参与权,例如《基本法》第28条第1款确认的地方自治权和大多数公务自治主体的自治权。

宗教团体基于基本权利地位而享有特别广泛的独立性,无论它是否属于公法团体。它们的自治权依据是《基本法》第140条和《魏玛帝国宪法》第137条第3款。

除了法律赋予的自治权之外,一种特殊形式的独立性是不受指令约束的自由,除非涉及成员自主事务的处理。从因此而被削弱的民主合法性保障来看,这种被称为不受部委指令约束的行政类型仅在具备特别正当法律理由的情况下才具有适法性。团体很少存在这种情况。

在联邦、州和地方的间接行政组织中，有很多公法团体形式上都不受特定国家行政机关的指令约束。但是，以联邦、州或者地方为成员的团体因其领导机关中的代表性成员受指令的约束实际上也受到与指令类似的控制。这与一般指令的区别在于，只有多数成员而不是个别成员才能形成并且执行团体的意志，其条件是表决权以及相应的多数原则。

因此，地方目的联合体的代表人受所代表团体决议的严格约束，大多数法律因此规定只有团体成员一致同意才能作出决议。

3.以成员的条件或者属性为标准。可以分为属地性团体、属人性团体和财产性团体。

属地性团体的成员是依法按照住址确定的自然人和法人，例如联邦、州和地方。国家层面的属地性团体是全体公民直接实行民主合法性统治的思想的实现形式。根据被欧洲法革新的《基本法》第28条第2款，住址在地方团体辖区内的欧盟公民也是所在区域合法统治权的人民基础。

属人性团体虽然也可能按照地域划分，但与其有直接关系的不是住址或者办公地址，而是自然人或者法人的特征，尤其是所从事的职业。这种团体主要是经济或者职业行会。

财产性团体按照特定财产或者对特定不动产的使用权确定成员身份。使用权通常附带特定义务。例如水和土地协会、狩猎者同志社、林业和渔业经济同志社等。这种团体也称为不动产财团，通常实行同志社的体制。

完全或者主要由法人组成的团体称为联盟性(Bund)团体或者联合性(Verband)团体，例如地方目的联合体、公法行会总会，后者的典型例子是联邦律师协会、联邦税务咨询师协会。需要注意,德国工商业协会(DIHK)不是公法行会的总会,它因缺乏法律依据仅属于登记社团(Vereine)。

按照上述标准进行的归类角度不同。如果以企业的所有权而不是经营活动为标准,工商业协会就属于财产性团体而不是属人性团体。由于只涉及归类概念问题,有关争议没有多大意义。另外有一些团体不可能简单地纳入上述任何一种分类,例如北威州的垃圾和废料处理联合体。

(四)设立

公法团体只能通过国家的公权力行为设立,不包括由私人自发或者行使《基本法》第9条第1款作为基本权利予以保障的私人自治权而建立的协会。

成立行为的形式要求与有关团体是否具有(部分)法律能力有关。一般认为,具有完全或者部分法律能力的公法团体只能由法律或者依据法律设立。州组织法和有关地方合作的法律都实行这个原则。

法律设立有两种情况,一是法律直接规定设立特定的公法团体。这种法律属于措施立法,就其非歧视性而言,符合《基本法》第19条第1款。

二是法律规定设立具有相同法律特征的不特定多数团体,例如工商业协会、手工业协会、律师协会和其他公务自治主体。这种法律的规定可以由实施法或者执行部门的行为具体化。这种实施行为本身就是团体的设立行为。

所谓依据法律设立,除了行政行为或者设立成员的协议等设立依据之外,还需要国家(监督)机关的批准,而具体的设立事项由主管国家机关或者行政主体办理,例如地方目的联合体。

团体的要件只能由法律规定,包括:(1)执行的任务(总体权限),(2)成员,(3)法定机关及其设置,(4)机关之间任务分配的原则,(5)财政。这方面的规定也可能是选择性的,团体的设立机关或者领导机关享有一定的选择空间。

主体权限是由团体自主或者根据指令执行的任务,必须充分确定。这里需要注意,在国家之下的层面不存在所谓的"权限—权限"。乡镇的任务发现权受地方特点的明确限制。对自治团体而言,需要区分自主活动领域和委托的活动领域。团体是否以及在多大范围内可以委托执行国家任务也由法律规定。

准确规定团体的成员也同样重要,尤其是法定强制性成员或者成立违反关系人意志的情况,例如地方合作共同体。对成员范围的确定而言,必须遵守宪法、欧洲法的有关规定和吸纳成员的实体条件。

团体的财政来源必须由法律规定。如果财政来源是成员规费——通常如此,那么,收费所针对的任务事项必须明确界定,必须符合税法和规费法的有关原则,尤其是有关收费正当性的规定。设立团体并且向其移交(国家)任务是减轻国家财政负担的一种有效手段,因此,将那些不属于成员自有事项的任务委托给团体必须遵守更为严格的财政要求。在这种情况下,从一般税收中抽出部分作为团体的财政来源,作为任务委托的财政平衡手段是完全必要的。在将新的国家任务委托给乡镇方面,州宪法已经作了这种规定,例如《萨兰州宪法》第 87 条第 3 款。以此为内容的关联性原则(Konnexitätsprinzip)对其他自治主体也应适用,否则,委托任务的财政来源无法保障。

二、公法团体的成员

(一) 概述

公法团体的成员关系属于一种特殊的行政法律关系,其内容主要由有关团体的身份法规定,一般的团体法、有关合议制领导机关的原则、有关的宪法规定(主要是基本权利和民主原则)是补充。

对属地性团体而言,主要是有关公民身份的国家法规定。有关法律规定不明确的,则需要依据有关国家法律文件。地方成员的身份权受宪法和(1992 年以后)欧洲法的影响,但地方法也作了大量特殊的规定,这在有关地方宪法的著作中会细致阐述。对公务自治主体而言,成员关系更取决于各个主体本身的特殊性、宪法确认的自治权及其内部的组织结构。这一点在有关这种组织类型的阐述中有所涉及。下文的阐述着眼于不同成员关系的一般框架和不同关系形式的系统化。

(二) 成员身份的确立和终止

法律、条例、行政行为、公法合同或者行政法上的意思声明都可以用来确认成员身份。这里需要区分义务性成员和自愿性成员,这与团体的设立是强制性的还是自愿性的有关。另外还需要注意区分是否存在成员身份的请求权,以及成员身份是否由团体或者其他国家机关裁量确认。

属地性团体的成员关系通常根据法定(第一)住址或者住所确定,这种义务成员身份是法定的。对大多数公务自治主体而言,成员是符合特定条件的自然人或者法人。

如果法定义务性成员身份的要件不可能充分查明或者事实的查明程度需要符合特殊的专业要求,例如水和土地联合体、手工业和商业领域的情形,应当通过行政行为确认成员身份。实践中通常是在作出的收费裁决中一并确认。

地方合作共同体原则上是自愿成立的目的联合体,是监督机关所属的公法团体。但是,在特定任务的有序执行不可能由个别乡镇负责的情况下,也可能违反成员意志成立。我们可以将这种联合体称为义务性联合体。

在符合联合体目的本身要求的情况下,法律有时可能规定自愿加入(义务性的)目的联合体。大多数有关地方合作共同体的法律中都规定私人可以参加目的联合体,除非地方团体作了保留。

法定义务性成员身份因实体要件消灭而终止,自愿性成员身份通常以退出声明的方式终止。法律也可能规定其他终止方式,在出现争议时,可能需要作出确认性行政行为。

(三) 成员的地位

公法团体的成员可能是自然人、私法人和公法人,其地位取决于所属公法团体本身的特性和宪法功能。完全或者主要由私法人组成的公法团体通常作为自治行政主体组建,通常会充分考虑体现民主合法性和基本权利的参与权。由公法人组成的公法团体要么是平等地共同执行任务的手段,例如地方合作联合体,要么是分散执行国家任务的一种组织形式,例如公务自治主体。

从成员身份的确认方式来看,可以区分法定成员和自愿性成员,创建性成员、加盟性成员和其他成员。

(四)成员的权利

1.成员身份请求权。在其他成员权利之前存在的问题是,是否以及在何种条件下公法团体的成员身份请求权成立。在国家层面解决这个问题的是国籍法,地方团体的居民既要有国籍,也要有住址,即事实上在地方团体的辖区内居住。

对公务自治主体而言,有关法定成员身份的防御问题还处于学界和司法界的探索中,其中一个重要方面是成员身份请求权。按照《欧洲共同体条约》第43条保障的迁徙自由,欧盟公民在其经济活动符合法定基本条件时应当得到与德国国民同等的对待。

2.其他权利。严格意义上的成员权利首推与成员身份联系在一起的参与权(Bewirkungsrecht),具体分为选举权和表决权。前者主要针对代表机关和领导机关的设置和组成,后者是参与特定实体问题决定的作出。

需要指出,自治团体所属的自然人成员的影响权属于《基本法》第20条第2款第2句意义上的民主参与权。《基本法》第28条第1款第2句和州宪法的相应规定针对地方团体,但也适用于公务自治主体。在其他一些情形中,例如高校委员会中的教授,民主参与权被基本权利确认的参与权补充或者拓宽。原则上平均分配的民主参与权可以通过这种方式修正。为了保障适当的利益平衡，也可以修正①。

就针对代议机关和领导机关职位的参与权而言，需要区分积极和消极的选举权。如果实体决定由成员全体会议或者类似的机关（例如公民请愿或者公民决议）作出，成员享有表决权。

根据联合的目的和活动范围，成员还享有使用（进入）公共团体所属设施和享受其他服务的权利。这种权利通常不直接从成员身份中产生，而是由法律或者团体规章进一步规定其条件和方式。在法定范围之内，成员享有平等份额的请求权。

公共设施主要由地方团体管理，也可能由公务自治主体、州和很多间接行政组织管理。其中比较特殊的是公法保险制度，主要是社会保险主体，给付权在这里最为重要。

团体成员的信息权越来越重要。这里需要区分不同的情形和成立形式。合议制成员享有特别广泛的信息权，尤其是有关代表会议过程的情况，例如乡镇议会和全体代表大会。这里需要注意区分三种情况：一是附属性的信息权，即信息权是附和权、咨询权和表决权的组成部分。二是法定信息权，即成员依据专门的信息法律享有的信息权，一些联邦州制定了这方面的专门法律。三是直接源自成员身份的请求权，它在属人性团体和财产性团体中具有重要的意义。

特别有助于加强其他成员权利的是基于成员身份而要求遵守主体权限的诉权，这是行政法院针对义务性成员团体而创设的一

---

① BVerfG,BVBl.,2003年,第923页以下。

种权利[1]。成员借此享有一种特殊的监督权,无论自己的主观权利是否直接受到侵害,都可以通过诉讼阻止所属行会执行任何不适法的任务。

(五)成员的义务

现行任何法律制度都没有规定没有义务的成员身份,其中尤其是财政义务。这在国家层面表现为一般的捐税义务,任何有收入或者财产并且具有支付能力的公民或者居民都有这种义务。为了保障财政来源,其他公法团体可以收取规费或者分摊费。税费的收取应当遵循负担均衡的原则。

捐税义务的具体内容由财政法和预算法规定。需注意,征收税费的方式对保障团体的财政来源和行动能力来说至关重要。根据《基本法》第 28 条第 23 款第 3 句和州宪法的相应规定,地方团体将宪法保障的自治权拓展到为执行任务所必要的财政来源。

除了财政义务之外,国家和地方层面还有承担和履行名誉职的义务。这是第二种基于成员身份的义务。乡镇条例对名誉职的承担和履行作了细致规定。

除此之外,成员身份原则上不产生其他义务,尤其是不存在参选领导职位或者其他职位的义务或者个人参与的义务。

严格意义上的成员义务不产生也不包括特定的行为义务,尤其是从事作为团体成员身份确认标志的特定职业活动的义务。经济和职业行会通过的职业法并不针对成员身份,而是任何从事这

---

[1] BVerwGE,第 34 卷,第 69 页,第 74 页;第 112 卷,第 69 页以下。

种职业的行为。

三、领导机关和领导体制

(一) 中央领导机关

作为由成员组成、负责并且控制的组织,团体必须设立合议制的领导机关作为其中央机关。成员众多的团体由其成员选举的代表组成合议制机关,通常称为成员代表大会或者全体代表大会,有的也称为代表大会、行会会议或者联合体会议。下文使用成员代表大会(Mitgeliederversammlung)一词。

成员代表大会的决议和其他作为代议制机关的行为,如选举,一般要严格遵守均等民主的选举权平等原则[1]。但是,如果存在实质正当的理由,或者出于组织本身的特殊性或者任务执行的需要,联邦宪法法院和通说都赞成例外和修正[2]。

附和权的不同形式有:工商业协会和手工业协会的群体选举权,依据是《工商业协会法》第5条第3款和《手工业法》第93条第1款;各种财产性团体的复数表决权(Stimmgewichtung),例如水土联合体、猎人同志社;为了保障《基本法》第5条第3款规定的学术自由,《高校框架法》第37条规定了教授群体在高校委员会中的优势比例。

除非法律另有明确规定,成员代表大会为了减轻工作负担,可

---

[1] BVerfGE,第47卷,第253页,第276页;第51卷,第222页,第235页。
[2] BVerfGE,第39卷,第247页,第254页。

以设立决策性或者咨询性的专门委员会作为下设机关。因专门委员会的职能而异,其组成需要像首脑机关那样严格遵守反映性原则;如果决策的裁量空间很大,则需要吸收专家成员。

(二) 理事会或者主席团

在成员较少的团体中,领导的任务在理论上可以由成员代表大会执行,但实践中很少这样,例如,猎人同志社甚至只需要依法成立理事会。一般作法是由成员代表大会选举产生的理事会(Vorstand)或者主席团(Präsidium)执行领导任务。它是一种合议制机关,理事会主席被赋予特殊的业务领导权。团体只设立理事会也具有理论上的合理性。

理事会或者主席团的重要组成规则之一是所谓的自属机关要求(Eigenorganschaft),即从团体成员或者代表中选举其组成人员,这意味着,在许多情况下团体的任务由其成员以名誉职的身份和方式执行,公务自治主体尤其如此。国家、地方和联盟性团体则相反,经常使用专职的外属机关(Fremde organschaft)执行任务。

(三) 团体的其他机关

如果理事会或者主席团的任务由专职机关负责,该机关还同时负责行政的领导工作,例如地方团体的乡镇长或者县长负责行政工作的组织和领导。

领导大型团体的名誉职理事或者主席团成员为了进行日常管理活动,领导下设行政机构,可以任命专职的经理,因团体的组织规模而异,可能是一个人组成的独任制机构,也可能是由多名经理组成的合议制机构。尤其是成员众多、行政机构庞杂的经济和职业行会，法律通常规定任命专职的经理。如果法律明确规定任命专职经理，团体可能以有关规定为依据在规章中作此规定。

专职经理是否属于相对独立的机关，一方面取决于有关法律规定，另一方面取决于作为基础的机关概念本身。如果经理被授予代表团体的任务，它无疑享有机关的地位，例如《工商业协会法》第7条第2款。如果不是法律而是规章规定了代表权，同样如此。在其他情况下，只能将经理认定为内部机构。

为了获得外部的支持，团体可以设立咨询委员会，由专家或者有关社会群体的代表组成。

（四）机关之间的任务分配

与国家类似，团体下设机关之间的权限分配也根据事项的性质和机关本身的民主合法性程度确定。作为出发点的原则是，特别重要或者影响基本权利的决定事项由中央合议制机关即成员代表大会保留。

就地方团体而言，乡镇条例或者县条例将这种任务强制性地分配给具有直接民主合法性保障的代表大会。其他团体的法律大多没有这样细致的规定，通常对代表大会保留的决定事项作开放式的列举规定。

四、对公法团体的监督

对公法团体的监督已经得到了法律的稳定确认，但近年来有关的制度和学理却发生了转变。问题在于，是否应当通过监督将团体尽可能"整合"到国家的统一体之中,在法定范围内限制已经赋予团体的自主权,或者将其纳入以实现共同福祉为目的的合作(社会连带)关系中。在这里,一元化集中、多元化分散以及国家与团体之间的合作等三种观念针锋相对。许多州的乡镇条例都有如下有关地方监督任务的规定:"监督的进行应当有助于保障乡镇的权利,确保其履行义务,提高乡镇的决策能力和责任性,积累执行地方任务方面的经验。"① 这种规定比较全面而又典型地表达了当今的认识。

对国家监督可以从不同的角度予以系统化。按照监督的标准可以分为法律监督和行业监督。行业监督扩展到有关活动在专业方面的合目的性。以监督的时间为标准,可以分为预防性监督和补救性监督。知情权、会议参与权、非正式的咨询、报告和审批等属于预防性监督措施;质疑权(Beanstanden)和责令权(Anordnung)属于补救性监督措施。为了落实监督,法律通常规定的手段有替代执行(与介入权不同)、任命专员或者免职(提前解除职务)。

这些监督措施既具有控制的功能,也具有领导的功能。后者主要通过预防性的监督措施实现。行业监督可能涉及实体责任的划分。控制功能主要是为了保障由国家设立的组织的合法性,并且在此范围内属于后果责任的一种追究方式。

国家监督的具体标准、出现和手段因团体的地位差别很大。就自治团体自治范围的事务而言,国家的监督通常限于合法性,并且需要遵守比例原则和其他特殊要求,例如行为有利于自治的原

---

① SaGo 第 133 条第 1 款。

则和层级干预原则。自治团体执行国家任务的,还要接受行业监督。

监督措施因团体的地位而异,法律规定也很分散,这不利于一般团体监督法的生成。①

第八十八节 公共设施

一、公共设施的概念与本质

(一) 定义难题

1.设施概念的发展。就其一般含义而言,"设施"是指为了实现特定的长期目标而由财物和人员组成的任何经营管理组织体,例如教育设施、印刷设施和废水处理设施等。

法学上的设施概念并没有什么特殊之处。奥托·迈耶以一般含义为基础提出了法学上的设施概念,现在仍然经常使用。他认为,设施是"行政主体为了稳定地实现特定公共目的而建立的资金、财物和人员的组合体",是执行公共行政任务的一种企业(Betrieb)。就其本意而言,设施实际上只是一种提供服务的技术性单位,而不是一种法律上的主体性单位。这是奥托·迈耶定义的本意

---

① 具体内容可以参见下文第94节有关地方自治和第97节有关公务自治的论述。

所在①。在法律上人们可以从不同角度界定设施的概念,例如宪法、行政法(如活动方式)、财产法、组织法、实体法、预算法以及其他设定任务的法律。

2.组织法上的设施概念。在公共行政组织方面的问题是,执行行政任务的组织形式有哪些?选择特定组织形式的法律后果是什么?我们认为,将这些问题与设施法律关系结合起来把握设施的概念更为合理。从组织法角度进行的考察非常琐碎,因为越来越多的传统行政类型萎缩了,并且被私法组织形式的行政类型吸收融合。这并不意味着一定要采取上述任何一种视角,因为组织法具有服务的功能,必须尊重关系人的基本权利,这对设施的组织形式具有越来越深入的多种影响,在废物处理、环境保护、教育和娱乐方面尤其如此。组织法的服务功能意味着,设施作为一种行政单位没有任何使特别法律关系合法化的特殊法则。这种认识符合设施的发展历史。设施的设立和经营管理应当有助于个人以特殊方式行使自由。现代设施的很多任务就是为了保障国民能够有效行使基本权利。

这里所说的设施是在国家之下设立的,采取行政法即公法体制的组织体。这个特征在基础设施和交通领域的私有化后消失了,其中尤其是德国邮政股份公司、德国通讯股份公司、德国邮政

---

① 例如 GG 第 86 条、第 87 条第 3 款、第 87f 条第 3 款、第 130 条第 3 款、第 135 条第 2 款,BGB 第 570 条,《民法典实施法》第 114 条、第 118 条和第 121 条,《民事诉讼法》第 910 条、第 1006 条第 3 款,《诉讼费用法》(GKG)第 2 条第 1 款,《非诉案件收费法》第 111 条。奥托·迈耶:《法国行政法》,1886 年版,第 225 页;奥托·迈耶:《德国行政法》,第 2 卷,1896 年第 1 版,第 318 页。

银行股份公司①和德国铁路股份公司(原先是德国铁路局)。过去作为设施总称的特别财团(Sondervermögen)随着私有化的进行而被刻上了民法股份公司的属性。现在只有那些被明确称为设施的组织单位,例如联邦邮政通讯设施,或者幸存下来的特别公法财团,例如联邦铁路财团,才属于真正的设施。在组织法上,设施是一种位于团体和基金会之间的传统组织形式。

如果将设施作为一种与团体和基金会明确区分开来的组织形式,就能真正形成学理价值和实践意义兼备的设施概念。就此而言,设施是由没有成员身份的一个或者多个人员经营管理的,执行自己或者法律交付的主体任务,能够发挥长久影响并且在法律上主体化的一种组织。设施与企业的区别在于仅采用企业经营管理的形式,也就是说,自然人、公法或者私法的团体或者基金会在经营管理的方式上不受其组织特殊性的影响。

在德国法上,设施的名称(只能)是公法性的,但其财产却是私法性的。服务于公共目的的私法团体和基金会同样大量存在,例如城市设施股份公司、市政厅(Stadthallen)有限责任公司②和盲人基金会,它们可能成为被授权人③。另一方面,如同其他公法主体那样,设施也可能是私法规范的主体,具有法律能力的设施可以签订购销、服务和不动产合同。

由公法规范规定设立并且作为特殊职权职责主体的公法设

---

① 原先是德国联邦邮政局所属特别财产的组成部分,在1989年第一次邮政改革后成为德国联邦邮政局领导的三个特别财团之一。
② BGH,NJW,1990年,第134页。
③ 参见下文第90节。

施,通常也称为公共设施,一般简称为设施。公共设施与其他设施的不同之处在于目的的公用性,享有公权力,利用关系的公法形式,具有自己的人员和物质手段,通过法定创设行为设立等。

3.我们的定义。我们认为,公共设施是由公权力主体(Hoheitsperson)管理,在法律上主体化、组织化即具有自属的人员和财产的公权力组织,设施(所属)主体借此执行自己或者法律委托的与其性质有关的外来公共任务,从而能够长期(法律另有规定的除外)发挥有效的影响。这个定义非常宽泛,包括了所有不属于团体和基金会的公共行政组织体。秩序行政尤其是给付行政领域经常采用这种组织形式,并且花样层出不穷。无论是否具有法律能力,设施都是通过管理特殊目的财产或者使用特殊技术手段而提供服务的一种行政组织形式。

一种批评意见认为,上述定义内容空洞、范围模糊、过于宽泛,因而只具有相对于其他行政主体的初步界分作用。我们认为,批评意见没有看到设施实际上是有关多种组织形式的一个集合概念,只有采用这种定义方法,才能发挥设施概念相对于其他行政主体的吸纳功能。另外还存在大量的混合组织形式,既是团体,也是设施。因此,这种组织类型的排除功能不容忽视,唯有此,才能实现明确界分、充分吸纳的定义要求。而且,从组织法的角度来看,设施的概念在宪法和行政法上都不可能绝对地局限于某个视角。实际上正好相反,立法机关也在从不同的角度使用设施的概念。

姑且不论设施的利用人是否因此受到不利影响,定义具有一定的开放性有助于确保主管机关在选择组织形式时的灵活性。如果人们以部分学理观点为依据,将部分或者完全法律能力作为确认设施的条件,就可能将其他长久以来就存在并且被视为设施的组织形式排除在设施的概念之外,从而轻视了它们本来可以作为替代形式予以选择的作用。其实,法律能力也不是团体和基金会的强制性确认标准。我们不同意将法律规范作为设施的概念要件,因为法律规范既不是必要的定义要素,也不是与其他组织形式区分开来的强制性标准。法律独立性也不是设施定义的必要要素,而仅仅是认识设施在组织法上的独立性的一个标准。无论如何,人们都不能过于抬高这方面的要求,因为这样不可能吸纳并且系统整理其他的设施种类,至于其法律后果,就更无从研究了。过于严格地着眼于公共设施的自主活动范围和任务范围,并没有令人信服的理由。行政组织法和行政实践的出发点是丰富多彩的行政类型,特定组织形式的从属类型也是如此,因此,定义不能一概局限于特定的设施类型,否则就可能混淆不同设施管理的不同要求。组织法上的独立性可以通过不同方式获得,例如独立的预算执行、自属机构、自主的决策、自主的人员录用、自治、有限的监督、独立管辖权、自主裁量空间、不协调性、使用人的独立参与权等。公共设施的概念比"公共机构"(Einrichtung)严格,后者未必是独立的组织;也比"公共企业"严格,后者还包括私法组织。但是,大多数公共机构和公共企业都是公共设施。

(二) 设施主体

1. 概念。设施所属的主体一般是指成立设施来执行其任务、形成并且贯彻其意志的公权力主体,简称为设施主体。成立设施的团体通常就是设施所属的主体,但并非一定如此。大多数设施主体是属地性团体,例如联邦、州、县和乡镇(的设施)。手工业协会甚至被授权的私法主体也可能是设施(如学校)的主体。另外,两个以上的公权力主体可能共同管理一个设施,例如"德国电视二台"就是联邦和州共管的州设施①,也可能为了设立和管理同一个设施而成立专门的团体(目的联合体)。

2. 设施主体与设施之间的关系。设施是所属主体的机关或者分支。所属主体可以自己(通过被授权的私人)或者下设的主管机关对设施进行制度化的管理②。设施的权限和机构由所属主体确定,除非法律另有规定。设施主体通常负责制定设施的业务和经济计划,任命机关成员,他们主要受所属主体指令的约束。设施主体通常还负责设施的财政来源,除非设施可以向使用人收费,监督独立活动的其他设施机关,例如对重要的业务行为进行审批。设施主体还要对(具有法律能力的)公法设施的行为对外(债权人)承担连带责任,因此被称为"担保主体"。例如,乡镇或者乡镇联合体是所属储蓄信用社的赔偿责任主体。设施主体承担赔偿责任虽然是从属性的,但却是无限的,因此被称为"担保主体责任"。与此有关但在概念上区分的是所谓的设施负担,是指设施主体在设施存续期间维持其活动能力并且弥补有关财政赤字的义务。在设施负担基础上发展起来的原则不属于实在法规范,更不属于从宪法中直接引申出来的法律规范③。

3. 私人的参与。设施主体在依法或者以其他方式确定设施的

---

① 《第二德国电视台国家协议》第1条;BVerfGE,第22卷,第299页。
② BVerfGE,第93卷,第37页 = NVwZ,1996年,第574页。
③ BVerwG,NJW,1987年,第3017页、第3019页。

组织机构时,也要同时决定私人按照出资比例参与其组织权的适法性条件和方式。这里的关键在于一方面保持设施的组织形式,另一方面确保私法出资人的参与权。私人的参与权在法律技术上采取持股的形式——这类似于股份公司,并且在公共设施与持股人之间签订的管理合同中约定。其适法性的判断标准主要是从民主原则中引申出来的民主合法性要求[1]。仅仅从私人资金参与的角度来看,这种公共设施所具有的国家私人混合主体性在宪法上是毋庸置疑的。在有助于保障设施自负其责地执行法定任务的情况下,也可以赋予私人以企业性质的共同组阁权(Mitgestaltungsrecht)。在采取相应防范措施,从而能够保障设施及其主体的公共任务能够按照担保责任和设施负担的要求得以执行的情况下,甚至可以将设施的领导权转让给私法人。

4.设施的特殊地位。设施原则上受所属主体指令的约束,但下列情况下例外:

(1)联邦银行。其职责是在确保完成自身作为欧洲中央银行制度组成部分的任务的前提下,执行联邦政府的一般经济政策。但是,根据《联邦银行法》第12条和《欧洲共同体条约》第108条(行使共同体权限方面的独立性),联邦银行在行使该法赋予的职权时,不受联邦政府指令的约束。联邦银行的董事会成员由联邦政府根据联邦总统的建议任命,任期8年,但联邦政府只享有答复权。根据该法第13条第2款,联邦政府的成员可以参加联邦银行的会议,可以提出请求,但没有表决权。根据该法第7条第2款和

---

[1] BVerfGE,第93卷,第37页=NVwZ,1996年,第574页。

第8条第3款,联邦银行的特殊专业能力要求甚至还限制了建议机关的影响力。联邦银行受联邦政府的法律监督。在行使法律没有规定的权限或者履行委托的职责时,联邦银行是否受联邦政府指令的约束,还存在争议①。

(2)公法广播电视台。具有特别"独立"的地位。除非法律或者有关国家协议规定了监督的范围,所属主体既没有指令权也没有进行行业监督的权力。《基本法》第5条第1款禁止对这种设施机关的控制,要求其独立并且中立。因此,广播电视台法通常规定广播电视台的理事会由州众议院的代表以及文化、宗教、经济等领域的团体代表组成,他们享有监督权和附和权。这完全符合联邦宪法法院在第一广播电视台案件中对广播电视台提出的组织要求,主要目的是为了保障各方面的公众力量能够有效影响广播电视台的主要机关②。节目的编辑制作应当遵循所谓的均衡性(Ausgewogenheit)原则,其实质是内部的多元性(Binnenpluralität)保障。一些广播电视台法还规定,除非为了防止广播电视台违反有关专门法律和一般法律,国家不享有基于一般法律原则的法律监督权。具体内容存在争议。有学者认为,完全排除国家法律监督有助于充分反映各方面的意见,确保广播自由;也有学者认为,为了保障客观法律的执行,应当肯定国家的法律监督。我们认为,应当原则上承认法律监督的合理性,因为超越国家的自由没有完全排除国家作为广播电视设施的担保主体所承担的法律责任,而只

---

① BVerwGE,第41卷,第334页。
② BVerfGE,第12卷,第102页,第262页。

是作一定程度的限制[1]。

　　随着通讯技术的发展,提供服务的公法主体不再可能单方确定媒体的地域性,立法机关必须保障跨州节目实质上符合意见多样性的总要求,此即所谓的外部多元性(Aussenpluralität)[2]。为了监督私法广播电视台,州立法机关设立公法设施性质的州传媒中心(Landesmedienanstalt),按照《基本法》第5条第1款第2句执行委托的任务,只受有限的国家监督。例如下萨克森州的私人广播电台州传媒中心、北威州的州广播电视中心、萨克森州的私人广播电台和新传媒中心等。

(三) 界限

　　公共设施与公法团体、基金会和公产的区别表现在:

　　1. 团体。团体由多数成员控制,属于人事联合体,但也可能是资本公司(Kapitalgesellschaft)。大多数设施也有受其影响的多数人,他们是使用人。使用人与团体成员的区别之处在于,设施机关对使用人的影响不是法律的必然要求。使用人不是(积极地)去影响组织,而是消极地受设施的影响。他们的利益需求是设施组织目的客体而不是内容,就像得到某个福利团体的照顾那样[3]。因此,设施是团体、基金会之外的一种特殊的组织形式。

　　区分团体和设施的关键在于,原始主体(如成员)是(直接)组

---

[1] BVerfGE,第12卷,第205页,第261页。
[2] BVerfGE,第57卷,第295页;第73卷,第118页;第83卷,第238页;第90卷,第60页。
[3] BVerfGE,第10卷,第354页。

成另一个(新成立的)主体性组织,还是仅在代议制机关中被(间接地)代表。诸如股份公司或者有限责任公司那样的私法组织形式也可以服务于公共目的,它们的股份可能被公法人大部分或者全部掌控。这种组织也是为公民提供服务的机构,但不属于典型意义上公法设施,而是一种特殊的私法组织形式。

2. 基金会。一个或者多个出资人,为了执行有利于他人的目的,给(出资人之外的)他人(具有法律能力的基金会本身或者没有法律能力的基金会的信托人)提供的财产。有关影响措施(基金会行为)通常规定在基金会的组织章程中。对基金会而言,首要的问题是限于特定目的的财产;对设施而言,首要的问题是长期执行的任务。设施与基金会的其他区别在很大程度上取决于在设立时所选择的具体组织形式。

实际上,区分两者越来越困难了。一些非典型的设施,如联邦银行和广播电视台,它们的任务客观上要求所属主体在设立之后尽可能减少干预,因此法律形式与基金会类似。另一方面,也有一些(公法)基金会出资人的影响并不限于资助行为,而是直接干预基金会的日常管理[①]。这种混合的组织类型的出现是必然的,因此,除了所属主体的干预措施这一要素之外,设施和基金会的定义要素还应当包括其他(不特定)任务的执行。设立基金会和设施的主体都受其选择的组织形式的约束,但不同之处在于设施主体可以随时撤销设施,在执行其任务必要的范围内,可以通过其他符合目的的组织形式取代设施。但是,出资人要撤销基金会在私法上

[①] BVerfGE,第15卷,第46页以下。

基本上不可能,在公法上也只有在严格限定的条件下(如目的已经不可能实现,危害公共利益)才有可能[1]。

3.公产。它与设施的根本区别在于,它不是具有法律主体地位的组织,而只是权利的客体。公共设施也有公产,也存在财产的管理(如图书馆),但它不单单是公产或者财产的集合。

二、类型化

对各种形态的公共设施可以从如下角度归类:

(一) 主体性

以设施主体为标准可以分为:

(1)联邦设施,例如《基本法》第 86 条规定的联邦银行,第 87 条第 3 款规定的统一特别负担联邦中心;

(2)州设施,例如监狱;

(3)地方设施,例如城市公用事业设施;

(4)行会设施,例如行会学校;

(5)设施的设施,例如联邦铁路社会局;

(6)国际性设施,一些国家间的组织也可能成为设施的主体,例如慕尼黑欧洲专利局所属的欧洲工作人员培训中心[2];

(7)可供其他州使用的州设施,例如根据 1971 年 4 月 29 日的行政协定成立的州财政部长数据中心是柏林州所属的设施。

---

[1] 如 BGB 第 87 条第 1 款;BVerfGE,第 10 卷,第 20 页,第 46 页。
[2] BayVGH,EuR,1989 年,第 359 页。

（二）法律独立性

1.具有完全法律能力的设施。针对所属主体和任何第三人，以自己的名义承担独立的任务、法律责任、财产责任和赔偿责任。性质上属于依法成立的公法人，是作为国家或者地方行政分散化的行政主体，如储蓄信用社。它享有独立的规章制定权（自主权），可能享有部分的自治权。自治的概念原则上包括设施，但设施是否以及在多大范围内享有自治权，由法律或者法律授权的机关裁量决定。设施领导机关的成员由所属主体任命，可以依法影响设施的领导工作，就此而言，这使设施的独立性相对化了。

设施原则上没有基本权利的主体资格，因为它通常要执行国家或者地方的行政任务，仅仅具有独立的组织机构和任务本身尚不能满足基本权利的主体要件。只有那些以保障公民自由为目的的设施，即其目的是保障关系人相对于国家的权利的设施，才可能面临基本权利性质的侵害（状态），其中主要是广播电视台和涉及《基本法》第5条第3款规定的研究性设施，但不包括州传媒中心。

2.部分法律能力。这种设施仅仅是财产法上的主体，对第三人来说是独立的责任归属、任务主管、财产责任和赔偿责任的主体，但对所属主体来说，则不是。

这种设施虽然不属于公法人，却是国家行政的独立主体，具有自己的条令制定权和行政职权。它的机关成员由所属主体的机关任命，因此它的机关和公务员是所属主体的直属机构和工作人员[①]。它是财产属于所属主体的没有法律能力的特别财产，只是

---

① BVerwG, DVBl., 1960年, 第68页。

由设施机关进行独立的经营管理和财务管理。这种设施可以自己的名义起诉和应诉,例如《联邦铁路改制法》第 1 条和第 4 条规定的联邦铁路财产。设施的赔偿责任限于自有财产。关于地方团体的"自(直)属设施"(Eigenbetrieb)是否具有部分法律能力,还存在争议。

关于完全和部分法律能力在组织法上的区别,上文已经做了论述。这里需要注意有关具有部分法律能力的公法人的行为理论,它以盎格鲁—美利坚法上的越权无效原则为基础。该理论认为,公法人的任何越权行为都是违法无效的。德国不实行越权无效原则。

3. 没有法律能力的设施。仅仅属于所属公权力主体的功能单位,尽管对外以自己的名义活动,但法律上与所属公权力主体不分离,其中大多数是地方设施和高校研究所[1]。它属于所属主体的分支机关,仅仅是中间性的责任归属主体,没有自己独立的权利义务,也没有自己的财产。在与所属主体的内部关系中,却享有一定的独立地位,有自己的特别财产,经济计划,财务管理和人员(有限的自主权)。它的机关属于所属主体的下设机关。没有法律能力的设施也被称为公共设施,在地方给付行政领域应用广泛,被统称为"自属设施",例如《北威州乡镇条例》第 8 条第 1 款,《黑森州乡镇条例》第 19 条第 1 款,《巴符州乡镇条例》第 10 条第 2 款。

---

[1] BGH, NJW,1978 年,第 2548 页。

（三）设施目的

从这个角度来看，设施可以分为：

1. 文化教育设施。例如中小学，艺术学院，音乐学院，图书馆，博物馆，档案馆，剧院，路德维希港的有限通讯中心，体育科学研究所，联邦和州的政治培训中心等。

2. 研究设施。例如德国气象局，联邦地质空间研究所，联邦物理技术研究所，下萨克森州的农业研究所等。

3. 服务设施和净化设施。例如医院、护理中心，水、气、电力设施维护中心，交通设施，幼儿园，养老院，公墓，屠宰场，废水处理厂，大学生服务中心(Studentenwerk)，动物尸体处理中心等。

4. 老年人照顾设施。例如自由职业、烟囱清理和公职人员的疗养设施。

5. 防御性设施或者侵害性设施。例如救济中心，刑罚执行设施，隔离医疗中心等。

6. 银行设施。例如联邦银行，州中央银行，重建信贷中心，德国负担均衡银行，农业租金银行，德国地方银行，州银行，转账银行，公共储蓄银行，建设储蓄银行，公共生活保险和消防保险中心，抽奖中心，柏林抵押登记中心。

7. 经济调控和促进设施。例如电影促进中心，稳定化资金，联邦农业和食品中心。

8. 数据处理设施。例如州数据处理中心，地区统计中心，专业统计中心，高校统计中心，地方数据处理中心。

9. 保险设施。例如特定损害和消防保险中心。根据《社会法典》第九部分第 29 条第 1 款,社会保险中心采取团体的组织形式,由成员组成,但其事实的状态却类似设施。

10. 自由保障设施。例如公法广播电视台,独立于国家,中立于任何影响[1];私人广播电视台自由保障监督中心,受国家监督,因此将其称为"独立于国家的设施"有欠妥当。

11. 行政内部的辅助设施。例如内部文档室、信息中心、调查中心、研究所(室)、培训中心等。它们是用特定技术力量武装起来的行政机器。

12. 其他设施。例如联邦飞行保险中心,联邦邮政通讯中心,联邦民航保护和技术援助服务中心。

(四) 使用的范围

按照可供人们使用的程度,可以分为:

1. 不供公众使用的设施。例如研究机构和试验设施,虽然有自己的机关、工作人员,但没有外部使用人。

2. 可供公众使用的设施。即可以供设施所属主体和机关之外的他人使用,大多数设施都是如此。

使用可以是自愿的,例如义务教育期满后的学校教育、图书馆、博物馆、剧院、医院、公共消防保险中心的可选性保险等[2]。但是,对那些地方垄断的设施,关系人无可选择。使用也可以是非自愿性的(所谓的使用义务),例如义务教育的强制入学、屠宰场、看

---

[1] BVerfGE,第 12 卷,第 205 页,第 261 页;第 31 卷,第 314 页,第 322 页,第 327 页;第 57 卷,第 295 页,第 320 页。

[2] BVerwGE,第 17 卷,第 306 页。

守设施、精神病院的强制使用,公共消防保险中心的基本险强制,德国地区烟囱管理中心的强制入籍,拜仁州的医疗护理中心[①]、地方或者教会的公墓的强制使用[②]等。

(五)使用的方式

以此为标准,可以作如下区分:

1.仅供临时使用的设施。例如交通设施、体育场、剧院、博物馆、图书馆等。

2.可供长期使用的设施。例如学校、医院等。可能限于特定的专业服务,例如护理治疗;也可能要求使用人完全进入设施,例如医院、疗养院、养老院等。

3.开放的设施。任何有兴趣的人都可以使用,例如交通设施、剧院、储蓄银行、国家医院和地方医院。

4.封闭的设施。仅供具备特定的事务和身份条件的人使用,例如纽伦堡的联邦劳动服务中心、小学、屠宰场、负担均衡银行、大学生服务中心等。

5.隔离性的设施。主要是使用人有特殊的环境要求,例如医院隔离室、看守所、救济中心等。根据《基本法》第104条,进入隔离性的设施必须有本人或者其代理人的同意,或者有法院的裁决。

(六)使用的法律形式

以此为标准可以作如下区分:

[①] BVerfGE,第10卷,第362页。
[②] 明斯特 OVG,DVBl.,1966年,第836页;BVerwGE,第25卷,第364页。

1.以私法方式使用的设施。即以出资(例如林业企业、国家酿酒厂)、购买或者行政私法的方式使用的设施(例如公有银行、储蓄银行、国家剧院等①)。

2.以公法方式使用的设施。这意味着公法准入或者使用的义务和权利,服从设施的公权力。可能形成:

(1)行政私法上的给付关系。分两个层面:居民、不动产所有人和企业按照公法有权使用和准入交通设施、能源设施、大多数地方设施,但其使用本身(享受的服务)却是私法性的。

(2)不产生特别行政法地位(例如准入和使用强制②)的使用关系。对那些明显不属于私法性质的服务关系,一些设施根据其设施权制定使用规章,规定收费及其标准。

(3)为使用人产生特殊行政法地位的使用关系。例如学校、监狱。

设施的使用关系(服务关系)的建立行为多种多样,可以并用,包括:

A.法律或者规章,例如义务教育、劳动失业保险、使用和准入强制;

B.国家行为,例如隔离性设施;

C.公法合同,例如关于坟地管理设施和水特别供应设施,这是一种合作合同③,但需要注意《联邦行政程序法》第54条和第57条;

---

① BayVGH,VerwRspr.,第23卷,第17页。
② 关于公墓的使用强制,参见 BVerwGE,第25卷,第364页。
③ BGH,DVBl.,1983年,第1058页。

D.行政行为,例如按照公法使用规章作出的印刷厂使用许可,以及其他不付酬的事实上的使用;

E.(行政)私法合同,例如医院和储蓄银行;

F.事实上的使用,例如交通设施。

经营性设施通常是具有法律能力的企业,向公众开放,自愿以私法方式使用。而防御性设施通常是没有法律能力的政府企业(Regiebetiebe),不向公众开放,产生强制使用方面的特殊法律地位。

三、成立与解散

(一) 法律依据

根据《基本法》第 87 条第 3 款第 1 句和有关判例[1],成立和解散具有法律能力的公法设施需要有正式法律或者依法发布的法规命令(条例)、行政行为、规章或者公法合同[2] 为依据。成立和解散没有法律能力的公法设施只需要设施主体作出单纯的组织行为。设施主体基于组织权可以决定设施的任务和机构设置。如果存在共同管理权限或者参与权,公共设施的成立和解散是否需要法律依据,还存在争议。

设施的一个或者多个任务在成立行为中确定。除了法律规定或者合同约定的名义之外,使用人原则上不享有成立或者解散设

---

[1] BVerwfGE,第 102 卷,第 119 页,第 126 页。
[2] BayVGH, VerwRspr.,第 23 卷,第 400 页。

施的请求权①。在北威州建立的宗教学校是一个例外②。公共设施转制为私法组织形式不属于解散。

（二）组织形式的宪法保障

从宪法有关设施的规定来看，设施是一种具有宪法保障的组织形式。但是，这种保障并不直接针对某个特定的设施或者特定的组织形式。宪法制定机关没有明确这方面的立场，例如将任务委托给具有法律能力的私法公司的广播电视台就是如此。因此，正如其他组织形式那样，公法设施只是一种可供选择而不是必须选择的组织模式③。而且，其自治权在实践中也没有得到普遍的保护，因此，德国银行享有的不受指令约束的自由也没有得到保障。1992年添加的《基本法》第88条第2句只保障欧洲银行的独立性，并没有改变德国银行的法律地位④。

设施作为公共行政的一种组织形式所受到的宪法保障不包括存续保障，因此，私人的参与和(完全的)私有化具有适法性。私有化的一种情形是将现有的公法设施改制为私法组织形式，例如股份公司或者有限责任公司，国家只保留公司财产所有人的地位，例如唯一的股东或者唯一的公司管理人(所谓的组织私有化)；另一种情形是部分或者完全放弃所有人的地位，即任务的私有化。为了筹集私人资金而附带成立的具有康采恩结构的控股公司(Hold-

---

① NwOVG, DÖV, 1971年，第277页；HeVGH, NJW, 1979年，第866页；BwVGH, NVwZ-RR, 1990年，第502页；NwOVG, NVwZ-RR, 1993年，第318页。

② NwOVG, DVBl., 1961年，第525页以下。

③ BVerfGE, 第12卷，第205页，第262页。

④ BVerfGE, 第89卷，第155页，第208页。

ing-Gesellachaft)，应当与私有化严格区分开来。设施转制为私法公司将导致其失去设施的属性。例如2001年1月1日将以前作为设施经营管理的联邦印刷厂出售给了私人投资集团。

私有化本身及其方式的适法性不能一概而论，而应当根据有关的宪法规定，其中尤其是有关的基本权利和国家原则进行判断。

四、机构设置

公法设施的权限由其机构行使。

（一）创立行为

公共设施的机关作为管辖权主体由法律、法规命令、公法协议或者地方规章规定设立，对那些结构单一的设施来说则是直接成立。设施机关制定的自我管理规章或者特别条令是上述依据的补充。如果它们只是针对下属机构和工作人员的抽象公务指令，属于行政规则；如果（还）是针对具有外部效果的主体管辖权或者设施的使用，则属于使用规章。这里存在所谓的设施权，限于设施的建设、维护和完善，目的是维护设施的法定功能。只有具有法律能力的设施才能依据法律授权发布自我管理规章，并且通常需要所属主体或者其他国家机关（如储蓄银行的国家监督机关）的批准。这种规章必须正式公布，与此不同的是特别条令可以不正式公布。设施主体（如国家）的机关可能同时是设施自我管理的授权机关，例如属于国家性质的拜仁州保险协会同时是拜仁州医师护理中心（设施）的机关[1]。

---

[1] BayVGH, DÖV, 1963年，第266页。

(二) 数量、种类和设置

设施机关的数量、种类和设置需要根据设施执行的任务的性质和范围确定。任何设施都至少有一个合议制的理事会，或者一个独任制的理事长，至于代议制机关并非一定要设立。不少设施成立了管理委员会(Kurartorium)和咨询委员会，由政党、社会团体、利害关系人和使用人等方面的代表参加组成。

例如，根据《联邦银行法》第 6 条至第 9 条和第 11 条，联邦银行的机关包括：(1)行长办公会议(Direktorium)和由州中央银行的董事组成的中央银行委员会，它们制定货币和信用政策，享有指令权；(2)由联邦总统根据联邦总理建议任命的行长、副行长和 8 个行长办公会议成员，他们负责日常业务，对外代表联邦银行。州的中央银行在各自地域范围内执行联邦银行的任务，下设由信用人和其他经济代表组成的咨询委员会。

没有法律能力的公法设施的业务范围比较小，为了节约管理成本，通常不设立专门的设施机构，例如公墓。必要的职能通常分配给设施主体的某个机关负责。

广义上的设施工作人员在有些设施中属于公务员，例如中小学；在有些设施中，只有严格意义上的工作人员才属于公务员。许多设施没有公务员，只有职员。

五、国家监督

公共设施作为公共任务的功能主体受国家监督。监督措施不仅针对公法设施本身，在设施没有法律能力时，也针对其所属的主体。监督公共设施行政活动的主要内容是对法律、设施规章和设施条令的遵守。如果设施执行外来任务,还要受合目的性监督。联邦设施受联邦的监督,其他设施分别受各自所属的州和地方的监督。监督权通常由法律专门规定。

六、设施法律关系

(一) 使用规章

公法设施与使用人之间的关系由使用规章调整。设施的外部事项(目的、成员和所属主体)和内部事项(机构设置、工作人员的任免、管辖权分配)由章程规定,而设施服务的客体和标准、设施使用的条件和标准以及使用人针对设施的权利义务在依据章程制定的使用规章中具体规定[1],另外还包括设施与使用人之间的所谓"增值性财产"(eingebrachte Sache)。使用需要以法律或者合同为依据,这意味着使用的条件,尤其是费用未经通知不得变更[2]。有学者建议废除设施使用制度,因为设施关系是使用的结果,设施使用关系的具体形式与使用行为本身并不具有必然的关系。团体自治通常表现为参加人的自我管理,而基金会的核心内容的财产管理与此不同,设施的参加人可以而不是必须使用设施。如果将设施使用纳入特殊的公法关系,使用设施的不同动机和利益在设施使用关系中可能得不到合理的反映。

---

[1] BVerwGE,第45卷,第10页以下。
[2] BVerwG,DÖV,1974年,第390页。

使用规章可以包含在设施章程中,由设施主体或者设施机关发布。在一般情况下,设施主体只是批准使用规章。就其性质而言,使用规章属于一种具有实体法性质的特别条令,但不是一种更高位阶的法律渊源。使用规章通常采取成文法形式,也可能采取习惯法的形式,有时甚至被具体的命令补充[①]。

(二) 设施权

1.概念。在一般法律制度内为实现设施目的而存在和行使的设施权是使用规章的重要内容(所谓的目的保障法),它决定设施服务的享受者对设施权的服从义务。设施权不是一种独立的国家权力,而仅仅是设施主体和设施机关依法行使抽象和具体管理权的一种方式。

但是,设施权并不因此放弃、甚至排除基本权利,更不因此放弃法律保留原则和比例原则的一般要求所包含的法治保障[②]。尤其是,作为一种行政单位的设施及其享有的设施权不构成它们在设施关系中的特别限制权,在没有法律特别授权的情况下,设施依法成立及其目的的实现本身不足以构成侵害(公民基本权利)的正当理由。但是,这也不意味着设施权或者"特别权力或者特别行政法律关系"不复存在。对公法设施的效能保障来说,它们的存在是必要的。因此,在具体案件中,因设施目的而产生的不成文的一般

[①] BVerwGE,第41卷,第252页,第263页。
[②] BVerfGE,第33卷,第337页,第346页;第41卷,第251页;第47卷,第46页;BVerwGE,第56卷,第155页。

条款可能构成充分的依据,或者至少可能得到优先的考虑①。

2.设施权的执掌人。设施权由设施主体或者设施机关行使。他们可以根据高位阶的法律发布抽象的使用规章(如中小学规章);在符合设施法定目的需要并且符合比例原则要求的前提下,可以发布具体的命令,为设施权的相对人设定作为、容忍或者不作为的义务。

例如,图书馆使用规章可以规定在阅览室中禁止吸烟和吃黄油面包,但不得在门厅中作出这种禁止;对违反这种规定的人可以立即驱逐出阅览室,但不得因其重犯而发出禁止以后使用图书馆的警告。

3.相对人。设施权的相对人是使用人,即享受设施服务的人。使用人有权使用设施的物质设备,但也可能有使用的义务,如逃课的学生,或者需要其他方面的特殊照顾,如失业者。使用人的法律地位通常并不取决于事实上的使用行为。但是,在使用设施时可能需要具备特定的判断能力和行为能力。私法上的低龄人保护,例如《民法典》第105条至第108条,不能无条件自动适用于设施的使用②。在设施所属的空间范围内,使用人受设施机关的秩序权的约束。

在紧急情况下,设施权的行使可能需要警察的执行协助。对博物馆和剧院这类只需要实现自己目的的设施而言,其设施权或者财产权限于为实现其法定目的所必要的管理秩序权。如果设施

---

① BVerwGE,第56卷,第155页。
② BVerfG,JZ,1985年,第675页(《邮政法》第8条第1款)。

还要实现其他目的,例如学校和医院,设施权的范围则要大一些,需要使用人的(积极)参与,他们反过来也受设施权的约束,具有特殊的地位。

设施的工作人员受公务员法(纪律法)方面的指令权约束。他们不属于设施权的相对人①。

4. 设施权行为的法律性质。行使设施权发布的具体命令属于行政行为,例如行政机关发布的禁止使用人妨害秩序的家主权禁令、流浪者救助中心的住房转移命令等。

根据《联邦行政程序法》第355条第2句,使用条例也可能属于行政行为。所谓一般命令(Allgemeineverfügung)可以用来替代争议丛生的特别条令。设施机关可以依据联邦或者州的强制执行法执行使用一般命令。如果设施的权力不够用,可以请求警察机关提供执行协助。

在使用人实施违法行为时,其他使用人是否享有主观权利意义上的请求权,要求设施机关采取干预措施,需要根据有关设施权的法律依据判断。这里适用一般的法律规则。

5. 设施权与行政法上的家主权。设施主体或者设施机关为了防止造访人不按照设施目的使用设施空间、妨害设施管理或者损害设备而享有的行政法上的家主权,不再属于设施权的范畴。例如驱逐在户籍登记处拍照的人②、驱逐在市政府办公楼内取暖的

---

① BayOLG, DÖV, 1967年,第173页。
② BGHZ,第33卷,第230页。

流浪者①,驱逐无家可归人收容中心②或者铁路社会救助中心的访问者③,禁止在公共场所进行私人传销④,禁止在食堂中散发小册子或者传单⑤等。

在因违反秩序行为而被剥夺使用权的情况下,使用人就变成了造访者(Besucher)。与此有关的依据是《刑法典》第 123 条,而不是《民法典》第 859 条以下、第 903 条和第 1004 条,因为保障公共设施正常运行的公法防御权是公共行政主体法定职权的附带组成部分,不能随意行使,而是必须限制在设施所属的空间范围内⑥。家主权不属于设施权的原因在于,设施权只能针对使用人行使,对使用人之外的其他人(第三人)则没有授权依据。因此,针对造访者发布的家主权禁令不是行政行为,而是行政法上的一种意思声明,只有警察才能执行。

设施机关针对从外部妨害设施管理的人的处理权必须有法律的特别授权,学理上将其称为设施警察权。只有警察或者秩序机关在自己权限内——必要时根据实施领导机关的请求——才能将从外部妨害设施管理的行为作为危害公共安全或者秩序的行为予以处理,因此,除非有法律授权,设施机关不得为设施空间范围以外的人(不是妨害人)设定作为、容忍或者不作为的义务。禁令、限

---

① HmbOVG,MDR,1957 年,第 188 页。
② NwOVG,DVBl.,1975 年,第 587 页。
③ BayObLG,DÖV,1977 年,第 107 页。
④ BayVGH,BayVBl.,1981 年,第 657 页。
⑤ BwVGH,BwVBl.,1993 年,第 227 页;1995 年,第 314 页。
⑥ BGH,DVBl.,1961 年,第 46 页;1968 年,第 145 页;BVerwGE,第 35 卷,第 103 页 = DVBl.,1971 年,第 111 页。

制人身自由等方面措施只能用于排除妨害内部管理的目的。

6.第三人的防御请求权。因公共设施合乎目的的正常经营而遭受打扰的第三人不享有防御请求权,因为公共设施的运营具有公法上的必要性。根据《民法典》第906条和第1004条,第三人承担容忍的义务,有权要求采取必要的防护措施①。超出这个限度的打扰可能构成需要补偿的侵害,产生补偿请求权、后果清除请求权或者私法上的特别牺牲请求权。如果设施的建设和运营通过关系人参加的程序得到了许可,私法上的清除或者变更请求权原则上不成立。

(三) 使用许可

1.法律性质和效果。与公产的公众使用性不同,设施的使用以准入权(Zulassung)即主观的使用权为前提。准入许可(使用许可)属于行政行为,通常产生具有公权力内容的使用关系。对那些承担使用义务的人,行政机关必须准许使用,但对其他人,则可能依法裁量拒绝使用。使用许可取决于因设施种类而异的主观要件,例如进入医院以身患严重疾病为前提,进入学校则需要通过入门考试。另外,使用设施可能需要支付费用或者提供其他形式的给付。使用许可可能是要式的,例如图书馆的借书证,也可能是非要式的,很多情况下是一次性的,例如采取设施形式运营的服务企业。使用许可的法律后果是:使用规章产生客观法律约束力,尽管可能出现偶然的例外;如果使用人具有足够的判断能力,就要承担

---

① BGHZ,第48卷,第104页;第60卷,第122页以下。

按照法定标准付费的义务。

如果行政法合同或者行政私法合同已经约定了使用许可,则无须作出行政行为。由石匠负责的公墓商业工作应当与使用许可本身分离,这种工作性质上不属于使用许可,而只是实现设施目的的一种条件。由于公墓的首要目的是公共利益,对其使用不得征收使用费或者行政费[1]。

2.使用许可的法定目标和请求权。设施的存在只产生关系人的反射权益,尤其是对那些设施法定使用人之外的其他人[2]。合乎设施命名的使用通常作为设施的法定目标(Destination)予以保障,如果设施机关享有裁量权,则可能出于合法的裁量而拒绝。依法拒绝使用的理由通常是申请人不符合设施使用的主体条件,例如进入继续教育学校前的受教育状况,或者设施本身已经没有承受能力,例如养老院没有房间。新闻报社通常不享有针对广播电视台的答复请求权[3]。

只有在客观实体法明确保障的范围内,才存在使用许可请求权,例如乡镇规章规定的没有法律能力的设施或者纽伦堡联邦劳动服务中心。联邦宪法法院认为,在具备客观法规定的条件时,使用培训设施的请求权也成立[4]。另外,在法定使用强制的情况下,作为使用强制本身的对应物,使用许可请求权也成立。使用许可请求权不得推定成立。自从地方政府进行了地区改革后,居民、不

---

[1] NwOVGE,第22卷,第89页,附带其他意见。
[2] BVerwGE,第39卷,第325页。
[3] BVerwG, JZ, 1985年,第624页。
[4] BVerfGE,第33卷,第33页。

动产所有人和经营者都有权使用所在乡镇的基层、中级和高级公共设施;在有明确规定的情况下,设施所在乡镇边缘区域的居民也可以使用。如果没有明确规定,外地居民只有在符合设施目标的范围内才可以使用。随着乡镇向服务共同体的发展以及与地方有关的欧共体法上的歧视禁止,公民的越界使用权也随之产生,使用权可能被赋予在设施有关区域内居住或者从事经营活动的人。使用权限于本人,不包括与使用人有牵连的第三人。根据《基本法》第3条第1款至第3款和《政党法》第5条第1款,政党的使用权也受保障[1]。例如,不准许政党使用市政大厅的正当理由不是政党举行的活动不受欢迎或者因反对者示威可能损害设备,而是集会本身是非和平性的[2]。

为了补救设施财产可能造成的侵害,使用人可能被要求交付押金[3]或者加入责任保险[4]。

即使存在抽象的请求权,在设施容量不够时,也必须予以驳回[5]。使用许可的顺序取决于设施的目的或者其他实质正当的理由,例如优先权或者法律的特别规定[6]。政党在广播电视台的播出时间分配适用所谓的等级机会均等原则(Prinzip der abgestuften

---

[1] BVerwGE,第31卷,第368页;BVerwG, VerwRspr.,1978年,第29卷,第739页;BVerwG,DVBl.,1985年,第123页;BwVGH,NJW,1979年,第1844页。
[2] BVerwGE,第32卷,第332页;BwVGH, DÖV,1968年,第179页;NwOVG,DVBl.,1968年,第842页。
[3] NwOVG, NVwZ-RR,第91卷,第508页。
[4] BwVGH, NJW,1987年,第2689页;BwVGH, DÖV,1990年,第792页。
[5] BayVGH, GewArch,1988年,第245页以下。
[6] BVerwG,DVBl.,1973年,第805页。

Chancegleichheit)①。广播电视的参加人作为使用人原则上不享有播放特定节目的请求权②。

在不许可使用或者恢复使用构成违反一般法律原则(裁量行为)、法律或者设施规章的违法行政行为时,可以申请复议或者提起行政诉讼。有关是否许可使用公共设施(公产)的争议,属于行政法性质,即使使用没有规章依据或者提供服务,采取的是私法方式,因为在此范围内,不存在公法和私法的选择权③。

即使得到了使用许可,使用人也没有要求设施或者设施的某个部分开放(事实上运营)的权利④。对地方设施的继续存在和运营发生争议的,如果使用关系不属于私法性质,则可以提起行政诉讼⑤。

3. 设施使用义务。大多数公共设施在成立并且发放使用许可后都供自由使用,但法律有时也规定使用义务,例如入学、加入社会保险的义务、进入医院或者进入刑罚设施的义务等。根据《航空法》第25条第1款和第29条第2款以及《航空管理条例》第43条和第45条,关于飞机场是公共垄断设施还是可以委托给私人企业,还存在争议。

4. 接入和使用强制。这是一种非常重要的公权力,尤其是涉

---

① BVerfGE,第47卷,第198页。
② BVerwG,DÖV,1979年,第102页。
③ HeVGH,NJW,1977年,第452页。关于拜仁州建筑物消防保险中心的保险关系的法律性质,参见 BayVGH,NJW,1978年,第2410页。
④ HeVGH,DVBl.,1951年,第1145页;HeVGH,1979年,第886页;BwVGH,NVwZ-RR,1990年,第502页;NwVGH,NVwZ-RR,1993年,第318页。
⑤ HeVGH,NJW,1979年,第886页。

及公共卫生的设施,例如饮用水供应、废水排放、街道清理、垃圾处理、屠宰场等设施,还有一些地方规章规定的供暖设施和公墓,实行强制接入或者使用制度。接入强制的目的是保障有关技术标准的执行,这样才能使设施提供有效的服务,例如饮用水设施和废水排放设施的接入。使用强制的目的是只能适用特定设施提供的服务,而不能适用其他同样目的的设施服务,例如私人焚烧厂或者屠宰场。这并不违反《基本法》第 2 条第 1 款①。

只在出现重大紧迫的公共需要时,接入和使用强制才具有适法性。《拜仁州宪法》第 24 条第 1 款第 2 句中的"为了公共福祉"一词应当从这个意义上作严格解释②。所谓必要,是指保护特别重要的公共利益。并不一定要发生警察法意义上的危险,只要为了防止重大的不利益就足够了。设施本身经济效能的改善不是充分的理由③。

接入和使用强制具有垄断化的效果。设施借此实施垄断活动,独占性地执行任务,禁止其他任何人从事类似的活动,例如私人进行垃圾处理④。这不仅具有保护重要公共福祉方面的适法性,而且在价格(收费)和赔偿责任限制方面也比私法垄断严格。尤其是从欧共体法和联邦、州、地方近年来实行的非管制化来看,大量的公共垄断被放弃,私人经济执行这种任务得到了准许。

5. 使用人的义务。包括:

---

① BayObLG, BayVBl., 1985 年, 第 218 页; BayVGH, BayVBl., 1985 年, 第 78 页。
② BVerwG, DÖV, 1970 年, 第 823 页。
③ BVerwG, NVwZ, 1986 年, 第 754 页; BwVGH, DVBl., 1953 年, 第 636 页。
④ 关于饮用水供应和垃圾处理方面的垄断, 参见 BayVGH, VerwRspr, 第 19 卷, 第 607 页。

(1)在实行强制使用的情况下,使用的义务;

(2)遵守使用规章;

(3)遵守设施工作人员依法发布的具体命令;

(4)在需要加入特定的家庭共同体的情况下,进入设施,例如医院、养老院;

(5)接受为实现设施目的所必要的对其财产的限制,例如服装消毒;

(6)支付私法报酬或者公法使用费;

(7)对只准许特定使用人使用的设施支付行政费用。

(四) 使用关系的终止

这方面的法律或者事实理由有:

(1)撤销使用许可(不准许使用);

(2)在公法给付关系中,使用人的离去;

(3)在私法给付合同建立的给付关系中,通知解除,例如储蓄信用社的使用人撤销账户;

(4)使用人死亡,如果使用以人身特征或者能力为条件;

(5)设施的解散。公法设施财产的转移并不终止使用关系,例如债务和在储蓄信用社的存款,除非解散必然导致有关事实状态的消灭,例如屠宰场的使用。

(五) 特别使用

公法设施的特别使用可能要通过行政法上的许可、出借或者合同或者私法合同,以确定使用的撤回或者时间(定期和不定期)。

例如公园的优先使用,大学教授对大学图书馆的特别使用权,体育文化团体对洗浴设施的特别使用①,对水、电或者煤气的特别使用,对墓地的特殊使用,等等。

(六) 行政法上的特别关系和设施法

1.设施法中的基本权利和法律保留。从使用人的角度来看,设施权建立了一种在国家公民一般关系之上的一种特别关系,可能产生特殊的法律地位。一般或者抽象的设施命令可以规定的事项类似行政法院的完全管辖权,包括许多非司法性的纯粹事实上的措施,它们不在法律保留的范围之内。这是《基本法》的出发点。正如那些不采用使用强制制度的经济设施那样,设施权并非必不可少,因为使用行为可以通过合同调整,一般的家主权是足够的。但是,公法的使用许可仍然得到保留,并且产生一种特别关系,只是不存在特别权力关系那样的问题罢了。

现在人们认识到,设施权的相对人不是设施管理的客体,而是具有自己(基本)权利和义务的主体,作为规章或者特别条令的使用规章是客观的法律渊源,具体的设施命令则属于行政行为,对它们可以提起行政诉讼。在这种特别关系中措施处于法律保留的约束之下,如同一般权力关系中的措施那样。设施命令的授权依据可能是习惯法,大多不直接针对设施法上的措施,而是针对设施法上的特别权利关系的适法性。因此,只有那些法律明确规定或者具有设施目的方面的正当理由的设施命令才具有适法性。

---

① SaOVG, JZ, 1961 年, 第 673 页以下。

2. 设施法中不同等级的权力从属性。从设施的目的从属性来看,对不同类型的设施机关的职权和使用人的权利需要作不同的限制。

纯粹采用私法方式使用的设施无需专门的使用许可,设施权限于设施的机构设置和妨害的排除,不存在针对使用人的特别权力关系。例如公有银行和储蓄信用社,它们的"经营条件"与私人银行在法律性质上没有差别,剧院和博物馆也是如此。

对其他没有特别地位的设施而言,特别权力关系的特殊性限于使用需要以公法使用许可为前提。实际上,这种权力关系一方面表现在设施的服务条件,例如妨害禁止;另一方面表现为设施机关受法律和权利的约束性,包括设施目的、保障使用人权益等。使用人并没有针对设施主体放弃其私法自主权,而只是受设施主体的限制,只有普遍平等地遵守这些限制,才能确保使用符合设施的目的。与此无关的是设施的服务关系是出于自愿还是强制,是采取公法方式还是私法的方式。除非具有一般权力关系那样的必要性,不得限制使用人的一般人身自由、平等权和财产权。这种设施的使用人面临的不是特别权力关系,而是一般权力关系。

例如,设施的自由使用人或者依据法律或特定事实状态的强制使用人通常需要符合法定的条件。使用人要想在阅览室工作,就必须不吸烟;要想吸烟,则必须放弃使用阅览室。浴室的使用人以及按照公法强制使用输水管道的使用人都是如此。

虽然"特别"但并非只针对使用人的设施保护义务与一般实体警察法上的执行维护义务一脉相承。两者都是抽象的、不确定的,源自成文法或者习惯法上的一般条款,有时也由规章或者警察、秩序机关或者设施机关的命令予以具体化。作为一般公共秩序妨害行为的实体警察防御措施的替代，设施法上的秩序妨害排除命令是保障设施合乎目的运营的必要措施，例如替代基于学生这一特殊身份的秩序纪律处分措施或者无家可归者救助中心限制收养宠物的措施①。因此，尽管这种设施的运营及其使用方式非常类似于私法企业，其法律状态仍然受公权力性质的设施权的限制，而不是受有限私法自主权其中包括家主权的限制，即使其服务关系采取私法的形式②。

也有一些设施，例如中小学、封闭性的医院或者关押设施（通常强制使用，有时也自愿），它们的使用建立了一种实质上大大加强的权力关系，因为使用人的人身特征决定了使用的目的，所以不仅是具体的给付和秩序义务及其相应的权利，而是全部内容都具有特别的性质。与公务员和特定身份团体的成员类似，这种设施的使用人处于符合宪法的设施目的所确定的特别生活关系之中，立法机关可以尽可能细致地调整，但不可能改变它的实质。这种特殊公法地位的一个显著特征是受公权力的严格目的性约束，现有（和潜在的）权利义务的不确定性，无论其必要性还是授益的范围、侵害的程度，都不可能事先作明确具体的规定。唯一能够事先确定的只有目的，而使用人的特殊地位也只能由此确定。对使用人基本权利及其行使的限制而言，这种特殊地位建立的是一种真正的、与一般权力关系相对的特别权力关系。

---

① NwOVGE，第14卷，第15页。
② BVerwG, DVBl., 1986年，第291页，涉及GG第5条第2款。

3. 个案。产生特殊地位的设施限制基本权利的依据和范围因设施的类型而异：

对具有普遍危害性的精神病人、吸毒者或者传染病人进行特别管制的设施通常是医院的隔离室或者救济劳动中心。只有在不允许其使用人具体行使基本权利的情况下，这种设施才能实现法定目的。他们在设施之外的活动自由(《基本法》第2条第2款)是有条件的，例如参加礼拜、进行婚姻家庭生活、参加团体或者集会、迁徙或者选择劳动场所等。为了使用人本人的健康和生活以及维护设施的正常秩序，使用人只能在设施内享有有限的人身和财产自由。必要时必须限制使用人的通信秘密和通讯秘密，或者限制其使用个人财产[1]。对《基本法》第3条至第14条规定的基本权利进行的这种限制具有适法性，因为这种设施存在的目的就是为了维护宪法秩序。根据《基本法》第2条第1款，只有在宪法秩序的范围内，基本权利才能作为国家的使命予以保障。这种以维护设施秩序为目的的特殊纪律权是客观的(并不局限于特定的人)、长久的(对宪法保障的基本权利的限制)、系统的(对其他基本权利的连带影响)、利他性的(有利于所有的其他人)、反射性的(对维护设施的效能来说是必要的)，因而行使是受限制的，包含了保障基本权利的内核。这种设施的使用人仅在为防止它对公共秩序可能造成的危害的必要范围内丧失基本权利。

关押设施对其使用人自由的限制非常严厉。这种设施性质上属于秩序维护设施，主要任务是维护国家安全。除此之外，通过这

---

[1]《联邦流行病防治法》第37条第3款；BGH, JZ, 1973年，第128页。

种设施限制《基本法》第3条至第14条规定的基本权利的目的还有对已经发生的违法行为的报复。就此而言,这种设施施加的不是保障服务性质的限制,而是一般的(针对所有自由权的)、利他性的(intransitive)、反射性的、直接宪法保留性质的限制。从《基本法》第2条第1款和第12条第3款、第104条来看,羁押关系及其中包含的必要自由限制已经得到制度化的确认。

公立中小学校的学生具有特殊的地位,受特别的设施纪律约束,学生的教育和学校秩序的维护都是这种设施的目标。学校的目的不是维护而是形成宪法期望的秩序。仅在此范围内限制学生的基本权利才具有适法性,因为学校制度及其有关的必要自由限制得到《基本法》第7条的认可。学生行使基本权利限于一般的(与自由权有关的)、宪法直接规定的、利己性的(限于学生本人)、反射性的(为维护学校秩序必要的)范围之内。

4.设施权的界限。任何设施处分措施都不得为使用人设定容忍或者给付的义务,除非特别地位关系的目的本身、维护关系人的地位以及设施合乎目的的运营所必要。过度或者不合乎比例的措施,即使有助于实现设施的目的,也是违法的。对此,可以依据《基本法》第19条第4款和《行政法院法》第40条提起行政诉讼。

在任何情况下,即使是自愿使用的情况,行使设施权给基本权利造成的限制不得损害不可放弃的人类尊严(《基本法》第1条),必须符合比例性和平等性的要求(《基本法》第3条),即使在特别权力关系中区别对待使用人也必须出于实质正当的理由。除此之外,《基本法》第104条第1款第2句规定的滥用行为禁止(Misshandlungsverbot)和第19条第2款规定的实质保留禁止(Wesengehaltssperre)也是设施权的一个界限,这尤其适用于学校。具有普遍健康危害性的病人和长期被限制人身自由的在押犯同样受《基本法》第19条第2款和第104条的平等价值的法治保护。基本权利的实质内涵在概念上不可能大于基本权利的宪法保障。

5.相应的照顾义务。与设施权相对应的是设施机关的照顾义务。使用人对设施的依赖性有多大,这种义务的范围就有多大。使用人针对设施管理机关享有的照顾权(Fürsorgesrecht)与公务员针对其雇主享有的照顾权①类似,但范围大小有别,因为前者没有公务员法上的相互信任关系为基础。

使用人享有的照顾权有消极性的一面,表现在设施机关在处理使用人关系时必须遵守法律规定,不得以对使用人不利的方式偏离使用规章,在行使裁量权时必须遵循合法合理的程序。使用人的照顾权也有积极的一面,表现在在设施范围内保护使用人的人身、健康和财产安全,设施机关应当为此采取必要的空间和组织方面的完善措施。

设施机关因过错违反照顾义务的可能要对使用人因此遭受的损害承担赔偿责任,其依据是《民法典》第276条和第278条有关合同债权的规定所表达的一般法律思想;在特别权力关系中,则按照公法规定赔偿②。在混合关系中,不得以设施工作人员过错轻微而免除赔偿责任③。联邦最高法院否认中小学(及其所属主体)

---

① 参见本书第3卷第84节。
② BGHZ,第21卷,第218页以下;第54卷,第303页;第59卷,第305页以下; BGH, NJW,1974年,第1816页;VerwRspr.,1974年,第26卷,第474页;NJW,1977年,第197页。
③ BGH,NJW,1978年,第1430页。

和学生之间存在特别照顾关系,认为照顾义务是教师的一般职责[1]。另一方面,联邦最高法院认为存在一种类似债权的关系,在学生与父母具有共同过错的情况下,父母应当承担学生造成的损害[2]。违反一般安全保障义务的赔偿责任依据《民法典》第823条、第836条、第831条、第31条和第89条办理[3]。另外可能存在一般赔偿责任法上的赔偿责任[4],在具备《基本法》第34条/《民法典》第839条规定的条件下,产生职务赔偿责任。

(七)公法或者私法给付关系

1.区分标准。设施与使用人之间的给付关系既可以采取公法的形式,也可以采取私法的形式。如果不仅有使用许可,而且法律规定设施保障的义务只能由公共行政主体提供,而不是任何人都可以提供的话,那么,给付关系就是公法性的。它们属于行政法上的使用关系。例如中小学的学校关系、劳动失业保险关系、飞机场使用关系以及某些保险关系。

权利义务交织的通常是公法给付关系。以规章为依据提供给付能够减轻设施主体调整服务和收费标准的负担,设施规章原则上也适用于青少年、儿童以及《民法典》第839条第1款第2句规定的从属情况。

---

[1] BGH,DVBl.,1964年,第584页。

[2] BGH,DVBl.,1964年,第813页。因违反《社会法典》第七部分第2条第1款第8项(儿童、中小学生和大学生)和第2条第2款第2项(被关押人)规定的安全保护义务。

[3] BGHZ,第20卷,第57页;BGH,DÖV,1974年,第533页和NVwZ,1983年,第571页。

[4] BGH,NVwZ,1983年,第511页。

如果不存在这种可推定为公法性质的特别给付权,设施给付关系通常是私法性质的,大多数情况下属于行政私法关系。以公法使用许可方式建立的给付关系仍然可能是私法性质的。设施服务关系的服务方可能是私人企业,例如垃圾处理厂,除非这仅仅出于执行协助。

即使在行政私法给付关系中也通常存在公法使用关系(基础关系),例如通过乡镇规章或者使用强制建立的乡镇设施使用人与乡镇之间的关系,这种给付关系具有双重性(Zweistufigkeit)。

2.行政机关的选择自由。除非法律另有明确规定,设施机关及其所属主体有权选择给付关系的法律形式。尤其是乡镇和乡镇联合体可以依据地方捐税法为设施服务设定公法上的规费,也可以设定行政私法上的酬金,大多数不实行使用强制的服务设施都采取后一种作法。

征收规费的依据通常是地方捐税法,例如北威州的《地方捐税法》第9条。有时针对私法方式的使用行为也可能征收规费[1]。

公法设施的使用行为可能产生并行的公法关系和私法关系。根据设施规章,特定范围的人使用设施产生公法关系,而其他人则产生私法关系[2]。

由行政行为或者行政合同建立的公法设施使用关系是公法关系,由行政私法合同建立的则是私法关系——在此之前可能需要使用许可。有些设施服务的方式和模式需要采取特定的法律关系

---

[1] HmOVG,NJW,1984年,第682页。
[2] BGHZ,第4卷,第138页;第9卷,第145页;BGH,JZ,1962年,第217页(使用屠宰场采取公法方式,而有关的冷藏运输则采取私法形式)。

形式。这里常说的一种情形是服务提供是事实上的行为,而服务的享受则是社会性的,例如公共交通设施的使用。

3.收费标准。公法使用规费和私法使用酬金通常在一般的收费标准中规定,它是设施条令的组成部分。收费标准的确定必须具有实质的正当性。规费标准可以随之改变并且生效,而长期使用的私法酬金的收取标准则需要以通知解除的方式变更。行政私法关系中的收费也必须遵循等值原则(Äquivalenzprinzip)。

4.公法保管关系。公法使用涉及的财产是设施和使用人之间的公法保管关系的客体。该关系持续时间的长短应当根据设施目的、约定和被保管的财产等方面的因素确定。例如,在设施内(衣柜)发现的失主遗忘的衣服在其灭失或者损害之前予以保管[1]。

为了保障设施的目的,必要时可以行使设施权予以强制保管,例如病人或者人犯的衣物,人犯的刀具、锯条,也包括写给这些人的信件或者学生的辅导材料,如果其内容可能损害设施的目的。在设施关系终止之后,应当退还,例如学生的作业和学生证,但试卷除外。

5.给付妨害。对公法或者行政私法性质的给付关系中的给付妨害(Leistungsstörungen),有条件地准用合同债权规则。条件是设施使用关系必须与《民法典》相应规定的债权关系类似,以及按照公共利益的需要进行必要的修正。

对长期性的设施关系,可以准用《民法典》第 275 条至第 278 条、第 280 条、第 285 条和第 323 条以下发展出来的法律规则;对给

---

[1] BGH,DÖV,1974 年,第 70 页;施托贝尔:BwVBl.,1972 年,第 164 页。

付不能,可以准用《民法典》第311条第2款;对执行追索,可以准用《民法典》第286条和第326条①。使用许可请求权和单纯事实上的使用关系不是充分的理由。在使用强制关系中,使用人不得退出。在商业性给付关系中,例如供水和供暖,可以准用《民法典》第37条以下的规定②;在与租赁类似的关系中,例如养老院,准用《民法典》第535条、第536条和第543条第3款;在与承揽合同类似的关系中,例如垃圾处理,准用《民法典》第634条以下;在免费使用关系中,例如公共图书馆,准用《民法典》第598条以下有关担保给付请求权的规定。

有关的公共利益应当同时予以考虑。例如垄断设施的使用人有过错的,仅在可能危害设施目的的情况下,才能准许退出使用。为了保障设施使用人作为消费者的利益,《民法典》第305条以下有关一般交易条件的规定也应当准用于公法人提供服务的行为。因(设施工作人员)故意或者明显疏忽而免除(设施的)赔偿责任,原则上没有适法性③。设施的非领导职工作人员过失轻微的,限制赔偿责任具有一定的适法性,例如违反使用强制中的从属义务。使用人具有共同过错的,应当一并考虑。设施对使用人不承担无过错责任,使用人只需反驳证明自己过错的主张。

6. 行政强制。在使用人或者关系人不履行义务的情况下,设施机关或者没有法律能力的设施所属主体作为行政机关可以采取行政强制措施。如果使用本身是法定义务,尤其可以强制。设施

---

① BGH,NJW,1974年,第1816页。
② BGHZ,第59卷,第303页;第61卷,第7页。
③ BayVGH,DÖV,1970年,第488页;BGH,NJW,1978年,第1430页。

针对使用人享有损害赔偿请求权的,只能提起给付之诉。除了一般的强制手段之外,例如代执行、强制金、直接强制、征收存款等,设施机关还有一些专门针对设施的执行方法,例如依法驱逐使用人,但对强制使用的情形,只有根据法律授权才能采取这种措施;对使用人享有使用权的情形,只有为了维护设施目的或者设施正常运营所必要,才能采取驱逐措施①。为生活所必要的给付(如饮用水)不得停止。

需要实施直接强制的,设施机关可以请求警察提供职务协助,例如将不遵守下班时间的图书馆访问者带离。

七、联邦劳动服务中心

(一) 发展与现行法依据

政府解决失业安置问题的最初办法是设立乡镇穷人救助站(Armenfürsorge)。第一次世界大战期间设立了一个专门的失业者救助站,1923年吸收社会伙伴参与,以解决财政来源问题。1927年关于劳动介绍和失业保险的法律规定,由新设立的帝国劳动介绍和失业保险服务中心执行这两项任务,具有法律能力。1939年该中心受帝国劳动部长的直接管辖,服务中心只是在"帝国劳动调配中心"(Reichsstock für Arbeitseinsatz)的名义下继续存在,只负责凑集财政经费。

1952年设立的联邦劳动介绍和劳动保险服务中心结束了二

---

① BVerwGE,第7卷,第137页。

战后不同占领区和州法律的分散状态，该中心被1969年6月25日《劳动促进法》(AFG)设立的联邦劳动服务中心(BAA)取代。前民主德国实行计划经济体制，不存在正式的失业，因而也没有劳动失业保险机构。柏林墙倒塌之后设立了劳动局，其职能和任务均以西德的制度为范本。两德统一条约生效后，劳动局被联邦劳动服务中心接管。1998年1月1日《劳动促进法》被《社会法典》第三部分取代。鉴于联邦劳动服务中心在目的和服务方面面临越来越多的批评，2002年该中心裁减了机构。联邦政府于2002年2月设立的"现代劳动市场服务"委员会（简称为Hartz-Kommision)在2002年8月16日发布的总结报告中提出了13种改革方案，目标是对公共和私人的劳动介绍和管理在组织机构和任务定位方面进行调整，该方案是这场改革的重要组成部分。2003年1月1日起，不同方面的要求逐步得到落实。

（二）机构设置

1. 设施的属性。联邦劳动服务中心(Bundesanstalt für Arbeit)是具有法律能力的行政单位。《社会法典》第三部分第367条（步《劳动促进法》第189条第1款的后尘）将其误称为"团体"，但该中心实质上不是团体，而是联邦主管的参与执行联邦政府经济和劳动政策的一种设施。虽然中心所服务的劳动者在设施的合议制机关中有代表，另外雇主和区域性团体（联邦、州、乡镇和乡镇联合体①)分别有三分之一名额的代表，但是这些代表不同于社会保

---

① 参见SGB第3部分第380条第1款,这被称为三三制(Drittelparität)或者三轨制(Dreigleisigkeit)。

险自治主体中的机关成员,他们不是经选举产生的,而只是根据工会、雇主联合会、地方自治行政首脑联合会、州行政机关、联邦劳动和经济部长推荐或者由设施自己任命的,也可以被他们随时解职。雇主和雇员都不是"成员",而只是使用人(参见《社会法典》第三部分第 390 条至第 392 条)。

2.机关。中心的合议制机关是行政议事会、理事会和由 10 个州级劳动服务中心(Amt)和分散在地方的 181 个地方劳动服务中心及其约 660 个工作机构分别组成的行政委员会。机关成员从事名誉职活动。行政议事会(Verwaltungsrat)和委员会的成员任期 6 年,理事会成员的任期是 5 年。按照《社会法典》第三部分第 376 条至第 389 条规定,委员会可以接受委托执行特定的行政任务。行政议事会有 21 名成员(以前是 51 名),负责制定章程、确认预算计划、作出审计结论。理事会有 3 名成员(以前是 9 名),负责发布命令和规则,确定业务规程,代表设施进行诉讼和非讼活动,除非章程对此另有规定。州级劳动服务中心的行政委员会最多有 27 名成员,地方劳动服务中心的行政委员会最多有 21 名成员。行政委员会在遵守理事会命令约束的前提下指导地方行政工作。劳动市场过程的主要参加人借助服务中心进行稳定的合作,唯由此,利益协调和有效使用劳动政策手段和措施才有可能。

中心主要机关和州级劳动服务中心的日常业务由主席主持,主席由各劳动局长从其中选任。理事会可以委托主席行使特定的权限。《社会法典》第三部分第 394 条至第 400 条规定,联邦可以指派非直属的公务员和职员。服务中心的主席和副主席由联邦总统在听取行政议事会的意见后,根据联邦政府的建议任命。州级劳动服务中心主席和副主席的提名应当听取有关州政府和州劳动服务中心行政委员会的意见。地方劳动服务中心主任由理事会根据联邦劳动服务中心主席的意见,在听取州级和地方劳动服务中心行政委员会的意见之后任命。

联邦劳动服务中心享有的自主权限于领导机构设置,因为中心的许多任务都与国家非常紧密地捆绑在一起。州法的相反规定都已经过时了,例如《莱普州宪法》第 53 条第 4 款。因此,联邦劳动和经济部长除了一般的法律监督之外,还保留了条例制定权、审批权甚至命令权①。《社会法典》第三部分第 205 条和第 363 条第 1 款规定,失业救济和儿童基金账户属于联邦转授服务中心执行的任务。

(三) 目标和任务

《社会法典》第 1 条和第 3 条、《基本法》第 109 条第 3 款和《稳定法》第 1 条规定,联邦劳动服务中心依据联邦政府的社会、经济和财政政策采取措施,以提高和改善管理水平,稳定地改善管理体制,促进经济增长。联邦劳动服务中心尤其应当提供职业咨询、劳动介绍,为劳动岗位的增长提供服务,促进职业教育,在《社会法典》第三部分委托规定的范围内促进残疾人的劳动就业,按照联邦政府的委托保障失业救济。此外,《社会法典》第三部分第 282 条规定,联邦劳动服务中心还要推动劳动市场和职业研究的发展,为

---

① 例如 SGB 第三部分第 151 条以下、第 206 条、第 216 条、第 283 条第 2 款、第 292 条、第 301 条、第 321a 条以下、第 352 条、第 375 条第 2 款和第 4 款。

此可以设立自己的研究机构。联邦政府可以通过条例或者行政协议委托执行《社会法典》第三部分规定的其他任务。存在疑义的是,所谓的"儿童基金账户"(Kindergeldkasse)是否属于此类。联邦劳动服务中心及其下属机关按照联邦政府的指令和费用执行(一般救济给付法性质的)《联邦儿童基金法》。

原先在各个活动领域中实行所谓的联邦劳动服务中心垄断。劳动介绍领域于1994年,职业教育介绍和职业咨询领域于1998年,逐步废弃了劳动咨询的垄断地位[①]。另一方面,《社会法典》第三部分为联邦劳动服务中心及其下属服务中心设立了不同的新活动手段,例如入会合同、通过建立劳动市场和积极的劳动市场促进资金来资助失业者等。

(四)财政来源

《社会法典》第三部分第43条第1款规定,联邦劳动服务中心及其下设的服务中心原则上不收取使用费。第116条以下和第240条以下规定,联邦劳动服务中心还是促进措施和失业支持的服务主体。中心的财政来源是被保险人及其雇主按照同等标准交纳的专款、享受的补偿请求权、联邦政府在必要时提供的补贴(《基本法》第120条)以及欧洲社会基金提供的拨款(《社会法典》第三部分第340条)。

---

① 为此参见 SGB 第3部分第28条,EuGH, EuZW,1991年,第349页 = NJW,1991年,第2891页。

(五) 中立性要求

这是指联邦劳动服务中心应当本着非派别的立场提供咨询、介绍和其他方面的服务。根据《基本法》第9条第3款，联邦劳动服务中心不得借助提供失业金、失业救济金或者短工金等方式介入劳动竞争①。

八、储蓄信用社*

(一) 发展与现行法依据

德国储蓄信用社源自私人福利事业，1778年"爱国艺术与新闻促进公司"在汉堡建立了"储蓄信用社"，1786年"奥尔登堡储蓄信用社"和1796年"储蓄与借记信用社"在基尔(Kiel)分别建立了当地的"穷人辅助自愿公司"。与此类似的设施是以前南德的"孤儿信用社"。在此类公会或者行会衰落后，一些城市(首先是哥庭根于1801年)相继建立了一些没有独立法律主体资格的设施，以应对穷人阶层的需求，并且为小额节约储蓄提供机会②。20世纪初期，储蓄信用社逐步发展为一种独立的银行事业。1908年和1909年信用社获得了存储权、往来账业务权和消极的信用资格。

---

① BSGE，第40卷，第190页；另请参见《社会法典》第三部分第146条和第393条。

* 储蓄信用社(Sparkasse)的另一种译法是"储蓄银行"，例如上海社会科学院译：《德意志联邦共和国民法典》，法律出版社，1984年12月第1版，第486页至第487页(第1807条第1款第5项)；潘再平主编：《新德汉词典》，2000年版，第1091页。从这种金融机构的地方(设施)属性来看，"信用社"的译法更接近我国的实际。——译者注

② 1838年12月12日的《普鲁士储蓄信用社法令》。

1934年被赋予独立的法律主体资格,组织上与地方政府分离开来,与此同时,经济监督组织的银行监管制度得以建立,储蓄信用社属于被监管的对象,自此,储蓄信用社对地方担保主体的依赖性逐步松动。以这些措施为基础,人们开始研讨如何平等对待储蓄信用社和私法组织形式的信用机构,甚至包括储蓄信用社的私有化。除了地方政府所属的之外,还存在个别没有附属关系的自由储蓄信用社。1928年出现了公共建筑信用社,其中只有3个是具有法律能力的公共设施;1938年出现了没有法律能力的邮政储蓄信用社。《两德统一条约》第9条第1款和第2款规定前民主德国的《储蓄信用社法》在统一后作为州法继续有效。后来所有的新联邦州都制定了自己的储蓄信用社法。在第二次邮政改革中,邮政储蓄信用社改制为股份公司,名称为"德国邮政银行股份公司"。州的储蓄信用社法和银行法从共同体法规定的设施负担(Anstaltlast)和担保主体责任的角度进行了新的结构改革,州所进行的必要修改立法于2005年7月19日生效。该法的精神也适用于德国联邦促进银行的同类问题,其中尤其是重建信用设施。

就实体而言,现在的建筑储蓄信用社法属于联邦建筑法,其他储蓄信用社则属于州法即州的储蓄信用社组织法,除非联邦法(储蓄信用社经济法)另有规定(《基本法》第74条第1款第11项,地方经济法)。公法储蓄信用社的服务关系一律属于(行政)私法关系,公法关系仅适用于存折的失效声明[1]。

---

[1] 例如BwSpkG第33条,NwSpkG第16条,MvSpkVO第2条,SächsSpkG第2条。

（二）机构设置

1. 地方储蓄信用社的设施属性。地方储蓄信用社属于供公众使用的具有法律能力的公法设施，它的负担义务主体和担保责任主体是所属地方团体，如乡镇、乡镇联合体、目的联合体等[1]。有关信用社的条例和规章是法律的补充。

截至2002年12月31日有519家储蓄信用社。1973年德国有726家储蓄信用社，1976年以后地方区划的调整使储蓄信用社的数量急剧减少。1990年两德的统一也没有改变这个趋势。地方政府是储蓄信用社的担保责任主体，必须适应20世纪70年代的地区改革，主要方式是合并或者下属营业机构的移交。对县和乡镇储蓄信用社的平行性产生的问题，一种观点主张建立强制性的目的联合体来解决，反对的观点认为这实质上超越了《基本法》第28条第2款规定的界限，是对有关储蓄信用社生存能力的过度侵害[2]。

2. 机构。包括行政议事会、理事会和信用委员会。

（1）行政议事会。向担保主体负责，在章程明确规定的业务政策和分设机构范围内，有权任命、监督和召集理事（会）[3]，针对理

---

[1] 例如BwSpkG第1条，BaySpkG第3条和第32条，BbgSpkG第1条，HeSpkG第1条，NdsSpkG第3条，NwSpkG第2条，MvSpkVO第2条，SaSpkG第1条，SächsSpkG第1条，ThürSpkG第1条。

[2] BayVGH, BayVBl., 1980年，第22页；NwVGH, DÖV, 1980年，第691页以下，附带布鲁墨（Blümel）的评论；NwOVG, DVBl., 1982年，第504页，附带博塞（Bosse）的评论；BVerwG, DÖV, 1983年，第73页以下，附带博塞的评论；BayVGH, BayVBl., 1986年，第461页。

[3] BwVGH, NVwZ-RR, 1990年，第320页。

事会享有内部组织上的答复权和案卷查阅权①,不受指令约束②。议事会主席通常由地方代表机关的主席、乡镇长、县长或者担保主体的主管副县镇长担任,其他3至12名成员中的一部分通常由地方代表机关从其成员中选任,部分从具有专门知识的公民和储蓄信用社的工作人员中选任③。议事会成员不得兼任法官职务④。议事会主席有权质疑违法的决议⑤。

(2)理事会。可以采取合议制或者独任制,属于自属机关。在拜仁州、柏林州、布莱梅州、莱普州,成员可以是担保主体的公务员或者职员,但他们的工资福利由储蓄信用社负责,也可以是储蓄信用社自己的工作人员。按照拜仁州的储蓄信用社组织体制,理事会的职能由议事会确定,但业务领导例外⑥。理事会颁发的证书属于公法证书,例如存折⑦,但注销许可无需公共鉴证(Beglaubigung)⑧。理事会有权实施行政行为,例如《老年人储蓄法》(AspG)

---

① NwOVG,NVwZ-RR,1990年,第101页。
② 魏玛(Weimar)OVG,LKV,1998年,第281页;此外,BwVGH,NVwZ-RR,1990年,第320页。
③ 例如BwSpkG第11条以下,BaySpkG第5条以下,BbgSpkG第8条以下,HeSpkG第5条以下,NdsSpkG第10条以下,MvSpkG第8条以下,NwSpkG第9条以下,SaSpkG第8条以下,SächsSpKG第8条以下,ThürSpkG第8条以下。
④ BVerwGE,第41卷,第195页。
⑤ 例如BwSpkG第19条第1款和BwGO第43条第2款,BbgSpkG第15条,HeSpkG第11条,HeSpkG第11条,NwSpkG第14条(担保主体的首长),SaSpkG第13条以下,SächsSpKG第15条,ThürSpkG第15条。
⑥ 例如BwSpkG第22条以下(储蓄信用社的职员更多),BaySpkG第5条第2款、第4款、第5款,BbgSpkG第18条以下,HeSpkG第7条和第8条,NdsSpkG第18条和第19条,SaSpkG第14条(担保主体的代表机关任命和解雇储蓄信用社的职员),SächsSpkG第18条以下,ThürSpkG第15条以下。
⑦ BGH,NJW,1963年,第1630页。
⑧ 《不动产登记法》(GBO)第29条第1款、第111条。

第15条第1款和《货币平衡法》(WAG)第9条规定的决定,又如存折的失效声明,有时也可以任命公务员。理事会成员的工资通常按照自愿性的劳务合同法(Diensvertragsrecht)确定,例如红利担保①。就此而言,近似于股权的组织体制使人们怀疑储蓄信用社业务活动的实体行政属性。姑且不论这一点和地方政府约束的其他松动,还不能说储蓄信用社已经非地方化了。

(3)信用委员会。通常由法律规定,否则,在示范章程中规定。按照章程规定,委员会负责对信用申请作出决议,按照理事会的委托决议其他事项。委员会成员包括议事会主席,特定名额的议事会其他成员,理事会成员和信用社的领导②。

(三) 目标与任务

信用社的任务是通过安全增值地吸纳小额存款,促进节约精神、节约活动和财产创造,为中产阶层和公共行政主体提供信用服务③。信用社从事银行业务,但其首要服务对象是经济上较弱的群体,执行地方政府的政策,推动整体国民经济的发展。以盈利最大化为目的的私人信用机构不可能采取信用社的经营方式,尽管也办理小额储蓄业务。根据2002年12月31日的统计,信用社的分设机构大约有17700个。实际上,信用社已经大大拓宽了活动范围,以多种活动方式参与市场,与其他的综合性银行已经没有什

---

① NwOVG,DVBl.,1980年,第70页(Tantiemengewährung)。
② 例如 BwSpkG 第20条以下,BbgSpkG 第16条以下,HeSpkG 第6条,NdsSpkG 第21条,NwSpkG 第16条以下,SaSpkG 第17条以下,SächsSpkG 第16条以下,ThürSpkG 第14条。
③ BVerfG,WM,1994年,第1971页。

么区别①。

为执行其公共任务,信用社更乐意享受它作为公法组织单位的特权,例如由所属公法团体作为担保主体承受亏损(所谓的监督者担保),进行教育储蓄,优先使用公共行政主体的设施和资金。从储蓄信用社的上述发展可以看出如下问题:信用社的活动是地方政府的公共任务,还是公共部门的经营行为?如何回答这个问题直接决定了信用社法律行为的性质、形式和赔偿责任。首先,信用社的活动限制表现在本辖区、投机禁止、最高信贷额和业务活动的管制等方面。此外,信用社在法律制度中的地位尤其存在争议,表现在它既是公法设施,也是从事私法活动的信用机构、自主竞争的企业,还是地方自治的组成部分。

信用社的业务活动"遵循经济原则",即竞争和避免亏损。它承担的竞争任务比较全面,应当以有利于大众和经济的方式调节市场。信用社的盈利目的受其公用目的、法律和条例规定的业务禁条限制,所获得的盈利应当按照资本金的来源(安全积蓄)用于所属担保主体的公用目的②。

从其任务的社会经济性定位来看,信用社的消极业务重点是:(1)小额储蓄,例如教育储蓄、俱乐部储蓄、奖金储蓄等;(2)以节约

---

① 关于储蓄信用社任务结构的宪法依据,参见 GG 第 28 条第 2 款;另请参见 BwSpkG 第 6 条, BaySpkG 第 2 条, BbgSpkG 第 2 条, HeSpkG 第 2 条, NdsSpkG 第 4 条以下, NwSpkG 第 3 条以下, SächsSpkG 第 2 条以下, ThürSpkG 第 2 条以下;BVerwG, DVBl., 1972 年,第 781 页;BVerwGE,第 69 卷,第 11 页,第 22 页;NwVGH, DÖV, 1980 年,第 691 页。

② BwSpkG 第 27 条以下, BaySpkO 第 1 条以下, BbgSpkVO 第 5 条以下, HeSpkG 第 16 条, NdsSpkG 第 27 条以下, NwSpkO 第 6 条以下, SaSpkG 第 1 条以下, SächsSpVO 第 1 条以下, ThürSpkG 第 5 条以下;另请参见 BT-Ds V/3500。

为目的的储蓄,例如婚姻储蓄、少年手工业储蓄、保险储蓄等;(3)作为国家促进节约和财产增值的一种设施形式。从实际意义来看,建筑储蓄是节约性储蓄的第二个独立领域。《地方经济法》(KWG)第10条第1款规定,信用社可以将自有资金用于向股份公司的投资,数额可以是能够承担赔偿责任的自有资金的数倍。这里产生的问题是,担保主体为信用社配备适当的自有资金,或者为信用社提供赔偿责任追加金。这里尚需讨论的问题是,私人是否不得通过分红券的形式参与投资,或者是否不应通过赔偿责任追加金的形式,在没有其他资金来源的情况下提高承担赔偿责任的自有资金的数额。追加金很有可能扩大信用社业务活动的信用经济界限。

(四) 法律地位

信用社是限制性的经济企业,是《商法典》第1条规定意义上的商人,适用卡特尔法的规定[1],需遵守《法律咨询法》(RBerG)。尽管它属于公法信用机构,但不享有《民事诉讼法》第882a条第1款、第2款和第3款第2句以及《行政法院法》第170条第1款至第4款规定意义上的执行特权。1977年《税法典》第33条第1款规定,信用社负有纳税义务,性质上属于"盈利性企业"[2]。1981年6月26日的《补贴削减法》[3]取消了信用社以前享受的税收优惠,理

---

[1] BVerwG,DÖV,1983年,第73页以下,附带博塞(Bosse)的评论。
[2] BFH,BStBl.,第2卷,第818页,第820页以下。
[3] BGBl.,第1卷,第537页。

由是信用社与商业银行的业务活动越来越趋于一致①。长期以来争论不休的问题是信用社的基本权利主体资格②。

大多数信用社都有雇主资格（Dienstherrfähig），例如巴符州、北威州、萨兰州、柏林州和莱普州等,部分理事会成员是公务员(在莱普州是担保主体的公务员)。他们的任命行为需要监督机关参与。其他工作人员由理事会聘用③。

就信用社的参与而言,有些州法规定了行政议事会中信用社雇员代表的初选。这种作法违反了《基本法》第20条、第28条第1款和第2款规定的地方自治权和民主原则,因为它没有民主合法性的保障。这里的群体或者工作人员代表既不是人民,也不是被人民赋予了民主合法性的代表④。

（五）担保主体责任与设施负担

担保主体是指信用社所属的地方团体,即设施的主人。它以从属、无限的方式对信用社承担连带责任（Verbindlichkeit）⑤,这与《民法典》第1807条第1款第5句规定意义上的被监护人安全投资有关。问题是,信用社所属主体是否像任何设施主体那样承担

---

① BT-Dr. 9/92,第23页；BVerfG的决议,NJW,1983年,第2811页以下。
② BVerwG,DVBl.1972年,第780页；持否定意见的是SaOVG,DÖV,1970年,第610页；持肯定意见的是BVerwGE,第69卷,第11页,第22页。
③ 例如BwSpkG第24条和第26条,BaySpkG第12条,BbgSpkG第24条,HeSpkG第8条和第9条,NdsSpkG第22条以下,NwSpkG第23条以下,SaSpkG第20条,SächsSpkG第24条以下,ThürSpkG第17条以下。
④ NwVGH,Eildienst,1986年,第286页。
⑤ 所谓的破产担保(Ausfallgarantie),参见BwSpkG第8条第1款,BaySpkG第4条,BbgSpkG第3条第1款,HeSpkG第3条,MvSpkG第3条第1款,NdsSpkG第5条,NwSpkG第6条以下,SaSpkG第5条,SächsSpkG第3条第1款,ThürSpkG第3条第1款。

法律义务,为设施存续期间执行任务提供内部关系方面的支持,例如通过补贴平衡赤字,以确保或者维持信用社的经济基础和活动能力,此即所谓的设施负担。

担保主体责任和设施负担是向欧盟执委会申诉程序的客体。问题是,这里所说的有利于信用社和州银行的国家担保是否属于《欧洲共同体条约》第87条第1款规定意义上的违法补贴。条约第295条这一保留条款的规定有利于成员国的财产制度。凡是信用社和州银行的财产所有人未来能够使用的资金都属于补贴,属于《欧洲共同体条约》第87条以下的调整范围。州已经在2002年对信用社法和州银行法作了相应的修改,于2005年7月19日起生效。

鉴于公法信用社的活动范围越来越大,地方政府的管制也越来越松动,很久以来人们从不同的角度探讨它的私有化问题。支持的理由是,私有化有助于改善信用社的竞争状况,解决资金来源问题,借此可以吸收私人投资。问题是私有化的界限,对此只能从地方信用社的公共福祉和生存照顾任务进行推导,有关制度政策的讨论也不可忽视[1]。从近年来的非管制化和私有化讨论,以及设施负担与担保主体责任的提前废除来看,信用社承担的公共任务范围如此模糊是否能够在将来还成为它享有特殊地位的正当理由,尚难料定。

---

[1] BVerfGE,第64卷,第229页,第234页以下;第75卷,第192页,第199页;WM,1994年,第1971页。

(六) 设立与解散

担保主体的代表团体决议信用社的设立与解散,通常也发布信用社的章程。决议与信用社的设立及其分支机构的设置需要主管部长批准,至于章程,仅在不同于国家示范章程的情况下才需要批准[1]。信用社对担保主体的依附性表明,后者的辖区限定了前者的业务范围,此即所谓的区域性原则[2]。监督机关可以批准例外,州法对此的规定各不相同[3]。信用社的设立完全由乡镇或者县负责,因为它是生存照顾行政的必要组成部分[4]。有人对信用社活动是否属于地方政府的任务范围表示质疑,但这对信用社的经济促进、社会政策、地方政策和经济结构意义而言,几乎没有说服力[5]。

---

[1] 例如 BwSpkG 第 2 条以下, BaySpkG 第 1 条、第 13 条以下和第 23 条, BbgSpkG 第 1 条、第 4 条和第 29 条, HeSpkG 第 1 条、第 10 条和第 19 条, MvSpkG 第 1 条、第 4 条和第 29 条, NdsSpkG 第 1 条、第 2 条和第 6 条, NwSpkG 第 1 条、第 5 条和第 32 条, SaSpkG 第 1 条和第 28 条, SächsSpKG 第 1 条、第 4 条和第 29 条, ThürSpkG 第 1 条、第 4 条和第 29 条。

[2] RpOVG, NVwZ-RR, 1992 年, 第 241 页(Regionalprinzip)。

[3] 例如 BwSpkG 第 2 条第 2 款, BaySpkO 第 2 条第 3 款和第 4 款第 2 项, BbgSpkG 第 5 条, HeSpkG 第 1 条第 3 款(HeVGH, DÖV, 1967 年, 第 207 页), MvSpkG 第 5 条, NwSpkG 第 1 条第 2 款, SächsSpKG 第 5 条, SaSpkG 第 1 条第 1 款和第 3 款、第 4 款, ThürSpkG 第 6 条。

[4] BVerfGE, 第 75 卷, 第 192 页, 第 196 页; BVerwGE, 第 41 卷, 第 195 页; BayVGH, BayVBl., 1986 年, 第 39 页; NwOVG, DVBl., 1986 年, 第 1196 页。

[5] 关于信用社法的制度原则,例如区域性原则、辅助原则、优先权原则、禁止双重行政原则,参见 BayVGH, BayVBl., 1981 年, 第 530 页; BayVGH, DVBl., 1986 年, 第 39 页以下; BVerwG, DÖV, 1981 年, 第 530 页。

（七）监督

信用社的监督机关是主管的上级或者最高国家行政机关。信用社监督的法律性质、范围和界限很不确定。通说认为，这属于一种特殊的地方监督，范围限于合法性，而且限于长期无目的贷款的吸收审批或者向所属担保主体发放贷款等具体措施。监督机关可以随时要求报告信用社的业务情况，可以撤销违法的决议和命令；如果信用社不履行职责，可以发布指令[1]。

此外，如同其他信用机构那样，信用社在商业政策方面受2002年5月1日新建立的联邦财政服务监督中心的监督[2]。它是《地方经济法》规定的联邦信用业监督局的后继者，因为信用社监督不受设施政策和信用社偿付能力缺陷的妨碍。根据《地方经济法》第6条、第40条和第52条，对信用社的监督可以分类。

（八）信用社与转账中心联合体

信用社按照区域分别组成了9个储蓄信用社与转账中心（Giro）联合体。除了汉萨同盟储蓄信用社与转账联合体之外，其他都是公法团体，任务是共同促进信用社事业的发展，监督审查成员信用社的活动，充当转账中心的担保主体组织。联合体的机关是成员大会（联合体大会）、理事会和理事长，理事长与理事会主席

---

[1] BwSpkG第24条第2款、第32条、第53条，BaySpkG第13条（BayVGHE，第22卷，第98页；VerwRspr.，第25卷，第366页），BbgSpkG第30f条以下，NwSpkG第28条以下，SaSpkG第29条以下，SächsSpKG第30f条以下，ThürSpkG第24条。

[2] BGBl.，2002年，第1卷，第1310页（Bundesanstalt für Finanzdienstleistungsaufsicht）。

可能不是同一人,但在北威州是。地区联合体受州最高行政机关的监督。它们共同组成德国储蓄信用社和转账联合体,属于登记社团,地址在波恩①。

(九) 转账中心(州银行)

根据2003年2月4日的国家条约,汉堡州银行与史荷州银行合并。现在德国有11家地区转账中心(州银行),它们是信用社的中央信用机构和结算点。此外,它们还办理所有的银行业务,属于具有法律能力的设施。它们的担保主体是地区储蓄信用社和转账中心联合体;在黑森州、下萨州、北威州和莱普州,州也是担保主体;在北威州,农林联合体也是担保主体。转账中心的机关是行政议事会和理事会,受国家最高行政机关的监督。转账中心的最高组织是德国转账中心——德国地方银行,地址在柏林与法兰克福②。

与信用社类似,州银行也受共同体法推动的责任体制改革的影响。设施负担的转制与担保主体责任的废除可以选择不同的模式。拜仁州银行的所有权以前由国家和拜仁州信用社联合体各占50%,现在的所有权人则是一个新的股份公司,即拜仁州银行控股股份公司,由所有人各占50%的股份,此即所谓的财政控股模式。北威州采取活动范围分割的作法,公法部分属于北威州银行,私法

---

① BwSpkG第35条以下,BaySpkG第22条以下,HebankG第1条,NdsSpkG第32条以下,NwSpkG第47条以下,SaSpkG第40条以下,以及1933年4月6日的法令,RGBl.,第1卷,第166页。

② BwSpkG第39条至第46条还规定了建筑储蓄信用社和巴登保险中心;BaySpkG第24条,HeBankG第3条以下规定了两个平等权担保主体的联合会议;NdsSpkG第31条,NwSpkG第32条以下。

商业银行部分是州西部银行股份公司,由北威州银行完全控股,此即所谓的母子模式。

(十) 自由储蓄信用社

自由(Freie)储蓄信用社是由私法公司(团体、有限责任公司、股份公司等)或者基金会建立的一种金融公司。它们也从事公共信贷行为,投资人的范围没有限制,但性质上不仅是公用性的,而且在州法上也被视为《地方经济法》第40条第1款规定意义上的"公共储蓄信用社",加入了地区储蓄信用社与转账中心联合体。目前德国有7家自由储蓄信用社,业务范围相当可观。早在1920年它们就共同组成了德国自由公共储蓄信用社登记团体,主要存在于北德①。在汉堡州和布莱梅州(布莱梅哈芬除外)只有自由储蓄信用社。法兰克福储蓄信用社没有公法担保主体,只由《民法典》第22条规定的具有法律能力的社团管理,因此,区域性原则不适用,可以在任何地方设立分支机构,享有基本权利的主体资格②。

(十一) 建筑储蓄信用社

这属于为住房建设提供财政来源的目的伙伴企业,信贷人通常同时也是它的借贷人。这种联合储蓄由私人和公共的建筑储蓄信用社经营管理。联邦德国境内有11家建筑储蓄信用社,其中5家具有法律能力,而其中的2家是具有法律能力的公法设施(北方

---

① ShSpkG 第34条以下。
② BVerwGE,第69卷,第11页。

州建筑储蓄信用社和巴符州的建筑储蓄信用社),其他6家都是州银行的组成部分,没有法律能力。

第八十八 A 节　　学校法[*]

一、发展与现行法依据

17世纪以前,学校都由非国家性的团体(市、教会)设立和管理,是否就读由私人决定。启蒙时期,国家参与教学和教育的领域日渐增长。君主们越来越意识到基础教育对国民经济增长和效能提高的推动意义。《普鲁士一般邦法典》第二部分第2章第1条将国民教育定义为"国家的活动"。当时的法律已经将一般教育义务确定为宪法上的基本义务,例如1850年《普鲁士宪法》第21条规定,培养公民正确行使基本权利的能力是大众利益的需要。现代国家对教育事务进行了全面的调整和控制,例如《魏玛帝国宪法》第144条和《基本法》第7条,但同时为私立学校和教会学校留下了广阔的发展空间。

联邦法律只对学校法的若干基本问题作了规定。《基本法》第7条将所有的学校事务都纳入国家监督之下,并且为私立学校和宗教教学提供了制度保障。《基本法》第6条第2款规定了父母权,以保障父母的教育类型选择自由和参与学校决定的权利。与

---

[*] 本节是原著第88节的第9部分。鉴于本部分对中国教育(行政)法的特殊借鉴意义,尤其是篇幅过大,标题级别多,特将其上升为第88a节,标题随之作相应的调整。——译者注

学校法有关的具体问题分析还可以从其他基本权利着手,其中尤其是《基本法》第 2 条第 1 款、第 3 条第 1 款至第 3 款、第 4 条第 1 款和第 5 条第 1 款。除此之外,《基本法》尤其是有关的宪法原则还提供了外部的框架以及学校的教育目标。1983 年 6 月 6 日的《联邦人才教育促进法》(BAfÖG)(还)规定了学校的财政资助。欧共体 1968 年 10 月 15 日第 1612/68 号条例①规定保障外国劳工的儿童有机会"在与本国公民同样的条件下"参加课程教学,其中也包括培训促进②。1952 年 3 月 20 日的《人权条约》(MRK)第 9 条及其附属记录第 2 条规定了受教育权、宗教自由与信仰自由。其他联邦法还包括有关儿童宗教教育的法律,对监护人的抚养权这一特殊问题作了规定;以及《远程教学保护法》、《职业教育法》和《职业教育促进法》等。

学校事务属于州管事项③。各州的学校(立)法以前和现在都处于发展过程中。按照法治国家原则,"特别权力关系"不符合国家干涉所必需的法律授权要求,不可能继续存在④,教育关系的实质特征应当由法律来确定⑤,对学校法继续全面的梳理就显得必要。新制定的学校法弥补了以前单行法分散规定而造成的诸多法律漏洞,比较鲜明地体现了以前在教育计划框架体现出来的改革观念。两德统一也使重新修订前民主德国的学校法成为必要。

---

① EG ABl., Nr. L 257/2, 1968。
② EuGH, BayVBl., 1974 年,第 526 页。
③ 《基本法》第 70 条;BVerfGE,第 6 卷,第 354 页;第 98 卷,第 218 页。
④ BVerfGE,第 33 卷,第 10 页;第 34 卷,第 165 页;第 41 卷,第 251 页;第 47 卷,第 46 页;第 58 卷,第 257 页;BVerwGE,第 56 卷,第 155 页。
⑤ BVerfGE,第 34 卷,第 192 页以下。

《统一条约》的补充协议明确规定前民主德国的学校法有效期至1991年6月30日。《统一条约》第37条第4款第3项规定,《汉堡协定》与其他有关法律规定是新联邦州改革学校体制的基础。6个州按期制定了学校法,其他4个新州只制定了过渡法(Vorschaltgesetz),规定将来制定教育法。柏林州则通过相应的法律规定,自统一日起西城区的法律扩展到其他城区,其中包括学校法。

教育规划由联邦和州共同制定,尽管《基本法》第91b条没有规定该义务。为了在整个联邦境内简化自由迁徙、有效协调教育目标,文化部长常设会议达成了这方面的协定,例如1964年10月28日/1971年10月14日的《汉堡协定》。一些州还转换了1960年12月14日联合国教科文组织(UNESCO)有关反教学歧视的协议(ÜDiskU),例如巴符州1964年3月10日的法律[①]。

二、学校的概念

(一) 学校的任务

《普鲁士一般邦法典》仅规定学校的任务是"通过教学向青少年传授有用的知识",现在学校的任务除了知识传授之外,还包括将青少年教育成为具有责任能力的人和公民[②]。因此,除了不同

[①] 关于《儿童权利盟约》,参见 BGBl.,1992年,第2卷,第122页。
[②] 例如 BwSchG 第1条,BayVerf.第131条,BlnSchG 第1条,HmbSchG 第2条,HeVerf.第51条,HeSchG 第2条第2款,MvVerf.第22条,MvSchG 第2条,NdsSchG 第2条,NwVerf.第7条,NwSchG 第1条,RpVerf.第33条,RpSchG 第1条第2款,SanVerf.第27条第1款,SanSchG 第1条第1款,SächsVerf.第101条,SächsSchG 第1条,ThürVerf.第15条,ThürSchG 第2条。

形式的语文教育(Akzentuierungen)之外,国家通过学校执行的教育任务主要是社会风范(Sozialverhalten)的培养①。《反教学歧视协议》第5条第1a款规定:"教育培养的目标是全面发展人格,提高对人权和基本自由的尊重,促使不同人民群体相互理解、容忍和友善,照顾所有的种族和宗教群体,促进有助于和平的民族联合活动。"与以前相比,该条规定将学校的任务拓展到各种社会力量和世界观冲突的紧张领域中,提出了学校的"意识形态中立性"保障问题。近年来,作为生存条件的自然环境保护纳入了培养目标的范畴。近年来初见端倪但已经得到确认的另一个培养目标是联盟公民意识②。

(二) 学校的定义

为了执行上述任务,必须建立持久、受领导指令权约束并且能够为各有关方面展开合作提供条件的机构。法律意义上的学校(Schule)是指有计划地共同传授各种专业知识,教育和培养青少年,使他们能够获得并且行使其他权利的设施。其他权利包括中等专科学校入学资格(中等资格)、学院入学资格、与特定专业有关的一般高校入学资格③。

上述定义涵盖了私立学校,尤其是那些由公法人(如教会)建立和管理的教育公共设施。由私人管理的学校是没有法律能力的

---

① BerwG,NVwZ,1982年,第104页。
② NdsSchG第2条,SanSchG第1条第2款和可能的ShSchG第4条。
③ 关于定义,参见 BbgSchG第2条第1项、NdsSchG第1条第1款、NwSchG第1条和第6条、HeSchG第127条,以及 BayVGH,NVwZ-RR,1995年,第38页以下。

设施。法律意义上的学校还包括成人就学的专科学校、夜校和补习学校(Kolleg),远程教学(Fernunterricht)也可能采取相应的目的定位和组织形式。稳定的地方使用人及其联合不是教育设施的概念要素,它的缺失并不妨碍知识传授的公共性。

相反,不采取特定组织形式的任何私人课程培训或者仅限于个别学生的培训作业都不属于学校(教育)。此外,没有固定培养目标从而其教学不作为获得其他权利或资格的教学机构也不是学校,例如马术、驾驶、舞蹈学校和为数众多的电视课程机构①。对此类教学设施进行监督,并且必要时予以限制甚至取消的适法性,需要根据《基本法》第12条第1款第2句和工商业条例的有关规定进行判断,《基本法》第7条不是依据。由地方政府提供财政、机构和技术等方面支持的所谓"歌舞和艺术学校"在拜仁州受国家的监督,它的教学内容并不涉及若干个一般教育或者职业教育方面的专业课程,因此不属于学校法意义上的学校,而更是一种课程教学(Lehrgang),例如《柏林州学校法》第54条。人民学院(Volkshochschule)是成人教育设施,仅在例外情况下才属于学校,即所设教学课程经职业学校或者一般教育学校的相应考试结业,例如《柏林州学校法》第53条,这是因为人民学院通常不授予什么资格。青少年继续教育设施也不是学校,因为校外青少年教育属于青少年救助的独立组成部分②。

---

① BFHE,第112卷,第313页(关于驾驶学校)。
② 例如巴符州《青少年教育法》(JugendbildungsG)第1条,下萨州《青少年教育法》第1条,拜仁州、布莱梅州的《继续教育法》,北威州的第一部《继续教育法》;BVerfGE,第37卷,第313页,附带迪特曼(Dittmann)的评论,DÖV,1974年,第744页。

三、教育内容的划分及学校的分类

教育必须组织化,唯有此才有可能确保教育方式和途径的多样化。它们之间错综复杂的关系以前就发现了。下文介绍有关学校的若干分类。

1. 公立学校与私立学校。与传统相应,《基本法》第 7 条采取了这种分类。公立学校的教育培养工作完全由国家决定[1],设立和管理通常由州、乡镇、乡镇联合体或者地方目的联合体负责,少数由公共职业团体(如工商业协会)或者其他自然人或者法人负责。私立学校的责任主体通常不是公法人(教会除外),教育工作由责任主体自行负责。

另外有一些学校,无论其实质上是公立还是私立,均被视为公立,形式上均作为公立学校对待。

2. 小学、文理中学(Sekundarbereich)一类、文理中学二类。传统的三级制学校体制在早期录取程序中将学生分流到很大程度上相互并立的不同教育途径中,即(8 年)公立中小学毕业、10 年制学校毕业(可进入技校,不可入大学)和大学报考毕业。一些州为了提供更多的受教育机会,更好地开发智力,在此之外建立了一个专业口径更宽的学校体制,教育方式和途径彼此并不相互孤立,借此为稳定的继续教育提供更多的横向衔接和纵向衔接机会。个别领域甚至出现了向传统体制回流的不同趋势。

学校体制的兼容性(Durchlässigkeit)与学校法中确定的按照年

---

[1] BwSchG 第 2 条第 1 款,NdsSchG 第 1 条第 3 款,SächsSchG 第 3 条第 2 款。

龄段划分的三级基础体制相应。初级领域包括小学、特殊学校,分为4个年级。文理中学一类包括起点中学(Orientierungsstufe)、(5至9年级的)普通中学(Hauptschule)、实践中学(Realschule)、高级中学(Gymnasium,毕业后有入大学资格)、特殊学校和综合性学校,分别有10个年级。文理中学二类包括高级中学、特殊学校和综合性学校,分别有11个年级;另外,还有夜读高中、补习学校、夜读实用中学、远程补习学校、职业教育学校,以及其他任何在文理中学一类基础上的学校①。

3. 其他传统分类。从教育目标来看,学校总体上可以分为普通教育学校和职业教育学校,至今在一些法律中还可以看到这种分类,例如《萨克森州学校法》第4条第1款。另一个以前普遍的分类是在年龄段制之外,适当采用其他教学机制。

教育义务可以通过高中和实践中学履行,现在任何学校都应当达到最低教育标准,因此,仅在义务教育只能通过某种学校而不可能通过其他类型学校或者其派属分支实施的情况下,义务性学校和选择性学校(Wahlschule)才有意义。这种意义上的义务性学校包括小学、起点中学、普通中学、职业学校以及相应类型的特殊学校。其他学校都属于选择性学校。"继续学校"(weiterführende Schule)不再有效,因为不同学校体制之间的兼容性使任何学校都有潜在的继续教育的功能。由于专科高校和普通高校的大门向任何类型的学科尽可能敞开,所谓"高级学校"(höhere Schule)的概念

---

① 例如 BwSchG 第4条第2款,MvSchG 第11条,NwSchG 第4条第3款和第4款,SächsSchG 第4条第2款。

也失去了意义。三类教育的传统分类已经转变为三级制的学校体制。随着职业教育向全面教育(权利)体制的整合,一类普通学校和二类(以前的)职业学校之间的划分也没有意义了①。第三种教育途径是指同向专业学习的能力考试(资格考试)教育。资格考试的特征在于它并不需要走完特定的教育途径。

四、具体的学校类型

(一) 小学

在大多数州,小学(Grundschule)是指义务教育(6周岁起)开始后的4年教育,是所有教育事业的基础阶段,在布兰登堡州和柏林州是指第一个6年教育②。柏林州的特殊之处在于还有第二类教育途径,也就是所有学生在7学年之后进入高级学校(Oberschule),可以在普通中学、实践中学和高中之间选择(《柏林州学校法》第29条)。

小学与中学通常在组织上构成一个单位,但为了强调普通中学在学校体制中的独立性,小学和中学却越来越趋向于分离。例如《巴符州学校法》第5条以下。父母和学生无权要求颁发小学的一级或者二级证书,因为父母与学生针对小学一级或者二级证书的而提出信息请求可以通过口头证明(Verbalisierende Zeugnisse)得以满足,国家作为教育公权力的主体可以行使自己的教育学上的

---

① 参见 SächsSchG 第14条。
② BbgSchG 第19条第2款,BlnSchG 第26条第1款、第28条。

裁量权,决定如何满足学生及其父母的信息请求权①。大多数州将小学进一步分为学前班(Vorklasse)即幼儿园教育,有的州法规定年满5周岁开始——这是一般情况,有的州法规定属于需要资助或者因留级而不能进入小学的准备阶段②。学前教育属于所谓的素质教育领域(Elementarbereich),所有的儿童教育机构必须向年满3周岁到入学之前的儿童开放。《黑森州学校法》第18条第1款和《麦福州学校法》第14条规定,幼儿园和学前班属于小学和基础阶段教育的组成部分。

（二）起点教育

起点教育是指5至6年级的所有教育学单元,无论学校形式如何,包括中转阶段和考察阶段,在组织上通常与普通中学、综合性学校分离。任务是发展学习能力,为选择适合自己的后续教育途径作准备。为了学习特定核心专业的所有一般课程,学生被按照兴趣、能力分为不同的课程班。究其实质,起点教育的目的主要是为学生提供与后续教育有关的不同机会。实现目标的方法有消除学习缺陷,采取不同的要求,设置不同形式的课程,培养学生的独立能力与合作能力,观察学生的学习过程——尤其是从后续教育要求的角度。实行强制性的起点教育并不侵害父母的权利③。

---

① BVerwG,DÖV,1981年,第681页;德国法学家协会:《法治国家中的学校》,第1卷(州学校法草案),1981年。
② 例如BwSchG第20条,HeSchG第18条,MvSchG第14条第1款,NdsSchG第6条第3款,SächsSchG第5条第3款。
③ 例如HmbSchG第16条第2款、第17条第2款,HeSchG第22条,MvSchG第15条,NdsSchG第7条。

但是,没有设置起点教育阶段的学校不得拒绝学生入学。起点教育的实质性特征只能由法律确定①。

(三) 普通中学

5 至 9 年级的学生在普通中学就读,如果设立了起点教育阶段,则供 7 至 9 年级的学生就读,例如《巴符州学校法》第 6 条。有的普通中学增加了自愿选择的第 10 年级,例如《巴符州学校法》第 6 条第 3 款,或者将第 10 年级作为后续的义务教育阶段。10 年级分为 A、B 两类,A 类用于获得文理中学一级的毕业资格,B 类用于获得高等专科学校的入学资格。在引入综合性学校制度之后,北威州将普通中学作为一种独立的教育途径予以制度保障②。萨兰州、萨安州、图宾根州将普通中学与实践中学合并,在中等学校③、文理中学④ 和普通中学⑤ 可以获得两项毕业⑥。

(四) 实践中学

实践中学(或者中等学校)通常由 7 至 10 年级的学生就读,没有起点教育阶段的,由 5 至 10 年级的学生就读。《麦福州学校法》第 16 条第 3 款规定,普通中学的学生在 9 年级成功毕业的,可以进入实践中学就读 10 年级。实践中学的毕业生有权就读于专科

---

① BVerfGE,第 34 卷,第 165 页。
② NwVGH, NVwZ, 1984 年,第 781 页。
③ SächsSchG 第 6 条 (Mittelschule)。
④ SanSchG 第 5 条 (Sekundarschule)。
⑤ ThürSchG 第 6 条 (Regelschule)。
⑥ 关于普通中学与实践中学之间的合作,参见 NdsSchG 第 10a 条。

学校(中等资格)或者文理中学二级的任何学校。

(五) 高中

开始于小学的 4 年级,起点教育或者普通中学的 6 年级(在柏林州小学毕业后),采取连续教育形式的 7 年级[1]、(普通中学或者实践中学的)8 年级[2]或者 10 年级。以前的高中按照教学内容的重点分为人文学(古典文学)、现代文学、数学自然科学、音乐学、经济学和社会学等分科。自实行所谓的"改制的高级中学"后,大多数原联邦州在高级中学中废弃了这种分科[3]。改制的高中高级阶段(第 11 至 13 年级)包括入门阶段和后续的课程(学分)制阶段,例如《北威州学校法》第 4c 条。年级制已经转变为基础和成绩课程制(Grund-und Leistungskurse)。新联邦州在统一后也建立了类似的制度。成绩评价实行学分制(Punktsystem)。通过引入所谓的"必修课程",高中毕业生一般教育内容的减少趋势被遏制。改制后的高级中学原则上符合宪法[4]。鉴于州在教育事务方面的塑造自由,到底采取什么样的学校形式原则上由议会多数民主决定[5]。高校入学资格考试(高中毕业考试)在 12 年级或者 13 年级开始[6],但法律可以列举规定限制该资格。

---

[1] BwSchG 第 8 条第 2 款第 2 句(Aufbauform)。
[2] BlnSchG 第 32 条第 2 款。
[3] NwSchVG 第 4c 条是例外。
[4] BVerfGE,第 45 卷,第 400 页以下(有关黑森州的所谓过渡法)。
[5] BVerfGE,第 41 卷,第 88 页以下,第 106 页以下;第 53 卷,第 185 页以下。
[6] 例如 MvSchG 第 21 条,SächsSchG 第 7 条第 2 款,ThürSchG 第 7 条第 3 款(Abitur, Hochshculreife)。

(六) 综合性学校

这属于文理中学一类和二类中的一种组织和教学单位。作为一种门类齐全的教育尝试,许多州引入了这种学校体制。综合性学校分为附加型、合作型和一体型三类。附加型的综合性学校是将传统上相互分离的学校种类在空间上组成一个共同的学校群体,通常被称为"中心学校"(Schulzentrum)。联合型的综合性学校是通过联席会议、不同学校聘用同一教师等方式,在不同种类的学校之间展开合作①。一体型(整合型)的综合性学校是在5至10年级,将三类学校整合,实行共同的教学课程制度②。儿童就读具有相同课程的学校,必须受时间的限制③。关于具体的界限,联邦宪法法院未置可否。在巴符州和拜仁州,综合性学校不是实践中学,而是享有"特类学校"的地位。

(七) 特殊学校

一些州称之为促进学校(Förderschule),是指因身体、精神或者视听障碍、长期发展障碍而需要特殊教学辅助的各个年级学生就读的学校,通常属于一种特殊形式的小学和中学,但也作为普通学校的一个分支。向特殊学校转校的决定属于具有持续效力的行政行为④。与这种学校法有关的是1994年通过《基本法》第3条第3

---

① HeSchG 第 26 条,MvSchG 第 17 条,SanSchG 第 5a 条。
② 例如 HeSchG 第 27 条,MvSchG 第 18 条,SanSchG 第 5a 条。
③ BVerfGE,第 34 卷,第 187 页。
④ 例如 BwSchG 第 15 条,NwSchVG 第 4 条第 6 款,SächsSchG 第 15 条。

款第 2 句加入宪法的所谓"禁止歧视残疾人"。如果州法律考虑现有的特殊教学需求,将残疾学生与非残疾学生放入另一个学校就读相同的课程,这种向特殊学校的转校作法可能构成违法歧视①。

(八) 职业教育学校

是一般教育学校的对称,任务是为从事特定职业提供准备,改善一般教育。其中,实习培训在校外进行的职业学校称为非全日制学校(Teilzeitschulen)。

1. 职业学校。三年制的职业学校从普通中学开始,按照经济行业和职业分科,作为非全日制学校按照学生选择的职业进行实际操作训练——相关的阶段统称为"锻造课程"(Blockunterricht)。一些州在第一年(小学、职业小学、职业基础教育年级)针对不同职业领域设立全日制(Vollzeitform)的课程②。职业基础教育年级(Berufsgrundbildungsjahr)的设置并不侵害父母的权利,也不违反《基本法》第 12 条③。

2. 职业扩展学校。大多数州在设立职业学校的同时或者基础上设立了职业扩展学校(Berufaufbauschule),为获得就读二级文理中学的资格和权利,继续进行一般和专门的理论培训④。

3. 职业专科学校。学生在这里学习专业理论和实践知识,加强一般教育,准备进行至少 1 年的全日制职业活动课程。在有些

---

① BVerfG, NJW, 1998 年,第 131 页;NJW, 1997 年,第 1062 页 = JZ, 1996 年,第 1073 页,附带迪泽(Dietze)的评论。
② BwSchG 第 10 条,NwSchG 第 4e 条,SächsSchG 第 8 条。
③ BVerfG, RdjB, 1985 年,第 100 页以下。
④ BwSchG 第 13 条,NwSchG 第 4e 条。

州,2年课程结束后可以获得与实践中学毕业同等的权利[1]。在拜仁州,经济学校是专业专科学校(Beruffachschule)的一种。

4.专科学校。在专科学校(Sachschule)中就读的条件是实习、通常是职业教育毕业,通过为期半年的全日制教学进行强化培训。一些州法规定,毕业可以获得就读高等专科学院的资格[2]。

5.高级专科学校。实践中学的学生毕业后在高级专科学校(Fachoberschule)进行2年的全日制专业理论和实践培训。这实质上与《巴符州学校法》第12条规定的职业学院(Fachkolleg)一致。学校按照专业领域重点进行分类,例如技术、经济、铸造、社会教育学、社会经济学等[3]。

6.职业准备年级。一些联邦州实行这种制度,作为职业选择准备的全日制学年,性质上属于职业学校,主要为没有获得就业机会的青少年考虑[4]。

7.试验学校。试验学校(Schulversuche)的具体办理由法律规定[5],任务是开发新的教学内容和组织形式。北威州通过补习学校(Kollegschule)进行教学试验,学生可以通过不同的课程制学习,而无需编入不同的学校种类,获得文理中学二级毕业后的学习和职业教育机会。在某些专业,教学试验可以通过普通学校部分进行,或者通过试验学校综合进行。

---

[1] BwSchG 第 11 条,NdsSchG 第 16 条第 1 款,NwSchVG 第 4e 条,SächsSchG 第 9 条。
[2] 例如 BwSchG 第 14 条,SächsSchG 第 10 条。
[3] 例如 NwSchVG 第 4e 条,SächsSchG 第 11 条。
[4] 例如 BwSchG 第 10 条第 5 款、第 78 条,MvSchG 第 25 条第 5 款(职业准备学年是小学的组成部分,2 年制),NwSchPG 第 4e 条第 4 款,SächsSchG 第 8 条第 3 款。
[5] 例如 BwSchG 第 22 条,NwSchVG 第 46 条,SächsSchG 第 15 条。

8.夜校。主要为有工作的人提供职业活动之外的机会和权利。课程按照教学门类划分。夜高中与夜实践中学提供高校入学资格或者中级资格。入学条件通常是职业教育毕业或者多年实习毕业。鉴于高校入学资格或者"中级资格",夜校一般被称为"第二教育门路"(zweite Bildungsweg)。有些职业学校也采取夜校方式管理,例如《巴符州学校法》第 14 条规定的专科学校。人民高校在学校概念涵盖的范围内属于夜校。

9.补习学校。成人在这里进行 3 至 4 年的全日制课程,为获得高校入学资格考试作准备,例如拜仁州补习学校、柏林州补习学校、黑森补习学校、萨尔补习学校等。入学条件通常是具有特殊的申请能力,例如特长、职业能力、特殊的继续教育条件等,这通常与特殊培训辅助有关①。学校的课程分为预备课程(Vorkurs)、入门阶段和课程制阶段。作为秩序措施科处的警告侵害《基本法》第 12 条第 1 款规定的基本权利,需要法律依据②。

10.远程学校。用媒体取代教师面授,例如电视、唱片、电影和其他音像资料。短训教学和周末专题讨论有时是远程教学(Fernschule)的补充。远程学校可以下设直接面授的机构。2000 年 12 月 4 日《远程教学保护法》③意义上的远程教学是按照合同约定付酬的知识能力传授活动,学员与教员在空间上分离,教员及其委托人负责监控教学过程。《远程教学保护法》的目的是保护学员免受私人服务商提供不严肃的远程教育服务或者不利合同形式的侵

---

① HeSchVG 第 46 条,NdSSchG 第 13 条。
② BVerwG,DÖV,1976 年,第 466 页以下,附带亨耐克(Hennecke)的评论。
③ BGBl.,第 1670 页(FernUSG)。

害。这种目标具有经济法上的消费者保护性质。除业余活动或者休息之外,所有付酬提供的远程教学科目都应当(向付酬人)开放。公共部门管理的远程教学课程不属于该法的调整范围。通过国家合同在科隆设立的远程教学中心的主要任务是观察远程教学的发展动态,为州政府提供咨询,对远程教学科目进行审查和批准[1]。尽管国家合同没有明确规定,远程教学可能是学校。例如"远程学院"(Telekolleg)是国立远程学校,具有学校的属性,它是北威州、巴符州、拜仁州、布兰登堡州、莱普州和萨兰州等与拜仁州广播电视台、布兰登堡州东德广播电视台、南德广播电视台、西德广播电视台等合作建立的一种特殊的教学设施。

五、机构设置

(一) 公立学校的设施属性

除了特定历史条件的例外,公立学校迄今为止仍然是隶属于公共团体的没有法律能力的公共设施[2]。

(二) 机构设置

所谓的学校机关,在行政事务(外部学校事务)方面是指学校所属主体即设施主体(例如乡镇)的下设机关,在教育事务(内部学校事务)方面是国家的下设主管机关。针对学校内部作出行政行

---

[1] 1979年3月12日的有关远程教学的国家合同,GVBl. NW,第102页;1969年10月30日、1973年12月20日、1978年2月16日的国家合同。

[2] 例如BwSchG第23条第1款,NwSchVG第6条,SächsSchG第32条。

为的是学校,而不是它的行政"机关"①。具体而言,学校机关包括:

1. 校领导。小学(因州法而异)和实践中学的校领导的职务名称是主任(Rektor),其他学校的领导称为校长(Direktor)。分支机构和班级较少的小学校长也称为第一教师或者首席教师。在大多数州,校长的任命由学校教师和学校主体共同参与决定,他们享有听取意见权、建议权、通过全体会议的选举权(柏林州和汉堡州)或者通过校长选举委员会的选举权(史荷州)②《下萨州学校法》第44条规定,校领导由3至5人组成的领导委员会负责。校长是学校教师的顶头上司,属于受学校监督和指令约束的公务员,是向学校主体负责的学校领导。领导的职责是领导教学和教育、行政管理和秩序维护、对外代表学校。

2. 会议。称为学校会议、全体会议和不同形式的部门会议,在个别州采用③,针对直接利害关系人(教师、学校、家长)代表学校整体实施活动。学校会议贯彻的指导思想是,教师、学生和家长的代表共同负责,共同管理学校的教学和教育工作。全体会议是一种教师会议,由校长担任主席,所有的教师作为成员参加,有时也包括家长和学生代表,对学校的教学和教育工作施加决定性的影响,也就是决定采取有关教学和教育的措施。校长负责执行全体会议的决议,享有质疑权。部门会议包括年级会议和专业会议。

---

① BwSchG 第23条第3款;NwOVGE,第18卷,第194页。
② 例如 BwSchG 第39条,NwSchVG 第20条,SächsSchG 第41条以下;NdsOVGE,第28卷,第459页。
③ 例如 BwSchG 第47条,SächsSchG 第43条。

年级会议也称为学年会议,在职业学校称为小组会议,由为特定年级或者学年上课的教师参加组成。专业会议由所有与特定专门问题有关的教师参加组成。会议权限内的事项有时委托给专门委员会执行,例如《下萨州学校法》第39条。

3.考试委员会。在实行录取制的学校中,决定学生的录取。委员会由不参加考试(命题)的教师组成,校长担任主席,后续人民学校的教师有时也被赋予参与权。资格考试委员会通常由学校监督机关的专员担任主席,由校长和按照计划给毕业班上课的教师组成。

(三) 学校机关的归类

上述学校机关的归类取决于学校作为设施的组织形式,这通常由学校法、监督机关的命令、学校会议制定的会议规则决定。

采取独任制组织形式的学校由校长负责,教师会议通常是咨询机构[①]。采取合议制组织形式的领导机关是学校会议[②]。实践中这两种形式很接近。相同之处是,校长对外代表学校,即使在采取合议制的学校,校长负责"外部"学校管理。另一方面,在采取独任制的学校中,教师会议除了咨询职能之外,作为自治机构,还有权决议重要的教育工作事项。

(四) 学校机关的任务

校长和学校会议等校部机关以及教师的首要任务是教育性的

[①] 例如 HeSchVG 第87条,NwSchVG 第20条第2款。
[②] 例如 BwSchG 第4条,SäcsSchG 第44条第2款。

教育工作,这称为内部事务的管理;其次是与此密不可分的行政工作,称为外部事务的管理或者后备管理。就教育工作而言,校部机关受国家的教育监督;就行政工作而言,受所属行政主体的监督。1808年《普鲁士刑法典》首次区分"内部"与"外部"学校事务。对此,学理与实践在如下意义上采用:即入学就读、教学计划、教学方法和课程属于"内部"事务,受国家监督;学校所属主体(如乡镇)只负责教学必要手段的设立、维护和筹备等"外部"事务。这个区分已经被多方面打破,问题越来越多,尤其在国家与地方合办的学校。外部事务受到的国家影响越来越多,例如财政措施、国家有关学校建设与配备的纲领、教学手段的筹备等,乡镇参与内容与体制目标的确定不可能平衡这些影响。国家教育财政计划的发展以及学校自治引发的参与运动进一步导致乡镇权限的流失。

(五) 与教养主体的合作

学校机关在开展教育工作方面需要学校、养老院和其他教养主体的合作支持,在管理方面需要利害关系人的合作支持,在普通教育学校还需要教养权利人(通常是家长)的支持,在职业教育学校主要受社会伙伴的支持。一些州还规定了教会代表的参与[1]。家长与学校之间的稳定合作具有重要意义,《基本法》第7条第1款、第6条第3款作了该项要求。家长与学校之间在儿童人格教育方面开展平等的合作并不导致具体权限的破坏[2]。

---

[1] 例如 BwSchG 第55条以下,SächsSchG 第45条以下。
[2] BVerfGE,第34卷,第183页。

利害关系人可以单独或者共同与学校机关组成咨询委员会,例如家长代表大会或者谘议会、监护人团体等。每个班级、年级或者课程小组甚至整个学校都可以设立,主要通过代表参与。关于家长代表是否以及就哪些问题参与学校会议。参与权的范围大小等问题,一些州法作了具体规定,例如《巴符州学校法》第 57 条。成年学生的家长只能自愿参与学校家长代表大会之外的事务,因为家长代表权的灭失相应地造成家长代理人能力的丧失,拜仁州、巴符州和萨兰州的作法是例外。在下萨州,学校家长议事会无权诉请撤销上级教育行政机关发布的班级合并命令,因为法律没有确认议事会的诉讼主体资格[1]。

(六) 学生参与管理

学生通过班级代表、学生议会以及学生代表参加学校的咨询委员会、决策委员会等形式参与学校管理,其目的是对(学生的)民主自治(意识与习惯)进行政策培养和引导。学生借此自愿参与学校的管理过程,参与作出决定,其范围越来越大。班级或者年级选任的发言人(Sprecher)组成学生代表大会,例如学生议事会、学生议会,从其中选任主席(学生代表、年级代表)和副主席[2]。从 5 年级开始,学生在教学大纲的范围内参与选择教学内容。学生代表大会的任务是在教学培养工作的设计方面代表学生利益,促进学生的专业、文化、体育、政治和社会利益。但是,学生代表不享有一

---

[1] NdsOVGE,第 36 卷,第 441 页以下。
[2] 例如 BwSchG 第 12 条以下,SächsSchG 第 51 条以下;施托贝尔:《学生作为职务协助人》,1972 年。

般的政治代表权。例如,组织学生进行示威不属于学生代表大会的政治使命①。关于学校中的政治意见表达,将在本节第八部分介绍。根据学校的规模大小,学生议事会选任顾问教师(Vertraünslehrer)即辅导员(Verbingdungslehrer),支持学生代表大会制定计划和执行任务,例如《萨克森州学校法》第68条。

学生代表大会通过散发学生报刊获得一定的收入,这不是代表大会的特有权利,而是所有学生的权利。一些州法对学校报刊和学生报刊作了规定,例如《萨克森州学校法》第56条。学校报刊属于学校的一种机构,由学校审定其内容。学生报刊是一种定期印刷品,由一所或者多所学校的学生自主编审,无需主管教师的参与即可印发。学生报刊属于意见表达自由和新闻自由等基本权利的实现形式,不属于学校的机构,有关界限表现在《基本法》第5条第2款和其他内在的条条框框中②。

问题在于,为了控制学生报刊的内容,学校是否可以进行预防性(事前)干预?例如为学生设定递交报刊草稿的义务。学界的一种观点认为,预防性控制不符合新闻自由和审查禁止(Zensurverbot)的要求。但是,一些州法规定了递交样品以便控制和禁止③。《北威州学校印刷品条例》第37条第4款规定,在对学生报刊产生怀疑时,只需由一名教师提供咨询意见。无论如何,不得将学生报刊在学校的影响完全排斥出去,尽管大多数学生没有民事、刑事或者新闻法上的责任能力。学校报刊的内容本来就是学校的组成部

---

① 明登(Minden)VG,NVwZ,1985年,第679页。
② BayVGH,DVBl.,1995年,第419页。
③ NdsSchG第67条;SaSchO第13a条;BayVGHE,第47卷,第276页。

分，在此范围内不存在基本权利的冲突。

六、学校主体与学校行政

各州法律对公立学校的设立、设置、维护和管理作了不同规定，主要取决于学校所属的主体。学校主体（Schulverträger）对学校的人财物配备直接承担法律上的责任，为学校的维护提供财政资金[1]。如果财务责任与人事责任分离，例如国家地方合办学校，学校主体通常只负责学校的财务[2]。

（一）国立学校

国立学校是指国家直属学校，它的所属主体是州。州政府负责提供全部必需资金，是教职员工的雇主。柏林、汉堡、布莱梅等城市国家的所有公立学校都是国立学校；在黑森州（只有黑森补习学校和农业专科学校）和其他州，文理中学二级的部分公立学校通常是国立学校，除非没有跨地区的意义。试验学校、模范学校和具有特殊教学特征的学校所属主体通常也是国家[3]。乡镇、乡镇联合体也可能是试验学校的主体。

布莱梅和汉堡州的教育行政机关只有一级，其他州通常设两级，只有巴符州、拜仁州和北威州设立了三级。基层教育行政机关可能是教育局，也可能是（柏林）区政府。在实行三级体制的拜仁州和北威州，中级教育行政机关是区政府，在巴符州是高级教育

---

[1] 例如 NwSchVG 第 2 条；NwOVGE，第 29 卷，第 311 页。
[2] 例如 BwSchG 第 27 条第 1 款，SächsSchG 第 21 条第 1 款。
[3] 例如 BwSchG 第 29 条第 2 款，NwSchVG 第 4 条第 7 款、第 10 条第 8 款。

局。各州的最高级教育行政机关都是教育、文化或者教育部的部长或者政府委员。

(二) 地方学校

地方政府直属的学校由乡镇、乡镇联合体或者为了维护学校而专门建立的目的联合体(所谓的教育联合体)负责设立和管理,并且提供主要财政来源。大城市政府通常下设市教育议事会(Stadtsschulrat),作为乡镇政府或者乡镇长的下属机构。国家教育组织法可以成为强制有关乡镇组成教育联合体的正当依据[1]。州教育行政机关决定关闭地方学校的,可能侵害地方政府的自治权[2]。布莱梅州的所有公立学校都是地方政府直属学校,布莱梅市和布莱梅哈芬是主体,许多实践中学、职业教育和高级学校都是地方学校。《巴符州学校法》第2条第2款规定,州不参与管理的学校属于私立学校。

地方教育行政属于地方自治的组成部分。学校全体工作人员的雇主是地方学校主体,州承担或者提供大部分师资的费用,或者提供补贴,只是数额或多或少而已。学校主体有权确定学校的名称[3],决定学校的宗教属性,但应当赋予家长议决权(Bestimmungsrecht)[4]。通常不受指令约束的义务性自治事项属于法律赋

---

[1] BVerfGE,第26卷,第228页。
[2] NdSOVG, DÖV,1974年,第285页。
[3] 例如BwSchG第24条;NwOVG, DVBl.,1973年,第928页。
[4] NwOVGE,第29卷,第311页和DÖV,1973年,第249页。

予学校主体的任务,其中主要是义务性学校(的设立、维护和管理)①。按照需要设立、维护和扩大义务性学校是学校主体的义务,该义务也针对利害关系人②。自愿性自治属于学校主体自愿履行的义务,主要针对选择性学校③。法律授权的学校主体可以超出法定范围承担附加的行政支出,例如教学设施、附加的教学计划机构、学生陪护措施等。因此,乡镇无权以超出财政能力为由要求向国家移交实践中学。

(三) 国家—地方学校

大多数公立学校属于国家-地方学校,由州与乡镇、乡镇联合体或者目的联合体共同负责,州政府承担师资费用,地方政府承担其他人事和财物费用④。校长与教师被作为国家公务员予以任命、给付工资和调动,这具有公务员政策和教育政策两个方面的重要意义。在人员任命和调动方面,地方学校主体享有建议权与推选权,例如《北威州学校法》第 21a 条。学校所属主体推荐校领导人选的建议不属于行政行为⑤。

经常被称为"学校主体"的地方后备(Sachbedarfs)主体负责校舍的选址和类型确定,提供资助,并且承担教学设施、教学设备和行政管理的费用。它任免校长和教师之外的其他工作人员,例如

---

① 例如 BwSchG 第 48 条第 1 款, NwSchVG 第 10 条第 1 款至第 4 款、第 7 款和第 9 款, SächsSchG 第 23 条。
② NdsOVG, DÖV,1961 年,第 793 页以下。
③ 例如 BwSchG 第 28 条第 2 款第 1 项, NwSchVG 第 10 条第 6 款。
④ 例如 BwSchG 第 28 条、第 38 条第 1 款, NwSchVG 第 10 条, SächsSchG 第 22 条。
⑤ NwOVGE,第 29 卷,第 293 页。

打印员、房屋管理员(Huasmeister)等。在拜仁州的国立高中，国家只任用房屋管理员，而不包括其他专职工作人员①。

复杂的互相补偿和补贴制度是对上述费用分担的局部调整。

（四）行会学校

只存在于北德，是指由职业公共团体设立、维护和管理的学校，例如同业公会、农林协会、林业经济协会和工商业协会等。学校教师是行会付薪的工作人员，州只提供津贴，例如《北威州学校法》第3条第2款和第22条第2款。

（五）其他学校主体

个别公立学校也可能由其他法人或者自然人负责。

（六）学校主体的变更

这是指学校的财产权利义务主体由原学校主体变更为新的学校主体。这实际上只是公共任务执行的移交，公立学校主体不能援引《基本法》第14条第2款第2句。由于学校财产受法定目的的约束，从经济的角度来看不存在什么补偿的余地。有的州法没有规定学校主体变更的财产法的后果，其他州法的内容各不相同。

---

① BayVGHE,第27卷,第21页。关于学校支出问题,参见 BayVGHE,第26卷,第230页(学校支出);BSGE,第36卷,第206页。关于赔偿责任问题,参见 BGH, DVBl., 1974年,第157页和第594页; BGH, RdJB, 1974年,第186页,附带施托贝尔的评论; BVerwG, NVwZ,1985年,第904页。

七、教育监督

(一)教育监督的概念

教育监督(Schulaufsicht)是一个历史形成的集合概念,是国家在教育事务的组织、计划、领导和监督等方面的权利义务的总称,包括确认教育课程门类、教学目标、教学材料的内容等,称之为"内部教育公权力"也许更恰当一些。但是,教育监督并不意味着"国家对学校的全面决定权,它实际上被《基本法》第6条第2款和第7条第4款第2句在很大程度上修正了"[1]。教材的选择也属于教育监督的范围[2]。因此,教育监督的范围远远超出了"监督"一词的一般字面含义。

(二)教育监督的种类

主要有:

1.教育立法。例如学校法和教育行政法的制定。

2.制定其他教育规范。例如学校法的实施条例、假日守则和学校守则。需注意,不能从国家教育监督权中直接引申出行政部门的规范制定权[3]。

3.教育事务的行政领导。通过纲领或者指令(行政命令),尤

---

[1] BVerfGE,第34卷,第165页,第182页;第47卷,第46页,第71页;BVerwGE,第18卷,第39页。

[2] BVerwG, VerwRspr.,第25卷,第400页。

[3] BVerfGE,第34卷,第165页,第41卷,第251页以下;第47卷,第46页;第58卷,第257页和编码205以下。

其是通过确定教学和教育计划、审定教学材料目录和教学大纲,除非属于法律保留的范围。核心领导通常在行业监督的概念下使用,我们认为这是一种误解,因为监督意味着对下级机关的影响与控制,并不是核心机关自己进行的塑造性活动。这两者实际上相互交叉。

4. 真监督。即狭义的监督,是指行业监督和勤务监督。行业监督不限于合法性控制,实际上针对公立学校的所有教育工作。教育监督机关可以命令设立非国家直属的学校或者班级,命令组建教育联合体或者强制乡镇加入这种联合体[1],命令关闭学校[2];还可以自主作出教育学上的决定,决定撤销学校机关,引入新的决议制度。但是,尤其在教学形式方面,必须尊重和促进教师的教学自主性。

在"教师的教(育)学自由"这一概念下热烈讨论的问题是,教学内容与培养目标在多大程度上可以规范化?教育监督在教学内容设计方面的权限到底有多大?教师虽然作为公务员法上的公务员编入教育行政组织中,原则上受指令的约束,但他作为教育者的职能在很大程度上取决于他的人格魅力,为此必须享有一定的活动空间,对包括监督机关在内的他人干预必须予以限制[3]。国家措施是否限制了教学自由,对教师基本权利的限制是否大于为此而保护的学生、家长的权益或者其他利益,总是需要权衡,寻找实

---

[1] BVerwGE,第26卷,第228页。
[2] BVerwGE,第18卷,第41页。
[3] 派舍尔(Perschel):《教师的教学自由:学校的组织与行政》,1979年,第373页以下。

质正当的理由。黑森州正在要求学校推行对教师具有约束力的所谓教学大纲(Schulprogramm)，以明确重点和特殊任务领域，进而在第二个层面推动自我监督。

5.勤务监督。这是真监督的一种，针对国家教师。单行法律确立的非国家教师在人事事务方面的参与权是它的补充。它通常也针对学校主体执行义务性任务的(一般合法性)监督。凡是法律没有明确针对学校主体设立指令权的地方，都只能进行单纯的合法性监督。在这里，地方监督机关与教育监督机关的管辖权是重叠的。教育监督机关享有针对学校主体的答复权。但是，命令的执行只能由地方监督机关负责，有时需要与教育监督机关取得一致①。

（三）教育监督机关

通常是国家教育行政机关，这意味着，国家教育行政与教育监督密不可分。在两级体制中，最高教育监督机关是州的培训、文化或者教育部长，基层教育监督机关是教育局或者地区教育局，例如1999年1月1日的《萨克森州学校法》第59条。三级体制的不同之处在于，区政府作为高级教育监督机关是中级机关②。

国家的教育监督权原则上限制了《基本法》第28条第2款规定的乡镇自治权，但不得损害自治保障的核心③。所谓损害自治的核心，是指限制任务范围或者过度限制乡镇自负其责地进行管

---

① 例如 BwSchG 第36条；BVerwGE，第21卷，第289页。
② 例如 BwSchG 第33条以下，NwSchG 第15条。
③ BVerwGE，第18卷，第38页。

理,以致于产生了(变相)取消自治的危险①。《基本法》第28条第2款第1句保障乡镇免受没有实质正当性的任务限制,正当性的判断标准是比例原则②。

有些州的乡镇可以参与教育监督,这符合传统的行政实践。

大多数州法规定,可以吸收家长和其他具有专业知识的公民参加学校管理,例如学校谘议会、区委员会、州委员会、教育委员会、乡镇或者县的家长议事会等③。

八、教育法律关系

(一) 受教育的义务

1919年以前,只有那些没有通过其他途径(如私人教师)达到法定最低知识水平的人才负有入学的义务,即受教育义务(Unterrichtspflicht)。《魏玛帝国宪法》第145条确立了入学就读的原则性义务,即教育义务(Schulpflicht)。这是一种基本义务,是个人针对国家承担的宪法义务。所谓基本义务,是指宪法在一般的限制保留或者法律保留之外专门设定的义务,或者从其价值决定中可以认知的义务,例如《基本法》第6条第2款和第7条以及州宪法的相应规定。

教育义务从年满6周岁开始。联邦行政法院认为,在此年龄之前的公民仅在严格限定时间的情形下才有入学的机会,并不违

---

① BVerwGE,第23卷,第351页,第352页以下。
② BVerwG, DVBl., 1983年,第1152页以下。
③ 例如NwSchVG第12条, SächsG第54条以下。

反《基本法》①。高禀赋学生提前入学是近年来讨论的一个话题,问题在于是否可以从《基本法》第 2 条第 1 款和第 3 条第 1 款以及社会国家原则中推导出取决于能力而不取决于年龄的入学请求权②。有的法院认为,任何情况下都不存在因天赋(Frühbegabte)直接就读 2 年级的请求权③。大多数州的全日制教育义务持续 9 年,其他州是 10 年。在一些州,因住址变更而延长全日制教育义务的合宪性受到怀疑④。全日制教育义务与 3 年职业教育义务有关,通常属于非全日制的教育义务。无论教育义务是否继续存在,从教育关系的角度来看,任何学生原则上都应当听课。

没有到可选性学校就读的学生必须在居住地所属教育区(入学区、教育行政区)的义务性学校中履行(受)教育义务⑤。但是,为了避免过度限制《基本法》第 6 条第 2 款第 1 句和第 2 条第 1 款规定的基本权利,现行学校法与补充性的条例都规定了例外许可。学生可在选择性学校就读,以履行教育义务,例如《巴符州学校法》第 76 条。没有受教育能力的儿童不承担受教育义务⑥。分娩期前后的女生至少在《母亲保护法》规定的期限内没有入学的义务。

鉴于学生及其教育权利人的宗教信仰,在特定的日期可以免

---

① BVerwGE,第 35 卷,第 111 页;BVerwG,NVwZ-RR,1994 年,第 91 页。
② 关于最低年龄限制,参见 BVerwG,NVwZ-RR,1994 年,第 91 页;BayVGH,NJW,1999 年,第 402 页。
③ BwVGH,NVwZ-RR,1993 年,第 29 页;BayVGH,NVwZ-RR,1999 年,第 402 页。
④ BayOLG,VerwRspr.,第 24 卷,第 144 页。
⑤ 例如 BwSchG 第 76 条第 2 款、第 25 条,SächsSchG 第 25 条第 3 款、第 26 条;BayVGHE,第 26 卷,第 158 页。
⑥ 例如 BwSchG 第 74 条第 2 款,SächsSchG 第 27 条第 3 款。

除教育义务,但不受普遍性的保障①。特定教学专业也可能免除教育义务,例如为伊斯兰妇女设立的合作体育课②。《基本法》第6条第2款第1句并没有赋予家长以义务性学校体制不合理为由不让学龄儿童在小学就读的权利③。家长照顾入学的义务的终止时间是学生成年时,而不是学生年满14周岁时。

(二) 受教育权

接受教育与教化的义务与"受教育权"相对,一些州宪法对此作了明确规定④。通说认为,受教育权原则上不属于主观公权利,不产生具体的入学或者给付请求权。教育设施的开放性、入学平等性、资助需要教育的人等,都是该权利的特殊表现形式⑤。联邦行政法院从《基本法》第2条第1款中引申出受教育的基本权利,但不能将其作为教育机构的最低标准对待⑥。联邦宪法法院至今对该问题仍然未置可否⑦。受教育权不产生要求设立符合家长和学生的个人需要的学校的请求权,而是主要产生平等原则意义上的分享现有公立教育机构的权利。

---

① 例如安息日仪式,参见 BVerwGE,第42卷,第128页。
② BVerwGE,第94卷,第82页=NVwZ,1994年,第578页=DVBl.,1994年,第163页,附带瓦塞尔(Wesel)的评论,NJW,1994年,第1389页。
③ BVerwG, DVBl.,1975年,第428页。
④ 例如 BwVerf.第11条第1款和 BwStGH,JZ,1970年,第287页;BayVerf.第128条,BbgVerf.第19条,BremVerf.第27条,MvVerf.第8条,NdsVerf.第4条第1款,NwVerf.第8条第1款,SächsVerf.第28条第2款;1966年12月19日《有关经济、社会与文化权利的国际公约的法律》第13d条,BGBl.,1973年,第2卷,第1569页。
⑤ BVerfGE,第33卷,第331页。
⑥ BVerwGE,第47卷,第201页,第206页;第56卷,第155页,第158页。更进一步的是 NwOVGE,第34卷,第211页,第213页(要求扩大容量的有限请求权)。
⑦ BVerfGE,第53卷,第185页,第203页。

(三) 使用费、教材费和乘车费的免除

只有个别职业教育学校,尤其是专科学校还收取使用费(学费)。

除了不收取学费之外,大多数州还免收教材费,例如《巴符州学校法》第93条以下。国家有权决定教学材料的种类和内容。(设置)教材审批程序并不违反宪法[①]。教材免费意味着,公共部门应当为学生免费提供教学材料,其中尤其是教科书[②]。教材免费的实践形式因州而异,例如转让或者出借[③]。

在所有的州,资助学生参加听课都由地方团体负责。该项任务的主体可能是学校主体、学生住址所在地的县或者(和)县级市,也可能是学校所在地的县或者(和)县级市。该项服务的实现方式可以是提供搭乘公交的车票费,也可以是搭乘学校班车。

(四) 学生的法律地位

1.学生是基本权利主体。学生原则上享有基本权利,是所有基本权利的主体。这一点源自《基本法》第1条第3款,该款也约束教育关系中的规范权。此外,宪法中规定的所有基本权利限制也适用于教育关系。

2.教育关系是行政法上的一种特别关系。尚存疑义的是,在作为一种特殊身份关系的教育关系中,除一般的基本权利限制之

---

① BVerwG,VerwRspr.,第25卷,第400页。
② 关于练习册(Arbeitsblätter)的定性,参见 BayVGH,NVwZ-RR,1995年,第86页。
③ 关于家长承担教材损害的赔偿责任,参见 NdsOVG,NJW,1996年,第2947页。

外,还存在什么样的界限? 又如何将它们合法化? 以前的通说着眼于传统的特别权力关系①制度,认为基本权利效力在教育关系中被弱化了。这种法律观念首次被联邦宪法法院的判决改变了,它肯定了基本权利对特别关系的原则性适用。

但出于客观的原因,学校领域还没有告别行政法上的特别关系。这一点可以从《基本法》第7条和州宪法相应条款对基本权利的限制中得到证实。国家不得无视教育关系客观上存在不同于一般国家公民法律关系的特殊(压缩)性,而是应当将它们区分开来。从学校设施的效能需要来看,也有必要保持这种特殊身份关系。从基本权利的原则性适用和法治国家原则中可以推导出许多标准,尤其是基本权利的限制不得严厉到与学校任务和设施效能不相称的地步,这不符合比例原则的要求。这具体表现在法律保留方面。

3.教育关系中的法律保留。以前的通说认为教育关系属于行政法上的一种特别关系,以教育为目的的措施无需法律授权。根据现在的宪法意识,特别权力关系不能取代法律授权依据②。首先,正是在教育领域,分享国家服务是实现基本权利的必要条件,因此需要法律调整③。其次,教育关系的管理措施不仅有照顾性的,也有侵害性的,因此理应属于法律保留的范围。

在州宪法规定的框架内,教育关系中的基本决定只能由立法

---

① 称之为特别义务关系或者行政法上的特别关系更准确一些,参见本书第1卷第32节。

② BVerfGE,第33卷,第10页以下;第34卷,第192页以下。此后成为永久性判决的是 BVerfGE,第58卷,第257页以下;BayVGHE,第47卷,第276页。

③ BVerfGE,第33卷,第337页。

机关作出,也就是通过正式法律的方式作出①。所谓基本决定与非基本决定之间的界限,需要根据规范调整的范围、侵害的(可能)强度以及对基本权利的影响程度等因素确定②。至于是否属于纯粹的"学校组织措施",无关紧要③。

例:培养和教育目标的基本内容确定,尤其是在性教育方面④;有关惩戒⑤、升级⑥、开除⑦、证书⑧、必修外语⑨、高中高级阶段改革⑩、学校解散⑪、引入促进班制度⑫、根据《汉堡州学校法》第14条引入所谓的"可信半日制小学"⑬等事项的规定;试验学校⑭。

法律依据的必要性以及法律保留的范围等问题与正字法改革一起得到了针锋相对的讨论。联邦宪法法院⑮和行政法院⑯认为,改革不需要正式法律,因为正字法的主要问题不在教育领域,

---

① NBVerfGE,第34卷,第165页,第192页。
② BVerwG,DÖV,1975年,第347页。
③ BVerwGE,第18卷,第40页;另一种意见是BVerwG,DÖV,1975年,第349页。
④ BVerfGE,第47卷,第46页;BVerwGE,第57卷,第360页以下。
⑤ NwOVG,DVBl.,1975年,第445页。
⑥ BVerwGE,第56卷,第155页;BVerfGE,第58卷,第257页;NVwZ,1998年,第859页。
⑦ BVerfGE,第58卷,第257页,第268页;NVwZ-RR,1998年,第859页;NwOVG,JZ,1976年,第273页。
⑧ BVerwG,NJW,1982年,第250页;BayVGH,NVwZ,1998年,第859页。
⑨ BVerwGE,第64卷,第308页;BremOVG,NVwZ-RR,1989年,第413页(布莱梅设立起点阶段)。
⑩ BVerfGE,第45卷,第400页,第418页;NwOVG,NJW,1977年,第826页。
⑪ NwOVG,DVBl.,1978年,第278页;NVwZ-RR,1996年,第90页。
⑫ HeStGH,NVwZ,1984年,第784页。
⑬ HmOVG,NordöR,1999年,第112页。
⑭ 施托贝尔,DÖV,1976年,第518页以下。
⑮ BVerfGE,第98卷,第218页=NJW,1998年,第2515页。
⑯ BVerwGE,第108卷,第355页=NJW,1999年,第3503页。

学生及其家长的权利并未因此受到不合乎比例的限制。

非基础性的调整措施可以通过法律之下的规范采取。毫无漏洞的法律规定不仅没有必要,而且就学校的性质而言也没有意义。这种调整措施需要法律授权,执行部门的原始规范制定权并没有得到确认。法律授权可以通过概括性的条款,在这里优先考虑的不是(充分)明确性原则①。需要法律授权的不仅是规范制定(乡镇规章),而且包括所谓的特别规则,以及对受教育权作具体化规定、限制家长权因而具有外部效果的行政规则。例如,由学校作为设施使用规则发布的"校规"(Schulordnung)属于特别规则(Sonderverordnung)。又如,文化部长为了将法定教育培养目标具体化而发布的有关教学和教材计划的纲领属于需要法律授权的行政规则②。考试守则也需要法律授权。

4. 基本权利行使的范围与界限。作为国家教育公权力的表现形式,学校法首先限制了《基本法》第2条第1款确认的学生一般活动自由,这表现在学校的机构设施、组织形式和教师地位等方面。公共利益与个人权益应当协调,仅在不允许学生根据自己的能力和兴趣选择与相应的学校或者班级就读,或者教育途径完全由教师掌握的情况下,学校的组织措施才违反《基本法》第2条第1款。除了防御功能之外,《基本法》第2条第1款还具有分享权(Teilhaberecht)的功能。该款规定赋予所有儿童尽可能自由发展人格并且增长才智和能力的权利(受教育权)。因此,《基本法》第

---

① BVerfGE,第33卷,第11页;表示怀疑的是 BVerwG,DÖV,1975年,第349页,附带博塞的评论;BVerfGE,第58卷,第257页以下;BVerwGE,第56卷,第155页以下。

② BVerwG,DÖV,1975年,第347页以下。

2条第1款禁止按照特定的模式塑造儿童的人格,即所谓的"填鸭"(Indokurination)式教育。在确定教学纲领、框架纲领和教学大纲时,立法机关与教育行政机关应当像教师那样谨慎。除非紧急防御和救助的情形,教师的管教权(Zuchtigungsrecht)通常——尤其在习惯法上——不成立,因为这违反《基本法》第2条第2款①。大多数州制定的法律②、条例和行政规则都明确规定禁止体罚。

不得禁止学生表达政治、社会批判和世界观等方面的意见。有关《基本法》第5条规定的基本权利的一个限制是第7条第1款保障的学校在政治和世界观方面保持中立的一般要求。是否在学校散发传单或者其他印刷品,或者陈设墙报,从维护学校管理秩序的一般授权来看,应当由校领导决定。学校的教育培养任务要求通过事前审查防止滥用意见表达自由(的行为)③。联合罢课(Unterrichtboykott)这种学生斗争(Schulerstreik)方式不是维护学生权益的合法手段。学生原则上享有《基本法》第5条第1款、第8条第1款规定的参加公共游行示威的权利,但在上课时间参加就存在问题了。从宪法规定的受教育(入学)义务来看,应当否定这种作法。有人认为,这里的合法性取决于游行示威的目的。也有人认为,应当优先考虑听课的义务,仅在例外情况下才能准许学生游行示威,例如刻不容缓的、短暂的、情绪性的游行示威(Spontandemonstration)。

---

① BGHSt,第11卷,第241页。

② BwSchG第90条第3款,MvSchG第60条第2款,SächsSchG第39条第2款;可能包括NdsSchG第61条,因为该条有关刑罚要件的列举性被认为是封闭性的。

③ 关于佩戴纪念章,参见 BwVGH, DVBl., 1976年,第638页;BVerwG, NJW, 1990年,第2265页;HmbVG, NJW, 1994年,第922页。关于政治宣传的违法性,参见BayVGHE,第47卷,第276页。

5.教育关系措施的法律性质。学校机关依法作出的决定属于行政活动。至于是否属于行政行为,取决于措施的种类,即是否涉及学生的个人法律地位。大量的所谓学校内部措施虽然没有触动"基础关系",但也不能否认它们可能影响学生个人(的权益)。司法保护的范围取决于法律保护的必要性,而关键的标准在于干涉的程度和措施的影响范围[1]。

例:属于行政行为的主要是有关下属事项的决定:学校是否接受入学[2],转校就读[3],转入特殊学校[4],根据教育心理学考试作出的受教育能力决定[5],关闭学校决定[6],学校转址[7],与后续学校的(空间)整合[8],附加性综合学校的分立[9]。教材许可是针对出版社作出的附带判断余地的行政行为。

不属于行政行为的是:班级的解散[10],中断教学试验[11],学

---

[1] 将基础关系(Grundver;hältnis)与管理关系(Beriebverhaltnis)的区分作为认定行政行为的标准,有待商榷。为此参见鲁普(Rupp),DÖV,1976年,第90页;BwVGH,DVBl.,1975年,第438页。
[2] BVerwGE,第5卷,第153页。
[3] BwVGH,BwVBl.,1967年,第105页。
[4] NwOVG,DÖV,1976年,第41页。
[5] BwVGH,BwVwPr,1974年,第229页。
[6] BVerwGE,第18卷,第40页。关于通过法律关闭学校的违法性,参见HmOVG,NVwZ,1985年,第51页以下。
[7] NwOVG,DVBl.,1979年,第563页以下。
[8] BwVGH,NVwZ-RR,1991年,第73页(Zusammenlegung weiterer Schule)。
[9] BVerwG,DVBl.,1975年,第354页。
[10] NdsOVG,DVBl.,1981年,第54页。
[11] 持不同意见的是BwVGH,DÖV,1974年,第858页,附带阿恩特(Arndt)的评论;BwVGH,DVBl.,1975年,第438页;BVerwG,DVBl.,1976年,第635页,附带弗伊特(Voigt)的评论。

校处分①（例如书面警告②），留校禁闭命令③，被学校申斥④，课后留校命令⑤，作为学校处分而调入平行班⑥，对调(Schrägverseztung)，附期限开除⑦，被所在校开除⑧，被州的所有学校开除⑨，学校拒绝重新入学⑩，不转校⑪，实行每周5工作日制⑫，成绩单分数⑬，考试决定⑭，学校组织行为⑮。

学校的培养和秩序措施主要是为了保障学校教学培养工作的有序进行，保护关系人和财产⑯。

例：秩序管理措施有：宣布校纪，训斥不轨行为直至书面警告，责令临时停学，调入平行班或者转校⑰，开除告诫⑱，甚

---

① BayVGH,BayVBl.,1980年,第368页(Schulstraf)。
② NdsOVG,VerwRspr.,第25卷,第158页。
③ BayVGH,VerwRspr.,第18卷,第902页;第21卷,第642页(Anordnung von Arrest)。现在的法律已经不作这种规定了。
④ RpOVGE,第13卷,第264页;NwOVG,DVBl.,1975年,第44页;BVerwG,DÖV,1976年,第416页。
⑤ BwVGH,NVwZ,1984年,第808页(Anordnung des Nachsitzs)。没有侵害《基本法》第2条第2款第2句保障的身体活动自由,仅仅是对一般活动自由的限制。
⑥ BwVGH,NVwZ,1984年；BayVGH,BayVBl.,1985年,第631页;RpOVG,NVwZ,1993年,第480页。
⑦ 施托贝尔,RdJB,1972年,第46页以下(Schulausschluss)。
⑧ BayVGH,NVwZ-RR,1998年,第239页。
⑨ BwVGH,JZ,1964年,第627页。
⑩ NwOVG,DVBl.,1975年,第443页。
⑪ BVerwGE,第1卷,第260页。
⑫ NwOVG,DVBl.,1976年,第948页。
⑬ 还存在争议。HeVGH,DVBl.,1974年,第469页和BlnOVG,DÖV,1975年,第571页(中学毕业证书是行政行为)。RpOVGE,第13卷,第1页,法院认为综合毕业分数是行政行为;对此表示反对的是NwOVG,DÖV,1975年,第358页,附带派泽(Vehse)评论(1974年,第754页)和鲁普的评论(1976年,第90页)。
⑭ BVerwG,VerwRspr.,第25卷,第272页。
⑮ 马尔丁斯(Martens),NVwZ,1982年,第481页。
⑯ 例如MvSchG第60条,NdsSchG第61条,SächsSchG第39条。
⑰ VG Berlin,NJW,1997年,第1522页(Umschulung)。
⑱ 哈姆(Hamm)OLG,NJW,1997年,第1512页(Androhung der Entlassung)。

至从州的所有学校开除①。

教学措施重于秩序管理措施。因此,秩序管理措施的采取必须遵守比例原则。关于没有法律授权是否可以采取课后留校措施,存在争议。

对学校的行政行为、作为或者不作为可以诉诸行政法院,提起撤销之诉或者职责之诉。复议申请向校领导提出。需注意,法律救济并不以行政行为存在为前提。在具备法律保护必要性的情况下,针对事实性的行政作为或者不作为也可以提起一般的给付之诉或者确认之诉。如果被诉请撤销的措施以专业、教育学或者品格判断为根据,对主管教师、学校会议或者监督机关的高度个性化的(Höchstpersönlich)判断,法院只能作有限的审查②。

(五) 家长的权利

1.家长的权利与国家的培养任务。有关学校与教育监督方面的规定和行政措施不仅影响学生的法律地位,也影响家长作为"第一"培养人的权利义务(《基本法》第6条第2款)。另一方面,国家通过学校执行的教育任务以《基本法》第7条第1款为出发点,应当在其本身的范围内得到与家长的培养权(Erziehungsrecht)平等的对待,而不是从属对待③。尽管家长与国家应当以理性合作的方式共同执行培养任务,国家-学校的教育权与家长的培养请求权

---

① NdsSchG 第61条第3款,NwSchVG 第26a条。
② BVerwG,DVBl.,1985年,第1082页。
③ BVerfGE,第34卷,第183页;第52卷,第223页;NdsStGH,NVwZ,1997年,第267页。

之间仍然存在紧张的关系①。

2. 家长的权利与儿童的权利。随着儿童年龄的增长,家长权利与儿童权利之间的关系也越来越紧张,家长对儿童教育的决定权随着儿童年龄的增长而逐步削弱,到学生成年时完全消失。只有在优先的公共利益要求限制儿童基本权利时,一般的年龄界限才能作为根据。这方面的一种公共利益是一般法律行为的安定性。儿童与家长之间的内部关系可以也应当随着儿童的个人成熟程度而逐步取消。反之,个别基本权利可能需要不同于一般年龄界限的基本权利年龄。

3. 教育学上的家长权利。家长的权利以前主要作为世界观与宗教信仰的一个要素,表现为要求设立和维护实行特定宗教信仰的学校的权利。现在,人们优先考虑的是教育学意义上的家长权利。教育学意义上的家长权利主要有:

(1) 择校权。即在国家筹办的各种学校之间进行选择,国家不得将其作为必要予以限制②。具体而言,国家不得通过学校组织措施,企图完全调整学生的成长过程。对不适合特定学校组织形式的学生而言,为了保护他的利益,尤其是为了避免妨碍其他同学而有必要分离的,才能为此设定相应的入学条件③。所谓的"积极性筛选",即国家按照学校组织形式最切合学生的天赋与能力(的原则)进行选择,通常被认为不适法④。

---

① 关于家长权利及其与国家培养任务之间的关系,参见 BVerfGE,第 59 卷,第 360 页(父母的信息请求权),附带斯达克(Starck)的评论,JZ,1982 年,第 329 页。
② BVerfGE,第 34 卷,第 183 页以下,附带不同意见。
③ 所谓的"消极性筛选"(Negative Auslege),参见 BVerwGE,第 5 卷,第 153 页。
④ HmOVG,DVBl.,1953 年,第 506 页;BVerwGE,第 53 卷,第 160 页。

《基本法》第 2 条第 1 款和第 6 条都没有赋予家长要求国家筹备符合其愿望的学校的请求权①。对于家长在学校继续存在或者合并②方面的利益,州的学校法一般在设定学校继续存在的必要性要件时已经予以考虑了③。国家和学校违反该规定并不直接(Sofort)构成对家长权利的侵害④,这仅限于家长的权利因此受到严重不利影响的情形,例如通往学校的道路不可预期地延长⑤。对高中这种学校形式,《基本法》没有给予保障,联邦也没有统一法律规定,因此,可以将高中转制为作为一种普通学校的综合性学校⑥。家长的权利不包括:(1)要求转入特定的班级、教学楼和学校的权利⑦;(2)要求补偿学生促进费用的请求权⑧;(3)在替代性的私立学校就读给予学费补偿或者免费的请求权⑨;(4)参与(拟

---

① BVerwGE,第 35 卷,第 112 页;BVerfGE,第 6 卷,第 339 页以下;BVerfG, DÖV, 1977 年,第 721 页(高中高级阶段没有侵害家长的权利);BVerwG, DÖV,1979 年,第 911 页(不存在为达到高中标准而要求扩大实践中学的请求权);HeVGH, NVwZ,1991 年,第 189 页(家长和学生都有权要求保持特定的学校类型,本案涉及用高中取代附加性的综合性学校)。

② NwOVG, NVwZ-RR,1996 年,第 90 页(Zusammenlegung)。

③ 例如 HeSchVG 第 23 条第 1 款和 HeVGH, NVwZ-RR,1989 年,第 247 页;NdsSchG 第 106 条;NwSchVG 第 8 条第 6a 款和 NwOVG, NVwZ-RR,1996 年,第 90 页。

④ BVerwG, DÖV,1979 年,第 410 页。

⑤ BVerwGE,第 18 卷,第 44 页;BVerwG, NVwZ,1997 年,第 781 页;BwOVG, NVwZ, 1996 年,第 89 页;NwOVG, NVwZ-RR,1996 年,第 90 页。

⑥ BVerwG, DÖV,1982 年,第 362 页和 BremOVG, DÖV,1990 年,第 384 页(布莱梅州的起点阶段,无权要求将拉丁语作为必修外语)。持不同意见的是 HeStGH, NJW,1982 年,第 1381 页(高中高级阶段:家长不仅享有选择权,而且享有进行全面普通教育的权利,即设计教育目标的具体内容)。HeStGH, NVwZ,1984 年,第 784 页(强制性的促进阶段:没有侵害家长的权利)。

⑦ BVerfG, NVwZ,1984 年,第 781 页(选择特定的学校和教育区);BwVGH, NVwZ, 1984 年,第 112 页(无权要求转入特定的班级和教学楼)。

⑧ HeStGH, NVwZ,1984 年,第 788 页。

⑨ BayVGH, NVwZ, 1984 年,第 97 页。

定)宗教和德育课程的课时安排计划的权利[1]。但是,如果保密可能损害家长个人培养儿童的,家长享有了解学校内部过程的知情权[2],这不包括通知学生成绩的一般法律请求权[3]。

(2)参与权。即参与教育工作和部分学校管理工作的权利,具体形式是参加家长代表大会、家长谘议会、学校咨询委员会和其他类似的机构。关于现行法律规定是否完全符合宪法规定的最低标准,颇有争议。

(3)防御请求权。针对国家不法侵害家长的照顾和培养权利的行为。这里争议很大的问题是家长权利与学校性教育之间的关系[4]。

有待商榷的是,范围被明确限定的参与权以及偶然性的防御权对家长的权利来说是否是足够的。作为首要重点制作并且被教育监督机关宣布具有约束力的教学培养计划、教学材料目录、教学大纲等的意义越来越大,就此而言,必须赋予家长有效影响各项计划的参与权,姑且不论宪法要求有关教育培养目标的基本决定应当通过正式法律来确定。要求有效参与的根据在于州法要求家长参与教学计划与教育目标的制定,例如通过州教育谘议会[5]。在证明(书)、升级、毕业和转校等各个环节,都可以发现培养权人(家

---

[1] BayVGH, BayVBl., 1993年,第185页。
[2] BVerfGE,第59卷,第360页;BVerwG, DÖV, 1981年,第681页(家长通过1年级和2年级的口头证明行使信息请求权)。
[3] NdsOVG, NVwZ, 1984年,第809页。
[4] 罗泽(Lose):《行政法》,1980年,第231页以下(关于BVerwGE,第57卷,第360页)。
[5] 例如BwSchG第71条,NdsSchG第169条,SächsSchG第49条。

长)参与权的界限①。除了学校法规定的参与权之外,其他有效参与的方式和方法引起越来越多的重视,其中尤其是公民请愿。这里的难题在于,针对学校组织决定或者措施的公民请愿是否以及何时具有可行性(statthaft)②。

九、宗教与世界观

(一) 宗教上的家长权利

从《基本法》第7条中可以看出家长权利的宗教属性。该条第3款第1句规定,公立学校中的宗教课程属于普通教学内容,但(实行)信仰自由(的学校)例外;第2款规定,培养权利人决定儿童参加宗教课程;第4款规定,国家保护设立私立宗教信仰学校的权利③。宗教上的家长权利不仅与国家的培养权,而且与儿童的权利之间都存在紧张的关系。

(二) 实行特定信仰和实行信仰自由的学校

《基本法》采取这种区分,第7条第3款第1句将"实行特定信仰"(Bekenntnissgebund)的学校作为普通学校(Regelschule),包括宗教学校和宗教团体创办的学校。它们与实行信仰自由的学校之间的界限并不明确。问题是,为了推行宗教教学,州是否可以将不实

---

① NdsStGH,NdsVBl.,1996年,第184页。
② NwOVG,NVwZ,1997年,第816页,附带金格林(Kingreen)的评论,NVwZ,1997年,第756页;NdsVBl.,1998年,第240页。
③ BVerfGE,第6卷,第355页以下。

行信仰的学校也作为普通学校。

1.信仰学校。即奉行特定信仰的学校,绝大多数奉行的是新教或者罗马基督教,个别奉行犹太教。这在人事方面的后果是大多数师生都奉行同样的信仰,在事务方面的后果是由奉行相应宗教信仰的教师负责全部课程教学。许多私立学校都奉行特定信仰①。在这种实质意义上,信仰学校符合宪法②。无论是家长③还是教会④都无权要求设立信仰学校。但是,按有关州法规定⑤,家长可以要求将小学转制为宗教团体学校、信仰或者世界观学校。

2.宗教团体学校。又称为基督共同学校(christliche Simultan-schule),对学生的教学以西方基督教文化为基础,而不局限于特定的宗教信仰⑥。联邦宪法法院⑦肯定了宗教团体学校是巴符州和拜仁州公立人民学校的唯一形式,在北威州则是优先考虑的学校形式。课程开始和结束时进行的教育祈祷(Schulgebet)在宗教团体学校中具有适法性。是否在宗教课程之外进行自愿性的超宗教教育祈祷,州法没有规定⑧。

3.其他团体学校。除宗教课程之(例)外,不对学生进行特定

---

① 例如 NwSchOG 第 17 条至第 27 条和 NwOVGE,第 16 卷,第 128 页;第 39 卷,第 311 页。

② BverfGE,第 6 卷,第 309 页;BVerwGE,第 6 卷,第 101 页;第 10 卷,第 136 页。

③ BVerwGE,第 41 卷,第 46 页;BerwG,DÖV,1972 年,第 617 页。

④ NwOVGE,第 29 卷,第 310 页。

⑤ 例如 NwSchOG 第 17 条第 3 款。

⑥ 例如 BwVerf.第 16 条,BayVerf.第 135 条,BremVerf.第 32 条第 1 款,NwSchOG 第 19 条。弗里德里希·米勒(Friedrich Müller):《宗教团体学校与国家的世界观中立性》,DÖV,1969 年,第 441 页至第 445 页。

⑦ BVerfGE,第 41 卷,第 29 页;第 41 卷,第 65 页;第 41 卷,第 88 页。

⑧ BVerfGE,第 52 卷,第 223 页至第 225 页;BVerwGE,第 44 卷,第 196 页和 VerwR-spr.,第 21 卷,第 385 页;NdsOVGE,第 25 卷,第 418 页。

宗教或者世界观(尤其是基督教)的教学。世界观学校要求对儿童"按照有关世界观的原则进行教学培养",并没有什么实际意义,因为它们没有设立宗教课程,实行《基本法》第7条第3款第1句规定的信仰自由。

(三) 宗教课程与替代课程

除柏林、布莱梅、布兰登堡之外,其他州都将宗教课程作为公立普通学校和部分公立职业学校的常规教学科目[1],有时可能与忏悔(konfessionell)课程分开。柏林和布莱梅州的宪法规定,宗教课程由教会、宗教和世界观团体负责[2]。在布莱梅州,有关圣经的非宗教教学以一般基督教为基础进行[3]。1996年布兰登堡州将宗教课程从常规教学科目中排除[4],取而代之以"生活方式、道德和宗教知识"(LER)这一信仰中立的教学科目,原先的宗教课程变成了自愿性的选修科目[5]。我们认为,《基本法》第141条不适用于新联邦州,但上述规定违反了《基本法》第7条第3款第1句,因而构成违宪。联邦宪法法院建议有关LER课程的法律争议通过"协议"解决[6],布兰登堡州据此修订了《学校法》第9条[7]。联邦行政

---

[1] 例如BwVerf.第18条,BwSchG第96条以下,BayVerf.第136条第2款,HamSchG第4条,NwVerf.第14条,SanVerf.第27条第3款,ThürVerf.第25条。
[2] BlnVerf.第23条,BremVerf.第32条第3款。
[3] BremStGH,DÖV,1965年,第812页。
[4] GVBl.,1996年,第1卷,第102页。
[5] BbgSchG第9条第2款、第3款。
[6] BVerfG,NVwZ,2002年,第980页;比较全面的论述是鲍舍尔(Poscher),RdJB,2002年,第380页以下。
[7] BbgGVBl.,2002年7月11日,第55页。

法院认为,宗教课程的成绩对升学至关重要①。我们对此表示坚决反对,因为要实现《基本法》第 7 条第 2 款规定的信仰自由,就必须允许学生随时拒绝参与宗教课程。国家是否以及在什么条件下应当开设伊斯兰课程,至今尚未得到明确②。但是,为不参加宗教课程的学生设立替代性的哲学必修课③,也就是设立参加道德课程作为替代的义务④,符合宪法。仅在具有不可预期性的情况下,才能认为侵害了家长和学生的(基本)权利⑤。宗教课程或者道德课程的课时计划由学校自主定夺⑥。

关于一律在教室中安放十字架或者耶稣受难像的国家规定,联邦宪法法院认为,对信仰学校之外的其他国立义务学校教室而言,这种作法妨害了不信奉基督教的学生及其家长的消极宗教信仰自由⑦。《拜仁州教育法》第 7 条吸收这个观点,一方面仍然坚持在任何教室安放十字架的原则,另一方面规定在培养权利人(家长或者学生)提出严肃而又可行的异议时,进行友善平和的协调,如果这不可能,则进行适当的利益平衡⑧。同样,禁止佩戴伊斯兰头巾也不符合国家的宗教与世界观中立性要求⑨。

---

① BVerwGE,第 42 卷,第 346 页。奥伯迈尔(Obermayer)对此表示怀疑,NJW,1973 年,第 1815 页以下。
② 表示反对的是杜塞多夫(Düsseldorf)VG,NVwZ-RR,2000 年,第 789 页。
③ BVerwG,VerwRspr.,第 25 卷,第 145 页。
④ BVerwG,NVwZ,1999 年,第 769 页。
⑤ BayVGH,BayVBl.,1990 年,第 244 页。
⑥ BVerwG,NVwZ-RR,1993 年,第 355 页。
⑦ BVerfG,NJW,第 2477 页。持另一种意见的是 BayVGH,NvwZ,1991 年,第 1099 页 = BayVBl.,1991 年,第 751 页。
⑧ BayVGH,NJW,1997 年,第 3175 页;BVerfG,NJW,1999 年,第 1020 页;BayVGH,NJW,1999 年,第 1045 页。
⑨ BVerwG,NJW,2002 年,第 3344 页;NdsOVG,NdsVBl.,2002 年,第 212 页。

(四) 世界观问题

这与学校类型无关，但必然影响教育培养目标的确定以及相应教学计划和教学大纲的制定。为了避免学校方向的片面性、对学生进行填鸭式灌输以及与家长权利之间的冲突，学校的所谓"意识形态中立性"日益受到重视。引发中立性争议的主要是黑森州的"社会学基础大纲"（1973年第2版）和北威州的"政治教学大纲"（1974年第2版），它们被认为违反宽容原则（Tolranzprinzip）从而违宪。这些草案缺乏中立性，对此提出的问题是，以前的教学计划是否真的"中立"，或者是否可能做到了"中立"。教育培养目标的扩大使"学校在国家与社会之间（中）的中立性"要求赢得了前所未有的现实性与爆炸性。这要求加强教师、家长、学生参与有关大纲的制定。

十、德国教育制度中的外国学生

(一) 法律依据

目前联邦还没有有关外国中小学生的一般法律规定，因为这属于州管事务。但是，州议会几乎也都没有作出有关外国儿童与青少年的教育政策方面的基本决定。为奉行不同观念的各州提供方向性指导的是州文化部长会议（KMK）的推荐意见[1]。意见的目

---

[1] 文化部长会议"有关外国劳工子女教学的协议"，州文化部长会议1976年4月8日的决议，1979年10月26日版本，第899号。另请参见有关"学校进行跨文化教育与培养"的意见，1996年10月25日的州文化部长会议决议，第671.1号。

标是使外国学生能够学习德语,在德国学校毕业,增长和拓宽母语知识。意见要求有关教育措施应当促进外国学生在德国学习期间融入社会,增强他们的语言和文化认同感。有关学校教育的基本事项在各州文化部长发布的纲领和法令中规定。

州的不同规定可以大致分为两类:一是所谓的"柏林模式",外国学生应当尽早在德国普通学校就读(所谓的一体化原则),大多数州可能趋向于这种模式;二是所谓的拜仁州模式,以分别教学为出发点,外国学生只有在具备充分的德语知识并且家长提出申请的情况下才能转到普通学校就读,此即所谓的自转原则(Rotationsprinzip)。由于有关外国人政策的重要决定是不同模式的基础所在,学理主张进行立法,即使在将来也早晚必须如此。现在,所谓的"教育基本权利"平等适用于德国人和外国人①。

共同体法的一般目标规定主要见于《欧州共同体条约》第149条以下,以及1977年7月25日以条约第40条的具体规定为依据制定的第77/486/EWG号《有关移民劳工教育照顾的决议》②。另外,有关教育事业的许多国际协定也确定了一些问题,例如学校教育的内容要求③。

(二) 外国家长的权利

《基本法》第6条规定的家长权同样适用于外国人。例如,与

---

① 上文第七部分(二),又如BwVerf.第11条第1款("任何青少年……无论出身"),NdsVerf.第4条第1款("任何人"),NwVerf.第8条第1款("任何儿童"),RpVerf.第33条(对外国人来说存在的难题是热爱人民和家乡即德国的培养目标)。
② Abl. EG Nr. L 199/32。
③ 例如1948年的《一般人权宣言》第26条,联合国教科文组织的1960年协议,《欧洲人权公约》第2条,1977年7月25日的欧共体纲领。

德国家长一样,外国家长不能基于家长权要求设立符合其信仰的学校①。

(三) 教师资格

以前的德国师资并非为外国学生工作而筹备,后来增加补习年级,进行"外国人教育"和"德语作为外语"的教学。

十一、私立学校

(一) 私立学校的概念

这是指所有非公立学校,又称为独立学校、独立主体创办的学校,无论实质上还是形式上都是非公立性的,本质上自主确定教育工作,尽管受国家的监督。凡不是由州、乡镇、乡镇联合体、目的联合体(教育联合体)、行会或者其他公法人创办的学校一般都是私立学校,但教会是例外。一种新现象是乡镇学校作为私立学校②。

(二) 制度保障

《基本法》第7条第4款第1句规定任何人都享有创办私立学校的基本权利(创办自由),并且予以制度保障。该规定的目的是实现教育事业中的自由③。从现代教育事业的高昂成本来看,离

---

① BVerfGE,第41卷,第46页。
② 例如 PschAbk 第1条,ÜDiskU 第2条c款、第5条b款,NwPSchG 第1条和第2条,BwSchG 第2条第2款,BayEUG 第3条第2款,HePSchG 第1条第1款,NwSchOG 第36条第1款,NwSchVG 第3条第4款。
③ BVerfGE,第27卷,第195页,第200页以下,附带林克(Link)的评论,JZ,1971年,第551页。

开了国家补贴,这种保障的意义微乎其微①。创办自由(Errichtungsfreiheit)不涵盖私立专科高校(学院),按照联邦宪法法院的意见②,即使与私立学校相应的国立学校转制为专科高校也是如此。《基本法》第7条第4款不包含特定私立学校的存续保障,而只是为私立教育事业的发展提供制度保障③。该问题对私立学校的财政来源具有重要意义。私立学校自由不仅针对创办,而且包括运营管理。

家长有权将其子女送入符合《基本法》第7条第4款第3句规定条件的私立学校就读。因此,有关儿童可以不在公立学校的促进年级就读,而是可以在替代性的私立学校中就读的规定,符合《基本法》第7条第4款④。家长决定子女受教育途径的权利意味着有权在国家自己创办的学校与批准创办的(私立)学校之间进行选择⑤。不同学校之间相互承认升学证书是家长选择权⑥效力的一种表现形式。但是,家长无权同时要求国家补偿私立学校的学费。

(三) 私立学校的种类

私立学校可以分为与有关公共教育事业对应的替代性学

---

① BayVGH,NVwZ,1985年,第481页。BayVerf.第134条规定了私立学校的制度保障。
② BVerfGE,第37卷,第313页;HeVGH,DVBl.,1973年,第276页。
③ BVerwG,NVwZ,1985年,第111页。
④ BVerfGE,第7卷,第197页以下。
⑤ BayVGHMNvwZ,1984年,第97页。
⑥ HmbOVG,NordÖR,1999年,第112页。

校(Ersatzschule)①和完全实行特殊职业教育的补充性学校(Ergänzungsschule),例如音乐学校、演艺学校、芭蕾舞学校等,公共教育事业中没有与之对应的学校。

1.替代性学校。需经许可,许可按照《基本法》第7条第4款第3句规定的条件颁发,尤其是其意义(不是种类!)与公立学校同等的私立学校②。关于同等意义的认定,必须从教学目标③、机构、师资培训等角度入手。除此之外,私立人民学校的许可还受《基本法》第7条第5款的限制。据此,第一种选择的条件是在教育行政方面具有特殊的教育学利益④;第二种选择的条件是教育权利人申请作为宗教团体学校、信仰和世界观学校设立,并且乡镇没有此类学校⑤。

国家可以通过认证权行为赋予私立学校与公立学校同等的权利⑥。没有权利创办公立学校的教会和其他公法人也需要为所创

---

① 例如 PschAbk 第3条第1句;BVerfGE,第90卷,第128页=NVwZ,1994年,第889页;BVerwGE,第104卷,第1页;BVerwG,NVwZ,1998年,第60页。福格(Vogel)批评这种分类。
② 关于"意义等同"(Gleichwertig),参见 BVerwGE,第104卷,第1页;第105卷,第20页;BayVBl.,第180页;BVerwG,NVwZ,1998年,第60页(有关州法的概念界定)。
③ 不是各年级的年终培养和成绩水平,为此参见 BVerWG,NVwZ,2001年,第919页。
④ BVerfGE,第88卷,第40页=NVwZ,1993年,第66页;BVerwG,NVwZ,1998年,第60页;NJW,2000年,第1280页。关于法院的审查强度,还请参见 BVerwGE,第75卷,第275页=NVwZ,1987年,第318页。
⑤ BVerwGE,第90卷,第1页=NVwZ,1992年,第1187页,附带李希特(Richter)的评论。
⑥ 所谓的认证(Anerkennung),例如 PschAbk 第5条,BwPSchG 第10条,HePSchG 第173条,NwVerf.第8条第4款第2句,NwSchOG 第37条第4款。关于承认私立学校的条件,参见 BVerwGE,第17卷,第236页;BVerfGE,第27卷,第195页,附带林克的评论,JZ,1971年,第551页;BVerwG,VerwRspr.,第21卷,第403页。

办的替代性学校办理认证手续。享有许可请求权并不意味着同时享有认证请求权①,但拜仁州②、下萨州、莱普州等却保障认证请求权。《北威州宪法》第8条第4款第2句则规定,在颁发私立学校许可时必须一并赋予其与公立学校同等的权利。在其他州,是否认证由教育行政机关裁量决定。

对学生来说,学校主体得到认证的后果是免除到公立学校就读的义务,对学校来说,则是被赋予颁发升学证书及(并非总是,但通常在监督机关代理人的参与下)代为举办考试的权利,而且与相应的公立学校具有同等的效力。需注意,将私立学校纳入国家资格认证制度中存在妨害私立学校自由的危险。私立学校在此范围内履行公权性职能的,作出的是行政行为③。行政诉讼应当针对以自己名义活动的被授权主体提起,而不是针对国家④。没有得到这种承认的替代性学校只属于"经国家许可的"私立学校,其法律关系完全按照私法处理⑤。得到许可的学校(和被确认具有同等意义的补充性学校)的学生可以依据《联邦教育促进法》第2条第1款和第11条的规定得到教育资助。私立学校即使得到认证,被赋予的职权也不得大于公立学校⑥。

2.补充性学校。只承担登记和信息义务,无需办理许可⑦。

---

① BVerwGE,第27卷,第195页。
② BayVGH, NVwZ-RR,1996年,第88页。
③ BVerfGE,第27卷,第203页;BVerwGE,第17卷,第41页;RpOVG, VerwRspr.,第17卷,第671页,附带其他提示;持不同意见的是 BGH, DÖV,1961年,第787页。
④ 关于针对国家承认的替代性学校的法律救济,BwVGH, NJW,1980年,第2597页;关于开除,参见 BayVGH, RdJB,1983年,第245页;NwOVG, JZ,1979年,第677页。
⑤ BVerwGE,第45卷,第117页;BayVGHE,第27卷,第32页。
⑥ BVerwGE,第68卷,第185页。
⑦ HePSchG 第12条第3款的规定与此不同。

教学计划得到国家批准即得到国家的认证,可以按照国家批准的考试守则举办考试,颁发相应的证书①。例如,根据《下萨州学校法》第 141 条和《北威州私立学校法》第 45 条第 2 款,相应的受教育义务即在公立学校就读的义务因此免除。

（四）校领导与教师

私立学校的领导与教师必须具有可靠性,由学校主体选聘。替代性学校的教师通常需要办理教学许可②。

（五）私立学校中的法律关系

除非被授予公权力(经认证的替代性学校在考试和资格证明方面),私立学校主体与学生及其家长之间的法律关系,尤其是入学、解雇和考试措施等,只遵循私法规则。私立学校主体与聘任的教师之间的法律关系更是如此。但是,向私立学校指派的国家教师仍然是公务员,州法有关其任职期间的福利法律关系(工资、休假、退休金的计算和工龄)的规定各不相同③。

（六）私立学校的教育监督

私立学校同样受国家监督,国家仍然享有全面的规定权,但比

---

① PschAbk 第 11 条第 1 款第 b 项,BwPSchG 第 15 条,NdsSchG 第 161 条。
② PschAbk 第 11 条第 1 款第 b 项,BwPSchG 第 8 条、第 14 条,HePSchG 第 174 条,NwSchOG 第 41 条第 2 款;NwOVGE,第 24 卷,第 23 页;第 25 卷,第 10 页;BVerwG,DÖV,1970 年,第 566 页;NVwZ,1990 年,第 864 页;NwOVG,NwVBl.,1993 年,第 206 页。
③ 例如 BwPSchG 第 11 条;BwVGH,NJW,1980 年,第 2597 页;NwOVG,JZ,1979 年,第 677 页。

公立学校弱一些,因为《基本法》承认了"私立学校有限教学自由制度",这个保障比《魏玛帝国宪法》强一些[1]。经认证的替代性学校的地位是国家教育监督更为严格的正当理由,监督甚至延伸到考卷的命题和考试的进行过程,只有达到特定条件的学生才能获得资格证明。除此之外,教育监督应当限于《基本法》第7条第4款和第5款要求的遵守,以及根据(安全)监控法上的一般条款和州(私立)学校法特别授权采取的危险排除措施,这些条款本身必须允许按照《基本法》第6条第2款和第7条第4款、第5款规定的标准进行审查[2]。

(七) 私立学校的补贴

现在私立学校的投资和管理成本很高,公共补贴问题一直备受关注。已经相当明确的是,从《基本法》第7条第4款(必要时与第3条第1款)和(或者)社会国家原则中可以引申出补贴替代性私立学校的请求权。这是因为,离开了国家补贴,私立学校事业的制度保障、到私立学校就读以及家长权等很难落实,因此,在没有国家补贴将危及其经济状况时,原则上应当肯定补贴请求权,当然,立法机关在具体确认该请求权方面享有广泛的设计自由[3]。

---

[1] BVerfGE,第27卷,第201页。林克的保留性评论提出了批评,认为联邦宪法法院将同等意义的要求与同等类型的要求混淆了,JZ,1971年,第551页。

[2] PschAbk 第4条和第11条, BwPSchG 第4条以下、第13条以下 BlnPSchG 第4条、第6条和第9条, NwSchOG 第37条、第45条; NwOVGE,第25卷,第88页; BVerwG, DÖV,1970年,第566页; BVerwGE,第17卷,第236页。

[3] 关于支持经认证和许可的替代性学校,参见 BVerwGE,第23卷,第347页(并且援引《基本法》第3条); BVerwGE,第27卷,第360页; BVerwG, DÖV,1969年,第395页; RdJB,1969年,第315页。

联邦宪法法院认为,不能从《基本法》第 7 条第 4 款中引申出个别私立学校的存续保障,仅在有维持这种教育机构必要性的范围内,国家补贴请求权才能成立①。对拟创办和扩办的私立学校而言,不存在优先提供开办资助的请求权。但是,为了使新创办的学校继续下去,按照有效使用有限公共资金的要求,国家通常应当为已经成立的私立学校提供必要的资金②。

难题是私立学校补贴的削减,尤其是为了弥补需求支出,甚至为了自我服务,将教会拉进来,如果学校"根植于教会领域",而教会本身却不是学校主体的话③。在针对北威州高级行政法院判决④提出的上诉程序中,联邦行政法院根据所谓的"圈子理论"(Sphärentheorie)认为对第三人(在本案中是教会)财产的限制的使用(Durchgriff)具有正当性。上诉请求因其原因无果而终。北威州高级行政法院的判决受到了激烈的批判,尤其是来自教会方面。联邦行政法院在判决⑤中认为,教会和教会内的其他特定法律主体在具体案件中可能成为替代性私立学校的更为合适的——联邦行政法院判决意义上的⑥——补贴来源。

州的法律都规定为得到国家认证的替代性学校依法提供补贴,只是范围和条件不同。既然授权这种学校执行国家任务,国家

---

① BVerfGE,第 75 卷,第 40 页;BayVGH, NVwZ,1985 年,第 481 页(关于 BayVerf.第 134 条第 2 款);BwVGH,BwVBl.,1992 年,第 226 页。
② BVerfGE,第 90 卷,第 107 页和第 128 页,附带托伊巴赫尔(Theürbacher)的评论,RdJB,1994 年,第 497 页;BVerwGE,第 79 卷,第 154 页。
③ BVerwG,NVwZ,1985 年,第 111 页以下。
④ NwOVG,DVBl.,1983 年,第 358 页以下。
⑤ BVerwG,NVwZ,1985 年,第 111 页。
⑥ BVerwGE,第 27 卷,第 360 页,第 366 页。

就为其提供因此而节约的费用①。这里应当将所谓的授权要素与独立要素(Freikomponente)区分开来,后者指通过国家(保障)的自由,是为了保障教育服务的多样性。

有学者认为,对一些单行法规定的国家补贴条件必须提出宪法上的质疑,例如区分认证和许可的私立学校,要求用同类性取代同价性(Gleichwertigkeit),将学校主体限于法人,或者仅在州法律中儿童(Kinderklausel)的范围内提供资助等。不得将税法意义上的公益性作为补贴的要件②。补贴立法的一般走向是对"模仿国立学校"的财政奖励,而这(似乎)与私立学校自由的宪法意义背道而驰。

第八十九节 公法基金会

一、公法基金会的概念和种类

(一) 基金会法的历史发展和意义

基金会是德国法制尤其是欧洲法律文化的一个传统,它是各个历史时期的政治主流和文化建设的一个缩影。

基金会的思想根植于身着希腊—罗马来世文化外衣的道德。

---

① 所谓的授权要素(Beleihungskonmponente),例如 PSchSbk 第 10 条,BwVerf. 第 14 条第 2 款,BwPSchG 第 17 条;BaySchFG 第 38 条和 BayVGHE,第 27 卷,第 67 页;NdsSchG 第 149 条以下,NwVerf. 第 8 条第 4 款;NwOVGE,第 28 卷,第 29 页;NVwZ,1984 年,第 95 页。

② BVerwG,DÖV,1969 年,第 395 页以下。

尤其在罗马恺撒时代出现了大量类似基金会的法律行为,它们具有信托基金会的特征。但是,现代基金会法的形成却与这种铭文式的传统没有什么关系,因为它没有得到传统罗马法学的接受,被排除在哥布斯·伊乌里斯·希维利斯(Corpus Iuris Civilis)倡导的官方法律传统之外,没有成为罗马法上的实在法调整对象。

随着东罗马帝国的基督教化,非基督教徒的死亡文化逐渐消失,上文所说的准基金会行为复活。但是,当时的基督教帝国实际上已经存在主张实行类似法律形式的意见。当时的基督教理认为,人们在死亡之前可以决定将其死后的财产用于公益目的(pia causa)。因此,东罗马帝国国王的优士丁尼法典规定,这种用于公益目的的处分行为可以不适用罗马继承法的一些严格规定。宗教权威人士被赋予监督这种遗嘱处分执行的权利,通过这种处分行为建立的公益机构受地方主教的监督。上述规定的要旨在于,在被赋予法律能力的范围内,这种机构可以拥有自己的财产、接受遗赠、签订合同。这些规定构成了现代基金会法发展的法律传统。

中世纪时代基金会事务处于教会的庇护之下。鉴于人们对死前财产处分必要性的认识和教会生活向罗马帝国的广泛渗透,优士丁尼法典有关公益目的的规定得以继续适用,并且逐步融入天主教法之中。根据公益目的的原则,在中世纪的基金会事务中,福利目的超过了文化的目的。到了中世纪盛期,教会及其所属机构借助上述依据不仅获得了基金会的主管主体资格,而且获得对基金会的监督权。

13世纪初叶城市不断涌现,市民的自治意识蓬勃发展,城市不断摆脱教会的经济统治和领主贵族的政治统治,教会之外由普通教徒管理的基金会事务得到发展。城市行政机关取代了教会对基金会的监督权,但是,基金会的目的仍然实行前天主教法规定的公益使用原则。

在改革和启蒙(Aufklärung)的时代,基金会事务的世俗化进程得以继续:新建立的民族国家试图将基金会置于自己的监督之下并且予以集中化管理,城市则步其后尘。随着世俗化在启蒙时期的深入发展,基金会的发展遇到了阻碍。国家公权力主体强迫教会移交其所属机构和不动产。教会对基金会事务的主管权因此受到严重的损害:大量的教会基金会要么因资金被抽走而解散,要么转变为世俗的基金会。但按照公益使用原则建立的基金会所奉行的公益目的没有因启蒙的趋势而动摇,只是公益使用的内容和范围由国家来确定和执行。在国家接管基金会监督权的同时,教会的基金会事务随之萎缩,结果是天主教法上的基金会法被吸纳入国家的行政法之中。《普鲁士一般邦法典》中的基金会法反映了启蒙时期的反(教会)基金会的精神,因此原则上不承认基金会是一种独立的组织制度。有关基金会的规定奉行具有启蒙时期烙印的功利主义思想:国家只资助有用的基金会,不再有用的基金会则由国家予以解散。

19世纪的自由主义给基金会的发展又带来了一线曙光。虽然基金会的发展还没有进入立法机关的视野,但是,基金会的独立属性得到了理论上的明确。在黑塞(Heise)和萨维尼的影响下,基金会的独立法人资格理论将基金会与团体在概念上区分开来了。萨维尼建立了所谓基金会的特许(Konzession)必要性原则,认为只有国家才能建立作为具有法律能力的文化组织的基金会。鉴于基金会因启蒙时期的世俗化而不再必须奉行公益使用原则的实际情况，萨维尼认为基金会目的的随意性具有法政策上的危险性，因此，基金会事务需要国家的批准，为此应当赋予国家有关的权力，以防止基金会实行危害国家的目标。萨维尼提出的基金会许可原则一直到今天仍然被人们普遍接受，而且被州的基金会法吸收。《民法典》第80条以下规定是私法基金会法法典化的成果，因其限于独立的基金会，不能为基金会的发展提供新的动力。从宪法规定的分权体制来看，公法基金会的审批和监督属于州的立法权限。各州的民法典实施法对此作了规定，其中有些甚至在专门的基金会法生效之后仍然有效。

20世纪的通货膨胀和世界大战给传统上就具有很强经济属性的基金会造成了严重的打击，资金主导型（Hauptgeldstiftung）的基金会尤其如此。相比之下，设施主导型基金会（Anstaltsstiftung）的境遇好一些，它的财产主要是实物价值而不是可能贬值的货币价值。国家对基金会的干预进一步加强，一方面国家作为"长生不老的人"（Daürperson）成为私法基金会的法定继承人，另一方面，对那些任务日益增长和财政负担日益加重因而私人无法继续管理的基金会，国家予以支持，以使其继续存在下去。基金会的历史发展不再限于清理教会领域的基金会并且将其转入世俗的部门，相反却出现了三足鼎立的局面：一是服务于教会目的的基金会，二是服务于私人目的的基金会，三是服务于国家需要的公共基金会。就此而言，在基金会事务世俗化之后继之而起的是国家化。二战之后，基金会作为执行国家任务的独立组织形式在"间接国家行政"的名义下得到了强化。国家从直接行政的繁重任务中逐步解脱出来,将它们分配给独立的组织,尤其是公法基金会。与私法基金会相比,公法基金会的数量虽然少,意义却更大。

《基本法》生效之后,基金会法还没有得到统一的法典化。像以前那样,联邦法和州法并存。从联邦和州的权限分配来看,《民法典》第80条以下的调整对象限于联邦(帝国)和州(邦国)的基金会法的私法层面。《民法典实施法》首次包含了审批和监督等方面的公法规定,在前联邦州由各该州的立法机关将其吸收入本州的基金会法中。原先非常分散的州基金会法得以统一,这为基金会法的发展提供了契机。如果州的基金会法只规定了私法基金会,有关公法基金会的规定则在其他法律之中。前民主德国1990年公布的基金会法在新联邦州继续适用。只有布兰登堡州和麦福州参照前联邦州的法律,制定了自己的基金会法。在州立法的同时,20世纪60年代和70年代根据第44届德国法学家协会的法律改革建议,联邦层面基金会法的法典化工作启动了。但是,联邦立法机关没有回应制定联邦统一基金会法的要求,认为法律的分散状态已经被州制定的相对一致的基金会法消除,因此,联邦没有统一立法的必要性。

《基本法》没有明确提到基金会。但是,该法第140条规定《魏玛帝国宪法》的有关规定(第137条和第138条)是《基本法》的组成部分,据此确认了教会和教会基金会的特殊宪法地位。尤其是根据《基本法》第123条第2款,罗马教皇和德意志帝国1933年6月30日签订的条约继续有效,据此,教会基金会对法律人格和所属财产的继承权得到保障。

（二） 基金会的概念

《民法典》和州的基金会法都没有给基金会下定义。法学上的基金会概念以基金会的实践结果为出发点，是指"由基金会出资人管理的组织"，即借助基金会所属财产稳定地执行基金会目的并且具有特定任务和法律能力的组织[1]。基金会概念的要素包括基金会的目的、财产和机构。

基金会的表现形式多种多样，这里只研究公法基金会。由于这一术语本身具有很大的模糊性，有必要准确界定其含义。一般而言，其目的所涉及的人员范围是首要的界定标准[2]。公法基金会与私法基金会的根本区别在于，前者面向大众授益，后者的目的则是只为特定范围的私人授益。就此而言，不能将公法基金会作为私法和公法上的公益基金会的集合概念。严格意义上的公法基金会只追求公共目的。

一些州法试图给公法基金会下定义。例如《莱普州基金会法》第2条第4款规定："第3款所称的公法基金会，只执行公共目的，仅以公法组织的身份与国家、乡镇、乡镇联合体或者其他公法团体建立关系。"这一定义表明，公法基金会是管理出资人最终信托的，包含一定资本价值并且用于特定目的的财产的管理组织。公法基金会也具有一般基金会必备的典型要素，例如财产、目的和机构。出资人(Stifter)对基金会的影响限于基金会行为。显而易见，在公

---

[1] BayObLG, NJW, 1973年, 第249页。
[2] 沃尔夫、巴霍夫、施托贝尔:《行政法》, 第2卷, 第5版, 第102章第3部分。

法基金会和私法基金会之间存在大量的并行形态,这要由实体法规定。例如《拜仁州基金会法》第10条规定,在丧失作为公法基金会批准的条件时,公法基金会即失去公法的性质。反之,根据《莱普州基金会法》第20条,在具有必要的公法意义时,私法基金会也可以转变为公法基金会。不难想象,公法基金会与公益性的私法基金会之间的区分会经常出现难题。即使将成立行为(行政行为或者法律)作为认定公法性质的标准,也不能消除区分的难题。尤其是一些老的基金会通常会面临归类的难题,因为它们通常没有国家的成立行为。对这种基金会的公法性质确认来说,国家的事后确认行为是不必要的。在这种情况下,只要基金会已经具备公法的结构特征并且被纳入了公法的制度中,就足以认定其公法性质。公法目的上的首要结构特征,有时也要考虑公权力。在将基金会纳入公法制度方面,基金会与国家或者其他公法人之间的组织关系至关重要。在没有明确的标志时,基金会是否属于公法性质,只能"根据事务的总体情况,尤其是国家的承认或者年久失效等因素判断"[①]。必要时也要考虑建立行为。从对建立行为的判断中可能寻找到基金会是否属于公法性质的可靠结论。

　　一旦被纳入国家的行政体制中,公法基金会的功能就会定位在国家和社会之间,这是它不同于私法基金会的关键所在。(具有法律能力的)公法基金会是间接国家行政的一种组织形式。所谓间接行政,是指国家不是通过自己所属的机关执行自己的任务,而是将自己的任务移交给具有法律能力的公法人执行。间接行政制

---

① BVerfGE,第6卷,第257页;第15卷,第46页;第46卷,第73页。

度一方面保留了国家之外的行政主体在执行委托任务时的自负其责性(自主性),另一方面又将它们纳入国家行政制度之中。所有间接国家行政组织的一个共同特点是,它们不属于国家直接行政的官僚科层体系。由于没有公务上的上下级隶属关系,国家针对间接行政主体也就不享有像针对其下属那样的指令权。在所有的间接行政领域都存在任务执行的自负其责性与国家监督保障的国家行政统一约束性之间的矛盾。就公法基金会而言,基金会行为(法律或者行政行为)决定了这种紧张关系的形式,不同时间的侧重点可能不同。作为间接行政的组织形式,公法基金会的目标是"在紧密联合一起的(私人)社会生活中,以法律的形式构建制度化的内部界限"。借助公法基金会这一组织形式,社会得以参与对行政单位的控制,从国家的角度来看,这并不意味着国家行政领导力的削弱。恰恰相反,间接国家行政组织"是理性的、逻辑的功能单元,它们以国家行政为目标并且与之紧密互动"。

应当将公法基金会与其他公法组织形式区分开来。团体是由多数成员从内部控制,而基金会没有成员。公法基金会与设施之间具有比较近的亲缘关系,两者都属于外部主导成立的组织。有一些非典型的设施成立之后,设施主体对设施的影响限制在最小的范围内,而这正是典型基金会的一个特征。既然外部的的影响难以明确区分这两种组织形式,有必要从任务执行的角度作进一步的区分:公法基金会的财产从成立时开始就只能用于成立行为确定的授益他人目的,这是公法基金会与设施不同的一个特征。因此,只有在严格限制的特殊条件下,例如危害公共福祉、目的不可能实现等(《民法典》第87条),才能撤销基金会。与此不同,设施主体原则上可以在成立之后用其他组织形式取代设施。在目的执行受所选择的组织形式的约束性方面，基金会的出资人大于设施主体。

作为公共行政的一种主体，公法基金会与其他主体一样受一般公法规定的约束。例如依法行政原则（《基本法》第20条第3款）和基本权利的约束力（《基本法》第1条第3款）。除此之外，母亲保护方面的新基金会受宪法的约束：由于公法基金会执行的是公共任务，只能针对那些属于宪法规定的行政权限内的母亲保护事务成立公法基金会。《基本法》有关联邦和州之间的权力分配规定尤其要注意。另外，成立公法基金会时还要考虑法律保留方面的要求：联邦层面的法律保留依据是《基本法》第87条第3款，州行政组织的法律保留范围还存在争议。这里可以参考联邦宪法法院提出的重要性理论。

与公法基金会的基本权利约束性相对应的一个问题是，它是否享有基本权利主体资格？公法基金会作为国家行政系统的一个分支和国家权力的一个部分，当然要遵守基本权利。与私法基金会相比，公法基金会因上述理由只能享有微小的基本权利保护请求权。从财产限于特定目的的特殊性以及相对于整个国家行政组织的独立性来看，公法基金会应当属于《基本法》第19条第3款规定意义上的基本权利主体的"首要类型"。如果将公法基金会纳入公共行政的职能领域而（部分地）损害了它的属于基本权利保护范围内的独立性，从而产生了基本权利性质的国家侵害状态，那么，公法基金会就可以主张其基本权利。公法基金会的组织特殊性当然会影响不同基本权利的效力范围。

由于基金会的设立必然造成财产客体归属主体的变更——基准时间通常是国家预算的确定日期,同时还需要制定所谓的附属预算(Nebenhaushalt)。成立人或者出资人是否能够决定资金的使用,尤其是基金的发放,并不重要。

(三)公法基金会的种类

作为间接国家行政的一种组织形式,公法基金会可能分别属于国家(联邦和州)、地方以及——作为特例——采取公法团体形式的教会和宗教团体的行政系统。

国家公法基金会是联邦和州直属的基金会,分别由联邦和各州主管。

根据《基本法》第30条确立的原则,联邦仅在例外情况下才建立直属基金会,执行联邦权限内的任务。基金会的设立应当遵循该条划分的联邦和州的权限。在联邦建立自己行政系统的权限范围内,联邦有权选择是采取直接行政还是间接行政的组织形式。联邦设立基金会的特别授权依据是《基本法》第87条第3款第1句和第135条第4款。据此,联邦可以设立普鲁士文化遗产基金会。联邦在社会和文化领域的直属基金会还有:联邦总理威里·布兰特基金会,欧洲被屠杀犹太人纪念基金会,德英工业社会研究基金会,回忆、责任和未来基金会,回国人员基金会,残疾儿童救助中心,波兰犹太人博物馆基金会,邮政通讯博物馆基金会,奥托·冯·俾斯麦基金会,联邦总理阿登那·豪斯基金会,联邦总统特奥多·豪伊斯基金会,母亲、儿童和胎儿保护基金会,帝国总统弗里德里希·艾伯特纪念馆基金会,前政治犯基金会,联邦德国历史博物馆基金会,恐怖监控基金会等。

公法基金会的设立原则上属于州的事务。如果联邦法律没有相反规定,通过州直属基金会执行行政任务的适法性由州的宪法和基金会法规定。州也不得在自己的权限范围外建立基金会。

地方基金会也可以采取公法的形式。从组织法的角度来看,地方基金会的地位比较特殊,它的活动范围限于乡镇和乡镇联合体的辖区,通常属于地方区域性团体,执行乡镇的任务,受所属团体机关的管理。地方基金会属于地方行政系统的组成部分,对地方基金会的监督则取决于州基金会法有关地方监督的规定。地方基金会通常不采取公法形式,而是由私人按照民法建立基金会,将该基金会的管理委托给乡镇,乡镇可以用来执行自己的任务。如果私人将财产转让给乡镇,要求建立具有法律能力的基金会以执行乡镇权限范围内的特定任务,乡镇就可以建立公法基金会。各州基金会法有关公法基金会的定义中提到了乡镇和乡镇联合体的母亲保护事务,有的还很明确,例如《拜仁州基金会法》第2条第1款。

教会基金会尽管没有世俗的性质,但也可以采取公法的形式。根据州的基金会法规定,国家法上的教会基金会以执行宗教任务为唯一或者主要的目的,并且组织上属于教会。这里应当将国家法上的教会基金会和教会法上的教会基金会区分开来。作为公法团体的教会为了处理教会内部的事务,可以在《基本法》保障的组织权(《基本法》第140条和《魏玛帝国宪法》第137条第3款)的范围内建立具有法律能力的公法教会基金会。

公法基金会可能是具有法律能力的公法人,也可能是没有法律能力的非独立机构。具有信托性质(Fiduzierend)的私法基金会受民事债权法和继承法而不是基金会法的调整。与此不同,没有法律能力的公法基金会原则上具有与有法律能力的公法基金会平等的地位,如果为了执行特定任务而最终移交公法人的基金会财产具有专门的机构,并且基金会财产与公法人的其他财产分离开来的话。这种作为没有法律能力的国家特别财产的组织不仅要遵循分别适用于各自所属主体的有关法律规定,而且要遵守行政法的约束。没有法律能力的基金会即使没有行政主体资格——这一点与具有法律能力的公法基金会不同,仍然与公共行政联系密切。由于没有法律主体资格,没有法律能力的基金会的任务和利益由所属主体负责,因而属于所属主体行政系统的组成部分,尽管基金会的财产独立于所属主体的财产。

(四)发展——尤其在高校领域

公法基金会在20世纪90年代经历了一场变革。主要表现在立法机关和行政机关建立了一些资本仅具有次要作用的公法基金会。这种基金会具有法律主体资格,作为独立的组织执行各种各样的目的项目,其中尤其是文化项目。人们称之为公法基金会的工具化(Instrumentalisierung),并且开始探讨这种作法的适用范围。

下萨克森州的基金会大学模式(Modell des Stiftung-Universitäts)是这种变革的一个明显例证。传统的大学组织具有两面性,即一方面是公法团体,另一方面是公法设施,而《高校框架法》第58条第1款第2句的开放性条款则允许大学采取其他组织形式。以此为依据,下萨克森州的《高校改革法》第1条和第55条以下规定允许将大学改制为公法基金会。按照这种模式，具有法律能力的公法基金会是大学所属的法律主体，但在大学内部保留团体性体制以及《高校框架法》第36条以下要求的成员团体结构，下萨克森州的《高校改革法》第55条第2款也作了相同规定。向公法基金会的转制只意味着财产从州转移到大学，并没有改变大学90%以上资金来自州财政的现状。向私法基金会转制的动力微乎其微，只能在传统法律形式中寻找落脚点。很明显，对创设经济和法律上独立自负其责的行政单位来说，基金会的原始主导观念和功能视角仍然是首要的考虑因素。问题是，是否还可以将公法基金会视为独立的法律形式，因为公法设施和团体的法律形式也可以直接用来达到相同的目的。

二、公法基金会的建立

建立具有法律能力的公法基金会需要书面的基金会行为。出资人可以是任何自然人或者法人，最常见的是公法人。以设立私法基金会为目标的基金会行为可以采取具有法律行为性质的意思表示形式。如果出资人是公法人，基金会行为可以采取行政行为或者法律的形式。大部分新建立的联邦或者州直属公法基金会都是由法律建立或者根据法律建立，例如《莱普州基金会法》第10条的授权条款。

有的州法[①]规定，基金会的执照证书必须明确基金会的目的、名称、代表人、住址以及财产的管理和使用等必要事项。有学者认

---

① BwStiG 第19条第1款和第6条第1款，LpStiG 第10条第1款和第5条第2款。

为,即使州法律没有规定,也应当这样做。有的州法还规定必须或者应当①标明是公法基金会。基金会的财产和组织机构必须从建立时就以具有法律约束力的形式确定下来。基金会行为没有明确这些事项的,则可以在明确组织和行政的一般原则的基础上要求制定规章。由法律设立的基金会,应当遵守《基本法》第 80 条第 1 款第 2 句以及州宪法相应规定的框架②。

除了设立行为之外,通常还需要其他国家公权力行为,大多数联邦州称之为许可③,得到批准后公法基金会才能作为公法人最终成立。国家主管机关的许可属于行政行为,许可行为中必须标明基金会的公法性质。是否许可由主管机关裁量决定。如果基金会的财产不足以实现其目的或者基金会危害公共福祉,则不得许可④。许可主管机关通常是州政府或者基金会目的属于其业务范围的主管部长或者区政府。

有的州法⑤规定,由法律直接建立或者许可机关直接参与建立的基金会无需许可,其中尤其是成立行为赋予公法主体资格的公法基金会从法律生效起就享有公法人的地位。

在具有公众利益方面的优先需要时,可以通过公权力行为将私法基金会转制为公法基金会⑥。

公法基金会的变更和解散准用《民法典》第 87 条的相应规定,

---

① BayStiG 第 4 条第 2 款(必须),LpStiG 第 11 条第 1 款。
② BVerfGE,第 10 卷,第 20 页,第 49 页以下。
③ 例如 BayStiG 第 4 条第 2 款和 LpStiG 第 10 条第 1 款。
④ BayStiG 第 5 条第 1 款和 HeStiG 第 3 条第 2 款。
⑤ BwStiG 第 18 条第 1 款第 2 句,BayStiG 第 4 条第 2 句,LpStiG 第 10 条第 1 款。
⑥ LpStiG 第 20 条以下对此作了规定。

除非州法有明确规定[1]。公法基金会终止后的财产按照法定权利顺序归属法律或者规章规定的人。如果法律没有明确规定,则属于基金会的所属主体。

三、公法基金会的领导机关和领导体制

具有法律能力的公法基金会必须制定基金会章程,规定它的组织机构。基金会章程属于基金会的组织法或者规章。

除非设立专门的法律依据,基金会章程由成立行为确定,出资人在作出基金会行为时通常会一并制定。章程也可能由成立行为指定的出资人之外的其他人制定。如果章程有瑕疵或者缺陷,监督在办理许可时可以一并补充并且公布。在基金会成立之后,它的机关也可能在成立行为或者有关法律规定的范围内修改章程,但原则上需要监督机关的批准[2]。

基金会章程必须明确规定基金会的名称、目的、财产和管理机关。基金会必须至少有一名理事,基金会还可以设立其他机关,例如议事会、咨议会和经理。章程也可以规定将某个国家或者地方机关作为自己的机关。地方基金会的机关通常是乡镇机关,没有法律能力的行政法基金会不设立议事会的,通常由设立人的机关以机关委托的方式代表基金会活动。

基金会行政机关的根本任务是依法落实基金会的法定目的。一些州的基金会法和地方乡镇条例对基金会的行政管理事项作了

---

[1] HeStiG 第9条,BayStiG 第15条,BwStiG 第21条。
[2] 例如 BayStiG 第8条第3款第1句,RpStiG 第21条,ShLVwG 第49条第2款第3句、第3款;HeStiG 第9条第1款规定只需要事后向监督机关提交报告。

规定。除此之外,基金会章程是基金会的主要管理依据。在没有明确规定时,基金会的主管机关应当根据一般的行政法和基金会法原则,进行符合义务的裁量。

具有普遍的约束力的《基本法》对基金会的财产管理提出了特殊的保值要求。基金会原则上只能将其财产收入(例如利息和不动产收益)和出资人的拨款用于符合基金会目的的第三人。不动产的单纯变更应当尽可能避免,只在特定条件下才具有适法性,并且不得影响基金会目的的执行或者财产的价值。

除此之外,公法基金会财产的管理还要遵守有关基金会的专门规定,例如设立基金会的法律规定。如果没有专门规定,则应当遵守有关联邦和州预算制度的一般预算法。从财务管理的节约性和经济性要求来看,具有法律能力的基金会的机关应当制定年度预算计划,并且需要得到监督机关的批准[1]。

四、对公法基金会的监督

所有的基金会原则上都受国家的监督,主要是为了保证基金会服从法治和公共利益。这里需要特别注意,基金会的管理应当首先遵守成立行为中确定的基金会意志。一般的基金会监督原则上限于合法性监督。其他监督方式可能侵害基金会的(基本)权利,只有在具备执行基金会目的和公共利益方面的正当理由时,国家才能采取有关的干预措施[2]。原则上限于合法性的国家监督针

---

[1] 联邦直属基金会适用 BHO 第 108 条,州层面的例子有 BayStiG 第 24 条,BwSti 第 19 条第 2 句和 BwLHO 第 108 条。

[2] BVerwGE,第 40 卷,第 347 页,第 351 页。

对所有的追求公益目的的基金会,公法基金会自然也不例外。国家监督私法基金会的范围限制相对严格一些。对没有法律能力的行政法基金会的监督由所属公法人负责。

现行法律还没有对公法基金会的国家监督作出统一规定。基金会法有关私法基金会的规定,如果性质上与公法基金会一致,也适用于对公法基金会的监督①。如果州法律将公法基金会纳入间接国家行政的体系中予以规定,对公法基金会的监督则属于公法人监督的一种情形②。如果法律规定了监督,则需要依据基金会成立行为或者章程的有关规定。如果连这种规定都没有,则适用有关基金会监督的一般法律原则。在某种意义上,有关基金会监督的专门法律规定是一般监督规定的补充或者修正,因此一些州的法律甚至直接援引乡镇条例有关地方监督的规定③。一些州法律还对行政机关管理的基金会监督作了特别规定:管理机关的上级机关负责对基金会的监督,即使这可能改变法律监督的实质内容④。

公法基金会还受国家的财政监督⑤,主要方式是报送预算计划供主管机关审查。对公法基金会的预算和经济监督原则上由审计署负责,除非法律另有规定。

---

① 例如 BayStiG 第 18 条以下, HeStiG 第 10 条以下, RpStiG 第 26 条和第 29 条以下。
② 例如柏林州《有关一般行政权限的法律》第 28 条, SaLOG 第 21 条, ShLVwG 第 50 条以下。
③ 例如 BwStiG 第 20 条第 2 款, ShLVwG 第 52 条第 2 句, SaLOG 第 21 条和第 20 条第 1 款第 2 句。
④ 例如 RpStiG 第 31 条, BwStiG 第 20 条第 5 款第 1 句和第 3 条第 3 款。
⑤ 联邦直属基金会适用 BHO 第 104 条以下的规定。

对公法基金会的监督措施性质上属于行政行为。根据《行政法院法》第42条第1款第1句,作为对负担性监督措施的防御手段,基金会可以向行政法院提起撤销之诉。监督机关不予许可的,可以根据该法第42条第1款和第2款提起职责之诉。

第三章　私人的合作与私有化

第八十九 A 节　合作与私有化的方式

一、合作与私有化是可供选择的行政组织法形式

（一）作为资源优化及其控制手段的行政组织法

合作导向的国家行政组织法不拘泥于公法的组织形式，相互融合的总体法律制度思想也适用于组织法，国家享有广泛的合作自由和组织选择自由，在公共任务不断变化的情况下，它们的着眼点应当是行政活动的效率和优化。

因此，创新和发展不同的合作及其组织形式是行政组织法的一个任务，这也是学界研究国家任务和行政任务的一个重要方面。这种研究可以从不同的法政治和安全政治的角度展开。如果以国家辅助原则作为出发点[1]，就会将行政任务限于某些核心领域。合作和私有化意味着国家和其他行政主体退出某些特定的活动领域，至于因此产生的影响和责任则另当别论。诸如生存照顾、公营企业等传统集合概念被一些新出现的概念逐步取代，因为在新的

---

[1]　参见本书第 1 卷第 3 节第 4 部分和第 18 节第 3 部分。

历史背景下,传统概念因其异质性和模糊性而不再可能发挥界分的功能。鉴于出发点的开放性和法政治的多维性,合作和私有化这一课题引起了法学界的极大关注,近年来出现了大量的研究成果,可以说是飞速膨胀。

对处于不断改革和现代化进程中的行政国家而言,组织法是核心的控制资源,也是善治(Good Governance)意义上的良好政府的核心基石。现代组织法为国家提供了大量的合作方式和私有化类型。在社会生活日益复杂、发展的风险越来越大、资源日益短缺的历史背景下,组织法方面的合作还有助于确保国家的效能。

(二)行政组织(法)私有化的可能性

内容相对灵活、形式相对开放的宪法原则上不反对与私法合作以及行政事务的私有化。与此类似,欧洲共同体法没有规定行政组织的一般权限,只是在个别情况下影响国家组织私有化方面的决定,因此仅存在私有化可能性意义上的若干限制。有关合作和私有化的研究涉及所有的国家职能和行政职能,因为正确分配国家责任、单独责任和共同责任的法律难题并不限于某个部门。

二、私有化的概念和渊源

表面上看,私有化的概念是否具有法律或者行政法的内涵颇令人怀疑。这个概念不明确,很难与其他类似的术语截然区分。有学者认为,私有化的概念没有法学功能,而只有启发学上的意义。我们反对这种观点,认为"私有化"已经被法律接受①,在有关相邻学科中已经具有界分的作用,尽管它在法学上仍然是一个不确定的法律概念,还需要进一步研究。因此,系统整理私有化的不同目标和类型,探寻可用于私有化的一般法则和权衡机制,是行政法(学)的重要任务。

如果私有化的概念过于宽泛就会失去界限划分和法律后果确认方面的作用,从而最终失去其法理意义,凯墨莱(Kämmerer)的定义就是这样。按照他的定义,私有化包括国家将法权让渡给私人的任何形式,而所谓私人包括自然人和其他任何私法组织形式的法律主体。我们反对这种过于宽泛的定义,认为它偏执于向私人的法权转让,使自己局限于形式的私有化,遗漏了在行政实践上具有特别重要意义的公私伙伴关系。

只有了解私有化的有关法律规则,才能形成建设性的私有化概念。鉴于这个问题的复杂性,除了共同体法和宪法的有关规定之外,还有大量的行政法和行政私法材料需要进行通盘的研究,另外还有一些刑法规范。具体而言,私有化法的法律渊源有:

(1)欧洲共同体法,包括原始法和派生法;
(2)《基本法》和州宪法;
(3)竞争法(《反限制竞争法》第97条以下);
(4)劳务合同法(《民法典》第613a条);
(5)预算法(《联邦预算法》第7条);
(6)地方法;

---

① 例如 BHO 第 7 条第 1 款第 2 句,BRRG 第 123a 条。

(7)赔偿法；

(8)捐税法；

(9)劳动和人事代表法；

(10)一般行政法(尤其是行政机关)；

(11)数据保护法；

(12)合同法(行政合作法)；

(13)公司法(行政公司法)；

(14)兑换法(Umwandlungsrecht)；

(15)消费者保护法；

(16)部门行政法(有关私人参与行政任务的执行)；

(17)刑法[①]。

三、合作与私有化的形式

(一) 一般表现形式

立法界、司法界、行政实务界和学界试图区分丰富多彩的私有化方式，但因概念不统一，按照不同标准所作的归类交错重叠，因而出现了许多混合的私有化类型。分类中使用的术语甚至与传统的公法组织形式很接近。在这种研究状况下，不可能进行明晰的系统化归类整理。下文所作的归类仅仅是材料性和经验性的：

1. 形式的私有化。又称为组织的私有化，是指公共行政主体

---

① 关于 StGB 第 11 条规定的职务主体概念，参见 BayOLG, NJW, 1996 年, 第 268 页; BGH, NJW, 1996 年, 第 3158 页; BGH, NJW, 1999 年, 第 2378 页以下。

采取私法的组织形式,换句话说,公共行政主体只改变自己的法律外衣,因此又被称为"假私有化"或者"表面的私有化"。这种私有化形式有助于提高行政任务执行的灵活性。形式的私有化可以作为实质私有化的一个中间过渡阶段。私法组织形式的行政企业(下文第九十一节)是一种典型的公共企业,有的被纳入公法组织形式的母主体所掌控的康采恩和控股公司。有学者将授权也作为形式私有化的一种情形,我们反对这种归类,因为授权不产生私法形式,而且授权行为本身也是公法性的。

2.财团的私有化。是指将具有财产价值的行政主体销售给私人[1],有学者认为这是形式私有化的一种情形[2]。

3.实质的私有化。又称为任务的私有化,是指将特定的国家任务转让给私人,由私人完全负责任务的执行。这也被称为严格意义上的私有化、非国家化或者非地方化等,因为它属于国家活动向私人领域转让。非国家化导致竞争市场管制的放松或者解除。股份的私有化有时也可以作为国民参与的一种形式。例如行政主体在成立自己掌握全部股份的股份公司之后转让多数股份的,就属于实质的私有化。

4.财产的私有化。限于《统一条约》第 25 条规定的信托私有化以及地方不动产向私人转让的情形。这种私有化形式有时也被称为财团(Vermögen)的私有化。

5.活动方式的私有化。这是采取私法形式的行政活动的另一

---

[1] 鲍尔(Bauer),VVDStRL,第 54 卷,第 243 页,第 251 页。
[2] 外斯(Weiss):《私有化与国家任务》,2002 年版,第 35 页以下。

种说法①。如果公共行政主体使用私人执行自己的行政任务,则近似职能的私有化。

6.职能的私有化。是指私人被委托实施公法任务执行需要的事实行为,不论这是否改变任务归属的主体和给付责任的内容。私人只从事与行政任务有关的准备性或者执行性活动。有人也将其称为部分的私有化、执行的私有化、服务的私有化、合同外包(Contracting Out)、外部资源化(Outsourcing)等。例如,将联邦公路路边绿地的养护等从属性或者辅助性的任务外包。

7.财政的私有化。这是指私人参与筹集公共计划执行所需的资金。除了资金筹集之外,其中还包括以税收或者规费的形式向私人转移公共行政的成本,例如征收许可费、关税等。

8.程序的私有化。这是私人参加行政程序的一种方式,即将行政程序的部分甚至全部阶段委托给私人办理,它与一般的公民参与行政程序不同。

9.社会的私有化。是指将公共任务委托给公益性的组织,它们的目的不是盈利,而是公共利益,例如医院、幼儿园。

10.人员的私有化。这是指国家逐步减少公法勤务信任关系类型的工作人员。

(二) 其他私有化方式

另一种私人合作和私有化方式的分类是行政内部的私有化和行政外部的私有化。前者是指公共任务的主体放弃任务或者决定的责任。

---

① 参见本书第1卷第22节和第23节。

从适法性的角度来看,有必要区分部分的私有化和完全的私有化。与职能的私有化相比,部分的私有化这一概念有助于明确私人参与执行公共任务的界限。另外公共主体以公司法的形式与私人合作,也属于部分的私有化。如果完全的私有化被宪法理由排除或者不符合政策的需要,就得考虑部分的私有化。例如刑罚执行的完全私有化不适法,但部分私有化是可以的;又如联邦国防行政的个别管理因素的私有化是可以的,包括装备、建筑物和船舶管理等;又如,航空管理不能完全私有化,但可以委托管理。国有有限责任公司的部分私有化有助于技术水平和竞争能力的提高。

四、合作和私有化的法律潜力

为了更好地说明联邦、州和地方等层面的行政任务的私人参与和私有化情况,做如下表格:

私有化的领域	传统归属	现代归属
生活服务类		
电网	国家/私人	国家/私人
电力生产	国家/私人	国家和私人
煤气(管道)网	私人	私人
煤气生产	私人	私人
石油管道	私人	私人
石油生产	私人	私人
水(管道)网	国家/私人	国家/私人
垃圾处理	地方	地方/私人
废水处理	地方	地方/私人
道路交通类		
公路	国家	国家/私人
辅助设施/呼救设施	国家	私人

(续表)

城市轻轨	国家	私人
飞机场	国家	私人
水路	国家	国家/私人
交通指挥系统	国家	国家/私人
通讯类		
数据线路	国家	私人
数据传输	国家	私人
邮包服务	国家	私人
信件邮递	国家	私人
广播电视	国家	国家/私人
设施类		
体育设施	地方	地方/私人
教育设施	国家/私人	国家/私人
文化设施	国家/私人	国家/私人
博览会设施	国家/私人	国家/私人
银行	国家/私人	国家/私人
社会设施	地方/私人	地方/私人
保险设施	国家/私人	私人
住房企业	国家/私人	私人
交通设施	国家/私人	私人

五、合作与私有化的动因和反对意见

（一）合作与私有化的动因

表现在如下方面：

1.预算政策。主要是减轻公共财政负担,统一财政预算,缩小财政政策的活动空间,即所谓的财政紧缩。就筹集私人资金的财政政策而言,股份制被视为私有化的真正动力。

2.安全政策。这里的核心问题是国家和市场之间的关系。现在时髦的术语是"苗条国家"、"有活力的国家"等,主要目标是国家单级垄断的退缩,国家行政活动按照"国家的螺旋式退缩"模式减少。私有化与非管制化和非官僚化等方面联系密切。

3.社会政策。主要加强经济部门和公民的自我责任,这被称为责任的重新分配。私有化和合作有助于实现服务型和信息型的社会对公共行政提出的改革要求。

4.经济政策。从《联邦预算法》第6条以下规定提出的经济性和节约性要求来看,如果私人执行任务的成本更加低廉,则应当寻求私人合作或者进行实质的私有化。为此需要综合考虑所有的重要标准进行测算。来自英国的所谓公共服务比较标准中的方法在德国已经得到应用。

5.提高产品和服务的生产效率。主要是利用私人的专业知识,赢得时间(购买时间),因为私人提供的服务要比国家提供的服务更快、更便宜。例如刑罚执行设施和联邦高速公路的建设和管理,将公路紧急救护委托给保险部门,由私人经营废水处理等。

6.全球化的经济政策。私有化被视为保障和提高地方经济竞争力的一个有效手段。

7.科技政策。国家单独负责行政任务被视为"自然垄断"。现代科技的发展使以前认为的"市场失灵"条件不复存在了,国家的自然垄断因此失去了正当性。

8.行政道德。私有化有助于减少腐败、挪用公共资产和不正当利益的影响。

(二) 反对私有化的意见

主要有:可能形成私人垄断,削弱公法控制和监督,冲淡责任追究制度,降低服务的质量,未必能够减少相对人的成本,对地区、社会和环境可能不利,存在较大的政治风险,国家性可能被掩饰等。有人因此主张恢复国家化、重新地方化或者"内部资源化"(Insourcing)。

第九十节 授权

一、授权的概念和意义

在现代国家出现之前,公共行政大多由被授予公权力的私人负责[1]。现代国家出现之后,公共行政由国家自己负责,或者由国家为此成立的公法人负责。国家很少授予私人公权力,但没有绝对排除这种作法。例如,在前资本主义时期,私人殖民公司被授予很大的公权力。国家偶尔也将国内行政事务委托给"授权的企业"、"授权的团体"或者其他人在国家的监督下办理。这使它们的组织性质接近公法行政主体。

在以合作、责任和分工为导向的现代行政国家中,授权(Beliehung)作为一种独立的法律制度具有越来越重要的意义。国家

---

[1] 参见本书第1卷第6节第3部分。

使用私人执行行政任务的情形越多,保障这种法律制度的法律安定性的问题就越突出。授权实际上是一种可供选择的行政组织形式,尽管有不少的批评,仍然逐步发展成为执行行政任务的一种重要的手段。一位大师甚至在这种法律制度中发现了现代行政法[1]。

授权的目的在于分散公共行政任务的执行,减轻公法人的负担,利用私人的积极性、资金、技术和其他专业知识,使公共行政变得更加亲民、有效。国家不可能像私人那样有效地行使法定职权、履行法定职责的情况并不少见。相对于任务的私有化这种完全的私有化以及非国家化或者非地方化而言,分散化的授权也是一种理想的选择。

因此,除了公法人之外,公共行政的主体还包括被授予公法权限的自然人或者私法人,它们以自己的名义并且以公法的方式行使职权,执行公法任务。

如果不针对特定任务或者职权,而仅仅通过授权将特定的公法组织私有化的,则属于授权概念的一个特殊情形。这方面的实践热点是公法州银行和储蓄银行的转制,例如拜仁州银行转变为拜仁州财政控股公司的同时被授予设施主体的资格。

授权可能暗含于个别任务和职权的授权,但不得借助这种授权形式规避法律。例如虽然是公法组织,但几乎没有公法权限,甚至不以公法方式活动。《联邦预算法》第44a条规定由私人执行补贴行政任务性质上属于授权。

---

[1] 布尔基(Burgi):《纪念毛雷尔文集》,贝克出版社2001年版,第581页。

二、表现形式

对多种多样的授权形式可以从不同角度归类,其中主要有:

(一) 行政法的调整领域

按照这个标准可以分为:

1.基础设施领域中的授权。例如《通讯法》第62条、《铁路交通管理法》第4条、《邮政法》第33条(有关邮件的正式送达)[①]。

2.警察和安全领域中的授权。例如《航空法》第31a条、第31b条、第31d条(飞行安全),《航空法》第29条第3款(飞行员管理)等。

3.经济行政法领域中的授权。例如海船船长、捕鱼监督员、生活用品专家、公证员、地区烟囱监理员(消防设施监察、拆除和公害防治)[②]等。

4.环境法领域的授权。欧洲理事会1993年7月29日第1836/93号《有关商业企业参加共同体环境管理和环境企业监督的条例的联邦实施法》(UAG)第28条规定的经济审计专家许可[③],旧机动车价值评估专家等。

5.公务员领域的授权。例如根据《基本法》第143b条第3款第2句,将雇主的职权授予邮政通讯企业。

---

① BGH,NJW,2001年,第832页。
② 1966年9月15日《烟囱监理法》第3条第2款;BVerwGE,第84卷,第244页,第246页。
③ 1995年12月18日的授权条例,BGBl.,第1卷,第2013页。

6.建筑法领域的授权。动因是《建筑法典》第4b条规定的程序私有化。

7.教育法领域的授权。授权的对象是学校①。

8.捐税法领域的授权。客体是捐税审查部门的任务②。

(二) 公权力的性质

按照授予的公权力是主从性(Obrigkeitlich)还是平行性(Schlicht-hoheitlich)的③,可以分为:

1.主从性公权力的授权。例如《海洋船舶航行法》第75条第1款规定的船长④,《航空法》第29条第3款规定的飞机驾驶员⑤,《航空法》第29条、第31a条至第31c条规定的负责航空监督、飞行协调和安全的私人⑥,《狩猎法》第25条第2b款规定的狩猎监察员等。另外,还有土地和林业监察员、生活用品专家、私人兽医、交易所理事、集会领导人(《集会法》第11条)等。

2.平行性公权力的授权。例如《联邦公证师法》第1条、第20条至第25条规定的没有公务员身份的公证员,行政机关任命的测量工程师、建筑静力学审查工程师⑦等。

---

① BVerwG,DVBl.,1998年,第587页以下。
② 1997年1月20日《汉堡州授权法》,HmGVBl.,1997年,第8页。
③ 参见本书第23节第4部分。
④ BVerwG,DÖV,1984年,第1025页。
⑤ HeVGH,NJW,1976年,第1990页;BGH,NJW,1983年,第448页以下。
⑥ BGH,NJW,1999年,第2373页。
⑦ BVerwG,DÖV,1972年,第500页。

(三) 职权的内容

这是按照职权的内容是制裁权还是收费权进行的归类。

被授权的人可以对违反秩序的行为进行警告[1]。这不会动摇《基本法》第 92 条规定的司法垄断地位。联邦宪法法院肯定了将制裁权授予执行部门的可能性[2]。

被授权的人可以被授予收费的权力,这一方面可以减轻国家捐税行政的负担,另一方面可以作为被授权人的财政来源,例如《烟囱监理法》第 25 条。

这种趋势暗示着另一种趋势。建筑、经营、监察和执行费用越来越多从国家转移到使用人和关系人。

(四) 授权与私法组织形式的行政

授权与形式的私有化可能混合,例如《航空法》第 31b 条第 1 款规定负责飞行安全监管的私人。

(五) 授权与职能分工

可以授予私人的只能是特定的行政权限,而不可能是立法、统治和司法的职能,因为《基本法》将这些职能保留给了国家和自治的公法人。公证员和仲裁员通常是被授权人[3],但只是法律执行

---

[1] 参见本书第 2 卷第 65 节。
[2] BVerfGE,第 22 卷,第 49 页,第 79 页。
[3] 《调解机构不作为诉讼法》(Unterlassungsklagengesetz fuer Schlichtungstellen)第 14 条第 3 款。

的一种方式,不属于实质意义和形式意义上的司法。捐税审查机构也不行使司法权,实际上更像是复议机关。这里的司法权只能由州高级法院的捐税庭和捐税合议庭行使。与国家司法和立法并行的私人调解法院和规章权不属于授权,而属于国家赋予的私人自治权。

三、被授权人是公法人的组成部分

被授权人是授予公权力的公法人的组成部分,以自己的名义行使被授予的公法权限。这里存在《刑法典》第 11 条第 1 款规定意义上的其他公法职务关系。但是,被授权人不——像乡镇那样——是国家组织的内在组成部分,而只是附属的外在组成部分。被授权的自然人也不是机构意义上的主体,例如《联邦公证员法》第 38 条以下规定的公证代理人和公证事务所代表人。

四、授权与其他法律制度的界限

应当将授权与下列法律制度区分开来:

1. 警察或者其他形式的许可。即准许私人经营企业,它不属于公共行政的第二个部门,也不行使公权力。

2. 特许(Konzession)。私人据此有权利也有义务实施特定的行为,但国家保留出让权。特许不构成执行权的转移,根据特许实施的行为也不属于公法权限的行使。因此,私人或者私有企业获得铁路、飞机场的特许经营权不属于授权。

3. 律师许可。由法院颁发。

4. 任命护理员、试验执行人、遗产管理人、破产管理人。

5.财产权的出让。征收由国家行政机关(以有利于权利人的方式)决定。换言之,财产权的出让属于一种加重的公产特别使用,它不产生权利人行使公权力的资格,而只产生权利人的特别参与权。

6.赋予特权。即赋予非公权性权利的行使资格,但法律明确保留属于国家,例如采矿权。就其内容而言,私人也可以享有这种特许权,只能依法收回,因此性质上属于私法权利。它与其他财产权的主要区别在于成立的方式。

7.授予公务员或者职员行使公权力的职权。因为他们在行使职权时不以个人身份,而是以所属公法人工作人员的身份。在以这种身份行使职权时,工作人员属于公法人的内在组成部分,例如具有公务员身份的公证员和作为名誉职公务员的调解员。

8.任命私人为行政协助人、公务协助人或者执行协助人。参见下文第九十A节的专门介绍。

9.审查机构的信托。例如《技术工作手段法》第9条、《建筑产品法》第11条和《数字签名法》第4条。这种按照欧共体法建立的审查机构替代国家机构执行监督任务,进行产品测试、人员认证和质量认证。就其法律性质而言,他们被赋予的仅仅是国家性质的资格,赋予私人这种审查资格的行政法条件是他们承担由国家创设但由他们自己承担的个人责任。

10.行政优益义务(Inpflichtnahme)。即为私人设定有利于公权力主体的财产或者人身义务,这里只涉及单纯的义务,而不涉及公权力权限的赋予。参见下文第九十A节的专门介绍。

11.企业和环境保护专员。例如《联邦公害防治法》第53条以下、《循环经济法/垃圾法》第 54 条、《联邦数据保护法》第 21a 条以下、《基因技术法》第 6 条和第 14 条以下的规定。

12.公法委任。接受委任的专员以委托人的名义实施公权力活动,而授权则是被授权人以自己的名义行使被授予的公权力。

13.参与行政决定。主要出于民主、社会和法治国家等方面的目的。

14.技术标准化委员会。

15.私法领域的自治决定。尽管得到了国家的承认①。

五、授权的客体

如上文所述,授权的客体可以是服从性的公权力,也可以是平行性的公权力,但必须作特别的列举,而不得是一般性的概括授权,否则就可能违反《基本法》第 33 条第 4 款。被授权人没有必要享有强制权,也不一定要被赋予实施行政行为的权力。被授予的公权力是独占性的还是附带性的,无关紧要。

六、授权的法律框架

(一)联邦宪法规定

按照《基本法》第 83 条以下规定,除了建立直属行政机关的组织权之外,联邦和州还享有组织裁量权,即可以决定是自己执行还是通过被授权人执行行政任务。该裁量权只能在宪法规定的范围

---

① BVerwGE,第 61 卷,第 222 页。

内行使。除了上述有关联邦法律执行和联邦行政机关的规定之外,《基本法》第33条第4款规定的公务员保留需要特别注意。该款规定要旨在于,公权力的行使一般由与国家具有勤务信任关系的公务人员负责。例外的适法性不单单取决于执行公共任务的机构数量(数量考虑),而且要有私人参与行使公权力的实质理由(质量考虑)。除此之外,社会国家原则也是设定授权条件的一个标准。

(二) 单行法有关授权条件的规定

1. 以符合公共利益的适当方式执行任务。由于法律关系、任务和目的各不相同,授权还没有成为一个可以统一评价的法律制度。实际上,立法机关享有广泛的裁量空间,因此,授权关系的具体内容和形式只能根据客体、义务和法律地位等因素具体设计。尤其是有关授权条件的法律规定非常简要,通常只规定行政机关可以授权,而对授权关系不作进一步的规定。

个别法律比较明确地规定了授权的适法性要件,其中蕴涵的一般标准条件是:

(1) 保障公共任务得以适当地执行;

(2) 授权符合公共利益。

这些一般授权条件只具有声明的作用,因为它们是将公法权限授予私人的当然条件。不存在法律执行请求权意义上的要求授予公法权限的权利,但授权的行政机关应当遵守平等原则。

2. 授权与公共任务的发包。从《反限制竞争法》《竞争法》第100条第1款、第127条第1项和《发包法》第2条的规定来看,因授权与公共任务的发包存在一定的性质交叉,有关公共发包的法律规定是否、何时以及在多大程度上适用于授权是一个有待明确的问题,因为(被)授权(人)同样能够提供发包的公共服务。如果将授权视为公共任务发包人的发包行为,就可能涉及《竞争法》第97条以下规定的适用。《竞争法》第100条第2款的列举性规定并没有将授权排除在公共发包之外。从越来越多的被授权人将收费作为财政来源来看,经济性原则在这里具有首要的作用。授权行为没有招标的义务(Ausschreibungspflicht),因为这通常不属于《竞争法》第99条第1款规定意义上的购买服务的酬金合同,而是将公权力委托给私人的一种行为。

如果授权是公共行政主体与被授权的私人之间签订的公法或者私法合同的组成部分,并且具体约定了需要提供的公共服务或者建筑服务,授权可能成为公共发包的组成部分,因而要履行招标的义务,但限于合同有关被授权人报酬的部分。如果被授权人提供服务的对等给付是收费权,那么,这种授权关系就具有服务特许的性质,不受招标义务的约束。这一点与《竞争法》第98条第6项、《发包法》第6条规定条件下的建筑特许不同。

3. 授权与法律保留。授权属于组织制度方面的法律保留的范围。法律(如船长和机长)、条例[①]和依法作出的行政行为(如任命公证员)或者签订的行政合同[②]都可以作为授权的方式。

[①] 例如1995年8月12日的《经济审计法》,BGBl.,第1卷,第2015页。
[②] 例如《兽医法》第2条第2款规定的兽医;BVerwG, NJW, 1955年,第1203页; BVerwG, DÖV, 1984年,第1025页;BVerwGE,第98卷,第280页;BVerwG, NJW, 1987年,第2501页。

七、因授权而产生的委托和信托关系

（一）被授权人的义务

授权行为在被授权人和授权的公法人之间建立了一种公法上的委托和信托关系[1]，它的权利义务取决于有关的法律规范、授权书的形式和合同。

被授权人最重要的义务是积极执行公权力任务的作为义务（行动义务）。它不得不作为，在授权关系存续期间，也不得在未经授权机关批准的情况下停止执行公务。

作为《基本法》第1条第3款规定意义上的公共行政组织，被授权人必须遵守对行政的法律约束，尤其是基本权利。

被授权人在行使其公法职权时受国家监督。监督的具体内容和形式因授权的权限不同而异。通常包括行业监督，但有时——例如对私立学校——也限于合法性监督，例如批准考试守则，这是一种预防性的监督形式；或者针对公证员的补救性监督[2]。主管机关进行监督的目的在于确保被授权人能够依法自负其责地执行授权的任务，否则，主管机关就有撤回授权的义务。

（二）被授权人的权利

被授权人作为公共行政的成员之一应当遵守基本权利，因此，

---

[1] 参见本书第1卷第35节第4部分。
[2] BNotO 第93条；BGH, DÖV, 1973年, 第829页。

表面上看来它不能求助于基本权利。但是,被授权人在不实施公法活动时是私人。如果行业监督的指令侵害了它作为私人的地位,被授权人可以采取防御措施。

被授权人有权行使特定的公法管辖权,采取公法方式实施活动,这称为行为权。如果执行任务的财政来源只能是税收,则不存在收费的权利。只有在不符合法定或者授权行为规定的授权条件时,才能限制或者剥夺被授权人的行动权。被授权人原则上不得转让其主观公权利,除非得到授权机关的批准。

被授权人可能对公共行政主体享有财政请求权,客体可能是国家补贴、对待给付或者弥补支出①。

被授权人可以对主管行政机关设定的义务和监督措施寻求法律救济,除非这属于指令约束的范围。

八、授权的终止

授权终止的情形有:

(1)被授权的自然人死亡或者法人终止;

(2)终止授权的法定事实要件具备,例如《联邦公证师法》第47条;

(3)被判处一年以上的自由刑(《刑罚典》第45条),或者依其他特别法被判处其他责任,例如《联邦公证师法》第49条和第97条;

(4)出现了约定的终止理由,例如任期届满(例如调解员的任

---

① BVerwG,DVBl.,1983年,第587页。

期是5年)或者终期已到(例如年龄)。

除此之外,通过行政行为终止授权的,应当遵守有关撤销或者撤回授益行政行为的规则,除非法律另有规定。在不履行或者不当履行授权义务的情况下,尤其可以撤回授权,例如《联邦公证师法》第50条和北威州《调解员法》第9条。如果被授权人通过自己的服务或者支出取得收入[1],并且被授权没有过错的,撤回授权可能产生征收性质的补偿义务[2]。

九、被授权人与第三人之间的法律关系

(一) 概述

被授权人与第三人之间的法律关系因援引公法规范建立的,则属于公法关系;否则,就属于私法关系[3]。尤其是被授权人依法享有收费权的,在没有其他相反规定时,可以按照行政强制的程序实施活动。《烟囱监理法》没有授权烟囱监理员通过行政行为收费,因为这属于主管行政机关的职权[4]。

被授权人不是私法或者刑法意义上的官署[5]。仅在法律授权采取作为、容忍、不作为或者金钱债权方面的强制权时,才可以采取强制措施,例如船长享有强制权,但公证员则不享有。被授权人

---

[1] 例如公证员、技术审查师,BGHZ,第25卷,第266页。
[2] BGH,UPR,2002年,第67页。
[3] BVerwG,DÖV,1968年,第429页;1984年,第1025页;卡尔斯鲁厄OLG,BwVBl.,1983年,第218页;本书第22节第3部分。
[4] BwVGH,NVwZ,1994年,第1135页。
[5] 参见BGHZ,第3卷,第121页。

也没有公务员法意义上的雇主资格(身份)。

被授权人享有公法权限,因此属于公共行政的主体、功能意义和程序法意义上的行政机关。如果被授予服从性的公权力权限,被授权人可以作为行政行为,关系人则可以相应地申请复议或者提起行政诉讼。被授权人在实施公法活动时应当遵守行政程序法,因为它是《联邦行政程序法》第1条第4款规定意义上的行政机关。

一个有争议的问题是:谁负责对被授权人行政行为的复议?有人主张适用《行政法院法》第73条第1款第5项。

起诉原则上针对作为法人或者官署的被授权人提起。根据《行政法院法》第78条,具体案件的被告到底是被授权人还是所属的行政主体,可能发生争议。解决问题的关键在于被授权人是否可以自负其责地作出决定,从而自己单独承受决定的后果。如果答案是肯定的,被授权人是被告。被授权人与《行政法院法》第78条规定的团体具有同等的地位。

如果被授权人的公权力活动限于单纯地参与行政机关的活动,例如建筑静力学审查工程师①和大多数技术监督协会的专家,其决定就不是(具有外部法律效果的)行政行为。

(二) 职务赔偿责任

被授权人或者其职员在行使公权力时属于赔偿法意义上的公务员和《刑法典》第11条第1款第2c句意义上的职务主体。它们因过错违反针对第三人的职务义务的,则由授权的公法人(通常是

---

① BGH,JZ,1963年,第707页。

州)依据《民法典》第839条和《基本法》第34条对因此产生的损害承担赔偿责任(所谓的委托理论),除非法律明确排除赔偿责任。

与此相同的是技术监督协会的专家(因为这种协会不是《基本法》第34条规定意义上的团体①)和《道路交通管理条例》第47条规定的尾气测试厂②,除非他们没有得到授权③。上述规定也适用于根据《徭役法》第4条规定在指定服务机构中从事徭役服务的人员④和《航空法》第31a条至第31c条规定的专员。上述规定不适用于公证员和公证所的评估师,他们只能承担个人责任⑤;社区烟囱监理员也是如此,因为他们实行服务收费⑥;另外,评估电磁适宜性的被授权人也承担个人责任⑦。

第九十A节 行政协助与行政优益义务

一、从属性的行政协助

(一) 行政协助人是行政机关的工具

传统的行政协助是职能私有化的一种典型情形⑧,是指私人

---

① BGH,NJW,1968年,第444页;JZ,1968年,第298页。
② 史莱斯维希 OLG,NJW,1996年,第1218页。
③ BGH,DÖV,1973年,第243页;NJW,1978年,第2548页以下。
④ BGH,DVBl.,2000年,第1290页以下。
⑤ BGHZ,第9卷,第289页。
⑥ BGH,NJW,1974年,第1507页。
⑦ 2002年6月7日授权和认证条例,BGBl.,第1卷,第1792页。
⑧ 参见上文第90节第3部分。

作为所谓广义上的一种编外从属性行政工作人员或者辅助机关进行活动，以执行公共任务。在这个过程中，私人如同被授权人那样，与第三人没有直接的法律关系，而只是按照行政机关的委托和指令实施活动。私方协助人也称为执行协助人，其活动称为从属性的行政协助，其理论基础是所谓的行政工具理论。该理论认为私人性质上属于行政职务的延伸，是在行政机关的监督下被纳入公共行政体系的一种行政工具。

（二）从属性行政协助的应用范围

表现在：

1.学校管理协助人和学生领路员（Schülerlotsen）。学校借助他们履行照顾学生的法定职责，例如学生领路员协助交警带领中小学的学生过马路。协助人具有《基本法》第34条/《民法典》第839条规定意义上的职务身份，由学校（所属）主体对其公务活动承担赔偿责任，但不能作出设施法或者交通法上的行政行为，而只能实施设施条令规定的活动，或者诉诸交通诉讼（Verkersklage）。

2.交通红绿灯设施的自动化及其监控。由私人企业负责经营管理。

3.规费管理中技术性业务的办理。由私人企业负责经营管理。

4.私人数据的收集、处理和利用。由私人根据行政机关的委托办理，例如所谓的信件商店（Letters-shop）接受《联邦数据保护法》第11条规定的公共部门的委托。地方层面的一个例子是乡镇通过私人办理养狗登记。

5.飞机乘客及其行李的监控。由适格的私方协助人负责,法律上归属《航空法》第29c条第1款规定的航空管理机关,受其监督。关于这是否属于委托,还存在争议。慕尼黑行政法院持否定说[1],联邦最高法院持肯定说[2],联邦行政法院则不置可否[3]。

6.警察协助人。在发生事故、紧急情况或者自然灾害时,受警察的领导和监督[4]。在特殊例外情况下,警察协助人可以根据法律授权自主实施常规警察措施,直接与相对人发生法律关系[5]。例如,主管公安机关任命私人为警察协助人,经过培训后即赋予其特定的职权,他甚至可以采取人身强制措施、使用武器[6]。与从属性的一般情况相比,警察协助人在实施这种活动时具有比较高的独立性。

7.社会给付主体的免费福利设施的协助人。私人根据社会给付主体的委托执行公共卫生服务方面的任务,例如北威州的《社会卫生服务法》第5条第3款第2项。

8.海洋领航员。以自负其责的自由职业者身份执行领航任务,收取领航费。他可以向船长提供咨询意见,但船长保留独立负责的权利。对此,1984年9月13日的《领航员法》第21条以下作了规定。

---

[1] 慕尼黑VG,1991年10月23日判决。
[2] BGH,NJW,1999年,第2378页以下。
[3] BVerwGE,第95卷,第189页,第197页。
[4] 例如HmbSOG第29条第1款。
[5] HmbSOG第29条第2款,HeSOG第99条第2款。
[6] 例如HeSOG第99条第2款第2项。

9.执行废水处理任务的私人。依据是《水保持法》第18a条第2款第3项。有人认为这种情形(该条第2款)属于授权①。另外属于这种情形的是《循环经济法/垃圾法》第16条第1款第1项和第17条第1款规定的私人垃圾经济企业②,《原子能法》第9a条第3款③。

10.警察雇佣的私人拖车企业。将违章停放的车辆拖至安全的地方④。

行政协助人在实施公务协助活动时一方面与行政机关具有内部关系,另一方面与公民直接发生外部法律关系,这类协助人的归类存在争议。例如,警察委托的拖车人独立地对公民的违章停放车辆采取措施,与车主直接发生法律关系。一种意见认为在赔偿责任方面应当这样认定,如果拖车人根据警察的指令实施拖车行为,拖车行为就没有公权力的属性,因而不属于执行公共职务的行为⑤。我们认为,应当对案件事实作整体性、功能性的考察,拖车人根据委托实施的活动性质上接近公共任务,因为拖走违章停放的机动车辆是为了消除对公共秩序的一种妨害,私方拖车人受公安机关法定职责的约束的程度显然已经足以将其认定为行政机关的协助人和执行协助行为⑥。与此不同,根据行政机关与私人之

---

① 施托贝尔,载于特廷格(Tettinger)主编:《生活服务领域中的公私伙伴关系的法律框架》,1994年版,第31页。
② BGH, NVwZ,2002年,第893页以下。
③ BayVGH, DÖV,1998年,第693页以下。
④ BGHZ,第121卷,第161页以下。
⑤ 慕尼黑LG, NJW,1978年,第58页以下,附带不同意见;参见BGHZ,第121卷,第161页,第164页,附带以前判例和文献中的不同意见。
⑥ BGHZ,第121卷,第61页以下;参见本书第2卷第67节。

间签订的私法劳务合同实施的从属于警察的拖车措施则属于行政协助的一种新模式,从整体考察的角度来看,这种活动属于纯粹协助主管机关行使公法职权的辅助行为。总之,我们主张从功能的视角区分独立和不独立(从属性)行政协助。

二、独立性的行政协助

(一) 工具理论的修正

上文介绍了传统的行政协助理论。学界和司法界在此基础上提出了修正的工具理论,其着眼点不是行政机关与协助人之间的内部私法关系——以工具地位的形成为客体,而是行政机关不得以向私法逃避的方式规避公法的约束①。其中尤其是由协助人引起的职务赔偿责任,他们在外部关系中被视为执行协助人,并且在此范围内视为行政的工具②。

司法界和学界借此扩大了行政协助法律制度的适用范围,集中表现在独立协助人(独立性的行政协助)方面。关键不再是以前作为主要标准的从属性,而是决定最终作出之前的公务准备。

(二) 独立性行政协助的适用范围

主要有:

1. 私方特许人和由行政机关和私人共同控股的联合经济企

---

① 参见本书第1卷第23节。
② 尤其是 BGHZ,第121卷,第161页,第164页。

业。作为独立行政协助的一种形式对国家和私人的合作日益扩大具有重要意义。尤其是《水保持法》第18a条第2款第3项规定允许私人从事废水处理,以及《循环经济法/垃圾法》第16条第1款第1项和第17条第1款、《原子能法》第9a条第3款第2项规定的情形。另外还有地方特许供水企业,根据特许合同完全或者主要由私人控股①。

2.提供安全信息的私人监察员。他们受公安问询机关的委托与其签订合作协议,为警察提供信息协助。合作协议的主要内容是"巡察、识别和报告",向警察提供有关的信息,有学者称之为信息行政协助②。

3.独立反应的拖车企业③。

4.指定的测试机构。例如根据《私人参与道路交通许可条例》第67条和第12条,办理私人驾驶执照申请中的私人视力测验业务的指定机构,他们的活动是独立的,但只是为主管机关的决定作准备。又如从事该条例第66条和第11条第3款规定的驾驶能力方面的精神医学测试的指定鉴定机构,第11条第2款明确了驾驶能力鉴定的准备性。根据该条例第66条第2款第2项,如果能够鉴定的机构很多,行政机关拒绝指定申请而没有《道路交通管理条例》第6条第1款第1项和第2条第13款规定的充分依据的,可能违反《基本法》第12条第1款第2项④。联邦行政法院只认为行使

---

① BGH, NJW, 1985年, 第197页, 第200页。
② 施托贝尔, ZRP, 2001年, 第260页, 第265页以下。
③ 哈姆OLG, NJW, 2001年, 第351页以下。
④ BVerwG, NVwZ, 2001年, 第324页以下。

该条例第66条第2款第2项规定的申请拒绝权缺乏职业方面的授权依据,但这并不涉及驾驶许可机关将私人部门所谓独立行政协助人使用的适法性问题。

5.担任环境鉴定人的私人特许机构。依据是欧洲经济共同体理事会1993年7月29日第1836/93号《关于自愿参加环境管理和环境企业审查的法律》第9条第1款和第28条,但还不明确。

三、行政协助的范围

主要表现在如下方面:

(一) 与授权的区别

除了个别新的适用情形之外,协助与授权的区别还是明显的,主要在于行政协助属于准备性和执行性的活动,而不属于作出决定的行为。在行政机关单独行使公法职权时,不存在协助,例如对违反秩序行为的确认和警告。

(二) 与行政助理的区别

行政助理(Verwaltungssubstitution)是介于授权和行政协助之间的一种中间形态。行政助理一方面参加国家任务的执行,另一方面在任务的执行层面采取平行性(schlichtlich)的公权力方式。如果认为授权的范围包括平行性的公权力活动[①],行政助理则没有独立存在的价值。

---

① 参见上文第90节第2部分。

根据《水保持法》第 18a 条第 2a 款和《循环经济法/垃圾法》第 16 条第 2 款将公法废水和垃圾处理职责委托给第三人（职责转授）是授权，还是采取特许方式的一种假象的（unrecht）独立行政协助即行政助理，还不明确。有人认为这不属于授权，因为上述规定所授予的不是公权性的法律地位，也就是说，没有授予私人制定收费规章和作出收费决定的权力。

我们认为，第三人根据《循环经济法/垃圾法》第 16 条第 2 款规定接受的转授职责属于一种公权性的法律地位，第三人在行使被授予的权限时属于被授权人而不是独立的协助人。国家针对私人责任退缩到以监督和领导为主要内容的担保给付。《水保持法》第 18a 条第 2a 款也是如此，该款允许州立法机关转授废水处理方面的职责，并且具体规定向私人授权的规则。

但是，《水保持法》第 18a 条第 2 款第 3 项和《循环经济法/垃圾法》第 16 条第 1 款规定允许公法生活服务主体在不影响其责任的前提下使用私人为其提供执行协助。这表明，职责转授并不只是行政助理。生活服务领域的职责转授有助于强化和提高垃圾制造人或者所有人的责任，有助于在垃圾处理领域引进私经济管理的革新。这种意图可能与服从性公权力的转授有冲突，但并不意味着在公法生活服务主体不再负责的"范围内"，第三人不能自负其责独立进行平行性公权力活动。实际上，上述规定以及州法的相应规定已经将该义务"转授"出去了。这种职责转授也不意味着，公法服务主体以独立行政代理的方式"放弃"职责，即使它根据《循环经济法/垃圾法》第 16 条第 2 款第 2 项的规定以行政行为方式同意了职责的转授。根据该法第 16 条第 2 款至第 4 款，在转授程序进行过程中,私人对行政机关违法拒绝同意的行为可以附带起诉。

(三) 与职务协助的区别

《联邦行政程序法》第4条以下和其他程序法对职务协助的概念、适用范围作了规定。职务协助是行政机关之间根据请求提供的补充性协助,与行政协助显然不同。

另外,行政协助是否属于法律保留的范围,由哪些内在制度环节构成,行政机关与私人之间签订的有关执行协助的合同性协议等问题,还不明确。

四、行政协助的法律界限

表现在如下方面:

(一) 宪法界限

行政协助是否属于法律保留的范围?换言之,行政协助是仅适用法律优先原则还是要同时适用法律保留原则?这个问题还不明确。由于从属性的行政协助几乎不涉及值得评头论足的决定权,一般认为不需要特别的法律授权。接下来的问题是,独立性的行政协助是否适用组织法意义上的法律保留?如果法律只规定了公共任务的执行及其责任可以采取部分"国家任务法"意义上的委托,这是否足以构成独立行政协助的依据,还存在争议。

根据联邦宪法法院和学界提出的重要性理论所确立的原则,涉及基本权利和国家组织法的事项必须有议会法律依据,而且事项越复杂,与基本权利、国家组织及其任务的关联性越大,议会法律对其要件和后果的调整密度就应当越大。如果法律规定了国家任务及其执行,通常足以构成独立行政协助的依据。从行政机关选择组织形式的自由来看,这种"任务法"允许国家以行政协助的方式使用私人来执行其任务。例如《刑罚执行法》允许使用私人保安作为刑罚执行设施的行政协助人。

按照重要性理论的原则,如果执行的国家任务对公众具有重要意义,国家与私人进行有计划的合作至少要有有关其基本框架的法律依据,例如在广义的所谓安全伙伴即警察私人关系的范围内使用私人执行犯罪预防和危险排除的任务。

如同独立性的行政协助,从属性的行政协助也可能面临是否涉及专门的法律保留,尤其是基本权利方面的法律保留问题。从数据保护的角度来看,警察与私人监测机构签订协议,约定将私人的监测机构作为警察的信息报告机构,其中的问题尤其突出。

唯一可以肯定的是,行政协助人在按照私法实施活动时,在法律上不存在与第三人的外部法律关系。这意味着,不能将行政协助人的活动视为对关系人基本权利的直接侵害。按照上文提到的工具理论,行政协助人的活动在法律上应当归属于公法任务的委托主体,因此可能产生的是职务赔偿请求权[①]。

另外一个宪法界限是《基本法》第 33 条第 4 款规定的公务员保留不适用于行政协助。这是因为,如同上文已经指出的那样,从

---

① 参见本书第 2 卷第 67 节;BGHZ,第 121 卷,第 161 页,第 164 页以下;哈姆 OLG,NJW,2001 年,第 375 页以下;法兰克福 LG,DAR,2001 年,第 168 页以下。

属性或者独立性的行政协助都只具有准备活动的性质,不存在行使《基本法》第33条第4款规定意义上的公权性职权。

(二) 行政法界限

需要注意的是有很多简单法律规定了公共行政机关使用行政协助,其中的行政法规定有:

(1)《环境信息法》第2条第2项;

(2)《联邦数据保护法》第11条规定受托人受有关数据保护法规定的约束;

(3)在使用行政协助人时需要注意预算法上的经济性概念;

(4)有关公共任务发包的规定[1];

(5)公共部门的干预和监督义务[2]。

1.信息法。一些联邦州制定了所谓的信息自由法[3],规定任何人有权查阅行政机关的案卷、获取行政机关掌握的信息,除非这妨害更为重要的公共利益或者私人权益。

阅卷权和信息权一般针对行政机关和行政机构。但是,如果案卷管理机关"使用或者委托私人执行公法任务"[4],信息权也可能延伸到私法上的自然人或者法人。该法规定的措辞不仅涵盖了

---

[1] BVerwG,NVwZ,1993年,第653页。
[2] BGH,NVwZ,2002年,第893页以下。
[3] 例如布兰登堡州1998年3月10日发布的《阅卷和信息法》(BbgAIG),柏林州1999年10月15日发布的促进信息自由法即《柏林信息自由法》(BlnIFG),史荷州于2000年2月9日发布的《获取信息自由法》(ShIFG),北威州2001年11月27日发布的《获取信息法》即《信息自由法》(NwIFG)。
[4] ShIFG第3条第4款。

行政协助人,而且包括被授权人,他们受一般阅卷权和信息权的约束。

　　州的法律规定不完全一致。有的州法律规定了一般性的阅卷权或者信息权,前提是"案卷管理机关使用私人执行公共任务"或者"私法自然人或者法人执行公法任务"①。有的州法律规定了针对"被授予公权性职权的"私人的信息权,将行政机关和行政机构统称为"公共机构"②。从这些法律措辞的表述来看,一般的阅卷权和信息权不针对行政协助人,而仅针对直接实施公权力活动的被授权人。问题在于,这种限制性解释是否符合已经生效的信息法本身的目的和精神③。被授权人既然属于《联邦行政程序法》第4条第4款规定意义上的行政机关,仅仅将一般性的阅卷权和信息权适用于被授权人就没有什么实际意义了。由于他们享有公权力,他们掌握的案卷和信息对第三人人格权的影响大于行政协助人。我们认为,这不是将行政协助人作为例外的理由。有的法律规定可以直接适用于行政协助人④,有的法律规定还有解释的余地,例如"执行公法任务"⑤,可以通过法律解释的方式将行政协助人纳入信息法的适用范围。总而言之,专门的信息法在适用于被授权人的同时也适用于行政协助人。

　　2. 数据保护法。《联邦数据保护法》第11条允许行政机关委托他人负责数据的处理。这意味着,私法数据服务企业可以作为

---

① BbgAIG 第 2 条第 4 款, NwIFG 第 2 条第 4 款。
② BlnIFG 第 2 条第 1 款第 1 项。
③ 尤其是 BlnIFG 第 1 条, ShIFG 第 1 条。
④ BbgIFG 第 2 条第 4 款, BlnIFG 第 2 条第 1 款第 1 项。
⑤ NwIFG 第 2 条第 4 款。

公共部门的行政协助人负责委托数据的处理(该法第11条第1款第1项)。根据该法第11条第2款第1项、第1款第1项和第3款第1项,私方受托人应当按照约定遵守数据保护方面的法律规定,委托人对受托人的守法负责,有关数据的报告、消除、封闭以及损害请求等都针对委托人提出(该法第11条第1款第2项)。修正后的该法第11条规定的数据处理委托不仅包括数据的处理和利用,而且包括数据的收集。从其措施来看,这意味着受托的主管公共机构也可能实施数据保护法上的侵害行为。

根据《联邦数据保护法》第11条第3款,受托人只能在委托人指令的范围内进行数据的收集、处理和利用。问题在于,这些数据活动(尤其是收集)主要针对公民,由独立的行政协助人从事这些活动是否适法?从行政协助的角度来看,该法第11条以及州法的相应规定是排他性的,以该法第11条规定的数据处理委托为目的的信息行政协助或者行政优益义务没有适法性。从第11条的本意来看,该条规定的所谓数据处理委托限于从属性、技术性的行政协助。从该条的原版到为适应《欧共体数据保护纲领》的修正版来看,数据处理委托都限于数据的处理和利用。因此,第11条实际上将数据收集的委托限于技术性的从属性行政协助,其中没有涉及数据收集或者以此为条件的决定权,因此数据收集委托限于范围、内容和标准已经确定的信息,例如根据乡镇的委托办理养狗登记。

《联邦数据保护法》第11条也没有规定数据收集的其他行政协助形式,因为从《基本法》第2条第1款和第1条第1款规定的一般人格权意义上的信息自主权来看,这不符合数据保护法有关限制不同行政领域的特别侵害的一般原则。

例如,公安机关或者内务部与私人保安团体或者企业签订协议约定,按照"巡察、识别和报告"的模式,私人保安服务机构将其在从事商业活动时获得的安全信息传递给公安机关,以加强犯罪防治工作。私人保安服务机构的工作人员依约定收集个人数据的活动实体上应受州警察法上的警察数据保护法的调整。这些法律没有规定这种信息行政协助方式,因此,以信息行政协助或者行政优益义务方式收集个人数据的活动没有适法性。另外,数据保护法为转换欧共体的数据保护纲领而在《联邦数据保护法》第11条加入了数据收集委托的内容,但该法不能直接适用于个人数据的收集,即使这涉及公共安全。我们可以由此推论,警察法的信息行政协助(义务)不在《联邦数据保护法》的适用范围之内。

3. 预算法和捐税法。就预算法而言,行政协助人与行政机关之间的委托关系还应当遵循《联邦预算法》第55条第2款、相应的州法规定以及有关公共任务发包的法律规定。由于行政协助通常涉及服务委托,在幅度值不超过《反限制竞争法》第100条第1款和第127条第1项、《发包法》第2条第2项和第3项时,还要适用《建筑服务一般服务条件条例》第一部分第一章;在幅度值超过时,还要适用该条例第二章。例如警察和秩序机关所属的行政主体向拖车企业发包公务,即应遵守上述规定。

就捐税法而言,在使用行政协助人时要特别注意重大行政费用的核算[1]。按照预算法上的经济性原则,因行政活动产生的费

---

[1] BVerwG, NVwZ, 1999年,第653页。

用应当纳入行政支出的范围予以核算。

收费必须限于机构财政和临时活动所需的成本。这里需要注意的是,根据收费法上的必要性原则和《基本法》第3条第1款规定的平等原则,委托私方行政协助人的成本限于实际发生的费用,除此之外不存在可收费的核算成本。

如果行政机关与行政协助人之间签订的合同约定将行政协助人的成本纳入规费核算的范围,不符合公共发包法有关规定的,行政协助人在按照行政机关委托提供行政服务时作出的收费裁决就有可能违法。尤其是行政协助人提供的服务不符合《建筑服务一般服务条例》第一部分第3条和第二部分第3a条、《竞争法》第101条、《发包法》第4条第1款的排除性规定,或者约定的酬金过高,这反过来可能违反完全说明的义务和该条例第一部分第25条规定的价值幅度。如果发包缺陷造成费用过高或者行政支出不合理,就直接违反了收费法上的必要性原则和平等原则。有时,单纯的违反《发包法》的行为也可能被视为违反收费法上的必要性原则[1]。

(三) 行政协助与《发包法》

如上文所述,以付酬服务合同为依据的行政协助还要遵守公共发包规则。这里尤其值得指出的是混合企业作为行政协助人。这个复杂的课题的涉及面"从购买铅笔和装甲车的《发包法》标准到核心的私有化后果法,同时也包括《行政组织法》"。

---

[1] NsOVG, NsVBl., 2000年,第173页以下。

从《竞争法》第 101 条第 1 款、第 127 条第 1 项、《发包法》第 2 条第 2 项和第 3 项来看,联合企业作为行政协助人的公务发包价值幅度少于 13 万和 20 万欧元的,一般属于《竞争法》第 97 条以下的卡特尔发包法的适用范围。问题是,建立联合企业并且向其委托公共服务是否以及在多大程度上需要履行招标的义务?如果只是将公司股份出售给(或者寻找)私方合作公司,则没有必要招标,因为这不属于采取付酬合同形式的公共采购,即不属于《竞争法》第 99 条第 1 款规定的公共发包方采购服务的情形。欧共体的法律规定同样如此,尤其是《欧洲共同体条约》第 28 条和第 49 条规定基本自由意义上的歧视禁止(条约第 12 条)和一般的平等原则(条约第 12 条)等,对发包程序的结构设计及其规范化都具有一定的约束力。

五、行政优益义务

(一)概念和界限

这是一种多变的法律制度,难以明确定义、系统化和类型化。有的是私人承担职业、财产、企业或者公民方面的义务,以确保行政任务的有序执行,其中包括临时危险的排除。行政优益义务(Inpflichtnahme)是公权力主体出于执行公务的目的而要求公民提供的人身或者财产方面的辅助性服务,因此不包括纳税等单纯给付性的义务[①]。有时行政优益义务人以"税务机关的辅助机构"的

[①] 参见本书第 2 卷第 42 节。

身份进行活动。它与授权和行政协助具有一些共同性，但目的性质和地位不同，应当将它们区别开来，而不能将具有相对独立主体地位的视为行政协助人。但是，具体案件中的界分总是问题丛生，因为它们之间存在一定的交叉。只有个别法律明确区分授权、行政协助和行政优益义务。例如《航空法》第29条第3款规定了授权的条件，第2款规定了行政协助的规则，第19b条和第20a条规定了行政优益义务。

对公民来说，行政优益义务性质上属于一种法定范围内的特别负担，但这不排除以合同方式约定这种义务。

行政优益义务人不行使公法职权，只是出于公共利益的需要而承担某种义务，以减轻国家行政的负担，义务的履行可能限制基本权利。行政优益义务并不一定服务于经济监控或者经济监督，不得将两者等量齐观。通过经济行政法上的违反秩序类推方式设定行政优益义务就更不合理了，因为对违法行为的处罚不符合优益义务的目标。优益义务的目的不是对合法经营管理的监督（例如报告义务），而是利用私方经营者的专业能力和个人能力为公共利益服务。它是经济监督的简化和补充。原则上它所涉及的职业、财产和企业方面的义务限于公共利益需要的范围内。问题是，为经济公民设定这种公法义务原则上是无偿的，还是国家应当补偿义务人支出的费用。

相关法律规定各不相同。有的法律规定关系人必须无偿履行优益义务，例如《联邦统计法》第10条；有的法律规定给予补助或者其他形式的财政帮助，例如《经济安全法》第4条第2款；或者补偿直接的费用，例如《航空法》第19条第3款。如果法律没有明确规定费用问题,可以合理地推断企业会向第三人转嫁费用,或者属于所有企业即不特定范围内的企业应当承担的义务,那么,原则上不予补偿①。联邦宪法法院要求这种情形中的企业与承担的义务之间存在一种"责任关系"②。原则上应当禁止国家对财产权和已经设立的企业的侵害,因为优益义务属于社会约束性或者环境保护方面的义务,否则,就应当采取征收捐税的方式。从竞争的角度来看,应当广泛免除中小企业的优益义务,否则,即应给予平衡补偿。

(二)行政优益义务的表现形式

行政优益义务主要存在于经济行政法领域,主要适用范围是经济调控、经济监督、经济安全和经济统计。

优益义务的主要表现形式有:

1. 物资储备义务。例如1987年12月8日的《石油储备法》第25条规定的最低石油储备③。

2. 税金汇付义务。即通过直接借记账户划拨税款。例如保留并且汇付娱乐税、疗养税(Kurabgabe)、利息税、工资税、教会税等④。

3. 统计义务。越来越多的私人承担向行政机关提供可以作为

---

① BVerfGE,第54卷,第251页,第271页。
② BVerfGE,第77卷,第308页,第377页;BVerfG,NJW,1999年,第1621页;BGH,NJW,1997年,第574页,第578页。
③ BVerfGE,第30卷,第292页以下(Mindestvorrat an Erdoelerzeugnissen, ErdoelbevoratungsG v. 8.12.1987)。
④ AO第43条;BVerfGE,第22卷,第360页;第44卷,第103页。

国家经济决策根据的统计数据的义务,例如材料和货物的入库记录。

4.在道路施工地点设置围栏和标志的义务。根据《道路交通管理条例》第 45 条第 6 款第 2 句,由道路建设企业承担,包括设置信号灯的义务。该法没有明确地表示让企业以自己的名义行使公法权限,似乎更像是设定义务,而不是赋予它们独立的权利,因为它们必须服从行政机关的命令[①]。道路交通参加人的服从义务针对的不是建筑企业,而是标志中包含的命令,建筑企业只是将这个命令展示出来而已[②]。

5.减少用电的义务。主要是新能源法提到的生活服务企业。

6.财产监督义务。是指私人在危险排除和预防的范围内确保自己的企业或者设施处于安全状态的义务,近年来私人承担的这种优益义务越来越重要了。它属于一种有利于公众福祉的自我监控义务,可以减轻国家的监督负担,优益义务人不因此而享有权利。例如《联邦公害防治法》第 29a 条规定的自我监控义务,《循环经济法/垃圾法》第 22 条以下规定的产品责任和回收义务等。

7.私人排除危险的义务。与上一个义务有关,学界将私人分担危险排除义务称为通过私人的危险排除、危险排除的私有化甚至社会的自我管制化,其实质都是加强私人的自我责任。

[①] BGH,NJW,1974 年,第 433 页以下。
[②] BVerwGE,第 35 卷,第 334 页;BVerwG,NJW,1970 年,第 2075 页。

第九十一节　私法形式的行政组织

一、概念、历史和界限

(一) 私法形式的行政组织是行政组织法的一种表现形式

表现在：

1.法律事实方面。作为一种高度组织化的共同体，国家不仅可以通过自己的机关、日渐扩张的公法人(团体、设施和基金会)和被授权人，而且可以通过私法形式的组织执行公共行政任务。公共部门可以自己单独设立私法人，也可以与私人合作设立私法人。公共部门可以通过获得成员权(社员权、股份)的方式，参与或者完全控制现有的私法组织。公共部门可以通过外部的发展(财政资助、人员外派)对私法组织施加决定性的影响，而无需直接参与其中。

有学者将这种组织形式统称或者别称为"私法性的行政仆从"、"行政公司"、"公共资本公司"、公法组织形式的企业的"私法子公司"；盎格鲁行政学将这种组织形式称为准政府组织(Quagos)或者准非政府组织(Quangos)。

2.法律历史方面。由国家完全或者部分参组的私法人在确保国家有效影响的情况下执行公共任务是国家行政实践长久以来采取的作法。

(1)原始类型。国家参与组成并且使用的私法组织的原始历史类型主要是战争公司或者战后公司。作为对传统国家官僚科层制机关低效无能的反应,为了执行一战期间和之后出现的非常行政任务,国家在很广泛的领域里采用私法和私经济的原则和方式。第一次世界大战一开始,国家就建立资本公司负责原材料和必需品的生产和分配,有的至今还存在。

第一次世界大战结束之后,州和乡镇(一些大城市在战前)为所属经济企业选择私法的组织形式,例如水厂、煤气厂、电厂、乡镇银行等均实行股份公司的组织形式。帝国也参与建立股份公司来管理和控制所属的大型企业。

随着"组织法律形式的私有化"在公共企业领域的发展,第二次世界大战结束之后出现了大量的国家公司和地方公司,主要在工业、交通、生活服务和信用等领域。从公共行政的角度来看,这些组织形式迄今被称为"参组"(Beteilung)的私法企业,例如《联邦预算法》第65条,有的甚至完全由国家建立,国家是唯一的持股人。

另外,在魏玛时代,国家通过外部参与的私法人实现公共利益。帝国通过向私人企业提供补贴来实现作为补贴条件的公共目的。

(2)1945年以后的发展。原有的公共企业在二战后仍然保留原先的(私法)组织形式。逐步进行的合并使大型国家企业出现了向公法组织形式转变的趋势,1951年至1953年以《基本法》第87条第1款为依据制定的一系列法律明确了它们的公法地位。但是,随着有关公共预算法和公务员法缺陷的抱怨越来越多,这种趋势停止下来。1960年以后地方出现了直属企业向资本(投资)公司转制的浪潮。但是,乡镇的控制力的减弱也引起了注意,因此出现了回转,后来向私法组织形式的转制成为个别的情况。最重要的例子是医院,随着医疗技术的进步以及医疗工作的职业化,中小型的医疗机构逐步发展成为大型企业,私法组织形式得到了充分的重视和采用,例如有限责任公司(GmbH)。另一个例子是联邦和州的研究机构,人们倾向于赋予其独立性,有限责任公司则成为最适合的法律形式。出于同样的理由,乐团和剧院也实行公司制,例如柏林剧院实行有限责任公司的组织形式。

(3)20世纪末期的基础设施私有化。这是20世纪末期具有重要意义的公共行政组织私法化的现象。原本属于国家行政系统的铁路和邮政的私有化开辟了划时代的转变。铁路和邮政以前向来被视为自然垄断领域,但是,飞速的技术发展和日益多变的市场需求使这两个国家企业越来越难以执行生活服务的任务。国家活动在这些领域中的可接受性受到质疑。加上欧共体法的影响,1994年1月1日修正的《基本法》第87e条规定,合并德国联邦铁路和帝国铁路并且转制为德国铁路股份公司。原先的国家特别财产和官署现在成为采取私法组织形式的经济企业。《基本法》规定的这个转制引发了公共管理活动准则的根本转变。邮政和通讯领域也随之从公法向私法转变。1989年的第一次邮政改革针对公法邮政通讯事务,将德国邮政这一国家特别财产分解为德国邮政所属的三个具有部分法律能力的"公共企业",即邮政、邮政银行和通讯。根据《基本法》第87f条,1995年1月1日开始的第二次邮政改革对三个国家企业进行了形式的私有化改革,此后建立的德国邮政股份公司、德国邮政银行股份公司和德国通讯公司属于采取股份公司制形式并且按照私经济方式运营的企业。航空行政原先直属联邦,《基本法》第87d条允许将其转制为私法组织形式,《航空法》第31b条对此作了规定,授权政府组建有限责任公司,委托其执行航空安全任务。尤其需要指出的是铁路和邮政领域的改革,形式的私有化催生了采取私法形式的行政,但这只是组织和任务的实质私有化的必要过渡阶段,主要途径是原属行政主体单独控股或者将股份出售给私人。

后来进行的航空私有化改革具有典型意义。联邦控制新建立的德国航空股份公司75%的股份。随着世界范围内出现的航空业非管制化浪潮,联邦通过不行使优先权的方式减少了对汉萨航空公司的持股,1991年降低到表决权资金的56.32%,通过1994年的私有化则进一步降低到50%以下。

与此同时,国家从大型工业康采恩中完全退出。

(4)地方政府企业和公共商业企业采取设施的形式。这是一种反向的趋势。在联邦和州层面大力实行组织私有化的同时,地方层面却出现了相反的趋势。作为对组织形式私有化的替代和回应,公法组织形式的重构也开始了。原先按照地方需要建立的公法设施转制为地方政府企业。新成立的地方政府企业实行包含私经济观念的规则,综合了私营企业和公共企业的优点。

3.行政机关的选择自由。由公共部门完全或者部分参组从而(并且)能够有效控制的私法人执行公共行政任务实际上是行政机关享有组织形式选择自由的一种结果。换言之,国家和其他公权力主体原则上按照总体法律制度的原则执行行政任务,在此范围内可以选择私法组织形式(选择自由原则)。公共行政部门不仅可以以私法方式活动,而且可以以私法组织的形式与公民打交道,有人称之为国家组织的下位方式或者替代方式。

(二)私法行政组织形式的独立类型化

作为一种法律制度,私法行政组织近年来才引起学界的关注。尽管行政组织私有化的形式多种多样并且赢得了越来越重要的意义,但仍然有人反对将公共部门建立、影响并且控制的私法人作为行政组织的一种形式予以独立研究,认为这种组织形式既没有公共行政的特征,也没有独立的主体性,因此不可能将缺乏独立人格的组织单位纳入组织意义上的公共行政的范畴[1]。我们认为,这种条件是否以及何时具备只是定义问题,不能抬高这方面的要求,否则,大量的公共行政方式和组织可能被排除在研究和系统化的努力之外,对它们各自的条件、责任性和可能出现的形式混合等问题,也就不可能从行政法的角度研究。

1.公共行政的形式标准。既然公共部门在执行任务时原则上可以选择组织形式,那么,公法行政主体建立私法组织,掌握其股份,向其派驻成员或者只(通过补贴)提供财政支持、任免公务员和职员,就应当肯定它们具备了公共行政的形式特征[2],尽管这在概念上还存在争议。实质的标准是母主体期望采取私法的组织形式和活动方式,掌握并且控制私法组织,从而最终将其纳入公共部门的制度体系之中。

---

[1] 参见本书第1卷第2节第4部分和第4节第1部分。
[2] BGHZ,第52卷,第325页,第328页。

2. 公共行政的主体性标准。公法行政主体的控制和影响不允许将私法组织确认为独立的公共行政主体,但这并不妨碍从一般的法律能力和独立性的角度平等对待私法组织和其他公法行政主体。由公共部门独占控制的私法组织完全符合这些条件。公共设施由公法团体控制或者影响,但这并不妨碍人们将其作为独立的公共行政组织形态。存在主体性问题的是那些由私人和(一个或者多个)公法人共同控制的私法组织(公私联合组织)或者公共部门只能从外部施加影响的私法组织。它们仅涉足国家行政领域,几乎不可能被赋予自治行政主体的资格。公共部门的参与和外部影响到了何种程度才能赋予它们以行政主体的属性,难以截然断定。

(三) 定义

私法行政组织是指公共部门通过所有、部分参组或者外部控制等方式控制的独立法律主体,以私法的组织形式和活动方式执行任务。所谓间接,是指公共私法企业或者公私联合的私法企业可以再成立新的私法主体,也可以参组现有的私法主体,例如行政直属公司可以建立子公司,子公司还可以建立孙公司。由于行政任务的执行仍然保留在公共行政主体的控制范围之内,只是组织实行了私有化,任务并没有实行私有化,因此,人们将其称为"形式的私有化"、"组织的私有化"或者"准国家组织"。

(四) 界限

对私法行政组织与其他公共行政的组织形式的区别,可以从如下方面认识:

1.授权。授权属于借助私人推行的实质意义上的公共行政,与私法行政组织的区别在于,前者只是将私人简单地纳入行政的体系,而后者是指公共行政部门通过所属私法组织执行任务,但不授予公权力。但是,这并不排除公权力主体为了执行特定的行政任务而建立私法公司,并授予它们以公权力,在这种情况下,私法公司也是被授权人。这方面的典型例子是德国环境鉴定人认证和许可有限责任公司(DAU)、根据《航空法》第31b条建立的德国飞行安全有限责任公司(DFS)。

2.行政协助人和从属性的私有化组织。应当将私法行政组织独立执行行政任务与已经私有化的公共组织实施的减轻国家负担的私人活动区别开来。就前者而言,国家只是选择了私法的组织形式或者活动方式,但任务仍然由自己执行。因此,乡镇的剧院和计算机设施可能采取没有独立主体资格的民法公司的形式进行经营管理。尤其是应当将私法行政组织与公法团体为了执行特定的技术性任务而使用的私人(行政协助人)区分开来。

3.财政经济活动和纯粹的经营管理活动。行政主体参组的私法人可能既不直接或者间接地执行公共任务,也不参与持股,而只是出于纯粹的财政理由建立某个融资设施[①]。应当将私法行政组织形式与行政机关参与的纯粹的经营管理活动区分开来,无论后者是否具有适法性。这种活动只有在涉及任务的私有化时,才具有私有化方面的意义。因此,私法行政组织与国家参与经济竞争的活动是两码事。

---

① BGHZ,第69卷,第334页。

4.国家支持的组织。执行公益任务并且因此获得国家财政支持的私法人并不是公共行政分散化的一种形式,而只是借助个人的积极性来改善公共任务的执行环境,后者因此获得公共部门的财政支持,例如政党基金会谋求资助。如果公共部门参与持股或者能够以其他方式施加有效的影响,这种公司很类似于私法行政组织。

5.合同式管理(Government by contract)。这是指公共部门出于公共目的(例如军备发展),通过伙伴式的合作,利用私人的专业能力和特殊知识。但是联邦国防部建立的发展、战备和管理有限责任公司却不实行所谓的合同式管理观念,因为除了合同式的合作关系之外,它首先是一个直属的公用性私法组织。

6.样板企业。公共部门建立的样板企业不符合行政直属私法人的要件,不具备公共行政的一般特征。

7.公共企业。学界将其视为行政法上的一种组织单位,与私法行政组织类似。两者之间不可能有明确的界限,因为企业和公共企业(Öffentliches Unternehmen)本身的含义就不明确,它们只是各种表现形式的一种集合概念。组织形式的公法性和私法性、任务范围、盈利的目的等不能作为区分标准,因为这些标准不能充分反映公共企业的特征。1980年6月25日欧共体执委会第80/723号纲领第2条和修正的《欧洲共同体条约》第86条所下公共企业定义与这里所说的私法行政组织的概念具有广泛的一致性,其着眼点是组织、财产和决定性的影响等方面:所谓公共企业是指"公共部门通过财产、财政参与、规章或者其他规定能够对其活动直接施加决定性影响的企业"。

正如《欧共体纲领》第2条所表明的那样，共同体法上的"公共企业"范围远比私法行政组织广泛，它还包括采取公法形式的独立组织单位，例如设施——由公法行政主体为了实现持久性的特定公共目的而建立的人力和物力的集合体。另外还包括所谓的"公法融资公司"——按照设施的形式管理的一种公法人，但是法律技术上却模仿私法融资公司。

8.联合经济企业。如果公共企业由多个国家任务主体联合建立，则属于联合公共企业；除了国家之外，私人也参与的是混合经济企业。这种企业原则上采取有限公司和股份公司等私法组织形式，国家可能掌握一定比例的股份，对公司机构行使影响权。混合企业的问题在于是主要按照公共企业的方式活动，还是主要按照私经济企业的方式活动。如果公共部门的参与没有决定意义，它们属于纯粹的私经济企业；如果公共部门掌握了多数表决权（资本比例关系可能与此不同）或者能够依法对其施加与特定任务有关的公法影响，那么，它就是公共企业和私法行政组织。

9.第三部门。它与私法行政组织之间区分的难点在于法学上没有有关第三部门的公认定义和积极区分标准，只能从消极方面界定：既不是国家机关也不是私人企业的组织，在国家和市场之间起中介作用，并且以中介人的身份提供对公众具有意义的服务，其范围包括公共企业、非政府组织（NGO）或者准非政府组织（Quangos）、教会、福利团体、公益社团、基金会等。非政府组织是行政机关在国家发展协助政策方面的受欢迎的伙伴。

学理上对其多种多样的表现形式进行了不同角度的分类，例如，这种中介性的部门可以分为：

(1) 独立的公共机构。包括高校、广播电视台、剧院、博物馆、医院、社会保险机构、非营利性的公共企业(NPO's)。

(2) 国家协助性机构。包括研究促进机构(DFG)、文化政策中介机构(如歌德学院)、发展协助组织、审查机构(TÜV)、身份组织(如医师协会)。

(3) 传统公益设施。包括教会的成人服务组织、工会、福利团体或者机构、同志社、政党或者工会所属的非营利性的企业等。

(4) 自发的机构。例如自助群体。

上述蜻蜓点水式的列举表明,第三部门与私法行政组织是交叉的,前者还包括其他社会组织,它们虽然不属于行政组织,但以自己特殊的服务和功能弥补着公共行政的不足,国家和私人借此相互支持。公益性组织属于第三部门,但不属于私法行政组织。

二、表现形式

对私法行政组织的不同形式,可以从如下角度分类:

(一) 法律形式

私法行政组织的形式就像公司法上的选择那样多,联邦、州、乡镇和其他公法主体可以使用的形式有:股份公司,股份两合公司,有限责任公司,融资公司和联合融资公司等,其中较为重要的是有限责任公司和联合公司。

(二) 任务

行政实践部门采用私法人这一组织形式的目的及其影响主要

在于执行社会、经济、文化、计划、技术和合作方面的任务。例如：

1. 经济任务。包括经济结构政策、宏观经济政策、竞争政策、供需、经济促进和盈利等方面，例如州、县和乡镇所属的经济促进公司、国家银行机构、出口促进公司、博览会公司等。这些公司提供的服务虽然很重要，但本质上仍然是经济性和盈利性的，因此它们执行的任务属于经济任务，而不是社会任务。

2. 社会任务。执行广义上的社会任务的有生活服务企业（水厂、电厂、煤气厂、暖气厂等）、卫生企业（道路清扫、垃圾处理）、医院公司、交通企业（铁路、港口、公共汽车、飞机场公司等）、公益住房企业等。

3. 文化科学任务。主要是在地方、地区、国家和国际层面从事教育、艺术、戏剧、研究、科学和发展资助管理等任务的私法组织。例如执行研究和科学促进任务的德意志研究共同体（登记团体）、马克斯 - 普兰克科学促进公司（登记团体）等。

4. 国防行政任务。由发展、战备和管理有限公司作为国防部直属企业的一个子公司负责，主要是营地、服装、维修、国防网络服务。

5. 公共安全任务。交通安全方面的一个例子是《航空法》第31b条规定的飞行安全企业采取有限责任公司的形式，被特别委托了飞行安全的任务。

6. 计划任务。例如国家和地方的城市建设和住房发展公司、数学和数据处理有限公司、海茵里希 – 赫尔茨新闻技术研究所有限公司等。计划任务可能与经济、社会任务重叠，例如德国统一公路规划和建设有限责任公司。

7.合作和协调任务。为了克服联邦行政体制存在的组织困难,存在由私法组织进行行政任务协调的大量需求。很多公法团体、设施和基金会,城市和乡镇,工商业协会,手工业协会,广播电视台,社会保险主体等都成立了私法性质的全国总会,以协调、促进和集中处理共同的任务,促进行政实践的统一化,加强地方、经济或者社会的自我责任。这里要提到的是:州促进中小学和高校领域电影科学共同体、德国城市协会、德国县协会、德国工商协会总会、德国手工业中央联合会、德国租金保险主体联合会等。

(三) 私法活动方式

公共行政的私法组织形式有时取决于所采取的私法活动方式的种类,行政主体打算借此便利与公民进行面对面的交流。需要注意的是,正如上文有时提到的那样,行政主体控制的私法人不仅执行行政权限范围内的任务,也不仅仅以行政私法方式执行给付行政任务。这里的关键在于传统或者惯例,而不在于组织形式。

1.行政任务的间接执行。这是指公法行政主体通过其所控制的私法组织参与经济和商业活动,以确保财政财产或者行政财产的保值和增值①,又称为国库行政,主要内容是一般由部委或者其他行政主体负责的后备事务。例如联邦通告出版有限责任公司印刷公文文件,莱茵—迈茵—多瑙股份公司是三个河流的运河建设主体。公共部门有时为了筹备公共建设计划需要的资金而建立融资公司,或者以租赁方式资助某个公共设施。将盈利作为优先考

---

① 参见本书第1卷第23节第3部分。

虑目标的市政厅地下的酒店、采石厂、酿酒厂、陶瓷制造厂等不仅采取私法组织形式,而且以盈利为首要目标。

2.行政任务的直接执行。很多私法组织形式的独立行政主体直接执行给付行政任务,这属于广义上的国库行政[1]。尤其是地方公共设施,它们通过地方直属的私法公司执行文化、经济和社会方面的任务,例如生活供应、环境清理和交通方面公司。

(四)参与和控制的方式

从私法行政组织受所属公法行政主体参与和影响的程度,或者所采用的行政法或者预算法标准来看,应当区分参组和控制。前者指公共部门与私法行政组织建立长期性的成员关系,后者指公共部门仅仅从外部施加有效的控制,并不参与其中。参组按照程度又可以分为公共(行政直属的)私法组织和联合公共私法组织。这种公共私法组织的全部资本可能掌握在一个行政主体手里(直属公司),例如融资公司;也可能掌握在多个公法人手里(联合公司),例如奥地利—拜仁州电力股份公司、德国建筑土地银行。采取民法组织形式的行政单位(基金会、社团)也可能掌握在一个或者多个公法人手里。公私混合组织由多个私人和公法人参与组成,按照公共部门参组的程度,可以分为行政主导型(参组程度较高)和行政控制型(公共部门作为少数成员参与)两类。还必须区分直接或者间接参与,如公共部门直接参与组成的康采恩,以及由公共部门控制的企业组成的姊妹公司或者子公司等。

---

[1] 参见本书第1卷第23节第4部分。

三、组织动因

（一）行政学上的动因

私法行政组织之所以能够成为公共行政的一种组织类型，是多种因素综合考量的结果。有的是维护历史上形成的参组体制，其中首先是行政学、尤其是行政经济学上的考虑。与团体、设施和授权类似的一个因素是公共行政的分散化和专业化，为此要将行政任务分解为自负其责的不同领域，或者根据事务的性质（如研究）进行分解[①]。

另一方面，公共行政应当从僵硬的公共组织和发包人的桎梏中解放出来，以确保行政活动的灵活性、透明性、有效性和亲民性。为此需要进一步划分赔偿责任，调整形式规则、管辖权制度、公法财政标准，简化行政体制，促进和简化人员的筹备（吸引高素质的人才）和交流，遵循市场经济的原则，开拓新的财政来源和融资途径，节约支出，限制政党对公共行政的影响，缩短与公民的距离，扩大参与，提高公共行政的认可度和协调性，利用私人的专业知识和积极性，促进和改善地区、国家和国际层面的行政主体与私人之间的合作。

（二）私法组织形式的缺点

除了上述优点之外，私法组织形式还存在不少不容忽视的缺

---

① 参见本书第1卷第23节和第3卷第90节。

点。选择私法形式本身并不一定能够改善行政管理,反而可能使行政体制复杂化。使用独立的私法人可能减弱对母主体的民主监督,组织的私有化可能造成行政隔阂,危害行政的统一性。私法组织形式的行政主体如果不使用受过专业训练的公务员,反而有可能蜕变为资金筹备的障碍,使母主体在财政紧张时不能筹集到必要的财政资金。另外,如果私法行政组织在母主体或者审计机关的压力下适应了公法的组织体制,成立或者参组的原始动机和效果就可能流失。

(三) 实质的私有化作为替代方案

上述分析提出来的问题是,由公共部门控制的私法人执行公共任务不仅会导致形式的私有化,而且会最终造成实质的私有化,即它们完全退出公法的调整范围。

四、宪法评价

(一) 一般宪法制度标准

《基本法》第20条第2款和州宪法对组织和活动意义上的公共行政作了原则性规定。任何行政活动都不得——通过向私法组织逃避的方式——违反联邦和州的宪法制度。

1.《基本法》确立的行政协调性观念。除了个别有待商榷的特别规定之外,《基本法》的措辞本身并没有明确公共部门是否以及在多大范围内可以使用受其控制的私法人执行公共任务。国家活动的辅助性原则①在这里不适用,因为这里的问题是公共任务仍然由公共部门执行。真正的宪法问题在于,国家是否可以以私法方式与公民打交道。如果答案是肯定的,那么,就不会反对私法组织的参与。公务员法(《基本法》第33条第4款和第5款)并没有禁止私法行政主体执行行政任务,因为该款针对的是公权力性质的职权,因此由公共部门的私法职员执行公共任务具有适法性。形式的私有化可以在传统上由公务员担任领导职的教育领域中实行。另外,由公务员从事私法业务(外借)原则上没有适法性②。

《基本法》第83条以下规定的主要内容是联邦和州的组织权分配。该条提到的公法团体和设施并没有涵盖所有的行政主体种类。"联邦直属行政"一词并不排除在不变更《基本法》的前提下设立独立的私法人,但它们必须是联邦所属的企业,因为不得因设立私法人而规避联邦国家的权限分配制度③。联邦只能在自己的权限范围内行使组织设计权。近年来航空行政、铁路、邮政和通讯等领域出现的(任务)改革方案得到《基本法》第87d条至第87f条的确认。《基本法》第87e条和第87f条的主要内容不是私有化,而是立法和活动方式的一般原则,借此禁止铁路、邮政和通讯企业的再国家化。这些规定对公共部门的经济活动具有导向作用。《基本法》第87f条的问题在于,地方政府将新通讯市场作为新的活动领域不断扩张,理由是为了执行生存照顾义务。但是,《基本法》第87f条却规定生存照顾属于联邦的权限范围,这就允许联邦在该领

---

① 参见本书第1卷第18节第3部分,原文为 Prinzip der Subsidiarität。
② 例外是GG第143a条第3款、第143b条第3款;BVerwGE,第69卷,第303页。
③ BVerfGE,第12卷,第205页以下。

域可以不保障乡镇的自治权。对《基本法》第20条第2款规定的机关概念不能仅仅作技术意义上的理解,也就是说,不能将其仅仅限于公法组织。从上下文来看,该款规定的着眼点是民主要求,其他组织形式具有适法性。

最后要注意,行政掌控的私法人执行公共任务在《基本法》生效之前已经得到承认,例如《魏玛帝国宪法》第156条第1款第2项。《基本法》的立法历史也表明了这一点,《基本法》的立法咨询意见中提到了国家以前参组经济企业的作法。如果宪法制定机关打算偏离先前的国家实践和宪法传统,那么,它必须在宪法中明确表示出来。《基本法》第134条和第135条规定的传统继承和其他方面的沉默表明私法组织形式的公共行政具有宪法上的适法性。

2.作为税务国家对立面的盈利目的。宪法上的一个怀疑是,建立或者参组私法组织可能使国家活动纯粹商业化,以营利为主要目的。这是因为,税务国家不得以某个方面的理由允许公共部门以企业经营者的方式谋求公共利益。

现行宪法既没有明确的禁止性规定,也没有特别规定私有化的义务。

但是,这并不排除根据法律事实的发展对有关的宪法原则性规定作出新解释,例如职业自由的基本权利。公共企业越来越像私人企业那样参与手工业、商业和职业等方面的竞争。

《基本法》原则上不反对竞争,但有关具体问题的分析视角不能局限于宪法的判断标准。公共部门通过自己的经济活动干预竞争属于基本权利传统防御功能适用的典型情况。以营利为目的的与公权力活动的区别仅仅在于与企业的间接财政关系。稳定的竞争可以抵消干预的量度。

地方自治保障并不能是公共企业向私经济领域扩张的合法化依据。《基本法》第28条第2款的着眼点是国家权力而不是经济权利。它的调整对象是国家内部的分工，而不是国家与私经济之间的界分规则。

3.没有例外性质。由行政控制的私法人进行的公共行政不属于例外情形，就像通过授权形成的行政分支组织那样。有人认为，借助私法组织可以极大地提高国家行政的效能。从《基本法》第33条第4款的规定来看，这个用来具体界分授权的理由在这里不成立。这是因为，是否允许私人行使公权力与国家是否通过行政控制的私法人以私法方式执行行政任务是两个不同的问题。后者既不存在滥用公权力的危险，也不存在利益冲突的风险，行政控制的私法人不属于授权的典型中间形式——既执行公权力任务，又实施私法行为。

（二）法律保留和组织权

公法行政活动的分散化和转授仅在有法律特别授权时才适法。因此产生的疑义是，设立和使用私法分支组织是否需要法律保留的范围（《基本法》第87条第3款）？例如，是必须由正式的组织法规定任务范围、行政监督、财政和业务管理，还是只要有法律的概括授权，或者只需有关私法行政组织补贴的预算法规定？还是这属于有关公权力主体的组织权保留范围？

1.国家层面。仅仅以组织权为根据至少在该层面需要推敲。《基本法》第87条第3款规定设立公法人需要以联邦法律为依据，这同样适用于私法人的设立,否则,私法公司可能被用来规避法律保留,这种理解源自法律保留原则的民主内涵,公共部门设立的私法组织形式的机构也需要民主合法性保障。另外,任务的执行由公法组织还是私法组织负责并没有什么实质性的区别。因此,私法行政组织原则上属于法律保留的范围,由议会施加决定性的影响,维护统治和行政活动的灵活性由法律保留,正如《基本法》第87条第3款有关行政组织的明确规定那样。

州宪法的出发点同样是设立私法主体属于组织法律保留的范围。大多数州的宪法都规定一般行政组织需要有法律依据,但这不是将私法组织形式从组织法律保留中排除的特殊理由。

2.地方层面。乡镇设立私法机构的权力源自《基本法》第28条第2款规定的自治权,具体而言是自治活动领域中的自主组织权。因此,地方政府设立私法机构无须专门法律的授权。民主合法性的保障和监督由乡镇代表机关通过参组等方式予以落实①。从宪法规定的自治保障来看,地方政府进行的经营管理活动不属于私法自治活动,而是受特定目的约束的行政活动。地方政府从事的经济活动仍然属于公共行政的范畴。因此,它(为)执行公共任务(而牟利)的商业经济—财政活动仍然享受自治保障。

地方法不禁止地方政府企业赢利。相反,地方政府通常有义务保障其所属企业按照经济规则进行活动,而企业则应当尽可能赢利②。但是,乡镇条例也明确规定了它应一并实现的公共目的。

---

① 例如 NwGO 第 28 条第 1 款;NwVGH,NJW,1979 年,第 1201 页。
② 例如 NwGO 第 109 条。

(三) 法治国家原则

选择私法组织形式的法治国家标准不能低于公法组织形式，不能用来规避组织法律保留，更不能损害法律的安定性。因此需要注意，选择特定的组织形式本身不构成法律瑕疵，通说认为公民只能以购买的方式得到私法行政活动的法律后果，因为私法行政活动的法律救济和赔偿责任都不同于公法活动。基本权利原则上适用于行政私法领域①。这是因为，通过组织法的事前调整，公共部门通过设立私法组织执行给付行政和生存照顾任务已经归属于《基本法》第1条第3款意义上的执行权。对可能出现的法治缺陷不能作孤立的考察，私法行政组织的优点还是多于其缺点，这里的界限在于比例原则。

(四) 民主原则

这是《基本法》确立的一个结构性原则。联邦宪法法院在永久性判决中认为该原则的实质在于，国家任务的执行和国家权力的行使必须具备足够的、能够追根溯源于人民的民主合法性保障②。就公共行政而言，如果公务员的任用可以追溯到人民的同意（人员的合法性保障），公务主体只能按照委托或者政府的指令进行活动（事务内容的合法性保障），那么，国家权力的行使就获得了民主合法性的保障。

---

① 参见本书第1卷第23节第4部分。
② BVerfGE，第93卷，第37页，第66页以下。

《基本法》第20条第2款规定民主原则约束所有的国家权力，该原则的适用范围是全面的。因此，私法组织形式的行政也需要具备民主合法性的保障。但是，形式的私有化本身具有弱化政府控制公共企业的趋向，问题的关键在于决定权和监督权方面。

　1.公共企业中的决定权与附和权。国家权力的行使一般表现为决定性的职务活动。民主原则适用于执行部门的意义在于，政府的民主责任必须在最终决定中得到落实。例如，只有在设施主体最终保留了具有决定意义的指令权的情况下，法律授权公法设施通过私法人以合同方式为国民提供服务才符合民主原则，换言之，获得民主合法性保障的设施代表人必须保留最终施加决定性影响的权利[1]。

　具备民主合法性保障的决定权与公共企业的参与附和权联系密切。附和权的具体内容和形式取决于有关特定组织形式的法律规定。例如，商法法人在很大程度上受所属员工参与附和权的法律约束。联邦宪法法院认为，另外还涉及企业职工委员会的参与附和权。按照民主原则，政府对执行部门的最终负责权不受附和权的影响，因为公权力来源及其行使的民主合法性保障并不限于执行部门工作人员的民主合法性。这种观点不是完全排除企业附和权的正当理由，因为参加作出决定的合议制机关成员并非各个需要具备民主合法性保障。只要多数成员获得了民主合法性保障，从而最终决定因此获得了相应的民主合法性保障，就足够了。民主责任落实的关键在于最终的决定权，而不是某个具体的决定

---

[1] 关于柏林水厂的部分私有化，参见BlnVGH,NVwZ,2000年，第794页以下。

权限。最终决定权的行使不仅可以通过监事会,而且可以通过直接针对业务领导作出的股东决议。另外需要注意有关企业目的及其实现的公法规定。如果公法规范对此作了明确规定,留下的处分余地不多,企业的附和权就失去了意义,因而没有适法性。相反,如果存在较大的处分自由,企业的附和权则具有意义。联合经济企业也是如此。

2. 私有化改变了议会监督。形式私有化减弱了政府对公共企业的传统影响力,议会监督的范围也随之缩小,我们姑且可以称之为议会监督的转变。形式私有化之后,议会监督的客体是国有资产代表人针对私法企业实施的监管活动,尤其他在监事会中的活动。更准确地说,财产所有人的权利向来由公共部门行使,并且由政府承担特别责任,因此,议会对企业的直接监督仅在例外情况下才具有适法性,换言之,议会的监督限于公共企业执行法定特殊义务的活动。例如,在法律专门规定了基础设施任务的转授(《基本法》第87f条第1款),使用了公共资金或者公共部门被授予了特别干预权的情况下,即存在这种特殊义务。

(五) 基本权利主体资格

采取私法人身份的行政主体一方面受宪法的约束,另一方面面临基本权利的主体资格问题。

行政组织的私法化只意味着行政任务执行组织的分化,这种组织实际上仍然掌握在公共部门的手中。行政主体掌控的企业不过是它的一种特殊表现形式而已,公共任务实际上还是由公法行政主体执行,因此,企业所面临的基本权利保护问题与所属的母主体并无二致①。

1. 以任务和从属于国家的程度为标准。公法人的基本权利保护取决于所执行的任务和相对于国家的法律独立性②,换言之,取决于是否以及在多大范围内存在典型意义上的基本权利妨害状态。

因此,广播电视台和高校可以援引《基本法》第5条第1款和第5条第3款第1句规定的基本权利。就此而言,私法组织的行政主体与所属母主体享有同样的基本权利。大学下设的私法组织形式的研究所、广播电视台的子公司、公共部门控制的研究机构、乡镇的直属企业等,都是如此③。没有特殊地位的私法行政单位原则上具有基本权利的主体资格。

2. 以活动方式为标准。从法律制度的统一性和安定性来看,有必要从私法行政组织与公民打交道时所采取的活动方式的角度分析基本权利的主体资格问题。给付行政和生存照顾任务的直接执行属于行政私法的调整范围④,公民在这里享有完全的基本权利保护,因此,不可能再赋予私法组织形式的行政主体以基本权利的主体资格⑤。

通说认为,间接执行公共任务的私法人——例如为办理行政

---

① BVerfGE,第45卷,第63页,第80页 = NJW,1977年,第1960页;BVerfG,NJW,1980年,第1093页;BVerfGE,第68卷,第193页。
② 参见本书第1卷第1部分和第2部分。
③ BVerfGE,第22卷,第28页,第38页 = NJW,1967年,第1603页。
④ 参见本书第1卷第23节第5部分。
⑤ BGHZ,第33卷,第230页,第233页;第52卷,第325页,第328页;BVerfGE,第45卷,第63页,第72页以下;第68卷,第193页;BVerfG,NJW,1977年,第1960页;NJW,1980年,第1093页。

后备事务或者国家参与经济竞争而成立的私法人——享有有限的基本权利主体资格[1],可以在一定范围内享受基本权利保护,如果人们不反对公共部门从事经济活动或者不否认存在典型意义上的基本权利妨害状态的话[2]。一种前沿性的意见认为私法行政主体在从事私法后备行为和经济活动时不享有基本权利主体资格[3]。

3.混合经济企业的基本权利保护。公共部门占据多数股份的混合企业是否享有基本权利的主体资格?联邦宪法法院认为,以生存照顾为主要任务的混合企业没有基本权利的主体资格[4]。学界有人批评这种观点,认为这不符合尤其需要基本权利保护的少数股东的利益。该问题还没有明确的结论。这里需要注意的是,案件裁决机关应当综合权衡公私法两个方面的利益。

（六）基本权利的义务主体资格

直接执行公共任务的组织形式和活动方式由公私法重叠调整,从《基本法》第1条第3款和第20条的规定来看,私法行政组织具备基本权利的义务主体资格。

从事财政行政后备活动的私法行政组织将后备任务作为间接任务执行的,司法界认为没有基本权利的义务主体资格(Grundrechtpflichtigkeit)[5]。但是,学界持肯定态度,理由是《基本法》第3条第1款的要旨是任务转授要适当,这就为公共行政部门留下了

---

[1] 参见本书第1卷第23节第4部分。
[2] BVerfGE,第61卷,第82页,第108页。
[3] 德莱尔(Dreier):《基本法评论》,第19条第3款,编码47以下。
[4] BVerfG,NJW,1990年,第1783页。
[5] BGHZ,第36卷,第91页,第95页;第97卷,第312页,第316页。

作出适当选择的充分空间①。

就商业经济活动而言,如果人们认为这种活动具有宪法上的适法性,并且进行原则性的权衡,私法后备活动与任务的直接执行情形一样:《基本法》第1条第3款确立的基本权利可以单独适用,因为该规定适用于任何行政活动,无论其主体采取什么样的组织形式。

就私人和行政部门参组的混合经济企业而言,一种有争议的观点认为只有公共持股人才享有基本权利的义务主体资格。

五、行政法上的适法性要件及其约束力

有关采用私法组织形式的行政法规定不统一,具体表现在如下方面:

（一）地方法

该领域的特殊性在于地方政府的经济活动处于激烈的变革时期。自由化使国家、地方政府和公共企业都在很大程度上失去了垄断地位,不得不将自己的任务越来越多地转让给私人企业。另一方面,公共经济活动本身也越来越遵循企业的行为规则。节约和合理化的要求迫使地方政府企业像私经济企业那样活动。它们试图在赢利的同时提高效能,并且出于效率提高和赢利最大化的目的不断开拓新的活动领域。

1.地方经济企业的种类。乡镇条例调整经济企业的模式并不

---

① 参见本书第1卷第23节第5部分。

统一。可以按照不同法律后果分为三类：

(1)明令禁止的经济企业，例如银行企业①；

(2)明确许可但在财政上作为经济企业对待的设施和企业，乡镇有义务设立并且经营管理这些企业，或者仅为乡镇提供需求产品的后备企业②；

(3)有限许可的经济企业。

既不属于明令禁止又不属于享有财政特权的经济企业的第三种乡镇(政府)企业必须符合乡镇条例规定的适法性要件。但是，乡镇条例的规定并不统一。

2.公共目的要求。作为适法性要件，乡镇条例都明确规定仅在(紧迫的)公共利益需要，企业的种类和规模与乡镇的给付能力之间存在适当的关系，并且能够满足预计的需求时，乡镇才能建立、接收或者实质性地扩大私法组织和经济企业③。

3.地方经济活动的辅助性。除了公共目的之外，许多乡镇条例还规定所谓的辅助性原则。据此，只有在"地方生存照顾之外的"公共目的不可能通过其他企业更好、更经济地实现时，地方政府才能设立经济企业④。有的乡镇条例甚至规定强化的辅助性条款，如果私法能够"同样优质经济地"执行任务，地方政府企业则没有优先性⑤。

---

① 例如SächsGO第97条第4款第1项。
② 例如SächsGO第97条第2款。
③ 例如SächsGO第97条第1款。
④ BayGO第87条第1款第1项，NwGO第107条第1款第3项，BwGO第102条第1款第3项。
⑤ SächsGO第97条第1款第3项。

这些条款的要旨在于,公共部门应当专注于自己的(本职)任务(地方政策要素),不得因经营管理活动陷入市场经济的风险(预算政策要素),这些限制与私有化的审查义务相对应。另外,乡镇政府的经济活动如果不受限制,就可能加重私经济的负担(经济政策要素)。司法界从多个方面要求地方政府遵守辅助性原则的限制,例如乡镇政府在经营旧机动车回收[1]、地方辅助[2]、地方风景公园企业[3]等方面的需要被法院否决。

4. 地方政府企业经济活动范围的扩大。辅助性原则方面的一个难题是,地方政府是否可以将其企业管理活动在附属活动(Annextätigkeiten)的范围内扩大地方法上的公共目的要求？对此,可以从如下三个方面认识:

(1)为充分利用现有能力而扩大活动范围。从赢利的角度来看,地方企业可以在多大范围内将公共目的不(再)需要的所属企业闲散资金用于商业经济,谋求更多的收入？在众所周知的盖尔森绿(Gelsengrün)案件中,市属盖尔森教堂私法人向公众提供公园服务。哈姆州高等法院认为,借助私经济活动更好地利用乡镇设施的能力不属于正当的公共目的,因为这种活动的需求应当来自外部,而不能由地方政府通过整合地方设施的途径来(人为地)制造这种需求[4]。反对意见认为,乡镇条例明确规定资源的充分利用,这种边缘性的利用行为属于主要活动所追求的公共目的的内

---

[1] 乌伯塔尔(Wuppertal)LG,DVBl.,1999年,第939页;该判决被杜塞尔多夫 OLG 撤销,NVwZ,2000年,第111页。
[2] 杜塞尔多夫 OLG,NwVBl.,1997年,第353页。
[3] 奥芬堡(Offenburg)LG,NVwZ,2000年,第717页以下。
[4] 哈姆 OLG,NJW,1998,第3504页 = DVBl.,1998年,第792页。

在组成部分①。我们认为,反对意见恰恰忽视了对哈姆州高等法院的反驳,乡镇可以通过整合所属企业,以经营者方式最大化地利用现有资源,因此,具备经济性理由的边缘性使用即具有合理性②。

(2)为扩大现有能力而扩张活动范围。与上述问题密切相关,乡镇企业是否可以在自己目的范围之外活动,例如提供与自己法定任务有关的附带服务,开辟新的业务领域。如果附带服务主要出于商业目的,这种扩张就没有适法性。如果附带服务是公共目的所需主要服务的适当补充或者捆绑——例如环境咨询,或者是为了优化资源,那么,这种附带性的服务仍然符合公共目的。

(3)超越地方领域的活动范围扩张。地方政府企业在市场竞争的压力下为了寻找新的市场,是否可以将自己的经济活动扩大到所属乡镇的辖区之外?问题在于,《基本法》第28条第1款第1句、大多数州的宪法和乡镇条例都确立了所谓的领土原则,这对乡镇之间的关系具有保护的效果。这意味着,乡镇自负其责地管理辖区内的地方共同体事务,其活动范围相应地限制在自己所属的地方。一些乡镇条例允许所属企业开展越界经济活动,条件是必须保障有关地方公共团体的利益③。从《基本法》第28条第2款的基本思想来看,这个限制显然是不够的。例如,自愿的跨地方合作就有所不同。

---

① 布里茨(Britz),NVwZ,2001年,第380页,第384页。
② 施托贝尔,NJW,2002年,第2357页,第2361页以下。
③ 例如 NwGO 第107条第3款,BayGO 第87条第2款。

(二）预算法

1.辅助性条款。国家设立或者参组公司的适法性还要根据联邦和州制定的预算法判断。根据《联邦预算法》第 65 条第 1 款和州预算法的相应规定，只有在存在重要公共利益或者不可能通过其他途径更好地实现联邦和州追求的公共目的时，联邦和州才能以私法方式设立企业或者参组现有的私法企业。

如同地方领域辅助性条款的目的，联邦和州的公共部门也应当集中精力于本职任务，不得因经营管理活动而陷入市场风险。另外，还应当避免私法行政组织造成的低效和财政铺张。因此，国家和乡镇的经济活动都应当限于给付行政和后备行政领域。由于缺乏相应的主观诉权制度，还不可能进行司法控制。我们认为，这具有紧迫的必要性[1]。

2.法律形式的选择、控制和监督。预算法对法律形式的选择也具有约束力。国家和地方政府的拨款义务和赔偿责任必须限于特定的数额，因此，只能采用股份公司或者有限责任公司[2]。

预算法还规定了对私法组织形式的行政单位的监督和控制。联邦、州和地方政府应当确保所属企业遵守各自的经济原则。年度决算和收支报告应当按照预算法的规定报送并且接受审查。《预算原则法》第 53 条和第 54 条还规定公司所属主体保留知情权和审查权。

---

[1] 施托贝尔，NJW，第 2357 页，第 2365 页以下。
[2] BHO 第 65 条第 1 款第 2 项，LHO 第 65 条第 1 款第 2 项，BwGO 第 103 条第 1 款第 4 项，SächsGO 第 96 条第 1 款第 3 项。

3.预算宪法原则。公共投资的前期财政资助还遵循预算宪法原则。预算法和预算计划必须根据预算的完整性要求公布财政状况的发展,根据《基本法》第110条、第115条和州宪法的相应规定,私人投资项目的财政资助所需要的财政拨款必须在合理的预算年度得到议会的授权。预算计划制定机关必须合乎目的地考虑《基本法》第114条第2款确立的经济性要求①。

（三）行政主体的任务定位

行政主体的任务定位也可能构成适法性的禁止或者限制。例如,手工业协会不得以有限责任公司的形式直接或者通过参组间接地经营管理提供建筑服务或者劳务的经济企业。这种设立或者参组禁止的根据还在于,手工业协会应当以中立和平等的方式维护成员参与商业活动的利益②。

（四）公法垄断

如果法律规定团体可以为行使自己的权利义务而"使用第三人",则须随之明确规定不得完全将任务转授给私人公司。公法行政主体垄断的法律意义在于,除非有法律的明确授权,它们不得授权私人以个人的名义执行法定任务,而是必须保留管辖权、任务的责任归属和指令权。私法公司只能为公法母主体提供技术意义上的执行协助③。国家垄断可以自觉地废除,例如垃圾处理。根据

---

① RpVGH,DÖV,1997年,第246页以下。
② RpOVG,GewArch.,1980年,第339页以下。
③ BGH,NJW,1985年,第197页,第200页。

《循环经济法/垃圾法》第 16 条第 1 款,卫生清理服务可以委托给私人执行;根据该法第 16 条第 2 款、第 17 条第 3 款和第 18 条第 3 款,也可以以任务私有化的方式完全转让给享有经济自主权的私人、团体或者机构。

(五)发包法

除了有关私法组织形式的行政单位的适法性限制之外,还有因作为公共行政组成部分的特殊地位而产生的行政法活动限制。这里的突出问题是有关公共任务发包的欧洲法规定,焦点在于国家参组或者以其他方式控制的企业在发包其任务时是否需要履行招标的义务。总的来看,公共企业的私有化越来越多地适用欧共体的公共任务发包纲领,因此,将"公共发包人"严格限于国家活动的传统认识不再能够满足适用欧共体纲领的需要。在许多情形中,国家实际上扮演着私人企业的角色,无论这是否在实际上改变其活动的国家属性。

新的欧共体纲领接受了"公共发包人"概念的根本变化,尽管范围没有扩大。据此,不仅国家组织(组织意义上的发包人概念),而且在功能意义上,所有为不以商业方式执行公益任务而建立,并且由公共部门以参组或者监督方式主要控制的组织都属于"公共发包人",例如《竞争法》第 98 条列举规定的公共发包人种类[①]。因此,所有组织私有化的情形都被囊括在其中了。

---

① 另请参见施托贝尔:《部门经济行政法》,科尔哈墨(Kohlhammer)出版社,2001年第 12 版,第 61 节第三部分。

不那么明确的是任务私有化的归类,这种私有化的程度高于组织的私有化,不仅针对外在的组织形式,而且针对由企业执行的任务①。我们认为,招标义务应当限于任务由国家控制的情形,例如监督、担保、资金参与或者财政资助等。这种情形被称为"假的任务私有化",例如德国铁路股份公司从"路政公司"的角度来看,实际上在很大程度上受国家提供足够路线的担保(《基本法》第87e条第4款),因此是联邦的最大资金领受人。尽管国家控制的假任务私有化在很大程度上也属于私法主体,但已经足以使其成为公共发包人。

真的任务私有化则不同。有关的企业完全私有化了,不存在国家垄断、担保或者常规财政补贴的支持。例如联邦铁路股份公司从"经营公司"的角度来看,如何提供铁路运输服务完全属于企业性质的决策,例如车厢的购买、路段的经营管理等。在发包法上,应当将这个身份与它的"路政公司"的身份区别对待。

(六) 组织形式选择方面的限制

在特定情况下,国家和地方政府可能受这方面的限制。如果法律规定公共部门只能选择特定的组织形式,只有在赔偿责任和付款义务符合法定数额②或者与行政主体支付能力相应的数额③的情况下,公共部门才能参组私法企业。尤其是地方领域的非经

---

① 参见本卷第89a节。
② 例如BHO第65条第1款第2项,NwGO第108条第1款第3项。
③ 例如NwGO第103条第1款第4项。

济企业不适用这种赔偿责任限制①。

（七）组织裁量

在设立私法人或者参组这类公司时,公权力主体还需要进行合乎职责的裁量。因此,采用私法组织形式的决定或者决议不得出于任意。

1."是否"分流。这里需要综合权衡组织意义上的任务分流（Auslagerung）的利弊,进行事前的经济分析,尤其是——作为采取私法组织形式保留条件的——有关公共目的的实现没有其他更经济的方式②。

2."如果"分流。在选择法律形式时还需要注意,在公司法上,公司的权限和决策空间不同于母主体,不同的公司组织形式之间是可以互换的。为了实现公共行政主体设立私法人的目的,确保行政管理的统一性,主管公共部门在设立私法行政主体时应当按照不同组织形式（如团体和设施）等值的原则,综合考虑事务、人员和财政等方面的安排。另外还应当注意比例原则。

（八）选择职员方面的限制与刑事责任

行政控制的私法人所属的职员虽然不属于公务员③,但可能将他们视为实质意义上的公务员,适用有关国家和地方工作人员回避的规定。联邦宪法法院认为,由公共部门控制的私人企业的

---

① NwGO 第 107 条第 2 款。
② BHO 第 6 条。
③ BAG, DÖV, 1960 年,第 349 页。

领导职工作人员属于《基本法》第137条第1款意义上的公务职员,他们的选任受法律的限制[1]。我们对联邦宪法法院的意见持肯定态度,因为职务活动和代理人身份之间的利益冲突解决不能局限于组织形式的区别。但是,联邦宪法法院的意见还不够全面,因为非领导职的职员也可能被赋予真正的职权,对他们以代理人身份进行的活动也应当进行限制。

一个值得注意的问题是,如果公共部门掌握全部或者主要股份的融资公司的代表机构成员对该机构的咨询或者决策是有直接的利益或者不利益,因而与其个人产生利益冲突的,成员就应当回避[2]。

另一个值得注意的问题是,私法组织形式的行政单位的职员(是否)属于刑法意义上的职务主体(《刑法典》第11条第1款第2c项)。联邦最高法院在1992年的一个判决中认为,在生存照顾领域选择私法组织形式则排斥"职务主体"的身份。这种观点显然着眼于组织法而不是功能的角度[3],因而受到了学界的批评。立法机关因此修正《刑法典》第11条第1款第2c项的措辞,增加"在不影响为执行任务而选择的组织形式的前提下"这一限定词,这意味着,组织形式的选择与"职务主体"的认定没有关系。

六、行政法与公司法的交叉

如果公共部门决定借助私法人实施活动,随之而来的一个问

---

[1] 例如 BayGO 第31条第4款第1项,NwKWahlG 第13a条;BVerfGE,第38卷,第326页,第339页。

[2] HeStGH,NJW,1977年,第2307页。

[3] BGHSt,第38卷,第199页以下。

题是，公共部门如何作为股东控制公司，尤其是跨地方合作的公司。

（一）公司法的约束

1. 私法的适用。公共部门设立私法人的法律行为原则上适用有关特定组织形式的私法规范。这些规范通常给公司章程或者公司合同留下了充分的活动余地，母主体借此可以施加适当的控制。对重要事项实行许可保留，例如收费标准和服务项目、监督机关的指令权、监事会中代表人的数量（《股份公司法》第101条第2款）以及董事会成员或者经理的任命等。

2. 人员要件。私组织法规定了多人参与成立的特殊情况，例如至少有两个股东设立的民法公司（《民法典》第705条）、社团、合作社或者合伙（Genossen）至少有7名成员（《民法典》第56条、《合伙法》第4条）。有限责任公司和基金会可以由一人或者多人设立（《有限责任公司法》第1条、《民法典》第80条）。股份公司的设立至少有5名股东，但1994年8月2日的《小型股份公司和不平衡股权法》取消了这个规定，一人股份公司也具有适法性（《股份公司法》第2条）。

《股份公司法》的松动消除了公共部门设立公司的困难。如果一个行政主体打算设立直属的私法单位，以前为了满足最低人数要求，必须寻找一个第三方私人，例如由部委或者地方政府的公务员作为挡箭牌（虚设成员），而现在为了设立备受实践青睐的有限责任公司和股份公司通常没有必要使用这种"诡计"，仅在例外情况下才有必要。当然，公共部门也可以通过多个公法人或者与私人展开平等合作,共同设立私法单位。

(二)行政法的约束

在设立、其他前期参组过程完成以及外部控制方式确定之后,行政控制的私法人就获得了不同于其他私法组织的特殊地位,尽管它享有组织上的独立性,但属于国家组织的组成部分并且归入其中。问题是,公共部门不得通过向私法组织逃避的方式规避宪法和法律的约束、限制。有关私法规范被公法规范重叠、补充或者修正。

例如,(同时)享有国家(经济)企业地位的私法单位必须受国家宏观经济政策的约束,尤其是所谓的监督控制义务,包括业务管理是否合法的决算审查、报送审查报告、接受审计署的直接审计以及其他充分的监督保障措施。

私法行政组织受监督机关控制的程度取决于私组织法、公司合同或者规章的相应规定。这意味着,公法母主体必须注意它所占的财产比例和承担的行政法责任至少必须与《预算原则法》第53条以下规定的监督权相适应,同时还确保对子公司进行人事和业务方面的足够控制能力。这里还存在很多问题。

(三)行政法与公司法的冲突

从公共目的的宪法要求及其保障以及公共部门相应的干预和监督责任即干预义务(Ingerenzpflicht)来看,私法公司所属行政主体如何使用公司法规定的监督控制方式进行控制,还存在不少问题。这涉及公私法规范之间的冲突。例如,股份公司法规定监事会中的指定代表成员没有适法性,而地方经济法却规定地方政府委派的监事会成员受指令的约束,两者之间存在冲突。就事后监督而言,公法报告义务与公司法上的沉默义务(例如《公司法》第93条第1款第2句)之间也存在冲突。

要解决公司法和行政法之间的冲突,一方面要依据《基本法》第31条规定肯定公司法的优先地位,因为这涉及联邦法上公司法与地方法之间冲突。如果经权衡认为,公司法与地方法之间的冲突实质上是宪法要求(例如公共目的定位、干预义务)与公司法之间的冲突,《基本法》第31条则不能适用。有人认为,解决这种规范冲突的办法是根据所谓的——与行政私法有关的——行政公司法理论,对公司法进行符合宪法的解释。我们认为,行政公司法理论不能为具体的判断提供明确的法律方向。这个问题应当由立法机关解决。有人建议,通过修改公司法,将公共企业作为例外制定"特别的公司法";也有人建议修改直属企业法,甚至将公共企业发展成为一种独立的公法组织形式[①]。对正确解决办法的发现而言,这些讨论还处于"文艺复兴"时期。

七、监督

私法行政组织属于公共部门用来执行公共任务、纳入行政组织体系并且最终由国家负责的独有财产、共有财产或者准财产,因此受人民代表大会、公法行政主体和其他独立主体的多重监督,它们的依据和标准不统一。从内容来看,可以分为法律监督、专业监

[①] 曼(Mann):《公法公司》,2002年,第297页以下。

督、特别监督、审计监督和经济性监督等方面。

应当将监督权与母主体在参组、控制（通过规章制定和公司合同签订）经营管理（机构设置、在决策和咨询中的附和权）等方面承担的干预义务区分开来，主要在于监督通常由其他公共部门负责。

（一）设立、变更和解散阶段

1.部委的控制和法律监督。

(1)设立。在联邦和州层面，私法公司的设立、部分参组以及持股比例、控制措施的变更由财政部长审批，他作为财产的主管部长参加有关的活动。从预算法的规定来看，财政部长不负责其他方面的监督。地方层面的情况不同，有的仅规定了针对监督机关的报告义务[1]和审批义务[2]。监督机关通过报告来审查法定的要件是否具备。如果计划设立的公司的公共目的存在缺陷，监督机关可能提出异议。例如，设立融资设施的目的是赢利[3]，或者设立财政公司的目的是规避预算法规定。

(2)变更。对公司的变更或者控制的减缩而言，监督机关审查的重点是有关任务是否因此受到损害[4]。

具体程序取决于监督机关适用的法律规定。《行政法院法》第40条、第42条和第68条是乡镇寻求法律救济的依据。"公共目的"或者"紧迫的公共利益"、"重要的利益"等术语属于不确定的法

---

[1] 例如 NwGO 第 96 条。
[2] 例如 BayGO 第 91 条第 2 款，RpGO 第 92 条第 4 款。
[3] BVerfGE，第 39 卷，第 329 页，第 334 页；第 61 卷，第 82 页，第 107 页。
[4] 例如 NwGO 第 91 条第 1 款和第 96 条。

律概念,通说认为这意味着判断余地的授权,因此不完全受司法审查。

2.议会监督。除了部长监督、法律监督之外,设立私法公司或者其他类似的过程还受议会的监督,如果这属于法律保留原则范围内的事项或者必须由乡镇代表大会作出决议的事项①。尤其要注意,根据《联邦预算法》第64条第7款,具有特别重要意义的股份出让原则上需要经过联邦众议院和参议院的批准,除非法律另有规定。

(二)经营管理阶段

1.议会监督。私法行政组织的经营管理活动受一般性的议会监督。这意味着,在联邦和州层面,议会代表可以基于自己的参与权(作为《联邦预算法》第31条规定的财政报告的补充)要求联邦或者州政府公开其没有公开的私法活动,并且提出质询。有人认为,鉴于国家企业和其他控制的私法单位为数众多,从透明度和合目的性监督的需要来看,议会有必要设立专门的私法行政组织委员会,或者任命专门的议会监察专员以减轻预算委员会和审计监督委员会的负担。

2.地方监督。主要方式是乡镇政府代表受议会委员会决议的约束,后者可以随时提出询问②。除此之外,地方政府所属企业的经营管理还受地方监督机关的监督,主要内容是合法性,客体是乡

---

① 例如NwGO第28条第1款。
② 例如NwGO第55条第2款第3句。

镇代表大会作出的有关乡镇政府向公司派驻代表并且受政府指令约束的决议，尊重基本权利或者行使干预权等①。

3.特别监督权。基础设施领域中的私法行政企业受特别的监督。例如《邮政法》第6条、第13条以下、第19条以下和第44条规定的邮政行业的特别监督，《通讯法》第6条、第19条以下、第23条以下和第66条规定的通讯行业的监督，《一般铁路法》第5条以下规定的铁路监督。

4.经济性监督。采取融资公司形式的公共行政主体还受经济性监督。

(1)经济审查师的监督。依据首先是《公司法》，其次是《预算原则法》第53条和第54条，这可以减轻审计监督的负担。

(2)审计署的监督。《联邦预算法》第92条规定(以第65条为基础)，联邦审计署负责审查联邦政府直接参与的私法企业活动。如果联邦是所设立的私法人的唯一出资人，仍然受审计署的监督，否则，审计监督就可能被规避。国家之所以要进行审计监督，是因为仅仅按照公司法进行形式上的决算监督还不够充分。审计署还要在内容上审查私法行政经济组织是否遵守商业原则。从《预算原则法》第46条第3款中可以引申出审计署向州议会和州政府通报有关情况的职权②。我们认为，通报不是审计权的派生权利，而是审计程序的组成部分。

对行政直属或者参组的私法公司的地方审计监督作法不统

---

① BVerfGE,第22卷,第28页,第38页。
② BVerwGE,第101卷,第20页。

一。有的与《联邦预算法》一致,例如《拜仁州乡镇条例》第106条第4款;有的则规定乡镇代表大会可以委托审计局审查乡镇政府作为私法单位出资人、股东或者成员的活动,例如《北威州乡镇条例》第102条第2款第5项。我们认为这些规定还不完善,它们没有规定对公司的跨地方监督和经济性监督,而且与有关委托审计机关的规定冲突,例如《北威州乡镇条例》第90条。

八、第三人的法律地位

(一)原则上不受妨害的自由

设立或者经营管理私法人属于私人保留的领地,因此,私法形式的公共行政组织原则上不得借此妨害私方第三人的法律地位,尤其是国家和其他公权力主体借助私法人执行本属自己的行政任务,例如经济促进公司、垃圾清理公司等,或者利用私人公司为行政活动创造条件,例如行政后备公司。在这些领域里,公共行政无论采取私法还是公法的组织形式,对第三人来说都没有区别。

当然,公民也无权要求行政机关采取特定的组织形式。

(二)竞争

如果公法行政主体设立或者参组私法人的行为形成了与私经济竞争的局面,或者造成其他不可预测的不利益,那么,私人就可以主张其权利。

1.作为争议客体的组织行为。主要问题是公共部门的组织措施是否可能影响第三人的权利。如果公共部门设立的从事经营管理的组织在法律上不可能得到批准,私人就可以反对公共部门的组织行为①。

2.第三人保护规范。只有在有关规范同时具有保护作为竞争对手的第三人的目的时,起诉才能取得成效。通说认为,如果有关法律规定公共部门打算假借设立或者参组经济企业谋求财政来源、躲避不可预测的风险或者推卸自己的任务,因此产生私人针对(行政)公司的私法或公法请求权的,起诉才能成立。私法界仅仅肯定了针对公司的公法请求权,如果存在有关公法依据的话②。这实际上就是上文介绍的基本权利行政私法领域对私法人的约束力。责任最终归属公司所属的母主体③。

(三) 赔偿责任限制

赔偿责任限制通常是公共部门设立合作参组私法公司的批准条件。立法机关的本意是仅以公司财产承担赔偿责任,公司债权人与作为出资人的公共部门之间没有直接的法律关系,因此赔偿责任不得追溯到母主体的财产。这种赔偿责任限制在公法上常见,也是合理的,因为过度的赔偿责任风险要么使公共部门无法开

---

① BVerwGE,第39卷,第329页,第331页;BGH,NJW,1974年,第1333页。

② BGHZ,第52卷,第325页(针对地方交通企业在学生月票卡发放中的平等对待);BVerwGE,第37卷,第243页以下(地方交通股份公司给残疾人免费提供帮助的请求权);BGH,UPR,2000年,第354页以下(学校主体免费使用学校通过有限公司经营管理的地方游泳馆的请求权)。

③ 科布伦茨 OVG,DÖV,1986年,第153页。

展活动,要么迫使公共部门过高地提高使用费标准[1]。我们认为,这个理由以及预算法、地方法规定赔偿责任限制的其他关键理由都不能成为限制赔偿责任的正当理由,例如公共部门通过私法人执行诸如科学研究方面的任务,因此造成了重大损害的情况。债权人一般只能取得 25000 欧元的股本金,这是不公平的。我们认为,国家出于未来照顾的需要必须推进基础科技研究,不得通过向私法组织逃避的方式限制其赔偿责任。放大的赔偿责任(Durchgriffshaftung)是干预义务和公共行政主体最终责任的对应物。从行政私法的标准来看,也是如此,因为行政私法调整的不是国家与公司之间的关系,而是国家与公民之间的关系。如果私法人受母主体的委托并且以母主体的名义活动,例如经济促进公司、市政工程公司或者垃圾处理设施等仅仅实施执行协助活动,则不能适用放大的赔偿责任。如果母主体加入了适当的损害保险,放大的赔偿责任不成立。

第九十二节　公私伙伴关系

一、概念、意义和界限

(一) 新旧合作方式。

授权、行政协助、私法行政组织并非私人参与公共行政的全部方式。授权的要义是被授权人以自己的名义行使公法职权,行政

---

[1] 施托贝尔,JZ,1973 年,第 742 页。

协助的要义在于为公共行政主体实施准备性和执行性的活动,而私法行政组织的核心在于形式的私有化和组织的私有化,公共行政的这些组织形式可以并用。除了传统上不断发展的授权和近年来出现的组织私有化之外,公共部门与私人的其他合作方式也在近年来不断发展,我们将其统称为公私伙伴关系。

就其本质而言,公私伙伴关系既不是新型的,也不是时髦的行政法表现形式。实际上,公共行政部门与私人很久以来一直在不同的层面以不同类型的法律关系进行合作,传统的私法行政、行政私法和公权力行政之间的分类就印证了这一点。公私伙伴关系的原始方式有:

(1)公共任务发包。目的是满足公共行政的自我需要,即外部资源化(Outsourcing),其中包含了组织法要素。

(2)服务机构向私人分流,即外包(contracting-out)。

(3)私人标准化委员会,主要是促进科技法的发展。

(4)公共部门与私法组织形式的收费合同伙伴之间的合作。

(5)行政部门与公民之间的合作共同体。

毋庸置疑,公私伙伴关系以前主要是功能意义上的行政协助的标志,现在其应用范围在数量和质量方面都得到长足的发展,成为公共行政重构和重组的主要动力。因此,学界、行政实务界和司法界都高度评价公私伙伴关系的制度能力。它涵盖了国家的任务责任与私人的任务执行之间融合的多种可选方式,创造了给付行政或者服务行政的多种形式,为服务保障行政或者担保给付行政的发展开辟了道路。

(二）作为行政学集合概念的公私伙伴关系

学界有人认为,公私伙伴关系不具备法学概念的属性[1],不能作为法学研究的基础。我们反对这种观点,认为至少从行政制度和行政学的角度来看,公私伙伴关系是一个重要的集合概念。我们可以借此区分不同结构的行政法组织,从某个特殊的角度认识以共同负责为导向的合作国家的特征,以及公共行政部门进行合作的不同方式。国家与私人之间的截然区分并不影响行政法学研究这种混合形式的必要性,它已经成为相邻学科的一个常见的标准概念,在现代立法[2]、行政和司法[3]实务方面也具有重要的实践意义。因此,可以将公私伙伴关系改造为一个桥梁概念或者纽带概念[4],以涵盖公共行政私有化领域中出现的各种模式。行政法学不能轻视或者怠慢这个法律现象,而应当着眼于公私伙伴关系的法律要件和法律后果,现在这还是空白。

公私伙伴关系表现形式的多样性和应用范围的广泛性不允许对这个概念进行封闭性的界定,必须为未来可能出现的新形式留下空间。行政部门与私人之间的多维合作开辟了大量的机会,不能通过定义将它们裁剪掉。但是,特定伙伴关系的类型化和明确化却必须求助于科学的概念界定,唯有此才能为揭示该法律制度的范围提供一个科学的支撑点。沃尔夫认为公私伙伴关系是公私

---

[1] 鲍尔(Bauer),DÖV,1998,第89页;鲍尔,载于施托贝尔主编:《公私伙伴关系和安全伙伴》,2000年版,第24页。
[2] 关于外交文化领域中的公私伙伴关系,参见BT-Ds,2001年第14/5963号。
[3] BlnLG,GewArch.,2002年,第25页以下。
[4] 鲍尔,载于施托贝尔主编:《公私伙伴关系和安全伙伴》,2000年版,第24页。

经济任务主体之间的合作,两方合同当事人约定将货币或者其他可交易的资本作为投资纳入共同的服务过程①。这个定义过于一般化,对法学研究几乎没有可用价值。有人从消极的角度认为,公私伙伴关系是指授权、形式和实质私有化之外,公共部门和私人之间其他合作形式的统称②。

（三）公私伙伴关系与新公共管理

应当注意区分两者,为此参见本书第一卷第一节第 4 部分和第二节第 44 部分。公私伙伴关系是国家、其他行政主体、私人之间的关系,而新公共管理则是将私人企业的经营管理方法应用于公共行政内部的经济化。这意味着,公共部门不是使用企业代替它活动,而是自己像企业那样活动,因此带来的公共任务执行组织的变革才属于新公共管理论的研究范围,而新控制模式正是行政组织法革新的一种动力。

二、公私伙伴关系的表现形式

公私伙伴关系在许多行政法领域存在,虽然只有个别法律对此作了规定,但仍然不失其基础意义。

一般行政法的有关规定表现在发包伙伴、程序伙伴、建筑管理伙伴、联邦国防维修器材经营管理伙伴、军用船舶管理伙伴等方面。

---

① 沃尔夫:《新政治经济年鉴》,1996 年第 15 卷,第 243 页以下。
② 迪·法比奥(Di Fabio),JZ,1999 年,第 585 页,第 588 页。

部门行政法的规定主要有：

1. 联邦长途公路财政资助的道路伙伴。

2. 建设、计划和城市发展伙伴，例如《建筑法典》规定的：

(1) 吸收第三人加速建设程序（第 4b 条）；

(2) 城市建设合同（第 12 条）；

(3) 开发合同（第 124 条）；

(4) 危旧房改造合同（第 157 条）；

(5) 发展合同（第 167 条）。

3. 地方政府的合作伙伴。主要在水供应、人事交流、少年儿童救助、博物馆管理、废物处理、体育设施管理、能源设施管理等方面。

4. 环境伙伴。主要是：

(1)《循环经济法/垃圾法》第 16 条以下规定的垃圾处理伙伴；

(2)《水保持法》第 18a 条第 2 款第 3 句规定的废水处理伙伴。

5. 经济管理伙伴。例如：

(1)《工商业协会法》第 1 条第 2 款规定的参办博览会和展销会的伙伴；

(2) 参与补贴办理的私方第三人。

6. 高等教育和培训方面的伙伴。主要在委托研究、基金会席位、高校赞助、合办研究所、高校建设及其资助等方面。例如汉堡诺特赫恩技术研究所有限责任公司、斯图加特管理和技术研究所、帕德伯恩（Padeborn）大学合作计算和通讯实验室、宝马公司资助的慕尼黑技术大学设立的机械学院。

7. 安全伙伴。主要是警察的私人合作伙伴。

8.刑罚执行伙伴。即刑事责任执行伙伴,因为司法保障给付和刑罚的执行并不一定由国家垄断。

9.联邦国防伙伴。属于外部资源意义上的私有化措施,主要表现在联邦国防部所属的发展、战备和经营管理有限公司负责的车辆、服装、维修、网络等方面的服务。

10.文化管理伙伴。例如对外文化政策方面的公私伙伴关系。

11.劳动管理伙伴。主要是劳动行政机关与劳动中介机构或者雇主之间建立的有关求职者介绍和培训的合作关系。

12.交通伙伴关系。主要是公共短程交通、车站整修、飞机场地面养护等方面的合作。

13.社会合作伙伴。

三、公私伙伴关系模式

具体有:

1.委托管理模式(Betriebsführungsmodell)。公共招标的私方中标人按照付酬合同以公共发包人的名义经营管理设施,风险和财务都由发包人负责。(至少是地方政府的)公共发包人仍然是设施管理者。协议约定的服务只针对发包人,而不针对设施的使用人。

2.承包管理模式(Betriebermodell)。公共招标的私方中标人为获取主管行政主体的报酬,执行公共设施的计划、发展、融资、建设或者经营管理等方面的任务,所谓的建设—开发—转让或者建设－管理－转让的 BOT 模式。这种经营者模式仅涉及公法或者私法组织形式的行政主体之间的内部关系,并不直接涉及与公民的外部关系,因此又被称为非独立的承包管理模式。内部法律关系的结构有多种,但都包含给付请求权和支付义务。这种私人合作伙伴性质上属于负责提供技术性执行协助的行政协助人。例如飞机场的建设和管理,废水处理设施的维护等。

对该模式可以作如下图示:

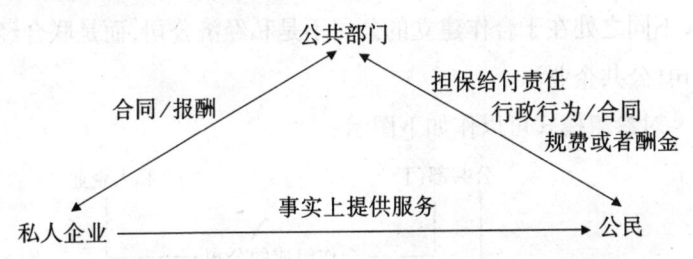

```
                        公共部门
                       ↗        ↖
            合同/报酬            担保给付责任
                                行政行为/合同
                                规费或者酬金
              ↙                       ↘
         私人企业 ——— 事实上提供服务 ——→ 公民
```

3. 特许经营模式(Konzessionsmodell)。与独立的经营管理者模式不同,依据是2003年1月2日的《关于私人建设和资助联邦长途公路的法律》。按照该法吸收的私方管理人也在外部关系中与公民打交道,并且被授权向使用人收费(第3条第5款)。由于财政来源是使用收费,这种模式被称为特许经营模式。欧洲执委会在欧洲基础设施的经营管理方面尤其青睐这种模式,由私人企业执行公共计划。它与公共委托的区别在于,特许人作为私方投资人承担风险,对待给付是设施的使用权,借此通过使用收费来弥补成本。《竞争法》第98条第6项规定的"建设特许"就属于这种特许模式,而《发包法》第6条也作了这种意义上的界定。

4. 租赁模式(Leasingmodell)。公法行政主体将规划、建设、筹资等事项委托给私人租赁公司,私人公司保留或者通过转让获得所建设设施的所有人身份,公法行政主体则按照特定租赁标准支付使用报酬。应当将这种纯粹的租赁模式(Leasingmodell)与间接租赁(Fondleasing)模式区别开来,后者的中心是第三方,私人租赁公司与公共行政部门之间只具有间接的关系。

5.参组模式或者合作模式。这是指公共行政部门为了执行特定任务与私人合作建立公司,任务的执行事实上委托该公司负责,公共行政部门只控制公司的多数财产。它是经营管理者模式的变种,不同之处在于合作建立的公司不是私经济公司,而是联合经济公司(公共企业)。

对参组模式可以作如下图示:

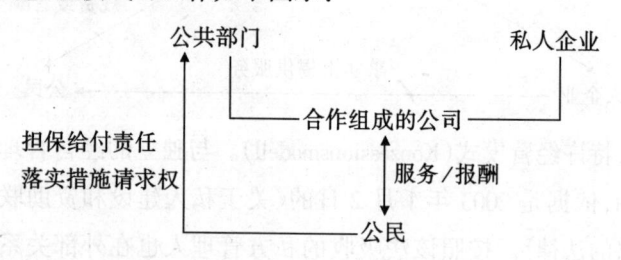

```
        公共部门              私人企业
           └──┐            ┌──┘
              └─合作组成的公司─┘
担保给付责任        │
落实措施请求权   服务/报酬
              ↕
              公民
```

四、公私伙伴关系的类型化

从法律角度可以分为如下三类:
(1)非正式的公私伙伴关系;
(2)合同式的公私伙伴关系;
(3)公司法式的公私伙伴关系。
关于公私伙伴关系的动因,本书在第九十节作了介绍。

五、公私伙伴关系的法律属性

(一)位于法律灰色地带的公私伙伴关系

无论在概念、学理和制度方面,还是在法律规定方面,公私伙伴关系都处于法律的灰色地带。欧共体执委会将该制度的着眼点放在欧洲基础设施项目的执行方面,由于没有形成统一的法律框架,公私伙伴关系在补贴法上的定位也不明确。德国行政法也漏洞百出,没有出现为行政合作法发展所必要的法典化,公私伙伴关系的适用范围因此不限于特定的法律领域。由于合作方式的多样性不允许统一的法律调整模式,人们正在研究不同的解决范式。有学者主张将其分为非正式、合同式、公司法式等三类①。

这些法律补丁使公私伙伴关系的适法性和界限缺乏法律的安定性。由于缺少明确的法律规定和行政部门利用第三人或者其他适当的人作为任务执行协助人的授权依据②,公私伙伴关系没有明确的适法性和限定标准。但是,鉴于公私伙伴关系越来越多地涉及国家权力的行使,越来越深入地影响到公民的基本权利,对它的研究显得日益迫切。

(二) 公私伙伴关系的最低标准

通过对所有有关法律规定进行片段性的分析,我们仍然可以发现公共部门与私法人合作应当遵循的最低标准,其中有欧共体法和宪法方面的,也有正式法律方面的。

从平等对待、歧视禁止和透明度来看,计划性的公私伙伴关系通常需要通过发包程序并且采取招投标的方式建立,如果其发包价值在《竞争法》第 101 条第 1 款和《发包法》第 2 条规定的范围内

---

① J.贝克尔(J. Becker),ZRP,2002 年,第 303 页以下。
② 例如《循环经济法/垃圾法》第 16 条第 1 款,《水保持法》第 18a 条第 2 款第 3 句,《原子能法》第 134 条第 2 款。

的话。根据《竞争法》第 97 条第 3 款，接受发包的私人必须具备专业知识、给付能力和可靠性等三个方面的条件。这些条件在很大程度上取决于有关事项的专业特性，主要是审查有关任务的执行是否能够得到充分的保障，是否与公私伙伴关系所追求的公共利益相冲突的问题。这里的一个关键是国家和地方政府的担保给付责任和控制责任。如果执行公共任务的私人与公共部门之间没有直接的法律关系，例如参组模式，这个问题就尤其重要。在这种情况下，公共部门必须采取有效的干预措施，确保向公民的服务得到落实。

除了适法性之外，公私伙伴关系的法律形式也被蒙罩在法律的迷雾之中。除了个别的例外（例如《建筑法典》第 11 条），几乎没有其他有关的法律规定。作为"行政合作法"理想形式的行政合作理论也没有提出具有足够实用性的合同类型和合同条款。

在法律没有规定并且因案件的特殊性而不可能援引一般合同法规定时，可以从如下方面认识合作伙伴的多变法律地位：

(1)守法的义务；

(2)服务和经营管理的义务；

(3)价格确定义务；

(4)赔偿责任规定；

(5)指令权；

(6)效率要求（产出指标）；

(7)控制权；

(8)信息义务；

(9)期限；

(10)制裁(合同责任);

(11)解约方式和撤回委托的义务①;

(12)消费者保护规定。

由于公法合同不能完全胜任以回应型国家和新的责任分配模式为基本精神的公私合作的发展需要,联邦政府打算借助"现代国家——现代行政"这一项目,构筑行政合作关系的法律框架,并且将其纳入行政程序法中②。该项目吸收现有的学理研究成果,为《基本法》提出了制度构建的要求,以确保私人为国家活动作决策准备的合法性依据,扩大行政合同的媒介作用。

六、公私伙伴关系的界限

通过公私伙伴关系进行的行政任务的私有化界限与实质私有化的法律界限一脉相承。

第九十三节 实质的私有化

一、概念

行政部门与私人进行合作的最后一种方式是设施、公共企业和任务的完全私有化,包括向私人转让全部公司股份。之所以称为任务的私有化或者实质的私有化③,是因为行政任务完全转移

---

① 《独立专家委员会环境法典草案》第7条第3款。
② 联邦政府主编:《现代国家——现代行政》,1999年,第15页。
③ 参见本书第1卷第4节第1部分和第3卷第90节第3部分。

到市场。有人主张放弃"任务私有化"的说法,因为这会引起公共任务概念的混乱。这个观点的合理性在于《基本法》以国家和行政任务的开放性为基础,即使在非国家化、非地方化或者非行会化性质的实质私有化之后,公共部门仍然承担公法上的控制责任和剩余责任,这正是国家任务理论的焦点,也是公共行政转型的一个重要方面。

实质私有化的适法性和范围不仅是一个制度政策问题,而且在很多方面也是重要的法学问题。它的实质一方面是将行政组织或者行政任务部分或者完全分解出公共行政组织及其责任范围之外,意味着法律制度从公法向私法的转变;另一方面它引起了大量的法律问题,从适法性(私有化的可能性)、部分或者完全私有化的界限一直到私有化后果的规范化。就此而言,实质私有化具有欧洲共同体法和宪法的意义。

二、有关私有化的讨论

(一)私有化是一项长期的任务

有关私有化的研讨是常见的而并非新生的事物,只是名称和概念不同而已,例如非国家化、非地方化等。以前的(研究)动机偏向于经济和秩序政策,后来则偏向于财政和预算的政策。这种分化已经不复存在,它们在内容上根本不可能作出截然的划分,因此,现在的研究视角既包括秩序政策,也包括预算政策,关键都在于自由化、非管制化和非官僚化所期望达到的目标或者目的。它一方面涉及公共企业的私有化,包括国家垄断和参与的缩减,另一方面涉及商业和公共服务的私有化。学界、联邦政府和大量的团体推出了广泛的私有化类型,分别涉及联邦、州、地方的不同层面的不同机构、任务和参组形式,有的已经结束,例如德国大众汽车公司、汉萨航空公司、德国邮政股份公司、德国通讯股份公司、垃圾处理任务的转让(《循环经济法/垃圾法》第16条第2款)等。

(二) 反私有化趋势

近年来在地方层面出现了引人注目的反私有化趋势,主要出于秩序和预算政策方面的动因。欧洲的自由化计划使地方失去了垄断地位,迫使它们通过扩张地方政府的活动范围,充分利用尚未充分利用的行政效能,来弥补失去的领地。这就出现了一些新的地方政府组织和企业,它们超越现有的任务范围,执行一些新的私经济任务,为私人提供服务。例如能源计划和咨询、净化和环境保护、规划任务、多媒体、设施管理(facility-Management)、公园管理等。

三、实质私有化的表现形式

不可能作穷尽的列举,下文是具有典型意义的情形:

(1)住房的私有化,例如铁路员工住房[①];

(2)通过股份出让进行的股权私有化;

(3)设施的私有化,例如飞机场、港口、铁路、邮政、通讯、联邦道路的紧急救援、银行、公共庆典等;

(4)服务的私有化,例如联邦印刷厂、联邦登记、法律数据库

---

① BVerwG,DVBl.,2001年,第128页以下。

(juris)等；

(5)财产的私有化，例如根据《统一条约》第25条进行的信托财产的私有化；

(6)净化任务的私有化，依据是《水保持法》第18a条第2a款；

(7)水经济服务的私有化。

四、私有化的适法性与私有化义务

（一）欧共体法和宪法的私有化规定

欧共体法和《基本法》都没有提出具有法律义务意义的一般私有化要求。过去有关《基本法》是否要增加私有化条款的讨论无果而终。《统一条约》第25条对人民所有财产的私有化规定非常明确，但已经失效。《基本法》第87f条第1款有关邮政通讯行业任务私有化规定的目的是将它们推向市场，这一明确的宪法决定排除了通过地方审批变相进行再国家化的可能性。鉴于以前的联邦垄断地位，地方政府不得涉足这方面的市场。在这一点上，《基本法》第87f条第1款与《基本法》第28条第2款是一致的。

另外，从《欧洲共同体条约》第5条第2款和《基本法》第23条第1款确立的辅助性原则中也不能引申出具有直接法学意义和可执行性的私有化义务。《欧洲共同体条约》和《基本法》中的开放性规定也没有提出私人优先的要求。《欧洲共同体条约》第295条没有触动成员国的财产制度，并保护公共企业的财产状况。《基本法》第31条和《欧洲共同体条约》第86条只对现有的公共企业提出了竞争法方面的要求，而没有涉及私有化问题，该条仅仅禁止不合格企业问鼎市场①,这被称为共同体条约针对公共部门的中立性,这也是条约第4条第1款规定实行开放市场竞争制度的体现。在内部市场进入自由化的背景下,公共企业执行生存照顾任务的合法性受到质疑,有人因此将条约第86条视为最有成效的私有化规范,已经构成事实上的私有化强制。欧洲法院的解释则立足于条约第86条第1款和第2款的系统性,认为排斥竞争的垄断必须具有正当理由,并且仅在正当理由充分时才具有适法性,成员国和有关公共企业对此承担证明责任②。否则,就应当取消垄断地位,其后果则是实质私有化。除此之外,间接的私有化压力来自《欧洲共同体条约》第87条以下的禁止补贴规定,它要求国家的资金措施不得具有使公共企业在市场竞争中获得特权的补贴性质,否则,即应当取消有关的授益(补贴),因此,补贴禁止也可能产生(实质的)私有化。例如部分州银行和储蓄银行免除设施负担和担保主体责任之后进行的私有化。

有关竞争与国家、地方政府的生存照顾任务之间关系的研讨还不明朗,但引起对《欧洲共同体条约》第16条的关注。该条在"原则"一章,具有原始法的位阶,包含了一个欧共体体制原则。该条规定并不明确,从其措词来看与第86条之间没有什么关系。该条规定应当保障一般经济利益企业(Dienste)的职能,它们的活动独立于成本弥补的目标和效益核算,因此享受优先的竞争保护。这意味着,它们的首要目标是促进社会和地方共同事业,不得以营

---

① EuGHE,1991年,第1979号。
② EuGH,EuZW,2000年,第281页,第283页以下。

利为首要目的,其措辞也表明了这一点。社会国家性的目的定位意味着这种公共企业必须将自己的核心任务限于基本生活条件和生存照顾的保障。一些法律明确规定允许私有化,例如《水保持法》第 18a 条第 2a 款。

(二) 税务国家与私有化义务

姑且不论上述欧共体法和《基本法》规定,有人认为税务国家的公共部门从事私经济活动必须具备公共目的上的正当理由,否则,就应当将有关的机构和任务私有化[①]。正是出于这个目的,《联邦预算法》第 7 条第 1 款第 2 句规定了私有化审查义务。据此,国家任务或者公共目的是否以及在多大范围内可以分散化、非国家化和私有化,应当按照经济性原则和节约原则进行审查。该法第 7 条第 2 款规定,在有关案件中还要向私方邀约人证明,它们是否以及在多大程度上能够同样好或者更好地实施执行国家任务或公共目的的经济活动(利益证明程序)。但是,这仅仅是联邦的义务,它不是《预算原则法》的组成部分。因此,州只能通过并行的州预算法规定设定私有化审查义务和利益证明程序。《联邦预算法》第 65 条也对私有化具有重要的意义。

五、私有化的界限

界限与适法性是两个不同的问题。《基本法》没有明确规定私有化的禁止或者限制条款。一种有代表性的观点认为,《基本法》

[①] 施托贝尔,DÖV,1995 年,第 125 页,第 131 页;NJW,2002 年,第 2357 页以下。

第87条以下规定反对私有化,但没有得到普遍接受。《基本法》第87f条以下的修改就表明了这一点,私有化不仅具有适法性,而且可以采取不同的模式。因此,行政活动的转让等部分私有化方式也是可行的。《基本法》第33条第4款也没有包含一般的私有化禁止规定。实际上,《基本法》奉行的是国家任务和行政任务开放性的观念。

在宪法没有规定的范围内,应当根据有关的国家原则确定实质私有化的范围。从法治国家的角度来看,传统国家任务私有化的范围有限。人们在这里想到的主要(标准)是国家权力垄断。在公共安全和危险排除领域出现的新哲学观念和思想转变值得注意,即主张加强公民的责任。这个转变意味着国家的安全(责任)垄断(地位)已经不复存在[①]。

另外,有计划的私有化决定还必须考虑社会国家方面的要求。一方面,国家必须充分保障作为生活必要条件的基础设施和产品供应,并且价格适当,因此,在进行私有化之前进行准确的审查和权衡也是必要的;另一方面,社会国家原则与基础设施服务的私有化并不矛盾,该原则针对的是"什么"(was),而不是"怎么样"(wie),社会国家条款没有国家保留的性质[②]。

[①] 施托贝尔,NJW,1997年,第889页以下;DÖV,2000年,第261页以下;ZRP,2001年,第260页以下。

[②] BVerwGE,第95卷,第188页,第203页。

六、私有化的法律后果

(一)担保给付责任原则

公共部门决定进行私有化时必须考虑其法律后果,具体因法律部门、行政法律关系的性质、宪法规定不同而异。一般而言,国家在行政组织法领域里的退缩同时应当为实质私有化设定相应的法律后果,采取适当"管制措施"。这是国家在基础设施、担保给付和私有化后果方面的责任的表现,核心是担保给付行政(Gewährleistungsverwaltung)。有人称之为"事后的义务"。如果国家设施以前的功能和任务因新的市场形势而不再有意义,国家就应当将其责任限制在市场的监控,确保市场竞争秩序,不得用其他形式的垄断变相延续以前的行政垄断[①]。

(二)管制、干预和控制的义务

从邮政通讯的管制模式来看,这是国家担保给付责任的主要内容。鉴于它们的基础设施性质,邮政和通讯没有实行完全的私有化,实际上根据《基本法》第87f条第1款的规定,联邦政府仍然承担普遍、适当、充分服务的保障义务。《基本法》第87条第2款为此采取的"二分法"是:服务的提供属于私经济活动,而邮政通讯机构市场化后的公权力任务仍然由联邦直属的管制机关负责[②]。

---

① 鲍尔(Bauer),VVDStRL,1995年第54卷,第243页,第277页以下。
② 《通讯法》第66条以下,《邮政法》第44条,《一般铁路法》第5条规定的联邦铁路局。

首先,国家担保给付责任继续存在的一个重要方面是出于基本权利方面的权衡而采取适当的措施,例如确保私人服务商强制入网、保护《基本法》第10条规定的邮政通讯秘密等。其次,还需要通过公共招投标程序选择适当的服务商,并且采取其他适当的措施,确保没有歧视的、透明的竞争。《反限制竞争法》第19条第4款第4项为门槛问题提供了解决办法。再次,还必须采取包括向私有化企业派驻的工作人员之法律地位在内的管理措施[①]。

从水供应的完全私有化来看,"私有化后果法"(Privatisierungsfolgesrecht)的内容有:

(1)一般管制目标;

(2)招标义务和招标程序(特许化);

(3)供应企业的服务义务;

(4)价格监督;

(5)适法性和专业知识方面的要求;

(6)服务条件的原则;

(7)服务设施的维护和建设原则;

(8)节约用水的标准;

(9)管道使用管理。

(三) 基本权利的约束力

国家对从行政部门分解出去的任务和机构仍然承担担保给付责任,在这个前提下,私有化企业仍然受基本权利的约束,但限于

---

① 例如 GG 第 143a 条和第 143b 条,BRRG 第 123 条。

实质私有化的企业仍然行使公法权限、享有垄断地位或者公共部门参组等情形,例如《邮政法》第33条规定的德国邮政股份公司的送达服务。

相反,实质私有化的企业可以援引基本权利,具有基本权利的主体资格①,这并不排除它对有关的服务接受人承担的基本权利保护义务。

（四）公共部门的股份法地位

在实质私有化之后,公共部门出于政治考虑仍然希望控制完全私有化的企业,一个实用的方法是所谓的金股即特别股,持有这种股份则享有特殊的权利。但是,股份政策与资金流通自由之间是否以及在多大范围内存在联系,还不明确②。

七、替代国家监督和经济监察

首先,这类似于对实质私有化的任务和机构的国家监督,因为对不在授权框架内行使公权力的情形,私法行政组织的地位和行政私法不再适用。其次,对管制和控制的监督(例如对管制机关和联邦铁路局的监督)受经济行政法的调整,因此属于经济监察(Überwachung)的范畴。这意味着一般要适用经济行政法的准入和行为标准,对其他情形则采用管制性的自我管制手段。例如,《循环经济法/垃圾法》规定的垃圾处理任务的私有化扩大了行政机关

---

① 参见第34节第2部分,科隆 VG,NVwZ,2002年,第372页。
② EuGH,EuZW,2002年,第429页以下,第433页以下,第437页以下。

监察任务和监察职权的范围,随着任务从公共部门向私法部门的转移,监察的需要也随之增长①。

应当注意将经济监察与对私人企业的竞争监督区分开来,《欧洲共同体条约》第 16 条和第 86 条对后者作了规定。

---

① 曼海姆 VGH,BwVBl.,2002 年,第 26 页以下。

第四章 地方自治法概论

第九十四节 地方自治及其宪法保障

一、19世纪初叶至《基本法》期间地方自治法的发展

(一) 普鲁士的地方自治起源

中世纪的"地方"一词在语义上起源于居民交纳"共同负担"（税赋的一种形式）的教会区，这与法律上比较陈旧的教会体制相关，进而在传统市镇和村镇的基础上逐步形成。

同样重要的"乡镇"概念原本指承受特定人群的共同权利义务的共同属地或者地区。就此而言，乡镇被视为特定地区居民组成的"单位"，后来称为法律同志社（Rechtsgenossen）。从12世纪开始，在此基础上逐步产生了具有特殊法律地位的市镇（Stadt）。

对德国地方自治法及其结构具有重要意义的历史发展沿着上述路径展开。

作为乡镇前身的村是在长久土地耕作基础上发展起来的同志社，为保护共同家乡免受侵害而互助的观念和利益随之逐步形成。享有表决权的农民通过全体会议选任的村长担任领导。

随着王侯权势的强化和地主制、采邑制的引入，大约到1200

年时,村落逐步失去自由,农民及其所在的村变成了地主的属民。

只有那些自10世纪以来发展起来的市镇,尤其是那些手工业者和商人相对集中的市镇,在城堡或者修道院的保护下,还保留了一定的自由,因而具有特殊的意义。市民享有不动产自由和迁徙自由等方面的特权,所谓"城市的空气是自由的"正是这种情况的写照。统治权(市政府)和司法权通常由市民行使,城市章程的有关规定五花八门。其中具有特别现代意义的是马格德堡的城市法,主要在东欧的许多市镇中推广。地方生存照顾的基础在这个时期得到发展,出现了诸如医院、养老院、贫困者救助中心之类的设施。

"30年战争时期"结束之后即1648年(威斯特法伦和约)之后,乡镇陷入领主的广泛监护之下,成为邦主的命令对象,市镇和乡村的权利被广泛压缩,只保留了乡镇长的选任权。邦主发布乡镇条例,以手册的形式系统规定乡镇的组织和管理,对自治则只字不提。

19世纪初叶,地方自治的思想从普鲁士开始重构,延续至今的现代制度初见端倪。

革新运动的动因是1806年普鲁士在反击拿破仑军队的耶纳(Jena)和奥斯特德(Auerstedt)战争的失败,以及专制在市民阶层中激发出来的日益高涨的"厌国情绪"。在这种形势下,斯坦茵伯爵提出了城市改革的倡议,这在1808年的《普鲁士城市条例》中得到了贯彻。

改革的目标是行政的分散化,扩大公民参与,缓和集权者与属民之间的冲突。以名誉职和共同意识为出发点的指导思想实际上源自以前的同志社观念。

这里需要注意,虽然斯坦茵改革的主要目标是加强市镇的地位,但并不完全是为了保护城市、乡镇和居民的特殊利益。后来的俾斯麦与他类似,他在商业协会和社会保险领域引入和加强自治,目的却是国家的利益目标。从斯坦茵时起的方针是"居民应当习惯于管理自己的事务"。但是,这并没有改变乡镇和城市居民权益即自治的扩大。

《普鲁士城市条例》赋予市镇"以自负其责的方式和自己的名义"管理自己事务的权利(第108条)。其他有关规定有:(1)第15条规定市民享有经营市镇企业、拥有不动产的权利;(2)第24条规定了市民的选举权;(3)第5条规定只有未婚妇女享有市民权利;(4)第108条规定市代表大会是决议机关;(5)市代表大会选举市政府,负责执行市代表大会的决议和日常事务的处理;(6)市长也由市代表大会选举。

与城市不同,普鲁士(居民在1200人以下)的村在1891年普鲁士一般邦法和专门的乡镇法之间仍然继续存在,主要实行三级选举权制和地主的广泛参与制。1891年6月3日发布的《普鲁士村条例》废除了这种专制的法律制度。

(二)《魏玛帝国宪法》之前的发展

19世纪,一些(州的)宪法贯彻了自治的观念,并且规定予以保障。1819年《符腾堡帝国宪法》第62条规定乡镇是"国家团体的自然基础",第65条规定乡镇应当"由乡镇议会在市民委员会的法定参与和国家的法律监督下进行管理活动"。1831年《库尔黑森宪法》作了类似的规定。

1849年《鲍尔教会宪法》第184条参照《比利时宪法》规定了乡镇享有基本权利性质的防御权。

1850年《普鲁士宪法》第105条规定保障乡镇在国家监督下独立处理自己事务的权利。但是，1871年的帝国宪法没有规定这方面的内容。

（三）《魏玛帝国宪法》第129条规定的地方自治权保障

1919年《魏玛帝国宪法》步《普鲁士宪法》后尘，在基本权利一章中的第127条规定保障乡镇和乡镇联合体"在法律范围内的自治权"。基本权利一章的规定贯彻了自治权的思想，至今仍然值得关注，例如规定了地方宪法申诉，将乡镇比作公民，而不是其他区域性团体。

（四）纳粹时期地方自治的发展

1933年至1945年地方自治在法律和事实上几乎荡然无存。1935年1月30日在帝国统一实行的《德国乡镇条例》规定实行领袖原则，乡镇代表大会变成纯粹的咨询机构，不享有重要的自主权限。市长和乡镇长由国家和政党选派。其中一个至今仍然实行的创新是引入了有关经济活动的规定——因为其根据不是纳粹思想，一些市镇建立了混合经济和有关的财政体制。

(五) 联邦德国地方自治的革新

1945年以后西部占领区参照《魏玛帝国宪法》，使市民本位的、分散化的地方自治思想恢复了新的活力。州宪法和1949年《基本法》都规定保障地方自治权。联邦州还制定了地方自治法，有些内容明显受占领国的影响。北威州一直到1944年以前在大城市实行的双重领导体制（名誉职市长和专职市主任）参照了英国的样板。但是，大多数内容出于不同的地方传统，在此基础上发展成为不同的自治组织模式。

20世纪50至60年代乡镇、市、县的发展保留了历史的延续性。这个时期西德大约有24000个乡镇，居民从10000到500不等。行政机构规模很小，难以胜任（生存照顾）给付行政和计划行政（例如建设规划）的发展对行政力量的需求。因此，1967年至1978年进行了不同模式的职能改革和地区改革，出现了一批大的乡镇，结果是乡镇的数量减少到8505个，几乎是以前的三分之一。县级市从139个减少到92个，县从425个减少到235个。这里需要注意，不同的州采取了不同的模式。例如北威州建立了大规模的统一乡镇，其内容结构（村组织）继承了历史传统，莱普州则将联合体乡镇作为乡镇和县之间的第三个层面的地方自治形式，小的乡镇因此得以保留。

(六) 前民主德国地方自治和统一之后的改革

前苏联占领区于1946年发布了"民主乡镇条例"，从自治法的角度来看，继承了1933年之前的现状。实际上，社会民主统一党

(SED)排斥地方自治,1957年"有关地方国家权力机关的法律"表明了这一点。该法规定地方实行民主集中制原则,乡镇属于没有自主权限和法律能力的基层国家行政机关。1985年的"地方人民代表大会法"加强了这种体制。

从柏林墙倒塌和第一次自由选举人民代表大会之后到新联邦州建立之前,1990年5月17日的新地方组织法规定了改革,按照以前的状态在前民主德国辖区建立了乡镇和县。

统一后的前民主德国的州自1991年起相继发布了自己的新地方法。除了麦福州制定统一的地方宪法和图宾根州制定统一的地方条例之外,其他州分别制定了乡镇条例、县条例和有关乡镇合作的法律。

由于乡镇和县的改组都以二战之前形成的体制为出发点,新联邦州面临着地区改革的必要性问题,因为约有7500个乡镇居民少于500人,不可能配备足够的行政力量。县面临同样的问题。大多数新联邦制近年来推行或者正在推行职能改革和地区改革。

(七)地方自治的新发展

大多数联邦州现在出现了一股新的职能改革浪潮,主要是精简州行政,向乡镇尤其是县和县级市移交(国家)任务。一些新联邦州同时进行职能改革和地区改革,针对新的任务组建更有效率的行政单位。姑且不论乡镇面临的新财政负担如何予以平衡,自治任务和国家任务之间在地方层面的关系使自治任务越来越沉重。这同时意味着,专职公务员相对于代议机关的重要性越来越大,行业监督和特别监督的作用也越来越大。

地方行政的一个重要发展是新控制模式因素的引入,以及电子通讯方式的广泛应用(电子政府)。新控制模式的着眼点是内部领导体制,尤其是代议制机构与执行机关之间的关系和具体机构及其权限的亲民化。电子政府的推广也引起了深入的变化,它使集中任务执行权限成为可能,一个乡镇可以同时执行(许多)其他乡镇的任务。尤其是委托任务领域法律约束的强化开创了许多更合理的任务执行方式,例如机动车许可。

几乎没有什么新意但具有重要现实性的是欧洲法的影响。

同样成就斐然而日益激烈的是地方争取足够财政支持的斗争。日益紧张的财政加之国家任务向州和地方的转移使地方政府日益陷入财政透支的窘境。以加强地方财政自主性为目标的地方财政改革是地方政治中的一个热门话题。

二、《基本法》规定的地方自治保障

(一)《基本法》规定的自治保障功能

地方自治在《基本法》和州宪法中具有特殊的历史地位,在国际比较层面也是如此。只有少数国家在其宪法中规定保障地方自治,并且赋予其核心的意义。在具体阐述自治保障的有关规定之前有必要明确地方在整个国家体制中的地位。《基本法》第28条第1款和第2款作为联邦和州的同质性条款(Honogenitätsklausel)主要分为两个层面:一是地方属于州,二是州宪法必须保障地方的自治权及其合议制领导机关的直接民主合法性。

联邦立法机关必须遵守上述规定,仅在特别严格的条件下才能"干预"地方,为地方政府分配任务,或者在分配任务的同时规定地方受指令的约束。

与一些州宪法不同,《基本法》规定了乡镇、乡镇联合体和县的不同自治保障,因此需要对两者分别考察。

(二) 自治保障的民主结构

首先是乡镇和乡镇联合体作为行政体制的要素。宪法意义上的地方是"特定地区的居民作为成员组成的团体,是具有法律能力的公法团体"。因此,地方自治保障并非着眼于可以随时裁减的行政单位,而是特定的行政组织类型,其中包括乡镇和乡镇联合体的特定区域、法律能力和地区公权力。

乡镇和乡镇联合体是具有法律能力的单位即行政主体,具有一般的法律制度归责能力,是权利义务的主体。法律能力意味着实施法律行为的行为能力和相对于国家的独立性。

乡镇和乡镇联合体具有地区公权力。与其他团体针对特定事项的、功能性标准不同,它与成员之间团体式关系的确认标准是依法确定的住址。乡镇和乡镇联合体正是这种意义上的区域性团体。

对这种行政主体的保障并不针对特定的地方,而是原则性和制度性地(针对所有的地方):《基本法》第28条第1款和第2款并不禁止国家解散某个地方并且将其与另一地方合并,而只是禁止完全或者基本上撤销乡镇和县这一层面的行政体制,或者用其他行政类型取代乡镇和县。

乡镇的内部分支不受《基本法》的保护,例如分区和村。

《基本法》第28条第2款第1句还间接包含了一定的个别性质的法律主体保障。特定地方的解散或者区划的调整不得出于随意，而是必须事先听取有关地方的意见，并且出于公共福祉的目的。这种个别性质的存续保障在地方的地区改革宪法诉讼中经常被援用，而且致使新的区划调整措施无效。

乡镇名称作为个性化和市民一体化的身份标志也属于法律主体保障的内容之一①。名称是历史形成的，因此不能与诸如游泳池、市场等依法获得的名称等量齐观。乡镇依法获得的名称不仅在民事行为中受《民法典》第12条的保护，而且在其他公权力主体的法律交往中也受保护②。

乡镇、乡镇联合体和县的法律组织保障的差异主要表现在任务范围方面，只能分别考察。

乡镇可以为这种法律保障诉诸法律救济，这称为主观的法律地位保障。但是，《基本法》第28条第2款却没有保障乡镇的基本权利。按照《基本法》的观念，乡镇属于国家体制的组成部分，这是地方的自治保障和公民的基本权利保护之间的分水岭所在。继续秉持《圣保罗教堂宪法》和《魏玛帝国宪法》的观念已经没有必要。

《基本法》第28条第2款第1句规定的地方自治保障性质上不属于客观的宪政原则，而是主观的法律地位。因此，每个乡镇都可以要求保障义务的主体(主要是州)履行保障义务。为此，可以从《基本法》第28条第2款中引申出一系列的不作为、清除、参与

---

① BVerfGE,第59卷,第216页,第225页以下。
② BVerfGE,第44卷,第351页,第355页以下。

和给付请求权。

从《基本法》第28条第2款的实体保障规范中还可以直接引申出法院保护的请求权(诉权)。除此之外,乡镇是否可以援引《基本法》第19条第4款,尚有争议。这个问题现在还只能搁置。就现行诉讼法规定而言,法院应当为《基本法》第28条第2款规定的乡镇主观权利与公民的主观权利提供同等的保护。

地方宪法申诉是乡镇法律保护的一种重要补充,依据是《基本法》第93条第1款第4项和《联邦宪法法院法》第91条,主要功能是防止法律侵害《基本法》第28条第2款规定的权利。该规定意义上的法律包括法律之下的规范。对州法律的侵害,应当遵守有关州宪法法院的辅助性条款。

(三) 乡镇的自治保障

联邦宪法法院的永久性判决认为,《基本法》第28条第2款第1句保障的是乡镇以自负其责的方式处理所有地方共同体事务的权利,原则上包括乡镇因其作为地方共同体而形成的所有任务及其自主执行权①。

立法机关在确定乡镇自治保障的具体方式方法时必须遵守《基本法》有关公共行政分散化、公民本位的规定。《基本法》第28条规定乡镇是整体国家组织的重要组成部分,换句话说,乡镇本身

---

① BVerfGE,第21卷,第117页,第128页以下;第23卷,第353页,第365页;第26卷,第228页,第237页以下;第50卷,第195页,第201页;第56卷,第298页,第312页;第59卷,第216页,第226页;第79卷,第127页,第143页;第83卷,第363页,第382页;第91卷,第228页,第236页。

是具有自己特殊体制和独立权利的国家组成部分。制宪机关一方面将乡镇自治机关置于政治共同体的结构之中,另一方面赋予其特殊的功能。《基本法》第28条第2款第1句要求地方层面的乡镇在自治的同时承担相应的责任,借此保障公民有效地参与地方共同体事务[1]。该句保障的是乡镇的独立任务范围及其执行的独立责任,乡镇自治的必要条件由此得到保障。

乡镇自治权保障的这两个要素属于《基本法》第28条第2款第1句规定的法律保留的范围[2]。乡镇享有的任务范围和组织权限只能由法律限定。《基本法》第28条第2款第1句和第3句保障给付的范围因其法律形式和范围对国家规定的合宪性要求不同而异。《基本法》第28条第2款第1句规定的核心领域是对立法机关的首要限制[3],不得以任何方式在事实和法律上消除乡镇自治的核心特征[4]。作为乡镇自治权表现形式之一的任务范围是全面的,原则上包括所有的地方共同体事务,对此不能以确定的客体或者按照特定标准划分的任务类别简单地限定。乡镇自治权还包括所谓的任务发现权(Aufgabenfindungsrecht),凡是法律没有明确赋予其他公权力主体的地方共同体事务,乡镇都可以执行,无须专门授权[5]。

---

[1] BVerfGE,第79卷,第127页,第150页;第91卷,第228页,第238页。

[2] BVerfGE,第22卷,第180页,第204页以下;第23卷,第353页,第365页以下;第50卷,第195页,第201页;第79卷,第127页,第146页。

[3] BVerfGE,第17卷,第172页,第182页;第23卷,第353页,第366页;第59卷,第216页,第226页;第76卷,第107页,第118页;第83卷,第363页,第381页。

[4] BVerfGE,第17卷,第172页,第182页;第23卷,第353页,第366页;第59卷,第216页,第226页;第76卷,第107页,第118页;第83卷,第363页,第381页。

[5] BVerfGE,第79卷,第127页,第146页。

在法定任务范围内自负其责地进行日常管理的权利意味着乡镇在任务执行的方式和方法方面享有针对国家的一般自由①，乡镇有权自主具体规定任务执行的程序和决定权的具体分配。这里需要注意，乡镇组织的规定权原则上不属于该权限的核心领域，尤其是有关乡镇行政之外部基本条件的决定在所有的州都被视为法律保留的范围。《基本法》第28条第2款要求立法机关贯彻与相应责任匹配的地方行政分散化要求，确保乡镇能够自主地执行其任务。但是，《基本法》第28条第2款第1句也禁止立法机关事实上完全废除地方政府在组织设计权方面的自主权②。问题的关键可能在于，什么样的调整密度才能使乡镇自负其责地制定组织章程。国家完全控制地方组织的作法不符合《基本法》第28条第2款保障的地方任务执行的分散化和自负其责目标。

对立法机关的限制不限于地方自治保障的核心领域。以地方共同体事务这一核心领域为出发点，《基本法》第28条第2款第1句还暗含着其他有利于乡镇的宪法任务分配原则，对此立法机关在分配任务时需要注意③。任务执行分散化的优先性意味着乡镇的任务范围原则上包括所有的地方共同体事务④。立法机关只能出于乡镇的利益本身才能排除任务的地方相关性要求⑤。

就自负其责地进行日常管理的权利而言，立法机关也必须遵

---

① BVerfGE，第83卷，第363页，第382页。
② BVerfGE，第91卷，第228页，第238页以下。
③ BVerfGE，第79卷，第127页，第152页以下；第83卷，第363页，第382页。
④ BVerfGE，第26卷，第228页，第237页以下；第56卷，第298页，第312页；第59卷，第216页，第226页；第79卷，第127页，第150页。
⑤ BVerfGE，第79卷，第127页，第153页。

守分散优于集中的原则以及国家任务执行法定的原则[1]。乡镇不是随意设置的行政分支单位,而是一种独立的共同体,必须在任务执行方面以令人信服的方式体现居民的地方政治共同体属性。在地方任务的范围内,《基本法》第 28 条第 2 款第 1 句保障乡镇在执行的方式和方法方面不受国家的干涉。乡镇的组织权不限于特定的专业任务,而是针对乡镇行政的整体[2]。自负其责性的保障还包括与任务执行有关的乡镇内部领域。

自负其责地进行日常管理的权利必须遵守立法机关根据《基本法》第 28 条第 2 款第 1 句制定的法律。有法律规定的内容必须具有共同福祉方面的正当理由,例如保障任务有序执行[3]。立法机关需要保障的共同福祉利益因案而异,在这方面,立法机关享有评价和判断的空间[4]。任务有序执行所需要的体制设计方案因乡镇的规模、居民数量、形态各异的社会和经济条件等因素不同。立法机关可以在此范围内进行类型化的界定,无须局限于特定乡镇的特殊情况和无关紧要的乡镇类型,而只需确定必要的一般特征[5]。换言之,有关乡镇任务执行机关体制的立法决定只须明确可供操作的框架,只要符合《基本法》第 28 条第 2 款第 1 句规定的乡镇自治原则就可以了。既然《基本法》第 28 条第 2 款赋予乡镇执行任务的自主权,立法机关就应当在制定地方法时赋予乡镇设

---

[1] BVerfGE,第 83 卷,第 363 页,第 382 页。
[2] BVerfGE,第 83 卷,第 363 页,第 382 页。
[3] BVerfGE,第 79 卷,第 127 页,第 153 页;第 83 卷,第 363 页,第 382 页。
[4] BVerfGE,第 79 卷,第 127 页,第 152 页以下;第 83 卷,第 363 页,第 383 页。
[5] BVerfGE,第 79 卷,第 127 页,第 154 页;第 83 卷,第 363 页,第 382 页以下;第 91 卷,第 228 页,第 241 页。

计任务执行组织体制的自主权,而不得变相压缩①。

　　自治保障的具体落实既表现在管理方式及其透明度的改善,也表现在乡镇公权力的具体配置方面。与此有关的不是新的法律内容,而是特定自治权限对最重要的乡镇活动领域的实际意义。实践中的着眼点通常是具体的乡镇公权力,而不是概括的自治权,包括:

　　(1)地区公权力。是指针对乡镇辖区行使的公权力,它不仅仅针对乡镇区划的变更,而且针对跨乡镇权限的设定。

　　(2)组织权。是指内部机构设置权,包括职位、机构和其他分支工作单位的设置、内部业务流程的设计、管辖权分配,以及行政共同体或者目的联合体的(自愿)设立等②。

　　(3)人事权。是指领导、选择、任命、培训和解雇公务员、职员和工人的权力,在很大程度上受联邦法、州法和劳工合同法的调整③。

　　(4)计划权。是指根据分析和发展的预测结论而拟定管理过程及其目标计划(而不是执行个别任务)的权力,其中尤其是地区规划权。计划权包括毗邻行政主体乡镇在制定计划时被听取意见的权利,以及利害关系人要求乡镇在其自治范围内作出无瑕疵裁量权衡的权利④。《建筑法典》第2条第2款规定的所谓地方政府间的合意性要求也是计划权的组成部分,毗邻乡镇可以起诉违反

---

① BVerfGE,第91卷,第228页,第241页。
② BVerfGE,第91卷,第228页,第236页。
③ BVerfGE,第91卷,第228页以下;BayVGH,DVBl.,1989年,第212页和1992年,第442页。
④ BVerwG,NVwZ,1988年,第731页以下。

该要求的行为①。

(5)法律实施权。是指乡镇对自治事务制定规章(所谓的规章自治)和针对具体事件作出行政行为的权力,意义更为广泛②。该权力不包括针对授权事务制定规章或者条令的权力。乡镇条例和县条例分别针对这两个领域的地方规章制定权作了不同规定。

(6)财政权。包括独立的收入保障权、自主确定税负权和所属财产的经营管理权③。

地方政府行使自治权的活动空间在很大程度上取决于财政方面的保障和独立性,因此地方财政保障具有重要的意义。财政保障直接源于《基本法》第 28 条第 2 款,尽管该款没有特别明确地规定。修正后的《基本法》第 28 条第 2 款第 3 句明确指出了这一点,这表明立法机关在修改宪法时意在加强地方财政保障的意义。

除了地方财政的一般保障之外,更为重要的是财政宪法中的专门规定,尤其是《基本法》第 106 条,其中主要是不动产税保障、地方消费税的征收权、增值税中的乡镇份额以及预期的共同体税中的州比例份额。地方参与一般税收的方式和种类是联邦、州和地方首脑团体多年来争论不休的话题。

另外还有充分保障地方财政的州(转移)支付,主要是特定目的的国家财政拨款,这在有关乡镇和乡镇联合体资助的年度法律中规定。一般的财政拨款分为钥匙拨款(Schlüsselzuweisung)、需求拨款、人头费和特别负担等,应当与特定目的的拨款区分开来。

---

① BVerwG, NVwZ, 1990 年,第 464 页,第 466 页。
② BVerwG, NJW, 1993 年,第 411 页和第 412 页。
③ BVerfG, NVwZ, 1986 年,第 289 页。

除了分享州的税收和财政拨款之外,地方在其财政权范围的其他财政来源还有规费、使用费和特别税,以及私法性质的利润、酬金和信贷收入等。

(四)乡镇联合体和县的自治保障

除了乡镇及其自治权之外,《基本法》还保障乡镇联合体,其中尤其是县的自治权。乡镇自治保障与后两者的区别不在结构方面,而在于一些中心点。这里需要注意,《基本法》第28条第1款第2句(只)提到了县,而第2款则提到了乡镇联合体。因此,需要进一步明确的不仅是事实要件,因为一些州的宪法在术语和制度上走向了其他道路。为了避免不必要的重复,这里只深入介绍乡镇联合体、县的自治权与乡镇自治权的不同之处。

《基本法》第28条第1款第2句有关居民直接选举产生的代表机关作为首脑机关的规定(只)适用于县,而不适用于乡镇联合体。因此,地方自治的直接居民属性限于乡镇和县,不包括其他形式的乡镇联合体。这一限制主要针对州立法机关的塑造自由。在乡镇和县层面,公民的民主参与权因此受保障。

《基本法》第28条第2款第2句规定的乡镇联合体概念至少包括县,这对确定自治保障的主体范围至关重要。在这一点上,学界与实务界存在广泛的一致性。但是,对除此之外,还包括什么形式的其他乡镇联合体,还存在争议。通说认为包括其特性不是通过特定或者多个任务的分配而是通过特定区域内的任务管辖权而确定的区域性团体。例如,一些州组建了更高级别的地方联合体,它们被赋予相当广泛的任务。我们认为,这种界分在细节上很模糊。联邦宪法法院认为乡镇联合体是指"为执行特定地方任务而组建的区域性团体或者类似的地方共同组织"①。

两种保障的结构类似。县的意义很突出,对此下文将专门介绍。它享有的自治保障在性质上可分为法律主体保障、法律组织保障和主观法律地位保障等方面。对此,原则上可以参考上文的介绍。

一个重要的区别是法律组织保障方面的任务保障。乡镇在地方共同体事务方面享有概括性的保障权,而且还针对立法机关。与此不同,县只能自负其责地执行法律明确赋予的任务即自治行政任务。随之而来的问题是,如何以及以什么样的方式限定县任务的原始对象。

学界一致认为,县和《基本法》第 28 条第 2 款第 2 句规定的其他乡镇联合体自治任务所针对的主要事项必须得到保障②。但是,关于具体的内容以及自治任务与转授的国家任务之间存在什么样的关系,还存在争议,宪法法院的判决也几乎没有什么作为。一个原因是自治任务的客体范围很广泛。县层面的一个值得注意的趋势是将国家任务作为自治任务转授给县。

在对县的自治任务进行界定和归类的各种努力中,值得注意的是将县的任务分为原始或者跨地区的任务、补充性的任务和均衡(协调)性的任务。一些州的县条例采纳了这种分类,例如拜仁州、北威州和萨尔兰德州的县条例列举规定了补充性的任务和均

---

① BVerfGE,第 52 卷,第 95 页,第 109 页。
② BVerwG,NVwZ,1992 年,第 365 页,第 367 页;毛雷尔,DVBl.,1995 年,第 1037 页,第 1046 页。

衡性任务。

1. 必要性任务。也称为跨乡镇或者跨地方的任务,显然属于县任务的核心领域。细致的考察表明,大多不是目的性任务,而是与县的功能和客体有关并且因此予以保障的任务和事务,又称为存在性任务(Existenzaufgaben),包括组织和人事行政、财产管理和利益代表(Selbstrepräsentation)等。目的性任务包括县公路的建设和养护、空气污染的监控等。可以看出,原始任务为数不多。

2. 补充性任务。是指因乡镇没有能力单独有效执行而需要由县予以补充执行的任务。这种任务的问题在于乡镇无力执行的确认标准通常不能一揽子地适用于所有的县属乡镇。因此,补充性任务不产生县的一般管辖权,而只限于乡镇无力执行的任务。附带产生的一个问题是,以这种方式确立的县管辖权还取决于有关的任务不能通过乡镇合作的方式执行。一些州的县条例为此设立了专门的辅助性条款[1]。

3. 均衡性任务。其核心思想是,平衡乡镇之间的能力差距是县的任务,能力弱的乡镇可以因此得到支持。除了技术性的行政协助,还包括其他形式的支持。这里的问题在于县范围内的支持最终需要其他乡镇的资金,而实际情况通常如此。从判例来看,联邦行政法院并不反对这种运作方式[2]。学界的争议一直都很激烈。

无论是补充性的任务还是均衡性的任务,县都必须注意遵守

---

[1] 例如 BbgKO 第 2 条第 1 款,NwKO 第 2 条第 1 款第 2 句。
[2] BVerwGE,第 101 卷,第 99 页;BVerwG,NVwZ,1996 年,第 63 页和第 66 页;BVerfG,DVBl.,1999 年,第 840 页。

《基本法》第28条第2款第2句确立的有利于乡镇任务执行的辅助性条款。联邦宪法法院在拉斯特德判例中从乡镇任务分配的角度对此作了特殊的解释,指出:不得以乡镇无力执行和节省费用等为由将任务一揽子转授给县①,无论是法定任务,还是自愿性任务的分配及其执行,都是如此。为此,对以前一些有利于县的任务分配需要进行批判性的审查和新的合宪性解释。

一些州的县条例规定了明确划分乡镇和县管辖权、对辅助性条款进行具体化的专门程序,这被称为权限之权限的程序②。为了保障乡镇,法律规定需要绝对的多数决议,并且仅在具有(否则乡镇执行费用可能居高不下之外的)特别理由的情况下才能违背个别乡镇的意志。

在这种背景下出现的一轮新的职能改革浪潮提出的问题是,在《基本法》中可否取消县的自治保障,乡镇和其他形式的乡镇联合体(如联合体乡镇或者区)作为地方自治主体的保障是否已经足够了。该问题的最好答案只能在《基本法》第28条第1款第2句中寻找。该句规定,居民可以直接选举县层面的代表机关。我们可以据此推论,在平原州的国家和乡镇层面之间,县还是必要的。

(五) 联合体乡镇和大乡镇

下萨克森州的联合体乡镇(Verbandsgemeinde)和莱普州的大乡镇(Samtgemeinde)值得特别关注。在地方政治实践方面,它们被视

---

① BVerfGE,第79卷,第127页,第158页。
② BwKO第2条第2款,BbgKO第4条第2款,HeKO第19条,NdsKO第3条第2款,RpKO第2条第3款,ShKO第143条第3款和第4款。

为组建更大规模的一体化乡镇或者行政联合体的可选性组织方案。有待明确的问题是,应当将它们视为《基本法》第28条第2款意义上的乡镇联合体还是乡镇。

鉴于联合体乡镇和大乡镇执行的只是乡镇的任务,并且有居民直接选举产生的机关(代表机关和专职公务员)——这一点不同于一般的行政共同体,在其内部结构和外部任务范围方面都应当视为乡镇,因此享有与乡镇同样的针对国家和其他地方机关的自治保障。但是,对其任务由联合体乡镇或者大乡镇执行的乡镇来说,情况就不同了,因为前者的建立就是对后者的自治权的限制。

三、地方监督法

（一）概述

1.地方监督的概念、对象和依据。对地方政府执行行政任务的国家监督通常是指国家对地方政府行政活动的全面监督,并不限于对不受指令约束的自治行政活动的法律监督。因此,地方监督是指国家对地方区域性团体执行自己或者转让任务的行政活动的监督或者干预制度的总称。

对地方政府的国家监督完全由州负责,各州宪法都规定州政府负责监督地方政府行政活动的合法性[1]。根据《基本法》确定的权限分工,联邦原则上无权直接对乡镇采取监督措施。德国法律制度没有确认所谓的联邦地方监督,但这并不排除州政府出于联

---

[1] 例如 SanVerf.第87条第4款。

邦忠诚原则(Prinzip der Bundestreue)而对乡镇采取监督性的干预措施[1]。

联邦宪法法院将国家对地方的监督称为乡镇自治的"补充"[2],而学理上也都相应地将地方监督视为乡镇自治法的"必要调整内容",《基本法》第 28 条第 2 款因此将这种对宪法保障自治的国家干预纳入法律保留的范围。艾里克森认为,国家权力的分散化行使并非国家监督优先的条件,相反,地方监督是有关国家权力分权制衡的宪法决定的逻辑结果[3]。

卡尔认为,国家对地方的监督并非只是一个补充,而是(地方)自治本身内在的一个"实质要素"。自治行政主体与国家监督之间存在必然联系的根源在于《基本法》第 20 条第 3 款规定的法律优先原则和第 20 条第 2 款规定的民主原则。需要注意,在这一点上,地方自治主体与同属于间接国家行政的公务自治主体不同,前者只与《基本法》第 20 条第 3 款有关,而(第 20 条第 2 款规定的)民主原则并不一定硬性要求国家对乡镇活动进行国家监督,因为地方代议制机关本身就具备充分的民主合法性基础,因此,完全没有必要通过国家监督来确保地方遵守更高效力的民主合法性约束[4]。

2. 地方监督的种类。根据地方政府所执行的任务种类,地方监督分为两类:一是法律监督,针对自治事务,即在双轨制任务分

---

[1] BVerfGE,第 8 卷,第 122 页,第 137 页;第 26 卷,第 172 页,第 181 页;绿勒堡 OVG,NVwZ,1988 年,第 464 期。
[2] BVerfGE,第 6 卷,第 104 页,第 118 页。
[3] 艾里克森(Erichsen):《北威州地方法》,1997 年第 2 版,第 15A 章,第 311 页。
[4] 卡尔(Kahl):《国家监督》,2000 年版,第 11 章第 1 部分,第 498 页以下。

配体制中针对自主活动范围,称为不受指令约束的任务执行模式;二是行业监督,针对交办给地方执行的国家任务,在双轨制的任务分配体制中针对转授的活动范围,称为受指令约束的任务执行模式。两类监督的区别还表现在监督力度不同的监督标准。法律监督的标准是法律和法治,即合法性监督;行业监督则在合法性监督的基础上还进一步扩大到对地方政府行政活动合目的性*的监督和控制。

另一种传统的分类是事前的预防性监督和事后的补救性监督。前者包括在乡镇采取行政活动之前进行的咨询和参与,以及审批保留情况下的对乡镇行政活动的审批。

3.监督活动的一般原则。国家监督的目的在于确保乡镇在遵守《基本法》第28条第1款规定的自治保障范围内执行行政任务。与监督的概念相反但联系密切的是地方政府与监督机关之间的合作关系。因此,就其目的指向而言,地方监督属于乡镇与监督机关进行合作的一种制度形式。从《基本法》第28条第1款规定的保护保障以及乡镇有效执行其任务的实际需要来看,地方监督的具

---

* 在一般法学意义上,合目的性(Zweckmässigkeit)是指行为方式有助于实现目标的适宜性,它与合法性的不同之处在于,后者针对的是行为方式的选择是否正确(正确性),而前者针对的是行为方式的选择是否最好或者可能更好(最优性)。作为公共行政的一项原则,行政的合目的性原则又称为最优化原则(Opportunitätsprinzip),是指行政机关在执行行政任务、追求公共利益时,在合法的基础上应当达到经济性、便利性、合意性、时效性等方面的最高水准。就其本意而言,行政合目的性原则要求行政机关在行使裁量权时,应当选择最合乎(有助于实现)法律授权目的的方式。除非考虑不相关因素或者违反任意禁止的要求,方式选择的缺陷不构成裁量瑕疵(违法)。为此参见克莱菲尔德斯(Creifelds):《法律词典》,贝克出版社1999年第15版,第1596页;霍斯特·迪尔希(Horst Tilch)、福兰克·阿罗特(Frank Arloth)主编:《德国法律大辞典》,贝克出版社2001年第2版,第5014页。——译者注

体落实一方面表现为乡镇遵循国家忠诚原则(Prinzip der Staatstreue)的义务,另一方面表现为监督机关切实遵守乡镇亲善行为原则(Grundsatz gemeindfreundlichen Verhalten)的约束①。除此之外,为了确保合作的建设性和任务执行的有效性,监督措施还必须遵循便宜性原则(Opportunitätsprinzip),是否以及在多大范围内行使监督权由监督机关根据合乎职责的裁量决定②。任何监督措施的采取必须有助于乡镇自治,不得损害乡镇政府的决策能力和责任能力③。因此,对采取合作形式的地方监督来说,合法性原则(Legalitätsprinzip)是远远不够的。对《拜仁州乡镇条例》第112条和第113条的新内容④应当在这种意义上理解:在该州的地方监督中,合法性原则甚至被便宜性原则取代了。

违法行为或者(行业监督中的)违反指令、公共利益需要干预是监督机关合乎职责地裁量决定采取监督措施的不成文的一般事实要件。关系人对地方政府作出的不利行为诉诸法律保护并不排除监督机关为维护公共利益采取地方监督措施⑤。

监督裁量权的行使受宪法——在这里尤其是比例原则的限制。监督措施无助于恢复合法状态的,则不符合适合性的要求;如果通过咨询或者信息交流足以促使乡镇恢复合法状态,正式的监督措施则没有严格意义上的必要性和相称性。在乡镇的违法行为特别严重时,裁量权可能被压缩⑥。例如,出于联邦忠诚原则,州

---

① 明斯特 OVG, OVGE,第19卷,第192页。
② 曼海姆 VGH, NJW,1990年,第136页。
③ SanGO 第133条第1款。
④ 1997年7月26日的法律修订,GVBl.,第344页,第345页。
⑤ 卡尔:《国家监督》,第11章第6部分,第549页以下。
⑥ 绿勒堡 OVG, NVwZ,1988年,第464页。

政府的裁量权压缩为零从而必须采取干预措施：如果乡镇政府擅自派出外交使节，僭越《基本法》第32条规定的联邦主管外交关系的权限，州的法律监督机关必须对乡镇政府的作法表示反对。

地方监督主要着眼于乡镇行政活动合法性方面的客观国家利益，因此有关地方监督权的规范本身不构成对地方政府主观权利的侵害，对公民、乡镇及其下设机关来说，从监督权规范中也不直接产生要求监督机关采取干预措施的请求权[1]。

（二）法律监督

无论乡镇自治行政事务是强制性还是自愿性的，监督的标准都是法律：在《基本法》第28条第2款保障的范围内，国家的纠正措施仅适用于乡镇违反法律的情形，并且只能按照法定的程序，采取法律明确列举规定的形式[2]。乡镇自治事务范围内的地方法律监督性质上属于对《基本法》第28条第2款规定的保护领域的干涉，因此必须尤其注意法律优先原则和法律保留原则。确保乡镇活动合法性的这一限制标准要求监督机关只能以此为目的采取监督措施。

针对乡镇政府的裁量决定，监督机关必须根据《行政法院法》第114条审查其是否遵守了裁量的界限。对不确定法律概念的法律监督的范围取决于其中是否包含了判断余地。如果答案是否定的，乡镇对不确定法律概念的解释就要受监督机关的全面审查。

---

[1] BVerwG, DÖV, 1972年, 第723页；科布伦茨 OVG, DÖV, 1986年, 第152页；曼海姆 VGH, ESVGH, 第25卷, 第193页。

[2] 曼海姆 VGH, ESVGH, 第20卷, 第141页。

如果答案是肯定的,那么,立法机关必须明确地规定或者有关规范必须显而易见地规定特定的案件事实属于不确定的法律概念,并且授权乡镇自主决定①;在这种情况下,乡镇决定只受有限的审查,其范围大小与法院审查裁量决定的标准一致。

监督机关的权限取决于州组织法和地方法的具体规定以及有关乡镇的类型。

1. 预防性监督。主要措施有:

(1)咨询。这是实践中最为重要的一种预防性监督方式,但并非所有州的乡镇条例都作了规定②。即使法律没有明确规定,从乡镇作为国家体制的基石和州组成部分的地位中③也可以产生出监督机关为乡镇提供事前的咨询和关照(Betreuung)的义务。监督机关的咨询和关照有助于共同提高地方行政的效能和法律控制水平,因此,在很多情况下没有必要采取(补救性的)正式监督措施,合作式的国家监督得以广泛应用。监督机关通过咨询和关照为小规模乡镇提供有益的专业知识有助于改善跨地区的合作,而且通常有助于节约公共行政的成本。但是,乡镇和监督机关为了关照和咨询而进行的非正式磋商也存在使地方产生从属性和依赖性的危险,从而侵蚀其自治权。

(2)审批保留。审批乡镇政府的活动是预防性监督的一种重要形式,因此很多地方法规定了审批保留。广泛开展的非管制化和去官僚化改革加之地方自治的强化造成了削减审批保留的明显

---

① BVerwGE,第59卷,第215页;DVBl.,1982年,第534页。
② 例如SaGO第133条第1款。
③ BVerfGE,第58卷,第177页,第195页。

趋势。许多州的乡镇条例都要求内务部取消审批义务或者用申报义务取而代之①。

大多数审批保留限于对地方政府法律行为的合法性监督。这种审批被称为合法性的确认声明,通常针对那些存在特殊合法性危险的乡镇政府的法律行为,因此,不仅应当与属于地方法传统调整对象的乡镇预算方面的审批区别开来,后者主要针对乡镇的商业性活动;而且应当与对地方税费规章的审批区别开来,在后者中,监督机关通常被赋予审批的裁量权。鉴于法律监督针对的是乡镇自治范围内的活动,而且监督内容限于乡镇行政活动的合法性,允许监督机关裁量审批的实践作法受到了广泛的质疑:根据宪法规定,对乡镇自治行政的监督限于合法性审查,因此从法律的角度来看,宪法保障本身不是对地方自治监督中的审批保留实行裁量决定模式的正当理由②。有人甚至提出一种截然相反的论调,主张将预防性的审批保留从国家监督中剥离出来,借此将相应的宪法保障要求从审批保留中排除出去。另一种意见主张针对自主任务和转授任务之间的中间领域确立一种国家—地方共管机制,乡镇和国家共同负责、共同管理,建立既属于法律监督也属于行业监督的第三种特殊监督类型。我们认为,地方和国家的共同决定权仅适用于宪法保障的乡镇自治权没有涉及的领域,在《基本法》第 28 条第 2 款保障的自治范围内,国家不能借助法律确立所谓的国家－地方共同负责的共管机制,宪法确立的地方自治保障不允

---

① 施托贝尔:《联邦德国地方法》,科尔哈姆勒出版社 1996 年第 3 版,第 9 章第 3 部分,第 159 页;SaGO 第 140 条第 4 款,NwGO 第 128 条。

② RpVGH, VwRspr., 第 3 卷, 第 529 页, 第 530 页以下。

许立法机关进行这种"抬高的"介入,因此,在法律监督和行业监督之间不存在所谓的第三种国家监督类型。被称为"特别监督"的措施实际上属于行业监督,限于转授的活动领域,即受指令约束的任务执行领域。

与此同理,指令性事项的审批保留与自治事项的监督的区别在于合目的性审查的活动空间(裁量)。在转授的活动领域即受指令约束的任务执行领域,(行业)监督机关对乡镇活动的审批可以采取共管性的、平等参与行为的形式,这种法定审批保留的合宪性通常没有问题。

2. 补救性监督。又称为干预性监督,与预防性监督的不同之处在于:监督机关针对地方政府的行政活动采取的是负担性的监督措施。由于补救性监督措施是对《基本法》第28条第2款规定的有关乡镇自治权的干涉,监督机关的活动尤其要遵守法律保留原则的约束。各州的乡镇条例都针对补救性监督措施规定了特殊的限制。

(1)知情权。又称为报告权,是强度最弱的补救性监督措施。在有效执行其监督任务所必要的范围内,监督机关有权要求有关乡镇政府以适当的方式提供有关具体事务的信息。知情权只针对有关乡镇的具体事务,从系统性的角度来看,地方法专门规定的备案(Anzeige)和呈报(Vorlage)义务排除了一般性的呈报义务。在报告权的范围内,监督机关只能在发现乡镇行为已经或者可能违法的情况下才能采取措施。知情的范围和方式由监督机关裁量决定,例如书面答复、移送案卷、报送有关决议并且作出解释、视察、参加乡镇议会的会议、召集乡镇机关会议等。

(2)质疑权和撤销权。乡镇的决议、命令或者其他措施以及公民决议可能违法的,监督机关可以提出质疑(Beanstandung),要求乡镇政府在指定的期限内予以撤销或者变更。提出质疑即意味着指责有关乡镇的活动违法[1]。监督机关在提出质疑的同时可以附带要求有关乡镇政府按照其意见采取纠正性的措施。

几乎所有的乡镇条例都规定了质疑具有延迟的效力,但所针对的问题并非被质疑的措施是否继续有效,也非其因质疑而是否中止效力,而只是因质疑的延迟效力而(暂时)不得诉诸执行。质疑规定被撤销的,延迟效力也归于消灭,除非监督机关根据《行政法院法》第80条第2款第4项请求立即执行质疑决定。

对乡镇法律行为的质疑、纠正、撤销等监督措施所基于的利益由监督机关裁量权衡。如果乡镇的违法措施已经执行,合法状态不可能恢复,质疑则没有适法性[2],这种质疑可能具有裁量瑕疵,因为这不但无助于监督目的的实现,反而可能构成对乡镇自治权的不合乎比例的侵害。除此之外,监督机关的撤销要求只能针对乡镇自己能够撤销的行为。对行政行为的撤销,必须具备法定的事实要件[3]。如果监督措施责令撤销的是行政合同,同样必须符合相应的解除或者撤销要件。否则,监督机关只能要求有关地方政府采取与撤销行政合同效果一致的(其他)措施。

在补救性监督范围内对地方政府行为进行审批可以避免事后的补救性监督措施出现裁量瑕疵。一旦出现违法,监督机关的决

---

[1] 明斯特 OVG,NVwZ-RR,1992年,第449页。
[2] 慕尼黑 VGH,NVwZ-RR,1993年,第373页。
[3] 明斯特 OVG,NVwZ,1987年,第155页。

定裁量权可能压缩为采取干预措施的义务,例如乡镇代表机关作出的决议超越乡镇权限的情形。

如果乡镇没有按照监督机关确定的期限和原则采取纠正措施,监督机关可以直接决定撤销被质疑的措施。如果乡镇事后采取的措施与被质疑的措施内容基本相同,监督机关可以在不提出质疑的情况下直接予以撤销。监督机关在撤销被质疑的涉及第三人的乡镇措施时,遵循与乡镇同样的法律条件①。

(3)命令和代执行。质疑针对的是违法的作为。针对乡镇的违法不作为,监督机关可以命令乡镇政府实施特定的行政活动,但限于责令乡镇履行其法定职责。所谓法定职责,除了法律明确规定的职责之外,还包括乡镇基于行政行为或者行政合同而承担的公法义务②。在这里,监督机关的活动受比例原则的限制,只能要求乡镇政府采取负担最轻的违法纠正措施③。

如果乡镇政府坚持违法的不作为,在指定纠正期限届满后,监督机关可以自己或者通过第三人代执行。在采取有利或者不利于乡镇的代执行措施时,监督机关具有乡镇法定代理人的地位。只有在发布了命令而乡镇不执行或者不完全执行的情况下,监督机关才能取代执行措施。命令必须具有存续力,或者作为一种特殊的行政命令(《行政法院法》第80条第2款第4项),必须具有可执行性。这意味着,凡是可以以命令方式要求乡镇履行的公法义务,在具备法定要件的情况下,都可以诉诸代执行。除了行政行为之

---

① 明斯特 OVG,OVGE,第14卷,第7页,第11页。
② 曼海姆 VGH,BwVBl.,1993年,第338页。
③ 曼海姆 VGH,DÖV,1973年,第534页。

外,监督机关甚至可以替代乡镇或者乡镇代表大会发布规章[1]。监督机关在采取涉及第三人的代执行措施时,承受与乡镇同等的权利义务。代执行的费用由有关乡镇承担。

(4)任命专员。乡镇政府严重违反行政的合法性和有序性要求,地方监督机关采取上述措施不足以维护乡镇行政活动合法性的,监督机关可以任命专员,以有关乡镇的名义和费用执行任务。违法状态可能严重危害乡镇正常生活秩序或者严重损害乡镇居民福祉的,则构成严重违反行政合法性要求的行为。对严重性这一不确定法律概念的解释,监督机关不享有判断余地。

任命专员属于严重干涉乡镇自治权的措施,按照比例原则的要求,应当作为维护乡镇行政活动合法性的最后手段。只有在其他力度较弱的措施没有奏效或者显然不可能奏效的情况下,才能使用[2]。

专员的任命只能针对乡镇的个别机关或者事项,而不针对乡镇整体。但是,专员也不可能成为乡镇机关的组成部分,例如乡镇议会的成员。任命专员即意味着被替代的乡镇机关或者人员失去其法律地位。

任命专员形成双重性质的法律关系:专员一方面是监督机关的代表,在自己的判断余地和裁量权范围内,根据职务委托关系发布指令;另一方面在代理权限内取代了乡镇机关或者工作人员的法律地位,专员基于这种代理关系所实施的行为归属于乡镇。对

---

[1] BVerwG,DVBl.,1993年,第886页。
[2] 德雷斯顿(Dresden)VG,SächsVBl.,1996年,第284页。

专员违反职务的行为,乡镇在与被替代的所属机关或者工作人员同样的范围内承担赔偿责任。职务赔偿请求应当针对乡镇提出①。

地方监督机关的专员发布的指令错误的,由州政府(在内部关系中)承担因此而产生的费用,但专员本身的活动费用由有关乡镇承担。

(5)解散乡镇代表大会。一些乡镇条例规定,作为恢复地方政府合法状态的最后手段,可以解散乡镇代表大会或者类似地位的机关,并且责令重新选举,甚至重新选举新的乡镇长。仅在乡镇任务的执行因其代表机关长期无能力而不可能得到保障,或者具备其他同样重要的理由,并且力度较弱的措施没有或者不可能奏效的情况下,解散才具有适法性。

(6)提前结束乡镇长任期。一些乡镇条例规定,如果乡镇长不再适合所担任职务的要求,因此造成乡镇行政混乱的,作为一种监督措施可以提前解除乡镇长的职务。

(7)地方监督机关针对乡镇机关的请求权。这是萨安州、萨克森州和巴符州的乡镇条例特别规定的一种法律监督方式②。乡镇针对乡镇机关包括市长的请求权由监督机关代表乡镇行使,因违法造成的费用由有关乡镇承担。在这种情况下,监督机关是乡镇的代理人。

这种规定的首要目的是尽可能消除乡镇内部的机构分歧。无

---

① BGHZ,第87卷,第22页。
② SanGO 第142条第1款,BwGO 第126条第1款,SächsGO 第121条第1款。

论是执行自治任务还是指令性任务,监督机关都可以为通过行使相应的请求权而迫使乡镇政府实施活动。针对乡镇代表大会的请求权是出于某种地方居民的宪法地位还是作为公民的地位,无关紧要。这种意义上的请求权针对现任代表大会或者乡镇长针对乡镇而承担的任何公法或者私法上的义务。针对前任乡镇长或者已经离职的代表大会成员的损害赔偿请求权不属于地方监督机关,而是属于现任市长,因为这不符合有关监督规范的目的,即避免乡镇内部的利益冲突。

请求权的行使与否及其范围由监督机关根据合乎义务的裁量决定,在这里起主导作用的是有关乡镇自身的利益。

(三) 行业监督

行业监督的目的在于将执行转授任务即指令性任务的乡镇纳入一般国家行政的层级体制之中,为此要确保国家在指令性任务领域有更大的控制乡镇机关的能力,同时将行政活动的最终责任保留给国家。无论是范围还是监督权的行使方式都与法律监督不同。

就范围而言,法律监督限于地方政府活动的合法性,而行业监督则在合法性的基础上进一步延伸到合目的性的监督和控制。因此,行业监督指令可以是合法性指令,也可以是合目的性指令。

只有个别州的乡镇条例比较全面地规定了行业监督[①]。有关的部门法作了相应的具体化规定,分别确定了行业监督的主管机

---

① SanGO 第 133 条第 3 款和第 145 条第 1 款。

关。

各州的乡镇条例都规定,除了指令权之外,行业监督机关还享有知情权①。其他监督方式原则上被乡镇条例排除。如果针对乡镇政府发出的指令没有效果,行业监督机关为了落实其指令,可能需要向主管的法律监督机关请求协助②。在法定要件具备时,法律监督机关即可采取干预措施,为此法律监督机关要一并审查行业监督机关指令的合法性,但其合目的性则不在审查范围之内。

1. 双轨制。按照地方政府任务的双轨制结构,地方政府在执行转授任务时视为国家的基层行政机关,这种传统组织法意义上的行业监督指令原则上没有(范围)限制。《拜仁州乡镇条例》第109条第2款第2句是一个例外,规定仅在公共福祉、行使公法请求权(第1项)或者根据《基本法》第84条第5款或者第85条第3款规定执行联邦指令(第2项)所必要的范围内,才能对乡镇政府的裁量决定进行干预。

2. 单轨制。如果州地方组织法采取单轨制的任务分配体制,乡镇将所有发生在其地域上的(自愿性或者强制性)事务都作为自己的任务执行,那么,无论乡镇执行什么样的任务,都不是国家行政体制的组成部分。从组织法的角度来看,不存在国家行使行业监督的权力。在单轨制中,仅在法律明确规定根据指令执行义务性任务的范围内才存在指令权③,其范围和内容也由该法律确定。这种内容、范围和方式都由法律特别限制的指令监督不同于

---

① SanGO 第145条第2款第1句。
② SanGO 第145条第2款第2句。
③ 例如 NwVerf. 第78条第4款第2句。

传统组织法意义上的行业监督,学者称之为特别监督。需要注意的是,这种概念上的特别监督只是针对指令性任务执行的行业监督的一种下位情形,而不是第三种独立的监督类型——借此使国家在非指令性任务(自主任务)领域保留审批权得以正当化。我们认为,此类监督不符合《基本法》第28条第2款有关地方自治的宪法保障,应当予以反对。

3.联邦委托行政中的指令权。根据《基本法》第85条第1款,按照联邦委托执行联邦法律(联邦委托行政)属于州直属行政的组成部分,受联邦的监督。根据《基本法》第85条第1款,乡镇也可能接受委托执行联邦法律,从而(间接地)纳入联邦监督的范围,负责联邦监督的州机关可以向乡镇发布指令。这里需要注意,即使在联邦委托行政领域,也不存在联邦直接针对地方政府的监督。

根据《基本法》第85条第4款第1句,联邦监督直接扩展到合法性和合目的性的监督和控制。在地方组织法实行单轨制的州,两类监督的混合在执行联邦法律方面的界限在于,负责实施联邦监督的州行政机关只能针对地方政府实施宪法和单行法律专门规定的行业监督事项。

各州还在其乡镇条例中对联邦委托行政领域中的指令权做了附带性特别规定:根据《基本法》第85条,联邦法律通过州交由乡镇执行的,行业监督机关可以发布具体指令[①]。

在《基本法》第85条第5款规定的州将联邦法律作为自己任务执行的情形中,行业监督机关只能在执行联邦法律所必要的范

---

① BwGO 第129条第3款,SanGO 第145条第3款第1句。

围内发布指令,但是,如果州法律规定的指令权范围更大,则不受联邦法律规定的影响①。

《拜仁州乡镇条例》第109条第2款第2句第2项确立了一种限制性规则,干涉乡镇行政裁量权的指令限于联邦政府在《基本法》第85条第3款规定的执行联邦委托事务或者州根据《基本法》第84条第5款将联邦法律作为自己任务执行而发布指令的情形。

如果根据联邦法律制定的法规命令规定乡镇执行国家任务,该法规命令不仅要明确规定行业监督的管辖权和指令权范围,也要明确国家机关承担费用的义务、范围与标准,无论这是否需要正式法律的特别授权②。

(四) 错误监督的法律后果

对乡镇采取的法律监督措施不符合权限规范的,则构成有关职务主体违反针对乡镇的职务义务。给乡镇造成损害的,州可能要对乡镇承担《民法典》第839条和《基本法》第34条规定的职务赔偿责任。

针对乡镇执行转授任务即指令性任务的活动而发布的指令有瑕疵的,由州负责补救。

(五) 乡镇针对监督措施的法律保护

1.非指令性监督措施。非指令性的法律监督措施针对自治事

---

① SanGO 第145条第3款第2句。
② 例如SanGO 第145条第4款,BwGO 第129条第4款;曼海姆 VGH,ESVGH,第19卷,第123页,第130页。

务。就国家而言，乡镇属于《基本法》第28条第2款和有关州宪法规定的独立权利主体。法律监督措施性质上属于干涉性的不利行政行为。如果乡镇打算对此进行防御，可以提起《行政法院法》第42条第1款规定的撤销之诉。从《行政法院法》第40条以下的规定来看，州的乡镇条例有关向行政法院起诉的规定仅具有宣示的意义。在乡镇针对监督措施寻求法律保护的途径中，各州的乡镇条例都排除了复议程序[1]，关系人只能根据《行政法院法》第68条第1款第2句的规定直接向行政法院起诉。

2. 行业监督。对行业监督指令是否可以诉诸司法保护的问题，广泛一致的意见认为，不能简单笼统地将乡镇排除在行政法院的大门之外。地方行业监督指令不仅仅具有机关内部过程上的意义，因而不能将以主观权利保护为首要目的的行政审判制度一概排除在外。

从诉讼类型的角度来看，有关行业监督指令的法律性质还存在争议。否认指令属于行政行为的观点认为，仅在侵害乡镇作为独立法律主体的法律保护权益时，指令才具有直接的外部效力[2]。只有在行业监督指令超越指令性任务的范围从而侵害了地方政府的自治权时，这才有可能。其他情形中的指令不存在外部效力，因为乡镇在执行转授的任务（根据指令执行义务性的任务）时属于国

---

[1] 例如 NwGO 第123条；SanGO 第140条第2款第1句（根据第140条第1款起诉审批行为）。

[2] BVerwG, NVwZ, 1983年，第610页；1995年，第165页，第910页；慕尼黑 VGH, BayVBl., 1979年，第305页。

家行政主体的下属机关,行业监督指令只具有内部效力。反对意见认为,国家与乡镇之间的关系规则与外部效力规则是两个层面,在第二个层面应当审查地方政府的权利是否受到侵犯①。施托贝尔反对这种观点,认为这种观点忽视了乡镇在执行国家转授任务时的特殊地位,对乡镇作为行业监督指令的相对人是否可以诉诸行政法院保护这一问题,可以从如下两个层面解决:如果行业监督指令属于行政行为,乡镇可以根据《行政法院法》第42条第1款提起撤销之诉;否则——这一点不同于反对意见,乡镇原则上可以提起一般的给付之诉②。

但是,要诉诸《行政法院法》第42条第2款规定的一般给付之诉,需以乡镇权利可能受到侵害作为前提。对单轨制的地方任务体制而言,诉权的结构比较简单,因为乡镇将所有发生在其辖区的事务都作为自己的(自愿性或者义务性)任务执行,在根据指令执行的义务性任务方面,仅在州法律保留作进一步规定时才存在指令权,因此,一旦具体指令超越法定范围,即构成对乡镇自治权的侵犯。就双轨制的地方任务体制而言,行业监督指令侵害乡镇自主权的情况也并非不可能:尽管在转授任务的范围内属于一般国家行政的组成部分,乡镇仍然是具有自己行政组织的独立团体。因此,即使所执行的任务是国家事务,指令权也不得侵害乡镇的组织保留权。如果国家监督措施针对乡镇的计划、判断和裁量决定,即使在转授任务的活动范围内,乡镇仍然享有可诉的主观法律地

---

① 艾里克森,DVBl.,1985年,第947页。
② 施托贝尔:《联邦德国地方法》,第9章第3部分,第158页。

位①。在转授任务的活动领域,合目的性权衡的适法性界限在于只能限制《基本法》第28条第2款和州宪法相应规定所保障的自负其责地执行任务的自治权,而不能消除该权利。仅在行业监督指令所基于的合目的性权衡不属于法定(司法)审查的范围时,才能排除侵害乡镇权利的可能性。

第九十五节　地方组织法

一、地方组织类型概述

这里所说的地方组织法是指乡镇、乡镇联合体内部的政府组织法。

(一)地方组织法的发展

德国地方组织法属于州法,从一开始就沿着普鲁士、南德、北德等三大不同路径发展,早期阶段的分野并不限于组织方面,而且包括以市民自治为核心的基本观念方面。随着向民主宪政国家历史转型的完成和州宪法、《基本法》的生效,它们之间的区分不再那么重要了。宪法的确认使(地方)自治的观念逐步脱离其思想史基础,进而成为法学上的当然定律,地方政府的组织体制及其法律调整(如选举法)逐步形成了。作为地方特殊性的客观结果,现代地

---

① 施托贝尔:《联邦德国地方法》,第9章第3部分,第158页;慕尼黑VGH,BayVBl.,1985年,第368页。

方组织法逐步发展成为一堆难以一目了然的法律材料。这种状态没有受东西德统一的多大影响,因为新的联邦州大多接受了伙伴州的地方组织法,尤其在20世纪90年代之后出现了更强的同化趋势,例如所有联邦州新修订的法律都规定了公民直接参与。1994年北威州用市长制组织模式取代了英国占领区的双领导制,并且确立了直接选举制。

尽管出现了同化的趋势,平原州的地方组织法的一致性还是有限的,尤其是地方体制特殊的城市国家。下文的介绍着眼于系统性的视角,尽可能将分散的具体规则归类,以便更好地了解。对城市国家特殊性只作必要的介绍和个别的分析。

(二) 组织体制

以组织体制为标准,可以将直到20世纪90年代改革所形成的地方政府体制分为四种类型:

1.北德代表大会制。主要由居民直接选举产生的乡镇代表大会负责执行地方任务。以名誉职方式活动的乡镇长任主席,由代表大会选任,对外代表乡镇。乡镇行政由专职乡镇长或者市长负责,他是有任期的专职地方选任公务员,作为一个代理或者执行层级,根据代表大会的委托活动,没有独立的权限。这原本属于单轨制(monistische)的一种形式,为了加强其民主因素,全部权力都集中于代表大会,但实际上在法律上得到确认的却是双轨制或者三轨制(trialistische),专职乡镇长、市长、甚至代表大会下设的行政委员会都被赋予了独立的权限,例如质疑权。

北威州和下萨克森州分别在1994年和1996年以前实行北德

议会制模式,但单轨制的因素随着权限(向专职乡镇长)的转移在很大程度上被放弃了。北威州1994年用调整后的北德模式取代了传统的议会制,自1999年以后,市长和市议会直接选举,每届任期5年①。市长既是代表大会主席,也是行政的一把手②。下萨克森州1996年以后实行同样模式,但规定代表大会主席也可以由其他议会成员担任。

2.南德代表大会制。19世纪在拜仁州、符腾堡州、巴登州实行。代表大会负责作出重大决定、计划和监督,在南德双轨制的组织权限分配体制中是首脑机关。并行的市长负责办理内部协调性、准备性和执行性的事务,主管外部行政和国家转授任务的执行,由居民直接选举产生,因而是具有直接民主合法性的第二个机关。代表大会与市镇长在机构、人事和职能上犬牙交错,市镇长是议会主席,享有异议权和紧急决定权,负责日常行政,对外代表乡镇。

有学者认为这是最好的地方组织模式,称之为"南德模式的结晶",应当成为乡镇组织的基本模型。现在,这种模式在拜仁州、巴符州和萨克森州(1993年以后)实行。布兰登堡州、萨安州、图宾根州和莱普州、萨尔兰德州(1994年)、北威州(1999年市镇长直选)、麦克伦堡州(1999年)、下萨克森州(1996年)、史荷州(1998年)也实行这种模式,只是个别细节不同。拜仁州和巴符州的乡镇条例有关这种地方组织模式的规定比较典型。

(1)巴符州。2000年6月24日《巴符州乡镇条例》规定所有乡

---

① NwGO第65条第1款,第42条第1款。
② NwGO第40条第2款第3句、第62条第1款。

镇实行南德代表大会模式。根据该条例，乡镇代表大会（第26条第1款）和乡镇长（第45条第1款）是居民直选的两个首脑机关。

五年一选的乡镇代表大会（第30条第1款）由市长和名誉职的市镇议员组成。除非法律规定或者委托市长权限内的事务，代表大会确定乡镇行政的原则，决定所有的乡镇事务（第24条第1款）。代表大会可以组建执行性或者咨询性的专门委员会，负责办理或者决定特定的任务领域中的事项，但法律规定代表大会保留的事项除外（第39条至第41条）。为了处理保密事务，可以设立小型咨询委员会（第55条）。经与市长协商一致或者自己以三分之二的多数决议，可以任命、调换或者解雇乡镇工作人员（第24条第2款）。经四分之一的成员要求，市长应当向代表大会报告并且保障阅卷（第24条第3款），代表大会通过市镇长向居民通报具有普遍意义的事项（第20条），其中重要的部分必须在居民集会上说明，居民集会中提出的动议必须交给主管机关处理（第20a条）。市长由居民按照多数原则直接选举产生，任期8年，是选任的专职带薪公务员。在2000人以下的乡镇，乡镇长可以是名誉职工作人员（第42条第2款和第3款、第45条至第47条）。市长不再适合担任现职，给行政管理造成严重妨害的，可以通过类似纪律处分的正式程序提前结束任期，但仍然保留薪水（第128条）。

乡镇长是代表大会及其专门委员会的当然主席，享有表决权（第40条第3款、第41条第2款第1句、第42条第1款第1句），负责代表大会及其委员会的会议筹备（第43条第1款）。代表大会或者享有决定权的专门委员会的决议决定违法的，乡镇长必须及时提出异议。他享有紧急决定权（第43条第4款），在自己的权限范围内主持日常行政工作,执行代表大会委托的任务和法律授权的任务。除非法律另有规定(第43条第2款至第3款),可以执行指令性任务。在县级市或者较大的县市,市长作为(国家)基层行政机关在法定权限内执行任务(《巴符州县条例》第13条第2款)。乡镇长对外代表乡镇(第42条第1款第2句),是乡镇行政的领导(第42条第1款第1句、第44条第1款),负责日常行政管理和代表大会的内部机构管理,在与代表大会协商一致的情况下,确定副乡镇长(Beigeordnete)的分工。乡镇长是乡镇工作人员的领导、工作一把手和顶头上司(第44条)。

在10000人以上的乡镇,代表大会在考虑党派力量的情况下选举任期8年的副乡镇长作为常设的、受指令约束的市长代理人。在小一些的乡镇,乡镇代表大会可以在代表中选举一名或者多名市长代理人(第48条至第52条)。

重要事项可以通过公民申请、公民请愿、公民决议等处理。广义上的公民申请(Bürgerantrag)针对公民集会(第20a条第2款),狭义的公民申请限于有理由的正式申请(第20b条)。15%以上、最多至3000或者24000的居民可以提出公民请愿(Bürgerbrgehren),可以针对重要的事项(第21条第1款、第3款和第4款),但不得诉诸规范审查程序,也不得在法院代表乡镇起诉[①]。公民决议(Bürgerentscheidung)及其建议针对第20条第1款规定的事项,经三分之二以上的代表大会成员同意或者公民请愿可以付诸实施。30%以上有表决权的居民同意的,即属于多数。持不同意见的居

---

① BwStGH, DÖV, 1975年,第62页,附带不同意见。

民可以对公民决议提出质疑,或者在三年内以另一个公民决议撤销(第21条)。

(2)拜仁州。拜仁州乡镇条例也采取了南德模式。根据该乡镇条例,居民直选的代表大会和第一乡镇长为首脑机关。

居民每6年选举的乡镇(市)代表大会由乡镇长和名誉职代表组成(第31条)。居民10000人以上的乡镇可以选举专职代表,在各自职责范围内行使咨询性的表决权(第40条)。

专门委员会和乡镇长决定权范围外的所有自治任务和转授任务都由乡镇代表大会负责执行(第29条、第30条第2款、第59条)。代表大会可以选举其成员组成咨询性的委员会,居民人数在3000人以上的乡镇可以从代表中选举组成执行性的委员会(乡镇委员会),并且委托其负责办理特定部门或者个别的事项(第32条,人事决定的依据是第43条)。

居民直接选举的第一乡镇长任期也是6年。在不属县的乡镇或者居民人数多于10000人的乡镇,第一乡镇长是专职的,其他乡镇长则是名誉职。第一乡镇长兼任代表大会主席,享有表决权(第17条),负责筹备咨询事项、召集会议、依法执行代表大会的决议(第36条、第46条第2款)。对违法的决议,乡镇长必须提出质疑(第59条第2款)。乡镇长享有紧急事件的紧急决定权(第37条第3款),负责自治和转授任务内的日常行政工作,包括国防、民政救济、保密等,按照代表大会确定的纲领和委托,执行转授任务(第37条、第59条第1款)。乡镇长对外代表乡镇(第38条第1款),按照代表大会章程规定,领导和在各部门分配行政工作人员(第46条第1款、第37条第4款),并且进行勤务监督(Dienstaufsicht)。

每年至少召集一次公民集会,说明乡镇事务,也应公民申请召集公民集会(第18条)。第一乡镇长可以将个别权限委托给从代表中选举出的一名或者两名名誉职成员或者专职的乡镇长或者代表大会的其他成员,可以委托乡镇工作人员办理日常行政事务(第35条、第39条至第42条)。

3.委员会制(Magistratsverfassung)。起源于普鲁士的市镇条例。乡镇代表大会(市镇专员大会、市镇代表大会)是首脑机关和决策机关,性质上属于由居民选举的议会(Kammer)。合议制的执行机关是由代表大会选举产生的乡镇委员会(Magistrat),由两个小内阁(Kammer)组成,有时也被称为行政理事会,作为最重要的行政机关,办理日常行政事务,对外代表乡镇,负责准备性和执行性的行政事项,享有质疑权。乡镇委员会原则上由乡镇代表大会选举的乡镇长和专职或者名誉职的委员(副乡镇长)组成。乡镇长是享有独立职权的第三个机关,他是乡镇委员会的主席,但不是代表大会的主席,后者由名誉职或者专职的主任或者主席担任。就市长的职能而言,这种模式属于三轨制的权限分配体制。在真正的委员会制中,乡镇代表大会的决议需要乡镇委员会的附和,这在联邦德国已经不复存在;在双轨制—三轨制的假委员会制中,也没有这个要求。

黑森州和布莱梅哈芬实行(假)委员会制,但黑森州自1993年起实行市长直选(《黑森州乡镇条例》第39条第1款)。史荷州则确立了四种地方政府组织模式:市实行(假)委员会制,乡镇实行市长制,小乡镇实行乡镇代表大会制。1998年则引入南德模式,取消了委员会制。下文着重介绍《黑森州乡镇条例》规定的地方政府体制。根据1993年4月1日的乡镇条例,黑森州的所有乡镇都有三个首脑机关:乡镇代表大会、乡镇理事会和乡镇长。

乡镇代表大会由居民直选的代表组成,任期4年。从代表中选任的主席作为一名平等成员,只享有一般的权限,包括召集会议、主持讨论、秩序权、家主权、执行与代表大会内部机构有关的决议(第57条和第58条)。

代表大会是乡镇的最高机关(第9条第1款),选举副乡镇长(第39a条),对包括指令性任务在内的所有重要事项作出决议,除非法律另有规定(第50条第1款、第149条),监督所有的行政活动(第9条第1款、第50条第2款),可以将某个或者某类事务委托给其他乡镇机关——尤其是委员会、理事会行使最终决定权(第51条、第62条)。

乡镇理事会(在城市称为市委会)由市长作主席、第一副市长和其他名誉职(必要时专职)的副市长组成(第65条),他们都不是代表大会成员。理事会(Vorstand)可以以咨询的方式参加乡镇代表大会会议(第59条),负责自治或者转授任务的日常执行,对外代表乡镇(第9条第1款第2句、第71条、第149条)。除非法律规定、市长指令或者事务本身的性质需要作出决议,乡镇长和主管副乡镇长独立决定(第70条第2款)。乡镇代表大会决议违法或者损害乡镇福祉的,理事会有权提出质疑。为了处理日常工作,可以设立业务部门和专员,成立执行临时任务的委员会——由乡镇长、副乡镇长和代表大会代表组成,必要时可以吸收具有专业知识的公民参加(第72条)。理事会负责录用、培训和解雇工作人员(第73条第1款)。

根据《黑森州乡镇条例》第 39 条第 1 款,乡镇长由居民按照普遍、平等、秘密、直接的原则选举产生,属于专职公务员;居民人数在 1500 人以下的,属于名誉职公务员(第 44 条)。专职乡镇长任期 6 年,可以连选连任一届。乡镇代表大会根据法定多数决议可以提前解除乡镇长职务,但在任期结束以前应当全额支付薪水(第 76 条)。

乡镇长和副乡镇长负责处理日常事务,准备并且执行合议制机关的决议(第 69 条、第 70 条第 1 款和第 2 款)。在紧急情况下,乡镇长可以替代理事会作出决定(第 70 条第 3 款)。代表大会决议违法或者损害乡镇福祉的,乡镇长必须提出质疑,必要时予以搁置。理事会不接受代表大会决议的,乡镇长也必须提出质疑(第 74 条)。乡镇长是所有公务员、职员和工人的业务领导,但副乡镇长例外,后者只受监督机关的勤务监督(第 73 条)。

对特定的乡镇事务而言,公民请愿具有适法性。至少 20% 以上,在 10 万人以上的乡镇则至少有 10% 以上的在上一次代表大会选举中享有选举权的居民可以联名提出(第 8b 条第 2 款),要求主管机关就特定事务提供咨询意见或者作出决定。

4. 市长制。源于拿破仑——法兰西和莱茵历史传统的市长制的标志是市长作为行政领导的强势地位,以及机关权限分配中的双轨制。与南德模式的区别在于市长不是居民直选,而是由代表大会选任。市长不仅是代表大会主席,而且享有许多独立于代表大会的自主权限。在真正的市长制中,市长是享有表决权的代表大会主席,在假市长制中则没有表决权,只是代表大会选任的主席。

莱普州 1993 年以前在乡镇和小城市、萨兰州在 1994 年以前、史荷州在1998年以前在(不属于市的)乡镇实行这种组织模式。

(三) 任务体制

1. 传统的任务双轨制。任务双轨制理论源自19世纪形成的国家与乡镇之间的关系,区分自治任务和转授任务。前者属于乡镇的自主领域,后者则属于根据委托或者授权执行的转授事务①。

关于保留指令权的指令性任务属于真正的自治任务还是转授的事务,存在争议。从双轨制的角度来看,只能根据具体案件的法律情况作理论分析。

2. 现代的任务单轨制。1948年《瓦茵海姆宪法草案》以统一的公法任务为出发点,规定乡镇自负其责地独立管理其辖区内的所有事务,除非法律另有规定②。这种任务分配体制区分自愿性任务、强制性任务和根据指令执行的强制性任务。

(四) 国家任务的执行和机关委托

与转授任务不同的一种情况是将其他国家任务移交给地方政府机关,尤其是行政首长,大多数州都存在这种作法。其特殊性在于乡镇不主管任务的执行,而只是接受联邦或者州主管机关的委

---

① 参见BayVerf.第11条第3款,BayGO第6条第2款、第7条和第8条,MvKV第2-3条,NdsVerf.第57条第4款,NdsGO第4条和第5条,RpVerf.第49条第1款,RpGO第2条第2款,SächsVerf.第120条第1款,SanVerf.第87条第3款,SanGO第4条至第5条,ThürVerf.第91条第3款,ThürGO第2至3条。

② 关于任务单轨制,参见BwVerf.第75条第2款,BwGO第2条第1款和第3款,BbgGO第3条第1款和第6款、第7条,HeVerf.第137条第4款,HeGO第4条,NwVerf.第78条第4款,NwGO第2条、第3条第1款和第3款,SächsGO第2条第1款,ShVerf.第46条第1款和第4款,ShGO第2条第1款、第3款。

托执行其任务。这里存在其他监督方法和指令方式，但不属于一般地方监督的组成部分了。

二、地方代表团体

（一）宪法有关机构设置的规定

1.设置地方代表团体的义务。根据《基本法》第28条第1款第2句，州有义务在城镇和市县设置经普遍、直接、自由、平等和秘密选举产生的代表团体。根据第4句规定，州可以设置乡镇居民全体会议作为替代。州应当在宪法中规定基本事项，并且出于自己的塑造裁量权，在地方组织法或者选举法中作全面具体的实施规定。代表团体的名称并不统一，称为城镇议会、乡镇代表大会、市大会或者代表大会等。

除此之外，州立法机关可以裁量规定其他区域性团体和乡镇联合体间接选举产生代表团体。凡是设置了联合体乡镇的州都作了法律规定。

在地区改革之前，替代代表团体的居民全体会议在大多数州可以实行，但在此之后，只有布兰登堡州的乡镇条例规定居民人数少于100人的乡镇可以采取这种作法。

地方代表团体性质上不是议会，而是执行部门内部的直接选举产生的合议制的代议机关[①]。对那些在实践中普遍称之为议会

[①] BVerfGE，第57卷，第43页，第59页；BVerfG，NVwZ，1989年，第46页；BVerwG，NJW，1993年，第411页；BayVGH，NVwZ，1985年，第823页。

的说法,只能作技术意义上的理解。议会法的原则仅具有有限的准用性,其中尤其是有关议员身份和党团地位的规定。

2.选举权和被选举权。《基本法》第28条第2款、《欧洲共同体条约》第19条及其相应纲领区分(积极的)选举权和(消极的)被选举权,州宪法作了进一步规定。

选举权源自选举的普遍性原则。根据该原则,所有具有相同条件的公民都必须被赋予参加选举的机会。为此,可以设置形式要件,例如办理选民登记、合理的居住期限等。最低参选年龄不一定非要达到18周岁。选举的直接性原则不允许只选举党派推举的候选人,即使候选人在选举名单中具有固定的顺序。

选举的平等性原则在国家层面形式上得到了严格的适用。这里需要区分(最低)选票数量制(Zählwert)和(最低)选举结果制(Er-folgert)。偏离票数制的情况在实践中已经很少发生,而随着禁止性条款的实施所产生的问题是,在选举中失利的党派或者候选人获得的选票在法律上具有什么样的意义。司法界接受了最低到5%的禁止性条款,主要是为了保障代表团体的效能[1],其理论基础是政党和党团数量过多可能妨害(相对稳定的)多数的形成,损害代表团体的工作效能。我们认为,应当根据不断变化的比例关系(参选党派和选举人团体的情况及其选举结果)作不同的判断。如果不同选区的候选人当选所需的得票数相差悬殊,票数限制就可能影响选举的平等性[2]。

---

[1] NwVGH,NVwZ,1995年,第579页。
[2] VayVGH,NVwZ-RR,1994年,第537页。

就消极的被选举权而言,普遍性和平等性原则可能受形式要件的妨害。主要争议在于,为了保障议会效能,是否可以要求参选的政党或者选举人团体必须达到充分的支持签名数量? 如果可以,最多是多少? 联邦宪法法院认为,为保障议会效能而引入最低签名制符合选举的平等性和普遍性原则[1]。司法界和学界的理由是,最低签名制可以排除那些选举无望的候选人,有助于将选举人的注意力集中到严肃的竞选人。我们认为这种理由不能令人信服,因为维护或者阻止选举人投票的政治理性,使他们不要将选票投给那些无望的候选人,不是议会的任务[2]。

被法院根据《刑法典》第45条第5款判刑或者民事权利被限制,例如需要任命监护人或者精神上有缺陷的,即丧失地方代表团体的被选举权。被选举权也可能受不相容条款的间接限制,有关法律都有类似规定,为了避免利益冲突,这不仅是合理的,也是必要的。乡镇和县的组织法不仅限制所属专职公务员和职员的被选举权(有的仅在社会和文化领域予以限制),而且对跨地方的行政主体所属的专职公务员和职员的被选举权也予以限制,例如行政共同体、联合体乡镇、目的联合体、县和由地方管理的基金会。由地方控制的其他公私法人的领导职公务员和职员也不享有被选举权。直接执行地方监督和行业监督任务的公务员或者职员同样如此,其依据是《基本法》第137条第1款,该款允许限制乡镇公务员

---

[1] BVerfGE,第6卷,第84页,第92页;第24卷,第300页,第341页;第47卷,第198页,第227页;第95卷,第408页,第420页。
[2] SanVGH,LKV,2001年,第363页,第365页以下。

和职员的权利①。这些规定不影响选举资格,只要求被选举人在两者之间作出选择。领导职公务员或者职员决定参加地方代表团体选举的,必须中止公务员活动。否则,不得作为候选人②。

有关乡镇组织法对限制理由作了具体规定③。

限制理由的确认由乡镇议会、选举领导机关或者地方监督机关区分不同情况分别确认,性质上属于确认性行政行为。代表团体成员在任期内发生限制事由的,由有关机关依法确认④。

根据《欧洲共同体条约》第19条和以此为依据制定的欧共体第94/80号纲领,欧盟公民在地方代表团体的选举权和被选举权应当得到其他成员国的保障,这在德国地方已经落实。为此,必须在《基本法》第28条第1款中增加第3句,否则,外国人参加行使德国的国家权力就不符合《基本法》⑤。州宪法也应当作相应的修改,州的乡镇组织法、县组织法和地方选举法则最终落实纲领。

城镇或者县市议会或者代表大会成员的任期和选举期限是4年(史荷州)或者6年(黑森州)。大多数州规定的任期是5年。

大多数地方法规定,候选人在当选后参加所在代表大会第一次会议时必须以宣誓或者其他方式表示恪尽职守。《拜仁州乡镇

---

① BVerfGE,第40卷,第296页,第321页。
② BVerfGE,第48卷,第64页,第88页。
③ BwGO第29条;BayGO第31条第3款和第4款;HessGO第65条;MvKV第26条;NdsGO第35a条;NwKwahlG第13条;RpKwahlG第5条、第55条第1款、第63条第5款;SaKWahlG第17条;SächsGO第32条;SanGO第40条;ShGO第31a条;ThürKO第23条。
④ BwGO第31条第1款,BayGO第31条第3款和第4款,NdsGO第37条,NwK-WahlG第37条,SächsGO第34条第1款,SanGO第40条第1款第3项,ThürKO第23条第4款。
⑤ BVerfGE,第83卷,第37页以下和第60页以下。

条例》第31条第5款规定了宣誓或者起誓,而联邦宪法法院则认为不能要求宣誓①。我们认为,这种宣示性的义务对职务义务虽然没有形成性的效力,但其拒绝却会导致丧失职务。

为了保护候选人和当选代表,地方法都针对公共或者私人的雇主规定了妨害和不利益禁止,后者不得以竞选或者代表履行职务为由予以解雇、调动、辞退或者作出其他职业上的不利对待②。

3.选举制度。《基本法》对州立法机关如何确立地方代表机关的选举制度作出规定③,因此,后者尤其可以在多数选举制和比例选举制之间进行自主选择,进一步规定选举原则、其中尤其是平等原则的具体实施。

(二)代表团体的机构和程序

1.成员和主席。代表团体是由享有选举权的(欧盟)公民选举产生的代表所组成的合议制机关,一般称为市镇议会,在乡镇层面有时也称为代表大会或者议会,在县层面称为县议会,性质上属于享有自主组织权的具有部分法律能力的公法团体。

所有的乡镇条例和县条例都有有关主席的规定,但有关其职能的规定却各不相同。有关其代理人的规定也是如此。

《巴符州乡镇条例》第42条规定,乡镇长是议会的主席,在议会中享有表决权。《拜仁州乡镇条例》第36条的规定相同,只是更

---

① BVerfG,NJW,1989年,第827页。
② BwGO第32条第2款,BbgGO第37条第2款,HeGO第35a条,MvKV第27条第5款,NdsGO第39条第2款,NwGO第44条,RpGO第18a条,SanGO第42条第2款,ShGO第32条第3款,ThürGO第12条第1款第3句。
③ BVerfGE,第4卷,第31页,第44页以下;BVerwG,NVwZ,1986年,第756页。

加细致,针对第一乡镇长。《布兰登堡州乡镇条例》第41条规定名誉职的市长担任主席。另外一些乡镇条例规定主席从议会成员中选举产生。在这两种情形中,乡镇长都享有表决权。《黑森州乡镇条例》第57条规定主席从乡镇议会成员中选举产生。《麦福州乡镇条例》第28条规定在设置专职乡镇长的乡镇,主席从议会成员中选举产生;在其他乡镇,则由名誉职的乡镇长担任议会主席,并且享有表决权。《下萨克森州乡镇条例》第43条规定乡镇长从议会中选举产生。《北威州乡镇条例》第40条规定公民直接选举的乡镇长担任议会主席,享有表决权。《莱普州乡镇条例》第36条和第54条的规定相同。《萨兰州地方组织法》第42条规定居民直选的乡镇长担任议会主席,但没有表决权。《萨克森州乡镇条例》第36条规定居民直选的乡镇长担任议会主席,享有表决权。《萨安州乡镇条例》第36条第2款和第54条规定名誉职的乡镇长担任议会主席,享有表决权,但在市长实行专职制的乡镇,议会主席从议会成员中选举产生。《史荷州乡镇条例》第33条规定代表大会从其成员中选任主席,享有表决权。《图宾根州地方组织法》第23条规定居民直选的乡镇长担任议会主席,享有表决权。

根据乡镇条例规定,乡镇议会主席负责召集会议,确定议程,主持会议(确定会议的开始和结束、表决顺序、发言权的分配和限制),行使(内部)秩序权和(外部)家主权,针对议会作出的违法的或者损害乡镇利益的决议行使异议权和质疑权。在行使上述权力时可以一并中止会议程序。

在乡镇长和议会主席不是同一人的州,对议会主席的罢免还作了特别规定。

2. 下设机构和专任代表。地方代表团体有权设置专门委员会作为下设的或者辅助的工作机构,其主要作用是减轻代表团体的负担。有些专门委员会是法律规定必须设置的,例如财政委员会;有的则是有条件的,也就是说只能在特定条件下设置。一些其他的单行法律也规定了专门委员会的设置,例如《建筑法典》第192条规定设置鉴定委员会,第46条第2款第1项规定设置搬迁委员会(Umlegungsausschuss)。一般情况下,专门委员会的设置由代表团体裁量决定。

很多乡镇条例区分决策性委员会和咨询性委员会[①]。《拜仁州乡镇条例》第32条将决策性的委员会称为乡镇审议会(Gemeindesenat),这只是纯粹的术语差异而已。

委员会的事务权限通常由法定或者议会裁量选定的代表决定。另外,有关委员会的专门法律也直接规定了委员会的职权。

决策性委员会和专任代表的职权界限首先是议会保留的任务。其他界限可以从普遍接受的重要性理论中引申出来。这里的出发点在于,议会保留的任务只是最低的而不是排他性的界限。凡是具有重要法律意义或者地方政治意义的事项都应当由议会保留决定权。

一些州法律规定决策性委员会的设置需要在议会章程中规定,例如巴符州、萨克森州、萨安州和史荷州。其他一些州规定了比较灵活的议会决议设置。就咨询性委员会的设置而言,萨安州

[①] BwGO 第 39 条以下, BayGO 第 32 条, BbgGO 第 50 条以下和第 55 条以下, HeGO 第 62 条, MvKV 第 35 条以下, NdsGO 第 51 条和第 56 条, NwGO 第 57 条, RpGO 第 44 条, SächsGO 第 41 条以下, ShGO 第 45 条, ThürKO 第 26 条。

是例外。《萨安州乡镇条例》第 45 条第 1 款规定所有的常设委员会都必须在议会章程中确定下来,但咨询性委员会由议会决议设置。

专门委员会的人员组成原则上按照议会中的议席比例分配,以便在其中形成与议会相同的代表政治比例关系。如果专门委员会中的席位数量很少,不可能形成合理的反映性,一些州的乡镇条例为没有得到考虑的党团设立了补偿条款,它们可以向委员会中派设享有咨询性表决权的代表,例如《萨安州地方组织法》第 46 条第 2 款。无党派的议会成员无权主张专门委员会中的席位,但可以旁听会议,以行使自己的知情权[1];他不享有发言权和申请权[2]。

3.程序及其原则。除了地方法的有关规定之外,乡镇和县议会和专门委员会的程序适用《联邦行政程序法》第 88 条以下有关合议制机关程序活动的一般规定。由于这些规定本身是一般法律原则的表达,自然也可以在《联邦行政程序法》的适用范围之外适用。

4.议员的法律地位。

(1)自由代表原则。尽管乡镇代表大会的成员不是国家议员,而是具有自己特殊性质的一种代表,但有关法律规定仍然规定其活动适用自由代表原则[3]。选举人和政党不受指令的约束,在法律范围内自由决定,只受自己对公共福祉的确信的约束。

---

[1] BwVGH,BwVBl.,1988 年,第 409 页和第 410 页。
[2] BVerwG,NVwZ-RR,1994 年,第 109 页;BwVGH,NVwZ,1990 年,第 893 页。
[3] BVerfGE,第 11 卷,第 266 页,第 273 页;BVerwGE,第 90 卷,第 104 页以下。

自由代表不受党团强制,但受党团利益(党团纪律)的约束,可能因违纪或者妨害性行为被委员会逐出党团。

(2)参与义务。当选的乡镇或者县议会代表有义务参加代表团体的会议。姑且不论地方法有关该义务的具体规定如何,它都属于担任名誉职的一种后果。出于特定事由,例如患病、强制性的职业义务或者重要的私人义务等,可以不参加会议。

法律没有规定的问题是,在具有重要的正当理由(因职业原因长期不出席、临时出现的特殊家庭负担)时,代表是否可以被准许不履行参加代表团体工作的义务。这里关键在于代表团体的效能。如果效能不能得到保障,则可以将弃权作为替代性的解决办法。

(3)申请权和动议权。为了确保代表能够有效执行职务,履行民主代表和监督的职能,当选的代表团体代表被赋予了一系列的成员权利。它不是当选代表本人的权利,不是因基本权利而产生的法律地位,而是受委托执行的职务上的权利,即工作人员权利[1]。这种区分的意义在于准确界定这些权利的内容,明确其后果归属以及诉讼途径。

代表权的核心是申请权和动议权。从意志的形成和决策的作出来看,它们是合议制机关代表的首要的、不可放弃的权利。对这些权利的限制必须具有比较严格的正当理由。

申请权包括提出事务和议事规则上的申请的权利,以及说明

---

[1] BVerwG, NVwZ, 1994 年,第 56 页至第 57 页。

申请的权利①。事务申请权针对议程内事项及其内容的讨论,议事规则上的申请权针对程序的具体安排。

在党团保留的范围内,申请权应当受特定法定代表人数的约束,因为这种申请只能由达到最低人数的代表提出。有时也可能限制申请代表所占的最低比例。需要注意,这些限制仅在确保合议制机关的效能的情况下才具有正当性,因为随意提出的申请可能造成妨害。除此之外,法定代表人数的限制通常只适用于申请直接出于特定行为义务的情形,例如召集会议。除了这些情形,申请权原则上由单个代表行使。

一些州的乡镇条例规定,乡镇长在被赋予的申请权范围内享有特殊的地位。《拜仁州乡镇条例》第42条的专职议员同样如此。

(4)发言权和表决权。与申请权紧密关联,是申请权的展开和实现形式,而且也针对其他议会成员提出的申请。

发言权是作出合议决定的必要条件,主要目的是代表之间的信息和立场交流。它是民主的必要基础,促成争论以获得正确的认识和决定②。立场及其论据的交流是任何代表作出决定的基础,因此,发言权是民主多数得以形成的实质要素。发言权是代表公开表示(接受)或者放弃某个立场的保障。

与申请权类似,为了保障代表团体的效能,发言权也受一定的限制。发言的顺序由主席决定,议事规则也可以对此作出一般性的规定,例如党团的大小顺序通常决定了其表达一般立场的发言

---

① 明斯特 OVG,NVwZ-RR,1989年,第380页。
② BVerfGE,第60卷,第374页,第379页;BVerwG,DVBl.,1988年,第792页。

顺序。为了使尽可能多的代表发言并且在议程规定的时间内得到处理,可以限定代表的发言时间和名单顺序。

表决使意见得以最终确定,从而形成决议。它是人民委任代表行使并且证明统治权之民主合法性的核心行为。与此联系密切的是选举,后者针对的不是事务而是人事上的决定。

(5)知情权、答复权、阅卷权和监督权。代表执行委托任务、行使有关权利的前提是充分获得与筹划决定有关的信息。对行政领导的监督更是如此。由于代表通常不可能自己收集信息,就有必要赋予其与履行职务相应的知情权,具体可以采取答复权和阅卷权等形式。

为了原则上保障代表获得充分的信息,地方法规定行政领导必须经常向代表通知重要的事项。借助下属的工作人员,行政领导不仅可以充分掌握行政过程,而且凭借其比较好的专业知识和公民关系,可以向代表提供最好和最全面的信息。无论这些信息是否汇编入代表机关及其委员会的决议文件,都确保代表团体和个别代表方便地获得这些信息。为此是否以及具体采取什么样的措施由行政领导决定。从有关法律规定的措辞来看,行政领导的一般信息义务涵盖了自治和转授的任务领域。需要注意,代表团体在转授任务领域的职权是非常有限的,该领域的机关权限通常由行政领导把持,代表团体只享有一般的监督权。因此,代表在该领域的信息权也不如自治任务领域那样宽。

代表团体获取信息的动因、时间和范围原则上属于行政领导的程序裁量权。但是,为了确保代表团体有效执行任务,行政领导必须正确行使该裁量权。根据对决定重要性的判断,行政领导必须遵循比较高的标准,尽可能确保代表团体作出不同评价的可能性。尤其在有政治分歧的领域,行政领导不得只考虑与自己一致的多数意见及其党团(的需要)。行政领导必须以中立的姿态履行信息义务,不得为特定党团优先提供信息。

决定信息披露内容及其范围的标准不仅仅是有关决定的合法性。对代表团体进行政策裁量有意义的所有信息都应当披露。

作为一般信息义务的补充,地方法还规定了个别代表、党团或者代表团随时就特定问题提出的信息请求权和答复请求权。它们是询问权的表现形式,针对行政领导主管的所有地方行政领域,其中包括间接行政领域和私法组织。询问权的反面是表面问题或者滥用,例如扰乱决定过程或者漫无边际的提问。议事规则可以对询问权作具体规定,但不得借此排除或者实质性妨害该权利。

作为答复权的补充,地方法规定了阅卷权。询问权并不当然包括阅卷权[1]。大多数地方法都赋予党团和少数代表阅卷权。出于安全的理由,阅卷权的范围受有关数据保护和保守职务秘密规定的限制。

保障阅卷的界限在于使代表获得充分的有意义的信息。对复杂的事实,阅卷包括制作复制件。复制的成本原则上由行政机关承担,除非党团预算明确为此设立了开支项目。在这种情况下,行政机关可以要求申请人承担复制的成本。

(6)补偿请求权。如同所有名誉职活动,代表团体成员有权要

---

[1] BVerwG,NVwZ-RR,1990年,第208页。

求得到津贴和补偿职务支出,对后者可以确定最高数额①。没有职务支出的,规章可以规定保障因会议耽误时间的补偿。

(7)追偿。代表团体违法决定或者不作为可能使乡镇承担职务赔偿责任或者其他赔偿法上的赔偿责任②。如果所有或者部分成员的行为是主要原因,原则上可以考虑追偿。对此,只有个别州作了明确规定③。其他州的法律规定原则上准用公务员法上的追偿规定,但这遭到了学界的普遍反对④。

5.党团的法律地位。

(1)党团的功能和法律性质。党团(Fraktion)是指在代表机关中持相同政治意见的代表为了有效分配和执行任务而组成的代表团(Zusammenschluss)。从代表团体的角度来看,党团的主要功能是准备和明确问题,以便代表团体进行讨论和决定。就此而言,党团简化并且减轻了代表团体的议事过程⑤。

党团的性质因两个功能而异。一方面,党团可以促进代表在作出自由决定时进行合作,协调工作,必要时设置工作机构(办公室和工作人员)。在此范围内,党团是私法主体,与其下设的机构

---

① 关于自费的范围(Bemessung bei Selbständigen),参见 BVerwG, NVwZ, 1990 年,第 162 页。
② 参见本书第 2 卷第 67 节第 5 部分;奥森布尔:《国家赔偿法》,1998 年第 5 版,第 107 页以下。
③ BayGO 第 20 条第 3 款和第 51 条第 2 款, NwGO 第 22 条第 2 款, NdsGO 第 39 条第 4 款。
④ 亨内克(Henneke), Jura, 1992 年,第 130 页以下;胡腾布林克(Huttenbrink): DVBl., 1981 年,第 989 页;盖特勒(Gärtner), VR, 1992 年,第 433 页以下;明确的是泰斯勒(Teschner):《乡镇合议制机关违法决议的职务赔偿责任》,1990 年,第 284 页以下,第 297 页以下。
⑤ 迈耶(Meyer):《地方政党和党团法》,第 259 页以下。

共同构成没有法律能力的民事团体或者公司。另一方面,地方法和议事规则赋予党团特定的权利,有的地方法甚至要求成立党团,并且赋予其要求地方财政拨款的请求权。在此范围内,党团是具有部分法律能力的公法团体,从其被赋予的权利来看,属于代表团体的机构组成部分[1]。

(2)党团的组建及其权利。组建党团是代表作为工作人员享有的一种权利。这是因为,有效执行并且为此设立必要的工作机构的权利是代表职能的组成部分(代表权的附属权利),因此可以称之为代表组建党团的权利。地方法有关党团组建的规定仅具有宣示的性质。根据《基本法》第28条第1款第2句以及州宪法的相应规定,党团组建权受宪法保障。因此,没有必要再援引《基本法》第9条第1款和有关的基本权利保障了。

党团的组建采取公法协议的形式,至少在两名代表之间。在法律没有明确规定时,代表团体可以确定组建党团的最少代表名额,但必须考虑代表的全体名额数量,维护工作效能,并且不得构成不合乎比例的限制。

参加党团组建的代表必须属于相同的党派或者竞选人联盟。对代议职能的保障而言,这是必要的。代表团体中的党团被赋予了一系列的重要权利,如果党团成员的政治意见相反,选民意志的表达就会受到严重的损害。一些州的地方法明确规定了政治意见一致的具体认定标准。

黑森州的规定比较特殊。该州《乡镇条例》第36a条规定,属

---

[1] BVerwG, DÖV,1992年,第832页。

于同一政党或者候选人名单的必须依法组成党团。

党团的存续期间与代表团体持续期间一致,随着代表团体任期的结束而解散。这里遵循的是所谓的不连贯性原则[1]。与此不同的是与党团作为公法团体而同时建立的私法机构,它们并不当然随着代表团体任期的结束而终止,相反,可以按照有关私法原则而继续存在。

党团的一部分权利由地方法规定,另一部分权利由代表团体的规章和议事规则规定,其中主要是申请权、知情权和其他参与权,例如决定专门委员会的人选。党团可以通过地方组织争议程序来保护权利。

(3)内部秩序。作为代表团体的组成部分,党团的内部秩序必须遵循民主、法治以及与代表行为有关的其他原则的基本要求。

(4)逐出党团。这是党团对其成员可以采用的最有力的纪律维护手段,是党团权利的自然结果,符合党团作为实现特定政治目的的意见联盟的本质。

只有党派能够对其成员进行纪律惩戒,不同党派和党团之间必要的政治力量平衡才能形成。

从代表的政治活动范围来看,逐出党团应当遵循严格的要求。逐出党团意味着代表虽然没有被剥夺作为代表的职责,但成为了无党团的代表,不再可能参与有关委员会的工作。按照法律听证原则,应当听取关系人有关基本事项的意见。逐出代表的申请必须及时明确地事先告知纳入党团全体会议的议程,只有党团全体

---

[1] 明斯特 OVG,NVwZ-RR,1990 年,第 505 页(Prinzip der Diskontinuität)。

会议的多数才能作出决定。

关于逐出党团的实质理由到底是什么,有待进一步明确。朱雷格认为,任何严重妨害党团秩序的行为都足以构成逐出的理由①。通说认为这里的裁量空间过于宽泛,仅在明显违法、违反道德或者其他严重不轨行为时,才能逐出党团。

通说的着眼点仍然是民法上众所周知的"重要理由"这一不确定法律概念。加入地方议会党团所建立的法律关系具有党团成员个人合作的特征。代表有意无视党团确定的政治路线,实质上偏离党团的目标,致使代表与党团之间的信任关系受到严重损害的,则构成重要理由。逐出党团程序应当遵守的其他基本标准是比例原则和最后手段(ultima ratio)原则,因为逐出党团同样会损害党团自身。逐出党团不得造成代表丧失其资格,因为这不符合《基本法》第38条第1款。党团不得(通过其他代表)取代被逐出的成员,因为这可能使议会规模不合理地扩大。

逐出党团的法律保护手段是《行政法院法》第123条第1款规定的临时命令以及随后提出的诉讼程序,其中尤其是地方组织争议程序。行政法上的救济途径尤其值得选择,通说认为,这里所涉及的虽然是民法问题,但由公法组织内部的法律活动引起,而这对(民事问题的)判决来说是至关重要的预决问题。

(三) 代表团体的职权

1. 必要的一般职权。鉴于其民主合法性,乡镇和县的代表团

---

① 朱雷格(Zuleeg),JuS,1978年,第243页。

体在任务分配方面处于核心地位。许多地方法都规定了内部的完全管辖权，凡是没有分配或者委托给其他机关(行政领导)的任务都由乡镇和县议会负责。地方法有关必要职权或者保留任务的规定更是强化了代表团体的核心地位，这些职权和任务不得转授给其他机关，其中主要是有关的决定或者措施具有特殊意义或者涉及基本权利。仅在紧急情况下才允许有例外。保留范围的事项也不得委托给专门委员会。

乡镇或者县议会的保留任务具体包括：

(1)制定、修改和废除规章和其他地方法(Ortsrecht)；

(2)乡镇区划的调整；

(3)专门委员会的设置；

(4)乡镇工作人员一般法律关系的调整；

(5)乡镇预算决议；

(6)确定捐税和收费的一般标准；

(7)决议地方设施和企业的设立、实质性扩大或者缩减、解散。

许多地方法将乡镇大会或者县议会标志性地称为地方首脑机关，以突出其核心地位，但这仅限于自治活动领域。就此而言，近年来值得注意的一个趋势是，国家任务越来越多地转移到地方，其中主要是县，乡镇代表团体在地方的意义和影响力因此逐步下降。这已经影响到地方自治的理想，因为名誉职和代表性是市民自治的标志，而其实践形式正是乡镇和县议会代表的工作。

2.委托权和撤回权。代表团体保留范围之外的任务原则上可以委托给专门委员会或者行政领导执行，但必须注意审查事务的性质是否适合委托,这里可以采用重要性理论提出的标准。凡是属于乡镇公权力领域的具有原则性意义的地方政府任务和影响居民或者他人基本权利的事项都不得委托给专门委员会或者行政领导决定。

地方法有关代表团体委托权的规定各不相同,但都规定可以委托专门委员会和行政领导,差异主要在于任务委托的撤回。

有的地方法规定,乡镇或者县议会可以收回分配或者委托给其他机关的任务①。有的地方法规定地方议会可以保留最后决定权,或者保留对其他机关决定的变更权和撤销权②。这些不同形式的委托性质上都属于"假委托"。

3.与行政首长的关系。对代表团体与行政首长之间的法律关系,不同层面的地方法规定多种多样,但都十分明确地确立了他们之间的相互依赖关系和现代地方政府的分工模式。

结构性的分工主要体现在地方政府的许多决定程序都需要地方议会的参与。行政领导及其内阁被赋予的任务是为决定作专业性的准备,同时考虑代表团体的有关政策导向。在代表团体作出决议之后,行政领导则负责决议的执行。

正如上文在知情权部分指出的那样,除了接受具体的委托和询问之外,行政领导还应当将重要的地方行政事项及时通报地方议会。该义务是地方政府内部制度的组成部分,由行政领导最后

---

① 例如 BwGO 第 39 条第 3 款,MvGO 第 22 条第 2 款,ShGO 第 27 条第 1 款,SanGO 第 45 条第 2 款。

② 例如 BbgGO 第 35 条第 3 款,NdsGO 第 40 条第 2 款,NwGO 第 41 条第 3 款,ThürKO 第 22 条第 3 款。

负责。

除了合作之外,代表团体与行政领导之间还存在相反的相互制约关系。地方法规定如下两种基本模式:

(1)外部监督主导模式。代表团体作为行政领导的职务上司,监督后者执行决议的情况,以及行政领导自主领域中的情况,包括下属工作人员。

(2)内部监督主导模式。行政领导自行监督所属机关活动的合法性与合目的性,性质上属于内部行政监督(参见下文第一百零二节)。监督职能属于行政领导的核心职责,与地方监督联系密切(参见上文第九十四节)。

上文有关代表团体与行政领导之间任务分工与相互关系的介绍限于自治任务领域。在转授的任务领域应当注意的是,行政领导享有广泛的机关权限,与代表团体的合作就没有那么大了。代表团体在该领域只享有法律明确规定的立法权(Rechtssetzungsbefügniss)。既然与代表团体的组织权限关系弱化了,行政领导的信息义务也需另当别论。有的地方法明确规定,在转授的任务领域,行政领导只向行业监督机关负责①。

(四)决议及其执行

1.决议程序。地方代表团体的表决过程必须公开,以便公众监督,并且防止发言与表决自相矛盾。公开表决的一种特殊形式是记名表决。

---

① 例如 MvKV 第 38 条第 5 款和第 115 条第 4 款。

在特殊情况下可以秘密表决，但必须由法定数量的代表提出申请，并且合理证明有关的个人正当权益或者公共福祉理由。意见交流过程本身无需公开并且与第三人无关的，可以秘密表决，否则，决议违法。秘密表决并不妨碍代表事后公开其表决的立场。

《北威州乡镇条例》第 39 条第 3 款规定只有书面提出的申请才需要表决，只有正式纳入议程的事项才需要作出决议。临时决议必须提前补充入议程。

确认表决结果时不考虑弃权票。《拜仁州乡镇条例》第 48 条第 1 款规定弃权票没有适法性。这是因为，符合民主原则的多数决定并不一定要以总投票数的过半数为前提[①]。

对多数申请而言，全票通过（En-bloc-Abstimmung）的要求没有适法性，因为这实质上属于对有关事项表决自由的违法干涉。

申请的表决顺序由议会主席在主持权内裁量确定，但主要议程应当具有计划性（与合理性）。业务上比较广泛的申请应当优先表决。

表决的结果是决议，必须客观地陈列其（主要）内容。陈列由作出决议的代表团体自己负责。个别代表的瑕疵意见原则上不予考虑，但决议出于犯罪行为的情形除外，例如强迫、胁迫或者贿赂等。这种决议无效。违反表决禁止的回避也需要注意。

2.决议的执行。决议必须在本次或者下次公开会议上发布。性质上属于决定的决议，还需要按照法律规定的发布方式发布，其中尤其是具有行政行为性质的决议。

---

① BVerwG, NVwZ, 1993 年, 第 378 页。

决议的法律效果因决定事项而异。这里需要注意区分有或者没有外部效力的决议,具有直接法律效力的决议和还需要行政领导进一步落实的具有间接法律效力的决议。

3.决议的监督。代表团体决议首先受议会主席和(即)行政领导的监督,范围涉及合法性与合目的性,后者限于可能危害乡镇或者县的福祉的决议。拜仁州、萨兰州和图宾根州没有规定合目的性监督。

另外一种监督方式是公民申请复议或者向行政法院起诉(参见第一百零二节)。

三、行政领导体制:独任制与合议制

(一) 组织模式

尽管存在一些差别,当代地方政府的组织模式已经出现了相当程度的一致性。除了黑森州例外,其他州的行政领导都采取独任制。

在乡镇层面,乡镇长作为独任制的乡镇行政机关,主持地方行政工作。与此相反的是黑森州的委员会制:合议制的委员会或者理事会作为乡镇行政的领导机关[1]。史荷州于1998年放弃了委员会制。20世纪90年代末期,下萨克森州放弃了所谓的双重领导体制,即乡镇长和乡镇主任、市长或者市主任、县长和县主任都是行政领导。莱普州设立由市长和副市长组成的理事会行使特定

---

[1] HeGO第9条第2款、第66条第2款和第71条。

的决定权,《北威州乡镇条例》第 70 条规定设立由市长、专职副市长和财政局长组成的行政理事会作为合议制机关行使特定权限,但这没有原则上改变独任制的决定模式。

20 世纪 90 年代一些州的乡镇长由乡镇议会选任,后来多数州规定乡镇长由居民直选。作为例外,只有个别州的乡镇条例仍然规定乡镇长由议会选举①。大多数的乡镇条例都规定享有选举权的居民可以提前罢免乡镇长②。

只有下萨克森州、北威州和萨兰州的地方法规定设置专职乡镇长③。其他州的乡镇条例都在不同程度上规定由名誉职的市长作行政领导④。

在县级市即州法规定的一定规模的市,市长被称为高级市长⑤,而副市长则被称为市长。《拜仁州乡镇条例》第 35 条是例外,规定乡镇议会可以——在高级市长之外——从其成员中选任一名或者两名"市长"。

县层面的独任制行政领导是县长,例如《萨安州乡镇条例》第 24 条和第 46 条。与此不同,《黑森州乡镇条例》第 8 条和第 36 条第 1 款规定实行合议制的行政领导模式,县委员会是领导机关,由县长任主席。在《北威州乡镇条例》第 8 条和第 50 条第 1 款规定

---

① NwGO 第 65 条第 2 款,ShGO 第 49 条第 2 款。
② 例如 SanGO 第 61 条第 1 款,ShGO 第 66 条。
③ NdsGO 第 61 条第 5 款,NwGO 第 62 条,SaKSVG 第 59 条第 2 款。
④ 例如 HeGO 第 44 条第 1 款,ThürKO 第 28 条第 2 款。SanGO 第 57 条第 1 款规定乡镇联合体的市长是名誉职公务员。
⑤ HeGO 第 45 条第 1 款,NwGO 第 40 条第 2 款,SanGO 第 57 条第 3 款,ThürGO 第 28 条第 1 款。

的县政府模式中,除了县议会之外,县长和县委员会都是独立的行政机关;凡不属于县议会权限内的事项和日常行政业务事项,都由县委员会负责。在县长由居民直选方面,各州的县组织法存在一致性,例如《萨安州乡镇条例》第47条第1款。

(二) 行政领导的任务和权限

行政领导负责乡镇政府的内部机构设置(机构设置权),监督所属部门、机构、工作人员按照分工执行任务或者按照指令执行转授的行政任务(监督权),例如《北威州乡镇条例》第62条第1款。他可以发布一般的或者具体的指令(指令权),取代主管工作人员执行其任务(直接介入权),按照劳动合同法或者公务员法对违法行为实施制裁(惩戒权)。乡镇长(市长)是副乡镇长、公务员、职员和工人的顶头上司和业务领导[1]。针对第三人,行政领导还享有家主权。大多数州的乡镇条例规定,乡镇长是乡镇议会的当然主席[2],但黑森州是例外。

行政领导主管与执行议会决议有关的[3] 日常行政业务[4]。与所谓的议会制不同,在市长制模式中,地方组织法规定市长享有一些独立于议会的职权。各州的乡镇条例规定,议会可以委托行政领导自负其责地执行委托的任务[5]。这里需要注意区分行政领导

---

[1] NwGO第73条第2款,SanGO第63条第5款,ThürGO第29条第3款。
[2] NwGO第40条第2款第4句,SanGO第36条第1款第1句,ThürGO第23条第1款。
[3] HeGO第66条第1款第1句,ThürGO第29条第1款。
[4] HeGO第9条第2款,SanGO第63条第1款第2句。
[5] HeGO第66条第1款第3项,NwGO第62条第2款第3句,SanGO第63条第3款。

依法执行(国家)转授的外来行政任务[①]。

行政领导对外代表乡镇[②]。《拜仁州乡镇条例》第 39 条是例外,规定行政领导对外代表权原则上不受限制[③]。无论内部权限分配如何,行政领导的活动原则上都有外部效力,除非第三人知晓(尤其是勾结)或者具有损害内部约束力的严重过失。另外,还必须遵循乡镇条例规定的形式要求,例如职责说明采取书面方式、签署、盖章等[④]。

(三) 下级行政机构

主要是副乡镇长和工作机构。

1.副乡镇长。在委员会制模式中,副乡镇长本身是行政领导机关的组成部分;在独任制模式中,副乡镇长不是机关意义上的行政领导,而是直属乡镇长的"副手"和下级。他经常被称为"分管领导",在所属的任务分工部门被称为"……科(局)长"。州乡镇条例有关副乡镇长选任和地位的规定各不相同,其任期通常与乡镇长一致。第一副乡镇长通常是乡镇长的一般代理人[⑤],议会也可以指定担任乡镇长代理人的副乡镇长[⑥]或者其顺序[⑦]。副乡镇长通常由乡镇议会选举[⑧]或者临时任命。这里需要注意副乡镇长有名

[①] SanGO 第 63 条第 4 款, ThürGO 第 29 条第 2 款第 2 项。
[②] 例如 ThürGO 第 31 条第 1 款。
[③] BGH, DBVl., 1979 年, 第 515 页; BayVGH, NVwZ, 1990 年, 第 892 页。
[④] HeGO 第 71 条第 2 款, NwGO 第 64 条第 1 款, SanGO 第 70 条。
[⑤] BwGO 第 49 条第 4 款, HeGO 第 47 条。
[⑥] SanGO 第 64 条第 2 款。
[⑦] NwGO 第 64 条第 2 款。
[⑧] SabGO 第 66 条第 1 款第 3 句, ThürGO 第 32 条第 4 款第 4 句。

誉职和专职之分,《北威州乡镇条例》第71条第2款只规定了专职的副乡镇长。一些州以名誉职为基础模式,但也允许选任专职的副乡镇长①。乡镇长不受副乡镇长"各管一摊"原则(Ressortsprinzip)的限制,可以向副乡镇长发布指令,甚至行使直接介入权②。在独任制中,副乡镇长必须以乡镇长的名义活动。

2. 分支工作机构。乡镇行政传统上都分设下属工作机构。法律虽然不作明确规定,但都是按照事务性质设立的专业机构单位。到底如何设置,原则上属于乡镇长、乡镇理事会或者市委会的组织权。工作机构不是外部机关,没有法律能力,因而必须以行政领导的名义活动。工作机构在执行自治任务与转授任务之间的分工也没有外部意义。

3. 间接乡镇行政。除了乡镇长、副乡镇长和工作机构负责的直接乡镇行政之外,还存在主要由私法组织形式的乡镇设施——执行行政任务的乡镇直属公司或者控股公司——负责的间接乡镇行政。组织和预算上相对独立的组织单位也属于直接乡镇行政,例如采取直属企业形式的特别财产。

4. 不分设下属机构的乡镇。一些乡镇条例规定,特定规模的乡镇如果只是行政共同体或者行政机关的成员,而不是主体乡镇的,可以不、甚至不得分设自属工作机构③。在这种情况下,没有必要设立副乡镇长和其他工作机构。

---

① HeGO 第44条第2款, ThürGO 第32条第3款。
② SanGO 第65条第3款。
③ SanGO 第64条第1款和第65条第1款。

四、市镇的区和村

它们不是具有法律能力的公法人,因而不是《基本法》第28条保障的自治保障主体。但是,在其内部法律地位受侵害时,可以诉诸地方机构争议程序。

对内部分区的界限,应当从宪法确认的乡镇整体结构的角度认识。《基本法》第28条第1款第2句的出发点在于,只有乡镇才是居民赋予其民主合法性的法律主体。这意味着,作为乡镇权力来源的居民民主合法性制度不得受到任何破坏。

德国的乡镇条例实际上规定了两种组织模式,一是市区(Stadtsbezrke)和村(Ortschaft),二是专区(Ortsbezirke)或者小区(Ortsteile)。

（一）市区和村模式

针对这种特殊的行政组织形式,一些州的乡镇条例专章规定了小区组织法或(和)村组织法。分区或者村的设立由乡镇裁量决定。这方面的最好范例是《巴符州乡镇条例》第64条至第73条,最有特色。下萨克森州、北威州、萨兰州、萨克森州和萨安州的作法类似。

1.市区组织。《巴符州乡镇条例》第64条规定,居民人数多于10000人的市镇或者由空间上分离的小区组成的市镇可以在章程中规定设立市镇区,它们可以由毗邻的小区组成。设立市镇区的后果是,它们可以获得一定的发展独立性,选举区谘议会(Beirat),设立区行政机构。《下萨克森州乡镇条例》第55条和第55a条、

《萨兰州地方自治法》第 70 条和第 77 条、《萨克森州乡镇条例》第 70 条第 1 款至第 3 款、《萨安州乡镇条例》第 86 条作了同样的规定。

区谘议会委员会的选举由市镇议会负责,通常在乡镇议会选举后由该分区内有选举资格的居民选举产生。乡镇议会的政党竞选结果应当予以考虑。在居民人数多于 10000 人的乡镇,区谘议会的选举可以直接适用乡镇议会的规定。下萨克森州的规定有所不同,该州《乡镇条例》第 55b 条第 1 款规定了分区居民的直选。区谘议会的任务是为区行政提供咨询意见,凡乡镇所属机关对涉及市镇重要利益的事项都要听取区谘议会的意见。谘议会主席由市镇长担任,除非市镇长拒绝或者谘议会选任了区长。区行政机构是市镇的派出机构。

区谘议会的职权和权利比较广泛,有的由法律直接设定,有的由市镇章程规定根据市镇议会的委托执行与本区有关的任务,但资金由市镇议会提供。区谘议会有权随时参加市镇议会并且发言,可以提出建议和动议[1]。

2.村组织。下萨克森州称之为乡镇区。《巴符州乡镇条例》第 67 条、第 68 条第 1 款规定,在空间上(可以)相互分离的小区(Ortsteile)可以设立村,但必须在乡镇章程中明确规定。与其他州不同的是《萨安州乡镇条例》第 86 条第 1 款,只规定了村组织的设立。村可能是乡镇机关的所在地。在建设规划上不宜相互分离的小区则不设村,这似乎与章程规定的空间界分要求冲突。

---

[1] NdsGO 第 55c 条以下,NwGO 第 37 条以下,SächsGO 第 71 条第 2 款。

村性质上不属于具有法律能力的公法人,没有独立的法律人格。

《巴符州乡镇条例》第 68 条第 2 款规定,如同市镇区那样,村也设立村委会(Ortschaftsrat)。该条第 4 款规定,村的工作机构由乡镇负责设立,性质上属于乡镇行政机关的组成部分。第 72 条规定,有关乡镇议会的规定准用于村委会,除非该条例对村委会的组织和程序作了特殊规定。村委会的选举准用乡镇议会的有关规定,并且与乡镇议会选举同时进行。村委会成员的数量在乡镇章程中规定。村委会主任即是村长(Ortsvorsteher),选举结束后仍然在村委会就职,属于名誉职工作人员。《萨兰州乡镇条例》第 15 条至第 19 条和第 75 条规定,村长也适用有关名誉职活动的一般规定。所有在村居住的公民都享有村委会的选举权和被选举权。乡镇长可以参加村委会会议,根据其要求,村长应当向其汇报,但乡镇长没有表决权。乡镇议会也享有参与权,但在村委会会议中只享有咨询性的表决权[1]。

村委会的任务、权利和义务主要是:(1)为涉及本村的乡镇行政工作提供咨询;(2)涉及乡镇重要福祉事项的听证权;(3)根据乡镇章程的授权,对本村事务作出决议;(4)法定附和权。村委会行使权利、履行义务不能只考虑本村利益,而是应当一并考虑所在乡镇的整体利益[2]。

---

[1] BwGO 第 69 条第 4 款,SanGO 第 86 条第 7 款,NdsGO 第 55e-h 条,SächsGO 第 65 条第 3 款至第 4 款。

[2] SaGO 第 73 条第 3 款至第 4 款,SanGO 第 87 条第 1 款至第 2 款,SächsGO 第 67 条第 1 款至第 4 款。

《巴符州乡镇条例》第 79 条第 3 款规定村委会主任兼任村长，各州的规定不尽相同。《萨安州乡镇条例》第 86 条第 6 款规定，村长担任村委会主任。《北威州乡镇条例》第 39 条第 6 款规定，无需任命村长。《萨克森州乡镇条例》第 68 条第 1 款和第 2 款规定村委会自主选举村长。

《巴符州乡镇条例》第 71 条第 1 款第 3 句和第 5 句规定，村长独立开展工作，不受乡镇长指令的约束。在村委会选举结束后，根据村委会的提名，村内有选举权的居民选任村长。第 72 条规定，村委会成员可以被选任为村长，但村长在村委会中不享有表决权。第 71 条第 1 款规定，乡镇的公务员或者乡镇议会的成员在村委会任职期间也可以被选任为村长，但乡镇长和副乡镇长除外。选举结束后，乡镇长根据选举结果任命村长。他属于名誉职公务员，适用有关名誉职活动的一般规定。村长的任命行为具有外部法律效果，性质上属于行政行为。村长在任期内受村委会的约束。《巴符州乡镇条例》第 71 条第 1 款和第 72 条没有规定担任村长这一名誉职的年龄界限。

村长可以参加乡镇议会的活动，可以提供咨询性意见，但无正式表决权[①]。村长代表乡镇长执行村委会的决议，领导本村的行政工作。在法律授权的范围内，村长代表乡镇处理具有法律约束力的外部公私法律关系。《巴符州乡镇条例》第 53 条规定，村长可以将该特殊代表权委托给公务员或者职员。村长在行使该项代表权时受乡镇长和副乡镇长指令的约束，不享有直接介入权和撤回

---

① BwGO 第 71 条第 4 款，SächsGO 第 68 条第 2 款至第 3 款。

权。该代表权还含有一定的独立实体决定权。《巴符州乡镇条例》第44条第1款第2句规定,村长只负责本村行政任务的办理和执行,以及村行政机构的设置。第44条第2款至第3款规定,乡镇长可以裁量决定授权村长自负其责地独立执行特定的任务。

拜仁州借鉴了巴符州的作法。该州《乡镇条例》第60条以下规定,市镇区的设立遵循相同的原则。设立村的关键在于,根据三分之一以上的乡镇居民申请,乡镇是否要在特定日期单独召集村民全体大会选任村的发言人(Ortssprecher)。《拜仁州乡镇条例》第60a条规定,他可以参与乡镇会议,享有咨询性表决权,为了乡镇利益可以提出申请。《拜仁州乡镇条例》没有规定村委会那样的组织。

(二) 小区或者专区模式

布兰登堡州、黑森州、麦福州、莱普州和史荷州采取了这种模式,小区或者专区是乡镇内部分区。史荷州甚至采用了"村庄"(Dorfschaft)这一概念。它们由乡镇议会决议设立,具体在乡镇章程中规定①。麦福州《地方组织法》第42条第1款规定,在县级市,由市代表大会决定小区的设立。

1. 小区谘议会。大多数州的地方法规定,小区谘议会成员由居民选任,选举程序在城镇章程中规定②,各州的具体作法有所不同。《黑森州乡镇条例》规定,小区谘议会的选举与乡镇代表大会

---

① BbgGO 第54条第1款,HeGO 第81条以下,RpGO 第74条,ShGO 第47a条。
② BbgGO 第54条第1款,MvKV 第42条第5款,ShGO 第47b条。

的选举同时进行。《莱普州乡镇条例》规定,小区谘议会的组成由乡镇代表大会根据小区居民在乡镇代表大会选举中的投票结果予以确认。史荷州采取类似的作法。

凡是采取这种分区模式的州,向小区谘议会分配任务的方式和方法几乎一致。小区谘议会都依法享有有关本区事务的建议权、听证权和报告权①。在不妨害乡镇行政工作统一性的前提下,乡镇可以委托小区谘议会对某个或者某类事务作出可撤回的或者最终的决定。这意味着,乡镇代表大会可以委任小区谘议会自负其责,但同时保留裁量性的撤回权②。

2.区长。这在很大程度上参照第一种模式中有关村长的作法。选任程序在乡镇章程中规定。在黑森州,区谘议会从其成员中选任区长。《莱普州乡镇条例》第71条第1款规定,区长由小区内有选举权的居民从谘议会成员中选任。对涉及本区的重要事项,区长享有建议权、听证权和报告权,可以为乡镇机关提供咨询性、创议性的支持③。乡镇代表大会及其专门委员会的会议可能影响本区利益的,区长都可以参加,享有发言权,但无表决权④。区长的活动属于名誉职性质。

---

① BbgGO 第 54 条第 3 款和第 4 款,MvKV 第 42 条第 2 款。
② HeGO 第 82 条第 4 款,ShGO 第 47a 条至第 47c 条。
③ BbgGO 第 54 条第 3 款和第 4 款,MvKV 第 42 条第 2 款,RpGO 第 76 条第 1 款,ShGO 第 47a 条至第 47c 条。
④ BbgGO 第 54 条第 5 款,MvKV 第 42 条第 2 款。

五、其他地方机构和设施

(一) 咨询机构

1. 区谘议会和外国人谘议会。由区长作主任的区谘议会的法律地位由(小、分、专)区组织法规定①。区谘议会并非城镇行政机关的直属组成部分,其任务是就本区事务向行政机关提供咨询意见②。一些州的乡镇条例规定设立外国人谘议会向行政领导提供咨询意见,属于广义上的行政机构③。

2. 专员和委员会。专员在乡镇行政中享有特殊地位。一些州的乡镇条例规定任命专员,例如地方平等专员④或者残疾人专员⑤。它们针对乡镇议会和行政领导依法代表有关方面的利益。

有的乡镇条例规定,为了稳定办理或者监督某方面的业务,或者执行临时委托,行政领导可以下设委员会⑥。

(二) 地方公民请愿的组织化

1. 地方公民请愿的发展及其法律形式。公民请愿以及有关的公民决议属于公民在地方层面参与行使国家权力的最有意义的直接民主方式。借此,公民在选择代表议决事务之外,直接对事务本

---

① ThürGO 第 45 条以下,比较 NwGO 第 35 条规定的市镇区。
② HeGO 第 82 条第 3 款,SanGO 第 87 条第 1 款。
③ HeGO 第 88 条第 1 款。
④ NwGO 第 52 条,SanGO 第 74 条。
⑤ SanGO 第 74 条规定自 2005 年 1 月 1 日起在县级市设立。
⑥ 例如 HeGO 第 72 条。

身作出决定。经过长期的批判性沉寂之后,在20世纪80年代和90年代,公民请愿和公民决议在联邦范围内开始成为公民民主参与的一种特殊方式。原来所担心的地方行政决定程序可能被打乱的情况并没有出现。实际上,公民请愿从一开始就是公民有组织有纪律地参与地方代表团体工作的一种途径。

州有关公民决议资格的规定有所不同。《北威州乡镇条例》的限制最为严格,《拜仁州乡镇条例》的限制最宽松。

公民请愿与公民决议的合宪性以前存在广泛的怀疑,因为代议职能属于乡镇议会。现在它们被视为地方居民行使作为《基本法》第28条第1款之基础的人民主权的一种形式,与代议机关一样享有直接的民主合法性保障,即使它们在很大程度上具备与代议制相同的价值。

2.公民请愿的组织法定性。公民请愿在组织法上该如何归类?从《基本法》第20条第2款第2句规定的选举和表决地位平等来看,公民请愿性质上属于公民行使国民的基本权利、履行国民的基本义务从而行使国民主权的一种组织形式[1]。少数派意见主张公民请愿和公民决议的进行需要设立机构或者准机构,而通说对此表示反对[2],因为这种公民表决形式只不过是打破现有的选举和民主合法性制度,回归(传统的)意见形成和决策责任制度,其实际意义仅仅在于以咨询方式将有关方面的不同利益有组织地表达出来而已。乡镇代表大会不应受公民请愿的任何妨碍,只需按

---

[1] BVerfGE,第60卷,第175页,第201页;第96卷,第139页,第148页。
[2] 格莱福斯瓦尔德(Greifswald)OVG,DVBl.,1997年,第1282页;卡塞尔VGH,DVBl.,1997年,第1280页;慕尼黑VGH,BayVBl.,1998年,第24页。

照自己的动因和法则进行活动,作出对乡镇具有约束力的决定。只有在乡镇代表大会不行使决定权的情况下,公民决议才能取消它作为决定主管机关的地位。因此,没有将公民请愿进一步发展成为一种独立的乡镇组织的必要。再说,功能适当的组织结构原则不能因公民请愿而受到妨害。

任何签名或者事后参与表决的人可以通过法院主张其民主参与的机会,除非州法律明确限定了保护这种法律地位的人员范围,如代理人或者代表人。

(三) 地方设施

1. 概念。中等或者大型规模的乡镇、市、县的现代地方政府是一种高度复杂的管理和服务设施,折射着现代服务行政及其组织的多面性。组织机构的分设是地方长久以来的传统,其中最突出的是地方设施,它与深受欧洲影响而又丰富多彩的生存照顾这一主题联系密切,因而成为了现代地方组织法的一个核心议题。需要注意,该议题分为两个不同而又相互密切关联的问题:一是组织(法)形式,二是居民针对地方设施的进入和使用请求权。后者属于给付行政法的范畴,这里仅在有助于说明有关的组织法问题时才予以提及。

地方设施是为了提供或者筹备特定的服务而设立的人员和(或)财物的集合体。纯粹由物构成的设施是广场或者市场,多数设施提供服务都需要借助人(力)。将人和物组合起来的决定必须目的明确,唯由此,设施才能成为一个"单位",才能进一步被赋予其他相关的法律属性。

另一个需要在决定中明确的法律属性是内部设施和外部设施。内部设施只供行政机关使用,例如图书馆和计算机室。外部设施也可以由居民或者第三人使用,属于以公民使用请求权为基础的公共设施。使用请求权的条件在命名行为(Widmungsakt)中确定。

命名属于行政法上的一种意思表示行为[1],表现形式多种多样。它可能是《联邦行政程序法》第35条第2句规定意义上的行政行为,也可能是包含处理内容并且确定使用权的规章。命名是具有正式约束力的设施目的证明,使用人的范围也由此确定,而居民也只能在此范围内行使使用请求权。按照地方法的明确规定,公共设施的使用权仅在法定条件以及命名和使用规章规定的范围内行使。一般认为,居民无权要求设立或者扩大有关的设施[2]。但是,法律或者地方监督法可以将设立设施确立为地方的自治任务。作为例外情形,如果这种法律规定具有个人权益保护的目的,公民可以要求地方政府提供有关的服务并且为此设立必要的公共设施[3]。

需要注意的是事实性、推测性和推论性的命名。借助这种分类,即使没有命名行为,事实上提供了服务并且已经为居民使用的设施即认为是公共设施。这里需要区分如下两个方面:一是如同其他行政法上的意思表示行为,命名行为也可以通过其他有关的

---

[1] NwOVG,DVBl.,1971年,第218页。
[2] 科布伦茨 OVG,DVBl.,1985年,第176页;NwOVG,NVwZ-RR,1993年,第318页。
[3] 曼海姆 VGH,VBlBW,1994年,第147页。

行为方式表现出来,居民能够稳定使用设施的事实本身足以构成推论性的命名行为[1];二是组织权也可能包含命名的内容,乡镇和县议会的保留也包括命名,即筹备设施为居民提供服务。地方法虽然没有明确指出地方设施的命名行为,但有关谁可以成为使用人的问题不可能与设立问题分开。就推论性命名而言,必须追根溯源到代表团体的某个决议,即使不那么准确。如果没有可以作这样解释的代表团体决议,则需要从其他角度寻找推论性命名的依据。如果事实上的使用依据是行政领导的决定,则可能构成超越组织权限。在外部关系中,这种缺陷不会导致《联邦行政程序法》第44条规定的无效,而只构成违法。无论代表团体是否作明确的声明,都不影响命名行为的实际存在。

供居民使用的设施的部分命名也值得关注。例如教练场(馆)原则上只供内部使用,但也可以明确指出可以用于举办体育或者福利活动[2]。

地方设施的命名不一定将使用人限于居民。地方法通常规定只有居民或者在地方从事经营活动或者拥有不动产的人才能使用,但这并不意味着命名不得扩大使用人的范围。一些具有周边意义的垄断性设施,尤其是文化设施,例如影剧院、剧院等,只有大城市才有可能建立,其开放性可能是基本权利上的要求。

需要另当别论的一个问题是外包是否会改变命名:设施原本供本地居民使用,但却可能外包给外地人。如果外包没有代表团

---

[1] BayVGH, BayVBl., 1969年,第102页;艾里克森:《地方法》,第10章第4部分。
[2] NwOVG, NJW, 1980年,第901页。

体的决议为依据,则不构成设施的扩大。外包的条件可以从《基本法》第3条第1款规定的行政自我约束原则中推导出来。

《政党法》第5条规定政党享有进入和使用的请求权。这里需要注意的是,地方选民团体不属于政党法的调整范围,只能作为地方法人行使准入请求权。

通说认为,设立设施的命名行为,除了使设施的公法组织形式和公法使用方式得以明确之外,还具有一并明确设施所属物品属于公产的法律效果。对只有一个或者少数财产组成的设施而言,命名当然具有这种效果。对产权和功能结构复杂的设施而言,命名行为不足以达到设定新公产法律地位的要求,因为这属于法律保留的范围。

2.地方设施的主体性与事实上的服务提供行为。在组织法上区分公共设施所属的主体与事实上的维护或者服务行为具有重要意义。地方公共设施所属的主体是地方区域性团体或者地方目的联合体。暂且不论实践中比较少见的被授权人,公共设施的所属主体只能是地方团体。但是,这并不意味着地方团体必须自己直接筹备人和物并且直接提供服务。作为组织法上的分身术,地方政府可以利用私人,条件仅仅是必须按照地方法的规定以合同或者其他方式保障服务的准备和提供。司法界提出的办法是地方政府保留最终决定权[1],施加决定性的影响[2],以及事实上能够控制[3]。公共设施的所属主体与服务提供主体之间的区分在很大程

---

[1] 奥斯堡VG,NVwZ-RR,2001年,第468页。
[2] 福莱堡VG,GewArch,2001年,第468页。
[3] 科布伦茨OVG,DÖV,1986年,第153页。

度上拓宽了地方设施提供服务的组织形式。

如果地方设施的所属主体与服务提供主体不同,就需要注意区分不同的法律关系,即地方政府、使用人和经营者之间的关系。

地方政府与经营者之间的关系由私法合同确定。经营者的义务是按照地方政府在合同中提出的具体要求向使用人提供服务,地方政府必须在合同中保留指令权,借此才能确保地方法规定的针对经营者的使用请求权得到落实。

私方经营者与使用人之间的关系属于私法性质。公法形式的使用关系需要以授权为前提,在实践中很少应用,限于地方政府的直属公司或者控制主要股份的混合经济组织的情形。

地方居民不能直接针对私方经营者行使使用请求权,因为后者不受地方法的直接约束,地方政府才是请求权针对的义务人。居民的使用请求被违法拒绝的,只能向作为设施主体的地方政府提出诉愿,要求地方政府根据与经营者签订的合同,责令经营者准许他使用。

通说认为,私法主体所属设施的命名需要其同意,这就足够了[①]。在命名之前,通常由私法主体在与地方政府签订的合同中表示同意。但是,赋予设施所属财产以公产的法律地位,仅有合同约定是不够的。这方面的问题主要是,合同当事人的意志中是否包含了这种目的。

3. 地方设施的组织形式。学理上提出了公共设施的多种组织法律形式,对此必须结合上文的表述理解。就公共设施而言,向居

---

① BVerwG, NJW, 1980 年,第 2538 页,第 2540 页。

民和第三人提供服务的法律组织体与事实上提供服务的组织形式是两个层面的事情,它们是地方政府为执行任务而可以采取的各种组织形式的综合反映。唯一需要注意的是,定性为公共设施的前提是地方政府能够对服务的提供施加充分有效的影响。

4.地方设施与地方企业。地方法的有关规定存在交叉之处。两者之间的密切联系表现在,大多数地方法都将地方设施和企业纳入了代表团体的保留任务范围,而实践中大多数地方企业同时具有地方设施的法律地位。

将地方法有关两者的规定区分开来的关键在于两者的目的不同。地方设施规范的目的主要是设定居民作为使用人的法律地位和使用条件,而地方企业规定的首要目的是预算法层面的经济活动,其中主要是财政风险的界限,以及地方政府对地方企业的控制。两类规范相互补充,并行不悖。

第九十六节　地方合作法

一、概念、形式与依据

(一) 地方合作的概念

地方合作或者跨地方合作是指地方政府共同执行任务的各种方式的总称。狭义的地方合作是指法律为此目的明确规定设立的活动和组织形式,而广义的地方合作还包括其他方式,尤其是私法性质的合作方式。

问题是,地方联合体是否属于地方合作的范畴?地方联合体是具有自主执行权限的区域性公法团体,自己下设具有直接民主合法性的机关。如果我们将地方政府共同执行所属任务作为地方合作的本质特征,那么,就会将县和联合体乡镇排除在外了,因为它们是依法设定、独立存在、任务自主的行政主体。

水土联合体既不属于地方合作,也不属于地方联合体。水土联合体属于不动产团体和公务自治行政主体,除了私人之外,地方政府也作为成员参与其中。乡镇政府在许多水土联合体中扮演主要的角色,并不改变其定性和归类,因为它的立足点不是地方共同体事务,而是不动产及水经济方面的关联任务。

(二) 法律依据

1.地方合作法的发展。地方合作及其法律依据可以追溯到19世纪中期和前现代地方行政。普鲁士1842年12月31日的《救济穷人义务法》[1]第7条规定了地方政府共同执行该义务,这属于地方合作的早期形式。在这个时期,一种替代的解决办法是将该项任务移交给更高级别的团体,其主导思想仍然是地方合作:该任务可以在乡镇层面执行,但需要联合不同地方的行政力量和资源。地方合作法也是辅助思想的一种贯彻形式。乡镇之间开展合作也有节约成本这一巨大的优点。

地方合作法的首次全面立法是1891年7月19日的普鲁士

---

[1] GS,1843年,第8页。

《目的联合体法》①。按照该法规定成立的目的联合体在地方遭到了激烈的反对,因为该法明显扩大了已有的乡镇合作范围,而且抛弃了合作乡镇之间的直接毗邻要求。该法对地方合作的内部组织及其财政也作了比较细致的规定。到 1933 年普鲁士有 8893 个目的联合体,其中 5747 个是国民教育方面的,1602 个是消防方面的。其他德语邦国也逐步制定了类似的法律。

帝国层面有关地方合作的统一立法是 1939 年 6 月 7 日的《帝国目的联合体法》②,这是对 1935 年《帝国统一乡镇组织法》的一个补充。该法律由纳粹政府通过,仅在个别地方有意识形态的色彩,其实际意义和效果因随后而来的战争打断,但是,它的系统性及对 1949 年以后州有关地方合作立法的示范功能却不容忽视。相对当时的立法而言,该法创新之处是乡镇政府可以作为具有法律能力的公法设施和基金会的成员,而且内部组织结构更加灵活。根据《基本法》第 123 条第 1 款和第 70 条,1949 年以后该法作为州法继续适用,只有若干具有纳粹色彩的规范被占领区政府废除。自 1954 年 12 月 3 日《莱普州目的联合体法》之后,平原州都先后制定了新的法律,但都以帝国法律为蓝本,只是个别细节有特性。

2.州的地方合作立法。巴符州 1974 年 9 月 16 日《地方合作法》被 1998 年 7 月 16 日的法律③首次修正,只规定了公法协议和目的联合体这两种地方合作方式。行政共同体在该州的《乡镇条

---

① GS,第 115 页。
② RGBl.,第 1 卷,第 979 页。
③ GBl.,1974 年,第 408 页;1998 年,第 418 页。

例》中规定。

拜仁州1966年7月1日制定了《地方合作法》,现在适用的是1994年6月20日的修订版[1]。内容很详细,规定了一些新的合作和目的联合体形式。

布兰登堡州1991年12月31日的《地方合作法》首开新联邦州的纪录。1999年5月28日重新颁布[2]。该法规定地方合作可以采取地方共同体、目的联合体和公法协议等形式。

黑森州1969年12月16日的《地方合作法》[3]参照帝国法律,增加规定了乡镇行政联合体和行政共同体等地方合作形式。

北威州1961年4月26日《地方合作法》在1979年10月1日重新发布,1984年6月26日最后一次修改[4]。

《萨兰州地方合作法》是1975年2月26日第1021号法律,1997年6月28日重新发布,内容限于传统的地方合作形式。

萨克森州1993年8月19日的《地方合作法》很详细,1999年6月25日最后一次修改[5]。除了传统的地方合作形式之外,该法还规定了行政共同体和目的协议。

萨安州现在适用的是1998年2月26日的《地方合作法》,只规定了传统的地方合作形式[6]。第75条至第85条是后来增修的行政共同体规定。

---

[1] GVBl.,1994年,第555页。
[2] GVBl.,第1卷,1999年,第194页。
[3] GVBl.,第1卷,1969年,第307页。
[4] GV NW,1979年,第621页;1984年,第362页。
[5] GVB,1993年,第815页;1999年,第398页。
[6] GVBl.,第1卷,1998年,第82页。

史荷州 1974 年 3 月 20 日的《地方合作法》于 1996 年 4 月 1 日重新发布①。该法规定引入的新地方合作形式是毗邻委员会（Nachbarchaftsauschuss），比较松散。

图宾根州 1992 年 6 月 11 日的《地方合作法》被 1995 年 11 月 10 日的法律②修订，规定了简单和特殊的合作共同体、目的协议和目的联合体等可供选择的地方合作形式。

除了一般的地方合作法之外，一些州还制定了专门的目的联合体法作为补充。例如下萨克森州的《目的联合体法》实际上是《帝国目的联合体法》的继续适用。另外，该州还制定了 1962 年 10 月 8 日的《储蓄信用社目的联合体法》，1989 年 12 月 18 日最后一次修改③。莱普州制定了 1982 年 12 月 22 日的《目的联合体法》和 1969 年 4 月 11 日的《不动产联合体法》，最后一次修改是 1982 年 3 月 6 日④。

上述地方合作法及其实施立法的内容主要是地方合作的组织形式和活动方式，内部的组织结构和程序规则。凡存在漏洞的地方，均适用地方组织法的一般规定，有时法律也明确规定援用地方组织法，例如萨安州《地方组织法》第 2 条第 4 款和第 16 条第 1 款。

另外，萨安州《地方合作法》第 16 条第 3 款规定，诸如水处理和垃圾处理之类的目的联合体还直接适用有关企业经济管理和财

---

① GVOBl.，1996 年，第 381 页。
② GVBl.，1992 年，第 232 页；1995 年，第 346 页。
③ GBl.，1962 年，第 203 页；1989 年，第 431 页。
④ GVBl.，1982 年，第 476 页；1969 年，第 187 页；1982 年，第 157 页。

会的法律规定,第 2 款以类似方式规定,目的联合体管理直属企业也直接适用直属企业法(Eigenbetriebsrecht)。

(三) 越界合作

在特定条件下,乡镇和县与隶属于其他自治团体的地方开展合作,共同执行任务,例如水质保护、环境与自然保护以及人事交流等。县所属的乡镇可以超越本县、本州甚至联邦的范围,开展越界合作,县级市和县同样如此。

受立法权限的限制,地方合作法只能附带规定本州范围内的越(县)界合作。至于跨州的地方合作,州立法只能规定权限和程序规则,为此需要签订国家合同和行政协定。这种协定在实践中为数甚多。

第三种是与国外地方的越界合作。有三个州的宪法甚至将其作为国际合作规定下来[1]。这种地方合作的一种特殊形式是边界毗邻设施,《基本法》第 24 条第 1a 款对此作了规定。根据《基本法》第 32 条第 3 款,州可以为此签订国际条约,但需经联邦政府批准。

另一种越界合作的特殊形式是城镇伙伴(Stadtepartnerschaft),空间上的毗邻关系和共同执行任务都不是主要的考虑因素,其目的实际上是其他方面的,例如增进人民间的交流和理解。学界认为在此范围内具有适法性。

越界地方合作还涉及诸多特殊的国际法规定,例如 1980 年欧盟有关区域性团体和机关越界合作的框架协定,德国、法国、卢森

---

[1] MvVerf.第 11 条,SächsVerf.第 12 条,SaVerf.第 60 条第 2 款。

堡、瑞士之间签订的专门协定，以及州之间签订的合同。

（四）地方合作形式的系统化

现代地方合作的形式丰富多彩，各州的情况很不一致，因此有必要借助相对统一的术语来归类整理各式各样的关系和法律状态。地方合作的法律关系、组织体制和法律方式也并非总是一致，系统化的整理有助于明确它们各自的特性。

第一个分类是正式与非正式。前者的活动方式和组织形式由法律规定。这种分类的法律意义在于，诸如"利益共同体"之类的非正式合作，法律并不反对或者限制。对此，可以参见《萨安州地方合作法》第2条第3款的明确规定。

第二个分类是公法方式和私法方式。地方合作法也没有这方面的禁止性规定。在这方面，《萨安州地方合作法》第2条第2款的规定比较明确。通过这种分类可以发现，广义上的地方合作形式不可能穷尽列举。

根据组织和机构的稳定性程度，可以区分设置或者不设置具有法律能力的机构的地方合作方式。稳定性较高的合作组织机构的独立性也高，在执行合作任务方面，相对于作为合作方的地方政府及其机关的独立性也比较大。民主合法性保障的相应减弱是地方合作的阿基里斯脚跟（致命弱点）[*]。

根据合作当事人的规模和效能对比关系，可以分为对等合作

---

[*] 阿基里斯（Achillesferse，又译为阿喀琉斯）是希腊传说中的英雄，全身刀枪不入，唯有脚跟是他的致命之处，因为他在出生后被母亲倒提着在冥河水中浸泡过，唯独脚跟露在外面，没有被浸泡。——译者注

与不对等合作。相互补充和均衡通常是合作的首要目的。具有均衡功能的不对等合作的典型是城市与周边地区联合体。

根据被分配的任务范围，可以分为一般与特殊（专业化）的地方合作。后者是指立法机关针对特定或者特定类型的任务规定了专门的组织形式，例如储蓄银行联合体。诸如行政共同体之类的一般合作形式则可以被赋予很多完全不同的任务。

按照被分配任务的种类，可以分为自治任务的地方合作和转授任务的地方合作。合作执行的任务是自治还是转授的，原则上不重要，但需要注意，它们在公民自治思想的体现程度上还有差别的。转授的任务通常由地方政府的行政领导（乡镇长、市长）负责执行，而他通常也在合作执行任务方面维护地方的利益，因此可能侵犯地方代表团体在自治任务方面的权限，仅借助临时发布的指令不可能完全解决这方面的问题。因此，将自治任务转授给行政共同体需要遵循更为严格的要求①。

州立法规定一种合作形式优于其他合作形式的，在联邦法层面不会受到质疑。

（五）宪法上的依据和问题

地方合作的宪法问题主要有三：

1.向地方合作组织转移任务的法律范围及其界限。这里的关键在于如何保障公民和代表团体能够对地方任务的执行施加有效

---

① BVerfG, 2 BvR 329/97, 2002 年 11 月 19 日; www.bverfg.de/entscheidungen/rs20021110-2bbvr032997.html, Absatz-Nr. 59ff.。

的影响。

　　以合作方式执行地方任务原则上具有适法性,这一点无可置疑,因为它是自治法保障的自主管理权的一种行使方式。关于所谓的"合作公权力"(Kooperationhoheit)是否存在,肯定意见认为这是自治保障的实质内容之一。地方合作的另一个支持理由即辅助性(Subsidiarität),同时也构成了共同执行任务的一个界限,尤其是向行政共同体或者目的联合体那样的具有法律能力的合作组织转授任务。任务的转授不得侵蚀代表团体有效控制任务执行所反映的地方自治的公民性内核。尤其是自治任务的转授只能是局部的,禁止全面的、一揽子的任务转授,因为这会严重侵害乡镇议会或者县议会的权限,从而动摇乡镇的最后责任和代表权界限[1]。这里需要注意,对《基本法》第28条第1款第2句指导思想所要求的人民行使国家权力这一要求而言,仅赋予代表机关针对本地方政府在地方合作领导机关中的代表人发布指令的权力还不足以构成充分的补偿。

　　如果将行政共同体和联合体乡镇视为执行地方共同体任务的一种可选方式,那么,上文所述的紧张关系就一目了然了。就行政共同体而言,地方政府是将自己的或者国家授予的任务进一步转授给由其控制和监督的独立公法组织单位。联合体乡镇(Verbandsgemeinde)是乡镇或者县成立的区域性团体,由自己所属机关进行自主控制,因而具有直接的民主合法性保障。向联合体乡镇转授任务的乡镇尽管失去了该项任务,但这一缺陷因联合体乡镇

---

[1] BwStGH,DÖV,1976年,第599页。

所具备的直接公民自治(优点)而被抵消。这实际上是一种可选方式,许多小乡镇借此从大规模的任务中解脱出来,将任务转授给能力更大的区域性自治团体。从《基本法》第 28 条第 1 款第 2 句所表达并且在第 2 款第 1 句所蕴涵的公民自治这一主导思想来看,应当优先选择联合体乡镇的合作模式。但是,这并不意味着必须选择这种模式。出于上述理由,在自治任务领域采取行政共同体模式的界限比较严格。

2. 州的立法调整义务。(州)立法机关应当在多大范围内立法,以调整地方合作及任务向其组织的转授事项?

立法机关在设定合作义务时需要注意这个问题。合作义务是由法律直接设定,还是授权地方监督机关根据具体情况依法决定——通常如此,无关紧要。这里需要注意区分自治任务和转授任务。在有义务设立行政共同体的情形中被部分或者完全拒绝的乡镇,不承担自己筹备行政人员的义务[1]。

3.《基本法》自治保障规定的适用范围。为地方合作而成立的组织是否以及在多大范围内受《基本法》第 28 条第 2 款有关地方自治保障之宪法规定的约束?

该问题关键在于是《基本法》所规定的自治保障是否适用于具有独立人格的地方合作组织,这取决于如何解释《基本法》第 28 条第 2 款第 2 句使用的"乡镇联合体"这一概念。按照联邦宪法法院的理解,乡镇联合体是"一种地方共同组织,可能是执行自治任务

---

[1] SanVGH,LKV,2000 年,第 32 页。

的区域性团体,也可能是类似的组织"①。学界有人以此为据,认为乡镇联合体被授予的地方任务应当是综合性的②。这个标准很明确,排除了目的联合体,后者没有自己单独的任务。这是因为,进行合作的地方政府受《基本法》第 28 条第 2 款的保护,就与有关地方政府之间的关系而言,目的联合体不应当被赋予与其合作目的不相适应的独立性。行政共同体及其机构也是如此③。对区、联合体乡镇、自然区联合体等应当需要另当别论了,因为后者被依法赋予了所辖地区上的综合性任务。

超出县属乡镇能力范围的任务是否可以以地方合作的方式执行?存在争议的通说认为可以依法向县移交这种任务,因此没有必要采取地方合作的方式。从《基本法》第 28 条第 2 款第 2 句中引申出来的辅助原则与此无关。

如果立法机关将以前从地方政府转移走的任务回过头来又移交给地方政府,就构成对乡镇自治权的干涉,仅在具有乡镇福祉方面的正当理由时,才能这样做④。

(六)监督

地方政府在法定合作范围内成立的具有法律能力的组织受国家的地方法律监督。具体规则准用乡镇条例即地方组织法中有关地方监督的规定。单行法可能针对转授任务的执行规定了行业

---

① BVerfGE,第 52 卷,第 95 页,第 109 页。
② 艾里克森,NwVBl.,1995 年,第 1 页,第 3 页。
③ BVerfGE,第 52 卷,第 95 页,第 109 页。
④ BVerwG,DÖV,1985 年,第 635 页。

监督。

二、目的联合体

（一）概念与组织法性质

目的联合体是为了执行涉及不同地方的共同任务,主要由有关地方政府组成的具有法律能力但不享有区域性公权力的联合团体。

目的联合体执行的自治任务可以是自愿性的,也可以是义务性的,但法律规定只能由特定组织形式执行或者委托保留的任务除外。

单行法规定的目的联合体有:《萨安州储蓄信用社法》第 1 条第 2 款规定的储蓄信用社目的联合体,《黑森州森林法》第 45 条第 1 款规定的林业经济联合体,《黑森州水联合体法》规定意义上的水土联合体[1],《萨安州水法》第 104 条至第 105 条规定的水保护联合体,《萨克森州动物尸体清理法》[2] 规定的动物尸体清理联合体,巴符州 1996 年 4 月 16 日《地方环境卫生联合体法》[3] 规定的环境卫生联合体,《史荷州学校法》第 73 条至第 75 条和《萨安州学校法》第 66 条规定的教育联合体,《萨安州土地规划法》第 17 条第 1 款第 2 句规定的地区规划联合体。

《萨安州地方共同体法》第 7 条规定,州法律可以赋予目的联

---

[1] BVerfGE,第 58 卷,第 45 页。
[2] SächsOVG, SächsVBl.,1998 年,第 269 页。
[3] GBl.,1996 年,第 394 页。

合体以主体资格。

（二）设立

1.程序。联合体的设立可以是自愿性的,也可以是义务性的;可以由立法机关制定法律规定设立[1],也可以由监督机关决定设立,州法有关设立程序的规定因此而异[2]。

自愿性联合体的设立首先需要有关地方政府达成有关联合体目的的一致意见,然后为此签订公法合同,作为制定联合体章程的依据。联合体章程必须制定[3],必须对法定必要事项作出规定,包括联合体成员的名称,联合体的任务、名称和办公地址、决议的发布方式、经费来源及其标准等。章程由地方监督机关保留审批权,(经批准后)必须发布,以使有关居民知晓因联合体造成的地方政府权限的调整。如果向目的联合体移交的是国家授权的任务,行业监督机关有权参加审批程序,依法根据合目的性的裁量决定是否批准。审批并不消除章程的法律缺陷。在具备法定条件时,审批请求权成立,在自治任务领域尤其如此。审批性质上属于行政行为,地方政府可以为此提起职责之诉。多数州的法律规定,联合体章程的重要变更需要经三分之二以上的成员同意,例如任务范围的变更。

---

[1] 例如 NwGKG 第 22 条。
[2] BwGKG 第 6 条至第 8 条,BayGKG 第 19 条至第 22 条,BbgGKG 第 9 条至第 11 条,HeGKG 第 9 条至第 11 条,MvKV 第 152 条,NdsGKG 第 7 条至第 11 条,NwGKG 第 9 条至第 11 条,RpGKG 第 3 条至第 5 条,SaGKG 第 5 条至第 8 条,SächsGKG 第 48 条和第 49 条、第 13 条,SanGKG 第 8 条和第 8a 条,ShGKG 第 5 条,ThürGKG 第 17 条至第 19 条。
[3] 德邵(Dessau)VG,LKV,1997 年,第 466 页。

义务性联合体的设立程序①由监督机关启动。一般程序是，监督机关要求有关地方政府在指定时间内设立自愿性联合体没有结果，而紧迫的公共利益或者紧迫的公众福祉理由又需要设立目的联合体的，监督机关即可作出决定设立。所谓紧迫，是指不设立目的联合体，有关地方政府就没有能力保障任务的有序执行。关于义务性联合体的设立是限于国家转授的任务领域，还是自愿性和义务性的自治任务也可以②，还存在争议。强制要求设立目的联合体是对地方政府自主权的干涉，必须由法律予以保留③。设立义务性联合体来执行自治任务，应当遵循更为严格的标准。

2.成员。除了地方政府之外，其他公法人也可以参加设立或者加入目的联合体，在目的需要或者具有特殊意义等特殊条件下，私法人也可以参加。但是，地方政府必须是多数成员，并且在联合体机关中享有相应的表决权。否则，私法人不得成为成员。

成员的任何扩大必须修改章程，需要成员表决(通过)，并且经监督机关批准。

3.成立中的瑕疵及其补正。由于目的联合体是具有法律能力的组织，其设立就必须遵循严格的形式要求。违反形式要求的设立行为原则上无效，除非法律规定了补正的方法，而多数州法对此

---

① BwGKG第11条，BayGKG第28条，BbgGKG第13条，HeGKG第13条，MvKV第150条第3款，NdsGKG第15条，NwGKG第13条，RpGKG第4条第3款，SaGKG第2条，SächsGKG第50条、第13条，SanGKG第8条和第8a条，ShGKG第7条，ThürGKG第15条。

② NwGKG第22条第1款(自愿性任务目的联合体的设立需要法律的专门规定)。

③ BVerfGE，第26卷，第288页以下。

没有规定。新联邦州则不同了，因为补正措施在这些州具有特殊的实践意义。两德统一之后的第一年有几百个目的联合体的设立都不符合严格的形式和程序要求，其中主要是没有成立公告、有关联合体章程的决议没有作出或者存在缺陷。为了维护现有的体制和投资，州立法机关在地方共同体法增设了比较宽泛的补正规定，其合宪性存在争议。

有关补正规定的具体情况是：

布兰登堡州 1996 年 12 月 4 日发布了《目的联合体法》，1998 年 7 月 6 日发布了补充性的《目的联合体稳定化法》①。该法有关补正的规定主要针对违反代理规则的情况。前者存在的实体缺陷被后者补正，章程的缺陷和漏洞因此被消除。作为替代性措施，该法律规定成员可以退出。

麦福州在 1998 年 1 月 22 日第二次修改地方组织法的法律②中增加了补正规定。经修正的第 170a 条第 2 款至第 9 款补正了目的联合体成立时的缺陷以及有关成员加入或者退出的决定方面的缺陷。该规定仅适用于地方组织法生效之前并且与州宪法相应的情况。1998 年 7 月 10 日的法律拓宽了补正规则，主要是补正联合体章程的实体缺陷以及乡镇机关未作出的意思表示。

针对联合体设立中的瑕疵，自由国家萨克森州 1998 年制定了《有关行政联合体、行政共同体和目的联合体的法律关系规制法》③。该法第 2 条规定，目的联合体在设立时的程序和形式瑕疵

---

① GVBl.，1996 年，第 314 页；1998 年，第 162 页；BbgVGH，LKV，2000 年，第 199 页。
② GVBl.，1998 年，第 78 页。
③ GVBl.，1998 年，第 634 页。

不予考虑。该法的另一个特殊规定是第 2 条第 1 款第 3 句,公法人的成员资格溯及前民主德国地方组织法有效期间设立的目的联合体。

萨安州的补正立法尤其存在争议。1996 年 7 月 4 日的第一次补正法首次确立了比较宽泛的有关程序和形式瑕疵的补正规则。在补正的特定时间内,有关乡镇享有特殊的退出权。该法律的缺陷在于它的补正规则不适用于前民主德国地方组织法有效期间成立的目的联合体,而且对适应新法律的过渡期情况也没有规定[1]。为此,该州于 1998 年 10 月 6 日制定了第二次补正法[2],哈勒地方行政法院认为补正规则违宪的建议性决议[3]被联邦宪法法院认为违法而予以否决[4]。这两部法律没有规定实体缺陷(的补正规则)。

在图宾根州,1995 年 11 月 10 日的地方共同体法第一次修改法[5]中增加了补正规则。该法的主要争议在于对形式和程序瑕疵的有限适用,即只适用于将来,而不溯及既往。该法还规定,联合体章程的缺陷不予考虑。

新联邦州的宽泛补正规则受制于当时的特殊情况,是合理的,但对未来而言则不是有效的定位标准。在当时的立法情况下,尤其是实体决议的广泛替代和联合体章程的实体缺陷可以不与宪法一致。

---

[1] 关于上述两个缺陷,参见 SanVGH,LKV,1997 年,第 411 页。
[2] GVBl.,1998 年,第 878 页。
[3] VG Halle,LKV,1999 年,第 80 页。
[4] BVerfG,LKV,2002 年,第 569 页。
[5] GVBl.,1995 年,第 436 页。

(三) 机构

联合体大会和主席是所有州法规定必须设立的机构,联合体委员会则是可以设立的机构。各州的立法差别不大。

1.联合体大会。作为成员大会和代表机关,是目的联合体的"最高"或者首脑机关,保留重要决定权。这里需要注意,它不能与乡镇议会或者县议会同等对待,因为它没有原始的民主合法性保障,它的成员不是不受指令约束的人民代表机关的代表,而是受有关地方政府和其他成员指令约束的代理人。

议事规则多种多样,地方政府有一定的设计余地。必不可少的规则是,地方政府必须指派一名代理人参加联合体大会,除非法律另有规定,一般由行政首长行使成员权利。联合体章程可以规定指派多名代表,行使多重表决权,但他们之间的表决意见必须一致,个别代理人有不同意见的,必须在正式表决之前先行表决;乡镇政府可以指定其中一人担任表决的首席代理人,因为在两人或者四人代表的情况下,可能无法作出多数表决。指派多名代理人未必要与政治多数一致,因为联合体大会不是人民代表机关。政治少数派的参加没有强制的必要性。指派享有决定权的代理人可以着重考虑个人的专业知识,其他代理人也未必一定是地方政府的工作人员。

目的联合体成员的一般地位和在大会中的地位都不同于地方政府及其人民代表机关的法律情况,因为它们只有间接的而不是直接的民主合法性保障,这正是其内部权利和程序原则的基础,因此,法律可以规定代理人受乡镇议会和县议会指令的约束,可以为代理人设定特殊的报告义务。在法律没有明确规定时代理人是否受指令约束,存在争议。肯定说的理由比较充分,认为移交给目的联合体的任务(在移交之前)并不完全由行政领导负责执行,同时也受地方议会指令的约束。

联合体大会的决议由多数表决作出。决议及其表决的程序在联合体章程和大会自己制定的议事规则中具体规定。因回避而限制参与的规则以及其他程序规则可以援用地方组织法的一般规定。

一些州法规定大会可以下设咨询性和决策性的工作机构。法律没有规定的,大会只能设立咨询性的工作机构,因为联合体的组织权很小,而且增设机构可能削弱成员的影响。

2. 主席。联合体主席同时也是大会主席,两个机关之间的关系因此很密切。主席领导联合体的行政工作,代表联合体实施诉讼或者非诉方面的法律行为。

主席一般由大会从其成员中选任,这意味着,主席是大会的直属机关,其职务活动是兼职性的。一些较大的联合体设立非直属的专职主席,一些大的地方政府通常如此。

地方共同体法没有规定有关目的联合体的公民请愿和公民决议。公民要影响参加联合体的地方政府活动,必须在所在的地方组织公民请愿和公民决议,要求地方议会向联合体大会中的地方政府代表下达指令。

（四）解散和退出

1. 解散。与成立类似，解散也分为两类情况[①]：

一是自动解散，针对自愿设立的情形，无需一致决议，只需法定多数决议，经监督机关批准后公布生效。

二是由监督机关决定解散，针对强制成立的情形。采取干涉地方自主权的解散措施理由主要是联合体效能不足或者其任务已经另行分配。

目的联合体解散后，其成员应当按照追加款项的义务履行已经存在的债务。

2. 成员的退出。成员的退出理由多种多样，例如成员乡镇与其他乡镇合并为一个乡镇从而具有充分的行政能力，可以自己执行任务。鉴于这种或者类似的情况，法律规定出于重要理由可以退出。在涉及补正规则时，法律有专门规定。

有些州法明确规定了退出的程序。关于已经退出的成员在什么条件下享有补偿请求权，还存在争议。

退出条件成立的，有关成员有权要求联合体和其他成员作出必要的法律行为，或者不采取阻止其退出的行为。

3. 成员身份的继承。参加目的联合体的一个或者若干个乡镇可能合并为一个乡镇，而其成员身份却继续存在，这完全是可能的。因一个或者若干个乡镇不复存在，组成了新的乡镇或者改头

[①] BwGKG 第 21 条以下，BayGKG 第 44 条以下，BbgGKG 第 20 条以下，HeGKG 第 21 条以下，MvKV 第 163 条，NwGKG 第 20 条以下，SächsGKG 第 61 条以下，SanGKG 第 14 条以下，ThürGKG 第 13 条以下。

换面为另一个乡镇(所谓的遮盖,Zuwachsung)而导致法律主体变更的,联合体不可能继续原有的形式。在这种情况下,应当依法发布有关成员身份继续的命令,例如萨安州《地方共同体法》第15条。新成员也可能因此被排除出去。

(五) 任务与职权

目的联合体有权利也有义务执行按照章程达成的协议或者命令所分配的自治任务或者国家任务。成员随之失去有关的权限,而且不享有特定任务或者决定的撤回权,因此这属于真正的权限移交(真委托)。成员对联合体的影响限于对其大会代理人下达指令。

从其任务的转授性质来看,目的联合体不享有《基本法》第28条第2款规定的自治权。但是,州宪法可以作不同的规定,《巴符州宪法》第71条第1款第1句就是如此。针对立法机关或者部委在国家转授任务领域中的干预行为,例如规定任务执行的标准,成员乡镇可以主张侵害了自己的自治权。

地方政府成员有权要求目的联合体以适当方式执行移交的任务,可以为此向行政法院起诉。

随着任务向目的联合体的移交,有关乡镇议会的询问权相应地限于该任务领域的地方政府代表人以及可能向他发布的指令,因此可能造成参与义务与参与条件之间不一致的情况。

从各个角度来看,目的联合体都独立承担因任务执行而产生的赔偿责任,无论职务责任和其他公法赔偿责任,还是因参与私法行为而产生的民事赔偿责任,都是如此。有关活动根据成员指令实施并且与指令的违法性有关的,赔偿责任可能转移[1]。赔偿责任是无限的,尤其不限于联合体自己的财产。联合体的资金不足以履行赔偿责任而又没有其他筹集资金方法的,可以提高会员费和使用费。从设施负担的有关原理来看,地方政府成员不得以这并非成立时明文约定的加入义务为理由而拒绝。

就执行任务的方式和方法而言,目的联合体在组织形式和活动方式方面原则上享有与地方政府同样的选择余地,可以依法在私法或者公法之间选择。根据乡镇经济法,联合体也可以从事经济活动。

联合体发布规章和命令的权力来自法律的授权,而不是它的公法人地位。有关地方政府可以保留制定有关会员费和使用费的规章的权力[2],但联合体的工作可能因此受到阻碍。联合体原则上可以发布接入和使用强制的命令。在法律有明确规定时,联合体是有关违反秩序行为的警告机关和责任追究机关。

(六) 财政

在执行任务的财政来源方面,联合体依法享有一定的财政权和收费公权力。这意味着,联合体有权向因其服务而受益的人征收会员费或者使用费。在其他财政收入不足以执行任务时,联合体还可以向成员收取联合体专款(Umlage)。

与财政权联系密切的是预算权,联合体有义务陈列其预算计

---

[1] BGH, NVwZ-RR,1991年,第171页。
[2] 慕尼黑 VGH, NVwZ-RR,1996年,第110页。

划,公开财政支出明细账。这方面准用乡镇预算法的规定。

联合体专款原则上只具有辅助性,采取政府专款的模式,是一种特殊的捐税。这里尤其要适用关联性原则。专款应当在经济和预算年度中确定,性质上属于立法行为,可以诉诸《行政法院法》第47条规定的规范审查程序予以审查,除非州法另有规定。联合体章程中应当明确规定成员交纳专款的财政义务,但在具体标准方面有一定的裁量余地,应当遵守任务必要原则、足够原则、保本原则等,并且考虑居民数量、土地面积、成员的税收和财政支付能力等因素。一些州法规定联合体应当设定最高的交费额,以及合理协调设立联合体所要消除的问题。

(七) 监督

如同其成员,目的联合体受国家的监督。主管监督机关根据级别最高的成员确定。联合体的权限范围涉及多个监督机关的,州法规定相应的协调规则。监督的原则与地方政府监督的原则相同(上文第九十四节)。法律监督是原则,但在转授的任务领域适用行业监督。

三、行政共同体

(一) 概念

行政共同体是不同地方的乡镇共同设立一个机关执行行政任务的各种合作组织形式的总称,在有的州也称之为行政局或者乡镇行政联合体。行政共同体的首要考虑因素是行政技术,其目的是小或者比较小的乡镇共同维护和提高它们在组织和政策方面的一致性和一体性，从而适应现代公共行政的亲民化和优质化要求。

(二) 表现形式

州立法规定的行政共同体的表现形式多种多样，一些州的法律规定乡镇可以在不同的形式之间进行选择。具有独立法律人格和自己的行政机器是一般情况。另外一种具有独立法律人格的行政共同体是(为此目的扩大)某个成员乡镇的机构规模，但是合作机构本身却没有独立的法律人格(只有巴符州实行这种模式)。

巴符州有关行政共同体的规定最细致。该州《乡镇条例》第59条规定，同属一个县的乡镇既可以设立乡镇行政联合体，也可以协议约定由一个乡镇执行(其他乡镇参加的)乡镇联合体的任务，前者是(一般的)行政共同体，后者则是所谓的协议型行政共同体。两者之间的差异比较大。

乡镇行政联合体是由成员组成的一种公法团体，其成立可以是自愿的，也可以是强制的，其设立准用有关目的联合体的一般规定。此外，《巴符州乡镇条例》第60条还规定准用乡镇组织法和地方共同体法的一般规定。第61条规定，联合体的任务是通过自属工作人员为成员乡镇执行任务提供咨询和其他支持，同时执行和办理转授的任务和事项。就所谓的交办性任务(Erledigungsaufgabe)而言，有关乡镇仍然是任务的法律归属主体，乡镇议会可以针对该任务的执行发布命令(指令)。对所谓的自理性任务(Erfüllungsaufgabe)而言，乡镇行政联合体自己是任务的法律归属主体，因而自负其责。《巴符州地方组织法》第14条规定，乡镇行政联合体可以被确认为基层行政机关。如同目的联合体,该法规定行政联合体的机关是大会和主席。主席由大会从其成员中选举产生(自属性),负责领导行政工作,代表行政联合体实施法律行为。

协议型行政共同体依据有关公法协议的规定设立,不是独立的法律主体,需经监督机关根据政策合目的性以及有关措施与州计划的一致性裁量决定审批,性质上属于共管性的一种行政组织。在法定要件具备时,批准请求权成立。在这种行政共同体中,一个主管乡镇在自己的权限范围内替代其他乡镇执行其任务。法律规定的下设工作机构是共同委员会,准用有关联合体大会的规定。有关会议和表决权的事项在协议中约定。出于协调性的理由,主管乡镇在委员会中不得享有超过60%的表决权。任何成员乡镇都有权对委员会的决议提出异议,中止决议的效力。只有三分之二以上的多数才能驳回该异议。《巴符州乡镇条例》第62条规定,出于法律或者条例规定的公共福祉理由,可以解散协议型行政共同体。

《拜仁州行政共同体法》第1条第2款给行政共同体所下的法律定义是"同属一县的毗邻乡镇在不影响成员乡镇存在的情况下成立的联合",是具有雇主资格的、具有法律能力的公法团体。设立、解散和成员退出根据该法第2条第3款和第9条决定。该法第4条规定,行政共同体的任务是执行成员乡镇交办的任务,但规章和条令的发布除外。在自己的任务范围内,行政共同体(替代乡镇长)负责办理准备性或者执行性的事项,负责处理日常行政事务。行政共同体的法定工作机构是共同体大会和从其成员中选任的共同体主席,具体准用目的联合体法的规定。行政共同体享有财政权和预算权。在其他财政来源不够用时,可以征收为执行任务所需要的专款。

布兰登堡州继承了行政局(Amt)的法律传统。它实际上是具有法律能力的联合团体,负责执行成员乡镇交办的任务和自愿移交其独立执行的任务,另外还为成员乡镇执行没有移交的自治任务提供准备。它的工作机构是局委员会和局长。局长是专职工作人员,每8年选任一届,负责管理本局日常行政事务,执行成员乡镇和委员会委托的任务。局的工作程序、预算和经济管理适用乡镇条例的一般规定。在其他财政来源不足时,局可以征收专款,由成员乡镇按照受益程度比例分摊。

黑森州在很大程度上步巴符州的后尘。该州《地方共同体法》第30条规定,可以设立乡镇行政联合体作为目的联合体的一种特殊形式,也可以设立具有法律人格的行政共同体作为合作的一种组织形式,这里准用有关公法协议的规定。这两种合作形式的成员可以是自愿性的,也可以是强制性的。该州规定的组织及其结构也与巴符州的规定基本一致。

《麦福州地方组织法》第126条以下规定,可以选择设立具有独立法律人格、交办任务和自主任务的行政局;第167条规定,也可以设立没有独立法律人格的行政共同体。前者可以参加后者。无论采取哪一种形式,都只能由一个乡镇一并执行其他乡镇的任务。

萨克森州的作法与巴符州类似,区分如下两种形式:一是该州《地方共同体法》第36条规定的没有独立法律人格的行政共同体,由主管乡镇一并执行其他成员乡镇的任务;二是第3条以下规定的行政联合体,属于目的联合体的一种特殊形式,具有独立法律人格,执行成员乡镇交办的任务。除了个别细节之外,该法规定的任务及其组织结构与巴符州基本一致。

萨安州立法机关决定采取行政共同体模式,但作了多方面的修正。该州《地方共同体法》第4条以下的规定在1993年的改革中并入了《乡镇条例》第75条以下。在职能改革和地区改革的范围内,参照莱普州的模式[1],该州将行政共同体向联合体乡镇转制,但这个进程因政府更迭而终止了[2]。新的行政共同体法正在酝酿过程中。萨安州的行政共同体也是具有法律人格的公法团体,可以自愿设立,也可以由监督机关依法命令设立。该州乡镇条例第75a条规定具有补正以往行政共同体设立瑕疵的溯及效力。为了补正,也可以单独作出法律行为。该法规定了两种组织模式:一是设立共同的行政局,二是由一个主管乡镇执行行政任务。行政共同体的机关是共同行政局的局长和共同体委员会。第82条规定,决定采取主管乡镇模式的,主管乡镇的乡镇长履行共同行政局局长的职责。行政共同体以自己的名义执行所属成员乡镇承担的国家转授的任务;在自治任务领域,则按照所属成员乡镇的委托和名义执行交办的任务;对成员乡镇没有交办的自治任务,行政共同体则负责其"筹备",但受有关成员乡镇机关指令的约束(《乡镇条例》第77条第7款)。该州《乡镇条例》第83条规定,行政共同体可以征收专款,具体标准由共同体委员会根据居民数量一致表

---

[1] 2001年10月26日关于引入联合体乡镇的法律,GVBl.,2001年,第434页。
[2] 2002年关于加强地方自治的法律,GVBl.,2002年,第336页。

决确定。

史荷州采取行政局与行政共同体并行的双重体制。行政共同体依公法合同设立，约定由一个主管乡镇执行其他乡镇的任务，但不设立具有法律人格的主体，也不另设机构。任务所属的乡镇可以对行政共同体执行该项任务的活动发布指令。与此不同，史荷州的《行政局法》第1条和《乡镇条例》第24a条规定，行政局（Ämte）是具有独立法律人格的组织单位，自负其责地执行成员乡镇移交的任务，可以在权限内发布规章。行政局的设立、变更和解散，由内政部长在听取成员乡镇和县政府的意见后以行政行为的方式作出决定。行政局的任务可以分为不同类群：一是法定任务，即在与乡镇长协调一致的情况下准备和执行乡镇决议；二是交办任务，即根据有关乡镇的指令，执行财务和审计监督、征收地方税、出庭应诉代理等方面的任务；三是成员乡镇完全移交的特定自治任务。行政局的机构是局长和委员会。委员会可以设立专门委员会负责决议的准备工作，其程序准用《乡镇条例》的有关规定。局长从委员会成员中选举，并且以名誉职法律关系任用。他是委员会主席，领导行政局的行政工作。在其他财政来源不足以弥补其财政支出时，行政局可以征收专款。

图林根州的立法机关选择了具有法律人格的行政共同体模式。设立程序分为两个阶段：首先是成员乡镇达成有关成立行政共同体的公法协议，然后报请内政部长确认。在具备法定要件时，内政部长颁布法规命令，赋予行政共同体以公法人的法律地位。如果有关乡镇不同意，要提高行政效能，只能由法律强制性规定设立行政共同体。行政共同体负责执行所有国家转授任务、指令性任务和土地利用规划方面的自治任务。另外，它还负责成员乡镇决议的准备和执行。个别（成员）乡镇也可以委托行政共同体在自属范围内执行任务。行政共同体的机关是共同体大会和任期5年的专职主席。主席负责领导共同体的行政工作。在其他收入不够用时，可以向成员乡镇征收专款。

（三）行政共同体成立义务的合宪性

如同义务性目的联合体那样，义务性行政共同体中比较突出的问题是强制乡镇加入某个行政共同体的合宪性，以及强制分配任务的实体与程序合法性要求。解答这两个问题有助于明确行政共同体的特性及其与作为地方自治核心观念的公民自治之间的内在关系。2002年11月19日联邦宪法法院第二合议庭就萨安州通过法规命令强制乡镇加入行政共同体一案作出的判决具有基础意义[1]。

联邦宪法法院认为，命令特定乡镇加入行政共同体并没有消除乡镇自治的同质性特征，因为行政共同体不是成员乡镇之上的一个州行政组织层级，没有将地方共同体事务设定为自己任务的权力，成员乡镇仍然是独立于行政共同体的区域性团体。设立行政共同体的首要考虑因素是行政（的技术和效能），而不是公民民主。行政共同体的成员乡镇仍然保留其活动范围的综合原始性。行政共同体意味着法律为成员乡镇执行任务提供了一种新的法律机制。行政共同体的结构特征在于，提高小乡镇行政效能的同时

---

[1] BVerfG, 2 BvR 329/97 vom 19.11.2002, www.bverfg.de/Entscheidungen/rs20021110-2bver032997.html.

维护其存在,从而避免建立大的一体化乡镇。各州的一致作法是将行政共同体的权限重点放在行政技术领域和国家转授的任务。相对而言,自治任务的行政技术因素少得多,是否移交行政共同体执行由有关乡镇自愿决定。

如果行政共同体是按照成员乡镇的委托并以其名义"提供服务的主体",在此范围内受成员乡镇决议和指令的约束,那么,强制某个乡镇加入行政共同体并没有对其自负其责地执行任务的核心领域造成实质性的侵害。《基本法》第 28 条第 1 款第 2 句授权立法机关制定法律,规定乡镇的组织和机构,从而使立法机关能够对乡镇执行任务发挥间接的影响[1]。乡镇加入行政共同体影响其自治行政工作的,并没有取消其自治权,其效果并非《基本法》第 28 条第 2 款第 1 句所禁止的国家控制行政,而只是把乡镇作为没有实体裁量权的单纯行政单位对待而已。在乡镇自负其责地执行的诸多任务中,乡镇的自治行政任务只是一个方面。(因行政共同体而)失去权限的主要是名誉职的乡镇长,他作为乡镇行政领导的全面控制和监督职能——在严格意义上主要是通过在乡镇议会中的表决权执行——被行政共同体的两个机关替代执行了。但是,乡镇长仍然有权利也有义务像法定代表人那样对外代表乡镇,领导乡镇议会及其专门委员会。乡镇议会的职权没有受到什么影响。向行政共同体移交任务并没有侵害地方自主权的核心领域,因为小乡镇的政治民主自主性和同质性仍然可以得到保障,而且,乡镇政府丧失的地方自治任务执行权可以通过有效的指令权和参与权得到

---

[1] BVerfGE,第 91 卷,第 228 页,第 240 页以下。

补偿。

顺着这个思路可以清楚地看到强制乡镇加入行政共同体以及自愿移交任务的宪法界限。在自治任务领域中,乡镇议会的地方管辖权是居民自治的核心要素,不得侵蚀,将其限于指令权和监督权;而其他大量的强制性或者自愿性自治任务可以移交给行政共同体,这并不违反《基本法》第28条第1款第2句的规定。

四、目的协议

这是公法人之间签订,约定由一方执行另一方任务的公法合同,为此既不成立独立的法律主体,也不存在任务的转授,而只针对个别任务的执行,这在自治任务和转授任务领域都具有适法性。协议可以约定效力期限,可以约定出于重要事由的非常解除权,例如成员乡镇合并入某个统一的乡镇。协议可以约定没有执行任务的另一方享有附和权。目的协议的签署属于审批保留的范围。如果有通过目标协议执行特定任务的紧迫必要性,主管监督机关可以责令有关乡镇签订目的协议,此即所谓的强制性目的协议。

目的协议的典型客体是公共设施的设立和管理,这种设施仅在特定最小规模时才合理,因此可以采取租用的方式使用投资。负责管理设施的一方主管团体是否可以规定其他乡镇的使用及其收费,即是否享有相应的立法权,取决于协议的具体约定和有关法律规定[1]。拜仁州、史荷州、萨安州、图宾根州的法律规定,在特定

---

[1] 关于转授规章制定权的适法性,参见盖恩(Gern):《德国地方法》,2003年第3版,编码947;绿勒堡 OVG,NVwZ-RR,1989年,第383页。

条件下，主管团体甚至可以被授予针对整个成员乡镇辖区的命令发布权。

在巴符州和萨克森州，主管团体可以设立共同委员会，在目的协议约定客体的范围内，负责乡镇议会决议的准备工作。

五、地方工作共同体

与目的协议联系密切，一些州法明确规定了地方工作共同体，例如拜仁州、布兰登堡州、黑森州、北威州、莱普州、萨兰州、图宾根州。这是一种没有法律能力的组织，规模小，不能按照对等权合同自负其责地执行地方任务。

拜仁州、黑森州和图宾根州区分简单和特殊的工作共同体，标准在于后者的决议经成员一致批准后即对成员产生约束力。法律没有明确规定是否需要为此设立机关，因此参加成员可以自行裁量决定，一般都会设立一个办公机构。工作共同体的财政也由成员自主决定，实践中通常是征收专款。

六、城市与周边地区联合体

这是城市扩张的一种典型形式，目的是解决区域经济的一体化，尤其是卫星城问题。自从1911年大柏林以目的联合体的形式诞生以来，它就成为最重要的城市与周边地区联合体，构成了城镇一体化(Eingemeindung)改革的先声，它给当今的这类联合体所提供的警示却是一体化城镇应当避免规模过大。

1974年萨兰州进行了这种区域行政改革，成立了萨尔布鲁克城镇联合体(Stadtverband Saarbrücke)，其目标是通过合作提高效能,继续推行萨尔布鲁克乡镇大区的一体化进程。该联合体的任务涉及萨兰州在县层面执行的所有任务,以及在联合体辖区内制定跨乡镇的独立大区发展规划。联合体的机关是城镇联合体大会、委员会、主席和计划谘议会。谘议会负责土地利用计划的制定、变更和废止。

法兰克福周边地区联合体(Umlandverband Frankfurt)是县级市法兰克福与奥芬巴赫和其他3个县、3个县的部分地区为持续维护和改善莱茵—缅茵地区的生活质量而成立的。随着2001年3月31日法律的生效,1974年《法兰克福周边地区联合体法》第4条被2000年12月19日的《加强地方合作和规划法》①废除。随着2001年4月1日法兰克福/莱茵—缅茵的卫星城规划联合体作为改革措施的出台,法兰克福周边地区联合体改制为公法人。它的任务是与南黑森地区大会共同制定地区土地规划、自然区规划(Landschaftsplan)和开展跨地方合作。其成员是卫星城区内的法兰克福/莱茵—缅茵,县级市法兰克福(缅茵)、奥芬巴赫等,共计75个市镇。该公法人下设联合体代表大会和理事会两个机关。

1962年至1980年存在的汉诺威大区联合体(Verband Grossraum Hannover)由下萨州首府、汉诺威、3个县和20个县属市镇组成。主要任务是公共工作人员的交流和地区规划,另外还执行联合体成员移交的经济促进和就近休养任务。20世纪90年代后半期出台的有关汉诺威卫星城的各种建议的目标都是发展新的组织体制:除了市镇之外,只剩下一个自治团体——汉诺威地区,采取

---

① GVBl.,第1卷,第542页。

县和地方联合体的形式。

2001年3月16日下萨州众议院决议通过了2001年6月5日《汉诺威地区法》①。从2001年11月1日起,汉诺威地区(Region Hannover)成为公法团体。它是已经解散的汉诺威县和汉诺威大区地方联合体的后继者,20个县属乡镇仍然保持其独立性,其任务则是以前由地方联合体和县执行的任务,其中一些任务移交给了乡镇。除此之外,地区政府还负责执行以前由区政府或者县政府执行的任务。汉诺威地区政府由地区大会、委员会和主席组成。

布劳斯维希地区(Grossraum Brauschweig)目的联合体由1991年11月1日的专门法律成立,下属县级市布劳斯维希、萨尔茨格特(Salzgitter)、沃尔夫堡(Wolfsburg)和5个县。下萨州《空间计划和土地规划法》第7条规定,该联合体的两大任务是联合体内的地区规划和公务人员交流。成员可以向联合体移交其他任务,行政支出的来源是联合体专款、联邦政府和州政府的拨款。联合体机关包括由来自各地方的59名名誉职成员组成的联合体大会以及主任和委员会。所有重要决定均由联合体大会作出,例如空间计划项目和短途公路规划。

七、更高级别的乡镇联合体和地区联合体

专门法规定的更高级别的乡镇联合体覆盖的区域更大,目的是特定自然区的自治管理。它也执行跨地区的地方政府任务,但受地方政府的控制。它的结构和任务多种多样,但总体上可以分

---

① NdsGVBl.,第348页。

为两大类：一是以历史形成的地区为基础建立的自然区联合体，二是（一般的）地区联合体。前者是享有自主权的公法人，具有自己的任务领域。后者的权限相对较小。它们大多只下设没有独立主体资格的规划协调委员会。

（一）自然区联合体

拜仁州有上拜仁、下拜仁、上普法茨、上弗兰克、中弗兰克、下弗兰克和石瓦本(Schwaben)等7个自然区联合体。每个县和地区都有一个属于自治团体的乡镇联合体，其自治任务范围由法律设定。根据《拜仁州宪法》第10条规定，法律也可以为其设定其他任务。自然区联合体的组织机构由拜仁州《地区组织法》规定，任务分为自主执行和按照指令执行两类。该法第48条第1款规定，区政府在自己的权限和能力范围内设立居民福利需要的设施。第2款规定，联合体也可以执行法律授权的任务，性质属于该法第6条规定的指令性任务。

拜仁州《地区组织法》第21条规定，地方政府的首脑机关是地区议会，可以决定设立独立的地区委员会，必要时也可以设立其他委员会。名誉职的地区主席是地区议会法定代表人，是议会和地区委员会的领导，负责办理日常行政事务，对外代表地区，作为顶头上司对地区政府所属公务人员进行勤务监督。第91条和第92条规定，拜仁州内政部长是监督机关，对地区政府在自治范围内的活动进行监督。第91条和第97条规定，在国家转授的任务领域，由法律专门规定的行业监督机关作为监督机关。它的财政来源是设施使用费、地区专款、投资补贴和州政府在财政均衡和效能均衡范围内的专项拨款。

《莱普州宪法》第49条第3款第1句和第78条第2款及《普法茨地区联合体组织法》规定,该联合体是《地区组织法》第1条规定意义上的地方区域性团体和乡镇联合体。联合体区包括8个县级市和莱茵黑森—普法茨地区所属的8个县。《普法茨地区联合体组织法》第3条规定,地区联合体的任务主要通过下属机构、设施和财产执行。对经营管理超过乡镇或者县的效能的或者根据特别关系移交的设施、企业和机构而言,联合体是它们的归属主体。执行任务的财政来源是设施使用费、普法茨工程股份公司的股息、该法第15条规定的州政府拨款、第12条规定的联合体专款。联合体下设议会及其主席。该法第5条第1款规定,议会由29名成员组成,由有选举权的地区居民每5年一次选举产生,对所有具有相应决定意义的事项作出决定。议会主席是名誉职,替代以前作为合议制机关的地区委员会,负责领导联合体的行政工作,对外代表联合体,主持联合体的日常工作,是联合体工作人员的顶头上司。主席负责准备并且执行议会及其专门委员会的决议。该法第10条第5款规定,主席在紧急情况下享有紧急决定权。

北威州的县和县级市根据该州的《自然区组织法》第1条规定组建了莱茵兰德自然区联合体和威斯特法伦—利泊自然区联合体。该法第2条规定,它们是享有自治权的公法团体。联合体下设大会、委员会和主任等3个机关。联合体大会由成员团体代理人间接选举产生的代表组成,主管所有具有原则意义的事项。联合体委员会隶属于大会主席,最多由大会的16名成员组成,负责作出大会权限之外的决议,并且可以将特定的任务委托给相对独立的专门委员会办理。联合体主任负责准备和执行委员会及其专门委员会的决议,领导联合体的日常行政工作。如同支持他的议会那样,联合体主任每8年选举一次,但在特定条件下可以提前解职。根据该法第5条的列举规定,联合体主管的事项涉及卫生、社会、道路、青少年救助、地区文化保护、自然保护和地方经济。法律可以分配其他任务。联合体的财政来源是联邦政府和北威州政府的拨款、设施使用费、地区专款和州政府的其他拨款。

奥登堡(Aldenburg)地区联合体由6个县和3个县级市组成,是具有自治权和雇主资格的公法团体。该联合体下设委员会、理事会和主任三个机关,准用下萨州县组织法的有关规定。地区联合体主管福利基金和公私法慈善基金会,管理疗养院和残疾人救助设施,是乡镇和乡镇联合体公务员的工资存取处(Kasse)。它的财政来源有自有资金、联合体专款和州政府的补贴。

东弗里斯兰自然区(Ostfriesischen Landschaft)的任务是办理乡土事务,具体由地区大会中的不同工作组负责。为此目的,还可以设立自然区图书馆、考古学研究机构和文化传播机构。自然区委员会和主任隶属于地区大会。委员会由7名议员和自然区主席组成。由联合体委员会选任的区主任代表东弗里斯兰区办理诉讼和非讼事务,主持日常行政工作,是自然区所有工作人员的顶头上司。

鲁尔区地方联合体的历史前身是鲁尔科伦居民区联合体,现在有11个县级市和4个县组成。根据《鲁尔区地方联合体法》第2条,该联合体是享有自治权的公法团体和乡镇联合体,下设大会、委员会和主任等3个机关。联合体的任务是绿地保护、设立和管理娱乐设施、维护公园、执行地区规划,另外包括政务公开、测量技术和测绘工作、跨地区的垃圾清理。它的财政来源是目标收入和特殊情况下征收的联合体专款。

(二) 州福利联合体

巴符州、黑森州和萨克森州设立了这种联合体。其中,巴符州有巴登、符腾堡—豪赫朝莱恩两个,它们是《巴符州宪法》第71条第1款第3句和第1句规定意义上的公法团体,享有宪法保障的自治权。它们的任务是社会救助、青少年设施、残疾人院、疗养院、学校、青少年咨询和诊疗等。在非指令性任务方面受内政部长的法律监督,在指令性任务方面则受其行业监督。巴符州福利联合体的机关是联合体大会、主任,以及由大会主席、联合体主任和9至11名其他成员组成的联合体委员会。联合体大会成员实行名誉职制,由联合体辖区内的乡镇议会和县议会每5年选任一次的代表组成,负责对重要和具有特殊意义的事项作出决议。大会和主任职权范围外的事项由联合体委员会决定。联合体委员会负责监督其本身和大会作出的决议的执行,为此可以设立专门委员会。联合体主任是大会选任的公务员,任期8年,主持联合体日常行政工作。联合体的财政来源是州福利专款、投资补贴、规费和社会救助补偿金。

黑森州的福利联合体针对整个州,并不限于特定的地区,享有州宪法第137条第2款规定的自治权。联合体机关是联合体大会和行政委员会。前者负责对后者职权范围外的事项作出决定,监督行政委员会的执行工作;后者负责联合体日常行政工作,执行该州《福利联合体法》第 13 条规定的任务。内政部长是一般监督机关,社会和卫生事务的行业监督由州社会部长负责。联合体的财政来源是联合体专款、州政府的捐款和在教育负担均衡领域中的拨款。

由萨克森公国所属县和县级市组成的萨克森州福利联合体,成立依据是 1993 年 1 月 22 日萨克森州《福利联合体法》[①],任务涵盖社会和卫生领域。法律可以分配其他任务,但必须同时明确资金来源。联合体大会、委员会和主任的组成、任务、职权准用巴符州的相应规定。财政来源是团体所属设施的收费、州政府的年度捐款和向县、县级市征收的福利专款。

(三) 地区联合体

许多州的地区规划由地区规划共同体实施。除了巴符州之外,其他州后来都将地区规划任务移交给了现有的机构(县、管理区)。因此,现在实际上只存在城市与周边地区联合体和地方联合体。汉堡、布莱梅和莱茵耐克(Rheinnecker)三个卫星城区正在建立协调计划机制。莱普州也建立了毗邻区(联合体),但都是没有执行权的协调会议。巴符州的城市也与周边地区建立了毗邻地区联合体,但没有设立自己的行政机构,另外还有 11 个属于公法团体的地区联合体,参与州规划中的地区规划(《巴符州规划法》第 22 条第 1 款)。

---

① GVBl.,1993 年,第 69 页。

八、其他公法合作形式

除了上文已经介绍的活动方式和组织形式之外，在特定专门领域还存在其他特殊的公法合作形式，联邦法和州法都有规定。例如储蓄银行联合体是一种特殊形式的目的联合体，其他具有重要实践意义的是教育联合体、《建筑法典》第 204 条规定的土地利用规划联合体和第 205 条规定的规划联合体。

九、私法合作

除了法定的各种公法合作形式之外，地方政府在很多领域也采用私法组织形式进行合作，主要是利益代表、经济活动和与私人的合作，尤其是利用私人资金执行地方任务的情形。

具有特殊意义的是联邦层面和州层面的地方首脑协会(Spitzenverband)，包括德国城市协会(Deutcher Städtetag)、德意志城镇联盟(Deutscher Städte-und Gemeindebund)和德国县协会(Deutschen Landkreistag)，它们在平原州层面也都设立有相应的协会。它们的主要任务是在联邦和州层面协调地方利益，在联邦参议院和州众议院授予的听证权和参加权范围内参加立法程序，作为政府的对立面行使这些权利。另一个任务是促进地方政府之间的经验交流，为它们提供专业咨询服务。为此可以向地方立法提供试拟稿，系统整理和研究极为广泛分散的司法解释，而个别地方政府不可能以同样的方式有所作为。

另外还有出于专业咨询目的而设立的很多地方专业联合体。特别值得一提的是地方行政简化办公室(KGSt)，地方(政府)企业联盟(VkU),地方雇主团体联合体,以及德国储蓄银行和转账银行联合体。

在国际层面代表地方利益并且意义日益突出的是如下联合体：

(1)国际乡镇联合体(IULA),是一种具有咨询功能的世界范围的会议,是由成员国地方首脑联合体代表组成的非政府组织(NGO);

(2)欧洲乡镇和地区执委会(RGRE),在欧盟层面代表地方利益;

(3)欧洲地方政府会议(欧洲乡镇和地方的常设会议),是1957年欧洲执委会设立的咨询性机构;

(4)欧盟地区委员会,依据是《欧洲共同体条约》第263条以下。

第五章　公务自治法概论

第九十七节　公务自治的概念、表现形式和法律依据

一、公务自治的概念

从有关行政组织法的宪法规定解释来看，国家法对自治行政概念的最低要求是独立人格的法律主体对自属事务的自主决定权。作为关系人民主自治的一种方式的公务自治逐步特殊化，具有如下特征：(1)被赋予民主参与权，(2)具有集体合法性保障的人民联合体，(3)自负其责地执行内外部的自属事务，(4)享有需要承担最后责任的自主决定空间，(5)受国家法律监督的制约。下文将对这些特征展开论述。

如果将公务自治作为与地方自治相对的概念，如下区别是明确的：(1)团体构建的着眼点不同。后者是地方居民属性，而前者则是从事特定的职业(如经济协会和职业行会)或者特定的职能(如高校)、关系人与特定任务的关联性(如不动产财团和社会自治行政主体)。因此导致(2)民主基础不同。在地方自治中，一般的公民地位是民主参与的基石，而公务自治的基石却是特定的专业知识，而这进一步以特定职业身份或者与特定任务的关联性为基

础。(3)权限的确定标准不同。公务自治主体的总体权限原则上限于特定的主题，不属于完全的管辖权，但所涉及的地区(辖区)通常比地方自治主体大，一般针对整个州，在一些面积较大的平原州通常针对部分地区(不动产财团和高校是例外)。

在有关水土联合体[①]和工商业协会[②]的强制成员身份之合宪性的判决中，联邦宪法法院采取了行会组织法的视角。在有关艾福特社团的判决中，联邦宪法法院指出："这种公法社团的机构设置和成员法律地位设定应当符合它所管理的生活和经济关系的特殊性和所消除的共同体危险。"特定专业领域的特殊性本身就可以"赋予这种联合以合法性，不同利益的成员借此团结起来，除非利益的有效协调显然不可能以这种方式实现。但是，社团成员的利益也不能因此受到任意的侵害，社团机关的裁量权必须受到充分的法律限制，并且可能受到司法审查"[③]。在3年之后的工商业协会判决中，联邦宪法法院认为，将代表商业经济利益这一任务转授给经济行业的自治组织，具有最高程度的合目的性。立法机关原则上有权决定这样的授权。尤其是在国家自己执行任务时仍然要依赖有关的专家咨询委员会的领域，通过行会负责办理具体业务，有助于简化直接行政，节省费用。联邦宪法法院指出，工商业协会执行任务适用强制成员身份的原则是"合理的，即必要的"[④]。

在专业医生判决[⑤]中，联邦宪法法院从另一个角度对(自由

---

① BVerfGE，第10卷，第89页(Grosser Erftverband)。
② BVerfGE，第15卷，第235页。
③ BVerfGE，第10卷，第89页，第102页以下。
④ BVerfGE，第10卷，第235页，第242页。
⑤ BVerfGE，第10卷，第125页(Facharztt-Entscheidung)。

职业)行会的组织体制作了进一步的阐释。该判决中的问题是行会自主管理权的范围,其中尤其是职业准入措施的设定权。对此可以从两个角度认识。首先,有关医生的现代职业精神和专业医生事务的发展基础一方面是法治,另一方面是医生职业组织的自治,也就是说,是合作性的。联邦宪法法院认为,为此而将规章制定权授予这种自治团体的"积极意义在于,调动社会力量,将有关社会群体能够在所熟悉的领域作出最专业判断并且只涉及自己的事务移交给该社会群体本身,从而缩短规范制定机关与规范相对人之间的距离。国家立法机关也可以从充分考虑专业和地方特殊性的沉重负担中解脱出来"①。联邦宪法法院在另一个判决理由中补充性地指出,公务自治的指导思想是"将社会群体所蕴涵的充满生气的力量引导到自负其责地管理与自己利益有关的事务(组织制度)中,使他们得到'正确地'应用自己专业知识的权利"②。

2001年12月7日联邦宪法法院在有关工商业协会强制成员身份问题的决议中,附带性对公务自治主体作了组织法上的阐释。在肯定以前判决及其价值判断的基础上,联邦宪法法院指出,"行会所属的强制成员身份一方面打开了参加和参与国家决定过程的机会,但另一方面他本身不能自己证明"。联邦宪法法院接下来强调指出,"强制成员身份具有自由保障和合法性证明的功能","这是因为,凡是在普遍利益要求法律规定强制设立而避免直接国家行政的地方,则应当由关系人的参与来充实"③。

---

① BVerfGE,第33卷,第125页,第156页以下。
② BVerfGE,第33卷,第125页,第159页。
③ BVerfGE, NVwZ,2002年,第335页,第337页。

最后要提到2002年12月15日联邦宪法法院第二合议庭的判决[1]，本案的争点是水联合体雇主协议的合宪性，法院却对公务自治的民主合法性和组织结构作了原则性的、总体性的阐释。从组织法的角度来看，联邦宪法法院观点的意义在于，如果国家立法机关不能塑造公务自治主体的组织形式，那么，自主维护利益的自治指导思想与公共任务的有效执行之间就难以协调了。

联邦宪法法院的这一判决表明，公务自治的着眼点在于特定职业群体、特定任务所涉及的组织和个人所具备的特殊专业知识，应当将他们用于自负其责的任务执行，从而以亲民化的方式减轻国家的负担。许多问题因此明确了，有关公务自治内部组织结构的特殊要求也得以引申出来。关于公务自治主体组织的专业化、适合任务执行和利益代表的要求，下文将展开论述。

二、公务自治的类型

（一）功能和类型的多样性

与地方自治基本上可以分为乡镇与乡镇联合体不同，公务自治以类型和功能多种多样著称。这两个方面又互为条件，折射出不同类型的自治主体的功能也不同。

从第一个公务自治主体的产生历史可以看出它的诸多职能，而这也正是它产生的原因所在。下文阐述的产生根据对特定的公务自治主体而言是总体性而非可选性的：

---

[1] BVerfGE,DVBl.,2003年,第923页,第926页。

1.社会力量的形式化。公务自治主体成立的首要动因是成员职业权利(的维护),职业监督的委托和职业司法机构的设立都是围绕这一点进行的。

2.通过任务移交以减轻国家的财政和组织负担。设立公务自治主体有助于避免国家行政的膨胀,减轻国家的组织负担,尤其是自治任务以会员费和使用费为经费来源,这减轻了国家的财政负担。

3.通过决策过程的自主性减轻国家的决策负担。赋予公务自治主体以自负其责的决策和裁量空间,使有关行业领域部分、甚至完全退出一般的政治过程,尤其是政党政治过程。这一方面减轻了国家的一般的政策研究制定负担,另一方面有助于决策过程的专业化。

4.社会生活的民主化。从宪政国家的角度来看,由自治行政承担特殊的公共职能在很大程度上提高了社会生活的民主化水平。与19世纪初叶的情况类似,地方自治的发展是国家层面民主化的前奏,因此,公务自治主体也可以视为社会生活民主化的前驱。平等民主参与权的法典化也借此得以发展,这是值得进一步考察的重要方面。

5.社会生活的法治化。同样具有原则性意义的是因自治团体发展而产生的社会生活的法治化,具体而言表现在:(1)严格的法定主体权限的约束;(2)任务、职权和程序严格遵守基本权利和法律的约束;(3)行政法院保护的概括开放性。尤其是与私法社团相比较,可以更加清楚地看到公法团体遵循的法治标准更高。赋予成员要求遵守法定任务分配的请求权,虽然存在争议,但更清楚地表明了这一点。

6.基本权利性质的自由空间保障。尤其在公立高校领域,公务自治被视为基本权利性质的自由保障的最佳组织形式,其中主要是《基本法》第5条第3款规定的研究和讲学自由。其他公务自治主体也有助于有关基本权利的保护(参见有关组织形式的介绍)。

在成立阶段至关重要的动因所蕴涵的现实指导思想也在公务自治近年来的发展中得到了体现,因此,联邦和州政府近年来移交给公务自治主体的任务越来越多,例如将职业许可任务移交给律师协会、审计师协会,在大规模的卫生改革中以及在生活质量保障领域,医师协会被赋予了大量的新任务。是否将商业登记任务移交给经济自治行会,还未最终确定。

如下蕴涵现代观念的关键概念表明,这些正在进行的改革内容本身就是公务自治的鲜明体现。一是合作观念,二是辅助原则,三是组织体制适应任务需要的原则。另外,学界将经济和职业行会视为国家和有关职业群体的一种合资(joint venture)形式,优势互补,互相利用。

合作观念源自环境法,至今推广到了许多行政程序和行政组织领域。通过实质性的目标约束,公民更多地承担起以公共利益为目的的任务。国家与公民之间的责任分配作为公务自治的一个指导思想从一开始就得到体现。

辅助原则虽然没有被确认为宪法原则,但在德国行政组织法中具有重要的意义,因为就其实质而言,将任务分配给自治主体在很大程度上遵循的是该原则。尤其是从共同体法的角度来看。与此密切相关并且对公务自治具有意义的是公共行政的分散化原则和亲民化原则，欧盟执委会在欧洲政府白皮书中对此作了阐释。

组织及其体制适合任务需要的思想是一个不言而喻的行政学和组织法原则。正如前文在主导性判决分析所表明的那样，它已经体现在联邦宪法法院的判决中了。这一思想与新公共管理范式相结合，焕发出新的活力，因为对企业管理而言，适合任务需要的组织和领导体制具有更为重要的意义。对公务自治而言，只有充分利用所属职业群体的专业知识，才能取得更大的成效。只有借助自治团体（的利益代表作用），才能在规范制定和咨询程序中充分利用其职业知识，才能构建适合任务需要的组织体制。

正如联邦宪法法院在专业医师决议中所表明的那样，必须注意职业自治及其贯彻实施职业法的权力也存在消极的因素，例如排斥局外人的（割据）危险，因为后者可能提供竞争性或者挤压性的产品和服务。联邦宪法法院在专业医师决议中强调，有关身份确认和准入的规定必须具有充分的议会法律依据。在此范围内，基本权利的作用在于防止行会为维护职业利益、排斥竞争而滥用管制权。近年来，防止职业公务自治弊端的其他纠正和监督措施在欧盟竞争法上受到了关注。

公务自治的组织模式一直到现在还颇受青睐，将其视为过时的等级国家模式已经被实践否定了。除了新联邦州在统一之后实行的传统组织形式之外，近年来的新发展是20世纪80年代在联邦范围内建立的工程师协会和90年代北威州建立的垃圾清理联合体（关于该组织，参见下文第三部分）。

从国家的视角来看，有必要将公务自治的各种职能分为内部职能和外部职能。内部职能针对的主要任务是公务自治主体在相应的职业法领域,针对其成员从事职业监督、职业培训、利益协调、利益促进和供应服务等活动。外部职能包括参加国家司法性或者立法性活动,例如专家咨询、立场表明、提供鉴定结论、利益代表和减轻国家负担。公务自治主体替代为(有时)非常广泛的社会群体(例如自由职业)构建内部秩序,成为国家任务的一种独特而又重要的代办人。

(二) 公务自治的客体分类

公务自治的客体及其结构的多样性表现在不同业务领域的区分,相同领域具有相同的任务和基本条件。下文选择的区分标准虽不全面,但有助于对多种多样的公务自治主体进行类型化和标准化的整理。

1. 经济和职业行会。按照数量(82个工商业协会)和规模(300万成员)而言,它们当属最重要和通常也是最强大的公务自治群体组织。它们或者是按照一般特征所确认的大职业群体代表,例如工商业协会和手工业协会;或者是为特定单一职业群体服务的组织,例如律师协会和医师协会;或者是为严格准入的职业群体服务的组织,例如审计师协会和税务咨询师协会。

2. 不动产团体。这是代表范围相对较小的一种公务自治主体,所代表群体的共同特征是拥有不动产或者与不动产有关的使用权,这是加入该公务自治主体的确认标准。该领域受同志社观念的影响很深,主要有水土联合体、林业经济同志社、林业经济联合体、渔业经济同志社和狩猎同志社。

3. 社会自治。该领域的鲜明特点是所代表的人数最多,但自治权却相对较少。其中主要是社会保险主体和医疗保险协会。自由职业的服务设施和大学生服务设施也属于此类。该领域所涉及的范围极为广泛,当今正在进行基础性的变革,出于篇幅的考虑不予介绍了。为此可以参见有关该领域的比较详实的介绍①。

4. 高校自治。这在学理上具有特殊的地位,因为它是在基本权利上得到承认并且打上组织民主性烙印的自治权的承受和补充主体。该公务自治类型是一个非常复杂的理论研究领域。

(三) 体制上的区别和分类

从内部组织体制来看,公务自治主体可以分为如下三类:

所有成员属于相同或者严格准入的职业群体,因而具有广泛一致的利益和同质性或者单一化的组织体制,所有的自由职业协会都是如此。

公务自治主体是一个非常广泛的职业群体的联合,总体上具有相同的特征,但具体的利益却各不相同,因而形成了一种多元群体体制。它的内部组织设计必须充分反映多元化的结构,以便实现充分的利益均衡。这方面的典型是工商业协会和手工业协会。

最后是通过一个组织将内部相反或者冲突的利益联结在一起,这方面的典型是水土联合体②。这种组织形式的首要考虑因素是利益协调。

---

① 克鲁特(Kluth):《公务自治》,第419页以下。
② BVerfGE,第10卷,第89页以下。

同一种公务自治组织形式可以用于执行很多截然不同的任务类型，它们的共同点在于通过利用关系人的专业知识和行政资源，在遵循法治要求和大众福祉约束的前提下，以分散化和亲民化的方式执行国家的任务。

三、高校*

（一）发展和现行法依据

最初的大学是 12 和 13 世纪在中欧建立的学者团体，根据恺撒帝国或者罗马教皇的资助令状（Stiftungsbriefe）建立，享有诸多特权。

现代型大学的发展始于 17 世纪。以维护（深受教会影响的）学术自由为宗旨的德国大学首推 1694 年建立的哈勒大学和 1737 年建立的哥廷根大学。1806 年以后在普鲁士改革时期实施的洪堡教育改革主要针对国家文化行政，而不是大学自身的改革，但对德国现代大学的形成却至关重要。威尔海姆·冯·洪堡（Wilhelm v. Humboldt）认为，学术自由（Wissenschaftsfreiheit）是文化国家的最高行动准则，但并未从中引申出组织法上的结论。为此，弗里德利

---

* 原著该部分的标题是"公务自治的表现形式"，依次是（一）高校、（二）医师协会和其他医疗职业协会、（三）律师协会和联邦律师协会、（四）专利代理师协会、（五）公证师协会和联邦公证师协会、（六）审计师协会、（七）税务咨询师协会和联邦税务咨询师协会、（八）建筑师协会和工程师协会、（九）领航员兄弟会、（十）工商业协会、（十一）手工业协会、（十二）农林协会、（十三）雇工协会、（十四）1991 年统一条约之后的水联合体、（十五）林业经济同志社、（十六）林业企业联合体、（十七）渔业经济同志社、（十八）狩猎同志社、（十九）北威州垃圾处理和旧建筑废料清理联合体。原著该部分的篇幅过大，译著将其标题上升一级，并且从"三"开始依次顺延，但内容不变。——译者注

希·施莱尔马赫(Friedrich Schleiermacher)在其改革设想中,首次勾勒了以学术团体形式组织起来的在法律上独立的大学蓝图。他还进一步提出国家对大学的监督限于合法性监督。但是1815年以后出现的革命浪潮使他的思想没有得到贯彻。

在1848年以后全面开展的宪政主义时期,高校逐步获得了崭新的独立意识。它将自己本能地视为推动国家统一进程的科学精神代表。属于州主权的高校法也在很大程度上适应了这个要求,将研究自由、教学自由和学术自治确定为国家管理高等教育的基本原则。高校领域据此出现了"混合的组织范式",高校被视为设施和团体因素兼备的一种组织形式。

1850年《普鲁士宪法》第20条所体现的学术自由的基本权利保障及其理论,限于当时的理论水平,并没有确立"国家距离"保障的组织法效果。如同西部相邻各州的法律那样,所谓的学术自由也没有保障私人自由建立高校的意义。这些德意志邦国,尤其是普鲁士,通常将学术自由理解为国家组织制度范围内的自治。唯一的例外是针对教会,通过与政府签订的各种协议,被准许在自己所属的高校里进行精神方面的科学教育。

除了组织和行政技术方面的重要革新之外,《魏玛帝国宪法》还实质性地强化和更新了大学的宪法地位。这一时期最重要的组织改革倡导者首推卡尔·海茵里希·贝克(Karl Heinrich Becker),他在1919年就提出了以大学自治思想为基本改革观念的大学组织模式,后来出任普鲁士的国务卿和部长,通过文化部推行这种模式。根据他的建议,普鲁士国家部长委员会于1923年3月20日接受了"普鲁士大学组织改革的原则",官方在该文件中首次提到了"自治",1923年3月30日该文件生效。

第二个重要的发展是宪法确认了学术和教学自由这一基本权利意义上的大学自治。《魏玛帝国宪法》第142条确认的只是个人权利保障性质的学术和讲学自由,其补充是1927年罗腾布彻(Rothenbücher)和斯蒙德(Smend)在德国国家法教师协会年会上所做的报告提出的组织保障,即将大学变成有效保障学术自由的组织。在解释第142条时,斯蒙德充分发挥他所推崇的注释学方法,明确指出该条的措词和立法历史都没有充分反映其本意。通过回顾考夫曼(E. Kaufmann)、亚布斯(K. Japsers)和M. 韦伯的理论,以推论方式发现基本权利的精神,他将法律技术的作用发挥得淋漓尽致。通过揭示有关学术自由的德国观念并且直接根据有关公共机构规定的系统地位,斯蒙德得出结论认为,基本权利"首先"意味着"公共机构的相应法律地位"。鲁道夫·斯蒙德就此借用弗里德利希·鲍森(Friedrich Paulsen)创造的术语"德国大学的基本权利",将学术自由的组织保障与立法结合得天衣无缝。斯蒙德的观点得到了广泛的赞同,从此以后,学术自治获得了受宪法和《基本法》保护的法律权益的位阶。

总体而言,1933年以前的发展可以归结为,尽管学术自由和大学的组织分化造成了一定的松动,但德国高校事务的发展仍然独占性地属于国家文化制度的组成部分,在此范围内属于人民教育事务。在这个时期的高校行政发展中,国家塑造意志的主导地位受到一定的限制。学术自治的核心在于,国家在自己的知识不足的领域应当自觉后退,尤其是高校人事管理方面的任何事务,因为这与高校自己的任务联系最密切。

经过 1933 年至 1945 年的屈服期后,高校获得新的宪法和组织法依据。除了州宪法的个别规定之外,宪法基石主要是《基本法》第 5 条第 3 款规定的研究和讲学保障。尽管该款规定从措辞来看是《魏玛帝国宪法》第 142 条的继续,但鉴于大学在第三帝国时期屈服于国家以及《基本法》第 1 条第 3 款所扩展的基本权利约束力等背景,《基本法》第 5 条第 3 款规定的保障具有非常大的意义。个人滥用其研究和讲学自由时的国家干预的必要性和可行性成为这个时期参议院讨论的重点,但是有关大学组织保障的建议却没有得到回应。

1949 年以后,有关《基本法》第 5 条第 3 款保障的科学自由的解释仍然沿袭魏玛时代的理论,有关组织保障问题的研究没有创新和发展。在 20 世纪 60 年代中期开始的改革讨论中,有关《基本法》第 5 条第 3 款的解释成为焦点。1973 年 5 月 29 日的联邦宪法法院判决在很大程度上为这场争议画了一个句号,而且个别地方有所突破。

1968 年至 1973 年在州层面进行的国家预算型大学(Ordinarienuniversität)向群体型大学(Gruppenuniversität)的转变在联邦层面被《高校框架法》接受,尤其是第 36 条以下保障的个别群体参与权成为群体型大学及其团体结构保障的依据。

20 世纪 90 年代末开始到现在还没有结束的改革进程更具有基础意义,主要表现在高校积极回应国家和社会(的需要)、日益窘迫的财政和高校政策中引入竞争观念等基本条件方面。讨论的结果是接受新控制模式的部分思想,努力寻求高校工作在经济上更加有效,在组织上更加灵活。通过内外部的竞争提高高校研究和讲学服务的质量，为此允许采用新的内部体制和组织形式。德意志科学基金会联合会将这些发展总结为由9个方面组成的复杂蓝图，借此推动高校法的统一。所有这些发展在以前都不可思议。

联邦《高校框架法》之后的实际法律状况为组织法领域开辟了更大的活动空间，但基本的方向是遵循群体制的内部结构体制即群体性原则（Gruppenprinzip）。有关新联邦州立法的分析表明，法律开辟的活动空间已经并且即将得到各种形式和方式的利用，因此近年来高校内部组织出现了明显的分化趋势，这里只能作简要的勾勒。

（二）组织体制

1999年以后，关于高校法律形式和法律地位的确定，《高校框架法》第58条赋予州法以更大的活动空间。该条第1款第1句进一步规定，高校通常既是公法团体，也是国家的设施，是团体和设施的一种混合形式。第2句规定高校也采取其他法律形式设立。第3句规定，高校的法定自治权不受有关法律形式规定的影响。

高校传统组织模式的运作因不同领域而异。在"学术研究领域"（Akademischer Breich）实行具有部分法律能力的公法团体模式，由同样具有部分法律能力的学院组成，其核心层是校长办公会（Rektorat, Präsidium）和大学审议会（Senat）。高校行政由校长领导（Kanzler），是州行政的组成部分，在此范围内实行指令等级体制。高校行政不仅为学术研究服务，而且被赋予与学术研究有关的国家任务，例如学习准入和财政资助。至于两者之间的界限及其对州行政范围和方式的约束，州之间在细节上差异较大。

高校实行双重法律结构体制的目的和意义体现在高校的所有层面，一直到学院和研究所。只要它们承担了行政职能，就应当将学者和学术委员会（Akademische Gremien）从行政的负担中解脱出来，使他们能够真正集中精力于纯粹的学术问题。另一方面，州可以进行广泛的预算和经济控制。为了使学术研究领域更受制于经济因素，将拨款与研究和讲学的成果联系起来，因资源日益紧缺而赋予行政部门在资金使用方面的更大活动空间，这动摇了行政与学术这两个领域的传统分离格局。财政决策和行政决策对研究和讲学的过度影响越来越明显，因而需要重新确定两个领域之间的关系。尽管这一必要性与高校采取什么样的组织形式无关，但法律形式的选择实际上决定了未来的可用活动空间。

如同学术研究和行政管理两个领域之间关系的重新定位，《高校框架法》第58条第1款对其他法律形式的选择也没有作出积极的规定。由于以前该法第66条至第69条有关高校行政体制的规定已经被废除，州立法机关现在享有更大的活动空间，其界限一方面是有关公私法组织形式选择的一般规定，另一方面是《高校框架法》第36条以下有关成员参与的规定。

这里要注意，根据《高校框架法》第36条以下的强制性规定，高校内部组织的团体结构在学术研究领域必须得到维护，有关公私法组织形式的选择决定也如此，因此可以选择的只能是那些与内部成员结构相容的组织形式。由于公法组织形式向来由（州）立法机关规定，这里不存在原则性的组织问题。与此不同，私法组织形式只是一种可供选用的不成熟类型，为此首先要审查有关股份公司、有限责任公司和私法基金会的基本规定是否与团体制的内部结构相容。在学理上为此提出了两种模式:在一体化模式中,参与权直接针对公司;在分离模式中,法律主体的内部仍然采取团体制的结构,但最好以有限责任公司为基础。后者得到了优先考虑。

州立法机关利用新塑造机会的方式和方法多种多样。柏林、黑森州、巴符州和莱普州等州法允许采用私法组织形式,但要求有法律的专门授权。下萨克森州法律规定,高校可以申请州政府颁布命令,准许其采取具有法律能力的公法基金会的组织形式。其他州仍然维持传统的双重法律组织形式。

医学院的地位总是很特殊,除了一般的研究和教学之外,还承担医疗任务。大多数州制定了专门的医学院法,集中规定医学院的特殊法律地位。该领域近年来还出台了一些卫生改革措施,个别地方已经私有化了。

很大程度上与法律形式无关的一项改革措施是,多数州为了控制高校采用了目标协议。在有关高校体制的一般规定——部分由州政府的命令规定或者由州政府与大学签订的目标协议约定——范围内,借助目标协议构筑激励型的程序,以突出重点,提高效率。大多数目标协议都约定了未来若干年的综合发展指标,它们保障高校的财政安全对待给付和更大的塑造自由,为此相应采取总预算制(Globalhaushalt)。

高校成员身份主要限于实行团体制的学术研究领域。由于现行法基本上仍然将群体制大学作为法定强制性范式,形成了群体多元化的内部组织体制。按照联邦宪法法院有关《基本法》第5条第3款的判决,高校教师在研究和学术问题的决策方面必须占据多数,这使学术领域的成员权利得以具体化。《高校框架法》第37

条第 2 款第 5 句反映了这一点。高校成员权利同时意味着以基本权利和民主为基础的参与权。

就高校的内部划分和机构设置而言,随着《高校框架法》第 66 条至第 69 条被废除,州立法机关获得了更大的塑造空间。该法第 58 条第 2 款规定,高校自行确定内部秩序,报请州政府批准。

那些不限于特定专业领域的高校(如艺术学院和经济学院)通常分为核心领域和专业或者学院领域。学院可以进一步划分不同的专业领域、研究所或者分部、分院。这里有两层级和三层级两种体制可供选择。

核心领域进一步分为学术领导机关和核心设施,如图书馆、计算机中心和其他服务设施。在所有高校中,学术领域的领导机关都是作为成员群体代表机关的审议会,以及采取独任制组织形式的校长或者合议制组织形式的校长办公会(作为校长直属或者非直属的机关)。一些州还有第三个机关即大学师生员工代表大会(Konzil),其任务限于选举校长。近年来一些州法规定高校设立谘议会(Rat)或者管理委员会(Kuratorien),履行咨询职能,有时也享有共同决策的职能。

学院或者专业领域是高校的基础单位,是一个或者若干个相互关联的专业共同组织体。它的领导机关是采取合议制和代议制组织形式的学院或者专业审议会(Rat),它选举发言人(Sprecher),也称为院长(Dekan)。院长负责领导学院日常行政工作,执行有关的行政任务。

除了上述最重要的组织单位之外,高校中还存在其他丰富多彩的组织机构。这里只能选择性地提及,例如研究所(院),如果其财政来源于外部,也被称为挂靠的研究所(An-Institut)。尤其在自然科学领域,高校与私人和经济界合作,还可以经营管理企业。

最后要提及的是,在校大学生根据其特殊地位,依据《高校框架法》第41条规定组建的学生会,是独立的公法团体,但州法可以而不是必须赋予其法律能力。

(三) 任务与财政

《高校框架法》第2条对高校的任务作了大致的规定。州《高校法》以此为依据,作进一步的细致规定。对高校的最重要的任务,第2条规定如下:"(1)高校应当在与其任务相应的范围内,按照自由、民主和社会的法治国家要求,通过研究、教学、学习和继续教育,促进和发展科学与艺术。为职业活动创造条件,促进科学的知识和方法的应用或者艺术创造力的发展。(2)高校应当在与其任务相应的范围内,促进科学与艺术的繁荣。……(7)促进科学与技术的转换……。"

高校的任务广泛而丰富多彩,需要进一步具体化,并且(根据不同的时期、领域、国家与社会的需要等因素)确定不同的重点。高等教育规划既是高校的(首要)任务,也是主管州政府的任务。

许多州法还将高等教育改革确立为高校的(长期)任务,主要是(随时)调整自己的目标、体制和研究教学的形式,以适应日益加速增长的国家、社会和经济发展的需要。

相对较新的是一些州的高校法明确准许高校从事企业活动。与私人组织合作是高校长期以来的日常任务。

《高校框架法》第5条对高校财政作了如下规定:"国家资助高

校的目的是科研教学服务以及科学繁荣服务,其中包括促进社会平等。"这一规定的前提是高校所属的州为其提供充分的财政资金(《高校框架法》将联邦所属高校视为私立高校),同时授权州立法机关和州政府作出资助决定。根据《基本法》第91a条第1款第1项和第91b条,联邦参与高校的财政资助,其中主要是建设措施和研究项目。

高校财政领域近年来发展迅速。《高校框架法》没有禁止征收必要的学费①。但是,许多州的宪法针对高校作了相应的禁止性规定。设立学习账户以及为延期毕业的学生设立特别付费义务等,无疑加重了在读学生的经济负担②。

对高校财政体制具有特殊意义的是在国家与高校以及高校内部引入总预算制度,并且借助目标协议进行控制。

与高校属于公法团体和公法设施这一双重体制相关,国家监督的标准也因专业领域不同而异。学术研究领域原则上实行合法性监督,在其他领域则实行指令权和行业监督。

四、医师协会和其他医疗职业协会

(一) 发展与现行法依据

为了维护职业利益和职业名誉,19世纪中叶诞生的第一个医疗职业协会即享有纪律权(Disziplinargewalt)。1887年普鲁士区颁

---

① 关于有关规定的合宪性问题,参见德根哈特(Degenhart),DVBl.,1998年,第1309页以下。
② BVerfG,DVBl.,2003年,第993页。

布了第一个有关的组织法,即1887年5月25日的《关于成立医师职业代表大会的命令》。该命令第1条规定,每个省应当成立一个医师协会(Ärztekammer),并且一般应在省长的办公所在地。第2条规定,协会的业务范围包括"处理医疗职业或者维护公共卫生利益方面的所有问题和事务,或者维护和代表医疗职业的利益"。当时的医师协会有权"在其业务范围内,向国家提出意见和申请",必要时为国家提供专家意见。第4条规定,辖区内的所有执业医师按照选区划分选举代表组成协会代表大会(Repräsentationsgremium)。选区的划分与政府的行政区划一致。

1899年11月25日的法律对医师的名誉司法(事务)作了专门规定。该法第3条有关医师义务的具体规定具有特殊意义。虽然它主要是作为医师名誉司法标准的实在法规定,但同时也是医师职业制度的重要因素。根据该条规定,医师应当"科学地从事职业活动,通过执业行为以及谨慎的注意,促进本职业(的发展)"。

《医师职业法》在魏玛共和国时期只有零星的变化。在纳粹时期,联邦制的国家结构遭到破坏,以前适用的州职业法被1935年12月13日的《帝国医师条例》取代。职业法中充斥了大量源于纳粹观念的原则。例如,该条例第19条要求德国医师协会"为了人民和帝国的利益维护和促进德国人民的健康、遗传与种性";第21条规定,帝国医师协会的会长是由元首和帝国首相任命的帝国医师领袖;第22条规定,会长可以召集一个谘议会,为其执行任务提供咨询意见和支持。各种医生协会及其职业群体在很大程度上整齐划一了。

1945年之后,各州参照1993年以前的法律状况,制定了新的法律。大多数州都制定了医疗职业法(Heilberufsgesetz),为医师、牙医、兽医和药剂师的协会提供了统一的法律依据。联邦德国的17个医师协会有330000名成员。心理医师协会于20世纪90年代中期成立。与医疗职业协会并行的是保险医师和保险牙医协会,《社会法典》第77条对此作了规定。

(二) 组织体制

除了北威州出于历史的原因设立了两个协会区之外,其他州的医师协会区与本州政府的行政区一致。在辖区内执业的所有医师,或者虽然不执业,但经常居住地在辖区内的,都属于有关医师协会的成员。监督机关任命的公务员医师可以自主决定是否入会。根据有关欧共体成员国国民的特殊规定,经常居住地在其他欧共体成员国的医师在德国医师协会区内只进行短暂或者临时执业的,自由决定是否入会(《欧洲共同体条约》第49条和第50条规定的欧盟服务自由),但应当将预定的执业活动向有关协会申报登记,在执业方面与其他协会成员享有同等的权利义务。除此之外,也就是说,其他成员国医生在德国开业的,其强制成员身份不受其国籍影响。

协会的机关是大会、理事会和主席。大会由所属会员直接、秘密、自由、平等选举的代表组成。按照比例选举原则,代表名额根据行会区所属各选区的选举人名单和候选人名单确定。任何有选举资格的成员都享有一票表决权。如果一个选区只有一个有效候选人名单,选举程序需要变更。在这种情况下,应当按照相对多数选举的原则对候选人名单上的竞选人进行选举。

协会理事会由协会大会按照章程的规定选任，由主席、副主席和3名以上的理事组成。根据协会大会绝对多数的要求，在选举期届满之前可以重新选任理事会。

协会机关的权利义务由章程具体规定，除非有关州的医疗职业法已经作了规定。为了确保法律得到正确的实施，留给规章的自主活动空间不大。

州医疗职业法规定的大会一般职权是对章程、业务规程、会员费和使用费令以及预算计划作出决议。除了预算决议之外，其他决议都需要报请监督机关审批。除此之外，向联邦职业代表大会的决策委员会派驻的代表也由大会选任。

协会理事会按照章程授权，负责办理协会的日常事务。诉讼和非讼事务的代理人通常由主席担任，他还负责主持协会的日常工作，执行大会决议。主席可以设立工作机构，但医疗职业法没有规定组织结构。

（三）任务与财政

有关法律和法规对医师协会的任务作了一般性的列举规定，有的甚至比较具体，它们勾勒出了协会自治任务和职权的基本框架，此即所谓的总体权限。

各州的医疗职业法规定，医师协会的第一个主要任务是执行任务时支持公共卫生事业。公共卫生事业不单由特定的行政机关即卫生机关承担，其他所有将维护公共卫生作为任务的国家机关都包括在内。

医师协会及其所属的医师职业群体实行自治的传统指导思想

在于,利用具有特殊专业能力的社会群体执行国家任务,使他们拥有的专业知识能够有效地服务于大众。

有关规定并没有具体明确医师协会支持公共卫生事业所应当采取的方式,这要根据《医疗职业法》的个别规定作具体的认定。

利用医师协会所属职业群体专业知识的特殊形式是意见表达、专业鉴定和指派专家提供专业鉴定意见。

在门诊接待时间之外动用医生提供所谓的紧急救援服务(Notfalldienst)的依据是《北威州医疗职业法》第6条第1款第3项和第30条第2项。这属于一种特殊的医师执业规定,据此可以根据地方或者地区特点动用个别医生。就其与基本权利的关联性而言,这种将紧急救援服务的具体实施交给医师协会负责的传统作法有待商榷。有关法律将制定紧急救援服务章程确定为医师协会的任务之一,这更与怀疑论的观点相左。

质量安全和职业培训的目的是确保卫生服务的专业化,与现有的知识水平同步。现代医学的高技术水平与治疗方法知识的迅速发展,尤其是费用高昂、精密复杂的部分,需要长期的职业培训。使用有效而又"危险"的器械,例如X射线机,必须同时提高其质量安全的水平。这两个领域都非单个医生的能力所及,因此需要医师协会的支持。

质量安全任务主要是按照《X射线条例》采取监控措施,按照《X射线条例》和《放射防治条例》传播和审查有关的专业技能和知识。这两项任务属于医师协会承担的转授任务,受监督机关指令权的约束。

《医疗职业法》有关职业培训的规定比较具体。协会应当据此制定继续教育守则,使医师能够得到继续培训的机会,并且通过下设的审查委员会对专业领域的认证进行审查。

州医疗职业法赋予医师协会的另一个任务是,"维护高水平的职业群体,对所属成员履行职业义务的情况进行监督"。医师协会可以为此作出行政行为。

职业监督的标准分散在医疗职业法和协会大会通过的职业守则(Berufordnung)中。后者需要报请主管部长审批。

职业守则是医师的执业行为规范,在此范围内涉及基本权利。医疗职业法为此设立了授权条款,规定在哪些事项方面可以制定守则。因此,有关职业守则符合议会保留的要求。

职业守则的具体内容有:医师职业伦理原则(按照医师职业习惯的要求,凭良心执业),生命保护义务,为伦理学委员会执行研究项目提供咨询,遵守医生的说明义务和沉默义务,继续培训义务,遵守有关体外生殖和体外受孕的特殊纲领等。其他守则涉及医师任用合同的签订和内容,医疗记录的制作和处理,工作人员培训,合作性行为方式和广告等。实践中,职业守则不是由个别协会单独立法制定,而是由其表示接受联邦医师协会提供的模范职业守则。

协会成员违反职业义务的,由职业法院裁判。在组织上,职业法院是行政法院附属的一种专门法院,适用特别的程序规定。

职业法院只能采取《医疗职业法》限定的措施,包括警告与训诫、剥夺被选举权、罚款10000马克以下,确认被告人的执业行为违反职业名誉。

维护所属成员的职业利益并非医师协会的首要任务,这一点不同于工商业协会。但是,不能就此作出任何法律上的相关推论,实际上利益代表也是医师协会最重要的任务之一,因为它以自己特有的方式证明了职业群体一体化的作用:一方面将所属成员联结为一个利益群体,另一方面将医师职业群体的利益纳入国家意志形成和决策作出的过程之中。

正如一个影响深远的司法实践所表明的那样,医患关系属于一个冲突尤其激烈的领域。《北威州医疗职业法》第8条规定,作为独立机构的医疗事故鉴定机构应当在诉前程序中更好地化解纠纷,尽可能避免诉诸国家的法院。北莱茵医师协会在1992年的年度报告中指出,每年约有1000份鉴定申请,其中约有三分之一的指称医疗事故被证实。

所谓的自由职业成员必须自觉接受和办理社会保险。《医疗职业法》为此授权医师协会筹办救济设施,经监督机关批准,为协会成员及其家属筹办医疗服务设施。

复制医疗技术的发展几乎使体外生殖成为一种平常的医疗服务。但是,技术的主导地位并不意味着使用的随意性。尤其是异质的体外生殖,卵子和精子在试管中结合,但事后却没有社会抚养人。这种程序受到严肃的质疑。另外,儿童的福利责任也要求对此进行严格的审查。

联邦立法机关在《社会法典》第5部分第121a条规定,体外生殖的资助取决于主管机关的批准。《北威州医疗职业法》第9条第1款第1项将该任务转授给医师协会。实际上,医师协会在此之前已经制定了有关体外生殖试验的纲领,它可以作为《社会法典》第5部分第121a条规定的审批依据。

多数州的医疗职业法没有规定协会工作的财政来源,只是授权协会大会制定会员费和使用费规则。

会员费根据医师的收入计算和征收。对开业行医的成员只征收最低会员费。

医师协会受一般的团体监督,由主管部长负责。原则上限于合法性监督的团体监督包括预防性和补救性的监督权。预防性监督的主要措施是审批章程、会员费和使用费规则以及业务规则。很多州的补救性监督程序和职权都准用有关地方监督的规定。

五、律师协会和联邦律师协会

(一) 发展与现行法依据

律师协会的产生过程是律师职业从国家监护之下解放出来这一历史进程的折射。1878年1月1日起实施的第一部《律师法》是自由律师职业诞生的标志[①],而律师职业自治也随之建立。该法第41条规定,州高等法院辖区内的被许可执业的律师建立律师协会。该条第1款规定,成员代表大会选任的9名成员组成理事会。第49条规定,律师协会的任务是职业监督、名誉司法、协调成员之间以及成员与委托人之间的纠纷、为州司法行政机关任命专家;第50条规定,律师协会就维权事宜向州司法行政机关提出意见和申请。协会的财政来源是会员费,第48条第2项规定征收标准由协会大会确定。第59条规定,州高等法院院长负责对律师协会进行

---

① RGBl.,第1卷,第177页(BRAO)。

法律监督。

1933年3月18日纳粹总统颁布的《律师法》规定成立帝国律师协会(第61a条)。1935年12月13日颁布的关于第二次修改《律师法》的法律规定对律师职业的自治组织进行深入的干预。根据第44条规定,(地方)律师协会蜕变成为围绕帝国律师协会团团转的纯粹下属工作机构。第45条第2款规定,帝国律师协会主席由帝国司法部长在征得联邦国家社会主义德意志法学会帝国会长同意的情况下任命。第50条第1款规定,律师协会主席同样如此。第50条第2款规定,律师协会只为所属主席"提供咨询",整齐划一地实行领袖原则。

第二次世界大战结束后,各州参照1933年和1935年以前的法律状况制定了新的律师职业法。英国占领区于1949年颁布了专门的《律师法》。在联邦层面,联邦众议院在第一届任期内即开始起草新的律师法。当时已经采取私法组织形式的律师协会理事工作共同体为此进行了全面的前期准备工作。一直到1959年8月1日,联邦律师法草案才最后完成并且交付表决①。漫长的立法过程为深入思考新宪政国家中的律师职业群体及其法律地位提供了契机。在此期间,联邦范围内已经有28个律师协会和8000名成员。

律师协会由法律直接设立,无需单独作出成立行为。一旦设立新的高等法院,新的律师协会就自然设立。《联邦律师法》第62条第1款规定律师协会属于公法团体,但对其自治权却没有明确

---

① BGBl.,第1卷,第565页(BRAO)。

规定。因此,律师协会的自治权来自指令权的空缺(第62条第2款规定州司法行政机关的监督限于合法性)以及法律赋予的自负其责的管理职权。

(二) 组织体制

《联邦律师法》第60条第1款规定,所有在州高等法院辖区被许可执业的律师都是本区律师协会的成员,实行法定强制成员身份。

律师协会的机关是协会大会、理事会和主席。协会大会由所有的成员组成,无需设立专门的机关。该法第85条第2款规定,大会由主席召集。

该法第64条第1款规定,理事会成员通常是7名,由协会大会选任。除了属于本会成员之外,该法第65条规定的其他选举条件是年满35周岁和最少执业5年。

该法第77条第1款规定,章程可以准许理事会设立所谓的分理事会;第2款规定,分理事会至少由3名理事会成员组成,确定一名主任、秘书和代理人,并且委托其独立办理有关业务。该法第77条第5款规定,分理事会在委托任务范围内享有与理事会同样的权利义务。第77条第6款规定,(总)理事会可以随时决议行使撤回权和决定权。第78条第1款规定,理事会从其成员中选任主席、副主席、秘书和司库。

《联邦律师法》按照传统的原则在大会、理事会和主席之间分配任务,大会是立法和监督机关,理事会和主席是执行机关。

(三) 任务与财政

就律师协会的任务而言,《联邦律师法》在调整技术上的一个特殊之处是从组织的角度规定协会的法定活动范围即其总体权限。第 73 条规定了理事会的任务,第 89 条规定了大会的任务。将这两方面综合起来即可以明确律师协会的任务范围及其总体权限。

《联邦律师法》第 73 条第 1 款规定,理事会(即协会)"应当执行法律授予的任务,维护和促进协会的利益"。在此基础上,第 2 款大致列举了 10 项具体任务,但不是封闭性的。具体而言,律师协会的任务是为其成员提供咨询和指导,协调成员之间以及成员与委托人之间的纠纷,进行职业监督和申斥(权),向律师法院提供建议(权),管理预算,根据州司法行政机关的委托提供专家意见,参与实习生培训。除此之外,第 89 条第 2 款规定协会大会的任务是决定律师服务设施的建立和维护,制定津贴标准纲领,颁布学员的培训和考试守则。另外还执行法律授予的具体任务。

关于《联邦律师法》第 73 条第 1 款中所称的"法律授予的任务",一种可能的理解是律师协会只能执行法律明确授予的任务。我们认为特廷格(Tettinger)的观点正确。他认为,从"尤其是"这一措辞来看,第 73 条第 3 款有关律师协会任务的列举式规定并非封闭性。律师协会可以将协会整体目的范围内的其他任务作为自治事务予以执行,也就是说,律师协会在此范围内享有一定的任务发现权(Aufgabenerfingdungsrecht)[①]。

[①] 特廷格(Tettinger):《论联邦律师协会的活动范围》,第 20 页以下;参见 BGHZ,第 33 卷,第 381 页,第 384 页。

《联邦律师法》没有明确规定成员的交费义务,只是将其在作为开除会籍的要件之一。该法第 89 条第 2 款第 2 项规定协会大会确定会员费的标准,第 84 条规定司库负责征收欠缴的会员费。这些规定已经构成足够的授权。从法治的角度来看,这种立法分类学技术是可以接受的,因为法律规定本身十分明确地设定了交纳会员费的义务,尽管在规定会员身份的同时一并明确规定交费义务的作法更好。

(四)联邦律师协会(BRAK)

1959 年 10 月 1 日根据《联邦律师法》第 175 条第 1 款规定,作为联邦所有地方律师协会的共同组织设立,采取公法组织形式(第 176 条第 1 款)。该法第 233 条规定,它形式上是帝国律师协会的后继者,因此也是 1945 年作为私法共同组织设立的"联邦各地方律师协会理事会工作共同体"的后继者。它是地方律师协会的联合总会(Dachverband),而不是上级机构或者机关,因此不享有针对成员协会的指令权或者命令权。联邦律师协会的立法才对律师的执业行为具有约束力。

联邦律师协会的机关是最高大会、规章大会和主席团。《联邦律师法》第 188 条第 1 款规定,最高大会(Hauptversammlung)由地方律师协会的主席或者其代理人按照第 2 款规定组成。根据 1987 年 7 月 14 日的联邦宪法法院判决[1],《联邦律师法》于 1994 年 9 月 2 日新增第 191a 条,规定规章大会(Satzungsversammlung)由地方律

---

[1] BVerfGE,第 76 卷,第 171 页。

师协会大会根据第 191b 条第 1 款规定选举的代表组成,他们不得是最高大会的成员。第 191b 条第 2 款规定,地方协会可以决定每 1000 名执业律师选派一名代表参加组成规章大会。

主席团由主席、3 名副主席和司库组成,根据《联邦律师法》第 180 条规定,从最高大会成员中选任。

《联邦律师法》第 177 条列举规定了联邦律师协会的总体权限是它作为联邦层面最高组织这一地位的充分体现。就组织结构而言,它属于联合体型团体(Verbandskörperschaft),只与地方律师协会具有成员关系,与个别律师没有成员关系。

联邦律师协会的活动重点是地方律师协会和律师的共同问题。它的任务是,传播地方律师协会的观念,构建共同语言范式,确认主流意识。在此基础上,联邦律师协会针对联邦行政机关代表律师职业群体的利益,根据委托或者申请,向联邦立法程序的参加人或者联邦法院提供咨询意见。另一项重要任务是制定律师协会服务设施的纲领,以规章的形式颁布职业守则。另外,还执行赋予的个别任务。

《联邦律师法》第 178 条第 1 款规定,联邦律师协会的财政来源是地方律师协会交纳的会员费,具有专款的性质。第 2 款规定,会员费的标准由最高大会确定。

《联邦律师法》第 176 条第 2 款规定,联邦律师协会受联邦司法部长的法律监督。主席应当每年向司法部长递交有关地方律师协会工作的报告。

六、专利代理师协会

根据1966年9月7日的《专利代理师法》[1]，专利代理师(Patentanwalt)是在一般律师之外，作为独立司法组织，以自由职业方式从事专利事务代理和咨询活动的人。专利代理师通常不是完全专业的法律者(Volljurist)。根据该法第5条至第7条，专利代理师的执业许可条件是通过自然科学或者技术学习，证明具有技术能力，并且接受了执业法律保护方面的培训。第8条规定，技术能力通过考试的方式证明；第9条规定，由联邦专利局下设的考试委员会颁发(考试合格)证书。

《专利代理师法》第53条第1款规定，被许可执业的专利代理师组成专利代理师协会，属于联邦直属的公法团体，办公地址设在慕尼黑。第54条规定，协会的任务是"维护和促进职业群体的利益，监督职业义务的遵守"。第55条规定，协会的机关是理事会和协会大会，它们的活动范围、职权分配和程序在协会章程中规定。第57条规定，协会受国家的法律监督，具体由联邦专利局局长负责。

专利代理师协会的组织体制和任务范围是律师协会的翻版，因此这里没有深入介绍的必要。

---

[1] BGBl.，第1卷，第557页(PAO)。

七、公证师协会和联邦公证师协会

(一) 发展与现行法依据

直到19世纪初叶接受法国的公证师法之前,德国没有公证师的职业群体联合组织。在属于法国占领区的西德和北德引入的公证师协会被莱茵兰德1815年12月18日的《莱茵公证师法》撤销。最早恢复公证师协会的依据是1937年的《帝国公证师法》。但是,在州高等法院辖区并没有建立法律上独立的公证师协会,而只设立了没有独立法律主体资格的帝国公证师协会。1945年之后各州恢复司法建设的情况差异极大。1961年2月24日的《联邦公证师法》[1]是联邦范围内的首次统一立法,两德统一之后,该法适用于新的联邦州。现在联邦范围内有21个公证师协会,成员大约有10000名。

根据《联邦公证师法》第66条第1款,公证师协会和联邦公证师协会作为公法团体设立。第65条第1款第1句规定,所有在协会辖区内被任命的公证师都是其成员,成员身份自被任命时起确立,至结束任命时终止。第76条规定,联邦公证师协会成员是地方公证师协会,前者因此属于联合体型团体。

(二) 组织体制

《联邦公证师法》第68条规定,公证师协会的机关是理事会和

---

[1] BGBl.,第1卷,第98页(BNotO)。

协会大会。除此之外，协会可以行使自己的组织权，设立承担咨询职能的专门委员会。法律没有明确规定或者按照一般法治原则不属于其他机关保留的任务，才能委托给专门委员会独立决定。

协会大会由所属成员依法组成，具体设置无需单独作出其他组织行为或者选择行为。尽管理论上享有完全管辖权，但大会的任务实际上限于针对法律规定只属于其权限的事项作出决定或者决议，其中包括章程的制定和修改（第66条第1款），理事会的选任（第69条第2款）以及第71条第4款明确列举规定的职责事项。

《联邦公证师法》第69条第2款规定，理事会由主席、主席代理人和章程规定了名额的其他成员组成，由协会大会每4年选任一届。如果协会辖区内同时具有专业公证师（Nur-Notar）和代理公证师的，主席和至少半数以上的理事会成员应当属于专业公证师群体（第69条第3款）。

《联邦公证师法》第70条第1款规定，主席代表协会从事诉讼和非讼行为，负责协会日常业务，可以任命一名或者多名经理以及其他工作人员。

《联邦公证师法》第79条规定，联邦公证师协会的机关是主席团和代表大会。后者可以行使自己的组织权，设立专门委员会。代表大会由地方公证师协会指派的代表组成，可以是主席，也可以是其他主席团成员。

《联邦公证师法》第81条规定，联邦公证师协会主席团由代表大会按照简单多数制选任，任期4年。代表大会的任何成员都可以被选任，包括主席和地方公证师协会代表。

（三）任务与财政

《联邦公证师法》第67条和很多其他规范规定了公证师协会的权限,可以分为四类。一是职业群体代表,主要由第67条第1款规定,这是所有职业协会的一个共同特点。二是职业监督以及为监督机关提供协助。公证师法的促进也属于这一组,因为它是职业监督的标准。三是公证师职业促进事务。四是为所属成员及其家属和遗孀提供社会救济服务。

与地方公证师协会相比,《联邦公证师法》第78条赋予联邦公证师协会的任务主要是涉及职业群体的一般问题,包括针对(联邦)行政机关代表公证师群体的利益,及时反映成员协会的意见,以及职业法的贯彻实施。以前人们认为这里只需制定执业纲领。自从立法机关采纳了联邦宪法法院关于律师职业法的判决以来,职业守则就必须采取正式规章的形式。

《联邦公证师法》第73条第1款规定,公证师协会的财政来源是会员费,具体标准按照保本原则确定。根据该原则,团体的财政需要由成员承担。

《联邦公证师法》第91条第1款规定,联邦公证师协会的财政来源是成员协会交纳的会员费,限于弥补其人事和财务支出。第91条第2款规定,会员费的标准由代表大会确定。

《联邦公证师法》第66条第2款规定,州司法行政机关负责对地方公证师协会实施法律监督。第77条第2款规定,联邦司法部长是联邦公证师协会的法律监督机关。

八、审计师协会

（一）发展与现行法依据

由受过专门训练的人员审查商业企业就像财会制度那样古老，其起源可以追溯到12世纪的意大利。在德国直到16世纪才出现有证可考的由法院经宣誓仪式而任命的审计员。直到20世纪初期才形成现在的自由职业群体。经1900年7月30日法律修改的新《工商业法》第36条对审计师职业群体作了规定，将其确认为一个职业，由国家机关依法主持宣誓仪式，公开任用。

1930年建立的"审计与信托事务研究所"是审计师自愿建立的联合组织，1933年改称为审计师研究所（IDW），办公地址设在柏林。这种私人联合体在很大程度上受职业法的影响，在第三帝国时期改变为帝国经济信托人协会，但在此之前就获得了公法团体的地位。第一次世界大战之后，它又改回私法社团，这为审计师研究所的发展提供了巨大的动力。由它的专门委员会拟定的执业纲领具有重要意义。

1945年之后受占领区政府的影响，各州的审计师职业法发展各不相同。英国占领区的中央经济局于1946年12月20日针对北威州发布了有关经济审查和信托事务工作者的职业守则条例，规定建立经济审查和信托事务方面的州职业协会。

占领期结束后，面临各州立法不统一的状况，为了发展统一的经济市场，联邦议院于1961年完成了统一立法。魏玛时代设立帝国审计师协会（DIHT）主要办事机构的理由在该法中同样至关重要:联邦国境内的会计账册审查应当遵循同样的原则。

最后形成的法律是1961年6月24日的《审计师法》[1]，对审计师职业群体自治事务的制度和管理以及自治范围内职业活动的监督作了另行规定。为此，在联邦范围内建立了一个审计师协会，采取公法团体的组织形式。

1961年的《审计师法》于1975年重新颁布[2]。此后，该法经过了多次修改。1994年7月15日的法律[3]接受了联邦宪法法院提出的有关法律授权职业协会制定职业规范的要求[4]。该法第43a条、第44条和第44b条规定了新的职业守则，第57条中作为第3款增加有关发布职业规章的授权要求其调整范围在同时增加的第4款中作了规定。

《审计师法》第4条第1款规定设立审计师协会，采取公法团体的组织形式；《协会章程》第1条第1款第2句规定，办公地址设在柏林。

（二）组织体制

《审计师法》第58条第1款和《协会章程》第2条规定，审计师协会成员是所有根据该法第15条以下任命或者承认的审计师。第27条以下规定，审计公司或者虽被确认为审计公司，只要其董事会成员、经理或者享有正当代理权并且承担个人责任的股东，不

---

[1] BGBl.，第1卷，第1049页(WPO)。
[2] BGBl.，第1卷，第2804页。
[3] BGBl.，第1卷，第1569页。
[4] BVerfGE，第76卷，第171页以下，第196页以下。

以个人名义从事审计师活动,审计公司也是协会成员。除了上述强制性成员之外,根据第58条第2款,具有同志社性质的审计联合体、储蓄信用社联合体和记账银行联合体设立的审计机构和跨地区审计机构都可以自愿申请成为协会成员。

《审计师法》第131条第2款和第128条第1款和第2款以及《协会章程》第2条规定,协会成员还包括经宣誓任命的会计师、会计公司(董事会成员、经理或者享有代表权并且承担个人责任的股东不属于宣誓任命的会计师)以及根据第131b条第2款临时任命的人员。

《审计师法》第59条第1款规定,审计师协会的机关是协会大会、咨询委员会和理事会。《协会章程》第9条规定的州代表大会和第10条规定的委员会没有机关的性质。

审计师协会依据《审计师法》第65条与德国工商业协会联合建立的经济审计工作共同体是没有法律能力的组织,也没有机关的职能。

鉴于协会成员较少,联邦内只有大约7000名审计师和1300家审计公司,协会大会并非由选任的代表组成,而是由全体成员组成。这里不需要专门的机构设置规定,因为这可以从有关成员身份的规定中引申出来。

《审计师法》第59条第2款和《协会章程》第6条第1款规定,咨询委员会由协会大会根据选举法选任,其职能类似其他职业协会的代表大会。

《协会章程》第6条第4款规定,除了临时任命的人员以及被褫夺成员身份的人之外,所有成员都享有咨询委员会的选举权。

第7条第2款规定选举分为两组。第6条第4款规定,依据《审计师法》任命或者承认的审计师和审计公司是第一组,其他成员构成第二组。表决权只能委托给本组的其他成员代为行使。

每175名成员选举1名咨询委员会成员。《审计师法》第59条第3款第4句和《协会章程》第7条第2款规定,第一组选举代表只能比第二组多1名。

《协会章程》第7条第1款规定,咨询委员会从其成员中选任(自属机构性质的)主席、两名主席代理和第8条第3款规定的其他成员。按照两组的比重关系,属于第一组的理事会成员至少比第二组多1名。

审计师协会设立成员大会、咨询委员会和理事会三个机关,这种非典型的作法致使其任务分工也与一般的职业协会不同。咨询委员会处于中心地位,负责履行选举、立法和行政等职能。成员大会的职权限于选任咨询委员会成员,决议修改章程,监督咨询委员会和理事会。理事会的任务没有什么特殊之处,按照《协会章程》第8条第1款规定,包括领导协会,根据《审计师法》第63条规定在职业监督的范围内行使申斥权(Rügerecht)。主席代表协会实施诉讼和非讼行为。《协会章程》第13条第1款规定,理事任命一名受其指令约束的经理,他可以根据《协会章程》第13条第款6规定进一步任命行政机构的其他工作人员。

(三)任务与财政

《审计师法》第57条第1款规定,协会的任务是维护所属成员的整体职业利益,监督职业义务的遵守(职业监督)。这一宽泛规

定被第2款和第13条的进一步规定具体化。据此,审计师协会的任务有:

(1)为成员提供职业义务方面的咨询和指导;

(2)应申请协调成员之间的纠纷;

(3)应申请协调成员与委托人之间的纠纷;

(4)监督成员履行法定义务,必要时行使申斥权;

(5)研究审计师执业的一般问题,在听取经济审计工作共同体意见的基础上,发布宣誓审计师的执业纲领;

(6)针对涉及成员整体的事项,向主管法院、行政机关或者组织表达意见;

(7)根据法院、行政机关或者参加立法程序的联邦团体的要求提供专家意见;

(8)在执业教育领域执行法律赋予的任务;

(9)向成员执业许可委员会或者考试委员会提供建议;

(10)促进成员的职业继续教育和职业教育的繁荣;

(11)向州司法行政机关的职业法院和联邦司法部长提交推荐名誉职名单;

(12)办理职业登记;

(13)筹办审计师和宣誓会计师及其遗孀的救济服务设施。

此外,《审计师法》第57条第3款规定,经听取经济审计工作共同体意见,发布有关审计师和宣誓会计师权利义务的规章(职业规章),可以依据该条第3款设定一般和特殊的职业义务。

为了弥补财政支出,审计师协会可以依据《审计师法》第61条第2款向其成员收取行政费和会员费,具体标准由咨询委员会依据第 61 条第 1 款制定的会员费条例确定。

《审计师法》第 66 条规定,联邦经济部长负责对审计师协会实施法律监督。

九、税务咨询师协会和联邦税务咨询师协会

(一) 发展与现行法依据

1945 年以前德国没有税务咨询师协会。二战后一些州成立了这种协会,但其成员和任务各异。第一部《税务咨询师法》于 1961 年 8 月 16 日公布[1],实现了联邦范围内的立法统一。该法第 31 条规定在各高级财政区分别成立税务咨询师和税务全权代理人的职业协会。经 1972 年 8 月 11 日的法律[2]修改(1975 年 1 月 1 日生效),这两个职业协会合并。税务咨询师的现行法依据是《税务咨询师法》第 73 条以下。现在联邦范围内有 21 个协会和大约 6000 名成员。

《税务咨询师法》第 73 条规定税务咨询师协会由该法直接设立,办公地址设在高级财政局所在地,并且与其辖区一致,但该法第 75 条规定的职业共同体协会除外。该法第 73 条第 2 款第 2 句规定,协会属于公法团体。

(二) 组织体制

《税务咨询师法》第 73 条第 1 款规定,凡是其注册执业地在高

---

[1] BGBl.,第 1 卷,第 1301 页(StBerG)。
[2] BGBl.,第 1 卷,第 1401 页。

级财政区的所有税务咨询师和税务全权代理人共同组成职业协会。此外，第74条规定，税务咨询公司，尤其是董事、经理或者承担个人责任的股东都是协会成员，即使他们本身不是税务咨询师或者税务全权代理人。

由于任用行为对协会成员身份（的确认）至关重要，在特定情况下，协会有权诉请法院确认任用行为无效。任用行为被撤销的，强制性成员身份也随之消灭，而自愿性成员身份也因此不再可能获得。

《税务咨询师法》只对一个机关作了规定，即第74条规定的理事会。但除此之外，协会机关还有协会大会和其他组织机构，如《协会章程》规定设立的专门委员会。此外，第84条还规定与其他职业协会合作的组织形式。

作为大会机关存在的协会大会的依据可以从其他规定中推导出来。第77条规定，理事会成员由成员选举产生。这就间接意味着成员组成协会大会是协会机关，因为借此才能进行选举活动。

协会大会在根据《税务咨询师法》第77条规定选举理事会成员时，其选举程序的设计存在一定的活动空间。联邦最高法院认为，选举并不一定要实行秘密的原则，而且代理行使表决权也具有适法性。第77条第2款规定，享有被选举资格的只能是本协会成员（自属机关性）。《协会章程》可以规定其他选举条件，如果这可以被认为具有实质的正当性。例如，可以规定执业时间的限制。

如果当选的理事会成员被任命为《税务咨询师法》第100条第2款规定的名誉职法官，他就必须在理事职务和法官职务之间作出选择。

《税务咨询师法》只规定了理事会，这种作法意味着协会大会的权限也只能通过推论予以间接地认定。除了选任理事会之外，第77条规定的任务是制定《协会章程》。这实际上意味着第78条规定提示性地规定了职业协会自己制定章程。这种理解不仅符合其他行会法的典型作法，即制定规章是成员大会的任务；而且，从自治的角度来看，具有基础意义的立法行为也应当由该机关保留，即应当由最具有代表性的机关实施。

理事会的成员人数由《协会章程》规定，一般任务是办理日常业务，充任协会的法定代理。理事会原则上以合议制方式行使职权。《税务咨询师法》第76条第3款规定，理事会可以将个别任务委托给理事执行。但是，第81条规定的申斥权只能由理事会行使。

（三）任务与财政

《税务咨询师法》第76条第1款规定，协会的任务是维护成员的整体职业利益，监督成员履行职业义务。根据联邦宪法法院的观点，第76条所规定的任务范围是全面的和排他性的。

就个人而言，协会的任务界限在于只能对所属成员进行监督。其他协会的成员或者第三人不得要求听证或者答复（第80条）。

就地域而言，主要涉及与本辖区的主管行政机关或者对本辖区有管辖权的机关之间的关系。如果涉及与州行政机关的关系，则需要与本州内的其他税务咨询师协会协调。与联邦机关的关系相应地由联邦税务咨询师协会负责协调。但是，地方税务咨询师协会可以为联邦层面的意见形成采取准备性措施。

根据《税务咨询师法》第76条第2款至第5款的具体规定,协会的具体任务是:

(1)按照第57条规定为成员提供职业义务方面的咨询和指导;

(2)应申请协调成员之间的纠纷;

(3)应申请协调成员与委托人之间的纠纷;

(4)监督成员履行职业义务,依据第81条行使申斥权;

(5)拟定和呈报法院名誉职候选人的推荐名单;

(6)为税务咨询师、税务全权代理人及其家属筹备社会服务设施;

(7)根据法院和行政机关的要求提供专家意见;

(8)在职业教育领域执行法律授予的任务;

(9)为税务咨询职业的许可委员会和考试委员会提供建议;

(10)办理职业登记;

(11)促进职业教育的繁荣。

其他转授性任务规定在《税务咨询师法》第44条第1款、第46条第4款第5句、第47条第2款、第50条第3款第1句、第67条第2款、第69条第1款、第70条和第71条。

《税务咨询师法》第80条(按照职业协会要求的到场义务)和第81条(申斥权)规定了协会的特殊职权,这与列举规定的理事会任务是一个整体。

《税务咨询师法》第79条第1款规定,协会成员应当按照会员费规章交纳会员费。该规章需经监督机关批准。会员费标准由协会大会确定。

对利用协会设施的人,协会可以依据《税务咨询师法》第79条第1款规定征收使用费。

税务咨询师协会受州最高财政机关的法律监督。

(四)联邦税务咨询师协会

《税务咨询师法》第85条第1款规定地方税务咨询师协会作为成员设立联邦协会,即联邦税务咨询师协会,性质上属于公法团体。

联邦协会的机关是成员大会和理事会。成员大会由地方税务咨询师协会指派的代表组成,负责选任理事会,制定章程和会员费、使用费规章。

联邦协会可以行使自己的组织权,设立没有机关属性的专门委员会。但是,从其成员的专业素质来看,委员会具有很高的声望,其决议和意见尽管没有法律约束力,却具有重要的影响。

根据《税务咨询师法》第86条第2款,联邦协会的任务主要是处理涉及职业协会整体的问题,收集整理地方协会的意见,尤其是发现多数意见,以制定和修改职业纲领的形式确认税务咨询师执业的一般观念,制定职业协会服务设施的纲领,对涉及地方职业协会整体的事项向法院和行政机关表明立场,针对机关和其他社会组织代表地方协会,应要求向参加联邦立法程序的联邦机关和团体、联邦法院提供专家意见,促进税务咨询师职业教育的发展。

根据《税务咨询师法》第87条,联邦协会的财政来源是按照会员费规章向地方协会收取的会员费,会员费规章需经监督机关批准,具体标准由成员大会确定。第88条第2款规定,联邦财政部是联邦协会的法律监督机关。

十、建筑师协会和工程师协会

本部分以北威州为例。

(一) 发展与现行法依据

1969年11月26日北威州众议院颁布《建筑师法》①,同时建立北威州建筑师协会(Archtektenkammer)。1992年12月15日的法律②为建筑师协会提供了新的法律依据,与此同时,建筑工程师协会(Bauingenieurkammer)按照同样的法律原则得以设立。当时联邦范围内有16个建筑师协会,大约114000成员。他们在联邦层面建立了联邦建筑师协会,采取登记社团的组织形式③。与建筑师协会并行建立的是16个州工程师协会,它们的法律组织形式在很大程度上一致,并且在联邦层面建立了私法性质的总会团体,即联邦工程师协会④。

建筑师协会由《北威州建筑师协会法》第7条直接设立,第2款规定采取公法团体的组织形式,第27条规定的北威州建筑工程师协会(Ingenieurkammer-Bau)同样如此。

---

① GVNW,1969年,第888页。
② GVNW,1992年,第534页以下 。
③ 有关联邦建筑师协会的信息和16个州的建筑师协会依据,参见 www.bundesarchitekenkammer.de 以及有关州建筑师协会的链接。
④ 有关联邦工程师协会和州工程师协会的情况,参见 www.bundesingenieurkammer.de。

（二）组织体制

《北威州建筑师协会法》第 8 条规定，所有登记的建筑师和城市规划师(Stadtplaner)都是建筑师协会的强制性成员。

建筑工程师协会的成员依法分为强制性和自愿性两类。《北威州建筑师协会法》第 28 条第 1 款规定，所有按照第 28 条第 1 款规定办理了建筑工程师登记，从事建筑活动的工程师是协会的强制性成员，此外还包括公共机构任命的测量工程师。咨询工程师登记名单上的工程师，不从事建筑活动，但其主要居住地或者执业活动地在北威州，并且从事执业活动 2 年以上的，可以作为建筑工程师协会的自愿性成员。下文的介绍也适用于建筑工程师协会。

《北威州建筑师协会法》第 10 条第 1 款规定，工程师协会的机关是代表大会和理事会。第 11 条第 1 款规定，代表大会成员由协会所属成员每隔 5 年按照普遍、直接、秘密和平等的原则选任；第 2 款规定，最多至 200 名成员可以选任代表一名。选举程序的具体事项由协会的选举规章确定。选举规章必须明确规定，该法第 1 条第 1 项至第 4 项划分的专业方向和活动类型应当在代表大会的组成方面得到体现。

《北威州建筑师协会法》第 13 条规定，理事会由代表大会每 5 年选任一次，由主席、副主席和 6 至 10 名理事组成，必须考虑不同业务类型的划分。副主席必须分属被聘任或者任命的协会成员所组成的自主工作小组。

《北威州建筑师协会法》第 12 条第 2 款规定，代表大会的职权是立法（颁布章程、选举规章、会员费和使用费规章），确认和监督协会预算的执行,选举其他协会机关。此外,凡是不属于日常性的行政事项,协会大会也可以纳入自己的职权范围。

《北威州建筑师协会法》第13条第2款规定,理事会是执行机关,负责办理协会的日常业务,而且该项职权不能被剥夺。第12条第3款规定,诉讼和非讼事务的代理由主席负责。

(三) 任务与财政

根据《北威州建筑师协会法》,建筑师协会的首要任务是维护全体成员的职业利益,依据第9条第1款第1项规定,监督成员履行第15条规定的职业义务(第9条第1款第1项)。其他任务是促进建筑文化和建设业的发展,管理建筑师和城市规划师名单以及第6条第2款第3句规定的职业分类目录,颁发职业培训证书(第3项),促进职业教育和继续教育并且筹办必要的设施(第4项),通过专家意见、表达立场和其他方式为行政机关和法院提供支持(第5项),协调成员之间以及成员与第三人之间的争议(第6项),促进和参与竞争(第7项),任命和主持专家鉴定人的宣誓(第8项)。

《北威州建筑师协会法》第9条第2款规定,在社会救济和救助领域,建筑师协会负责为其成员和家属筹办有关的服务设施。

协会的活动费用主要来自作为行政收入的使用费和国家补贴。另外根据该法第16条第1款规定,还可以收取会员费,其数额和标准由大会通过的会员费规章确定。该条第3款规定,协会必须公开年度预算计划和审计报告。

《北威州建筑师协会法》第85条规定,协会受负责实施建筑职业法的部长的监督。但是，第86条规定的一种监督形式是必须邀请监督机关参加协会大会的会议，监督机关代表应邀发言，监督机关为此可以要求及时通知其代表。由于该条没有规定具体的监督措施，应当准用《北威州行政组织法》第20条有关法律监督的规定。

（四）建筑师协会和工程师协会的合作

由于建筑师与工程师的职业活动领域客观上联系极为密切，两个协会之间的工作范围也相互关联一体，因此《北威州建筑师协会法》专门设立第5章规定两者之间的合作。该法第87条第1款奉行的起点原则是，在"所属成员存在一致的群体利益或者公共利益需要"的范围内，两个协会应当"在所有类似领域真诚合作，以便任务的统一执行"。第2款列举规定了两者可以开展合作的若干领域。

《北威州建筑师协会法》第88条规定的，合作的基本组织形式有共同委员会、工作小组或者设施等。合作的领导机关是共同委员会，由两个协会的主席、副主席和其他两名由协会大会5年选任一届的代表组成。该条第3款规定，委员会自行决定哪些任务领域需要设立工作小组和机构。

十一、领航员兄弟会

(一) 发展与现行法依据

海洋领航员兄弟会(Lotsenbrüderschaft)的法律依据是《联邦领航法》①。现在联邦范围内有7个领航员兄弟会②,大约750名成员。它们设立联邦领航员兄弟会作为总会组织,办公地址设在汉堡。

(二) 组织体制

《联邦领航法》第27条第1款第1句规定,由海洋监督局(Seelotsrevier)任命的领航员设立领航员兄弟会;第2句规定,兄弟会采取公法团体的组织形式。第3条第2款规定,领航业的自治由领航员兄弟会和联邦领航员协会负责。

《联邦领航法》第30条第1款规定,领航员兄弟会的机关是元老(Ältermann)和成员大会。根据第2款,兄弟会章程可以在元老之外设立执行特定任务的专员。

《联邦领航法》第31条第2款规定,元老及其代理人由成员大会每5年选任一次,选举结果需经监督机关确认;不予确认的,必须有重要的理由。第31条第5款规定,监督机关和成员大会在相互协商一致并且具有重要理由的情况下,可以提前结束元老的任期。不能达成这种协议的,在听取联邦领航员兄弟会意见的基础

---

① BGBl.,1984年,第1214页(SeelG)。
② 名称分别是 Elbe, Emden, Weser I, Weser II/Jade, NOK I, NOK II, Wismar/Rostock/Stralsund。

上,由联邦交通部长决定。

《联邦领航法》第 31 条第 1 款规定,元老代表兄弟会对外实施诉讼和非讼法律行为,其代表权的范围由具有外部法律效力的章程决定。

除了《联邦领航法》第 29 条第 2 款规定的选任元老的职权之外,成员大会的职权还有第 32 条规定的规章决议权,以及不属于元老和其他依法任命代理人职权范围的事项。

(三) 任务与财政

《联邦领航法》第 27 条第 2 款规定,领航员兄弟会执行法律和条例赋予的任务。第 28 条专门列举规定了兄弟会的如下任务:

(1)监督职业义务的遵守;

(2)促进领航员的培训和继续教育;

(3)制定有关海员职级的规章(Börtordnung);

(4)制定内部业务规程;

(5)应申请协调海员之间的纷争;

(6)在出现年老、事故或者死亡的情况下,为成员及其遗孀提供充分的救济服务,为此采取有关措施并且监督措施的落实;

(7)为监督机关在领航业执行任务提供必要的信息支持;

(8)为所属领航员代收领航金;

(9)从中保留救助公积金,将剩余的部分按照分红规章在所属领航员之间进行分配。

《联邦领航法》第 3 条第 3 款规定,兄弟会的监督机关是联邦交通部长任命的联邦水船交通局。除了上述职权外,该法第 41 条还规定了其他监督措施。监督机关可以责令兄弟会在指定期限内执行任务——这属于合法性监督,否则,监督机关可以行使直接介入权和取代权。

《联邦领航法》第6条第3款规定,领航员服务设施的规划、建设和维护依法委托给领航员兄弟会和联邦领航员兄弟会负责,受监督机关的行业监督。

(四)联邦领航员协会

《联邦领航法》第34条第1款规定,地方领航员兄弟会建立联邦领航员协会,属于公法团体;第2款规定,由联邦交通部长负责监督;第6条第3款规定,受监督机关的行业监督。

《联邦领航法》第37条第1款规定,联邦领航员协会的机关是主席和成员大会;第2款规定,成员大会由地方兄弟会的元老作为代表组成,原则上1人享有1票的表决权,但所属成员超过100名的,则享有2票的表决权。

《联邦领航法》第38条第1款规定,主席及其代理人由成员大会按照领航员序列每5年选任1次。选举结果需要监督机关确认,除非出于重要理由,必须予以确认。出于重要理由,可以提前解职。

《联邦领航法》第39条第1款规定,凡属主席和按照章程任命的其他代理人职权范围外的事项,由联邦领航员协会通过成员大会决议处理。

《联邦领航法》第35条第2款规定,联邦领航员协会的任务主要是:

(1) 针对涉及领航员整体的问题表达自己的见解；

(2) 针对行政机关和组织,代表全体领航员；

(3) 应申请协调兄弟会之间或者不同兄弟会所属成员之间的纷争；

(4) 按照行政机关或者法院的要求,就领航业事务提供专家意见；

(5) 以专家的身份和方式参与涉及领航业的联邦立法；

(6) 不同兄弟会之间最低收入的均衡。

《联邦领航法》第40条规定,成员大会以决议的形式规定必要人事和财务支出的经费来源。地方领航员兄弟会应当按照自己所属成员的数量交纳必要的会员费。

十二、工商业协会

(一) 发展与现行法依据

工商业协会的最初表现形式可以追溯到16至17世纪的法兰克帝国时期。海茵里希国王(1589—1610)为了有效推动商业和服务业的发展,于1596年建立了"商业总会"(Chambre superieure du commerce),作为向有关商业立法提供咨询和专家意见的中央机构。3年后在马赛建立了承担类似任务的商业协会,但其活动范围跨地区。尽管这些最初成立的协会都不长久,但却开创了一个由法国、德国、尤其是莱茵兰德和普鲁士地区承袭至今的传统。

德国东莱茵区被法兰克帝国占领期间一直实行法国商会制度,直到1814年被归入普鲁士版图。根据1802年12月24日的法律，法国政府在科隆建立了一个商会。其他6个城市建立了所谓的市镇长协会，作为市镇执行经济促进任务的辅助工作机构。

　　随着东莱茵区回归普鲁士，法国的商会模式随之引入，科隆商会在普鲁士境内仍然存在，但法国模式不可能立即推广。1820年至1825年，在所谓的老普鲁士区建立了所谓的"特权商业联合会"（privilegierten kaumannischen Korparation），采取公法团体的组织形式，但实行自愿性成员身份制度。根据《普鲁士一般邦法典》第二部分第8条第7款和第8款，一些重要的商业权利（例如交易资格）并不取决于联合会的成员身份，这主要是由法国强制干预造成的。该公司实行自治原则，主要受益于当时普鲁士实行的制度创新及其广泛的普及程度。领导机关由成员选任，称为"商业元老"（Älteste der Kaufmannschaft），享有广泛的活动权和决定权。当时法令规定的联合会任务一方面是维护"当地手工业各分支行业的利益"，另一方面是经营管理大量的商业服务设施，例如交易所、仓库、秤量设施、货栈、保险公司和联合经济企业。从这些设施中获得的巨大收入使联合会成为一个引人注目的财团，加之成员的福利和教育捐款，不断发展。

　　与此同时，在以前由法国占领的东莱茵区，根据1830年6月22日的普鲁士国王法令，从1830年到1840年又建立了10个商会。它们的组织体制在很多方面沿袭法国范本，但试图在两个中心点之间走一条自己的道路。例如，主席由成员选举的协会成员担任（自属机关），协会成员则由全体商人选任。1831年6月16日的王令将该原则移植到法国时期建立的商会。

　　刚刚开始的商会与联合会之间的竞争被威廉一世结束，在东部省区也建立商会。根据1848年2月11日有关建立地方省商会的王令①,普鲁士帝国境内的商会的法律依据得到了统一。王令第3条规定,在同一个地区建立商会的,应当对现有的商业联合会和手工业同业公会给予"特殊的考虑"。第4条有关商会任务与职权的规定继续沿袭法国的作法。除了提供报告、专家意见和建议之外,协会还被赋予了监督的任务。第7条规定,凡是在协会区内从事工商业经营活动,并且必须按照与商业权利相应的税率缴纳营业税——最初是12,1836年以后调整到20塔勒*——的商人,都享有选举资格。按照这种规定,商会实际上只能代表大中型企业的利益。

1848年2月1日的法令使行会得到了进一步的发展。尤其是在1866年以后新占领的地区出现了大量的偏差和问题,使重新制定行会法成为必要。1870年2月24日的《普鲁士商会法》②在原则性和实践性问题上都有革新。根据该法第1条并且结合第31条有关商会业务范围的规定,商会的目的是"维护辖区内工商业经营者的整体利益,通过客观通报、提出申请和提供专家意见等方式支持国家行政机关促进工商业的发展"。第2条规定,建立商会需报请商业部长批准。有关选举的规定全面而又细致,尤其是第10条规定,"如果地方情况表明有必要",协会区可以划分若干个选区。引人注目的是将被选举权的最低年龄从30岁降低到25岁。工商业部长负责对商会的监督。

---

① GS,第63页。
* 塔勒(Taler)是18世纪德国通用的一种银币。——译者注
② GS,第134页(preussisches Gestz über die Handelskammer)。

《普鲁士商会法》在后来的修改都以上述规定为基础,只是个别地方有改动,例如选举期限的延长。具有重要意义的是 1897 年增订的第 37 条确认商会的法律能力。

《普鲁士商会法》的发展承袭了法国的传统,即实行强制性成员身份的公法团体,同时补充了自属机关、自治和(财政)自主等思想,这正是当时普鲁士通行的制度政策观。尤其在 1870 年以后,除了转移的国家监督职权之外,商会的任务主要是维护辖区内工商业的整体利益。

19 世纪的其他德意志邦国也建立了商会,但它们的史前史和组织体制迥异。在这里不可能具体介绍。从它们后来的发展都参照普鲁士模式来看,也没有必要介绍。

在第一次世界大战之后的魏玛共和国时期发生了一系列重要的变化。1921 年 1 月 14 日的法令① 变更了选举程序。除非法律另有规定,商会选举应当划分为不同行业的选民群体进行。在废除以前规定的基础上,增加了选举权普遍平等的规定。1924 年 4 月 1 日的修改法律② 废除了因性别而禁止选举的规定,名称改变为"工业和商业协会",扩大商业部长的权力,合并相邻区的协会,或者将它们之间的合作纳入目的联合体的框架中。

在纳粹统治时期,1933 年 12 月 28 日的修改法律③ 调整了财政体制。1934 年 8 月 20 日的法令④ 将协会置于帝国的监督之下,

---

① GS,第 223 页。
② GS,第 194 页。
③ GS,1934 年,第 6 页。
④ RGBl.,第 1 卷,第 790 页。

实行所谓的领袖原则，协会的主席及其代理人则相应地由帝国经济部长任命和解职。主席及其代理人应当成立谘议会，但需经帝国经济部长的同意。1942年4月20日的法令①为了发展战时经济而解散了工商业协会，成立了大区经济协会（Gauwirtschaftskammer）。

第二次世界大战之后，大区经济协会倒台。在西部占领区建立了类型不同但都执行代表工商业利益这一任务的组织。法国占领区实行普鲁士—法兰西模式，英国人决定在其占领区实行有限职权的团体模式，而美国人则因自己不了解公法行会，决定实行自愿的私法联合会模式。

随着占领期的结束和联邦德国的建立，工商业利益代表机制的改革到底要实行什么样的指导思想，终于提上了议程。尤其是在魏玛时代已经讨论的问题——如何维护劳动者的利益——具有特别重要的意义。商业群体改变了以前只属于纯粹的雇主的观念，认为要实行公法团体的观念，就要将劳动者利益的有效代表纳入代表所属企业整体利益的义务之中。

联邦立法机关没有接受上述观点，将1956年12月18日发布的《工商业协会法》②明确地称为"临时立法"。这表明，该法并不意味着有关的制度政策讨论一锤定音了。该法的规定至今仍然适用。联邦制定《工商业协会法》的立法权限依据是《基本法》第74条第11项（经济法）。联邦立法机关为州制定实施法留出了空间，

---

① RGBl.，第1卷，第189页。
② BGBl.，第1卷，第920页。

使各州能够充分考虑自己在历史、经济和区域等方面的特殊性。

现在联邦范围内有82个工商业协会,其中新联邦州有14个,共计约有325万名强制性成员企业。最高组织是工商业协会总会(DIHK,以前的DIHT),办公地址设在柏林,采取登记社团的形式成立①。

《工商业协会法》第12条第1款第1项规定,工商业协会的设立事项由州规定。北威州在1957年7月23日的实施法第1条授权经济、社会和技术部长,在听取州众议院的经济、社会和技术委员会意见的基础上,以条例的方式设立工商业协会。其他州的作法类似。

《工商业协会法》第3条第1款规定,工商业协会属于公法团体,享有从事私法行为的主体资格。

(二) 组织体制

1.成员。《工商业协会法》第2条第1款对成员身份作了规定。凡是依法被要求缴纳营业税的自然人、商业公司、其他没有法律能力的人员集合体、私法人和公法人,在协会区设立了分支机构、工厂或者销售机构的,都是协会成员。在上述一般规定的基础上,第2款至第5款进一步规定了若干特殊的例外情形,包括乡镇直属企业(第5款)、同志社(第4款)、手工业与类似手工业的企业(第3款),农业和林业(第2款)。根据上述规定,协会成员的确认标准有如下三个:缴纳营业税的义务,协会区内经营组织的法律形

---

① 关于其法律地位,参见克鲁特(Kluth):《公务自治》,第488页以下。

式与住址。

实践中,成员身份要件是否具备的确认与会员费征收一并进行。如果当事人认为成员身份要件不具备的,可以申请复议或者提起撤销之诉,要求审查缴纳会员费的决定。

《工商业协会法》还区分如下两种成员身份:一是义务性成员身份,二是着眼于选举的全体大会成员身份。另外,还按照法定标准区分国内和国外成员。

工商业协会的机关是全体大会(第5条和第6条),主席(第6条、第7条第2款)、主席团(第6条)、执行总裁(Hauptgeschäftsführer,第7条),职业教育委员会(第56条以下)。《职业教育法》第36条以下、第46条和第47条还规定了考试委员会。

2.全体大会。《工商业协会法》第5条第1款规定,全体大会(Vollversammlung)由成员选举产生。所有协会成员以及按照该法第2条第3款规定自愿入会的人,无论国籍如何,都享有选举资格。

《工商业协会法》第5条的框架性规定为地方协会确定自己的选举制度留下了广泛的活动空间。有关选举规章必须对原则性事项作出规定,其中尤其是全体大会的规模和任期,是采取成员统一选举制,还是部分成员补充轮换选举制,以及是采取名单选举制还是个人选举制。决定采取名单或者个人选举制的,还要对相应选举模式的具体实施作出规定。在特定条件下,也可以由直接选举产生的全体大会(补充)选举其他成员,这意味着直接选举与间接选举并用①。

《工商业协会法》第5条确立的选举制度的另一个特殊之处是选民小组(Wahlgruppe)。第5条第3款第2句强制性地规定,选举规章应当规定选民小组的设立及其所属的协会成员。为此,必须考虑协会区的特殊性以及选民小组的整体经济意义。通常作法是按照经济组(行业)划分;协会区较大的,选民小组则进一步按照地域划分。选民小组的规模影响投票的分量。

选民小组的划分是一个高度政治性的决定,不能仅仅根据纯粹的形式观点作出。协会在这个问题上享有广泛的裁量空间和判断特权②。如果单纯按照数量(营业税、雇员数量等)考虑,在协会区内整体经济意义只能得到较低程度代表的经济行业,例如计算机技术,有权要求在全体大会中加强其地位。实践中通常划分了8至10个选举小组,按照地域划分还可能翻倍。由于任何一个选民小组都可以提出自己的候选人名单,大多数协会可以得到大约30份候选人名单。

一般认为,选举以落选可能性为前提,但理论上未必一定如此,例如特定职务的候选人只有一名,在这种情形下,选举行为同样能够发挥它的合法性证明功能和任命功能。实践中更前沿的作法是所谓的"协议选举制"(Friedenwahl),一些地方工商业协会多年来采取这种作法,并且成为其选举规章的实践基础:只提出一份有多名候选人的名单,他们与将要被选举的全体大会成员名单一

---

① BVerwG, DVBl., 1963年,第929页。
② BVerwGE,第1卷,第12页,第17页。

致,即视为履行了选举程序,无需再实施"确认性"选举行为。联邦行政法院在1980年3月27日的决议①中对这种作法表示怀疑,认为只有事实上进行了表决的,才能称之为选举。有关协会的选举规章因此废弃了协议选举制。

3. 主席与主席团。《工商业协会法》第6条第1款规定主席属于自属机关(Selbstorganschaft),必须从全体大会成员中选任,主席团的其他成员也是如此,具体名额由协会章程规定。

4. 执行总裁。按照《工商业协会法》第7条第1款规定,执行总裁由全体大会任命。措辞的差异——主席团由全体大会"选举",执行总裁由全体大会"任命"——暗示了两种行为的差别在于执行总裁性质上是外属机关(Fremdeorganschaft),而这是由其活动的专职属性决定的。学理上认为,任命属于建立组织关系和(私合同)劳务雇佣法律关系的行政行为。

《工商业协会法》第7条第2款赋予执行总裁的组织地位高于其他行会的同类机关,他与主席共同代表协会实施法律行为和诉讼行为。在实践中,其他行会的规章也经常采用这种作法,但在法律上却没有得到承认。

5. 专门委员会。《工商业协会法》第8条规定,协会可以设立委员会,即专门委员会,具体事项在章程中规定,其中尤其是设立条件以及不得任用第5条第2款规定的享有选举资格的人。除了职业教育委员会之外,其他专门委员会没有机关的性质,只为主席、主席团和全体大会提供咨询活动。实践中,专门委员会的设立

---

① BVerwG,GewArch.,1980年,第296页。

和第 5 条第 2 款之外的其他人的选举越来越活跃。

在协会所属机关中，职业教育委员会因 1969 年 8 月 14 日的《职业教育法》而享有特殊地位。根据该法有关规定，在联邦和州层面以及很多自治行政主体也设立这种专门委员会。工商业协会设立职业教育委员会的专门依据是《职业教育法》第 56 条至第 59 条、第 75 条，其中，第 56 条有关委员会设置的具体规定是基础。按照这些规定，职业教育委员会作为"主管机构"设立；按照第 75 条规定，工商业协会也准用上述规定。工商业协会的职业教育委员会由 6 名雇主代表、6 名雇员代表和 6 名职业教育学校的教师组成，但教师只享有咨询性的表决权。根据《北威州工商业协会法》第 5 条规定，雇主代表由协会推荐，雇员代表由协会区内的企业和执行社会政策和职业政策目的的独立雇员团体推荐，最后由州经济、社会和科技部长任命。学者代表则由部长直接任命。部长受协会和雇员代表大会建议的约束，仅在推荐名单多于 6 人时才存在例外，因此，职业教育委员会的组成实际上掌握在工商业协会和雇员代表大会的手中。从雇员代表大会的组成来看，必须由非国家机构参与，而且其意见具有约束力的情形极为少见。

6. 任务分配。协会机关之间的任务分配由《工商业协会法》和《协会章程》规定。《工商业协会法》第 4 条规定，章程以及有关选举、会员费和特别会费、使用费的规章、预算计划的确认、会员费和特别会费的征收标准及其减免等事项，只能由全体大会作出决议，不得委托。另外，全体大会选举主席团，任命执行总裁和决定专门委员会的设置。就此而言，重要的立法行为和组织行为应当由全体大会负责。另外，在职业守则方面，协会可以制定补充性的执业规则。

主席团和主席负责全体大会决议的准备和执行,当然这需要执行部门的支持。《工商业协会法》第7条第2款规定,主席和执行总裁是协会的诉讼和非讼行为代表。日常行政工作由执行总裁负责,作为行政机构的领导,他是其他协会工作人员的上司和人事代表法意义上的工作机构代表。

在组成方面已经显示其特殊地位的职业教育委员会在任务分配方面也比较特殊。与其他专门委员会不同,职业教育委员会享有规范制定权。《职业教育法》第58条第2款第1句规定,职业教育委员会负责制定实施职业教育方面的法律规范,其中尤其是教育职业认证的考试规则以及继续教育和转行培训的考试规则。

上述机关之间没有上下级关系,也没有指令权。按照适用于非区域性团体的一般原则,行政程序和行政诉讼意义的机关是协会本身,而不是它的下属机关。

(三)任务与财政

工商业协会的任务极为广泛,《工商业协会法》第1条对此作了一般的、个别方面甚至非常抽象的规定。近年来的实践表明其任务的重点在转移,因此有必要在尽可能准确描述现行状态的同时予以系统化。

1.利益代表。《工商业协会法》第1条第1款规定协会的第一项任务是维护辖区内所属经营者的利益。利益代表这一关键词所指称的任务被视为协会的"首要任务"。该项任务不仅表明了协会所奉行的指导思想,而且表明了协会所面临的一大困难,即协会为此要协调局部(群体)利益与成员整体利益、国家与社会之间的紧张关系,并且遵循因此而产生的有关法律要求,例如基本权利的主体性要求。维护所有成员的整体利益及其职业利益的关键在于,对外的利益代表最终要转变为内部多元群体之间的利益平衡①。

协会内部的意见形成主要通过征询协会成员意见的方式进行。经过调查发现的认识是主席团和全体大会意志和意见形成的基础。专门委员会的意见也汇入其中,具有重要的分量。这有助于贯彻协会所遵循的少数保护原则(Grundsatz des Minderheitenschutzes),使有意义的少数不同意见在协会意见的形成和反映过程中得到明确的考虑和记录。

协会要维护所属成员的整体利益,就必须从其他角度权衡和考虑个别行业的群体利益,这不同于仅限于某个行业的自由利益代表的情形②。这既是群体多元的内部结构这一特殊性的反映,也是协会以维护公共利益为义务指向的公法组织体制和任务定位的表现。正如上文明确阐述的那样,协会在执行利益代表任务方面不受特定行为方式的约束。

2.经济促进。促进协会区的商业经济发展越来越成为协会活动的重点。协会执行该项任务的主要方式是自己提供符合不同成员群体需要的服务。信息、答复、咨询以及推荐和告诫等属于最重要的经济促进手段。

经济促进的具体方式和方法由协会自主决定。《工商业协会

---

① 施托贝尔:《作为国家与经济之间第三种力量的工商业协会》,1992年,第90页以下。

② 科布伦茨(Koblenz)OVG,GewArch,1993年,第289页。

法》第1条第2款明确规定,协会为此可以建立与经营有关的"设施和机构"。关键在于,设施和机构的目的属于协会的法定任务,即所谓的联合体目的[①]。

服务提供方面可能产生的问题是提供同样服务的协会所属企业之间的竞争关系,尤其是协会与其他私人企业合作提供服务的情形。在实践中,协会往往在所属服务企业面临生存危机时冲破界限。从有关地方政府和其他行政主体经济活动的一般司法判决中引申出来的标准在工商业协会领域显得过于慷慨[②],它们对促进成员商业利益方面产生的特殊矛盾考虑得太少。协会原则上可以设立公司,也就是说,将提供服务的任务移交给法律上独立的私法公司,而且通常是有限责任公司。协会也可以参组公司和加入社团。但是,没有经济促进目的的单纯商业活动没有适法性。

3.专家活动。这里所说的专家活动并非指有时被称为专家意见的、有关一般经济政策问题的立场——这属于利益代表任务的范畴,而是指在具体案件中,根据法院和行政机关的委托出具专家鉴定结论。这是证明自治组织之合理性的一种特殊方式,即国家得以借此充分利用有关社会群体的专业知识。

4.职业法纪和道德的维护。这是协会在所属成员的内部职业领域所承担的另一项任务,即维护商人的名誉和道德。这些显得古老陈旧的教条背后隐含着不正当竞争的防治,以及——意义相对小一些的——设立名誉委员会的可能性。

[①] BVerwG, NJW, 1987年,第338页(Verbanszweck)。
[②] 绿勒堡 OVG, GewArch., 1986年,第201页;卡尔斯鲁厄(Kahrsruhe) OVG, GewArch., 1989年,第208页。

与一般自由职业的协会不同,工商业协会不进行风纪监督(Standsaufsicht),无权设立直属的名誉法院。但是,从现行法律规定来看,设立所谓的名誉委员会具有适法性。但是,实践中却有意不利用这个机会。

5. 职业教育和考试事务。在职业教育、转岗培训和继续教育即职业教育法领域,工商业协会的活动稳定发展。考试事务被纳入其中,因为这样才能审查培养的效果。

协会在该领域的具体活动范围不可能在这里作简要的介绍。这里只能指出该活动领域与基本权利密切关联,尤其是考试是否直接影响职业选择和培训的机会。

6. 任命专家、推荐具有专业知识的人和专业能力审查。《工商业条例》第36条对官方任命专家作了规定。《北威州工商业协会法》第6条将该任务分配给工商业协会,协会全体大会为此制定的专家规章进一步作了规定。该规章规定了任命的条件和程序、被任命人的义务、宣誓专家以及任命的撤销。

《法院组织法》第108条至第110条规定协会有义务向州法院推荐商事法官的人选。以这种方式任命的法官有2500名。

在广播咨委会、区规划咨委会等诸多情形中,工商业协会有义务指派代表人参加咨委会、委员会和专家委员会等机构。协会的活动限于筛选和推荐,这虽然没有法律的效力,但有事实上的约束力。

7. 颁发证书和证件。许多法律规定,原产地证明和其他以经济活动为目的证明文件由工商业协会出具。这是立法机关利用协会专业知识的另一种方式。

协会活动经费的财政来源有多个，包括酬金、使用费和租赁费、租金、利息等收入。《工商业协会法》第3条规定，这些收入不足以弥补支出的部分通过会员费填补。具体内容则在每年一定的年度预算计划中按照节约性和经济性财政的原则予以规定。

《工商业协会法》第3条规定的会员费被称为所谓的联合体负担，不直接与特定的利益挂钩。只要存在间接的利益，甚至法律上推定或者推测的利益，就足够了。作为主要财政来源的专款只向特定范围的成员群体征收，《工商业协会法》的会员费制度在很大程度上考虑了再分配的因素，这样做的一个合理性依据是连带共同体(Solidargemeischaft)的思想。

1958年1月18日《工商业协会法》第12条第1款第7项规定，协会的财政收支项目由协会在比勒费尔德(Bielefeld)建立的审查所负责审计。

《工商业协会法》第11条第1款规定，工商业协会受州政府的监督即法律监督，具体分为一般法律监督和该条第2款规定的预防性监督，后者主要通过审批保留的方式进行。

是否可以对《工商业协会法》第1条第4款规定的转授任务进行范围更大的行业监督，至今还没有得到深入的研究。

十三、手工业协会

(一) 发展与现行法依据

手工业行会的组织形式在中世纪就形成了，在随后的等级国家时代对行会的政治生活产生了重要影响。19世纪引入的工商业自由对行会虽然没有产生全面的冲击，但使行会失去了强制性，使其成为代表成员利益的自愿性合作组织。

手工业组织在新制度框架下得到的首次正式法律承认是1845年1月17日的《普鲁士一般职业法》①。手工业群体借此进一步维护职业自由，日益发展的工业化对一些手工业者产生了现实的压力。因此，人们要求在手工业组织中引入义务性成员身份制度，将特殊能力证明作为从事职业活动的先决条件。早在1849年就进行了一场改革，使手工业的特殊要求得到了更大程度的考虑，职业能力证明制度由此诞生，但关于它的正当性和宪法适法性至今存在争议。

在严格意义上，手工业协会的史前史开始于1897年7月26日的《工商业条例》修改②，立法机关被迫接受了手工业的强烈要求。新法第103条以下规定手工业协会"代表本区内手工业的利益"。但是，协会直接代表的并不是手工业者，而是辖区内的同业公会(Innung)和其他工商业团体。它们按照州中央政府通过的选举条例选举手工业协会，法律上称为代表大会或者全体大会。1897年《工商业法》第103d条规定，协会大会可以补选专业人士作为五分之一的大会代表，即补选代表(Koopation)。另外，协会还可以吸收专家提供咨询，赋予其建议性表决权。协会可以设立专门委员会，第103i条规定必须设立的是学徒委员会，该法第103k条赋予他们特殊的参与权。

---

① GS,第41页。
② GS,第663页。

手工业协会的任务是具体负责学徒事务及其监督，通过通报和专家意见等方式支持行政机关促进手工业发展，拟定手工业现状的年度报告，设立考试委员会负责学徒考试，设立申诉委员会等。另外，还包括涉及手工业整体利益或者个别行业的重要事项。最后，协会有权"举办各种活动"，促进师傅、学徒、学员的职业、技术和道德教育，设立和支持专科学校。

1897年《工商业条例》第103i条规定，协会机构及其活动的费用由协会区内的乡镇政府承担，最终则来源于手工业企业缴纳的专款。该法第103o条规定，上级行政机关负责对行会实施（法律）监督。第103h条规定，国家应当向手工业协会派驻国家专员，协会应当要求他参加理事会和委员会的所有会议，应要求听取其意见。

1897年《工商业条例》规定设立的手工业协会可能存在的疏漏之处在于没有将同业公会纳入考虑的范围。按照该法律的设想，手工业协会直接代表手工业者。根据该法第81条以下规定，手工业协会一般是自愿性团体；第100条以下规定，也可以作为强制性团体设立。它们的共同之处在于，学员在同业公会和手工业协会的机关中都没有代表，学徒仅在学徒委员会中得到了有限的代表。

魏玛共和国时期手工业协会的组织发生了许多重要的变化。1922年12月16日的法律规定设立"德国手工业和职业协会总会"作为手工业的最高公法组织。

手工业法发生的另一个重要变化是1929年2月11日的修改法通过引入手工业登记制度（Handwerksrolle）调整了选举权。原先通过同业公会和团体的选举被独立手工业者的直接、普遍选举取代。另外,1897年《工商业条例》第103h条国家专员规定被废除了。

第三帝国时期,手工业协会与工商业协会一样被解散,并被合并入大区(Gau)经济协会之中。

在占领区政府的临时管理结束之后,1953年9月17日的《手工业秩序法》(《手工业法》)为手工业法提供了一个崭新的、统一的法律依据。该法第5部分对手工业的组织化问题作了规定,包括手工业协会、手工业同业公会和公会性团体以及县手工业团体。该法适用至今,没有实质性的修改。目前德国有55个手工业协会,80万名成员,最高组织是位于柏林的德国手工业协会总会(Deutsche Handwerkskammertag)。

(二) 组织体制

《手工业法》第90条第3款规定,手工业协会由州最高机关设立。协会的活动地域范围通常与协会的上级机关一致。设立手工业协会是州最高机关的义务。

《手工业法》第90条第1款规定,手工业协会作为公法团体设立,同时享有民事法律能力。

《手工业法》第90条第2款规定,所有在协会区内定居的独立手工业者、类似手工业企业的所有人及其学徒(Geselle)与学员(Lehrlinge)都是协会的义务性成员。学员的地位较低,没有选举权。

《手工业法》第92条规定,手工业协会的机关是成员大会或者全体大会、理事会和专门委员会。除此之外，不得设立其他机关，《协会章程》也是如此，该法第105条第1款规定，《协会章程》由州最高机关发布，因此，它对手工业协会的机构设置具有至关重要的影响。第106条第1款第12项规定，全体大会只有权修改章程，但需经监督机关的批准。手工业协会的组织法地位因此受到严重的限制。

《手工业法》第96条第1款将选举权与办理手工业或者准手工业登记联系起来，因此，只有独立手工业者才享有选举权。

根据《手工业法》第95条第1款，全体大会代表的选举按照该法附带的《选举条例》规定的程序，遵循普遍、直接、平等和秘密的原则，实行候选人名单制。这要求推荐的候选人应当是不同职业群体的专门代表。《选举条例》第3条规定，与协会区一致的选举可以进一步按照第4条的规定划分为分区（投票区）。全体大会成员划分为不同的职业群体由《协会章程》确定。《选举条例》第8条第3款规定，选区的划分是确定候选人名单的基础。

协会选举实行名单—多数选举制（Listen-Mehrheitswahl）。为了确保选举有效，推荐的候选人名单必须在《选举条例》第19条第1款规定的第一轮选举程序中获得全体选票的半数以上支持。没有候选人名单得到必要多数选票的，则在获得最多票数的两个选举名单之间进行"严格选举"，在第二轮选举中只需得到相对多数的选票。

《选举条例》第20条规定，如果一次选举只提出了一份候选人名单，即意味着名单上候选人自然当选，此即所谓的协议选举。从法律规定的措辞来看，协议选举只是例外，但协议选举及其对选举过程的事实上的放弃在实践中则是常态。

《手工业法》第 93 条第 1 款规定,学徒在全体大会中有三分之一的代表,但却没有独立的、直接的选举权。根据该法第 98 条和第 99 条,他们通过选举人(Wahlmann)间接选举代表。选举人在企业内推选。每 1 至 5 名学徒可以推选 1 名选举人,《选举条例》第 13 条对推选程序作了具体规定。

学员虽然属于协会成员,但没有选举权,因此在全体大会中也没有代表。

全体大会成员的名额在《协会章程》中确定。《手工业法》第 93 条第 4 款规定,全体大会可以按照章程的具体规定增选专业人士作大会五分之一的代表。增选成员享有与(直接)选举的成员同等的权利义务。

《手工业法》第 108 条第 1 款规定,理事会由全体大会从其成员中选举产生,性质上属于自属机关,三分之一的成员应当是学徒。除了主席及其两名代理人——其中一人必须是学徒——之外,其他成员的选任由章程规定。

《手工业法》第 106 条第 1 款规定,专门委员会的设立和组成由全体大会负责,可以是常设的,也可以是特别的。常设委员会通常在章程中规定,其中包括《手工业法》第 43 条以下规定的职业教育委员会和第 33 条以下规定的学徒考试委员会。

《手工业法》第 47 条规定,由上级行政机关设立的师傅考试委员会不是协会机关,而是国家行政机关。手工业协会只负责该委员会的日常管理和成员推荐。

《手工业法》对全体大会、理事会和委员会之间的任务分配作了比较全面的规定,给章程留下的空间很小。这里需要注意,章程需要经上级机关批准发布。

具体而言,全体大会负责对《手工业法》第106条第1款第1项至第12项列举规定的事项作出决议,包括选举、任命、规则制定和考试等行为。

《手工业法》第109条第1款规定,理事会负责协会的日常业务,根据该法第106条第1款第3项任命的(总)经理在规章确定的范围内代表协会实施诉讼和非讼行为。理事会可以将日常行政工作委托给经理部门,其中主要是手工业登记。该法第111条第2款规定,确认、调查和企业监督等事项可以任命专员办理。

总裁和经理形式上虽然不视为协会机关,但实际上却负责执行大多数日常行政任务,因而获得很大的独立性。任命了多名经理的,必须确定总裁。合议制形式的经理团队没有适法性。

《手工业法》没有规定委员会的任务。一些单行法对职业教育委员会和考试委员会的任务作了规定。另外,《手工业法》第110条规定全体大会可以委托委员会执行特定的任务。

(三) 任务与财政

《手工业法》第91条和其他有关条款对手工业协会的任务作了非常具体的规定,因此开辟其他任务的空间已经很小。与工商业协会相比,手工业协会受国家管制的程度较高。协会的任务可以分为强制性和自愿性两类。第91条第1款规定的任务属于强制性任务,其他有关条款也规定了一些强制性任务。自愿性任务通常由全体大会决议确定。

1.利益的代表与均衡。《手工业法》第91条第1款第1项规定,协会的首要任务是"促进手工业的利益,合理协调不同手工行业及其组织的利益"。立法机关很明显地将手工业协会内外方面的利益代表整合起来。不是个别手工业的局部利益,而是在群体总体利益基础上发现的利益,才是协会执行利益代表任务的标准。这就要求,协会在实施相对于社会和(尤其是)国家的活动之前,应当协调好协会内部不同手工行业之间的利益,而这主要依靠协会区内的同业公会和其他职业代表团体之间的良好合作。

2.报告与建议。利益代表的适当方式主要是《手工业法》第91条第1款第2项规定的例行报告、建议以及(正式和非正式的)申请。采取私法组织形式的总会团体也执行该任务,例如德国手工业协会总会或者德国手工业中央联合会。无论是个别的手工业者,还是同业公会和其他类似组织,都不享有要求协会在利益代表方面采取特定方式和内容的主观法律请求权。

3.手工业登记的办理。《手工业法》第91条第1款第3项委托手工业协会办理手工业登记(第6条),是内容最丰富的协会行政任务。手工业登记在实体法上涉及职业选择自由和执业自由,即涉足到基本权利领域。该项任务的执行,尤其是《手工业法》第8条规定的例外许可,涉及多方面的判断,需要遵循在法治方面不容质疑的程序,尤其是不得有外行因素介入决定过程,例如保护主义的权衡。

4.与教育有关的权限。《手工业法》第91条第1款第4项、第4a项、第5项至第7项规定的教育和继续教育事项是协会承担的另一项内容丰富的任务,通常由一个专门机构完全负责。协会为此需要建立现代教育设施,例如职业教育中心和技术中心。在技术不断变革的时代,尤其是现代计算机技术向手工业引人注目的渗透,这对促进手工业教育产生了重要影响。

关于手工业协会在职业教育领域的具体活动,参见上文有关工商业协会的介绍。

5. 专家任命。《手工业法》第91条第1款第8项有关专家任命的规定与工商业协会没有什么区别。

6. 促进手工业的经济利益以及以此为目的的机构建设,例如同志社。《手工业法》第91条第1款第9项规定的任务以第1项规定的一般利益促进任务为基础,只是着眼于手工业的特殊经济利益方面。正如"设施"和尤其是同志社所表明的那样,这里的目标并不是针对国家和社会的外部利益代表关系,而是通过手工业自己筹办的机构(尤其是同志社)进行的内部利益促进。

促进同志社事务的目标在于,在协会成员之间传播有关不同合作形式及其利弊的知识,例如购买、生产和销售等不同专业的合作社及其法律性质(私法性)。

7. 争议协调。《手工业法》第91条第1款第10项规定设立调解机构,主要目的在于促进手工业者与委托人之间形成良好的关系。该机构既没有强制手段,更没有决定权。但是,争议的当事人却可以通过签订和解协议(Shiedsvertrag)赋予调解机构的宣示以约束力。

8. 颁发证书和证件。除了考试合格之外,手工业协会颁发原产地证明和其他证件的情形极为少见。

9. 社会措施。《手工业法》第91条第12项赋予手工业协会一项社会法治国家方面的任务,但内容很不确定也很有限。为了支持"穷困的"手工业者和学徒,协会才可以采取有关的救助措施。

从《手工业法》赋予同业公会的职权比较中可以看出救助措施的适法性界限。该法第54条第3款第2项和第57条规定,同业公会有权设立救助基金账户,其依据是所谓的准规章,该规章需经批准。授权手工业协会设立这种基金账户需要与第57条类似的法律依据。实际上,同业公会已经从事同样救助工作的,手工业协会没有另行设立独立的救助基金。因此,手工业协会只能将特定预算资金直接用于穷困的手工业者和学徒的资助。

10. 其他强制性任务。手工业协会的其他任务来自个别授予,例如《手工业法》第8条第3款、第21条第3款、第24条第3款和其他条款。这里应当提及的是第56条规定的同业公会规章和第61条第3款规定的同业公会决议的审批,根据第61条第3款规定召集和领导同业公会会议,根据第66条第3款规定颁发同业公会理事会证书,根据第75条和第76条负责同业公会的监督和解散。

11. 自愿性任务。除上述任务之外,在《手工业法》第90条和第91条规定的总体权限内,协会可以执行自愿性任务,但应当在章程中对此作出规定。以这种方法拓宽任务范围的界限在于,协会仅在法律授权的范围内享有公权性质的职权,规章本身不能满足基本权利法律保留的要求。由于自愿性任务的重点是利益促进和给付行政,实践中没有出现什么问题。

协会执行的自愿性任务有为成员提供法律上的咨询和帮助、税务咨询、设立收款机构以及发行协会报刊等。

《手工业法》第113条对协会的财政来源作了规定。基本原则是，协会活动经费不能通过使用费等其他费用填补的部分，通过会员费补足。行政收入（使用费）和会员费实际上占协会总财政收入的80%。另外，还有来自国家的、通常指定用于特定目的的拨款，以及来自节余会员费的利息收入。

《手工业法》第113条第2款规定的交费义务人是独立手工业者和准手工业企业的所有人，不包括学徒和学员，虽然他们是协会成员并且从服务中获利。会员费标准由协会确定，报请监督机关审批。会员费规章通常区分基础会员费和按照营业税额计算的附加会员费。将会员费划分为不同的等级具有适法性。

《手工业法》第115条规定，手工业协会的国家监督由州最高机关负责。除非法律另有特别规定，范围限于合法性监督。该条第2款规定的特殊监督手段是解散全体大会。

《手工业法》没有明确规定预算监督。只有在协会使用国家资金的范围内，预算监督权才能以州预算法为依据，超出合法性的范围。州审计署对协会使用自有资金的行为是否可以进行监督，还存在争议。

十四、农林协会

（一）发展与现行法依据

农林协会起源于1894年6月30日普鲁士的《农林协会法》[①]，该法规定设立农业主的公法职业协会。第2条第1款规定，农林

[①] GS,第126页。

协会(Landwirtschaftskammer)"促进和维护辖区内农业和林业的整体利益,为此建设以改善农林地产状况为目的的机构,尤其是农业主的职业合作组织"。农林协会为此可以提出独立的申请。农林协会的其他任务包括为行政机关提供信息和其他方面的支持,促进农林技术的进步,筹备相应目的的设施。

在魏玛共和国的 20 年里,农林组织和团体的事务因大量政策导向存在巨大的裂痕而失去了作用,尽管从持续的农业危机来看,有关的利益代表有必要也应当加强。

1933 年 1 月 30 日纳粹党掌权后,通过大区、县和村的专业咨询员建立了强有力的农业政治机器,收效显著,按照所谓的一体化(Gleichschaltung)观念,确立了农民群体的领导地位。纳粹分子同时接受帝国食品和农业部的领导,该部要求他们与帝国食品协会(Reichnährstand)共同建立一个稳定统一的组织。帝国食品协会是公法团体,是帝国境内农林业的代表,其中包括农林同志社、农林贸易、农林产品(再)加工等。它的任务是"以向人民和帝国负责的态度,有力支持德国人民的建设、生活和强盛,为此将所属成员团结起来"。德国食品协会的法定代表人是由德国总理任命的帝国农民领袖,他可以委托下属机构行使职权。该协会的财政来源通过国家补贴、会员费和其他收入等予以保障。

1945 年之后,不同占领区按照不同的指导思想对农林协会事务进行再造,尤其是国家统一后还没有有关公法组织形式的职业代表团体的认识。与工商业协会和手工业协会不同,至今各农业协会奉行的指导思想并不相同。只有 7 个州建立了新的农林协会。黑森州在 20 世纪 70 年代解散农林协会后,6 个州的农林协会只有大约20万名成员。新联邦州至今没有建立农林协会。下文的介绍限于北威州的法律状况。

北威州农林协会的依据是1949年2月11日关于建立农林协会的法律《农林协会法》，以及1951年7月17日关于农林协会专款的法律。

《北威州农林协会法》第20条第1款第1句规定农林协会具有法律能力，但没有规定它的组织形式。将该法有关设立的规定与《北威州组织法》第20条和第23条第4款结合起来考察，可以发现农林协会属于公法人。它在性质上属于团体还是设施取决于它的内部组织结构实行的是享有独立参与权的成员制，还是使用人制。

（二）组织体制

令人意外的是《北威州农林协会法》没有明确规定成员问题。该法第4条第1款只是提到了农业协会的成员，而且是从全体大会或者全体成员大会这一普通术语的角度。这并不意味着，只有那些被推选为全体大会代表的人才是农林协会这一人事团体的成员。对人事团体的一般类型的系统分析表明，因享有选举权、承担会员费义务因而成为权利义务最终归属的人才（就）是成员。

因此，《农林协会法》第5条赋予被选举权的自然人和法人都属于协会成员，而无须考虑该条第4款有关除籍的规定。作为自然人可以以地产所有人、使用人、租赁人的身份经营农林企业，或者以类似方式经营符合该条第1款宽泛规定的农林不动产。按照法定标准享有选举资格的从事共同经营活动的配偶以及"完全共同劳动的"家庭成员也是成员。农林企业的专职雇工和受培训人享有选举资格。在选区内经营农林企业3个月以上的法人也享有选举资格。由于该法规定并不着眼于国籍,符合法定标准的外国人也享有选举权。

根据《北威州农林协会法》有关规定,农林协会的机关是全体代表大会、委员会,之下是首席委员会、主席和主任。

《北威州农林协会法》第4条和第13条所称的"农业协会"与"全体代表大会"在术语上是重叠的,这一点可以从第13条第1款富有弹性的表述中看出来。该款规定,"全体大会……由农业协会的成员"组成,这是法律技术的不协调造成的。出于术语的明确性起见,下文只将全体大会称为机关,将农林协会称为团体。

全体代表大会由协会成员按照两个选举小组推选的代表组成。第一组是不动产所有人及其从事农林业活动的家属,第二组是从属性的活动人员。

1989年12月28日由北威州环境、规划和农业部长发布的《农林协会选举条例》对选举程序作了具体规定。首先应当制作候选人名单,由两个选举小组分别提出的竞选名单共同组成。选举人必须支持所在小组的竞选人名单,而不是选举人名单,也就是说,选举人必须为其推选的竞选人投票。《选举条例》第20条规定,每张选票可以选择半数以上直至全部候选人,视同有关小组成员被选举为大会代表。《选举条例》第4条第1款规定,选举按照秘密和直接的原则,采取邮件的方式。全体代表大会的代表名额在《协会章程》中规定。第4条第2款规定,属于第一小组的当选代表必须占全体代表的三分之二,属于第二小组的代表占三分之一。

《北威州农林协会法》第16条第4款规定,主席是全体代表大会和首席委员会的领导,由全体大会每3年选任一次,必须是第一选举小组的成员和——第17条第1款特别规定——全体代表大会的成员(自属机关)。

《北威州农林协会法》第18条第1款规定,主任由全体代表大会选任,任期12年。实践中他是外属机关,任命需经环境、规划和农业部长的确认。在按照指令执行任务的范围内,他的职务活动受部长的委托。

《北威州农林协会法》第15条规定,委员会的设立由章程规定,只有首席委员会(Hauptausschuss)才是必须设立的。除非任务属于临时性质,首席委员会作为常设委员会设立。委员会的具体设置及其成员由全体代表大会决定。一些农林协会的章程规定,全体代表大会可以委托首席委员会选任委员会成员。

《北威州农林协会法》第15条第2款规定,根据章程的具体规定,委员会自己可以增选其他委员会成员,他们不必是协会成员,但选任需要首席委员会的确认。

农林协会的章程通常会规定,除委员会之外,还可以设立针对具体专业问题的咨询委员会、专业咨询委员会和专员委员会,它们以专业决议或者以与行政任务有关的决议的方式为首席委员会决议作准备,因此其职能是咨询性和倡议性的,没有法律约束力。

全体代表大会是农林协会最为重要的机关。《北威州农林协会法》第14条第1款规定,它应当保障农林协会有效执行法定任务,为此作出必要的决议,监督决议的执行,并且赋予其他机关有关的指令权。它通过章程、规程和规则等形式,确定协会的组织法结构,决议其他机关的选举和撤销,其中尤其是主席和主任。

《北威州农林协会法》第16条第1款规定,主席是全体代表大会和首席委员会的主席,是第4款规定的最高勤务监督机关;根据该法第20条第1款规定,是协会的诉讼和非讼事务代表。

《北威州农林协会法》第18条第2款规定,按照主席根据大会决议发布的指令,主任负责协会的日常行政事务。他是协会公务员、职员和工人的顶头上司。

另外,主任在职能上还是国家的机关,《北威州农林协会法》第20条第4款规定,主任执行该法第7条第2款规定的专员任务。主任以专员身份而享有的主要权限是与环境有关的任务的执行和植物保护的促进,执行上级林业机关的任务。在此范围内,他属于州的行政机关。从财政的角度可以看出此类任务的分量,执行专员任务的财政支出占协会活动财政负担的42%到48%。

法律没有具体规定首席委员会和其他委员会的任务。它们的具体任务分配主要由全体代表大会的章程或者决议确定。实际上,全体代表大会正是以这种方式为委员会分配了大量的任务。

(三) 任务与财政

从《北威州农林协会法》第3条可以看出农林专业的自我认识。该条规定,农林业包括农田建设和植物培养,动物饲养,园林建设,蔬菜、水果和葡萄酒的生产,林业,内水渔业以及养蜂业等。虽然不符合上述条件,但由此类业主经营管理的经济上不独立的企业,所谓的农林附属企业,也包括在内。

《北威州农林协会法》第2条第1款第1句规定,农林协会的

任务是促进和维护农林业及其职业活动,具体而言分为如下任务领域:

"(1)通过适当的机构和设施提高农林产品的经济性和环境适宜性,推动与本地区种群相应的动物保护工作;

(2)进行农林后备力量的非业务性教育、继续教育和实际职业培训,提供经济咨询;

(3)促进农林业工作人员的住房建设,为他们提供舒适的生活条件;

(4)就农林产品废物的经济利用、评价和管理问题提供咨询,促进农林同志社的发展;

(5)在农林问题方面为行政机关和法院提供支持,尤其是提供专家意见、任命专家;

(6)制定有关专家管理和财务管理的纲领;

(7)按照单行法规定参与农林法律事务,尤其是提供建议,向农林案件的主管法院任命陪审员;

(8)按照针对行政机关和市场发布的有关规定,参与农林产品交易和市场的管理和价格登记。"

除了上述核心任务之外,还有其他任务。《北威州农林协会法》第2条第2款规定,农林协会可能执行指令性任务。该条第3款规定,农林协会有权"就所有与农林有关的事务"向行政机关提出申请。另外,在有关法律规定的草拟咨询方面,应当听取农林协会的意见。最后,根据1923年7月13日的《答复义务条例》,农林协会还享有答复请求权。

农林协会的财政来源在专门的《专款法》中规定。《专款法》第

1 条第 1 款规定，为了执行任务，其支出不能通过其他收入、尤其是国家补贴补足的，农林协会可以向农林企业征收专款。《专款法》第 2 条规定，农林协会的有关协议需经主管部长确认。《专款法》第 3 条以下对征收专款的标准作了具体规定。

农林协会的第二个主要财政来源是国家拨款。《北威州行政组织法》(LOG)第 7 条第 2 款规定由协会主任执行专员任务的行政费补偿金是最大的收入项目。另外，农林协会还可以获得州政府为其执行自治任务提供的财政拨款。

除专款和国家拨款之外，《北威州农林协会法》第 21 条规定的赋税和收费是其他重要的财政来源。

协会财政收入的比例通常如下：约 40% 是行政费补偿，约 23% 是自治任务的财政拨款，约 13% 是行政收入，约 10% 是专款，约 14% 是其他收入。

《北威州农林协会法》第 23 条第 1 款规定，环境、规划和农业部长负责协会的监督，该条第 4 款和《北威州组织法》第 20 条对监督标准作了规定。监督的范围限于合法性，除非法律另有规定。所谓另有规定，主要是指《农林协会法》第 18 条第 4 款和《北威州组织法》第 11 条至第 13 条有关主任作为州专员实施活动的规定。监督机关的其他职权依据是《北威州农林协会法》第 18 条第 1 款和第 5 款、第 19 条第 1 款、第 21 条、第 22 条第 1 款、第 23 条第 2 款和第 3 款以及第 28 条。

十五、雇工协会

（一）发展与现行法依据

布莱梅州和萨尔兰德州建立一种特殊类型的行会，即雇工协会（Arbeitnehemerkammer）或者劳工协会（Arbeiterkammer）。在1996年撤销之前，根据《布莱梅州宪法》第46条规定，还有经济协会（Wirtschaftskammer）。

2000年3月28日的《雇工协会法》是布莱梅州的现行法依据。该法规定1956年起建立的雇工协会采取公法团体的组织形式。在萨尔兰德州，1992年8月8日发布、1999年6月15日修正的法律同样规定，雇工协会采取公法团体的组织形式。该协会于1967年建立，宪法依据是《萨兰州宪法》第59条第1款。

从《基本法》第9条第3款来看，建立雇工协会与工会（Gewerkschaft）的活动存在一定的冲突，因而受到宪法方面的质疑。联邦宪法法院在质疑中指出，只有在建立雇工协会危及工会的作用、甚至存在时，才存在违反《基本法》第9条第3款的问题[1]。但是，这种确认并没有出现。

（二）组织体制

协会成员是在本州内工作的工人和接受工人培训的人。有关法律对此作了细致的规定，州据此对其确认作了限定，规定了一系

---

[1] BVerfGE，第38卷，第281页，第306页以下。

列的界分和例外情形。

协会的机关是全体代表大会与理事会。布莱梅州还规定了第三个机关,即审计委员会。

在布莱梅州,雇工协会全体代表大会由35名选举的成员组成。选举按照普遍、直接、平等、秘密的原则,实行候选名单制。候选人名单由工会和其他雇工团体提出。

在萨兰州,雇工协会的全体代表大会由42名成员组成。根据工会或者工人提出的建议,按照候选人名单进行选举。

两个州的协会确定理事会的范式不同。第一个共同之处是理事会成员从全体代表大会成员中选任。在布莱梅州,理事会的组成实行比例代表制(Proporz),表决权的比例关系与全体代表大会一致,因此,理事会的权力政治结构不过是全体大会的折射而已。萨兰州没有采取这种作法,但规定理事会成员的选任需经全体大会三分之二表决通过。

两个州的协会法都对委员会、总裁和其他经理的设置作了规定。他们的任务是执行全体大会和理事会的决议,负责办理日常行政事务。他们有其他协会工作人员的支持。

(三)任务与财政

雇工协会的首要任务是促进和维护协会成员的整体利益。两个州法律对有关的专门事项作了列举规定。布莱梅州的法律提到了经济、职业、社会和性别平等方面的利益促进。萨尔兰德还附带提到了生态和文化利益。另外,两个法律都明确规定协会应当支持有关的科学研究。

两个州的法律还规定,协会可以提出动议、建议、立场和专家意见,以支持州劳动机构的工作。协会为此可以采取有关的促进措施,筹办有关的机构。

协会的财政来源是成员交纳的会员费,具体在专门的会员费规章中规定。布莱梅州还明确规定使用费的征收。萨尔兰德州也是通过专门法律依据规定使用费。

协会受法律监督。在布莱梅州,由州政府的经济和港口委员负责;在萨尔兰德州,由妇女、劳动、卫生和社会部长负责。

十六、1991年统一条约之后的水联合体

(一) 发展与现行法依据

有资料表明,海洋和内陆水体的水流、汲水与排水在中世纪已经成为制度化的共同体任务。当时在水岸线设立了堤坝联合会和排水管道联合体,负责堤坝、排水管道、水闸的建设以及水岸线地表的保护。它们建设设施的主要功能是确保居民区和经济区免受水灾,使取水和排水有利于土地改良。实行所谓的不动产原则(Realprinzip),即凡不动产位于联合体辖区的,均为堤坝联合体的强制性成员。在没有上级支持的情况下,以组织和事务自治的方式执行任务,享有对其成员征收会员费的公权力。

除了危险排除(水灾)之外,这种取排水同志社主要执行土地经济方面的任务,因而主要由农村成员组成,后来逐步演变为政治性的乡镇,同时发展成为由有关不动产主直接组成的不动产同志社。

水联合体法历史上经历的一场广泛而又基础性的改革是普鲁士19世纪的立法。作为现代水联合体的基础,普鲁士于1843年2月28日颁布了专门的《私人河流利用法》①,对同志社和取水设施作了规定。后来更为细致的依据是1848年1月28日的《堤坝法》②。该法第15条规定堤坝同志社成员有权个人或者指派代表参与堤坝事务的管理。很明显,这为自治权奠定了一种主观性和同志社性质的根基。

1853年11月14日《有关未来制定堤坝法的一般规定》③使堤坝联合体的组织、职权和职责处于全面而又统一的调整之下。

20多年后,1879年11月14日的《有关设立水同志社的法律》④为其他水联合体法提供了一个崭新的、远远超出其他德意志邦国的法律基础。该法第4条对通过合同自愿建立的私法和由国家决定建立的(公法)水联合体作了规定。但实践中起作用的只有公法水联合体,大多数的自愿性同志社后来都转制为公法的组织形式。该法第5条规定,除了不动产所有人和使用权人之外,乡镇联合体、公务联合体、县联合体和其他地方联合体也是同志社的成员。第45条以下有关建立公法同志社需要表明"公共或者共同的经济利用"的规定,以及第65条有关促进"土地文化"的规定,成为以命令方式确认义务性成员身份的依据。有关实质性的内容或者组织规定,例如表决权分配、负担标准、理事会的选任及其行政职

---

① GS,第182页。
② GS,第54页。
③ GS,第935页。
④ GS,第297页(WGG)。

权等,该法第56条均授权同志社法规定。

除了单行法规定的水联合体之外,1937年2月10日的《水联合体法》①消除了帝国境内已有水联合体之间的差别,第1条授权帝国食品和农业部长在征得有关帝国部长同意的情况下,"水土联合体的权利,尤其是自治权,秩序和警察权,对协会的监督和秩序维护,裁判程序,以及现有联合体的改制和新联合体的建立等,都按照纳粹国家原则制定的条例重新改造。"

1937年9月3日帝国食品和农业部长根据该授权签发了有关水土联合体的第一个条例《水土联合体条例》②。该条例经过1945年之后的一次修正,一直到1991年都是单行法规定之外的德国水土联合体的统一法律依据。

《水土联合体条例》第1条规定将水土联合体分为三类:在条例生效之前根据帝国和州的法律或者传统已经存在的联合体,以前的私法联合体,以及根据该条例建立的联合体。条例第174条以下规定以前的联合体可以转制采取新的法律形式,但以州法为依据的联合体可以继续存在。根据该条例建立的联合体都采取了公法团体的组织形式,尽管第4条第3款明确规定联合体属于区域性团体。该条例第4条第1款规定,联合体"以自负其责的方式管理",并且依据第111条规定,受国家监督。从其措辞来看,这不是单纯的法律监督,而是"国家领导目标"的执行方面。关于与纳粹性质的服从性(领袖原则)有关的规定的继续适用,部分学理认

---

① RGBl.,第1卷,第188页。
② RGBl.,第1卷,第933页(WVVO)。

为"现在已经明显无效",应当视为已经删除。

由于人们越来越意识到《水土联合体条例》中的民主法治国家缺陷,第11届联邦立法机关决定接受有关的咨询意见,制定新的《水联合体法》。目标有多个:将条文从192条压缩到82条,在确立联邦统一规范的基础上,为州留出更大的活动空间,通过设置模式、组织形式、撤销以及机关之间任务分配的法典化来加强联合体的自治。1991年3月1日新的《水联合体法》生效①。

现在联邦境内大约有12000个水联合体,大多数都以农林业为目的,辖区覆盖面积大约3500公顷,几乎占联邦境内可利用农林面积的三分之一。

《水联合体法》第7条第1款规定,水土联合体的设立方式和方法有三种:(1)通过参加人的一致决议,以及监督机关对设立和章程的批准;(2)通过多数参加人的决议,监督机关对设立和章程的批准,以及批准吸收不同意见的人或者其他人作为联合体成员;或者(3)依职权决定。无论采取哪种方式,都要公开发布联合体章程,除非章程规定事后公开发布。

《水联合体法》第11条以下对设置的程序作了具体规定。与其他自治主体相比的重大不同之处在于,其设立以私人提出设立公法团体的动议为基础。立法机关打算借此使《水联合体法》适应当代的民主法治状况,在联合体设立、机构设置方面赋予当事人更大的参与机会。国家参与联合体设立的最终生效决定采取审批的形式,从联合体属于享有公权力的团体来看,不言而喻。

---

① BGBl.,第1卷,第405页(1991年2月12日的法律,WVG)。

此外,《水联合体法》第60f条以下规定了联合体的转制,第62条以下规定了联合体的解散。

《水联合体法》第1条第1款规定,联合体采取具有法律能力的公法团体的组织形式。立法机关为此明确规定,水土联合体不属于区域性团体,享有第1条第2款第1句第2分句的自治权。

(二) 组织体制

《水联合体法》在术语上区分成员与参加人。第4条规定了联合体成员的范围,第22条规定了成员身份,第8条规定了参加人。参加人这一法律制度的着眼点是设立行为以及有关公权力措施的动议权。根据第8条第1款,确认参加人的关键标准是存在《水联合体法》意义上的利益,这就是长久以来实行的具有明确特指性和个人化特征的利益原则(Vorteilsprinzip)。

《水联合体法》第4条规定,联合体成员是:(1)有关的不动产和设施的所有人,地表建筑权利人,矿场财产的所有人;(2)理事会在执行任务范围内减免或者减轻其义务的人;(3)公法团体;(4)州法规定的主管机关批准的人;(5)不属于第(1)情形的交通设施的建设负担主体。

具体的协会成员身份可以不同方式确立。《水联合体法》第22条规定,所有同意联合体设立决议的当事人都是成员。第9条规定,其他成员身份采取"吸收"方式确立。最后,第4条第1款第4项规定的"其他人"也可以要求取得成员身份。

此外,《水联合体法》第23条和第24条还对现有联合体确认、扩大和撤销成员身份作了规定。

《水联合体法》第 46 条第 1 款规定,联合体的机关是全体大会和理事会。尤其对一些较大的联合体而言,可以设立联合体委员会作为联合体成员的代表大会,以替代全体大会。经理不属于独立的机关,由理事会根据第 57 条规定任命,一般按照委托办理日常行政事务。

全体大会无需特别规定,因为它由联合体的全体成员组成。

《水联合体法》第 49 条第 2 款规定,联合体成员决议成立联合体委员会以替代全体大会的,从全体大会成员中选举代表。章程可以规定其他选举程序。为了进行准备工作,全体大会和代表大会都可以通过规章设立专门委员会。

《水联合体法》第 52 条第 1 款第 1 句规定,理事会由 1 名或者多名成员组成;第 47 条第 1 款第 1 项规定,由全体大会或者代表大会选任。第 52 条第 2 款规定,章程可以规定充任理事会成员的范围。该法没有规定理事会属于自属机关,因此,可以选任联合体成员之外受过专门训练的人作理事会成员。

联合体的领导机关是全体大会或者代表大会。根据立法机关的本意,理事会只享有所谓的遗漏权限(Lückenkompetenz)。这表明,第 47 条第 1 款规定对联合体活动具有重要意义的决定由全体大会负责作出。

《水联合体法》第 54 条第 1 款第 2 句规定,凡法律或者章程没有赋予全体大会的任务都由理事会执行。在此范围内,理事会是领导机关。第 55 条第 1 款第 1 句规定,理事会是联合会的诉讼和非讼事务代表。

(三) 任务与财政

《水联合体法》是纯粹的组织法，将联合体的任务与职权作为组织问题予以规定，例如设立、领导和财政等。该法第2条是开放的框架性条款，联合体的任务需要从其中引申出来，尽管没有有关具体措施的授权或者对此作出实体规定。在此范围内，应当依据单行法的规定，尤其是《联邦预算法》、州的水法和水路法。

除了确认成员身份、征收会员费之外，联合体最为重要的职权是《水联合体法》第33条以下规定的不动产使用权，第40条以下规定的征用权，以及第44条以下规定的与所谓联合体督察有关的监督权。

水联合体的财政分为自有和外来（于国家）两类。

《水联合体法》第28条以下规定了作为自有财政来源的会员费。第28条第1款规定了成员在联合体执行任务所必要的范围内交纳会员费的义务。

《水联合体法》第28条第4款规定，会员费的标准按照受益原则确定，第30条则对具体征收事项作了规定。在第28条第3款规定的特殊条件下，可以向联合体成员之外的他人征收会员费，如果他是联合体活动的受益人的话。

《水联合体法》第65条规定，联合体的预算、财务及其审计准用州预算法的规定。就国家补贴部分而言，联合体没有什么特殊规则。

《水联合体法》第72条第1款规定联合体受法律监督，第77条以下规定了监督权。监督机关据此享有监督权（第74条），联合体的许多行为都需要监督机关的同意。如果联合体不服从监督机关的命令,第76条规定监督机关可以采取替代措施。在为了保障联合体的行政秩序而别无选择的情况下,监督机关可以依据第76条任命专员,直接取代联合体实施所有或者部分行为。

十七、林业经济同志社

(一) 发展与现行法依据

北威州现在有18个林业经济同志社,现行法依据是《北威州森林法》第14条以下。

《北威州森林法》第15条第1款规定,面积足够大、实质上相互毗邻的森林所有人可以自愿申请建立林业经济同志社。在第2款规定的特定条件下,也可以通过国家的税务机关建立。该法第17条第1句规定,自监督机关批准其章程时起同志社成立。

三分之二的成员可以决议解散同志社,但他们代表的森林面积也应占三分之二以上,并且经第30条规定的监督机关批准。

(二) 组织体制

《北威州森林法》第18条规定,同志社所辖不动产的所有人是成员,但章程可以规定其他不动产所有人入会。该条第2款规定,使用权人可以依法享有所有人的地位。

《北威州森林法》第19条规定,同志社的机关是全体大会、理事会和章程规定的联合体委员会。

全体大会选任理事会及其主席,对章程、第20条第1款和第2

款列举规定的事项作出决议。第21条第3款第2句规定,同志社所辖不动产的面积在章程中规定。每名成员至少享有1票的表决权,任何成员都不得享有占总额五分之二以上的表决权。

《北威州森林法》第22条第1款规定,理事会由主席和至少2名以上的理事组成,负责办理日常行政事务,代表同志社实施法律行为。

同志社决定设立委员会的,应当在章程中规定其职权和任务。

（三）任务与财政

《北威州森林法》第14条第2款和第3款列举规定了同志社的任务,核心是林业资源的共同经济管理。为此可以制定共同的经营计划,共同维护植物和种群,建设和维护道路,雇佣林业工作人员。

《北威州森林法》第27条规定,同志社通过成员交纳的专款、会员费和使用费满足财政需要。该条第1款第1项规定,标准在章程中规定。

《北威州森林法》第28条第1款第3句规定,对同志社的监督准用州《组织法》第20条规定的标准。《森林法》第28条第2款针对有关的核心任务事项设定了许可保留。

十八、林业企业联合体

（一）发展与现行法依据

林业经济合作的传统悠久,可以追溯到中世纪的货币同志社性质的乡村共同体。近代的林业经济共同组织主要得益于迅速发展的市场,因此其主要目的是提高林业经济管理的水平。

北威州现在有17个林业企业联合体,现行法依据是《联邦森林法》(BwaldG)第21条以下的规定。

在《联邦森林法》第22条明确规定的条件下,在林业经济结构尤其不良的地区可以设立林业企业联合体,第21条规定采取公法团体的组织形式,这与私人的林业企业共同体不同。

《联邦森林法》第23条规定,为了设立林业企业联合体,主管行政机关可以举办预备性的全体大会,拟定章程草案,临时性地确认参加的不动产及其所有人,最后依据第23条第1款召集成立大会。事前由其成员决议通过的章程经监督机关批准并且公布后,联合体即告成立。

《联邦森林法》第36条第1款规定,经全体成员四分之三以上表决通过,可以解散联合体。第2款规定,解散决议需经监督机关批准。

(二)组织体制

《联邦森林法》第24条第1款规定,联合体成员是有关不动产所有人,例外情况下包括使用权人。第2款规定,章程可以规定其他成员参加。

《联邦森林法》第26条规定,联合体的机关是全体大会、理事会以及章程规定的委员会。

（三）任务与财政

根据《联邦森林法》第21条,联合体的任务准用第16条和第17条有关自愿性林业企业共同体的规定。这种合作组织的目的是改善有关不动产的林业经济管理,均衡规模小和其他类似的结构缺陷。为此,可以制定共同的经营和经济计划,依申请进行经营管理方面的鉴定或鉴证,以合作协调的方式采取有关措施,建设和维护道路,筹备器械。

《联邦森林法》第33条第1款规定,在其他收入即会员费和使用费不够用时,联合体可以征收专款,以满足其财政需要。专款的多少通常按照所属不动产面积的大小计算。出于特定的目的或者服务,联合体可以依据该条第2款规定征收互助费。

《联邦森林法》第34条规定,联合体受州法规定的主管机关的监督。该条第2款第2句规定,州政府可以通过条例的方式规定监督机关的职权或者将该职权赋予州的最高机关。

十九、渔业经济同志社

（一）发展与现行法依据

1973年以前适用的《普鲁士渔业法》规定了通过公权力行为设立公共水域渔业权(人)合作组织的三种形式,即保护同志社、经济同志社和渔业区,其任务是依法监察、采取共同的渔业资源保护措施以及渔业权人的经济利益。

渔业经济同志社的法律依据是《北威州渔业法》(NwLfischG)

第 21 条以下的条款,其中值得注意的是该法首次规定同志社的任务是以符合经济理性的方式行使渔业权(Fichereirecht)。联邦宪法法院根据北威州高等行政法院的建议性决议,认定该条规定符合《基本法》,尤其是符合《基本法》第 14 条第 1 款和第 3 款[1]。

为了阐述限制共同组成同志社的渔业权人财产权的正当性,联邦宪法法院在比较其他领域中渔业权人日益增长的相互依赖性的基础上指出,确保安全合理地行使渔业权是渔业权人组成同志社的正当性所在。渔业权人独立自由行使的渔业权被加入同志社的权利取代,这一作法的正当性根据在于很多重要的共同利益目标:改善休养娱乐活动的现有条件(钓鱼运动),维护生态平衡,保护自然景观。另外,同志社没有多数损害个(别渔业权)人的危险。这与其他类似领域的同志社法别无二致。

《北威州渔业法》第 21 条第 1 款规定,同一乡镇水域上的所有渔业权组成共同体性质的渔业区;该条第 2 款规定,相邻区域可以行政行为方式整合。第 22 条第 1 款规定,同一渔业区内的所有渔业权人可以组成渔业同志社,按照该条第 1 款第 2 句规定属于公法团体,像渔业权人那样维护渔业权。

(二) 组织体制

《北威州渔业法》第 22 条第 2 款规定,成员的表决权比例及其使用权和负担的比例按照渔业权的价值确定。实践中通常按照水域的面积测算。每名成员在全体大会中至少享有 1 票的表决权,

---

[1] NwOVG,DVBl.,1980 年,第 423 页以下;BVerfGE,第 70 卷,第 191 页以下。为此参见莱斯勒(Leisner),DVBl.,1984 年,第 697 页以下。

表决权的数量按照渔业权的价值确定,具体细节在章程中规定。

《北威州渔业法》第26条规定,同志社机关是全体大会和理事会。第27条第3款规定,凡成员都是全体大会的代表,可以委托全权代理人。表决权按照渔业权价值计算,但根据第27条第2款,表决时必须有半数以上的成员或者其代理人到场,他们所代表的渔业权也必须在半数以上。

《北威州渔业法》第27条第1款规定,理事会由全体大会选任,按照第28条第1款规定组成。第28条第2款规定,理事会负责同志社的日常行政事务,执行规章和全体大会决议赋予的任务。

(三) 任务与财政

《北威州渔业法》第22条第1款第3句规定,同志社(代为)行使属于成员的权利即渔业权,在综合考虑成员利益和共同利益的前提下依法维护渔业利益。

具体而言,同志社负责销售渔业凭证,采取保护和促进渔业资源的措施。在影响其成员权益的范围内,参加空间规划和水法上的计划程序。最后一项任务是针对国家、私人组织和公众代表成员的利益。

《北威州渔业法》第25条第2款第4项规定,规章可以规定专款作为同志社的财政来源。销售渔业凭证的收入实际上也是经费来源。实践中经常出现的透支由成员分担。

《北威州渔业法》第30条规定同志社受国家监督。监督机关是作为国家行政机关的同志社所在地的县或者县级市的县长、市长。由于该法第30条没有规定监督的具体标准,因此准用州《组织法》第20条。据此，监督限于合法性，除非属于转授事项或者单行法规定了其他标准。

二十、狩猎同志社

（一）法律依据

按照《联邦狩猎法》第8条属于同一狩猎区的土地所有人依据第9条第1款规定组成同志社。《北威州狩猎法》第7条第1款规定，同志社属于公法团体。

（二）组织体制

《联邦狩猎法》第9条规定，同志社的机关是全体大会和理事会。第9条第2款第2句规定，理事会由全体社员选任，在诉讼和非讼事务方面代表同志社。第9条第3款规定了全体大会的决议程序。凡作出实体决议，必须由多数社员或者代理人到场，并且他们所代表的土地面积也要占多数。全体大会进行选举时也应当遵循与决议同样的原则。

《北威州狩猎法》第7条第2款规定，同志社必须制定章程，由监督机关批准后发布。

（三）任务与财政

同志社最为重要的核心任务是维护《联邦狩猎法》第10条规定的狩猎利用秩序，这里要注意第19条以下规定内容的要求。

《联邦狩猎法》第10条第1款规定，同志社通常以出租(土地)

的方式利用狩猎(资源),第 2 款规定也可以通过自己任用猎人的方式。放弃狩猎的,必须经主管机关批准。利用狩猎资源的收入按照第 3 款具体规定的标准分配。

《北威州狩猎法》第 7 条第 3 款第 3 项规定,同志社可以在章程中规定征收专款作为活动经费的来源。

《北威州狩猎法》第 47 条第 1 款规定同志社受国家监督,主管机关是同志社所在县的作为国家基层行政机关的县长。该法没有具体规定监督标准,因此准用州《组织法》第 20 条。

二十一、北威州垃圾处理和旧建筑废料清理联合体(垃圾处理联合体)

(一)法律依据

1988 年 6 月 21 日的《垃圾处理联合体法》(EVERBG)规定,北威州垃圾处理和废料清理联合体采取公法团体的组织形式,依据第 6 条第 1 款自治并且制定章程。

联合体的目的是解决与垃圾处理有关的问题、《垃圾法》第 3 条第 3 款规定的垃圾处理之外的问题、旧建筑废料处理中的问题,其中主要是支持中型企业和弥补旧建筑废料处理的财政亏空。此外,立法机关的一个特殊考虑是,在按照原因原则而负责垃圾处理任务的地方和国家机关之外,联合体也参与该任务的执行。

(二)组织体制

《垃圾处理联合体法》第 5 条将联合体成员分为三组。第一组成员是企业经营者,它们作为《垃圾法》第3条第4款第2句规定的第三人处理或者堆放该法第3条第3款规定之外的垃圾,被视为非专业的垃圾处理人。第二组成员是这种企业经营者,他们是第3条第3款规定之外垃圾的制造人,在自己的设施中处理和堆放。他们被视为自有垃圾处理人。第三组成员是县级市、县和县属乡镇。第2句规定,专业和非专业的垃圾处理人的成员身份不取决于是否按照章程规定交纳作为联合体负担的最低会员费。

《垃圾处理联合体法》第6条第2款所称的联合体机关是代表大会和理事会。该规定不全面,正如实践已经表明的那样,经理和复议委员会也享有机关的地位。

《垃圾处理联合体法》第8条第1款规定,代表大会由100名代表组成,按照第9条至第12条、第14条、第15条、第46条规定按组分别选任。每个成员组有25名代表,其他25名代表由工商业协会(20名)和手工业协会(5名)作为垃圾制造人代表指派。

法律对各组代表的选举作了不同规定。《垃圾处理联合体法》第10条至第12条规定了非专业垃圾处理人和自有垃圾处理人的代表选举程序,表决权取决于特定年度会员费的交纳(所谓的表决单元),因交费的多少不同。第10条第3款规定,个别成员可以按照交费份额在共同表决时组成一个表决单元。第14条第2款规定,地方政府的代表由地方首脑联合会选派。第15条规定了行会代表的选派。

《垃圾处理联合体法》第18条第1款规定,代表大会选举理事会,选任一名理事作联合体主席和两名理事作联合体代理主席,他们必须属于不同的成员小组。此外,代表大会还选举复议委员会及其代表人。第 18 条第 2 款对代表大会的决议权限作了规定。

《垃圾处理联合体法》第 19 条第 1 款规定，理事会由 8 名成员组成，三个成员小组和行会各自推荐两名。由联合体工作人员选举的 1 名代表人参加理事会，但没有表决权。理事会成员不得是代表大会成员。第 20 条规定了理事会的任务，第 21 条规定了会议的决议的模式。

《垃圾处理联合体法》第 22 条第 2 款规定，理事会选任的经理负责办理联合体的日常行政事务，第 1 项至第 5 项对此作了具体规定；第 3 款规定经理享有紧急权限。第 23 条规定，经理在其职权范围内是联合体的诉讼和非讼事务代表。从这些职能来看，经理在对外关系中代表联合体。因此，第 6 条第 2 款的列举规定是不全面的，但也不因此引发经理的机关地位问题，因为该规定只具有宣示的意义，机关的地位取决于法定任务的种类。

《垃圾处理联合体法》第 35 条以下规定了复议委员会的设置。第 35 条第 1 款规定其成员部分由代表大会选任，部分由最高垃圾经济机关任命。第 36 条第 1 款排他性地规定有关交费裁决的复议请求由复议委员会主管。法律没有明确规定委员会的组织法性质。正如上文在经理部分指出的那样，第 6 条第 2 款没有将它纳入联合体机关的范畴，但该款没有决定性的意义，而只具有提示功能。问题的关键在于，复议委员会的活动应当归属于哪个法人？这里只有联合体和北威州两种可能性。复议委员会规定在联合体法中，而该法是国家组织行为的组成部分，这表明应当归属于联合体。另一个有力的支持根据是第 36 条第 4 款和第 37 条第 1 款确立的联合体费用负担义务。如果将复议委员会视为州的机关，就必须因此将其纳入州组织的统一体中，或者遵循与这种定性相应的特别规定。复议委员会的两名成员必须是州公务员，但这不足以成为组织法上的定性根据。因此，就其性质和地位而言，复议委员会应当是联合体的第四个机关。

（三）任务与财政

《垃圾处理联合体法》第2条规定了联合体的任务。第1款区分了三种主要类型：一是调查当代和未来产生的废料和垃圾，以及避免和处理的可能性。二是裁量决定是否承担中型企业（经营者成员）建立处理设施时前期规划程序的费用。三是建立和管理供大众使用的垃圾处理设施，如果垃圾制造人或者处理企业不能自己建立这种设施的话。

《垃圾处理联合体法》第2条第2款规定，在不影响主管机关的秩序法职权和责任并且事先向其声明的前提下，联合体可以采取措施排除因旧建筑废料而产生的危险。这种措施必须是主管机关可以通过代执行方式执行的，或者执行义务人不可能确认或者没有财力执行的。

《垃圾处理联合体法》第4条规定，如果联合体执行任务可能因此受到妨害，联合体有权采取与联合体有关的必须措施。

联合体的第一大财政来源是《垃圾处理联合体法》第28条以下和第34条规定的向前两组成员（非专业和自有垃圾的处理人）征收的会员费，以及《垃圾法》第10条以下规定的许可费。

《垃圾处理联合体法》第28条第2款规定，会员费采取金钱给付的方式，并且按照代表大会制定的收费纲领征收，这里需要遵守

第 29 条规定的具体标准。第 33 条第 1 款规定,交纳会员费属于公法负担,由经理按照第 2 款规定作为强制执行机关征收。

联合体的第二大财政来源的《北威州垃圾法》第 10 条以下的许可费,其合法性存在争议。州不享有这种税费的立法权,它作为特别税的正当性要件和作为租赁费的宪法适法性要件也不具备,许可费因此被宣布违法。

《垃圾处理联合体法》第 39 条第 1 款规定,联合体受环境、规划和农业部长的监督,第 2 款规定属于法律监督,主要目的是确保联合体执行法定任务。第 40 条赋予监督机关报告权,第 41 条规定了命令权和撤销权,第 42 条规定了任命专员的权力。第 43 条规定了需经监督机关批准的行为。但是,法律措辞没有明确监督机关的裁量权范围,尤其是否可以审查有关措施的合目的性。审批属于预防性监督的一种方法,与裁量授权之间没有必然关系。在法律监督范围内也可以应用审批保留的方式,关键在于法律是否赋予监督机关裁量决定权。第 43 条没有为此提供什么论据,因此关键是第 39 条第 1 款的一般性规定,该款只允许进行合法性监督。因此,是否审批完全取决于单纯的合目的性考量。

第九十八节　公务自治主体的内部结构特征

一、团体原则的一般性适用

如同地方自治主体,公务自治主体也采取团体制的组织形式,因此，它们的内部组织结构也适用团体法的一般法律原则，这在上文第八十六节中作了阐述。地方自治内部体制受法律调整的密度比较大，需要进行深入的研究，与此类似，对公务自治主体的特殊性也是如此。这些特殊性是一般团体法原则的补充，下文将介绍其中不同于地方组织法的部分，这是比较研究地方组织法与公务自治法的一个基础。至于两者的比较研究本身，则属于应当在其他地方完成的任务，这里只能进行粗略涉及。

公务自治主体区别于区域性团体、尤其是地方自治主体的特殊性在于，区域性团体的成员并不以个人或者组织具备某种特殊的特征为标准，相反，它的着眼点偏重于纯粹形式上的公民地位和居住地特征，以此为基础并且按照民主宪政国家的主导性原则确立团体制的结构。公务自治主体则与此不同，除了社会自治主体之外，不仅形式上着眼于特定的关联性特征，例如从事特定的职业或者拥有不动产，而且实质上偏重于与特定关联性特征密切相关的资质和秉性，并且将其作为自治——即自负其责地执行公共任务——的基础，因此，成员身份的个性化和主体化特征比区域性团体明显得多。后者的成员可以被视为"范围不确定的大众"，除了公民地位之外，其成员作为主体并没有（不需要具备）其他特殊条件。

上文有关公务自治特殊性的一般描述结论不过是粗线条的，对解决特定案件的法律推论而言，只具有极为有限的意义，甚至没有意义，因此需要进一步分为不同阶段或者层面予以研究。为了更为准确地描述成员法律关系，必须首先将其作为一种持久性的法律关系，考察其内容并且予以具体化（下文二）。其次，在第二个层面需要考察因个人属性特征而造成的机构设置或者其他内部结构方面的特殊性(下文三)。最后在此基础上,提炼出公务自治主体任务的特殊性(下文四)。

二、成员法律地位的特殊性

(一) 公务自治的个人属性

上文所描述的公务自治的一般特征已经表明公务自治的特定个人属性(personale Prägung)在于自治主体的任务要由成员以个性化和专业化的方式执行,也就是说,由成员以超出一般国民之普遍关联性的方式执行。因此,所着眼的特征不能是单纯的事实状态,而必须是特定人员的地位。正如上文在具体阐述公务自治主体的具体表现形式时所表明的那样,这里的关联点主要有两个:一是职业或者经济活动,二是不动产的所有权人或者以特定不动产为客体的权利义务地位。这两种关联点的意义在于以特殊的方式和方法集中体现出共同体的属性。

对自由职业、手工业和职业活动的强烈社会约束性,可以从两个视角补充说明。一是因职业和经济活动而引发的(物品和服务方面)复杂交易过程,产生了很多经济和法律后果,而这也是社会国家的经济基础所在。为了对这种过程进行控制,必须建立稳定的法律和社会制度框架,在德国的法律和文化传统上,它们并不只通过立法和社会自发组织来落实,而且通过设立公法组织形式的自治主体来落实的。因此,在现代国家制度和社会秩序中,公务自治主体具有复杂的社会控制功能。这里需要注意,除了由职业法进行的规范行为控制之外,通过行会化将分散的成员纳入具有独立价值标准和活动领域截然划分的个性化组织之中,正是公务自治这种组织类型的实质性意义所在,尽管这一点并非总是一目了然。

与上述关联点不同但结果上具有可比性的是不动产的社会约束性。《基本法》第14条第2款已经表明,这种社会约束性是一个实质性的特征。以不动产为着眼点的不动产团体实质上是这样一种组织,其首要目的是借此共同执行从不动产的社会义务性中产生出来的任务。从这一关联点出发,还可以其他方式塑造这种组织的特征。与地区、州或者联邦等层面组织起来的职业或者经济协会相反,它具有明显的超地区性。只有水联合体才是以水流的空间范围为关联点的组织类型。

从上文的简单介绍可以看出,公务自治主体的之所以实行团体性组织体制,首要原因在于成员的特殊个人属性,这不仅限定了它的外部职能,而且进一步影响它的内部结构,也就是组织与成员以及成员与成员之间的法律关系,具体表现在如下两个方面:

一是成员是自治团体组织的真正主体和设计人,依法被赋予积极的塑造权,他们借此得以在法定范围内自负其责地对有关事务进行个性化和专业化的设计。这种设计权最终体现为一种持久性的行政法律关系即公法成员关系,在此基础上才能具体设定从中产生的成员身份权。

二是通过共同组成团体,对成员之间的关系也可以从多个角度进行具体的塑造,为此要区分如下方面:从与国家和其他组织之间的外部关系来看,成员组成了一个利益共同体,为此在内部领域必须进行利益协调(Interessenausgleich)，除非根本就不存在不利益的协调性问题。这实际上是一种内部组织性的协调功能。最后，内部组织中的多重关系适用连带原则(Solidarprinzip)，尤其是那些以社会救助和保险为任务的领域，其中尤以职业协会为最。就财政来源以给付能力为标准而言，连带原则被认为淡化了。

有关组织法对重要的成员权——其中主要是选举权、被选举权和组织参与权——的调整密度不同。对此可以参考上文第九十七节的论述，下文着重介绍不能直接从有关组织法中直接推导出来的其他权利。

(二) 遵守主体权限的一般成员请求权

公务自治主体的成员享有其他国家领域中没有的机会，其中首先是监督权，其行使方式是选任或者罢免领导机关，通过代表团体监督理事会及其日常业务活动。尽管没有法律明确确认该权利，从行政组织法的一般规定和原则中可以推导出这种监督权。

使这种民主监督权得到补充并且使其作用范围得以拓宽的是行政法院创造的一般成员要求(所在团体)遵守总体权限的诉权(成员诉权)[①]。有人认为这不属于诉讼法或者实体法上的制度，因为原告(在诉状中)无需具体说明作为(一般)诉权条件的具体个人关联性。法院为此要首先确认成员事实上享有监督权，因为其他采取公法或者私法组织的成员不享有这种权利。这种观点看起

---

① 具有基础意义的是 BVerwGE, 第34卷, 第69页以下(以后成为永久性判决)。另请参见 BVerwGE, 第112卷, 第69页以下。

来好像在建议用实行自愿性成员身份制的私法利益团体取代实行强制成员身份的公法团体模式,借此改善成员的法律地位。我们认为,这种观点的错误之处在于没有将建议与任务的放弃联系起来,而且这只适用于成员享有较小诉权和监督权的其他法律组织形式[①]。

细致的考察表明,一般成员诉权的原则性意义在于它赋予个别成员的监督权大于乡镇议会或者县议会代表的权利。成员的法律地位及其合作借此得以提升和加强,以更有效地执行限于特定目标范围的任务。与此相反,在享有宽泛的任务发现权的行政主体中,成员只享有一般的参与权,例如地方层面。

（三）其他特殊的成员权利

公务自治成员的法律地位远不限于法律设定或者法院创设的以参与和监督为目的的权利,它也是其他特定领域的成员权利得以发展的基础,这些权利的根据和内容还没有形成定论。

首先是不以特定职务的执掌或者执行为基础的信息权和答复权。行政法院的判决迄今只提供了一些初步的动因,还有待深入。一般的信息自由法的通过将在多大程度上使该权利失去意义,尚需拭目以待。

其次是特殊的成员照顾义务,主要存在于经济性质的行会以竞争方式为成员提供服务的情形。该问题对工商业协会具有重要

[①] 克鲁特(Kluth):《工商业协会私有化的宪法问题》,1997年;施托贝尔,GewArch.,2001年,第393页以下。

的实践意义,其中尤其是教育服务。

(四)成员的义务

除了一般的财政和答复义务之外,大多数公务自治主体的其他成员义务很少。

不动产团体是一个例外。其成员除了要承担很广泛的财政义务之外,因团体任务的特殊性还可能要承担强制性的参与义务。这不是一种严格意义上的成员义务,而是因不动产团体共同执行任务而产生的一种负担。

三、机构设置的特殊性

正如第九十七节已经指出的那样,公务自治主体的选举法存在一系列的特殊性,主要是选举的平等性与普遍性原则的类型化(Modifikation)。由于它涉及民主原则所确认的诸多宪法性原则,这里的不同规定就需要特殊的正当性。

选举平等性原则的类型化主要针对行会群体的多元结构,选举划分不同的小组进行。这种特殊性具有组织目的上的正当性,因为行会的利益代表任务职能通过这种内部分组的方式得以落实。此外,有严格形式保障的多样性虽然偏离了选举的平等性原则,但与民主原则却是一致的。

内部成员群体之间存在矛盾的不动产团体需要以类似方式区分成员权和表决权的不同分量。在这种情形中,财政负担的大小不同要求对表决权进行类型化,否则,财政负担较小的多数成员可能为少数成员施加严重的费用负担。

四、主体任务的特殊性

(一)(整体)利益代表任务

该项任务总是会引发认识和归类上的难题,其特殊性主要表现在经济和职业行会执行的利益代表任务。为此需要区分不同的方面和层面。

首先要明确的是,利益代表不涉及行会执行的"社会性"任务,更不涉及基本权利的行使。决定其法律归类的不是利益代表任务本身,而是该项任务执行机关的法律地位。因此,不可能也没有必要将行会的活动分为公权性和社会性两类。就利益代表而言,行会执行的是法定的公共任务。

利益代表的一种特殊形式是群体多元组织结构的行会,在这种情形中,法律赋予行会的任务是发现和代表成员的整体利益。作为外部利益代表的前置程序,行会被赋予了内部利益协调的职能。

最后,行会在执行利益代表任务方面受大众福祉的原则性约束,也就是说,行会不能以利己主义的方式代表群体利益,如果这明显违反上位利益的话。

(二) 群体连带性质的任务

同样具有特殊性的是群体连带性(gruppensoldarisch)的任务,职业协会的救济设施和社会基金是这方面的典型。由行会执行这种任务使本来要在整体国家层面贯彻落实的连带原则在职业群体内部贯彻落实了。需要特殊效能的小群体内部的连带性与整体国家层面的连带性之间到底是什么关系,并非没有问题,它与社会保险制度所面临的危机一起受到了多方面的质疑。为此需要从上述方面进行深入的研究和论证。

第六章 欧盟行政组织概论

第九十九节 成员国机关在执行共同体法方面的地位

一、共同体法的各种执行模式

"共同体法的执行"概念在学理上并不统一,有人使用"执行"（Vollzug）这一术语,有人经常将"共同体法的实施"（Durchführung）作为上位集合概念,有人则将"执行"这一概念限于行政活动的执行。共同体法的执行可以通过共同体的机关,也可以通过成员国的机关。从这个角度可以区分和构筑共同体法执行的不同模型。有关行政权限赋予共同体机关的,称之为"直接执行"即"共同体的直接执行"。相反,共同体法通过成员国机关执行的,称之为"间接执行"。

二、成员国执行共同体法

这是常态。虽然《欧洲共同体条约》中没有明确规定成员国执行共同体法的义务,但却可以从第10条[①]中间接地推导出这种义

[①] EuGH,1983年9月21日的判决,verb. Rs.-en C-205-215/82, Deutsche Milchkontor, Slg. 1983,第2633页,第2665页,Tz. 17。

务。据此,成员国及其机关应当"为履行条约或者共同体机关确定的义务而采取适当的普遍性或者具体性措施"(第10条第1款第1句);而且,不得采取"任何可能损害条约目标实现的"措施(第10条第2款)。

成员国执行共同体法通过立法、行政和司法等三种国家权力进行。"立法性"活动是指成员国颁布共同体法的一般性"实施规定"。如果这是对《欧洲共同体条约》第249条第2款规定意义上的条例的补充,称之为"实施规范";相反,如果是《欧洲共同体条约》第249条第3款规定意义上的纲领的转换,称之为"转换规范"。

行政性活动是指成员国机关通过具体的行政措施,"适用"条例或者成员国转换纲领的法律。这种具体措施被称为"执行行为"。所谓"适用",是指行政机关将共同体法具体适用于特定的案件。

成员国法院也参与共同体法的执行,因为它们要负责针对成员国立法或者执行部门行为提出法律保护的请求。成员国法院在实施活动时需要注意"具有直接适用效力的"共同体法,并且必须支持相应的适用请求。此外,成员国的法律需要通过其法院和行政机关在符合共同体法的范围内解释。

三、共同体法间接(由成员国)执行的方式

成员国执行共同体法可以进一步分为直接执行和间接执行。无论是间接执行还是直接执行,都无关紧要,它们属于成员国机关的执行行为,性质上不属于共同体的活动,而是成员国行使原始行政公权力的一种方式,因此在法律上即应归属于享有主权的成员国自己。这种归责的特殊意义在于针对有关执行行为的司法保

护途径的选择;直接针对执行行为的法律保护都以成员国的法律为依据。

(一) 直接的成员国执行

这是指适用和执行直接有效的共同体法。"直接性"这一概念针对的不是执行的方式,而是所执行的共同体法的效力。具有直接适用效力的共同体法由成员国机关直接适用,可以是如下共同体法渊源:原始法、条例、纲领或者裁决。

1. 原始法。共同体的原始法、尤其是共同体条约可以是成员国直接执行的法律依据,条件是有关原始法规范为成员国设定了具有可执行性的权利或者义务。欧洲法院判决肯定了原始法的这种直接适用效力,如果有关规范的"法律内容完整",也就是说,其表述充分明确,无需进一步的具体化即可适用,内容上为成员国设定了无条件的作为和不作为义务。

2. 条例。《欧洲共同体条约》第249条第2款规定意义上的共同体条例也是成员国可以直接执行的一种共同体法,这实际上是成员国直接执行的一般情况。《欧洲共同体条约》第249条第2款规定,条例具有普遍效力,全部内容都具有约束力,可以直接适用于成员国。在这种情况下,条例由成员国负责贯彻落实,除非这属于共同体的权限。

条例原则上具有直接适用的效力,这并不意味着条例必须包含对成员国具有意义的调整性内容[①]。实际上还存在另一种条

---

① 例如 EuGH,1975年10月30日的判决,Rs. C-23/75, Rey Soda, Slg. 1975,第1279页(以条例为依据)。

例,没有规定具体的法律后果,需要部长会议、执委会或者成员国进一步规定其他措施①。这种条例没有直接的适用效力,不能成为成员国直接执行的共同体法。

但是,对这种所谓的"瘸子条例"采取了补充性或者具体化措施的,需要注意区分不同情形。有关的补充性或者具体化措施由成员国发布,并且其本身也需要或者能够实施的,才适用有关成员国直接执行的规则。与此不同,有关成员国直接执行的权限规范具有执行效力,而无需成员国另行制定实施规范。

3.纲领。《欧洲共同体条约》第249条第3款规定意义上的纲领原则上没有直接适用的效力。纲领的直接收件人(相对人)可能仅仅是成员国,要求成员国在指定的期限内将纲领的内容转换为成员国法。因此,纲领的立法程序分为两个阶段。第一个阶段是共同体发布纲领,第二个阶段是通过成员国法来落实。离开了成员国的事前转换立法,纲领对成员国的公权力领域没有约束力,不可能得到适用和实施。

根据欧洲法院的永久性判决②、成员国的通说和司法判决、尤其是联邦宪法法院的判决③,在例外情形下纲领的个别规定可以以有利于个人的方式直接适用。这种纲领的直接适用效力意味着,公权力主体应当将纲领中的有关规定作为国内法予以

---

① EuGH,1973年10月24日的判决,Rs. C-9/73, Schlüter, Slg. 1973,第1135页,第1158页,Tz.31。

② EuGH,1974年12月4日的判决,Rs. C-41/74, van Duyn, Slg. 1974,第1337页,第1348页以下,Tz.9ff.;参见EuGH,1982年1月19日的判决,Rs. C-8/81, Becker, Slg. 1982,第53页,第70页以下,Tz.21ff.。

③ BVerfGE,第75卷,第223页,第235页以下。

遵守①。主张纲领具有直接适用效力的理论依据是,如果成员国部分设置完全忽视纲领预期的法律效力,拖延甚至完全不将纲领转换为国内法,纲领的实际效力(efft utile)就会受到严重的妨害。支持纲领具有直接适用效力的第二个理由是"冲突行为禁止",必须防止纲领的个别受益人因成员国不将纲领转换为国内法而遭受不利对待。再次,从对违反条约的行为可以按照条约第 226 条规定的违反条约程序予以制裁这一点来看,否认纲领具有直接适用效力的理由也不充分。已经确定的转化期限不能因为这种不作为而耽搁,欧洲法院也可以为此作出确认判决。

纲领个别规定具有直接适用效力的条件是:(1)转换期限届满②而没有被完全或者充分地转换为国内法;(2)纲领中有关规定的内容是无条件的,具有充分的确定性,从中可以直接引申出具有直接适用效力的法律(权利);(3)特定公民不得因纲领规定而承受负担③。

4.裁决。在具备成员国直接执行的条件下,《欧洲共同体条约》第 249 条第 4 款规定意义上的裁决也属于具有直接适用效力的共同体法。该款规定,裁决的全部内容对其指明的相对人具有约束力。裁决的相对人可能是成员国,例如按照《欧洲共同体条约》第 86 条第 2 款规定补贴监督程序作出的裁决;也可能是自然

---

① EuGH,1989 年 6 月 22 日的判决,Rs. C-103/88,Fratelli Costanzo,Slg.1989,第 1839 页,第 1870 页以下,Tz.30ff.。
② EuGH,1979 年 4 月 5 日的判决,Rs. C-148/78,Ratti,Slg.1979,第 1629 页,第 1645 页,Tz.43ff.。
③ EuGH,1986 年 2 月 26 日的判决,Rs. C-152/84,Marschall,Slg.1986,第 723 页,第 749 页,Tz.48。

人或者法人,例如按照《卡特尔条例》第3条第1款规定,针对违反《欧洲共同体条约》第81条和第82条规定行为作出的卡特尔法上的裁决。裁决以成员国为相对人的,则对该国的所有机关都具有约束力[1]。

裁决要成为成员国直接执行的依据,必须具备两个条件。一是必须指明一个或者多个成员国为相对人,二是裁决具有可供直接执行的内容。如同原始法和纲领领域中的情形那样,欧洲法院也确认了裁决的直接适用效力[2],理由是实际效力(nützliche Wirkung)的观点。

(二)间接的成员国执行

并不是所有的共同体法都具有直接适用效力。为此有必要将共同体制定的法律转换为国内法,国内立法机关制定法律或者条例,(结合本国实际)制定相应的实施规范。就此而言,直接得到实施的不是共同体法,而是成员国的实施法。鉴于"中介性的"成员国法,人们将这种共同体的执行方式称为间接的成员国执行。

1. 纲领。《欧洲共同体条约》第249条第3款规定意义的纲领因没有直接适用效力而需要成员国立法机关转换,成为间接执行的主要情形。按照该款规定,纲领针对成员国发布,预期实现的目标具有约束力,但成员国可以选择实现目标的方式和手段,因此纲

---

[1] EuGH,1987年5月21日的判决,Rs. C-249/85,Albako,Slg. 1987,第1987页,第2345页,Tz. 17。

[2] EuGH,1970年10月6日的判决,Rs. C-9/70,Leberpfenig,Slg. 1970,第825页,第838页。

领所包含的调整内容并不当然直接地转换为国内法规定。但是，成员国有义务使本国法律适应共同体的规定，为此实施转换行为，借此使纲领获得国内法的效力。如果成员国制定的法律并不是为了转换共同体法，使其获得直接适用的效力，则不能认为是共同体法。这是因为，成员国转换对公民没有直接效力的共同体法的活动实际上是在行使原始立法权，而这反过来源自共同体法的国内宪法历史依据，这集中体现在共同体法上的有限授权原则。

2. 条例。具有直接适用效力的共同体法规范，尤其是《欧洲共同体条约》第 249 条第 2 款规定的条例，其意义和措施可能还需要成员国的实施法予以具体化。这也属于"间接的成员国执行"中的一个情形。

根据《欧洲共同体条约》第 10 条第 1 款，欧洲法院为成员国补充条例的立法设定了若干个条件。欧洲法院认为，成员国有义务实施补充性的执行行为，如果条例的适用条件规定不完整，只有制定相应的实施规范才能有效执行的话[1]。但是，实施规范不得变更或者补充条例的调整内容。此外需要注意，条例不需要补充的，单纯的宣示性转换立法没有适法性[2]。

---

[1] EuGH,1970 年 12 月 17 日的判决, Rs. C-30/70, Scheer, Slg. 1970, 第 1197 页, 第 1208 页, Tz. 9ff.。

[2] EuGH,1973 年 10 月 20 日的判决, Rs. C-34/73, Variola, Slg. 1973, 第 981 页, 第 990 页, Tz. 9f.。

四、共同体法间接(由成员国)执行的行政组织

(一) 有关成员国行政体制的共同体法规定

共同体法原则上不得介入成员国的内部行政体制，遵循所谓的成员国"组织自治原则"。在自己法律制度内完全自治地分配权限，属于成员国的原始权力[1]。但是，这并不意味着成员国因行政体制缺陷造成执行缺陷的，就有了堂而皇之的规避或者解脱理由[2]。此外，成员国的行政组织结构可能并不完全符合共同体法律制度在执行共同体法方面提出的要求。因此，《欧洲共同体条约》第10条第1款第1句规定，成员国原则上有义务确保行政执行的统一和有序，构筑能够确保共同体法有效执行的行政体制[3]。这可能意味着成员国应当设立新的行政机关。从《欧洲共同体条约》第10条第2款规定中可以看出有关成员国执行共同体法的要求。根据上述规定，成员国应当合理设计自己的行政体制，尤其不得借此损害或者妨害公民行使共同体法规定的基本自由[4]。派生的共同体法也在一定程度上影响成员国的行政组织体制，但需要

---

[1] EuGH,1971年2月11日的判决,Rs.C-39/70,Fleischkontor,Slg.1971,第49页,第58页,Tz.4f.。

[2] EuGH,1976年2月26日的判决,Rs.C-52/75,Gemüserrichtlinie,Slg.1976,第277页,第285页,Tz.14;EuGH,1982年2月2日的判决,Rs.C-68/81,Abfallrichtlinie,Slg.1982,第153页,第157页,Tz.5。

[3] EuGH,1982年2月2日的判决,Rs.C-68/81,Abfallrichtlinie,Slg.1982,第153页,第157页,Tz.4f.。

[4] EuGH,1983年3月22日的判决,Rs.C-42/83,Weineinfuhr,Slg.1983,第1013页,第1045页,Tz.40ff.。

有《欧洲共同体条约》的授权依据。

根据成员国的"组织自治原则"可以进一步认为,成员国的执行机关不受执委会指令的约束。但是,这并不妨碍法律状况实际上是另外一回事。执委会可能被授予特殊的参与权。首先要指出的是监督权,例如《欧洲共同体条约》第88条第1款规定的成员国补贴规范审查,第3条第2款规定的监督纲领[1]。此外,借助没有法律约束力的"信息提示",其中包含有关共同体法解释的提示性内容,执委会事实上监督着成员国的行政活动[2]。执委会发挥影响的另一个方式是所谓的审计程序,对来自共同体预算的共同农业政策支出进行控制。如果执委会通过该程序查明为执行共同体法而支出的资金没有得到合法的保障,执委会就不予以批准。实际上这种负担性的作法给成员国造成了压力,迫使它们以适当的行为方式对待执委会。

(二) 直接的成员国执行

《基本法》没有规定成员国直接执行共同体法。就德国行政机关执行具有直接适用效力的共同体法而言,《基本法》第83条以下的规定不能直接适用,因为它们针对的是联邦法律而不是共同体法的执行。通说认为,为了在联邦范围内确保共同体法律执行的统一性,应当明确共同体法的直接执行属于联邦的权限。我们对

---

[1] 89/665/EWG,ABl. Nr. L 3 98,第33页以下。
[2] EuGH,1982年6月10日的判决,Rs. C-217/81,Compagine, Interagra, Slg. 1982,第2233页,第2247页,Tz.:8; EuGH,1989年5月11日的判决,Rs. C-151/88,Italien./Kommision,Slg. 1989,第1255页,第1261页,Tz. 20。

此表示反对,一是因为这可能使《基本法》确立的联邦与州之间的权限分配体制失衡,二是从实际可操作性的角度来看也应当否认联邦政府的独占管辖权,联邦政府没有相应的基层行政机关。在这种情况下,应当优先考虑的是将《基本法》第 30 条和第 83 条以下的规定与实践作法协调起来,确保它们得到理性的适用,可取的解释是第 30 条和第 83 条包含了如下具体的权限推定,即共同体法的执行原则上属于州的权限。实践中,联邦政府反复应用《基本法》第 87 条第 3 款规定的机动权限,设立联邦直属的行政机关,拥有新的联邦直属公法团体和设施,例如位于法兰克福的联邦经济市场秩序管理中心(BALM)由联邦法律设立,结果是按照《基本法》第 86 条第 1 句将部分权限转移到了联邦政府。将共同体法成员国直接执行纳入联邦直属行政体制的另一个途径是,根据《欧洲共同体条约》第 108 条第 1 款第 1 句对联邦的行政任务权限进行扩大解释。我们认为,向联邦机关集中权限不利于共同体法及其有效执行,而更多地由州执行未必一定不利于共同体法执行的统一性。向联邦集中权限的法政治合理性仅仅在于,由专门委任的机关实际上已经确保了共同体法执行的统一性。我们认为,这一动机本身不是设立联邦权限的充分理由,另外还需要宪法的授权依据。

实践中的作法与《基本法》第 83 条以下的规定状态不同,执行共同体法的重心在联邦,而不是州。如果州真的被授权直接执行共同体法,那么,州在采取具体措施时应当遵循联邦忠诚原则。有人认为州承担的联邦忠诚义务可以从《基本法》第 23 条第 1 款中推导出来;也有人认为,这是联邦友好行为原则(Prinzip des bundesfreundlichen Verhaltens)的一项义务,可以从《基本法》第 23 条第 1

款的内部约束力中引申出来。如果州被赋予直接执行共同体法的任务,为了保障共同体法执行的秩序,联邦可以行使《基本法》第84条第2款至第5款规定的监督权,作为最后的手段,可以采取《基本法》第37条规定的联邦强制措施。

除了宪法之外,关于共同体法中是否也存在有关州执行义务的规定,还有争议。问题的起因在于《欧洲共同体条约》中没有明确规定成员国的内部成员——例如德国的州本身就具有国家的属性——是否也可以被赋予执行共同体法的义务。我们认为,可以从《欧洲共同体条约》第10条和第249条的规定中引申出这种义务。第10条规定的是一般的忠诚义务和成员国针对共同体遵守《欧洲共同体条约》的义务。该义务针对所有的主管国家机关,其效力深入成员国内部,也就是说,对州也具有约束力。州承担的另一个执行义务可能产生于《欧洲共同体条约》第249条规定的、以派生共同体法为依据作出的法律行为。这里尤其需要考虑的是根据该条第3款发布的纲领,该款规定纲领的相对人只能是成员国。就该款的涵盖范围而言,所谓"成员国"也包括主管国家机关[1]。与确认纲领之效力密切关联的是成员国法律解释符合纲领的原则[2]。按照该原则,转换纲领的成员国法律或条例直接涵盖纲领的调整范围的,应当对其进行符合纲领的解释,共同体法的内容借此影响成员国法的内容。此外,欧洲法院还将对成员国主管机构

---

[1] EuGH,1990年6月12日的判决,Rs. C-8/88, Deutschland./Kommision, Slg. 1990,第1卷,第2321页,第2359页,Tz.13。

[2] 具有基础意义的是 EuGH,1984年4月10日的判决,Rs. C-14/83, v. Colson u. Kamann, Slg. 1984,第1891页以下。

的全面约束力进一步扩展到纲领个别规定具有直接效力的情形。欧洲法院在科斯坦左(costanzo)案件中认为,"所有行政主体,包括乡镇和其他区域性团体"都有义务执行共同体的纲领,如果纲领在例外情况下具有直接约束力的话①。除了宪法规定的州针对联邦的义务之外,共同体法也设立了州执行具有直接适用效力的共同体法的义务。

(三) 间接的成员国执行

这是指共同体法没有直接适用效力,其目标的实现需要借助成员国法。由谁负责制定转换共同体法的法律,取决于有关成员国的内部法律。在联邦德国,应当适用《基本法》第70条以下有关立法权限划分的规定。州在其立法权限内有义务转换共同体法的,其活动应当遵守联邦忠诚原则。对转换共同体法的成员国法的执行而言,关键仍然在于成员国的法律。因此,有关间接的成员国执行权限分配的直接依据是《基本法》第30条和第83条以下。理由是转换共同体法的成员国法律的执行性质上属于德国法问题,联邦和州法的转换权限也应当作相应的分配。

五、成员国直接执行共同体法的程序

(一) 直接的成员国执行

成员国直接执行共同体法的行政程序原则上遵循成员国法,

---

① EuGH,1989年6月22日的判决,Rs. C-103/88,Costanzo,Slg. 1989,第1839页,第1871页,Tz.31。

在联邦德国则是联邦和州的行政程序法。但是,共同体法对行政程序作了规定的,成员国行政机关应当遵守。

共同体法对成员国行政程序法的影响限于按照《欧洲共同体条约》的授权已经特别"共同体化"的法律领域。在存在这种宽泛授权的范围内,直接执行共同体法的行政程序由《欧洲共同体条约》第249条第2款规定的、作为派生共同体法的条例调整,只有条例才包含有关行政活动的规定。但是,派生的共同体法全面规定行政程序的情形少见,例如《欧洲共同体关税法典》专门规定了海关的活动程序。

此外,关于共同体法基本规定对成员国程序法的适用,欧洲法院从共同体法执行的角度作了解释。这里具有特殊意义的是欧洲法院在"德国牛奶派售中心"案件中作出的判决①。欧洲法院的立场是,共同体法的行政执行及其司法监督应当依据成员国的行政程序法和行政诉讼法,但范围限于共同体法和欧洲法院发展的一般共同体法原则没有特殊规定的情形。成员国在依据自己的程序法执行共同体法时必须注意来自在所有成员国统一平等执行共同体法这两个方面的必要性限制,它们集中表现为歧视禁止和有效性要求。

歧视禁止是指一个成员国法律的适用程序应当与其他成员国的类似情形没有差别②。欧洲法院从有关不当共同体补贴撤回的

---

① EuGH,1983年9月21日的判决,verb. Rs. C-205-215/82, Deustche Milchkontor, Slg. 1983,第2633页以下。

② EuGH,1983年9月21日的判决,verb. Rs. C-205-215/82, Deustche Milchkontor, Slg. 1983,第2633页,第2666页,Tz.21ff.。

案件中发展出了该项禁止要求,但也适用于成员国执行机关应当落实直接产生于共同体法的权利的情形。一方面,成员国执行机关应当确保共同体的利益像成员国自己的利益那样得到维护①。另一方面要实现的目标是,共同体法为公民提供的司法保护不得少于同类的成员国法案件②。因此,共同体法的转换必须是最优化的,以确保共同体的公民在所有的成员国中得到平等对待,避免破坏竞争。这里的难题在于,如何在成员国内部法律制度中消除歧视的同时而确保成员国(法律制度)之间的合理差别。这种差别不仅不应消除,反而应当加强。

成员国应当遵守的第二重限制是有效性要求。欧洲法院从《欧洲共同体条约》第 10 条中推导出该项义务③,因此使其成为原始法确认的一个原则。该义务要求成员国法律的适用不得使共同体法规定的贯彻变得"实际上不可能",相反,应当确保共同体法规范得以发挥"完全的效力"(effet utile)④,借此确保共同体公民在没有竞争妨害的情况下得到所有成员国的平等对待。关于成员国行政法的特殊性,欧洲法院表现出了更大度的宽容,但容忍的底线在

---

① EuGH, 1989 年 9 月 27 日的判决, Rs. C-68/88, Kommision./Griechenland, Slg. 1989,第 2984 页以下, Tz. 23f.。
② EuGH,1976 年 12 月 16 日的判决, Rs. C-33/76, Rewe, Slg. 1976,第 1989 页,第 1998 页, Tz. 5;EuGH,1980 年 6 月 12 日的判决, Rs. C-130/79, Darry Foods, Slg. 1990,第 1 卷,第 3761 页,第 3790 页。
③ EuGH,1983 年 9 月 21 日的判决, verb. Rs. C-205-215/82, Deutsche Milchkontor, Slg. 1983,第 2633 页,第 2665 页, Tz.17; EuGH,1993 年 5 月 27 日的判决, Rs. C-290/91, Peter, Slg.1983,第 1 卷,第 2981 页,第 3005 页,Tz.8。
④ EuGH,1976 年 12 月 16 日的判决, Rs. C-33/76, Rewe, Slg. 1976,第 1989 页,第 1998 页,Tz.5;EuGH,1983 年 9 月 21 日的判决, verb. Rs. C-205-215/82, Deustche Milchkontor, Slg. 1983,第 2633 页,第 2666 页, Tz. 19。

于共同体法目标因成员国法（的特殊性）而不可能得到实现。尽管如此宽泛的监督范式对执行共同体法的成员国提出了较高的要求，但从中可以引申出一些普遍适用的有效性认定标准，欧洲法院近年来从遵守《欧洲共同体条约》第 10 条的角度进一步加强了这些有效性要求①。

欧洲法院发展的禁止歧视和有效性要求对成员国行政法的适用性表明，欧洲法院接受了成员国行政法的差异，禁止共同体的主管立法机关借助共同体法消除这些差异。另一方面，成员国的程序法并不因一般法律原则而失去适用效力，只是要遵守共同体法限定的界限，也就是说，将共同体法的一般法律原则作为最低标准予以遵守②。就成员国（德国）的法律适用——例如实施条例的行政行为——而言，需要明确立即执行的问题。例如，《行政法院法》第 80 条第 2 款第 4 项规定的立即执行条件不具备，而条例却规定了立即执行。为了解决因此而产生的共同体法与成员国法之间的冲突，应当对《行政法院法》第 80 条第 2 款第 4 项作出符合共同体法的解释。就条例的执行而言，行政机关必须在《行政法院法》第 80 条第 2 款第 4 项作为事实要件之一规定的"公共利益"范围内考虑共同体的利益。如果存在有效执行共同体法的利益，则应当立即执行以条例为依据的行政行为。欧洲法院还将有效的司法保护利益作为上述判决的客体考察，授权成员国法院通过临时裁决提

---

① EuGH,1990 年 7 月 10 日的判决, Rs. C-217/88, Tafelwein, Slg. 1990,第 117 页,第 136 页。

② EuGH,1983 年 9 月 21 日的判决, verb. Rs. C-205-215/82, Deustche Milchkontor, Slg. 1983,第 2633 页以下。

供针对执行共同体法的行政行为的临时司法保护(《行政法院法》第80条第5款)[1],如果为了确保以后有关权利存在的法院判决的完全效力,成员国法院应当这样做的话。在这种情形中,法院不适用成员国程序法中的相反规定[2]。

欧洲法院的上述判决对成员国行政程序法的适用提出了权衡要求,例如在《联邦行政程序法》第48条第2款规定的范围内衡量"全面执行"共同体法的利益[3]。如果所发放的来自共同体资金的补贴违反共同体法,因此而产生的违法状态应当消除的,《联邦行政程序法》第48条第1款第1句授予的裁量权("可以")就被排除。这种情形的问题在于如何处理第48条第2款至第4款规定的信赖保护。在提供金钱给付的违法行政行为的撤销问题上,应当适用成员国法的执行中止规定,如果共同体法中有相应的规定的话,例如与第48条第2款和第3款规定的信赖保护相应的原则[4]。如果专门的信赖保护规定(第48条第4款)可能实际上完全妨害共同体法要求的状态,则存在完全禁止适用[5]。这是因为行政机关可能滥用这种排除期限,通过不作为方式拖延作出共同

---

[1] EuGH,1991年2月21日的判决,verb. Rs. C-143/88 和 C-92/89, Zuckerfabirk Süderitmarschen, Slg. 1991,第1卷,第415页,第543页以下。

[2] EuGH,1990年6月19日的判决,Rs. C-213/89, Factorame, Slg. 1990,第2633页,第2666页,Tz.21ff.。

[3] EuGH,1983年9月21日的判决, verb. Rs. C-205-215/82, Deustche Milchkontor, Slg. 1983,第2633页,第2669页。

[4] EuGH,1983年9月21日的判决, verb. Rs. C-205-215/82, Deustche Milchkontor, Slg. 1983,第2633页,第2669页,Tz.30。

[5] EuGH,1990年9月20日的判决,Rs. C-5/89, BUG-Alutechnik, Slg. 1990,第1卷,第3437页,第3458页,Tz.18; EuGH,1997年3月20日的判决, Rs. C-24/95, Alcan, Slg. 1997,第1卷,第1591页,第1619页,Tz.34ff.。

体法要求的撤销(决定)。如果成员国法不允许撤回违反共同体法发放的补贴,成员国行政机关应当与执委会一道寻找解决这种难题的办法,以确保《欧洲共同体条约》得到完全的遵守[1]。

(二) 间接的成员国执行

适用于直接执行的那些原则是否也适用于间接执行的行政程序,抑或在这种情形中仅仅适用成员国的法律,对此还存在争议。原则上应当如此,因为在这种情形中,成员国行政机关执行的并不是共同体法,而是转换共同体纲领的本国法。既然只涉及本国法律的执行,其程序自然也就应当依据国内法。根据无所不在的共同体忠诚原则,如果共同体法有规定,成员国在确定其执行模式时,应当将共同体法的一般法律原则作为解释本国法的最低标准,其中尤其是共同市场的法律统一化和有效性保障。例如,要撤回按照本国法应当予以保护但违反共同体法(《欧洲共同体条约》第87条以下)的补贴,应当根据从成员国执行共同体法中发展出来的原则修正成员国法[2],在这种情形下,《联邦行政程序法》第48条第1款规定的撤销裁量权被排除。在该条第2款和第3款规定的权衡范围内,应当全面考虑共同体的利益,该条第4款规定的期限只能有限制地适用。

---

[1] EuGH,1989年2月2日的判决,Rs. C-94/87,Kommision./Deustchland,Slg. 1989,第175页,第191页以下,Tz. 8;EuGH,1990年7月10日的判决,Rs. C-217/88,Tafelwein,Slg. 1990,第1卷,第2879页,第2907页以下,Tz. 33。

[2] EuGH,1990年9月20日的判决,Rs. C-5/89,BUG-Alutechnik,Slg. 1990,第1卷,第3437页,第3456页以下,Tz. 13。

第一百节　欧盟直属行政概述

一、共同体法由共同体自己执行是例外

共同体的"机构"执行共同体法是例外，被称为"直接"执行、共同体的直接执行、共同体中央行政、共同体直属行政等。根据《欧洲共同体条约》第7条第1款规定的有限授权原则，仅在原始共同体法明确规定的范围内，才存在共同体的直接执行。共同体被授权发布可供共同体直接执行的法令的，这就足够了。共同体可以执行自己制定的法律，为此设立自己的行政机关，并且赋予其执行共同体法的职权。共同体直接执行的例外性根据在于，成员国不可能慷慨地放弃自己的所有行政权限。除了这个政治的困难之外，还存在财政和技术的难题，即如何通过条约筹备有效的共同体行政机关，以确保共同体法在成员国得到统一可靠的执行。此外，不能忽视的是，共同体法通常由成员国执行的现行体制在公共行政的亲民化方面更值得肯定。

二、共同体直属行政的类型

从行政权限的任务定位来看，共同体的直接执行分为共同体内部的执行和共同体外部的执行。前者是指共同体主管机关采取的措施效力仅及于共同体的内部领域，后者是指共同体针对成员国或者个人采取具有直接外部效果的措施。

(一) 共同体的内部执行

欧洲共同体是一个配备了强大行政体制的官僚体系。直接源自这种组织内部的行政任务必须首先得到执行。共同体的许多行政命令针对的都是共同体内部的利益,尤其是人事行政(《合并条约》第 24 条)、预算行政(《欧洲共同体条约》第 274 条和有关欧元的第 179 条)以及共同体按照《欧洲共同体条约》在自主机构设置权范围内设置的内部机构。这些都是共同体内部领域中只属于共同体自己的行政利益,因此被称为"自己的家事",完全属于共同体的行政权限。

(二) 共同体的外部执行

共同体机关在条约列举规定的事项范围内塑造外部关系的职权首先表现在政策领域,通过这种方式承担并且执行干涉性的行政任务,其中最重要的是共同体竞争法的执行[1],包括对成员国补贴行为的监督。共同体外部行政的其他领域是:

(1)共同体的贸易政策,主要是进出口的监管和限制;

(2)社会政策,例如《欧洲共同体条约》第 147 条规定的社会基金;

(3)《欧洲煤钢共同体条约》第 57 条以下规定的产品和价格管制;

---

[1] EG 第 81 条以下,另请参见《卡特尔条例》(Nr.17/62,1962 年 2 月 6 日,ABl. L204)和《兼并控制条例》(Nr.4064/89,1989 年 12 月 12 日,ABl. 1990 L 257,13);1951 年 4 月 18 日《关于建立欧洲煤炭和钢铁联合体的条约》(EGKSV)第 179 条以下。

(4)共同体基金管理,例如《欧洲共同体条约》第 147 条规定的共同体的社会基金,第 34 条和第 159 条规定的欧洲农业发展和保障基金;

(5)《欧洲共同体条约》第 163 条和第 165 条规定的科学研究促进;

(6)《欧洲原子能共同体条约》第 52 条规定的裂变材料防护;

(7)共同体的透明化,例如第 94/90/EGKD/EG/Euratom 号有关公众获取执委会文件的决议①,以及第 93/731/EG 号有关公众获取部长会议文件的决议②。

(三) 共同体直属行政组织

共同体直属行政组织由原始和派生的共同体法调整。内部行政由共同体的机关和附属机关负责,它们是共同体自己设立的官僚科层制行政体制,基本单位是分局(Anteilung)。许多分局是很大的行政单位,通常称为局或者中央局。部长会议、议会、经济和社会委员会都设有总秘书处。

共同体外部行政的执行权限实际上集中于执委会,除非另行设立了具有部分独立法律人格的行政单位。执委会被定性为纯粹的行政机关,但这可能是错误的,因为它在自己的职权范围内还以立法机关的身份活动。由独立行政机构管辖的活动被称为"间接

---

① ABl.,1994 年,L 46,58。
② ABl.,1993 年,L 340,43;为此参见 EuGH,1995 年 10 月 19 日的判决,Rs. T-194/94,Guardian Newspapers,Slg. 1995,第 2 卷,第 2765 页以下;EuGH,1997 年 3 月 5 日的判决,Rs. T-105/95,BWWF UK,Slg. 1990,第 2 卷,第 313 页以下。

的共同体行政",与间接的国家行政类似。共同体直属机构的独立性受到《欧洲共同体条约》的严格限制①。

这种独立的行政机构拥有独立的决定权限,包括欧洲投资银行(《欧洲共同体条约》第9条)、欧元中心②、欧洲环境局③、欧洲药品评价局④、内部市场协调局⑤以及欧洲职业教育基金会⑥。

共同体通过直属行政机构执行共同体法的,通常还要依靠成员国行政机关的支持。仅在单行法将《欧洲共同体条约》第10条第1款第1句规定的支持义务具体化了的情况下,成员国才有义务为负责执行共同体法的机构提供支持。

三、欧共体直属行政的程序

共同体法还没有像德国那样将行政法或者行政程序法法典化,其直属行政的行政程序几乎都以原始和派生的共同体法为依据。这里作为例子要提及的是《欧洲共同体条约》第4条(一般的平等性原则),第249条第4款(决定程序),第253条(共同体法律行为的说明理由义务),第256条(决定的执行),第284条(执委会的答复和事后审查权),和第287条(职务保密义务);另外,还有《欧洲原子能共同体条约》第162条至第164条,《欧洲煤钢共同体

---

① EuGH,1977年4月26日的判决,Gutachten 1/76,Stillegungsfongd für die Binnenschiffahrt,Slg. 1977,第741页,第760页以下,Tz.15f.。
② ABl.,1995年,L 62,1ff.。
③ ABl.,1990年,L 120,1ff.。
④ ABl.,1993年,L 214,1ff.。
⑤ ABl.,1995年,L 303,33ff.。
⑥ ABl.,1990年,L 131,1ff.。

条约》第 4b 条和第 15 条;这些都属于原始法依据。此外,还有很多针对特定领域发布的条例,例如《卡特尔条例》第 17 项,以及跨区域的条例,例如关于节日、日期和期日的第 1182/71 号条例[①],这些都属于派生法。另外还有分散在规程和共同体法附属规定的规则,例如 1975 年 12 月 12 日《关于欧洲共同市场专利局的协定》[②]。

但是,上述原始或者派生的共同体法有关行政程序的规定不仅分散,而且不具体。为了弥补这个漏洞,欧洲法院通过发展一般法律原则的方式,提出了很多程序原则和程序基本权利,所有的共同体机关包括执行部门都必须遵循。这些一般法律原则同时也是行政程序法通则的组成部分,是成文法规定(例如《反倾销条例》、《关税总协定》或者《重复利用条例》)的补充,因其属于原始法的性质而成为有关规定的适法性判断标准。

迄今为止,欧洲法院以这种方式表述并且在共同体法律制度中确认了如下法律原则:

1.行政的合法性原则。该原则被欧洲法院确认为行政法"原则的原则",但却没有像德国法那样全面的法律优先和法律保留保障。因此,法律保留的首要目标不是针对国家公权力措施的个人保护,而是共同体与成员国之间立法权的划分[③]。与此不同,德国

[①] ABl.,1971 年,L 124,1ff.。

[②] ABl.,1976 年,L 17,1ff.。

[③] EuGH,1961 年 3 月 22 日的判决,verb. Rs. C-42 u.-49/59SNUPAT, Slg. 1961,第 113 页,第 172 页;EuGH,1983 年 11 月 8 日的判决,verb. Rs. C-96-102/82, u. a. IAZ, Slg. 1983,第 3369 页,第 3409 页,Tz.15;EuGH,1989 年 9 月 21 日的判决,verb. Rs. C-46/87 u. C-227/88, Höchst, Slg. 1988,第 2859 页,第 2924 页,Tz.19;BVerfGE,第 89 卷,第 155 页,第 210 页。

国家法和行政法上法律保留原则的实质特征是主观权利保护。

2. 比例原则。参见欧洲法院的有关判决①。

3. 信赖保护原则。参见欧洲法院的有关判决②。

4. 禁止双重追诉原则。参见欧洲法院的有关判决③。

5. 法律听证原则。参见欧洲法院的有关判决④。

6. 阅卷权。参见欧洲法院的有关判决⑤。

7. 信息权。主要是获取部长会议和执委会的文件⑥。

共同体直接执行的活动方式主要是《欧洲共同体条约》第249条第1款规定意义上的(针对个人并且具有法律约束力的)决定,有人将其视为共同体法上的行政行为。行政决定的通知、说明理由义务、存续力和执行力受原始法的调整,主要是《欧洲共同体条

---

① EuGH,1977年7月5日的判决,Rs.C-114/76Bela-Mehle,Slg. 1977,第1211页,第1221页,Tz.7;EuGH,1989年9月21日的判决,verb. Rs.C-46/87 u. C-227/88,Höchst,Slg. 1988,第2859页,第2924页,Tz.19。

② EuGH,1973年7月5日的判决,Rs.C-1/73,Westzucker,Slg. 1973,第723页,第731页,Tz.12;专门阐述了撤销禁止的是EuGH,1991年7月11日的判决,Rs.C-368/89,Crispoltoni,Slg. 1991,第1卷,第3695页,第3720页,Tz.17;EuGH,1983年11月30日的判决,Rs.C-235/82,Ferriere San Carlo,Slg. 1983,第3949页,第3965页,Tz.9;EuGH,1984年5月17日的判决,Rs.C-101/83,Brusse,Slg. 1984,第2223页,第2236页,Tz.12ff.。

③ EuGH,1966年5月5日的判决,verb. Rs.C-18 u.35/65,Gutmann,Slg. 1966,第153页,第178页。

④ EuGH,1974年10月23日的判决,Rs.C-17/74,Transocean,Slg. 1974,第1063页,第1080页,Tz.15;EuGH,1977年10月27日的判决,Rs.C-121/76,Moli,Slg. 1977,第1971页,第1979页,Tz.19/21;EuGH,1979年2月13日的判决,Rs.C-85/76,Hoffmann-La Roche,Slg. 1979,第461页,第511页,Tz.9;EuGH,1989年10月18日的判决,Rs.C-347/87,Orkem,Slg. 1989,第3283页,第3347页,Tz.15。

⑤ EuGH,1980年7月10日的判决,Rs.C-30/78,Distillers,Slg. 1980,第2229页,第2264页,Tz.25f.。

⑥ EuGH,1995年10月19日的判决,Rs.T-194/94,Guardian Newspapers,Slg. 1995,第2卷,第2765页以下;EuGH,1996年4月30日的判决,Rs.C-58/94,Niederlande/Rat,Slg. 1996,第1卷,第2441页以下。

约》第 230 条第 5 款、第 253 条、第 254 条和第 256 条[1]。根据这些规定,针对公民作出的行政行为发生确定力的,公民仍然可以要求重新开始程序予以废除。

其他活动方式是《欧洲共同体条约》第 238 条和第 249 条第 4 款规定的建议和表明立场,没有约束力;第 284 条规定答复和事后审查。这些列举并不全面,存在诸多遗漏,这里作为例子需要提出的是执委会的行政函件(Verwaltungsschreiben),此即所谓的慰问信(Comfort Letter)。

---

[1] 关于存续力,参见 EuGH,1994 年 3 月 9 日的判决,Rs. C-188/92,TWD Textilwerk Deggendorf,Slg. 1994,第 1 卷,第 833 页,第 852 页,Tz.13。

第十编

行政监督概论

第一章 一般行政监督法

第一百零一节 行政监督的概念和手段

一、行政监督的概念和功能

无论从宪法的角度来看还是从公共行政的可接受性和有效性来看,监督制度的设立及其有效实施都是必要的。我们甚至可以认为,任何不受监督的制度都是违法的。所谓监督(Kontrolle),一般是指由国家机关或者私人机构对国家机关的活动独立进行审查的制度。

实然与应然之间的比较是监督的一个要义所在,监督权主体对已经或者计划实施的活动或者行为按照特定的标准进行审查。审查标准可能是纯粹合法性的,也可能同时包括合目的性或者经济性的内容,例如由议会、公众和媒体进行的政治监督。近年来,对公共行政进行的质量监督,例如新控制模式中的可接受性和顾客亲善性，意义越来越突出。

在概念分析方面，监督与国家监督、领导权之间联系密切。国家监督是监督的一种形式。监督的具体实施首先表现为对未来行为的审查（预防性监督）和领导权的行使，并且在此范围内划分责任。

公民在实施监督中的作用方式因不同领域而异。在《基本法》第19条第4款规定的适用范围内，公民将国家活动诉诸司法审查。这不仅是一种动议权，而且是一种借助监督维护自己权益的监督权。与此不同，国家监督在一般情况下首先追求的是公共利益。大量的行政（机关）内部监督也是如此，但行政复议程序例外。近年来，公民被赋予信息请求权和申请权等形式的反向监督权，借此能够弥补国家监督的缺陷。

对行政监督的特殊理解可以分为两个层面：一是对行政的监督，即外部监督，其中意义最大的是司法监督；二是通过行政的监督，主要是行政组织内部实施的监督。

二、行政监督的类型

（一）自我监督和外部监督

自我监督是指通过行政机关审查行政活动，通常由本机关或者上级机关进行，监督权中包括了撤销权和变更权，以确保行政活动符合合法性和合目的性的要求。

从公共行政的特性来看，内部监督即本系统内的监督机关对行政活动进行的合法性和合目的性监督必不可少，这是因为，具体实施行政活动的人能够直接接触到应予认定的案件事实，由这种工作方式和特性武装起来的行政机器具有最好的条件。另外，行政机关、尤其是监督机关拥有熟知法律的专业人才。因此，自我监督通常比外部监督速度快、效率高，前提是主管工作人员工作严肃认真，能够将普遍的公共利益与有关公民个人的利益尽可能地协调起来。

行政司法和行政法院的监督历史上都是从自我监督中逐步分离并且建立起来的。

行政法院的监督、审计监督和议会的监督是三种最为重要的外部监督形式，它们的显著特征是监督机关在组织和事务上的独立性。在《行政法院法》第80条和第80a条规定的临时法律保护中，外部监督和内部监督紧密地结合在一起。

（二）内部启动和外部启动的监督

以启动人为区分标准。内部启动监督的首要目的是公共行政合法性和合目的性方面的公共利益，只间接地或者反射性地涉及公民权益，新控制模式及其行政控制要求尤其看重这种监督方式的意义。任命可以并且应当依职权实施活动的专员（如数据保护专员）是实施这种监督的一种有效方法。

从外部启动监督程序的人可能是国家机关，例如监督机关、审计院、欧盟执委会，也可能是私人。这在客观上决定了监督主要追求的是公共利益还（或）是私人权益。

（三）非正式和正式的监督

以法定程序为区分标准进行区分的主要意义在于明确期限、

程序进行方式、(说明理由的)决定请求权以及起诉的途径等方面的特殊要求。

三、行政监督的标准

(一) 合法性监督

这种监督最为重要,是指使被监督的行政活动符合所有客观法规范的监督。除了外部法之外,例如宪法、法律、条例、规章、有关的欧洲法和国际法等,监督标准还包括仅具有行政内部效力的规范,其中尤其是指导裁量权行使的行政规则。

(二) 合目的性监督

主要针对法律为其设定了不同决定方式的裁量行政,既然行政机关在该领域被赋予了很大的活动余地,那么,合目的性监督在很大程度上反映出行政活动的政策因素。

(三) 经济性监督

从现代预算法的规定来看,经济性监督越来越被视为合法性监督的一种,但预算法有关预算执行的节约性和经济性的要求及其具体评价标准的规定却是相对独立的监督规范。审计院从外部和内部都可以进行经济性监督。

(四) 绩效监督

这是将企业经济控制方法应用于公共行政内部产生的第四种

监督标准。它拓宽了行政活动的判断标准,实行顾客(公民)导向,通过与其他行政部门或者一定期限的比较提高产出,在目标协议中进行价值核算。这里最为重要的监督方法是绩效评估和行政考核(Verwaltungscontrolling)。

第二章　自我监督和数据保护监督

第一百零二节　行政自我监督的手段

一、内部启动的自我监督

（一）领导的监督

领导进行的监督（Vorgeseztenkontrolle）是行政内部监督的传统形式，源自上级监督和控制所属工作人员的权利和义务。问题在于，这种监督应当奉行什么样的原则。这种监督可能出自所谓的直觉活动，其方式和方法也可能取决于领导的指导思想（führungskonzeption）。根据以前奉行的威权等级观念，上级应当对所属工作人员进行全面的控制，其决定权没有限制，即使存在错误。这种监督模式在大中型行政机关中很难实施，因为领导不可能监督所有的过程。因工作人员独立性越来越大，对权威的服从度越来越小，这种主导思想越来越不切合实际。另一种观点着眼于决定权及其责任转授的必要性，认为领导不得干预、甚至变更工作人员的决定。这种观点完全符合当今的实践，唯一的一个限制是，领导保留在例外情形下对所属工作人员的委托权限内的事项进行干预的权利。

1.监督的功能。领导监督的必要性表现在两个方面：一是应当赋予领导了解各方面情况的权限，以便面对未来作出正确的决策，例如确定目标、纲领、任用工作人员、改善信息交流和不同任务部门的协调。二是通过监督从源头避免决策失误，消除领导的(赔偿)责任。

2.监督的标准。在哪些情形中领导可以干预所属工作人员的受托事务，迄今为止还不十分明确。可以肯定的是，在履行前文所述领导职能的范围内，监督就是必要的。具体而言，领导监督首先有助于提高工作人员的效率，减轻领导的目标确定负担。其次，领导监督有助于发现协调缺陷，发现提高效率的机会。最后，通过监督获得必要的信息，使领导能够了解工作人员的能力，正确考核工作人员的业绩，以便知人善任。总之，领导应当防止对工作人员进行所谓的全面监督，恰恰相反，领导监督必须着眼于重点，这也有助于避免领导负担过重。

3.监督的手段。监督所属工作人员的方式和方法多种多样。在当今的行政实践中很少应用的是立结案呈报制度(Vorlag der Einund Ausgangspost)，这与决定权的委托关联一体。其次，领导可以保留特定案件的决定签署权，借此审查决定的正确性。再次，领导可以与工作人员进行商谈或者所谓的人事管理会谈。

4.监督手段的适法性。就内容而言，领导监督是对所属工作人员的主观评价，尤其是领导通常将自己的行为方式和能力作为评价标准。因此，监督手段的适法性取决于领导评价的客观程度：他是否意识到并且尽力避免个人主观性的危险。

（二）横向监督

1. 概念。横向监督（Kontrolle durch Qürschnitsseinheiten）是指执行特定专门任务的部门行政机关在与本任务有关的问题范围内，参与其他专门任务的执行，例如环境保护局参与其他部门处理与环境有关的问题。这里涉及的是一种以支持主要行政工作为目的的派生行政工作（如行政机构设置），其功能是服务性的。由专门机关执行这种跨部门的任务，称之为横向一体化，通常执行监督的职能，此即横向监督。

2. 监督的方式。横向监督机关监督的首要内容是其他专业部门的工作效率，包括机构设置和工作调查，通常采取由专业主管部门提出请求的方式，例如要求设置相应的机构。此外，主管行政机关还可以通过发布命令的方式进行监督。

《联邦预算法》第9条规定的预算专员是横向监督的一种特殊方式，其重要意义在于事先避免出现事后审计监督机关过迟发现的监督缺陷。预算专员进行监督的方法按照有关行政机关事先呈报的预算报告对其执行预算的全部过程进行监督。为此，监督专员享有要求呈报权、答复权和参与权。

第三种具有重要意义的是人事部门进行的人事监督，具体方式有聘任、定岗、考核和解聘等。

（三）内部行政专员的监督

1. 专员的概念。专员的形式、任务、组织及其职权多种多样，不可能进行统一的定义。从数据保护专员和预算专员的情况来看,专员监督与上文所述的横向监督交叉。

2.专员及其任务的类型。联邦、州和乡镇等各个行政层级都有专员。除了安全、公害防治、垃圾和动物保护专员之外,平等专员和数据保护专员是最受关注也最为重要的机关内部专员。

《联邦数据保护法》第 4f 条和第 4g 条规定,数据保护专员的任务是进一步保障《基本法》第 1 条第 1 款和第 2 条第 1 款规定的基本权利不受侵害,确保公民数据的真实性。监督方法不仅包括干预数据登记机关,调取特定材料,而且可以对不同的行政机构进行所谓的"实地考察"。

根据《高校框架法》第 1 条、《萨兰州高校法》第 83 条以及其他州法的相应规定、萨兰州的《妇女家庭保护法》、《萨兰州乡镇条例》第 74 条,平等专员(妇女专员)的任务是在行政机构内部遵守和落实《基本法》第 3 条第 2 款规定的基本权利。这种监督的主要活动领域是人事决定,即妇女的优先任用。平等专员的主要法定界限是有关法律规定本身存在的歧视性因素,而不是行政机关内部产生的歧视性因素。

二、外部启动的行政自我监督

(一)行政复议

复议程序是行政决定程序的继续,目的是审查行政决定的合法性与合目的性,目标是确保行政决定正确,纠正程序瑕疵。这里需要注意,行政复议机关的活动应申请开始,其范围也限于申请,因此,这种内部行政监督只能应公民要求开始,并且"附期限",是

"以公民的法律保护申请为条件的自我监督",而不是"自己启动的行政监督"。尽管动因来自外部,但这种自我监督却有助于减轻法院的负担,并且将公民权利保护作为首要的目的。

这意味着,复议机关在复议程序中不得以其他法律为依据支持被申请的行政决定,也不得添加新的决定内容。

复议受法定期限和方式的约束,这是它与勤务监督和申诉监督的区别所在,后者属于非正式的公民法律救济途径。公务员提起的复议程序应当遵守《联邦公务员框架法》第126条第3款。

(二) 声明异议

声明异议(Gegenvorstellung)是指公民或者公务员对行政措施表示质疑,异议向能够对有关事项再次作出决定的行政机关提出,无需遵守有关的形式和期限规定,因此没有系属管辖的效力(Devolutiveffekt)。

在公务员法领域中需要注意的是,公务员在听证程序中提出的临时异议不属于声明异议。只有向决定权主体提出并且对决定本身表示怀疑的,才属于声明异议。在例外情况下,公务员可以获得人事谘议会的支持。

在接到异议声明之后,主管行政机关和工作人员必须着手处理并且尽快答复。声明异议的人可以随时要求作出有关的实体决定,但不能对此诉诸法院。

(三) 申诉监督

这是指有关的公民或者公务员质疑已经采取的措施,认为措施存在瑕疵。申诉监督（Aufsichtsbeschwerde）与声明异议的区别在于，申诉向上级监督机关提出；与声明异议的相同之处在于，无需遵守方式和期限规定。如果声明异议没有按照申请的要求得到处理的，通常会（接着）提出监督申诉。

（四）勤务监督申诉

与声明异议、申诉监督和行业监督申诉的区别在于不针对特定的行政措施，而是针对决定权所属工作人员的举止，向其举止受到质疑的工作人员的上司提出。有关公务员的同事和对该公务员的举止不满意的公民都可以提出这种申诉，无需提供证人或者其他证据材料。公务员提出勤务监督申诉的适法性基础在于具有客观理由的内部勤务批评权以及勤务关系，尤其是向上司提供建议的义务。这种申诉监督没有形式和期限的限制，但必须遵守《联邦公务员法》第171条和（例如）《萨兰州公务员法》第105条规定的程序。如果申诉是针对上司提出的，则可以越级提出。

针对外部职务事项提出的申诉不适用《联邦公务员法》第171条的规定，而是属于《基本法》第17条规定意义上的请愿（Petion）。如果申诉仅仅是改善内部组织的动议，也不适用《联邦公务员法》第171条。

这里要批评性地指出，申诉很少取得成效，即使很多申诉客观上都是为了取得成效。这里的问题在于监督过程缺乏独立性，被监督的人仍然被监督机关任用，甚至打算再次任用。

（五）请愿

1. 含义及其应用。请愿属于宪法规定的公民权利，是向人民代表机关提出的请求和申诉。这种申诉权的宪法推导依据是《基本法》第17条、第45c条和州法的相应规定，例如《萨兰州宪法》第19条。它为公民提供了在正常诉讼程序之外向有关行政机关提出有效质疑的机会。请愿经常被形象地称为"公益之镜"。请愿的概念不仅包括"为了什么"的请求（Bitten），而且包括"为此"目的而提出的申诉。接下来的问题在于，《基本法》第17条规定的单纯的答复请求是否属于请愿的范畴。请愿委员会将"请求"转送主管专门委员会，由后者进行实体处理。接到请愿后，请愿委员会（申诉机关）立即将申诉的事实告知有关国家机关。另一个问题是，请愿是否必须针对具体的事件，在对具体事件及其要点事实进行事后调查之前，请愿委员会是否可以不采取进一步的行动。还有一个问题是，为此进行的调查和答复是否属于《基本法》第17条的适用范围。可以肯定的是，单纯的意见表达不属于请愿。

请愿有多方面的功能。首先，受行政瑕疵影响的公民可以得到有效及时的救济。其次，请愿也可以为立法修改提供动力。再次，请愿客观上改善法律的执行，满足公民的服务要求。尽管主管机关有义务作出答复，但请愿原则上没有启动已经结束的程序的效力。只有在接到请愿材料后，主管机关才能采取行动，而且只能在请愿的范围内作出决定。该决定不属于《联邦行政程序法》第5

条规定意义上的行政行为①。

人民代表机关之外的其他机关也享有请愿权,有关的公务员或者职员在穷尽其他可用的救济途径(声明异议、申诉监督、勤务监督申诉)之后或者针对职务关系之外的事项,可以行使请愿权。这里需要注意,按照《基本法》第17a条和有关法律规定,士兵保留其请愿权。

(六)翁巴其曼(公民专员)

瑞典1809年法律设立的所谓"翁巴其曼"功能上与请愿非常类似。这种公民专员是负责民事行政的独立议会专员,目的是及时有效处理公民针对公共行政提出的申诉,避免动用处理周期漫长的匿名请愿委员会程序。他被称为"人民愿望的话筒"。《基本法》建立的一个类似制度是第45b条规定的国防专员,它是联邦众议院在监督国防力量活动方面的辅助机关,性质上属于立法性的机关,类似于调查委员会,任务是保护所有武装力量中的士兵的基本权利和士兵权利。"联邦众议院国防专员法"② 对此作了具体规定。

早在1962年有人经过长期调查之后得出结论认为,德国没有必要设立瑞典那样的翁巴其曼,它的任务应当由请愿委员会执行。结论的支持理由之一是德国已经有请愿权,而其他国家(斯堪的纳维亚和大不列颠)则没有这种权利。另外,人口较多国家的翁巴其

---

① BVerwG, NJW, 1981年,第700页。
② BGBl.,第1卷,1957年,第652页(WBGes.)。

曼的作用微乎其微,而且可能与请愿委员会的职能冲突。最后,《基本法》第 83 条规定行政属于州的事务,只有州才有必要加强监督,因此只有个别的州才有必要引入议会专员制度。现在德国只有莱普州设立了翁巴其曼形式的公民专员,依据是《莱普州宪法》第 11 条、第 90 条和第 90a 条和该州的《公民专员法》①。

(七) 申诉受理机关

受理申诉的机关取决于申诉的形式。

声明异议向采取被质疑措施的机关提出。

行政复议与此类似。根据《行政法院法》第 70 条第 1 款第 1 句,申请向作出行政行为的机关提出。受理机关不支持申请的,将申请移送复议机关,后者通常是上一级机关。

与此不同的是行业监督申诉、勤务监督申诉,由负责监督的公务员直接受理。

请愿的受理机关是人民代表机关之下的常设请愿委员会或者其他"主管机构"。所谓"主管",是指法定权限分配条例规定负责处理请愿请求的任何机构,可能属于立法机关、行政机关、甚至司法机关。例外情形下,乡镇也有权对请愿作出决定,属于这里所属的申诉主管机关。

(八) 评估

为了认识行政措施的外部影响,必要时进行针对未来的调整,

---

① GVBl.,1974 年,第 187 页。

必须启动所谓的评估(外部影响评估)程序,以确认行政活动或者行政项目的影响、成效和效能大小,也就是说,已经达到的状态与预期的状态之间的一致程度。为了解决已经发现的问题,可以采取初步的措施。评估(Evaluation)尤其适用于审计院不能解决的行政经济性问题。通过评估不仅可以发现资源最大化的方案,而且可以试图将所有适当的因素纳入评价过程中。该程序被誉为"政策理论与行政实践之间的中转站"。值得研究的问题在于评估的指标有哪些。

需要注意的是,受委托进行评估的工作组是独立的。

三、新控制模式中的自我监督

随着新控制模式的实行和其他行政现代化的努力,许多行政机关将过程监控(Verwaltungscontrolling)作为自我监督的一种新方法。这是从企业经济学和管理学借鉴而来的信息获取和处理手段,借此尽快发现过程瑕疵和结果缺陷。

过程监控将传统监督形式与业务流程的动态监控结合起来,提供"领导支持",尤其能够使预算监督更为有效。通过事前了解过程缺陷,可以避免没有必要的支出。

需要注意的是,实行过程监控本身必然带来巨大的支出,因为这需要在行政组织内部进行特殊的信息管理。这种监督方式的组织和方法要素相互依存。只有大型组织才值得进行这种投资。在新控制模式推行的任务分散化执行体制中,只有在非此不能对分散的组织单位进行领导或者控制的情况下,才有必要采用过程监控的方法。

第一百零三节　数据保护与隐私保护

一、数据保护监督的概念和意义

数据保护监督是指在行政机关内部保护个人数据的监督机制，性质上属于行政的自我法律监督。之所以将数据保护监督独立出来加以研究，是因为从基本权利保护来看，数据的收集和处理对信息自治权具有重要意义。从行政内部和与公民关系方面的数据处理和电子通讯方式（电子政府）的日益现代化来看，数据保护及其有关规范的切实遵守越来越重要。

除了宪法（规定的信息自治基本权利①）之外，联邦和州的数据保护法的依据还包括欧共体法，尤其是欧共体的《数据保护纲领》②。该纲领在很大程度上统一了公共和私人领域中的数据保护要求，并且使欧洲数据保护专员得以制度化。

联邦和州的数据保护法和单行法（尤其是警察法）主要将数据保护监督设定为客观的监督。被赋予相应任务的数据保护专员有权自己启动监督程序。关系人的权益保护是客观监督的补充，这被称为有因监督（Anlasskontrolle）。下文将在阐述有关监督功能所必要的范围内援引有关的数据保护规定。

---

① BVerfGE，第 65 卷，第 1 页以下。
② ABl.，EG, Nr. L 181，第 31 页。

二、为保障关系人权益而进行的数据保护监督

《联邦数据保护法》第 19 条以下确认的关系人权利源自基本权利性质的不作为请求权和(后果)清除请求权,在答复请求权的范围内还是"通过程序的基本权利保护"的一种体现。

首先是《联邦数据保护法》第 19 条规定的答复请求权,行政机关据此有义务应申请告知所存储的个人数据及其来源。关系人有权知道该数据的接受人和存储的目的。该 19 条第 2 款至第 4 款对答复请求权作了限制。答复请求因此而被拒绝的,按照第 5 款规定,仅在不危害数据处理目的的情形下才予以说明理由。

由于答复权以申请为前提,而且仅在关系人知道个人数据被调取的情况下才能提出,《联邦数据保护法》第 19a 条补充规定了秘密获取信息后的通报义务。关于数据的公开获取,该法第 4 条第 3 款作了规定。

如果收集、存储或者使用个人数据的条件不(再)具备,行政机关应当按照《联邦数据保护法》第 20 条的规定予以消除。关系人对此享有请求权。这样做的目的在于贯彻落实数据保护的核心原则,即该法第 13 条第 4 款和第 14 条第 1 款规定的严格的目的约束原则。

作为上述直接针对数据收集或者处理机关的请求权的补充,《联邦数据保护法》第 21 条规定了动用联邦数据保护专员的机会。州的数据保护法也对数据保护专员作了规定。这些规定为客观性的数据保护监督提供了有效依据。

三、数据保护专员

联邦数据保护专员的任务是监督所有数据保护规范的遵守，具体方式取决于个人数据的存储方式是电子数据库还是案卷。

根据《联邦数据保护法》第24条第1款第2句，联邦数据保护专员可以随时检阅数据库，无需特别原因。与此不同，案卷数据监督的启动需要理由，要么是关系人向专员表明自己的权益受到侵害，要么是专员自己发现了足够的证据，表明存在违法行为。无论哪种情形，监督的关系人针对数据专员的工作都享有某种方式的复议权，但具体案件中的监督权行使不必有利于受害人。

就联邦数据保护专员的权限而言，必须指出，他无权对被监督的机构发布指令，也就是说，不得强令被监督机关更改数据。《联邦数据保护法》为此规定的监督手段是提出质疑。

尽管如此，数据专员可以公开工作的结果，借此进行批评。实践表明，尤其是从长远来看，大多数情况下都实现了预期的目的，因为数据保护专员提出的批评往往会得到公众的重视，因此实际上不可能没有效果。

在公共领域处理个人数据的机关原则上必须自觉遵守数据保护规范。这是机关内部的一种自我监督，由根据《联邦数据保护法》第4a条规定任命的数据保护专员予以支持。

四、秘密保护法

就信息保护而言，保密法与数据保护法交叉重叠。但是，前者还进一步延伸到职业秘密、企业秘密和商业秘密以及国家秘密和职务秘密,保护的范围比较宽。

公共行政领域中的秘密保护既有实体法(特别是《联邦行政程序法》第30条)和程序法规定的预防性措施,其中尤其是下文所述的公开许可与安全审查;也有《刑法典》第203条和第353b条规定的预防性的刑事制裁措施,它们的目的都是在保护需要保密的信息的基础上,加强国家的可信度,确保国家的效能。

职务秘密的客体是公职人员在执行职务过程中获知的事项,公职人员有义务对此保持沉默,否则可能适用《刑法典》第203条第2款规定的最严厉的责任。实践中具有重要意义的是《人事代表法》第10条第1款第1句规定的人事代表机构成员的沉默义务。

行政秘密保护着眼于行政程序,主要针对程序参加人。《联邦行政程序法》第30条对此所作的一般性规定被大量的单行法规定补充,有时甚至明显加强,其中主要是纳税秘密(《税法典》第30条和《刑法典》第355条)和统计秘密(为此参见《联邦统计法》)。

五、安全审查法

《安全审查法》重点规定了已经或者应当接受主管机关委托,进行安全调查活动的人员的条件及其监督程序。由于人格权保护的敏感性越来越大,而且对在基础设施(例如水和能源供应)领域中从事经营活动的私人企业的安全审查范围也越来越大(《安全审查法》第24条以下),法律的调整成为必要。这里需要注意的是,联邦和州新立法的核心仍然是遵守安全审查最低要求的义务。就联邦德国而言,这也是反对针对北约的国际恐怖主义的义务,必须在州和地方层面落实。

联邦的第一个立法是1994年4月20日发布的《关于安全审查的条件和程序的联邦法律》即《安全审查法》①。大多数州——在内容上也——步其后尘,其中拜仁州、布兰登堡州、柏林州、布莱梅州、汉堡州、麦福州、下萨州于1994年至2001年之间都进行了类似的立法。

对联邦和州的上述立法,学界没有进行什么评论。有关研讨的基本倾向是批评性的,所提出的原则性问题是,国家的监督权需要扩张到何种程度才能构成自由保障的有效手段,因为法律规定的新干预手段是如此宽泛,以至于恐怖主义危险事态可能发生不能成为它们的正当理由。

对行政机关而言,安全审查法的适用范围主要通过《安全审查法》第1条第2款规定的所谓保密事项确定。该法第4条规定,秘密分为如下四个等级:(1)绝密,(2)秘密,(3)安全—可靠,(4)安全—仅供公务使用。第1条第3款和第4款规定的安全调查活动,例如对重要生活设施和国防设施的调查,也包括在内。

这些规定的目的是排除和避免安全风险。根据《安全审查法》第5条规定,安全风险的存在情形是指有事实表明:(1)在安全调查活动中对关系人的可靠性产生怀疑,或者(2)驻外新闻机构通过联系和招募发现了特别的危险,尤其是出现了紧迫的事态,或者(3)对关系人是否信仰《基本法》规定的自由民主基本制度产生了

---

① BGBl.,第1卷,第867页(SÜG),最后一次修改是BGBl.,第1卷,2002年,第3322页。

怀疑,或者对其遵守产生怀疑。该条第 1 款第 1 句规定,个人在配偶、生活伙伴或者伴侣方面的事实状态也可能产生安全风险。该法的适用范围因此被明显扩大。

《安全审查法》第 7 条以下根据不同的保密需要级别设定了三种安全审查。第 8 条规定的是简单审查,第 9 条规定的是扩大的审查,第 10 条规定的是通过安全调查的扩大审查。第 11 条以下和第 13 条以下对三种审查的程序及其调取个人数据的授权作了比较细致的规定。

根据《安全审查法》第 18 条以下规定的标准,为此调取的数据都通过专门的安全行为和安全审查行为予以保护。这些数据可以根据第 23 条规定的标准予以披露。

《安全审查法》第 24 条以下对非公共机构安全审查的必要性和条件作了规定,其必要性主要在于大量生存照顾设施的私有化。这里需同时注意一些专门法律的特别规定,例如《航空法》有关航空领域安全审查的特殊规定。

译者后记

本卷是原著的重头戏。沃尔夫教授与巴霍夫教授以行政组织法见长,而施托贝尔教授以经济行政法、地方自治法见长,都有专著出版。三位作者将本书作为"接力棒",50年来不断修订。本卷是2004年第5版,由施托贝尔教授主持修订,有两位合作者参加。其中,克鲁特(Kluth)博士负责第80节至第87节、第94节至第103节,米勒(Müller)博士负责第89节和第89A节,施托贝尔教授负责其他部分,并且负责最后审订。

"信达雅"是公认的翻译基本原则,但受多种因素的制约或影响,有关原著与译著之间关系的处理,至少有转换说、合作说、改造说等模式。转换说偏重于语言的对接式转变,译著的篇章结构、语法句式、文体风格等都力图与原著保持一致,至于思想内容,则留出给读者自主揣摩的空间。合作说偏重于思想内容,将翻译过程视为与原著者进行思想交流的过程,偏重于原著思想内容的再现,并不拘泥于特定的语言或者文体,译著完全尊原著,但更偏重译著读者的需要,正所谓"信"为本,"达"为用,"雅"为标。改造说则主张再造和提升原著,认为忠于原著的思想内容并不妨碍取舍和改造,恰恰相反,改正原著中的内容与形式缺失,如遗漏、失范、邋遢、重复、玄虚、深涩、隐晦、庞杂、过时等,才真正有助于体现并且提升原著的思想内容。笔者赞成改造说，认为译者不是原著者的恭顺奴隶，而是中国读者的忠实仆从，因此"青出于蓝而胜于蓝"才是翻译的最高境界。至于客观上是否真的达到了这一点，读者自有公论。

为了尽早完成翻译，一年多来几乎隐姓埋名，将来若干年内还要如此。这里首先要向关心我而没有得到及时回应的恩师、领导、同事、学友表示歉意，谅解之情，感激不尽。包万超博士、陈小文博士、刘禹先生倾力帮助，眼光长远，心知肚明。余娟、王巍、张前峰、靳超、魏明月担任学术秘书，不遗余力。父母妻子亲人承担家务，不谢恩情。篇幅不允许在这里一一点名说到，只可说：过客人，忘机友，知己伴，刎颈交，清泾浊渭，去马来牛，来日方长。

自大道既隐，小道盛行，皋陶制法，周公作礼，中国法制走向了"礼法并用、德主刑辅"的发展道路；自董仲舒"罢黜百家、独尊儒术"以来，"外儒内法、内圣外王"逐渐成为中国法律文化传统的核心特征，法术势协调并重的中国法制"根性"由此尘埃落定；此后，秦皇汉武，唐宗宋祖，天骄风流，所幸"根性"未改。笔者在翻译"人定"时发现，德国法之所以发达，无非是法术势并重而已，公法领域尤其如此。法不足，术势有余者，必然落于粗俗、狡诈，沉沦于极端的个人主义、机会主义和无政府主义；法有余，术势不足者，必然失之于天真、迂腐，败之于虚妄的理想主义、简单的本本主义和机械主义。法术势并重协调，应当是中国法学追求的理想状态。共和百年，中国法制"沉舟侧畔千帆过，病树前头万木春"，但沉寂的"慧根"从来就没有死亡，只是暂时掩埋在"儒释道"多元和谐的丰厚文化土壤里"冬眠"罢了。笔者坚信：中国法只能是中国法，中国法只能通过中国的话语并且在中国文化的语境里得到真正的表达,西方法学的话语不可能恰如其分地解释中国法,西方法学的话语霸权在中国不可能长久。因此,中国现代法制在传统"慧根"的基础上长成参天大树,善果压枝,只是时间问题。

最后捧出心爱的般若波罗密多心经:

观自在菩萨行深般若波罗密多时照见五蕴皆空度一切苦厄舍利子色不异空空不异色色即是空空即是色受想行识亦复如是舍利子是诸法空相不生不灭不垢不净不增不减是故空中无色无受想行识无眼耳鼻舌身意无色声香味触法无眼界乃至无意识界无无明亦无无明尽乃至无老死亦无老死尽无苦集灭道无智亦无得以无所得故菩提萨埵依般若波罗密多故心无挂碍无挂碍故无有恐怖远离颠倒梦想究竟涅槃三世诸佛依般若波罗密多故得阿耨多罗三藐三菩提故知般若波罗密多是大神咒是大明咒是无上咒是无等等咒能除一切苦厄真实不虚故说般若波罗密多咒即说咒曰揭谛揭谛波罗揭谛波罗僧揭谛菩提萨婆诃。

高家伟

乙酉年长夏于北京昌平纹心阁

丙戌年长夏于海南三亚鬼谷

图书在版编目（CIP）数据

行政法. 第三卷 /〔德〕沃尔夫，〔德〕奥托·巴霍夫，〔德〕罗尔夫·施托贝尔著；高家伟译. —北京：商务印书馆，2007
（公法名著译丛）
ISBN 7 - 100 - 04949 - 0

Ⅰ.行…Ⅰ　Ⅱ.①沃…②奥…③罗…④高…　Ⅲ.行政法 - 研究 - 德国　Ⅳ.D951.621

中国版本图书馆 CIP 数据核字（2002）第 057861 号

所有权利保留。
未经许可，不得以任何方式使用。

公法名著译丛
行　政　法
（第三卷，共三卷）

〔德〕汉斯·J. 沃尔夫
奥 托 · 巴 霍 夫　著
罗尔夫·施托贝尔
高家伟　译

商 务 印 书 馆 出 版
（北京王府井大街36号　邮政编码100710）
商 务 印 书 馆 发 行
北 京 新 华 印 刷 厂 印 刷
ISBN 7-100-04949-0/D · 392

2007年6月第1版　　　开本 880×1230 1/32
2007年6月北京第1次印刷　印张 24 3/8
印数 5 000 册

定价：41.00 元